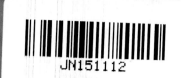

キリスト教古典叢書

聖ボナヴェントゥラ著作選集

ボナヴェントゥラ
Sanctus Bonaventura

フランシスコ会日本管区［監修］
小高 毅［編訳］

教文館

目次

付録

凡　例

初出および訳者について

本書の収録作品のうち、既存の邦訳を再録あるいは改訂したものは以下のとおりである。

・『三様の道』と『生命の完成』は『観想の道――三様の道・生命の完成』小高毅訳（サンパウロ、二〇〇四年）の改訂。

・『魂の管理』は「魂の管理について」『ボナヴェントゥラ紀要』第二号、湯沢民夫訳（一九八五年）の改訂。

・『生命の樹』と『神秘の葡萄の樹』は『愛の観想――生命の樹・神秘の葡萄の樹』小高毅訳（あかし書房、二〇〇二年）の改訂。

・『キリストに倣うこと』は「キリストに倣いて」『ボナヴェントゥラ紀要』第一一号、須藤和夫訳（一九九五年）の再録。

・『第一回状』は「ボナヴェントゥラの第一回状」『ボナヴェントゥラ紀要』第一二号、須藤和夫訳（一九九六年）の再録。

・『ブレヴィロクィウム』の序文は「ブレヴィロクィウム　序論」『ボナウェントゥラ紀要』第二号、湯沢民夫訳（一九八五年）の改訂。

上記邦訳の幾つかの用語は『アシジの聖フランシスコ伝記資料集』（教文館、二〇一五年）、『アシジの聖フランシスコ・聖クララ著作集』（教文館、二〇二一年）の表記に合わせて変更した。

なお、『幼子イエスの五つの祝祭』（メリー・パイエス／マリア・エリサベツ訳）、『主の受難の聖務日課』（小高毅訳）、『聖フランシスコの祝日の説教』（小高毅訳）、『アシジの聖クララ修道院の修道院長と姉妹たちに宛てた手紙』（伊能哲大訳）、『キリストのいとも聖なる御体』（小高毅訳）は初訳。

また、長谷川武敏訳『神秘神学全要』（エンデルレ書店、一九五〇年）、印具徹訳「修道女のための生活の完成について」『世界教育宝典　キリスト教教育編3』（玉川大学出版部、一九六九年）、関根豊明訳『ソリロクィウム観想録――「霊魂」と「内なる人」との対話』（エンデルレ書店、一九九一年）、関根豊明訳『神学綱要』（エンデルレ書店、一九九一年）から多々ご教示いただきました。心より感謝申し上げます。

本書の訳者および解説執筆者は次のとおりである。

伊能哲大（いよく・あきひろ）　フランシスコ会士・司祭
小高　毅（おだか・たけし）　フランシスコ会士・司祭
小西広志（こにし・ひろし）　フランシスコ会士・司祭
須藤和夫（すどう・かずお）　古代中世哲学研究者・日本カトリック神学院講師
マリア・エリサベツ　桐生　聖クララ会修道女
メリー・パイエス　桐生　聖クララ会修道女（二〇二四年没）
湯沢民夫（ゆざわ・たみお）　フランシスコ会士・司祭（二〇二三年没）

括弧の使用について

訳文中の［　］は、原文にはないが、文意を明らかにするための訳者の補足である。なお、原文中、代名詞で表現されていたり、主語が明示されていない箇所でも、その人物を明らかにするために［　］で補足した。

（　）内は訳者による語注ならびに原語の表記である。

聖書ならびに文献の引用について

本文で引用されている聖書はヴルガタ訳ラテン語訳聖書である。このため現代の邦訳とはだいぶ異なっている。従って、引用箇所の表記は引用されたラテン語文を訳出した。参考のため、詩編の編番号の異同を以下に記す。

ラテン語ヴルガタ訳	1〜8	9	10〜112	113	114〜115	116〜145	146〜147	148〜150
	＝	＝	＝	＝	＝	＝	＝	＝
ヘブライ語聖書（＝新共同訳）	1〜8	9〜10	11〜113	114〜115	116	117〜146	147	148〜150

また、本文中、多数の文献が引用されている。中には邦訳のあるものも多々ある。しかしながら、ボナヴェントゥラの引用の多くは要約であったり敷衍したりしたものが多い。そのため邦訳は参考にし、引用されたまま訳出した。なお、引用ならびに参照された文献の中で邦訳があるものは巻末にそれを付記した。

文体について

目次ならびに作品解説からも明らかなように、本巻に収録された作品の類型は、手紙、説教、論考等々と様々なものがある。また、手紙にしても霊的指南書にしても修道女に宛てたものや、総責任者として全修道会員に宛てたものなど、多種多様である。そのため、文体は統一していない。

ラテン語のカタカナ表記について

本文中で言及されたギリシア人の人名は、「ディオニジウス・アレオパギテス」のようにラテン語表記の音訳とした。

また中世からの教会ラテン語の発音に従って、oe, ae は「ヘクセメロン」Hexaemeron のように「エ」と表記し、y は「ヒエロニムス」Hieronymus のように「イ」と表記した。これはグレゴリオ聖歌のミサ曲「キリエ」Kyrie や聖母賛歌「レジナ・チェリ」Regina coeli の読みと同じである。

さらに、母音に挟まれた s は濁るのが慣例であるため、「イエズス」Jesus と同様に、「ディオニジウス」「アンブロジウス」「クリゾストムス」などとした。

ただし、聖書の人名は新共同訳聖書の表記に従った。

聖ボナヴェントゥラ著作選集

三様の道もしくは愛の焔

序文

一「見よ、私はあなたのためにこれを三様に書き記した(1)」と箴言二二章［にある］。あらゆる知識（scientia）は三位一体の神の刻印を帯びているのであるから、特に聖書において教えられている［知識］は、自らの内に三位一体の神の痕跡を提示しているはずである。このためにこそ、賢者は、この聖なる教えについて、その三様の霊的な理解、すなわち道徳的（moralem）、比喩的（allegoricum）、そして神秘的（anagogicum）理解の故に、自らこれを三様に書き記したと言うのである。ところで、この三様の理解は三様の位階的運動、すなわち浄化、照明、そして完成に対応する(a)。さて、浄化は平和に、照明は真理に、完成は愛（caritas）に導くものである。これら［の域］に完全に達するにつれて、魂は至福な状態にされ、これについて熟考するに応じて、褒賞は増大することになる。従って、聖書全体の知識も、永遠の命という褒賞も、これらの三つの認識にかかっているのである。

従って、この三様の道に沿って鍛錬を積む方法も三様であることを知らなければならない。その三様の方法とは、読書と瞑想(b)、祈り、そして観想である。

（1）箴二二・20。
（a）ディオニジウス・アレオパギテス『天上位階論』三・2、七・3、九・2。
（b）フーゴ（サン・ヴィクトルの）『ディダスカリコン』三・10。

第一章

魂が浄められ、照らされ、完成される瞑想

二　さてまず初めに、瞑想（meditatio）の形態について検討するのがよいだろう。すると、この三様の道において、それらを用いて私たちが鍛錬を積む三つのものが私たちの内にあることがわかるはずである。それは、良心の針、知性の輝き、知恵の火花である。従って、浄められることを願うのであれば、良心の針に自らをさらしなさい。照らされることを願うのであれば、知性の輝きに「自らをさらしなさい」。完成の域に達することを願うのであれば、知恵の火花に「自らをさらしなさい」。これは、幸いなるディオニジウスのテモテに対する助言でもある。彼を励まして言っている。「光に自らをさらすがよい[a]」。

（a）ディオニジウス・アレオパギテス『神秘神学』一・1。

第一節　浄化の道とその三様の鍛錬

三　さて、良心の針に関しては、次のような方法で自らを鍛錬しなければならない。すなわち、まず第一に、「良心の針」そのものを磨き、第二に鋭くし、第三に真っ直ぐにしなければならない。まさしく、罪を思い起こすことでそれを磨き、自らを顧みることでそれを鋭くし、善を考え巡らすことでそれを真っ直ぐにしなければならない。

四　さて、罪を思い起こすには、次のような方法で行われねばならない。すなわち、霊魂（animus）が数多くの怠慢、欲望、そして邪悪について自らを告発することである。私たちの罪、そして悪のほとんどすべては、それが習性となっているものであれ、実際に犯されたものであれ、これらの三つに帰することができる。

　さて、怠慢に関しては、次の点に注意を向けなければならない。まず第一に、心を監視すること、時間を用いること、そして意図したことを実践することで怠慢ではなかったかどうか思い巡らさなければならない。まさしく、細心の注意を払って、これら三つのことは遵守されなければならない。つまり、心はよく監視され、時間は有効に用いられ、あらゆる行為において意図したことが正しく貫徹されなければならない。

　第二に、思い巡らさなければならないことは、祈りにおいて、読書において、善い業《わざ》を実践することにおいて怠慢

ではなかったかということである。自分に与えられた時間のうちで、良い実を結びたい[1]と願う人は、これら三つのことにおいて、細心の注意を払って自らを鍛錬し、自らを造り上げていかなければならないからである。なお、これら［三つ］の内のどれ一つとして、他のものがなければ充分であるとはいえない。

第三に、思い巡らさなければならないことは、悔い改めるべき時に、［悪に］抵抗すべき時に、進歩すべき時に怠慢ではなかったということである。実に、誰しも細心の注意を払って、犯した悪を泣き悲しみ、悪魔の誘惑を退け、徳から徳へと進歩していかなければならない[2]。こうしてこそ、約束の地に到達することができる。

五　さて、欲望に関しては、次のような方法で思い巡らさなければならない。快楽への欲望、好奇心という欲望、虚栄への欲望が自らの内に息づいていないかということである。これら［の三つ］があらゆる悪の根源である。

まず第一に、思い巡らさなければならないのは快楽への欲望である。美味なものへの欲求、安逸なことへの欲求、肉的な欲求が自らの内にあるなら、つまり美味な食べ物、優雅な衣服、淫らな楽しみを求めるのであれば、その時、その人の内には快楽への欲望が息づいている。はっきりとした同意をもってこれらすべてのことを欲することは、ただ単に咎《とが》められるべきことであるだけでなく、その最初の衝動すら退けなければならないものである。

第二に、思い巡らさなければならないことは、好奇心という欲望が自らの内に息づいてはいないか、息づいていたことはなかったかということである。さて、これが認められるのは、隠されたことを知りたい、美しいものを見たい、高価なものを持ちたいと欲する時のことである。まさしく、これらすべてのことの内に、貪欲と好奇心という大いに咎められるべき悪徳がある。

第三に、思い巡らさなければならないのは虚栄への欲望である。喝采への欲求、称賛への欲求、栄誉への欲求が自らの内にあったなら、その時、その人の内には虚栄への欲望が息づいているか息づいていたのである。これらのすべては空しいものであり、人を空しいものとする。従って、肉欲（concupiscentia mulierum）のようにはねつけなければならない。これらのすべてについて、良心は告発しなければならない。

六　さて、邪悪に関しては、怒り、あるいは嫉妬、嫌悪感が自らの内に威を振るっていないか、あるいはかつて威を振るっていたことはなかったかを思い巡らさなければならない。この［三つ］が魂を邪悪なものとする。

まず第一に、思い巡らさなければならないのは怒りという邪悪である。これは霊魂に、身振りに、言葉に、あるいは心に、顔面に、叫びに、さらには気分に、話し方に、行動に現れる。

第二に、思い巡らさなければならないのは嫉妬という邪悪である。これは、他の人の幸運を苦々しく思い、他の人の不幸に喜びを感じ、他の人が物乞いするのに対して冷淡にする。

第三に、思い巡らさなければならないのは嫌悪感という邪悪である。これから生じるのが邪《よこしま》な疑惑、冒瀆の思い、悪意のこもった誹謗である。このような邪悪のすべては完全に忌避すべきものである。

このように三段階にわたって、そして三様に思い巡らすことによって、良心の針は磨かれ、魂は辛苦を味わわなければならない。

七　どのようにして罪を思い起こすことにおいて良心の針が磨かれなければならないかを考察しているが、どのようにして自らを思い巡らすことにおいて［良心の針］は磨かれなければならないか考察しなければならない。さて、三つのことで自らを顧みなければならない。すなわち、差し迫る死の日、まだ新しい十字架の血[3]、目の当たりにする審判者の御顔［、この三つである］。実に、これらの三つのことにおいて良心の針はあらゆる罪に対して鋭くされる。

まさしく第一に、死の日を考えることで［良心の針は］鋭くされる。［その日は自ら］決定できるものではなく、避けることもできず、撤回することもできないものだからである。細心の注意を払って［その日を］見つめるなら、時のある間に[4]、あらゆる怠惰、欲望、邪悪から浄められるように、さらに細心の注意を払って努力するであろう。明日のことさえ確かではないというのに、罪過の内に留まり続ける人が誰かいるだろうか。

第二に、十字架の血に思いを寄せる時、［良心の針は］鋭くされる。［その血は］人の心を奮い立たせるため、洗い浄めるため、そして何よりも柔軟なものとするために流されたのである。あるいは［こうも言えよう。］それは人の汚れを洗い浄めるため、死をもって生かすため、その潤いのない荒涼たるさまをもって豊穣なものとするために流されたのである。従って、いとも尊いこの血が自分に注がれたことに思いを寄せる人で、自分の内で怠惰とか欲望とか邪悪という罪過が支配するのを許すような人が誰かいるだろうか。

第三に、審判者の御顔を思い巡らす時、［良心の針は］鋭くされる。［その方は］誤りを犯すことはありえず、筋を曲げることなく、［この方を］避けることはできないからである。実に、誰ひとりとして、この方の知恵を欺くことも、［この方の］正義を曲げさせることも、［この方の］報復を避けることもできない。それ故にこそ、「どんな善も報いられないことはなく、どんな悪も罰せられないことはない」[a]のである。このことを思い巡らすなら、あらゆる悪に対して鋭敏であろうとしない人が誰かいるだろうか。

八　以上の後に考察しなければならないのは、どのような方法で、あるいはどのようにして、善について思い巡らすことで良心の針は真っ直ぐなものとされるか、ということである。さて、三つの善について予め瞑想しなければならない。それら［の三つの善］を獲得することで、良心の針は真っ直ぐにされるのである。すなわち、怠惰に対する勤勉さ、欲望に対する厳格さ、邪悪に対する寛恕《かんじょ》（benignitas）［、この三つである］。実に、これらの三つを持っていれば、善い、正しい良心を持つことになるだろう。これは預言者も言っていることである。「人よ、何が善であり、主が何をあなたに求めておられるか、私はあなたに示そう。それは、正義を行い、慈しみを愛し、あなたの神と共に注意深く歩むことである」[5]。ここで、先に述べた三つのことが述べられている。同じように、ルカ［福音書］で、主も仰せになっている。「腰に帯を締めていなさい」[6]云々。

九　従って、まず第一に、勤勉から始めなければならない。これは他の［二つ］に対して道を開くものである。さて、これについては次のように描写することができるであろう。実に、勤勉は霊魂（animus）の力であり、あらゆる怠惰を振り払い、注意深く、確信をもって、優雅に神のあらゆる業を行うよう魂を備えさせる。これは、これに続くあらゆる善に対して道を開くものである。

次いで、これに続くのが厳格さである。実に、これは精神（mens）の厳正さであり、あらゆる欲望を抑制し、粗末なもの、貧弱なもの、安価なものを愛することができるようにする。

第三に続くのが寛恕である。実に、これは魂（anima）の優しさであり、あらゆる邪悪を締め出し、好意、寛容、そして内的な喜びへと魂そのものを向かわせる。

さて、ここで瞑想の道に沿った浄化は終わりを迎える。実に、浄められた良心は皆、喜ばしいものであり、快活なものだからである。それ故、浄められることを願う人は、以上で述べた方法で、良心の針を自らに向けなければならない。しかしながら、以上で述べた鍛錬においては、以上で述べた事柄の中のどこからでも、瞑想を始めることができる。とはいえ、一つの項目から別の項目へと進んでいかなければならないが、平穏さと清澄さが感じられるまでは、一つの項目に留まるべきである。［平穏さと清澄さ］から霊的な快活さが生じるのであり、［霊的な快活さ］を獲得することで、上を目指すよう霊魂は準備される。従って、この道は良心の針から始まり、霊的な喜びという状態で終わるのであり、悲嘆のうちに成し遂げられるが、愛（amor）のうちに完結するのである。

（1）詩一・3。（2）詩八三・8。（3）コロ一・20。
（4）ガラ六・10。（5）ミカ六・8。（6）ルカ一二・35。
（a）アウグスティヌス、グレゴリウス、ボエティウス、サン・ヴィクトルのリカルドゥスによる。

第二節　照明の道とその三様の鍛錬

一〇　浄化の道の後、第二の場として続くのが照明の［道］である。この［道］においては、知性の輝きを用いて、次の順序によって自らを鍛錬しなければならない。実に、この輝きは、まず第一に赦された悪に対して注がれねばならず、第二に与えられた恩恵に対して広げられ、第三に約束された褒賞に対して反射されねばならない。

さて、主が赦してくださる悪が注意深く思い巡らされる間に、知性の輝きは注がれる。［この悪は］私たちが犯した罪が多ければ多いほど、それだけ大きなものであり、私たちが執着していた悪が多ければ多いほど、そして奪われるにふさわしい善が多ければ多いほど、それだけ大きなものだからである。そして、この瞑想は、これに先行する様々な瞑想から充分明らかになる。このことだけに注意するべきではなく、もし神がお赦しになったなら、私たちが陥ったであろう多くの悪についても思い巡らさなければならない。そして、これらのことが細心の注意を払って考察される時、知性の輝きによって私たちの闇は照らされるのである。[a] そして、このような照明には感謝の念が伴わなければならない。そうでなければ天上からの照明ではない。その光輝には熱が伴うことを私たちは知っている。それ故ここでは、犯した数々の悪の赦しの故に、あるいは困窮、弱さ、そして意志の歪みによって犯す可能性のあった数々の悪の赦しの故に感謝しなければならない。

一一　第二に考察しなければならないのは、三様の種類のうちに与えられた恩恵について思い巡らすことにおいて、どのようにしてこの輝きが広げられるか、ということである。実に、それらの恩恵のうちのあるものは、本性を補足することに、あるものは恵みを補佐することに、あるものは満ち溢れる賜物にかかわるものである。

本性を補足することにかかわるものとは、肉体の面では、完全な五体、健全な体質、高貴な性別を神が与えてくださったこと、感覚の面では、明敏な視覚、鋭敏な聴覚、分別に富んだ言語を与えてくださったこと、魂の面では、秀でた天性、正しい判断、善い霊魂を与えてくださったことである。

一二　恵みを補佐することにかかわるものとは、第一に、洗礼の恵みを与えてくださったことである。［この恵み］によって、［神は］罪過を拭い去り、無垢な状態を修復し、義をもたらしてくださった。［この義］が永遠の命にふさわしいものとしてくれるのである。第二に、時宜、霊魂の意志、宗教心の崇高さに応じて悔い改めという恵みを与えてくださったことである。第三に、それを通してあなたを教えの分配者、赦免の分配者、エウカリスティアの分配者とした司祭職という恵みを与えてくださったことである。これらのすべてを通して、大なり小なり、命の言葉が分配されるのである。

一三　さて、満ち溢れる賜物にかかわるものとは、第一に、宇宙万物を与えてくださったことである。すなわち、下位のものらは［人に］従うべきものとして、同等のものらは［人の］功徳となるため、上位のものらは［人を］庇護するために［与えられた］。第二に、ご自分の御子を与えてくださったことである。［御子を］兄弟ならびに友として、［贖《あがな》いの］代価として与えてくださったのであり、食べ物として毎日与えてくださっているのである。受肉において、第一のもの［すなわち兄弟ならびに友］を、受難において第二のもの［すなわち贖いの代価］を［与えてくださったのであり］、［聖体の］聖別において第三のもの［すなわち食べ物を与えてくださるのである］。第三に、受け容れられたことのしるしとして、［神の］養子とされる特権として、婚約の指輪として聖霊を与えてくださったことである。実に、キリスト者の魂をご自分の友、ご自分の娘、ご自分の花嫁としてくださったのである。これらのすべては驚嘆すべきこと、計りがたいことであり、これらのことを瞑想することで、魂は充分に神に感謝するものでなければならない。

一四　最後に、照明の道に関して、次のことを考察しなければならない。それは、約束された褒賞を思い巡らすことで、あらゆる善の源泉にまで立ち返るために、知性のこの輝きは、どのようにして瞑想を通して反射されなければならないか、ということである。それ故、注意深く、かつしばしば考察し、思い巡らさなければならないのは、「偽ることのない神[1]」は、ご自分を信じ愛する者たちに、ご自身においてあらゆる悪が除去され、すべての聖徒と交わり、あらゆる願望が成就されることを約束されたことである。この方こそがあらゆる善の源泉であり目的であり、あらゆる懇願、あらゆる願望、あらゆる評価を凌駕するほどに善であり、［神］ご自身の故に、すべてに超えて［神］ご自身を私たちが愛し求めるなら、それほどの善にふさわしいと私たちをみなしてくださるほどに善である。従って、願望と愛情（affectus）と善意のすべてを尽くして、［神］ご自身に向かって進んでいかなければならない。

（1）テト一・2。
（a）ベルナルドゥス『聖霊降臨後第六主日の説教』二・3。

第三節　完成の道とその三様の鍛練

一五　最後に続くのが、どのようにして知恵の火花によって鍛錬しなければならないか、ということである。さて、これは次のような順序でなされなければならない。この火花は、まず第一に集められ、第二に燃え立たされ、第三に吹き上げられなければならない。

さて、［この火花は］被造物に対するあらゆる愛着（amor）から愛情（affection）を引き戻すことによって集められる。実に、愛情は被造物に対する愛着から呼び戻されなければならない。被造物に対する愛着は益とならないからである。たとえ益となるとしても、修復することはできず、たとえ修復するとしても、充分ではない。それ故、このように愛着はことごとく、愛情から完全に遠ざけられなければならないのである。

一六　第二に、燃え立たされなければならないが、これは花婿の愛（amor）へと愛情を向け変えることによる。そして、これは、自分自身に対する、あるいは天上の市民たちの愛情に対する、あるいは花婿ご自身に対する愛を比較することでなされる。さて、これを行う時、次のことに気づくであろう。愛によってあらゆる欠乏が充足されること、幸いな者たちの内には愛によってあらゆる善が満ち溢れていること、最高に望まれる方の臨在は愛によってもたらされること。愛情を燃え立たせるのは、これらのことである。

一七　第三に、吹き上げられなければならないが、感覚で捉えうるもの、想像されうるもの、［知性によって］理解されうるもの、これらすべてのものの上にまで［吹き上げられなければならない］。これは次の順序によって［なされる］。自分が完全に愛したいと望んでいる方ご自身のことを直《じか》に瞑想しながら、まず第一に、次のように自らに言わなければならない。「［私が］愛する方は、感覚で捉えうるものではない。目で見ることも耳で聞くことも、鼻で嗅ぐことも、舌で味わうことも、手で触れることもできないものだからである。それ故、感覚で捉えうるものではない。だが、完全に望ましい方である[1]」。第二に、次のように考えなければならない。想像されうるものでもない。限定されるものでも、姿形を持つものでも、数えられるものでも、区切られるものでも、変わりうるものでもないからである。それ故、想像されうるものではない。だが、完全に望ましい方である。第三に、次のように考えなければならない。［知性によって］理解されうるものではない。証明されうるものでも、定義されうるものでも、推測しうるものでも、評価しうるものでも、探求しうるものでもないからである。それ故、［知性によって］理解されうるものではない。だが、完全に望ましい方である。

（1）雅五・16。

第四節　まとめ

一八　従って、以上のことから極めて明らかにされたのは次のことである。浄化の道、照明の道、完成の道について瞑想することで、どのようにして聖書のいう知恵に到達するか、ということである。とはいえ、聖書にのみ限定されるのではない。私たちの瞑想はことごとく、次のことにも向けられなければならない。実に、知恵ある者の瞑想はことごとく、一つには、人間の業を巡ってなされる。すなわち、人は何を行ったか、また何を行うべきか、行動の動機は何かを思い巡らすことでなされる。もう一つには、神の業を巡ってなされる。すなわち、神はどれほど多くのものを人に委ねられたか、思い巡らすのである。［神は］すべてのものをご自身のためにお造りになったからである。また、どれほど多くのことを赦してくださったか、どれほど偉大なことを約束してくださったかを［思い巡らすのである］。そして、創造の業、修復と栄光化の業がここに含まれる。さらには、双方の原理となるもの、すなわち、神と魂とについて、どのようにして双方が互いに結び合わされるはずであるのか［瞑想される］。そして、私たちの瞑想はことごとく、ここで停止されなければならない。ここはあらゆる思考と活動の終局であり、ここには真の知恵があり、その知恵の内に真の経験による認識があるからである。

一九　さて、このような瞑想にあっては、魂全体がそれに専念していなければならない。そして、それはそのあらゆる力に即して、すなわち、理性、良知（synderesis）、良心と意志に即してなされなければならない。実に、このような瞑想において、理性は探求することで問題を提起し、良知は命題化することで定義を下し、良心は証言することで結論を下し、意志は選択することで解決をもたらすのである。例えば、浄化の道を巡って瞑想することを欲するのであれば、理性は、神の神殿を侵害した人には何がなされなければならないか探求しなければならない。良知は、［その人は］滅ぼされなければならないか、悲嘆のうちに悔い改めることで浄められるべきであるか答える。良心は断定する。それはお前である。それ故、お前は断罪されなければならない。あるいは、悔い改めの針で責め苛《さいな》まれなければならない、と。次に、意志が選択する。すなわち、永遠の断罪を拒否するので、自発的な悔い改めという悲嘆を受け容れるのである。このような方法で、他の［二つの］道も理解されなければならない。

第二章

悲惨が嘆き悲しまれ、慈しみが切願され、礼拝がささげられる祈り

一　読書すること、そして瞑想することで、どのようにして真の知恵に到達されるかということについて述べた後、祈ることで、どのようにして［真の知恵］に到達されるかということについて述べなければならない。さて、次のことを知らなければならない。それは、祈りには三つの段階もしくは部分があることである。第一は、悲惨を嘆き悲しむこと。第二は、慈しみを切願すること。第三は、礼拝（latria）をささげること。実に、［神］ご自身から恵みを得ないかぎり、私たちは神に礼拝の祭儀をささげることはできないのである。これに対して、私たちの悲惨と困窮を嘆き悲しみ、それをさらけ出すことなしには、私たちは恵みを賜るように神の慈しみに訴えかけることはできないのである。実に、完全な祈りはすべて、これらの三つの部分を持っていなければならない。どれ一つとして他のものなしには不充分であり、目的を完全に果たしえない。それ

故、これらの三つは常に結び合わされていなければならない。

第一節　悲惨を三様に嘆き悲しむこと

二　罪過を犯したことであれ、恵みを失ってしまったためであれ、栄光を引き延ばしたことであれ、それがいかなる悲惨であれ、悲惨を嘆き悲しむことには、次の三つのものがなければならない。すなわち、悲嘆、恥、恐れの三つである。損害もしくは失敗の故に悲嘆、不名誉もしくは不面目の故に恥、危険もしくは罪過の故に恐れ「がなければならない」。過去の記憶から悲嘆が生じる。それは「過去の事柄が」思い起こされる時のことである。何を怠ったのか。正義の戒めである。何を犯したのか。禁じられていた罪過である。何を失ったのか。無償で与えられた命である。

現在のことを知ることから恥が生じる。それは「現在のこと」に注意を向ける時のことである。「今」どこにいるのか。かつては頂上に近いところにいたのが、今は遠く離れて深淵の中にいる。どのようなものであるのか。かつては美しい像であったものが、今は泥の中の醜いものになっている。何ものであるのか。かつては自由の身であったものが、今は端女《はしため》となっている。未来のことを予見することから恐れが生じる。それは「未来のことを」前もって思い巡らす時のことである。どこに向かっているのか。その歩みは陰府《よみ》へと急いでいる[1]。何が待ち受けているのか。避けがたい審判、それも公正な審判である。何を得ることになるのか。永遠の死という罰である。

（1）箴五・5。

第二節　慈しみを三様に切願すること

三　慈しみを切願することは、それがどんな恵みを呼び求めるものであれ、次のものをもってなされなければならない。それは、「言葉に表せない呻《うめ》きをもって私たちのために執り成してくださる聖霊[1]」によって私たちが持つ溢れんばかりの願望と、「私たち」皆「のために死んでくださったキリスト[2]」によって私たちが持つ希望の信頼と、あらゆる聖なる人々ならびに善なる人々から私たちが求める援助を熱心に切願することである。それ故、第一のものは聖霊によって私たちは持っている。私たちは、聖霊を通して、御父によって、御子の内に永遠に予定されており、洗礼において霊的に再生し、心を一つにして教会の内に集められているからである。

　第二のものを私たちはキリストによって持っている。キリストは、地上において十字架の上で、私たちのために御自らを献げてくださり、天においては栄光のうちに御父である神のみ前に現れてくださっており、[3] 秘跡において母なる教会によって献げられておられるのである。

　第三のものを私たちは聖なる者たちとの交わりによって持っている。すなわち、奉仕する者たちである天使たちの守護によって、凱旋した幸いなる人々の執り成しと戦闘する義《ただ》しい人々の功徳によるのである。そして、以上で述べた三つのものが結束する時、効果的に神の慈しみは切願されるのである。

（1）ロマ八・26。（2）Iペト二・21。（3）ヘブ九・24。

第三節　三様にささげられる礼拝

四　礼拝をささげることは、それがどんな恵みによって神が礼拝されるにしても、三様のものを持たなければならない。実に、まず第一に、恵みを得ようとするのであるからには、神への畏敬と礼拝にあたって、私たちの心は身を屈しなければならない。第二に、［神への］篤い思い（benevolentia）と感謝をささげるにあたって、［私たちの心は］広くされなければならない。第三に、雅歌の中で聖霊が教えてくださっている、花婿と花嫁の法悦（complacentia）と相互の語らいに入るにあたって、［私たちの心は］高められなければならない。正しい順序に従ってなされるのであれば、この［語らい］の内には驚くほどの歓喜があり歓呼の声があがる。それ故、魂を忘我の境地にまで導き、「私たちがここにいるのは、素晴らしいことです」[1] という言葉を口にさせるほどである。そして、ここにおいて私たちの祈りは終わるはずであるが、「驚嘆すべき幕屋を通って、宴に連なる人々の歓喜の声が響きわたる神の家に入る」[2] までは、早まって［祈りを］停止してはならない。

五　畏敬のために身を屈するには、神の測りがたい無限性に驚嘆し、あなたの卑小さを顧みなければならない。［神への］篤い思いのために［私たちの心が］広くされるには、神の寛恕に注意を向け、あなたの卑しさに目を留めなければならない。法悦のために高められるには、神の慈愛を思い巡らし、あなたの生ぬるさを思い見なければならない。このような比較によって、精神の忘我にまで到達するはずである。

六　さて、次のことを知らなければならない。神への畏敬の念は三様に表されなければならない。まず第一に、御父に対するものとして。［御父］によって［私たちは］形作られ、造り直され、教化されたのである。第二に、主に対するものとして。［主］によって［私たちは］敵の口から助け出され、陰府の牢獄から贖い出され、主のぶどう畑へと導き入れられたのである。第三に、審判者に対するものとして。［審判者］の前で［私たちは］告発され、否認され、自白させられる。良心の叫びが告発し、生活上の明白な事実が否認し、神の知恵の注視が自白させる。というのも、私たちに対する判決は法に則して布告されなければならないからである。こうして、畏敬は、まず第一に大きなものでなければならず、第二により大きなもの、第三に最も大きなものでなければならない。それ故、第一［の畏敬］は身を屈することで、第二［の畏敬］はひざまずくことで、第三［の畏敬］はひれ伏すことで［示される］。第一の［畏敬］において私たちは自らを服従させ、第二の［畏敬］において自らを放棄し、第三の［畏敬］において自らを粉砕する。第一の［畏敬］においては小さく取るに足らぬ者、第二の［畏敬］においてはより小さく取るに足らぬ者、第三の［畏敬］においては無なる者と私たちは自らをみなすのである。[a]

七　さて、同じように三様に、［神への］篤い思いを私たちは表さなければならない。すなわち、大いなるものとして、さらにより大いなるものとして、最も大いなるものとして。私たちの卑しさを考えることで大いなる［篤い思い］を、恵みの偉大さを考えることでより大いなる［篤い思い］を、［神の］慈しみの測りがたい広大さを考えることで最も大いなる［篤い思い］を［表さなければならない］。あるいは、犯した数々のことの故に大いなる［篤い思い］を、赦された数々のことの故により大いなる［篤い思い］を、約束された数々のことの故に最も大いなる［篤い思い］を［表さなければならない］。あるいは、本性への補足の故に大いなる［篤い思い］を、恵みという装いの故により大いなる［篤い思い］を、満ち溢れる賜物の故に最も大いなる［篤い思い］を［表さなければならない］。第一のことにおいて心は広くされ、あるいは延ばされ、第二のことにおいて開かれ、第三のことにおいて注ぎ出される。哀歌の第二章で「水のようにあなたの心を注ぎ出せ」[3]と言われているとおりである。

八　実に、三様の形で私たちは神に対する法悦(complacentia)を示さなければならない。まず第一に、神ただおひとりが御自らにおいて悦《よろこ》んでおられることを、［私たちの］一人ひとりの悦びとするというようにして、私たちの法悦が結び合わされることによる。第二に、神ただおひとりを自分の悦びとすること、これを悦ぶことによる。第三に、この法悦に他の人々があずかることを悦びとすることによる。[b] 第一のことは大きな［法悦］であり、第二のことはより大きな［法悦］であり、第三のことは最も大きな［法悦］である。第一の［法悦］においては無償の愛（amor）が、第二の［法悦］においては負い目をもたらす（debitus）愛が、第三の［法悦］においては双方が混合した愛がある。[c] 第一の［法悦］において世が人に対して十字架につけられ、第二の［法悦］において人が世に対して［十字架につけられ］[4]、第三の［法悦］においては、すべての人のために死ぬことを欲し、またすべての人が神の悦びとなるようにと、人が世のために十字架につけられるのである。

そして、ここに完全な愛（caritas）の状態と段階があり、ここに到達するまでは、誰も自分が完全であるとみなしてはならない。さて、この完全な域に到達する時とは、「私はあなた方の魂のために大いに喜んで自分の持ち物を使い、自分自身を使い果たしもしよう[5]」とパウロが述べているとおりに、隣人の救いのために死ぬことを、心が常に決意しているだけでなく、それを熱望している時のことである。まず初めに神への完全な愛に到達しないかぎり、隣人へのこの完全な愛（dilectio）に到達することはない。［神への完全な愛］の故にこそ、隣人は愛されるのであり、神の故でなければ、隣人は愛らしいものではないのである。[d]

（1）マタ一七・4。（2）詩四一・5。（3）哀二・19。
（4）ガラ六・14。（5）Ⅱコリ一二・15。
（a）ベルナルドゥス『神への愛について』一〇・27参照。
（b）ギルベルトゥス修道院長『雅歌第一九講話』2（ベルナルドゥス著作集に収録）。
（c）リカルドゥス（サン・ヴィクトルの）『三位一体論』五・16。
（d）ベルナルドゥス『神への愛について』八・25。

第四節　神への愛の六段階

九　では、神への愛（dilectio）における完成を理解するためには次のことを知らなければならない。完成にまで到達するためには、それらによって徐々に、そして順を追って前進する六つの段階が存在する。

第一の［段階］は甘美である。すなわち、ここで「主がいかに甘美にましますかを味わう」[1]ことを学ぶ。そして、このことはまさしく、聖なる瞑想を通して［主］に憩い、安息することによって実現される。というのも、詩編に次のように言われているとおりだからである。「残りの思いは、あなたへの祝いの日とします」[2]。つまり、これが実現するのは、神の愛（amor）についての瞑想が心の内に甘美さを生み出す時のことである。

　第二の段階は渇望である。すなわち、この甘美さに魂が慣れ始める時、魂の内には多大な飢えが生ずる。それは、自分が愛しているその方を完全に所有しないかぎり、何ものも［魂］を癒しえないほどのものである。現今では到達することができないので、また、その方は遠くにおられるので、忘我の愛によって絶えず［自己を］超克し、外へと超脱する。幸いなるヨブの言葉を口にし叫びつつ。「私の魂は縊死を選び、私の骨も死を選ぶ」[3]。なぜなら、「鹿が泉の水を慕い求めるように、神よ、私の魂はあなたを慕い求める」[4]のだから。

一〇　第三の段階は飽和である。これは渇望そのものから生ずる。まさしく、非常に激しく神を希求し、高く上に運ばれるので、もはや低い下に留まっているものはすべて、［魂］にとって不快なものへと変わっているからである。そこで、満たされた［魂］は愛する方ご自身でなければ、他の何ものにも充足を見いだすことはできないように、また満腹した人が食物を摂るとすれば、摂ったことで充足よりもむしろ嫌悪感を覚えるように、愛（caritas）のこの段階において、魂は地上のすべてのものに対してこのように感じるのである。

　第四の段階は陶酔（ebrietas）である。これは飽和から生ずる。さて、陶酔は次のことに基づく。もはや慰安を厭《いと》うだけでなく、慰安の代わりに責め苦を喜び、それを求め、愛する方への愛（amor）の故に、使徒［パウロ］のように、苦痛、恥辱、そして鞭打たれることを喜びとするほどの愛をもって神を愛することである。それ故、酒に酔った人が恥ずかしいとも思わず自ら裸になり、痛みを感じることなく殴打を耐えるように、この［段階］における［陶酔］を理解すべきである。

一一　第五の段階は安心である。これは陶酔から生ずる。実に、これによって、あらゆる損害もあらゆる恥辱も神のために進んで耐えるほどに自分は神を愛している、と魂は感ずる。もはや恐れは外へ投げ出されており[5]、いかなる形であれ自分が神から引き離されることはありえないと判断するまでの、神の助けについての希望を魂は抱き始める。

次の言葉を語った時、使徒［パウロ］はこの段階にあったのである。「誰が、キリストの愛（caritas）から私たちを引き離すことができようか。……私は確信している。死も、命も、……私たちの主キリスト・イエスにおける神の愛（caritas）から、私たちを引き離すことはできない[6]」。

第六の段階は真の、そして満ち満ちた平静である。ここには非常に大きな平和と憩いがあるので、魂はいわば沈黙と眠りの内にあり、あたかもノアの箱舟の内にあるかのように、ここではいかなる形であれ攪乱されることはない。いったい誰がこの精神を攪乱することができようか。いかなる好奇心の針もこの精神を掻き乱すことなく、いかなる恐怖の針も［この精神を］扇動することはない。このような精神の内に平和と最終的な状態と休息があり、ここにこそ真のソロモンが憩うておられる。「この方の地は平和のうちに作られた[7]」からである。

従って、これらの段階はまさしく、ソロモンの玉座まで昇り行くあの六つの階段によって示唆されていたのである[8]。また、このためにこそ雅歌で次のように言われているのである。「深紅の階段は愛をもって築かれた[9]」。愛（caritas）によらなければ、この平静さに至ることは不可能だからである。だが、ひとたびこの［愛を］獲得したなら、行動することであれ、苦しむことであれ、死ぬことであれ、完成に属するあらゆることをなすことがいとも容易なものとなる。従って、愛において完成されるべく努めなければならない。［愛］の完成があらゆる善を完成へと導くからである。願わくは、代々《よよ》に生き支配しておられる方が、私たちに［愛］を授けてくださいますように。アーメン。

（1）詩三三・9。（2）詩七四・11。（3）ヨブ七・15。
（4）詩四一・2。（5）Iヨハ四・18。（6）ロマ八・35―39。
（7）詩七五・3。（8）王上一〇・18参照。（9）雅三・10。

第五節　要約

三　従って、以上で述べた区別を把握するためには、この完成の域にまで前進することを欲する人は、瞑想によって良心の針に自らをさらし、［良心の針］そのものを磨き、鋭くし、真っ直ぐにしなければならず、知性の輝きに［自らをさらし］、［その輝き］そのものを［自らに］注ぎ、広げ、反射させなければならず、知恵の火花に［自らをさらし］、［その火花］そのものを集め、燃え立たせ、吹き上げなければならないことに心を留めよ。

そして、祈りによって、まず第一に、損害の故に悲痛をもって、侮辱の故に羞恥をもって、危険の故に恐れをもって、悲惨を嘆き悲しまなければならない。

第二に、聖霊による激しい願望をもって、十字架につけられたキリストによる確かな希望をもって、聖なる者たちの執り成しによる庇護という援助をもって、慈しみを切願しなければならない。

第三に、神に尊敬をささげ、篤い思いを寄せ、法悦を示すことで、礼拝をささげなければならない。それは、神の側からは、あたかも大前提であるかのように、神への賛嘆が先行し、私たちの側からは、あたかも小前提であるかのように、考察がそれに続き、その上で、あたかも結論であるかのように、完全な礼拝がささげられるためである。さて、このようにして、絶えず、かつ懸命に、自らを奮い立たせる人は、以上で述べた六つの段階に則して愛（caritas）において進歩していかなければならない。それらの［六つの段階］によって、平静さという完成の域にまで達するのであり、そこには、主が使徒たちに残された[1]多大な平和と、あたかも終局でもあるかのような多大な休息がある。それ故、次のことに心を留めなければならない。それは、使徒［パウロ］は、いずれの挨拶においても恵みと平和を祈り求めていることである。発端として恵みを、仕上げとして平和を［祈り求めたのである］。ただし、テモテに宛てた［挨拶］には、慈しみを挿入している。[2]［慈しみ］は［恵みと平和］双方の原理（principium）なのである。

（1）ヨハ一四・27。（2）Ⅰテモ一・2。

第三章

真の知恵へと到達させる観想

第一節　序文

一　以上で述べてきたのは、どのようにして瞑想と祈りによって知恵に向けて自分を鍛錬しなければならないかということであった。ここで簡単に触れようとするのは、どのようにして観想することで真の知恵に到達されるかということである。実に、観想（contemplation）[a]を通して、私たちの精神は天上のエルサレムへと移行する。出エジプト記の「とくと見よ、そして山で示された雛形に従って作れ」[1]という言葉のとおり、この［天上の］エルサレムにかたどって教会は形作られたのである。[b]まさしく、できうるかぎりにおいて、戦闘の教会は凱旋の教会に、功績は褒賞に、［地上を］旅する者たちは［天上の］幸いな者たちにかたどられたものでなければならない。さて、栄光には三様の賜物がある。それが完全な褒賞となるのである。すなわち、みなぎる永遠の最高の平和、最高の真理の明白な直観、最高の善もしくは愛（caritas）の完全な享受がそれである[c]。そして、これに即して、天上の最高の位階は三様に区別される。すなわち、座天使たち、ケルビム、そしてセラフィムがそれである。従って、功績をもってこの至福にまで到達したいと欲する人は、この［地上での］旅路においてできうるかぎり、これらの三様の［天使たち］との似姿を帯びたものとならなければならない。すなわち、平和の睡《まどろ》み、真理の輝き、愛の甘さを［帯びたものとならなければならない］。実に、これらの三つのものの内に神ご自身は憩うておられ、ご自分に固有の玉座にあられるかのように、［これらの三つのものの内に］住んでおられるのである。従って、三様の道、すなわち罪の駆逐から成る浄化の道、キリストの模倣から成る照明の道、花婿を迎えることから成る一致の道に即して、三つの段階を経て、以上で述べた三つのもののそれぞれへと上昇していくことが不可欠なのである。［三様の道は］それぞれどれであれそれぞれ［三つの］段階を有しており、それらを通って深淵から始め、頂上にまで進んでいくのである。

（1）出二五・40。
（a）ボナヴェントゥラ『ヘクセメロン』二〇・23、『魂の神への道程』序・1。
（b）ディオニジウス・アレオパギテス『天上位階論』一・2。
（c）ペトルス・ロンバルドゥス『命題集』四・49・q5。

第二節　平和の睡みにまで到達させる七つの段階

二　さて、平和の睡《まどろ》みへ到達するための段階は次の七つである。

まず第一に、破廉恥な行為を思い起こすとき羞恥が生ずるが、それは次の四つのことに対してである。すなわち、［侮辱］の巨大さ、多大さ、卑劣さ、忘恩に対する［恥辱］である。

第二に、審判を思い巡らすとき恐れが［生ずる］が、これにも次の四通りのものがある。すなわち、放逸な行為、盲目の理性、頑固な意志、最終的な断罪である。

第三に、損害を査定するとき悲痛が［生ずる］が、これも次の四つのことに即する。すなわち、神の友愛

(amicitia) の喪失、無垢の消滅、本性の傷害、放逸な以前の生活である。

第四に、執り成しを切願するとき四通りの叫びが［生ずる］。すなわち、父なる神への、贖い主キリストへの、処女《おとめ》なる御母への、凱旋の教会への［叫び］である。

第五に、火口《ほくち》あるいは唆《そそのか》しを消すときに四通りの厳格さが［生ずる］。すなわち、無為であるところの不毛への、悪意であるところの邪さへの、欲望であるところの快楽への、高慢であるところの虚栄への［厳格さ］である。

第六に、殉教を熱望するとき情熱が［生ずる］が、これも次の四つのことによる。すなわち、無礼に対する完全な赦しの故、汚染の完全な浄化の故、罰の完全な償いの故、恵みによる完全な聖化の故［の情熱］である。

第七番目に、キリストの蔭に包まれるとき睡《まどろ》みが伴う。これは、欲望の熱火にも罰への恐れにも焼かれることのないよう、神の翼の蔭の下で自分は守られている(1)と感じるときの状態であり休息である。殉教を熱望することによらなければ、ここにまで到達することはできない。唆しを消滅させないかぎり殉教を熱望するには至らない。執り成しを切願しないかぎり［唆しを消滅させる］には至らない、神の審判を恐れないかぎり［執り成しを切願する］には至らない、侮辱を思い起こし恥ずかしく思わないかぎり［神の審判を恐れる］には至らない。従って、平和の睡《まどろ》みを持ちたいと欲する人は、以上で述べた順序に従って前進していかなければならないのである。

(1) 詩一六・8。

第三節　真理の輝きにまで到達させる七つの段階

三　キリストの模倣によって到達するところの真理の輝きに到達させる段階は次の七つである。すなわち、理性の賛同、共苦共感への愛好、感嘆の眼差し、忘我の献身、［キリストとの］類似性 (assimilatio) をまとうこと(1)、十字架を抱擁すること、真理の直視である。この順序によってこれらの［段階］において前進しなければならない。

第一に考えなければならないのは、苦しんでおられるのは誰か、ということである。そして、キリストこそが真に神の御子、すべてのものの元《はじめ》(principium)、人類の救い主、あらゆる功徳に報いを与えてくださる方であると堅く信じるために、理性の賛同をもって、この方に自らを委ねなければならない。

第二に［考えなければならないのは］、苦しんでおられるのはどのような方であるか、ということである。そして、最高に無垢で、最高に温和で、最高に気高く、最高に愛に満ちた方と共に苦しむために、共苦共感への愛好によって、この方と結ばれなければならない。

第三に「考えなければならないのは」、苦しんでおられる方はどれほど偉大な方であるか、ということである。そして、感嘆の眼差しをもってこの方のもとへと出ていかなければならない。また、この方は権能において、美しさにおいて、幸福において、永遠性において測り難い方であることに注視するがよい。従って、その無限の権能が無に帰され、その美しさが精彩を失ったものとされ、その幸福が責め苦に満ちたものとされ、その永遠性が死に果てることに驚嘆しなければならない。

第四に「考えなければならないのは」、いかなる原因によって苦しんでおられるのか、ということである。そして、忘我の献身によって自分自身を度外視しなさい。なぜなら、あなたを贖い、あなたを照らし、あなたを聖化し、あなたに栄光をもたらすために苦しんでおられるのだからである。

第五に「考えなければならないのは」、どのような形で苦しんでおられるのか、ということである。そして、類似することへの熱意をもってキリストを身にまとわなければならない。実に、隣人を鑑みては心からの喜びをもって、自らを鑑みてはいとも厳しく、神を鑑みてはいとも従順に、敵を鑑みてはいとも賢明に苦しまれたのである。従って、キリストの模倣「によって得た」似姿に応じて、隣人に対しては寛恕を、自分自身に対しては厳しさを、神に対しては謙虚さを、悪魔に対しては鋭い洞察を身にまといなさい。

第六に注目しなければならないのは、苦しんでおられるその苦しみがいかに大きなものであるか、ということである。そして、苦難への願望によって十字架を抱擁しなさい。全能であるこの方が無力な者であるかのように鎖に繋がれ、知恵であるこの方が愚か者であるかのように嘲《あざけ》られ、正義であるこの方が不正な者であるかのように処刑されるという苦しみを受けられたように、あなたもまた十字架の苦難を熱望しなければならない。それは、物事における不正、言葉による誹謗、挙動による嘲弄、拷問による責め苦にみちた苦難である。

第七に考えなければならないのは、苦しんでおられるというそのことから何が生ずるか、ということである。そして、観想の目によって真理の輝きを直視しなさい。小羊が苦しまれたというこのことから、黙示録の五章にあるように、「巻物の七つの封印が開かれた[2]」からである。この巻物とは事象の普遍的な認識のことであり、そこにおいて七つのことが人間には閉ざされていた。それらは、キリストの受難の効力によって開かれたのである。すなわち、感嘆すべき神、知性によって捉えうる霊、感覚によって捉えうる世界、願望されうる楽園、恐れるべき陰府、賞賛されるべき徳、責められるべき罪科［の七つである］。

四 従って、まず第一に、十字架を通して明らかにされたことは、感嘆すべき神は至高の、測りがたい知恵、至高の、非の打ちどころのない正義、至高の、名状しがたい慈しみを有しておられるということである。まさしく、その至高の知恵が悪魔を失望させたのであり、至高の正義が贖いの代価を求めたのであり、至高の慈しみが御子を私たちのために渡されたのである。これらのことは、それを細心の注意を払って考察すれば、私たちにいとも明白に神を明らかにしてくれるのである。

第二に、十字架を通して、知性によって捉えうる霊が、その三様の相違に即して明らかにされたのである。すなわち、天使たちに関しては、その寛恕がどれほど多大なものであるか、人々に関しては、その品位がどれほど偉大なものであるか、悪霊たちに関しては、その残忍さがどれほど強大であるかが［明らかにされたのである］。実に、天使たちは自分たちの主が十字架につけられるのを許したのであり、人類のために神の御子が十字架につけられたのであり、これは悪魔の唆しによるものであった。

第三に、十字架を通して、感覚によって捉えうる世界が明らかにされたのである。［この世界は］盲目が支配する場だからであり、それは真の、至高の光を知らなかったからである[3]。不毛が［この世界を］支配している。イエス・キリストを無益なものとして蔑視したからである。不正が［この世界を］支配している。友愛に満ちた無垢の自分の主であり神である方を断罪し殺害したからである。

第四に、十字架を通して、願望されうる楽園が明らかにされたのである。そこには全栄光の極み、あらゆる喜びの光景、あらゆる富の宝庫がある。この住居《すまい》を私たちのために修復するために、神が卑しく惨めで貧しい人間となられたのである。この［人間］のうちで高きが低きを受け入れ、正義が罪科に服従し、富裕が貧窮を受け容れたのである。いと高き帝王が卑しい奴隷の身分を受け容れた。私たちが栄光へと高められるために。いとも公平な審判者が非常に重い刑罰に値する罪科に服した。私たちが罪過から義とされるために。いとも裕福な主が極貧を受け容れた。私たちが財宝をもって豊かにされるためである[a]。

第五に、十字架を通して明らかにされたのは、陰府が貧窮と卑劣と恥辱と災厄と悲惨に満ちた恐れるべき所であるということである。[4] 実に、罪の消去と償いのためにキリストはこれらの苦しみをこうむられなければならなかったとすれば、自分たちの悪行に対する正当な報いと償いとして断罪された者たちがこれらの苦しみをこうむらなければならないのは、それ以上に極めて当然なことである。

第六に、十字架を通して明らかにされたのは、徳がどれほど賞賛されるべきものであるか、すなわち、どれほど高価で、美しく、豊穣であるかということである。［徳は］高価なものである。キリストは徳に背くよりも、ご自分の命を与えてくださったからである。［徳は］美しい。侮辱されようとも、その中にあって光を放っておられたからである。［徳は］豊穣である。諸々の徳のただ一つを完全に実践することが陰府を剝奪し、天を開き、地を復興したからである。

第七に、十字架を通して明らかにされたのは、責められるべき罪科はいかに嫌悪すべきものであるか、ということである。その赦しのためには、あれほど大きな代価、絶大な代償、困難極まりない救済手段を必要としたのである。それは、それ以上に高慢なものはなかった傲慢の故に徹底した卑下をもって、それ以上に貪欲なものはなかった欲求の故に徹底した貧しさをもって、それ以上に放埒《ほうらつ》なものはなかった放縦の故に過酷極まりない困苦をもって償うために、一つのペルソナ（位格）において合一した神でありいとも高貴な人間である方を必要としたほどなのである。

五　従って、見るがよい。これらのすべてがどのようにして十字架を通して明らかにされているかを。実に、すべては以上の七つに還元されるのである。それ故、十字架そのものが真理の鍵、門、道、そして輝きであり、以上で記した方法によって、［十字架を］取り、それに従う人[5]は、「暗闇の中を歩かず、命の光を持っている」[6]のである。

（1）ロマ一三・14。（2）黙五・5。（3）ヨハ一・9。
（4）ヨブ一〇・22。（5）マタ一六・24。（6）ヨハ八・12。
（a）アウグスティヌス『告白』一三・8・9。

第四節　愛の甘美さに到達させる七つの段階

六　聖霊を受けることによって愛（caritas）の甘美さにまで至る段階は次の七つである。すなわち、注意深くさせる警戒、強くする信頼、燃え立たせる欲求、高く挙げる忘我、鎮める法悦、楽しませる歓喜、結び合わせる接合［の七つである］。愛（caritas）の完成ならびに聖霊の愛（amor）にまで到達することを欲するあなたは、次の順序でこれら［の段階］を進んでいかなければならない。

　実に、花婿の到来は迅速であるが故に、警戒があなたを注意深くさせる必要がある。それに「神よ、私の神よ、暁からあなたのために警戒しています[1]」、そして雅歌の「眠っていても、私の心は目覚めて警戒しています[2]」という言葉、さらには預言者の「私の魂は夜もすがら慕い求めています。しかし、私の心の内で私の霊は、朝早くからあなたのために目覚めて警戒しています[3]」という言葉を口にすることができるためである。

　第二に、花婿の到来の確実性の故に、信頼があなたを強くする必要がある。それは、「主よ、あなたに希望をかけました。とこしえに狼狽させられることのないように[4]」、そしてヨブの「たとえ［主が］私を殺されようとも、私は［主］に希望をかけるだろう[5]」という言葉を口にすることができるためである。

　第三に、花婿の甘美さの故に、欲求があなたを燃え立たせる必要がある。それは、「鹿が泉の水を慕い求めるように、神よ、私の魂はあなたを慕い求めます[6]」、そして雅歌の「愛は死のように強い[7]」、「私は愛に病んでいますから[8]」という言葉を口にすることができるためである。

　第四に、花婿の崇高さの故に、忘我があなたを高く挙げる必要がある。それは、「万軍の主よ、あなたの幕屋は、どれほど愛されていることでしょう[9]」、［雅歌の］花嫁の「あなたの後に私を引き寄せてください[10]」云々という言葉、ヨブの「私の魂は縊死を選ぶ[11]」という言葉を口にすることができるためである。

　第五に、花婿の美しさの故に、法悦があなたを鎮める必要がある。それは、［雅歌の］花嫁の「愛する方は私のもの、私はあの方のもの[12]」、「私の愛する方は真白く輝き、深紅に染まっておられ、数多《あまた》の中から選び抜かれた方[13]」という言葉を口にすることができるためである。

　第六に、花婿の満ち溢れる豊かさの故に、歓喜があなたを楽しませる必要がある。それは、「私の心に数々の苦痛が満ち溢れたために、あなたの慰めが私の魂を楽しませてくださいました[14]」、「主よ、あなたの甘美さは何と豊かに満ち溢れることでしょう[15]」、そして使徒［パウロ］の「私は慰めに満たされており、喜びに満ち溢れています[16]」という言葉を口にすることができるためである。

　第七に、花婿の愛の強さの故に、接合があなたを結び合わせる必要がある。それは、「神につながれていることは、私にとって何と素晴らしいことか[17]」、「誰が、キリストの愛から私たちを引き離すことができよう[18]」という言葉を口にすることができるためである。

七　実に、以上がこれらの段階における順序である。最後の［段階］の前で留まることはできず、それぞれ互いに依存し合っている中間の段階を経ずに［最後の段階］に到達することはできない。そして、第一の［段階］においては考察が活躍するが、それに続く他の［段階］においては、情感が支配的になる。実に、警戒は、神を愛することがどれほど栄えあることであるか、どれほどの益をもたらすものか、どれほど心地よいものかを考察させるのである[a]。いわばそこから生まれた信頼が欲求を生じさせ、忘我が結合と接吻と抱擁にまで到達させてくれるのである。［主が］私たちをそこにまで導いてくださいますように。アーメン。

（1）詩六二・2。（2）雅五・2。（3）イザ二六・9。
（4）詩三〇・2。（5）ヨブ一三・15。（6）詩四一・2。
（7）雅八・6。（8）雅二・5。（9）詩八三・2。
（10）雅一・4。（11）ヨブ七・15。（12）雅二・16。
（13）雅五・10。（14）詩九三・19。（15）詩三〇・20。
（16）Ⅱコリ七・4。（17）詩七二・28。（18）ロマ八・35。
（a）アリストテレス『ニコマコス倫理学』二・3。

第五節　要約

八　さて、以上で述べた段階は次のように要約することができる。第一に、浄化の道は次のように区別される。破廉恥な行為の故に赤面するがよい。審判の故に恐れおののくがよい。損害の故に呻くがよい。治癒のために執り成しを切願するがよい。敵対する者の故に唆しを屈服させるがよい。賞賛の故に殉教をあえぎ求めるがよい。蔭に包まれるためにキリストに近づくがよい。

照明へと導く段階は次のように区別される。苦しんでおられるのは誰なのか考察するがよい。そして、信じつつ［自らを］虜《とりこ》とすること。苦しんでおられるのはいかなる方か［考察するがよい］。そして、共に悲しみつつ、［自らを］苦々しく思うこと。苦しんでおられるのはどれほど偉大な方か［考察するがよい］。そして、唖然としつつ驚嘆すること。いかなる理由で苦しんでおられるのか［考察するがよい］。そして、信頼しつつ感謝すること。いかなる形で苦しんでおられるのか［考察するがよい］。そして、後に従いつつ類似すること。どれほど多大な［苦しみ］であるか［考察するがよい］。そして、燃え立ちつつ抱擁すること。この［苦しみ］の結果として何が生ずるか［考察するがよい］。そして、知解しつつ観想すること。

一致の道は次のように区別される。花婿の迅速さの故に、警戒があなたを注意深くさせる。花婿の［到来の］確実性の故に、信頼があなたを力強くする。花婿の甘美さの故に、欲求があなたを燃え立たせる。花婿の崇高さの故に、忘我があなたを高く挙げる。花婿の美しさの故に、法悦があなたを鎮める。花婿の愛の満ち溢れる豊かさの故に、歓喜があなたを酔わせる。花婿の愛の強さの故に、接合があなたを結び合わせる。こうして、献身に徹した魂はその心の内で常に主に対して次のように言うようになる。「私はあなたを捜し求めています。あなたに希望をかけています。あなたを慕い求めています。あなたへと昇っていきます。あなたをお迎えします。あなたの内に喜び躍っています。そしてついにはあなたに結ばれます」。

第六節　新たな段階を進むための他の区別

九　三様の位階に合致する、三様の三層の相違に即して、［完成へと］導く段階は、他の仕方でも区別されうることに注意しなければならない。実に、これらの三つのいずれにおいても三つのもの、すなわち、苦味、感謝、相似が必要である。特に、堕罪の後はそうである。まさしく、人間が罪を犯さなかったなら、二つのもの、すなわち、感謝と相似で充分であった。恵みの故に感謝、正義の故に相似［で足りたのである］。だが、今や、治癒の故に苦味も必要なのである。実に、快楽の故に犯された罪は、苦痛をもたらす痛悔が介在することなしには消去されえないのである。

苦味には、自己の不品行の故に諸々の悪の重さを量ること、キリストの困苦の故に諸々の苦痛を想起すること、隣人の悲惨の故に諸々の治癒を懇願することがなければならない。

感謝には、無からの創造の故に諸々の恩恵を驚嘆すること、罪からの救済の故に［人間の］功徳を無とすること、陰府からの奪還の故に感謝することがなければならない。実に、創造は［神の］像にかたどったものであり、贖いは［神］ご自身の御血によるものであり、奪還は天の高きにまでのものなのである。

相似には、上にあるものらへと高められた、真理の注視、外のものらへと広げられた、愛（caritas）の感情、内なるものらへと秩序づけられた、雄々しい行動がなければならない。このようにして、真理を注視することによってあなた［自身］を超えた高挙が実現するためであるが、これは知性を用いての神的なものらを観想することによるのでもあり、学知（scientia）をもって宇宙万物を熟考することにもよるのでもあり、形成された信仰をもって［自己の］判断を押さえ込むことにもよるのである[1]。

同様に、あなたの周りを広げることは愛（caritas）の感情をもって細心の注意を払ってなされなければならないが、これは知恵をもって天上の喜びを渇望することにもよるのであり、友愛によって理性的なものらを抱擁することにもよるのであり、節制によって肉的な快楽を軽蔑することにもよるのである。

同様に、あなたの内部での鍛錬は雄々しい行動によるものでなければならないが、これは熱意をもって困難を克服することにもよるのであり、高邁な心をもって賞賛すべき行動をとることにもよるのであり、遜《へりくだ》ることで卑しいものらを抱擁することにもよるのである[2]。

10　ところで、浄化は苦味の内にあり、苦味の内に自らを省みての痛悔があるが、これはあなた自身、キリスト、そして隣人を悩ました悪の故の悲しみによる悲嘆に満ちたものでなければならない。

キリストを顧みた共苦共感（compassio）は、時期と日時といったものは不確かであるが、秘められてはいるものの真実の審判の故に、敬意による畏怖に満ちたものでなければならない。

隣人を顧みた憐憫（commiseratio）は、神によって、キリストによって、聖なる者らの執り成しによって常に備えられた庇護の故に、信頼による叫びに満ちたものでなければならない。

照明は相似の内にあり、ここにおける第一の真理の注視は把握し難いことに対して高められており、知解すべきことに対して拡げられており、信ずべきことに対して空しくされている。ここにおける愛の感情も神に対して高められ、隣人に対して拡げられ、世に対しては空しくされている。雄々しい行動は、賞賛に値することに対して高められ、共有しうることに対して拡げられ、軽蔑すべきことに対して空しくされている。

完成は感謝の内にある。ここにおいて有益な恩恵の故に賛歌を歌うために警戒が立ち上がり、貴重な賜物の故に歓呼の声を上げるために喜悦が喜び躍っており、与えてくださった方の寛恕の故に［その方を］抱擁するために篤い思いが近づいていくのである。

（1）Ⅱコリ一〇・5。（2）ロマ一二・16。

第七節　神的な事柄の二通りの観想

二　次の点に注意せよ。真理を直視することは把握し難いことにまで高められなければならない。この［把握し難いこと］とは至高なる三位一体の秘義である。私たちは観想することで、その秘義にまで高められる。そしてこれには二通り［の道］がある。断言（肯定）によるか、あるいは奪取（ablatio＝否定）によるかである。前者を提示したのがアウグスティヌスであり、後者を提示したのがディオニジウスである[a]。

断言（肯定）［の道］によって、まず第一に私たちは次のことを理解する。神の［諸属性］の内であるものらは［三つのペルソナに］「共通するもの」であり、あるものらは［あるペルソナに］「固有のもの」であり、あるものらはこの双方の媒介となる「帰属されるもの」である。従って、できるものなら、神に関して「共通するもの」について理解し観想するがよい。そして、とくと見るがよい。神が第一の本質（essentia prima）、完全なる本性（natura perfecta）、至福なる命（vita beata）であることを。これらのものは必然的な連続性を有しているのである[b]。

さらに、できるものなら、注意を向けるがよい。そしてとくと見るがよい。神が現に存在する永遠（aeternitas praesens）、満ち満ちる純一（simplicitas replens）、躍動する不動（satbilitas movens）であることを。これらも同様に、自然本性的な連続性と結合性を有しているのである。

最後に、注意を向けるがよい。神は近づき難い光[1]、不可変の精神、把握し難い平和であることに。これらのものは本質的な一性だけでなく、完全なる三一性を内包している。実に、光は現れるものとして輝きを産む。さて、輝きと光とは熱を生じさせる。こうして、熱は［輝きと光の］双方から発するのではあるが、出産という形態によるのではない。それ故、神は真に近づき難い光であるとすれば、そこには輝きと光という実体（substantia）ならびに基体（hypostasis）が存在する。まさしく、神の内には御父と御子と聖霊とが存在する。この［三者］が神的な［三つの］ペルソナの［それぞれに］「固有なもの」なのである[c]。

また、精神も原理＝元《はじめ》（principium）として言葉を懐胎し、自らそれを産出する。そしてこの双方から愛という賜物（donum amoris）が流出する。そして、このことはあらゆる完全な精神の内に見いだされなければならない。それ故、神は不可変の精神であるとすれば、神的な存在が第一の原理、永遠の御言葉、完全な贈物であることは明らかである。これらの［三つは］神的な［三つの］ペルソナの［それぞれに］「固有なもの」である[d]。

　また、平和も数々の結合を内包している。さて、相似するものでなければ、完全に結合したものではありえない。だが、二つのものが第三のものと［相似している］か、一つのものがもう一つのものと［相似している］かでなければ、それらのものは相似したものではありえない。しかし、神の［三つのペルソナ］において二者が他のもう一者と同じような様態で相似していることはありえない。それ故、必然的に次のようになる。すなわち、神の［三つのペルソナ］の内に真の平和があるとすれば、そこには第一の起源（origo）、その像（imago）、その双方相互の結合（connexio）があることになる[e]。

　Ⅱ　次いで、神の［三つのペルソナ］には三様の相違に即して「帰属されるもの」がある。

　第一に帰属されるものとは一性、真理、善性である。一性は御父に帰属される。起源だからである。真理は御子に［帰属される］。像だからである。善性は聖霊に［帰属される］。結合だからである[f]。

　第二に帰属されるものとは、権能、知恵、そして意志である。権能は御父に［帰属される］。原理だからである。知恵は御子に［帰属される］。御言葉だからである。意志は聖霊に［帰属される］。贈物（donum）だからである。

　第三に帰属されるものとは、崇高さ、美、甘美である。崇高さは御父に［帰属される］。一性と権能の故に。実に、崇高さとは単独で、唯一の権能にほかならない[g]。美しさは御子に［帰属される］。真理と知恵の故に。実に、知恵とは多数の理念《イデア》を、真理は同等性を内包するものである。「さて、美とは無数の同等性以外の何ものでもない[h]」。甘美は聖霊に［帰属される］。意志と善性の故に。意志と結ばれた至高の善があるところには、至高の愛と至高の甘美もある。

　従って、神の内には畏怖すべき崇高さ、驚嘆すべき美、渇望すべき甘美がある。そして、ここにこそ静止がある[i]。

　従って、以上のことが肯定の道による上昇である。

　Ⅲ　しかし、他の［道］はもっと卓越した［道］である。すなわち、否定の道によるものがそれである。なぜなら、ディオニジウスが次のように述べているとおりだからである。「肯定は合致するものではない。否定［こそ］真実である[j]」。実に、［否定は肯定］よりもわずかなことしか語っていないかのように見えるが、［否定は肯定］よりも多くのことを語っているのである。そして、この上昇の様態はすべてのものを否定することによるのであるが、その否定には次のような秩序がなければならない。すなわち、より下位のものから始めてより上位のものにまで至るのであって、そこには最高に卓越した断言が含まれる。それは次のように言われる時のことである。「神は感覚で捉えうるものではなく、感覚で捉えうるものを超えたものである。想像しうるものでもなく、知性によって捉えうるものでもなく、存在するものでもない。むしろ、これらのすべてを超えたものである」。そして、その時、自分自身とすべての被造物から抜け出すに応じて、真理を注視することは精神の暗黒のうちに導き入れられ、より高いところへと挙げられ、より深きところへと踏み入れられることになる[k]。そして、これこそ最も優れた上昇の様態である。しかし、とは言うものの、完全であるためには、完成は照明を［前提とする］ように、また否定は肯定を［前提とする］ように、他のものを前提とするのである[l]。ところで、この上昇の様態は上昇の力が内部からのものであればあるほど、それだけ活気に満ちたものとなり、愛情が親密なものとなればなるほど、それだけ実り豊かなものとなる。それ故、この［道］において訓育されることは非常に有益である。

一四　次の点に注目しなければならない。第一の位階においては、呻きと祈りによって真理が呼び求められねばならない。そして、これは天使たちの［務めである］。勉学と読書を通して［真理が］傾聴されなければならない。そして、これは大天使たちの［務めである］。模範と宣言によって［真理が］告げ知らされなければならない。そして、これは権天使たちの［務めである］。

第二の位階においては、避難と委託によって真理に駆け寄られなければならない。そして、これは能天使たちの［務めである］。熱意と競争心をもって［真理が］捉えられなければならない。そして、これは力天使たちの［務めである］。自分を軽視し殺すことによって［真理］と交わりを持たれなければならない。そして、これは主天使たちの［務めである］。

第三の位階においては、犠牲と賛美によって真理が礼拝されなければならない。そして、これは座天使たちの［務めである］。忘我と観想によって［真理が］感嘆されなければならない。そして、これはケルビムの［務めである］。接吻と愛情（dilectio）をこめて［真理が］抱擁されなければならない。そして、これはセラフィムの［務めである］。

以上で述べてきたことに細心の注意を払わなければならない。それらのうちにこそ命の泉があるからである。

（1）Iテモ六・16。

（a）アウグスティヌス『三位一体』、ディオニジウス・アレオパギテス『神秘神学』。

（b）ボナヴェントゥラ『魂の神への道程』五・5、『ブレヴィロクィウム』一・2参照。

（c）イシドルス（セビリャの）『相違』二・2・3参照、ボナヴェントゥラ『ヘクセメロン』一三・22、二一・2。

（d）アウグスティヌス『三位一体』一一・2・2、一五・10・17。ボナヴェントゥラ『討論問題集　至聖なる三位一体の神秘』q1・a2、『魂の神への道程』三・5。

（e）ペトルス・ロンバルドゥス『命題集』一・2・q4、一・10・a2・q2。

（f）アウグスティヌス『キリスト教の教え』一・5・5。

（g）アウグスティヌス『詩編注解』一三一・17・27。

（h）アウグスティヌス『音楽』六・13・38。

（i）ボナヴェントゥラ『ヘクセメロン』二一・4。

（j）ディオニジウス・アレオパギテス『天上位階論』二・3。『神秘神学』一―五参照。

（k）ボナヴェントゥラ『魂の神への道程』七・5、『ヘクセメロン』二一・9参照。

（1）アリストテレス『分析論後書』一・21。

生命の完成 —— 姉妹たちに宛てて

序文

一「いかに幸いなことでしょう、主よ、あなたに諭され、あなたの律法を教えていただく人は」[1]。聖霊の塗油によって教えを受けた人以外は誰ひとりとして知恵ある者とみなされてはならないことを、私は告白いたします。実に、預言者ダビデが証ししているように、その人の精神（mens）を主が諭してくださり、その人の霊魂（animus）に主の律法を教えてくださった、そのような人だけが真に幸せな人であり、そのような人だけが真に知恵ある人なのです。実に、ただ「主の律法」だけが「汚れなく」、ただ主の律法だけが非の打ちどころなく、ただ主の律法だけが魂を救いへと立ち返らせます[2]。しかし、この律法の学識とか教養といったものは外面的に文字の内に追い求めるべきものではなく、むしろ精神の敬虔な性向によって追い求めるべきものなのです。ただひとり律法の外面的な苛酷さを内面的な甘味に変えることのおできになるお方が内的に教えてくださるように、「霊と力」[3]の内に慕い求めねばなりません。

　ところで、主の律法は何をなすべきか、何を避けるべきか、何を信じるべきか、何を祈るべきか、何を慕い求めるべきか、何を恐れるべきかを教えてくれます。汚れのないものであること、非の打ちどころのないものであること、約束を守ること、犯した罪を泣き悲しむことを教えてくれます。世俗のことを軽んじること、肉に関わることを斥けることを教えてくれます。要するに、心のすべて、魂のすべて、精神のすべてをただイエス・キリストおひとりに向き返らせることを教えてくれるのです[4]。この学識に比べると、あらゆる世俗的な知恵は愚かしく空しいものなのです。ベルナルドゥスは述べています。「欲するなら誰でも「自分には知恵があると」言うがよい。だが私は、その人が神を恐れもせず愛しもしないなら、その人には知恵があるとは言うまい[a]」と。この教えを聞いて忘れず、熱心に実行する人、この人こそが真に知恵ある人であり、真に幸いな人なのです。このため、「いかに幸いなことでしょう、主よ、あなたに諭され、あなたの律法を教えていただく人は」。

二　ですから、私にとって親愛な、神にすべてを奉献した、尊敬すべき母君、あなたは、献身のためにあなたの霊魂を状況に応じて養うことのできることを何かしら、私の貧しい心から引き出して書き記すよう求めておられます。しかし、私は真心を込めて告白いたしますが、私自身未熟なものですから、むしろ私自身がそれを必要としております。特に、外面的に命が輝き出ておりませんし、内面的にも献身の念に燃えておらず、学識に裏づけられているのでもありません。しかしながら、あなたの敬虔な願いに促されて、あなたが遜《へりくだ》って求められたままに、私も謙遜に従うことにいたしました。とはいえ、いとも聖なる母君、あなたの至福に満ちたお人柄にかけてお願いいたします。私の努力の結果よりも私が意図した心情のほうを重んじてくださり、語り口の美しさよりも言葉の真意のほうを重んじてくださいますように。あまり時間もなく、なおかつ業務に追われておりますため、あなたの願いに充分に応えることができない場合には、どうか慈しみ深く寛大に私をご容赦ください。

では、あなたが求めておられることを容易に見いだすことができますよう、それぞれの章の表題を前もって掲げておくことにいたします。

第一章で取り扱われますのは、本当の自己認識
第二章では、本物の謙虚さ
第三章では、完全な貧しさ
第四章では、沈黙と寡黙
第五章では、祈りに対する熱意
第六章では、キリストの受難を思い起こすこと
第七章では、神への完全な愛
第八章では、終わりまで堅忍すること

（1）詩九三・12。（2）詩一八・8。（3）Ⅰテサ一・5。
（4）マタ二二・37参照。
（a）ベルナルドゥス『説教』七三。

第一章

本当の自己認識

一　命の完成の高みにまで辿りつきたいと熱望しているキリストの花嫁にとって、第一に必要なことは自分自身から始めることです。そうしてこそ、すべての外面的なことを忘れて、自分の良心の秘め隠されているところに入り込み、そこで自分のあらゆる欠点、あらゆる習慣、あらゆる性向、あらゆる行為、過去と現在のあらゆる罪を細心の注意を払って考察することでこじ開け、吟味し、追及することになります。そして、あまり正しくないことを何かしら自分の内に見いだすなら、直ちに、心から悔やんで泣き悲しむはずです。

　親愛なる母君、この認識に一層よく到達することができるためには、怠りによって、あるいは欲望にかられて、あるいは軽率によって、私たちのあらゆる罪と悪行を犯していることを私たちは知らなければなりません。そして、あなたのあらゆる悪行を思い起こし、これらの三つのことについて思い巡らさなければなりません。そうでなければ、あなた自身の完全な認識に辿りつくことはできません。

二　ですから、あなた自身を知り、自分を知ることで、犯した悪行を深く悲しみたいのであれば、まず第一に、あなたの中に何かしら怠りがあるのではないか、あるいはかつてあったのではないか熟考しなければなりません。つまり、私が言いたいことは、あなたの心を警護するのをどれほど怠っているか、あなたの時間を用いるのにどれほどぞんざいであるか、どれほど悪い意図をもって事をなしているかを熟考しなければならないということです。実に、この三つのこと、つまり、心を正しく警護しているか、時間を有効に用いているか、あらゆる行為において正しく至当な意図が貫かれているか、最大の注意を払って監視されねばなりません。

　同様に、祈りにおいてどれほど怠惰であったか、霊的読書においてどれほど怠惰であったか、作業を行うにあたってどれほど怠惰であったか、熟考しなければなりません。その時になれば良い実を結び差し出したいのであれば、この三つ点で最大の注意を払ってあなた自身を訓練し、完成に努めなければなりません。これらのどれ一つとして、他の一つを欠いていても、それだけで充分ということはないのです。

　同様に、悔い改めることをどれほど怠っているか、あるいは怠ってきたか、誘惑に抵抗することをどれほど怠っているか、あるいは怠ってきたか、進歩することをどれほど怠っているか、あるいは怠ってきたか、熟考しなければなりません。実に、最大の誠意をもって、犯した悪行を泣き悲しまなければなりません。悪魔の誘惑を退けなければなりません。一つの徳から別の徳へと進歩しなければなりません。そうすれば、約束の地に辿りつくことができるでしょう。このようにあなたの怠りを思い巡らさなければなりません。

三　しかしながら、もしあなた自身についてもっとよく知りたいと願い求めるのであれば、あなたは第二に、あなたの内で快楽や好奇心、あるいは虚栄といった情欲が力を振るっていないか、あるいはかつて力を振るっていたことはないかよくよく思い巡らしてみなければなりません。

　美味なもの、つまりおいしいご馳走をほしがる時、柔らかなもの、つまり着心地の良い着物をほしがる時、肉的なもの、つまり放縦な慰安を求める時、まさしくその時、修道者の内には快楽という情欲が力を振るっているのです。

　隠されたことを知りたいと思いこがれる時、美しいものを見たいと思いこがれる時、希少なものを持ちたいと思いこがれる時、まさしくその時、神の端女《はしため》の内に好奇心という情欲が力を振るっているのです。

　人々の好意を求める時、人からの称賛を追い求める時、人からの栄誉を熱心に求める時、まさしくその時、キリストの花嫁の内に虚栄という情欲が力を振るっているのです。キリストの端女は毒物のようにこれらのすべてのものを遠ざけなければなりません。これらのものはすべての悪の根源だからです。

四　同じように、あなた自身についての確かな認識を持ちたいと願うのであれば、あなたは第三に、怒りという悪癖、嫉妬という悪癖、倦怠感という悪癖があなたの内に力を振るっていないか、あるいはかつて力を振るっていたことはないかよくよく思い巡らしてみなければなりません。

　私の言うことに熱心に耳を傾けてください。霊魂の内に、あるいは心の内に、あるいは感情をもって、あるいは身振りによって、あるいは顔つきをもって、あるいは言葉によって、あるいは叫び声によって、いかにわずかとはいえ嫌悪とか遺恨を自分の身近な人に示す時、まさしくその時、修道者の内に怒りが力を振るっているのです。

　ところが、身近な人の不幸を喜び、身近な人の幸運に悲しい思いをする時、身近な人に振りかかった災害に小躍りし、身近な人の幸福を苦々しく思う時、その時、その人の内では嫉妬が力を振るっているのです。

ところが、生ぬるくなっており、惰眠をむさぼり、怠惰で、ぐずぐずしており、無頓着で、だらしなく、投げやりで、熱意なく、憂鬱で、退屈しがちな時、その時、修道者の内に倦怠感が力を振るっているのです。キリストの花嫁は、死をもたらす毒物としてこれらのすべてを拒み、遠ざけなければなりません。これらのものには体と魂とを滅ぼすものが潜んでいるからです。

五　ですから、神に愛された侍女よ、もしあなた自身についての完全な自己認識にまで到達したいのであれば、「自分自身に立ち返ってください。自分の心の内へと分け入ってください。自分の霊的な状態を判断することを学んでください。今あなたはいかなるものなのか、かつていかなるものであったのか、いかなるものであるはずなのか、いかなるものになりうるのか、つまり、本性によっていかなるものであったのか、罪過によって今はいかなるものになっているのか、勤勉に励むことでいかなるものにならねばならないのか、さらに恩恵によっていかなるものになりうるのか述べてごらんなさい[a]」。

「母君、そうしたうえで聞いてください。預言者ダビデに聞き従ってください。ダビデはどのようにして自らを模範としてあなたに示しているのでしょう。『夜、私は私の心を顧み、沈思黙考し、私の霊を吟味しました[1]』と言っています。ダビデは自分の心を顧みたのです。あなたも自分の心を顧みてください。ダビデは自分の霊を吟味しました。あなたも自分の霊を吟味してください。あなたの霊という畑を掘り返してください。自分自身に注意してください。私は確信しています[2]。このような訓練に励むなら、あなたは隠された高価な宝を見いだすでしょう。この訓練によって蓄えられた黄金は増大し、知識は豊かになり、知恵は増し加えられます。この訓練によって心の目は澄みわたり、持って生まれた才能は鋭敏にされ、洞察は広くされます。自分自身を知らない人、自分の素晴らしい境遇を熟考しない人は、何一つとして正しく判断することはありません。まず初めに自分の霊を思い巡らすことのない人は、何一つとして知らないのです。霊である天使について、霊である神について知らなければならないことを知ることができないのです。自分自身に立ち返ることがまだできないでいるとすれば、あなたをはるかに超えたものを究めることがどうしてできましょう。まだ第一の幕屋に入るにふさわしいものではないとすれば、第二の幕屋に入るといった僭越な振る舞いをすることがどうしてできましょう[b]」。

六　もし第二の天、そして第三の天にまで挙げられることを願うのなら、第一の天、つまりあなたの心を通って行かなければなりません。このことをどのようにして行うことができるのか、あるいはどのようにして行わなければならないのかといったことは、今までの所で、私は充分に説明しました。しかし、幸いなるベルナルドゥスも非常に素晴らしい言葉であなたに教えてくれるでしょう。こう言っております。「自分の完成を熱心に尋ね求める者として、あなたは自分の生活を忍耐強く吟味を重ね、注意深く思い巡らしてください。どれほどの進歩を遂げているでしょうか。どれほどの欠陥を抱えているでしょうか。日頃の振る舞いはどうでしょう。どのようなものに愛情を注いでいるでしょうか。どれほど神に似ているのでしょう。どれほど神に似ていないのでしょう。どれほど神に近づいているでしょうか。どれほど神から遠ざかっているでしょうか[c]」。

　多くのことを知りたがりながら、自分のことを知らないでいることは、修道者にとって何と危険なことでしょう。ものごとについては好奇心に満ちており、他の人々の良心を判断することに熱中していながら、自分自身については無知で何も知らない、そのような修道者は何と破滅と滅亡に近づいていることでしょう。おお、私の神よ、どうして修道者がこれほどの盲目に陥ったのでしょうか。その理由は明らかです。お聞きください。世俗のことに掻き乱された人間の精神は、記憶を通して自分自身の内に入ることができないからです。幻想によって曇った人間の精神は知性を通して自分自身に立ち返ることはできないからです。許されない情欲に惑わされた人間の精神は内的な楽しみと霊的な喜びへの憧れを通して自分自身を取り戻すことが決してできないからです。ですから、全面的にこれらの感覚的なことに陥っている人は、神の像としての自分自身に入りゆくことはできず、このように全く惨めな者として自分自身について無知であり、何も知らないのです。

　従って、あらゆることを後回しにして、あなた自身のことを回想し、あなた自身をしっかりと認識するようにしてください。幸いなるベルナルドゥスもまたこのことを祈り求めて、次のように言っております。「私が知るように神が望んでおられるのは、ほかでもなく、私が私自身を知ることなのです[d]」。

（1）詩七六・7。（2）マタ一三・44。
（a）擬ベルナルドゥス、Tractatus de interior domo, 36. 76。
（b）リカルドゥス（サン・ヴィクトルの）『大ベニヤミン』3・

5。

（c）擬ベルナルドゥス、Meditationes piissimae. 5. 14（PL 184, 494）。

（d）ベルナルドゥス『説教』二・4。

第二章

本物の謙虚さ

一　心の目をもって自分自身の欠点を観想する人には、どうしても「神の力強い御手の下に」本当に自分を謙虚なものとすることが必要なのです。ですから、キリストの侍女よ、私はあなたにお勧めいたします。あなた自身の欠点をしっかりと認識したからには、あなたの霊（spiritus）を全く謙虚なものとし、あなた自身は全く取るに足りないものであると認めてください。幸いなるベルナルドゥスが言っておりますように、「謙虚さとはまさしく、しっかりと自分自身を認識することで、自分は全く取るに足りないものであると認める美徳なのです[a]」。

　私たちの師父、幸いなるフランシスコはこの謙虚さによって自分を全く取るに足りないものとみなしたのです。その修道生活の初めから終わりに至るまで、この謙虚さを愛し、これを求め続けたのです。これによって世俗を棄て、衣服を脱ぎ捨て裸になった自分を町中引きずりまわすよう兄弟たちに命じ、レプラを患っている人々に奉仕し、説教の中で自分の罪を公にし、自分を非難するよう願ったのです。

　神に自らを奉献された母君、神の御子からこの美徳を心をこめて学ばなければなりません。「私は柔和で謙虚な者だから、私に学びなさい[1]」と自ら仰せになっているからです。「謙虚さなしに諸々の美徳を集め蓄えた人は、風の中に塵を持って行くようなものです[b]」と、幸いなるグレゴリウスが言っているとおりです。まさしく、あらゆる罪の源は高慢にあるように、あらゆる美徳の土台となるのが謙虚さなのです。

　正真正銘謙虚であるよう学んでください。うわべだけであってはなりませんし、偽善者のように、卑劣にも謙虚さを装ってもなりません。そのような人々について、集会の書（シラ書）は次のように述べています。「卑劣にも謙虚さを装う人がいる。その人の内側は欺瞞に満ちている」。幸いなるベルナルドゥスが言っているように、「本当に謙虚な人は、常に価値のない者とみなされることを願い、謙虚な人とほめそやされることを望まないものです[c]」。

二　ですから、いとも愛された母君、完全な謙虚さにまで到達したいと望まれるのであれば、あなたは三様の道を進んでいかなければなりません。

第一の道は神を思い巡らすことです。すなわち、神をすべての善の創始者として考えなければなりません。すべての善の創始者であられますから、私たちは神にこう申し上げなければならないのです。「主よ、あなたが私たちの内で私たちのすべての業《わざ》を行ってくださいました[2]」。また、神はこのような方であられますから、あなたの持っている諸々の善は「あなたの力、あなたの手の働き[3]」が作り出したのではないことを考え、すべての善を神に帰して、何一つとして自分に帰することがあってはなりません。「主が私たちを作られたのであって、私たち自身が自分を作ったのではない[4]」からです。このような思いが、「我々は優秀な腕を持っている。これらのすべてを作ったのは神ではない」とうそぶく人々の傲慢をことごとく打ち滅ぼすのです。この傲慢がルチフェルを天の栄光から排斥することになったのです。自分は無から作られたとルチフェルは考えず、むしろ自分の装い、自分の美しさ、「自分を覆っているあらゆる高価な宝石[5]」がどれほどのものか思い巡らしていたのです。ルチフェルの心の傲慢が彼を高ぶらせたのです。そして、傲慢な者には屈辱がついてまわるのですから、たちまちその高貴な座から最も卑しい場所へと投げ落とされたのです。こうして、かつては［神の］使いたちの中でも最も卓越していた者が、悪魔どもの中でも最も惨めな者となったのです。

三　ああ、今日この頃、何と多くのルチフェルの族《やから》、ルチフェルを模倣する男女、傲慢の息子と娘がいることでしょう。こうした族《やから》を主は忍耐深く耐え忍んでおられるのです。しかし、「貧しい者にみられる傲慢よりも、富んだ者にみられる傲慢のほうがずっと耐え忍びやすい[d]」のです。これは幸いなるベルナルドゥスが雅歌の講話で述べているとおりです。ですから、キリストの端女は常に大いに謙虚な者とみなされなければなりません。彼女は排斥された天使の場を占めるはずだからです。まさしく謙虚さだけが神の御心に適うのです。天使の場合でも、人間の場合でもそうなのです。謙虚さがなくても処女《おとめ》であることが神の御心に適うなどとゆめゆめ考えないでください。マリアでさえ、傲慢を宿していたなら、決して神の母とされることはなかったでしょう。ですからこそ、幸いなるベルナルドゥスは、「あえて言えば、謙虚さなしには、マリアの処女性も神の御心に適うことはない[e]」と言うのです。ですから、謙虚さは大いなる徳なのです。謙虚さを身につけることなしには、一つの徳も存在しないだけでなく、徳すらも傲慢になりかわってしまうのです。

四　第二の道はキリストを思い起こすことです。キリストが最も厭《いと》わしい類の死に至るまで謙虚なものとなられたこと、あたかもレプラ患者とみなされるまでに謙虚なものとなられたこと――このためにこそ預言者イザヤは言ったのです、「レプラ患者であるかのように、神に卑下された者と我々は彼をみなした」[6]と――をあなたは思い起こさなければなりません。確かに、この地上におられた時、何の価値もないとみなされるまでに謙虚なものとなられました。このためにこそイザヤは言うのです、「謙虚さをもって裁きを受け容れられた」[7]と。これは、次のように言うようなものです。誰ひとりこの方について正しく判断することができないまでに、神であられるとは誰にも思われないまでに、この方の謙虚さは徹底しており、それほどまでに自らを空しくされたのです。ですから、私たちの「主であり師である」[8]方ご自身が、「僕《しもべ》は主人にまさらず、弟子は師にまさるものではない」[9]と言っておられるとすれば、あなたがキリストの端女、キリストの弟子であるとすれば、あなたは価値のないもの、軽んじられるべきもの、卑しいものでなければなりません。

謙虚にみえる衣服をまとっていながら、心は高慢な修道者は、神にとって何と厭わしいことでしょう。自分の主が卑下され軽蔑されておられるのを見ていながら、「その心は高ぶり、自分の力の及ばない大いなること、驚くべきことに足を踏み入れる」[10]キリスト者ほど無益な人がいるでしょうか。最高の方が最低のものとなられ、測り難い方が卑賤なもの、そして人間となられた後に、腐敗した虫けらにすぎないものが賞賛されるものであるかのように装うことにまさって厭うべきことがキリストの花嫁にとってあるでしょうか。それ以上に罰せられてしかるべきことがキリストの端女にとってあるでしょうか。そのような人々について、幸いなるアウグスティヌスが述べています。「おお、死んだ皮よ、なに故お前はそんなに広がったのか。おお、悪臭を放つ膿よ、なに故お前はそんなに膨らんだのか。頭が謙虚であるのに、肢体が高ぶるのか」[f]。そうあってはならない、と語っているのです。

五　第三の道は自己省察です。完全な謙虚さに至りたいのであれば、あなたはこの道を進まなければなりません。親愛なる母君よ、「あなたはどこから来たのか」、あるいは「どこへ行くのか」を熟慮する時、あなたは自分自身について省察しているのです。

ですから、「あなたはどこから来たのか」考えてください。そうすれば、破滅の塊から、大地の塵と泥土から作られたものであり、諸々の罪の内に暮らし、楽園の至福から追放された身であることがわかるはずです。この思いは傲慢の精神を打ち砕き、ダニエル書の三人の若者と共に、「私たちは自分の罪のために、今日、全地において謙虚な者［卑しい者］とされている[11]」と叫び始めるまでに傲慢の精神を締め出すでしょう。

「あなたはどこへ行くのか」ということも考えてください。実に、堕落と灰燼へと突き進んでいるのです。「あなたは塵であるから、塵に返る[12]」ものだからです。ですから、「土くれと灰にすぎぬ身で、どうして思い上がるのですか[13]」。たとえ今日は存在していても、明日は存在しないでしょう。今日は健康であっても、明日は病気で弱っているかもしれません。今日は知恵ある者であっても、明日は愚か者になっているかもしれません。今日は様々な徳に富んでいても、明日は赤貧で惨めな者になっているかもしれません。ですから、これほどの惨めさと禍《わざわい》に四方八方から取り囲まれているのを目にしていながら、大胆不敵にも思い上がるキリスト者は何と惨めなことでしょう。

六　ですから学んでください、奉献された処女《おとめ》よ、謙虚な精神、謙虚な歩み、謙虚な感覚、謙虚な振る舞いを保つことを。実に、謙虚さだけなのです、神の怒りを和らげるのは、神の恵みを捜しあてるのは。「大いなるものであればあるほど、あらゆる点で謙虚なものであれ。そうすれば神のみ前に恵みを見いだすであろう[14]」と集会の書（シラ書）は述べています。このようにしてマリアは主のみもとに恵みを見いだしたのです。「主の端女の謙虚さに目を留めてくださった[15]」と言って、マリア自らが証ししているとおりです。謙虚さが愛のためにその場を用意するのですから、心から虚栄を一掃することに驚くことはありません。このためにこそ、アウグスティヌスは言うのです。「高慢にふくれあがっていることがなくなればなくなるほど、私たちは愛に満ち満ちたものとなるのです[g]」。水は谷間へと流れ下るように、聖霊の恵みも謙虚な人々へと流れ下るのです。より下に降ればくだるほど、水は激しく流れるように、心が謙虚さに満たされたものとなればなるほど、主にますます近づきます。こうして恵みに満たされます。このため集会の書（シラ書）は言うのです、「謙虚な人の祈りは、雲を突き抜けて行き、いと高き方のもとに届くまで、慰められることはない[16]」。「主はご自分を畏れる者たちの望みをかなえ、その哀願を聞き入れてくださるからです[17]」。

七　ですから、神の侍女たちよ、キリストの端女たちよ、「高慢があなたたちの心を支配するのを決して許さない」までに謙虚なものでありなさい。あなたたちは謙虚な男性の先生、すなわち、私たちの主イエス・キリストを有しているからであり、謙虚な女性の先生、すなわち、すべての人の女王である処女《おとめ》マリアを有しているからです。謙虚なものでありなさい。あなたたちは謙虚な父、すなわち幸いなるフランシスコを有しているからです。謙虚なものでありなさい。あなたたちは謙虚な母、すなわち、謙虚さの模範である幸いなるクララを有しているからです。

忍耐があなたたちの謙虚さの証しであるほどに謙虚なものでありなさい。実に、謙虚さという徳は忍耐によって完成されるものであり、忍耐が加わらない謙虚さは真の謙虚さではないのです。このことを証しして、幸いなるアウグスティヌスは次のように言っています。「目の前にヴェールを垂れること、粗末で見栄えのしない衣服をまとうこと、頭を垂れて歩むことは容易である。だが、真の謙虚さを証明するのは忍耐である[h]」。これは集会の書（シラ書）の「謙虚さのうちに忍耐を加えなさい[18]」という言葉に基づいています。

しかし、何と悲しいことでしょう。私は悲しい思いをもって言いますが、［修道院の］禁域の中で高慢に振る舞おうとしている私たちの多くは、世俗にあった時には確かに謙虚なものであったのです。ですから、幸いなるベルナルドゥスは言うのです。「世俗の栄華を放棄した後に、少なからぬ人々が、謙虚さの学び舎でむしろ高慢を学び、温和で謙虚な師の翼のもとで極度にわがままになり、［修道院の］禁域にあって、世俗にあった時よりもずっと忍耐のないものになっているのを見て、私は非常に悲しんでいる。自分の家にあって軽んじられるほかはありえなかった多くの人が、神の家において軽んじられることを耐え忍ばないことほど本末転倒したことはない[i]」。

八　ですから、愛された母君、あなたに助言いたします。あなたの娘たちに勧めてください、神に奉献された処女《おとめ》たちに勧めてください、謙虚さのうちに処女性を、処女性のうちに謙虚さを保持するように。実に、謙虚さと混ぜ合わされた処女性は、黄金の上にちりばめられた宝石のようなものなのです。それ故にこそ、幸いなるベルナルドゥスは言うのです、「謙虚さと混ぜ合わされた処女性の美しさ。そこにおいては謙虚さが処女性を推し進め、処女性が謙虚さを美しく装う、そのような魂はことのほか神によみされる[j]」と。

最後に、あなたの兄弟の助言を聞いてください。母君、聞いてください。それは、あなたのお気に召すでしょう。蝮《まむし》から逃げるように高慢な［神の］侍女から、悪魔から逃げるように高慢な処女《おとめ》たちから逃げてください。死をもたらす病原体のように高慢な者たちの団体を軽蔑してください。それはなぜでしょうか。そのわけを聞いてください。ある賢者が高慢な人について次のように描写しています。「高慢な者は皆、耐え難い。その装いは華美で、その振る舞いは仰々しく、その姿勢は反り返っており、表情は荒々しく、その瞳は冷酷で、より高い地位を得るために戦い、自分より優れた人々の上に立とうと汲々とし、自分の考え、言葉、行いを吹聴し、好意をもって敬意を表することはない[k]」。神の侍女、キリストの花嫁、主の処女《おとめ》よ、ですからこそ、高慢なものたちとの交わりを避けなければならないのです。さもないと、あなたも同類だとみなされてしまうでしょう。実に、集会の書（シラ書）は次のように述べています。「高慢な人と交われば、高慢な人間となる[19]」。

（1）マタ一一・29。（2）イザ二六・12。（3）申八・17。
（4）詩九九・3、申三二・27。（5）エゼ二八・13。
（6）イザ五三・4。（7）イザ五三・8。（8）ヨハ一三・14。
（9）ヨハ一三・16、マタ一〇・24。（10）詩一三〇・1。
（11）ダニ三・37。（12）創三・19。（13）シラ一〇・9。
（14）シラ三・18。（15）ルカ一・48。（16）シラ三五・21。
（17）詩一四五・19。（18）シラ二・4。（19）シラ一三・1。
（a）ベルナルドゥス『謙虚の諸段階』1・2。
（b）グレゴリウス『福音書講話』七・4。
（c）ベルナルドゥス『雅歌講話』一六・19・23。
（d）ベルナルドゥス『雅歌講話』五四・8。
（e）ベルナルドゥス『missus est についての講話』一・5。
（f）アウグスティヌス『説教』三〇四・4・3。
（g）アウグスティヌス『三位一体』八・8・12。
（h）アウグスティヌス『手紙』補遺一七・20。
（i）ベルナルドゥス『missus est についての講話』四・10。
（j）ベルナルドゥス『missus est についての講話』一・5。
（k）プロスペル［実はユリアヌス・ポメリウス］『観想生活』三・8・1。

第三章

完全な貧しさ

一　実に、貧しさは、完璧な完成の域に到達するためには不可欠な徳です。それは、貧しさなしには、誰ひとりとして決して完全なものではありえないほどのものなのです。主もそれを証しして、福音の中で仰せになっています。「もし完全になりたいのなら、行って持ち物を売り払い、貧しい人々に施しなさい[1]」。まさしく福音的な完全性の極地は貧しさの極みにありますから、いまだ福音的な貧しさを完全に模倣する者となっていない人は、自分は完成の域の頂点に到達したと思ってはなりません。サン・ヴィクトルのフーゴも言っています。「修道者たちのうちに何らかの点で完全性が見いだされようとも、貧しさが愛されていなければ、完璧な完全性とみなされてはならない[a]」。

二　しかし、ただ修道者だけでなく、一般の人であっても、貧しさを愛するよう駆り立てられるためには、二つのものが必要です。第一のものは神がお示しくださる模範であり、これは全く申し分のないものです。第二のものは神からの約束であり、これは計り知れないものです。

　キリストの侍女であるあなたを貧しさへの愛に駆り立ててくれる第一のものは、私たちの主イエス・キリストの愛と模範であると言うことができましょう。まさしく主御自らが貧しいものとしてお生まれになり、貧しいものとしてお暮らしになり、貧しいものとしてお亡くなりになったのです。

三　とくと見てください、どのような貧しさを模範としてあなたのために残されたかを。それは、その模範によって、あなたが貧しさの友となるためです。私たちの主イエス・キリストは、お生まれになるにあたって貧しいものでした。それは、宿る所も衣服も食べ物もないほどでした。宿る所の代わりに家畜小屋、衣服の代わりに粗末な布切れ、食べ物の代わりに処女《おとめ》の乳があっただけです。ですから、この貧しさを思い巡らして使徒パウロは、驚嘆して叫んでいます。コリントの人々に対して、こう言っているのです。「あなた方は、私たちの主イエス・キリストの恵みを知っています。すなわち、主は豊かであったのに、あなた方のために貧しくなられた。それは、主の貧しさによって、あなた方が豊かになるためだったのです[2]」。幸いなるベルナルドゥスも言っています。「あらゆる善いものからなる永遠の富が天には溢れていた。だが、そこには貧しさは見いだされなかった。むしろ地上には、この［貧しさという］美しい姿が溢れ、満ち満ちていた。しかし、人はその価値を知らなかった。そこで、神の御子は熱望して降りて来られた。それをご自身のために選ぶとともに、ご自分が高く評価されたものを私たちに高く評価させるためであった[b]」。

四　実に、私たちの主イエス・キリストは、この世で暮らされるにあたって、ご自身を貧しさの模範として私たちに示してくださいました。幸いなる処女《おとめ》よ、聞いてください。貧しさを［守るという］誓願を立てたあなたたちすべての［姉妹たち］よ、聞いてください。この世に生きておられた時、神の御子、天使たちの王がどれほど貧しいものであられたかを。しばしば宿る所をお持ちになれなかったので、たびたび弟子たちと共に町や村の外でお休みにならねばならなかったほどです。このため、福音記者マルコは言うのです、「すべての人を見回した後、もはや夕方になったので、十二人を連れてベタニアへ出て行かれた[3]」と。この言葉について『グロッサ』には次のように記されています。「誰か客として迎えてくれる人はいないか見回されたが、あまりにも貧しかったので誰にももてなしてもらえず、そのためこれほど大きな都市のうちに宿る所を見いだすことができなかったのである」。そしてマタイも次のように言っています。「狐には穴があり、空の鳥には巣がある。だが、人の子には枕する所もない[4]」。

五　天使たちの主は、お生まれになるにあたって貧しくあられただけでなく、お暮らしになるにあたって貧しくあられただけでなく、私たちに貧しさへの愛を掻き立てるために、お亡くなりになるにあたっても、まさしく貧しさの極みにあられました。貧しく生きることを誓約したあなたたちすべての［姉妹たち］よ、注目してください、よく見てください。天の王であり富んでおられた方がそのご死去に際して、私たちのために、どれほど貧しいものとなられたかを。実に、持っておられたすべてのものを剝ぎ取られ剝奪されたのです。もう一度言います。「［兵士たち］がその着物を分け、その衣をくじ引きにした[5]」時、衣を剝ぎ取られたのです。非常に過酷な死の苦しみによって［主］の魂が肉体から投げ出された時、肉体も魂も剝ぎ取られたのです。この方を「神としてあがめず[6]」、ヨブ自身が［ヨブ記の］一九章で「彼らは私の栄光を私から剝ぎ取った[7]」と嘆き訴えているように、あたかも悪人のように［主を］取り扱った時、神としての栄光も剝ぎ取られたのです。これほどの貧しさの模範について語って、幸いなるベルナルドゥスは次のように述べています。「宿る所もなくお生まれになり、牛とロバの間で飼い葉桶に横たえられ、粗末な布切れに包まれ、エジプトに逃れ、ロバに乗られ、裸で十字架にかけられたキリストの貧しさをよく見るがよい[c]」。

六　ですから、神々の中の神、世界の主、天の王、神の御独り子がこれほどの貧しさという重荷を担われたのを見ていながら、聞いていながら、それでもなお富を愛し、貧しさを厭う惨めなキリスト者、見下げ果てた頑なな修道者がいるでしょうか。幸いなるベルナルドゥスも述べているとおりです。「取るに足らぬ虫けら［に等しい人間］のために、威光に満ちた神、万軍の主が貧しいものとなることを望まれたというのに、その［人間］が富んだものであることを願うことはとりわけ大きな過ちであり、これ以上大きな過ちはない[d]」。「神なしに生きている異邦人は富を求めるがよい。約束として土地を得たユダヤ人は富を求めるがよい[e]」。キリストの処女《おとめ》であるあなた、主の端女であるあなたが、富を求めるとはいったいどうした思いからなのでしょう。貧しく生きるという誓願を立てたはずなのに、イエス・キリストの貧しい者たちの間で暮らしているというのに、貧しい父フランシスコの娘でありたいと願っているはずなのに、貧しい母クララに倣うものでありたいと願っているはずなのに。親愛なる母君、あなたの、そして私の度を越えた貪欲には狼狽させられます。貧しく生きるという誓願を立てたものでありながら、私たちは貧しさを貪欲と取り違え、許されていないものを欲しがり、会則が禁じているものを欲しがっているのです、神の御子が「私たちのために乏しいものとなられた[8]」というのに。

七　誓願を立てたあなたたちがますます熱烈に貧しさを愛するものとなればなるほど、福音的な貧しさをより完全に模倣するものとなればなるほど、現世的善でも霊的な善でもあらゆる点で満ち満ちたものとなると、私は知っております。しかし、逆の方に向かうなら、あなたたちが誓願を立てた貧しさを侮《あなど》るなら、現世的な善であれ霊的な善であれ、あらゆる点で乏しいものとなるでしょう。かつて貧しいイエスの貧しい御母マリアが言っておられます。「飢えた人を良い物で満たし、富める者を空腹のまま追い返されます[9]」。いとも聖なる預言者も、このことを証ししています。「富んでいる者は乏しくなり飢えるであろう。だが、主を尋ね求める者はあらゆる善に欠けることがない[10]」。あなたたちは読んだこともないというのですか、聞いたこともないというのですか、マタイによる福音で主イエスが弟子たちに仰せられる言葉を。主はこう仰せになります。「『何を食べようか』『何を飲もうか』『何を着ようか』と言って、思い悩むな。あなた方の父は、これらのものがみなあなた方に必要なことをご存じである[11]」。もう一度聞いてください。ルカによる福音で主が弟子たちに仰せられる言葉を。［主が弟子たちに］「『財布も袋も履物も持たせずにあなた方を遣わした時、何か不足したものがあったか』。

彼らは言った、『いいえ、何もありませんでした[12]』」。ですから、頑なで不信仰なユダヤ人の間にあっても、主は全く思い煩うことなく弟子たちを養い育てられたのです。キリスト者、そして信仰篤い人々の間にあって、同じ完全性を目指す誓願を立てた小さき兄弟たちを主が養い育ててくださるとしても、どうして驚くことがありましょう。福音的な貧しさを模倣する貧しい姉妹たちを養い育ててくださるとしても、どうして驚くことがありましょう。「思い煩いは、何もかも神にお任せしなさい。神が、あなた方のことを心にかけていてくださるからです[13]」。

八　ですから、神である御父の私たちに対する配慮はこれほど大きなものであり、私たちに対する関心はこれほど大きなものであるというのに、どうして私たちはそれらの現世的なものに、どうしてそれらの好奇心を刺激するはかないものらにこれほどまでに心を奪われ思い煩うのか不思議でなりません。もちろん、混乱と断罪の母である貪欲以外には、その原因は見いだせません。私たちの愛着が私たちの救いである神から遠く離れ去ったこと以外には、その原因は捜し出せません。神からの愛の炎が冷え切って、私たちの内で氷のようになってしまったこと以外には、その原因はありません。もちろん、燃え立っているなら、私たちは裸で裸のキリストに従うはずです[f]。なぜなら、人間は、非常に暑い時には、着物を脱いで裸になるものだからです。それらの現世的なものにそれほどまでに私たちが引かれるというのは、私たちの内に大きな寒気があるしるしなのです。おお、私の神よ。いったいどうして、私たちはキリストに逆らいこれほどまでに頑ななのでしょうか。「主キリストは」「ご自分の地」つまり天を後にし、「ご自分の親族」つまり天使たちから離れ、「ご自分の父の家」つまり御父の懐《ふところ》から「出て来られ[14]」、私たちのために貧しいもの、見捨てられたもの、軽んじられるものとなられたというのに。それでも、私たちは「主キリスト」のために惨めで嫌悪すべき世俗を捨てようとしないのでしょうか。確かに、肉体の上では世俗を捨てています。しかし、何と悲しいことでしょう。私たちの心も思いも願いも全く世俗に占められ、飲み込まれているのです。

九　おお、神の幸いなる侍女よ、私たちの貧しい主イエス・キリストの貧しさを思い起こしてください、あなたの貧しい父フランシスコの貧しさをあなたの心に刻んでください、あなたの貧しい母クララを思い起こしてください。そして、全き熱意を傾け、努力の限りを尽くして、貧しさという女主人を喜び迎えてください。主の御名のために天の下で貧しさ以外の何ものをも愛さず、名誉でも他の世俗的なものでも富でもなく、ただあなたが誓願を立てた聖なる貧しさを堅く遵守するよう心を砕いてください。実に、富を有し、富を愛することは無益なことです。富を愛していながら、富を有していないことは危険なことです。富を有していながら、富を愛さないことは重荷となります。ですから、富を持たず愛しもしないことこそ有益であり、安全であり、喜ばしく、完全な徳の行いなのです。ですからこそ、貧しさに対する主の勧告と同様に、模範は、貧しさに対する愛へとすべてのキリスト者を駆り立て燃え立たせるはずのものなのです。おお、祝された貧しさよ、あなたは何と神に愛されていることでしょう、あなたほどにあなたを愛する者をこの世にあって安全なものとするものがあるでしょうか。グレゴリウスが言っているとおりです。「実に、愛するものをこの世において持っていない者は、この世において恐れるべきものを何一つ持っていない」[g]。『師父たちの生涯』には次のような話が記されています。ある貧しい兄弟が一枚のござを持っていました。夜には、それを二つに折って、間に入って寝ていました。ある時、それは非常に寒い時でしたが、修道院の院長が夜中に外に出てみると、その兄弟が次のように言うのが聞こえました。「主よ、あなたに感謝いたします。なぜなら、何と多くの富んだ人々が囚われの身となっていることでしょう。彼らは鉄の鎖で椅子に縛りつけられたり、鉄の枷《かせ》をはめられていたり、木の足枷をはめられています。しかし、私は皇帝のようです。両足を伸ばし、望むところに歩いていきます」[h]。

ですから、このようにあなたは第一のこと、つまり貧しさの模範を有しているのです。

10　第二のこと、つまりあなたが貧しさに対する愛を燃え立たせなければならないわけは、神の約束です。それは測りがたいほどのものです。おお、「すべての人を豊かにお恵みになる」[15]方よ、おお、善き主イエスよ、いったい誰に言葉をもってふさわしく言い表せましょう、心で感じ取れましょう、手で書き記せましょうか、貧しい人々にあなたがお与えくださると約束された天の栄光を。まさしく、自発的に選んだ貧しさによって、創造主の栄光に近づくに値するものとされ、主の権能のうちに、永遠の幕屋に、光り輝く館へ入るに値するものとされるのです。その設計者ならびに建立者は神である、あの都の民となるに値するものとされるのです。まさしく、あなたは御口をもって祝福し、彼らに約束して言われました。「心の貧しい人々は、幸いである、天の国はその人たちのものである」[16]。主イエス・キリストよ、天の国とは、「王の王、主の主」[17]であられるあなた以外の何ものでもありません。あなたは、褒賞として、報酬として、喜びとして彼らにあなたご自身をお与えになるでしょう。貧しい人々はあなたを享受し、あなたによって喜び、あなたによって飽かされるでしょう。「貧しい人々は食べて満ち足り、主を尋ね求める人々は主を賛美するでしょう。その人々の心が代々《よよ》の代に至るまで生きながらえますように」[18]。アーメン。

（1）マタ一九・21。（2）Ⅱコリ八・9。（3）マコ一一・11。
（4）マタ八・20。（5）マタ二七・35、詩二二・19。
（6）ロマ一・21。（7）ヨブ一九・9。（8）Ⅱコリ八・9。
（9）ルカ一・53。（10）詩三三・11。（11）マタ六・31―32。
（12）ルカ二二・35。（13）Ⅰペト五・7。（14）創一二・1。
（15）ロマ一〇・12。（16）マタ五・3。（17）Ⅰテモ六・15。
（18）詩二二・27。
（a）出典不明。
（b）ベルナルドゥス『降誕徹夜祭の説教』一・5。
（c）ベルナルドゥス『復活の説教』三・1。
（d）前掲書前掲箇所。
（e）ベルナルドゥス『諸聖人の祝日の説教』一・7。
（f）ヒエロニムス『手紙』一二五・20。
（g）グレゴリウス『ヨブ記の道徳的注解』一〇・21・39。
（h）『布施者ヨハネス伝』20。

第四章

沈黙と寡黙

一　修道者にとって沈黙という徳は完成に達するために大いに役に立ってくれます。「口数が多ければ罪は避けえない」[1]と言われているように、人は罪を警戒するには、簡潔に語り、しかもまれにしか話さないことがこのためには有効だからです。言葉数が多いことで周りの人だけでなく神に対しても不正を犯すことが多々あるように、沈黙によって義が育まれ、あたかも樹木からのように、その義から平和という果実が摘み取られるのです。ですから、「修道院の」禁域に住む人々にとって、平和は絶対に必要不可欠なものであり、それによって心身ともに平和が保たれるところの沈黙は、その人たちにとって必要不可欠なものです。このためにこそ、沈黙という徳について思い巡らして、預言者イザヤは言うのです。「義が造り出すものは平和であり、義が生み出すものは沈黙である」[2]。これは、人の内に神の義を保ち、周りの人々の間に平和を養い保つ沈黙には大きな力がある、ということを言おうとしているのです。実際、大変な熱意をもって「自分の口に見張り番を立てる[3]」のでなければ、自分の持っている無償の賜物をまたたくまに失ってしまい、多くの悪の内にあって滅びてしまいます。幸いなるヤコブが正典とされた手紙の中で述べているように、「舌は小さな器官ですが、大言壮語するのです[4]」。さらにヤコブは言い添えています、「私たちの舌は火、不義の世界です[5]」と。これについて『グロッサ』では「ほとんどすべての悪行は［舌］によって引き起こされ、仕上げられる」と解説されています。おお、神の侍女よ、注意深く見張られていなければ、どれほど多くの悪が舌から生ずるものかお聞きになりたいのですか、お知りになりたいのですか。では、聞いてください。語りましょう。舌から生じるのは冒瀆、不平不満、罪の弁解、偽りの誓い、虚偽、嘲《あざけ》り、追従、悪口、罵詈、争論、善行に対する嘲笑、邪《よこしま》な助言、噂、自慢、秘密を漏らすこと、ごたごたした脅迫、軽率な約束、多弁、おどけた言葉です。舌が騒がしいことでこれほど多くの悪が犯されるのですから、まさしく「口に見張り番」を立てず、舌を鍛錬せずにいることは女性にとっては大変恥ずかしいことですし、聖なる処女《おとめ》たちにとって大変不名誉なことなのです。確信をもって、あえて私は申し上げます。騒がしく多弁を弄することで沈黙の規律を破る修道者が徳を持っていると心の中で誇ろうとも空しいことです。聖書が証ししているように、「自分は信心深い者だと思っても、舌を制することができず、自分の心を欺くならば、そのような人の信心は無意味です[6]」。

二　おお、イエス・キリストの愛すべき花嫁たちよ、あなたたちの、そして私の女主人に目を注いでください。もろもろの徳の鏡であるマリアに目を注いでください。そして［マリア］から沈黙を鍛錬する術《すべ》を学んでください。幸いなるマリアが寡黙な方であったことは全く明らかなことです。実に、福音書を通読すれば、ごくわずかなことを、それもごくわずかな人と話しておられるのがわかります。ただ四人の人と言葉を交わし、わずか七つの言葉を口にしておられるのがわかります。天使と二度、御子と二度、エリサベトと二度、婚宴の給仕たちに一度言葉を口にされただけです。ですから、言葉数を多くしがちな、私たちの饒舌には狼狽させられます。沈黙は非常に有益であるというのに。

三　その一つの益は、痛悔の念を生じさせる[7]からです。沈黙していると、人は自分の道を思い巡らし、自分の欠点がいかに多いか、進歩がいかに微々たるものか思い巡らす機会を得て、そこから痛悔の念が生じるのです。こうして、預言者ダビデは言うのです。「私は黙った。そして謙虚な者となった。良いことにも沈黙を守らせた。すると私の悲しみが新たになった[8]」。

沈黙のもう一つの益は、人は天上のものであることを明らかにすることです。これは、次の論証からも確かなことです。ある人がテウトニアに住んでいながら、テウトニアの言葉を話せないとします。すると、その人はテウトニア人ではないとみなされます。同じように、この世に住んでいながら、この世のことを話さないとすれば、その人はこの世からのものではないことは明らかです。「地から出る者は地のことについて語る[9]」とヨハネによる福音で言われています。

しかしながら、人々の交わりを避け孤独の生活を送らないかぎり、沈黙を守ることは修道者にはできません。実に、すでに俗人の域を抜け出した修道者は、神以外のものを慰めとしたり話し相手としてはならないのです。ですから、寡黙であり、沈黙を守らなければなりません。それによって神を友としているのですから、人からの慰めを気にしてはなりません。このため、「エレミヤの」哀歌第三章に言われています。「独り座っているがよい。そして沈黙するがよい。自らを超えて抜け出したからである[10]」。「独り座っているがよい」とは人々との交わりを避けよということであり、「沈黙するがよい」とは天上のことを思い巡らせということであり、「自らを超えて抜け出した」とは天上の甘美さを味わえということであると私には思われます。

四　諸徳の完成に達するためには、あらゆる修道者にとって沈黙が必要ですが、神に奉献された処女《おとめ》たち、イエス・キリストの侍女たちにとって、沈黙という規律を守ることはそれ以上に必要なことなのです。彼女たちの言葉は貴重なものでなければなりませんし、その唇は控えめでなければなりません。そのためには絶対に必要でなければ話してはなりません。ですから、幸いなるヒエロニムスは言います。「処女《おとめ》の言葉は慎み深く、稀なものでなければならない。貞淑さよりも雄弁が尊ばれることがないように[a]」。ある哲学者もこれを認めて、次のように述べています。「完成の頂点に達するために、簡潔に、しかも稀に、低い声で語るよう、私は望んでいます[b]」。

言葉数の多い侍女よ、聞いてください。やかましくおしゃべりな処女《おとめ》よ、聞いてください。沈黙を守る習慣を身につけるには、修道院長アガトンが行ったように、あなたも行わなければなりません。この方については、『師父たちの生涯』に次のように記されています。「寡黙を身につけるまで、三年間、彼は小石を口に入れていた[c]」。あなたも小石を舌でくるみなさい。そして舌を上顎につけなさい。「口に指をあてなさい[11]」。寡黙を身につけることができるためです。なぜなら、自分の花婿であるイエス・キリストと交わす言葉以外の言葉を望むのは、キリストの花嫁にとって恥ずべきことだからです。

五 ですから、稀に、しかも言葉数少なく、簡潔に話していなさい。恐れと貞潔をもって話しなさい。言うまでもないことですが、「正当な理由がある時に、ごくわずかに語りなさい[12]」。羞恥心というヴェールであなたの顔を覆いなさい。規律という糸で唇を縫い合わせなさい。そして、あなたの言葉は簡潔で、貴重で、有益かつ慎み深く謙虚なものでありなさい。神の侍女よ、稀に、言葉数少なく話しなさい。「口数が多ければ罪は避けえない[13]」ものだからです。つまらない言葉を口にしないようにしなさい。「人は自分の話したつまらない言葉についてもすべて、裁きの日には責任を問われる[14]」ものだからです。『グロッサ』にも記されているとおりです。「つまらない言葉とは、口にする人にとって必然的なものでなく語られ、聞き手にとって有益でもない言葉のことです[d]」。ですから、話すよりも沈黙するほうがいつでも優れていますし有益なのです。ある賢者は言っているからです。「私は話したことで後悔したが、沈黙したことで後悔したことは一度もない[e]」。

（1）箴一〇・19。（2）イザ三二・17。（3）詩三八・2。
（4）ヤコ三・5。（5）ヤコ三・6。（6）ヤコ一・26。
（7）詩一一八・59。（8）詩三八・3。（9）ヨハ三・31。
（10）哀三・28。（11）士一八・19。（12）シラ三二・10。
（13）箴一〇・19。（14）マタ一二・36。
（a）ヒエロニムス『手紙』補遺一・19。
（b）セネカ『手紙』四〇末尾。
（c）『師父たちの生涯（砂漠の師父の言葉）』五・4・7。
（d）グレゴリウス『ヨブ記の道徳的注解』七・17・58。
（e）クセノクラテス『記憶されるべき事跡』七・2。

第五章

祈りに対する熱意

一 進歩したいと願っているキリストの花嫁にとって、何にもまさって必要なことは、祈りに対する不屈の熱意と献身によって霊魂を訓育することです。なぜなら、まさしく不敬虔で生ぬるく、不屈の精神をもって絶えず祈らない修道者は惨めで無益であるだけでなく、肉体は生きていようとも魂は神のみ前では死んだものだからです。確かに、献身の力はそれだけで、神の侍女が高く天に昇るのを阻止するただひとりのものである邪な敵［である悪魔］の誘惑と策略に打ち勝つほどに効果的なものですから、不屈の精神をもって絶えず熱心に祈らない人が、しばしば惨めにも誘惑に屈してしまうとしても何ら驚くことはありません。ですから、幸いなるイシドルスは次のように言うのです。「祈りに対する熱意」は悪徳への誘惑によって燃え立っている人の治療薬である。悪徳に心が揺れ動くたびに、祈りに身を委ねなさい。絶えざる祈りは悪徳の攻撃を消滅させるからである[a]」。また、主が福音の中で仰せになっているのもこのことです。主は仰せになります。「誘惑に陥らぬよう、目を覚まして祈っていなさい[1]」。

ところで、敬虔な祈りは非常に力強いものですから、あらゆることに対して力を発揮し、いつでもそれによって益を受けることができるほどです。冬でも夏でも、晴れた日でも雨の日でも、昼でも夜でも、祝日でも平日でも、病んでいる時でも健康な時でも、若い時でも老いた時でも、立っていようと座っていようと歩いていようと、歌隊席にいようと歌隊席の外にいようと［その力を発揮します］。言うまでもないことですが、時として一時間祈ることで、全世界以上のものを手に入れることができるのです。なぜなら、控えめで敬虔な祈りによって天の御国を得るからです。ところで、どのように祈り、どのような祈りをささげたらよいのか、あなたはお知りになりたいとのことですが、この点については、私はあなた以上に教えを受ける必要があるのですが、主が私にお許しくださる範囲で、あなたにお教えしたいと思います。

二　神のみ前に尊い侍女よ、あなたもご存知のとおり、完全な祈りのためには三つのことが必要不可欠です。第一のことは、祈りに入る時には、体を真っ直ぐに起こし、心を高く挙げ、すべての感覚を閉ざし、心をかき乱されることなしに、苦い痛悔の心をもって、あなたのすべての惨めさ、つまり過去、現在、将来の惨めさについて思い巡らさなければなりません。

まず初めに、細心の注意を払って思い巡らさなければなりません。どれほど多くの、どれほど大きな罪をこれまで日々犯してきたか。どれほど多くの、どれほど大きな善を世俗の生活において、また修道生活において怠ってきたか。あなたの創造主のどれほど多くの、どれほど大きな恵みをしばしば無駄にしてきたか。

また、思い巡らさなければなりません。かつては神のおそば近くにいたあなたが、罪によってどれほど神から遠ざかってしまったか。かつては神に非常に似たものであったあなたが、神とはどれほど似ていないものになってしまったか。今は非常に醜く見苦しいあなたが、魂においてかつてはどれほど美しかったか。

思い巡らさなければなりません。罪によって、あなたはどこへ向かっているのか。地獄の門に向かっているのですから。何があなたを待ち受けているのか。裁きという恐ろしい日が待ち受けているのですから。これらすべての報いとして何があなたに与えられるのか。永遠の死の炎が与えられるのですから。

そして、直ちに、これらすべてのことのために、徴税人と共に[2]、胸を叩かなければなりません。預言者ダビデと共に[3]、あなたの心の呻《うめ》きによって嘆き悲しまなければなりません。マグダラのマリアと共に[4]、主イエスの足を涙でぬらさなければなりません。ある程度というのではなく、限りなく涙を流さなければなりません。あなたは罪をもってイエスを限りなく傷つけたのですから。このことについても、幸いなるイシドルスが述べています。「祈りのうちに神のそばに身を置く時、私たちが犯した罪がどれほど重大なものであるか、私たちの恐れている地獄の責め苦がどれほど過酷なものかを思い起こして、呻き泣かなければならない[b]」。このような涙に満ちた瞑想が、あなたの祈りの始まりでなければなりません。

三　祈るにあたって神の花嫁にとって必要な第二のこととは感謝することです。つまり、すでに受けたご厚情ならびに今も受けているご厚情の故に、謙虚さの限りを尽くして、自分の創造主に感謝をささげることです。使徒パウロも、このことを勧めて、コロサイの人々への手紙の第四章で、次のように述べています。「目を覚まして感謝を込め、ひたすら祈りなさい[5]」。実に、受けた賜物の故に常に神に感謝をささげること以外には、人を神からの贈り物を受けるにふさわしくするものは何一つとしてありません。ですから、幸いなるアウグスティヌスは、アウレリウスに宛てて書き記して、次のように述べています。「『神に感謝いたします』という言葉以上に、霊魂に抱き、唇に乗せ、筆で書き記すに優れた言葉があるだろうか。この言葉の他には、より一層簡潔に語ることも、より一層の喜びをもって聞くことも、より一層崇高なことを理解することも、より一層実り豊かなことをすることもできる言葉はないのである[c]」。

ですから、定められた祈りのうちで、感謝をこめて瞑想しなければなりません。神があなたを人間として創造してくださったからです。あなたをキリスト者としてくださったからです。数え切れないあなたの罪を赦してくださったからです。主があなたを守ってくださらなかったなら、多くの罪に陥っていたはずだからです。世俗にまみれてあなたが死ぬことをお許しにならないからです。いと高く、いとも完全な修道会に入るようあなたを選んでくださったからです。あなたが労せずとも、あなたを養い育ててくださったのであり、今も養い育ててくださっているからです。あなたのために人となられ、割礼をお受けになり、洗礼をお受けになったからです。あなたのために貧しく、裸で、卑しく、軽蔑されるものとなられたからです。あなたのために断食し、飢え、渇き、労苦し、疲れられたからです。あなたのために嘆き悲しみ、血の汗を流し、いとも聖なるご自分の御体をあなたの糧としてくださり、いとも貴いご自分の御血をあなたの飲み物としてくださったからです。あなたのために拳で打ち叩かれ、唾を吐きかけられ、嘲笑され、鞭打たれたからです。あなたのために、十字架につけられ、傷つかれ、いとも見苦しくいとも侮辱に満ちた死を遂げられ、こうしてあなたを贖《あがな》ってくださったからです。葬られ、復活され、天に昇られ、聖霊を与えてくださったからであり、あなたと選ばれたすべての人に天の御国を与えると約束してくださったからです。

祈りにおいて、このように感謝することこそが何にもまして有益なことであり、これなしには祈りは何一つとして役に立たないのです。まさしく、幸いなるベルナルドゥスが言っているとおりです。「感謝を忘れることは熱風のようなものである。敬虔の泉、慈しみの露、恵みの流れを干上がらせてしまう[d]」。

四 祈りが完全であるために必要とされる第三のことは、あなたが祈っているただその一つのこと以外の何ものをも祈りのうちで考えない、ということです。ある人が口では神と語らっているが心では別のことを考えているとすれば、心の半分は天に向けられているが残りの半分は地上に繋がれているとすれば、それは全くふさわしいものではありません。そのような祈りが神に聞き入れられることは決してありません。ですから、「心を尽くして［心のすべてをあげて］呼び求めます。主よ、私［の叫び］を聞いてください[6]」という詩編の言葉について、『グロッサ』は「分割された心が［願いを］遂げることはない[e]」と言うのです。実に、祈りの時には、神の侍女は、あらゆる外的な気遣い、あらゆる世俗的な願望、あらゆる肉的な愛着から内的なものへと自分の心を引き戻し、自分の祈りが目指す方ただおひとりに心のすべて、精神のすべてを向かわせなければなりません。あなたの花婿イエスも、このことをあなたに勧めて、福音の中で仰せになっています。「あなたが祈る時は、奥まった自分の部屋に入って戸を閉め、あなたの父に祈りなさい[7]」。あなたのあらゆる思い、あらゆる願望、あらゆる愛着をあなたの心の秘められたところに引き戻す時、その時あなたは「奥まった自分の部屋に入った」ことになります。いかなる空想的な思いによってもあなたの献身の念は妨げられないほどに、熱心にあなたの心を見張る時、その時あなたは「戸を閉めた」ことになります。アウグスティヌスが述べているとおりです。「まさしく祈りとは、敬虔と謙虚さに満ちた愛情をもって精神を神に向き直らせることである[f]」。

五　おお、いとも幸いなる母君、お聞きください。おお、イエス・キリストの侍女よ、聞いてください。「私の口の言葉に耳を傾けてください[8]」。偽ってはなりません。欺いてはなりません。あなたの祈りの大きな成果を放棄してはなりません。祈りのうちに汲み取るはずの心地よさを失ってはなりません。甘美さを無にしてはなりません。実に、祈りは柄杓《ひしゃく》のようなものです。それをもって、いとも幸いなる三位一体の神の満ち溢れる甘美さの泉から、聖霊の恵みが汲み取られるのです。あのいとも献身の念篤い預言者ダビデもこれを体験したのです。こう言っています。「私は口を開き、息を吸い込みました[9]」。「私は口を開いた」とは「祈ること、捜し求めること、叩くこと」であると『グロッサ』は言い、「息を吸い込みました」とは「汲み取ることである」と『グロッサ』は言います[g]。

祈りとは何か、あなたに対して私はすでに充分に語ったのではないでしょうか。もう一度聞いてください。「祈りとは精神を神に向き直らせること」なのです。どのようにして精神を神に向き直らせたらよいのか、あなたはお知りになりたいのですか。では、お聞きください。祈る時には、あなた自身のすべてを集中させ、あなたの愛する方と共にあなたの心の寝屋に入り、ただひとりその方とだけ留まり、外的なことはすべて忘れて、心を尽くし、精神を尽くし、愛情の限りを尽くし、あらゆる願望、献身の限りを尽くして、自分を超えて自分を高く挙げなければなりません。祈りに対する気持ちが緩まないようにしなければなりません。いつまでも燃え盛る献身の念をもって、「みごとな幕屋の地を通って神の家にまで[10]」進み行くまで、上へと登っていかなければなりません。そして、そこで心の目をもってあなたの愛する方を見るやいなや、また「主がいかに甘美な優しい方であるか、その心地よさがいかに大きなものであるかを味わう[11]」やいなや、主の懐に飛び込み、深い献身の念をもって熱く口づけすることになるでしょう。こうしてあなた自身から完全に引き離され、完全に天に引き上げられ、完全にキリストへと変容させられたあなたは、自分の霊を引き留めることはできず、預言者ダビデと共に叫んで言うでしょう。「私の魂は慰められるのを拒みました。神を思い起こし、喜びました[12]」。

六　敬愛する母君、あなたの心が献身の念に満ちた祈りによって高く高く挙げられ、神への熱い思いに燃え盛るために、三つの条件で精神の離脱へと私たちは導かれていることを注意深く心に留めておいてください。つまり、ある時は絶大な献身の念の故に、ある時は絶大な驚嘆の念の故に、ある時は絶大な歓喜の故に「精神の離脱へと導かれるのです」。

七　ある時は絶大な献身の念の故に生じることとは、次のようなことです。それは「精神が自分自身を捉えておくことができず、自分自身を超えて高く挙げられ、離脱(alienatio) へと移り行くこと」であり、「天に対する願望の火によってことごとく燃え立てさせられる時、外にあるすべてのものは苦々しく不快なものへと変えられ、内なる愛の炎が人間の限界を超えて燃え盛ります。その炎は魂を蠟のように溶かし、魂は自らの内で衰えにいき、香の煙のように高きところへと挙げられ、頂《いただき》にまで昇り行くのです[h]」。そして、その時、預言者と共に叫ばずにはいられなくなり、次のように言うでしょう。「私の肉も私の心も衰えました。神は私の心のもの、神はとこしえに私に与えられた分け前[13]」。

八　同じように、ある時は絶大な驚嘆の念の故に生じることとは、「神の光によって精神が輝きを放ち、至高の美への驚嘆によって高く挙げられる時のことです。その時、精神は激しい驚愕に揺り動かされ、自分の本来の状態から徹底的に搾り出され、稲妻のように閃《ひらめ》き、見えない美を崇め自らを蔑視することでますます低く屈せられればられるほどに、ますます高く、ますます素早く、至高のものに対する願望の熱火によって解き放たれ、自分自身を超えて引き離され、至高のもののうちに高く挙げられるのです[i]」。そしてその時、あのいとも聖なるエステルと共に叫ばずにはいられないでしょう。「主よ、私は、あたかも神の使いのように、あなたを見ました。あなたの栄光への畏れの故に私の心は掻き乱れました。まさしく、あなたは全く驚嘆すべき方です。主よ、あなたの御顔は恵みに満ちておられます[14]」。

九　同じように、ある時は絶大な歓喜の故に生じることとは、深い内的な愉悦を満ち溢れるほどに飲み干し、全く酔いしれた時のことです。その時、精神は自分が何ものであり、何ものであったのか全く忘れ去って、驚嘆すべき幸福な状態に移され、世俗を超えた性向を持つものへと変容されるのです[j]」。そしてその時、あの預言者と共に叫ばずにはいられなくなり、次のように言うでしょう。「万軍の主よ、あなたの幕屋は何と素晴らしいことでしょう。主の庭を慕って、私の魂は絶え入りそうです。生ける神に向かって、私の身も心も喜び躍ります[15]」。

一〇　ですから、このように神の侍女は献身の念篤い祈りに熱心であるよう自分の霊魂を鍛錬しなければならず、絶えざる祈りの実践によって、きれいにされ浄められた心の目を通して、疲れを知らぬ献身の霊によって、神を観想し神の甘美な愉悦を味わうにふさわしいものとされるためにはどのようなものであるべきかを学ばなければなりません。実に、神の像を刻み込まれ、神の似姿に装われ、神の血によって贖われ、至福を得る力を持った魂が、この地上の一時的なものを巡って奔走することはふさわしいことではありません。むしろ、ケルビムを超えて昇っていかねばなりません、風の翼、つまり、天使たちの群れを超えて、飛んでいかなければなりません、三位一体の神ご自身とキリストの人間性を観想するために。そして、天上の市民、つまり、天使たちと聖人たちの栄光と喜びを瞑想しなければなりません。

しかし、今日、誰かいるでしょうか。このような瞑想に専念している人が。天上の喜びを捜し求めている人が。心と霊魂を天上へと向き直らせる人が。非常に少ないのです。ですから、ある種の修道者たちについて、まさしく次の言葉を述べることができるでしょう。それは幸いなるベルナルドゥスの言葉です。こう言っています。「彼らが熱心に励まなければならないことは、献身の念をもって天へと分け入り、精神をもって天の住居《すまい》を巡り歩き、使徒たちと預言者たちの群れを訪れ、殉教者たちの凱旋に驚嘆することであるのに、それらのすべてを後回しにして、卑劣にも肉体の奴隷として自分を売り渡している。それも肉に服従し、胃袋と臓腑を満足させるためである[k]」。

（1）マタ二六・41。（2）ルカ一八・13。（3）詩三七・9。

(4) ルカ七・38。(5) コロ四・2。(6) 詩一一八・145。(7) マタ六・6。(8) 詩七七・1。(9) 詩一一八・131。(10) 詩四一・5。(11) 詩三三・9、三〇・20。(12) 詩七六・3—4。(13) 詩七二・26。(14) エス一五・16。(15) 詩八三・2—3。

(a) イシドルス（セビリャの）『命題集』三・7・1。
(b) 前掲書三・7・5。
(c) アウグスティヌス『手紙』四一・1。
(d) ベルナルドゥス『雅歌講話』五一・6。
(e) アウグスティヌス『詩編注解』一一八・29・1からの引用。
(f) 擬アウグスティヌス［実はアルケルス］『霊と魂』50。
(g) アウグスティヌス『詩編注解』一一八・27・4からの引用。
(h) リカルドゥス（サン・ヴィクトルの）『大ベニヤミン』5。
(i) 前掲書前掲箇所。
(j) 前掲書前掲箇所。
(k) ベルナルドゥス『雅歌講話』三五・3。

第六章

キリストの受難を思い起こすこと

一　キリストの受難をしばしば思い起こすことで献身の炎は培われ保持されるのですから、消えることのない献身の念を自らの内に保持し続けたいと願う人にとって、しばしば、そして常に、十字架の上で死んでいかれるキリストを心の目をもって見つめることがどうしても必要です。このために、レビ記の中で主は仰せになったのです。「私の祭壇の上の火は絶やさず燃やし続ける。毎日、祭司は薪をくべ、燃やし続ける」[1]。いとも献身の念篤い母君、お聞きください。「神の祭壇」とはあなたの心のことです。この祭壇の上に、熱い献身の火を絶えず燃やし続けなければなりません。そして、キリストの十字架の木と、その受難への追憶とをもって、毎日、その火を燃やし続けなければなりません。このことを預言者イザヤは言ったのです。「あなたたちは喜びのうちに、救い主の泉から水を汲む[2]」。これは次のことを言おうとしているのです。神から恵みの水、献身の水、涙の水を汲みたいと願う人は誰であれ、救い主の泉、つまり、イエス・キリストの五つの傷から汲まなければなりません。

二　おお、侍女よ、ですから、近づきなさい、愛情のこもった歩みをもって。傷つかれたイエスへ、茨の冠を被せられたイエスへ、十字架に釘づけられたイエスへ。そして幸いなる使徒トマスと共に、その手に釘の跡を見るだけでなく、その釘跡に指を入れるだけでなく、その脇腹に手を入れるだけでなく[3]、体全体をもって脇腹の入り口を通ってイエスご自身の心にまで入り行き、そこで十字架につけられた「キリスト」への熱く燃え立つ愛によってキリストへと変容され、神への畏敬の念という釘によって共に十字架につけられ、心の底から湧き出る愛情という槍をもって刺し貫かれ、深い共苦共感の思いという剣《つるぎ》をもって刺し通されたあなたは、キリストと共に十字架の上で死ぬことができるということの他は何も願ってはなりませんし、他からの慰めを願ってもなりません。そして、その時、あなたは使徒パウロと共に叫んで言うにちがいありません。「私は、キリストと共に十字架につけられています。生きているのは、もはや私ではありません。キリストが私の内に生きておられるのです[4]」。

三　ところで、次のような方法でキリストの受難を思い起こさなければなりません。それは、その受難が全く屈辱に満ちたものであったこと、極めて過酷なものであったこと、全体的なものであったこと、極めて長い時間に及んだことを考えることです。

神によみされた侍女よ、まず第一に考えてください、あなたの花婿であるイエス・キリストの受難がどれほど屈辱に満ちたものであったかを。実に、あたかも盗人や強盗であるかのように十字架につけられたのです。まさしく極めて極悪な者、極めて非道な者、そして盗人や強盗でもなければ、このような死をもって罰せられた者は古い律法の時代にも誰ひとりとしていませんでした。

さらに、注目してください、キリストの受けた大きな屈辱に。実に、いとも忌まわしく、いとも恥ずべき場所、つまり死者の骨と屍《しかばね》が数多く投げ捨てられていたカルヴァリア（されこうべ）の丘で十字架につけられたのです。この場所は、死刑を宣告された者たちのために指定された場所で、極めて極悪な者でもなければ、ここで首をはねられたり十字架につけられたりすることはありませんでした。

さらに、見つめてください、キリストの受けた大きな屈辱を。あたかも強盗であるかのように「二人の」強盗の間で、しかも強盗たちの首領であるかのように彼らの真ん中で十字架につけられたからです。ですから、イザヤは言うのです。「非道な罪人のひとりに数えられた[5]」。

さらに、よく見てください、あなたの花婿の受けた大きな屈辱を。空気のようにみなされ、天と地との間で宙吊りにされたからです。あたかも地上で生きるにも死ぬにも値しないかのようです。おお、何と畏れ多い屈辱であり侮辱であることか。全世界の主を全世界の人々が拒否したのです。世界の内に世界の主よりも軽視すべきものは何一つとしてないと判断されたのです。ですから、このように神の御子の死は、死の有様の故に極めて屈辱的なものでした。十字架に吊るされたからです。一緒に死んだ者たちの故に［極めて屈辱的なものでした］。「犯罪人の一人とみなされ[6]」、断罪されたからです。死んだ場所の故に［極めて屈辱的なものでした］。全く嫌悪すべきカルヴァリアの丘で十字架につけられたからです。

四　おお、善きイエスよ、おお、恵み深い救い主よ、あなたは一度だけではなく、何度も何度も辱《はずかし》めをお受けになりました。辱めが度重なれば重なるほど、屈辱はますます大きなものとなるものです。そして、ご覧ください。主イエスよ、あなたは［オリーブ山の］園で縛られ、アンナスの家で平手で打たれ、カイアファの屋敷で唾を吐きかけられ、ヘロデの官邸で笑いものにされ、十字架を担って道を進み、ゴルゴタで十字架につけられました。ああ、何と悲しいことでしょう。ああ、何と悲しいことでしょう。ご覧ください。捕らわれ人の自由が捕らえられ、天使たちの栄光が笑いものにされ、人々の命が抹殺されるのです。おお、哀れなユダヤ人よ、かつてあなたたちが約束したことをよくも実行したことだ。実際、かつてあなたたちは言った。「彼を不名誉な死に追いやろう[7]」。このため、幸いなるベルナルドゥスは言うのです。「［キリストは］『自分を無にして、僕の姿をとられた[8]』。神の御子であられたが、僕となられた。従うために僕の姿を取られただけでなく、何の咎《とが》も犯さなかったにもかかわらず、打ち叩かれるため、懲罰から解放されるために、悪い僕の［姿をさえ取られたのである[a]］」。教皇のように、「神の僕たちの僕」であられただけでなく、罪人たちの最悪の罪を赦すために仕える者として「悪魔の僕らの僕」にまでなられたのです。しかし、これでも充分ではありませんでした。あらゆる死の中でも最も恥ずべき死を選ばれました。ですから、あなたも同じような［屈辱］を被ることを恐れてはなりません。「遜って、死に至るまで、それも十字架の死に至るまで従順でした[9]」。［この死は］「最も不名誉な屈辱に満ちたものである」と『グロッサ』に言われています。

五　神に奉献された処女《おとめ》よ、第二に、キリストの受難が極めて過酷なものであったことを考察し、注目してください。苦痛に煩悶している心にとって体を縮めて丸くすると苦しみは軽くなり慰めを得ることになるものですが、主の十字架刑は、死の苦痛のうちにあっても、引き延ばされた幸いなる肢体を縮めることを許さず、魂が［肉体から］離れようとする時に、その尊ぶべき神聖な頭は横たえる場所を持たなかったのです。

　さらに、心を込めて注目してください、キリストの死がどれほど過酷なものであったかに。多感であればあるほど、より激しく痛みを感じるものです。ところが、救い主の御体のように、苦難を耐え忍ぶにあたって多感な体は一つもありませんでした。実に、女性の体は男性の体よりも多感なものです。キリストの肉体は全く「汚れを知らぬ」処女《おとめ》の「肉体のような」ものでした。聖霊によって懐胎し、処女《おとめ》からお生まれになったからです。ですから、キリストの受難はありとあらゆる苦難の中でも極めて過酷なものでした。あらゆる処女《おとめ》たちよりも多感であられたからです。まさしく、死を思い巡らすだけで、その肉体の多感さの故に、その御体の汗が血の汗のように地面に滴り落ちる(10)ほどに、その魂は悲しまれたのです(11)。どれほど多くの苦しみが増し加えられたことでしょう。過酷極まりない苦難を味わっておられるさなかに、どれほど多くの責め苦が加えられたことでしょう。ですから、幸いなるベルナルドゥスは言うのです。「主イエス・キリストよ、祈っておられた時に、あなたのいとも聖なる肉体から地面に滴り落ちた血の汗は、あなたの御心の苦しみを示していました(b)」。「いともいとしい幼子よ、いったい何を行ったのですか、このように取り扱われるために。おお、愛すべき若者よ、いったいどんな悪いことを行ったのですか、このように裁かれるために。ご覧ください。私なのです、あなたの悲しみの原因は。私なのです、あなたがお受けになった死をもたらす打ち傷は(c)」。

　さらに、熱心に見つめてください。キリストの死がどれほど鋭い痛みを伴うものであったかを。無垢な人であればあるほど、科せられた責め苦を耐え忍ぶにあたってひどく苦しむものです。実に、キリストはご自身の罪科《つみとが》の故にこの苦しみを耐え忍ばれたのであれば、幾分か耐え忍びやすかったことでしょう。しかし、「この方は、罪を犯したことがなく、その口には偽りがなかった(12)」のです。そのことをピラトも証しして言っています。「私はあの男に死に値する何の罪も見いだせない(13)」。まさしく、この方は「永遠の光の反映、神の威光を映す曇りのない鏡、神の善の像(14)」なのです。知恵の書の第七章に言われているとおりです。

六　さらに、充分に考察してください。あなたの愛する花婿であるイエス・キリストの死がどれほど容赦のないものであったかを。全体に及ぶものであればあるほど、責め苦は過酷なものとなります。さて、あなたの花婿であるキリストは、その御体のあらゆる部分において苦しまれました。ですから、どのような小さな部分であれ特別な責め苦を科されなかったところはなかったほどです。些細な箇所であれ、激しい痛みに満たされなかったところは一つもないほどでした。まさしく、「足の裏から」頭の「天辺まで、健全なところは満足なところはありませんでした[15]」。ですから、極度の苦しみの激しさの故に、叫んで仰せになりました。「道行く人よ、心して目を留めよ、よく見よ。私を責めるこの痛みほどの痛みがあっただろうか[16]」。主イエス・キリストよ、実際のところ、あなたの苦しみに似た苦しみは一つとしてありません。あなたの御血は流され尽くしました。あなたの御体全体が血まみれになったほどです。

おお、善きイエスよ、おお、いとも甘美なる主よ。あなたの御体の五つの部分から、つまり、十字架上の手と足から、［茨の］冠を被せられた頭から、鞭打たれた全身から、脇腹を［槍で刺し貫かれ］開かれたことで心臓から、滴りではなく流れをなして血は流れ出ました。あなたの内に血が残っていたとしたら、不思議に思われるでしょう。お願いです。仰ってください。私を愛してくださる主よ、仰ってください。あなたのいとも聖なる御血の一滴でこの世全体を贖うに充分であるというのに、どうしてこれほどまでの御血が御体から流れるままにされたのですか。知っております、主よ。私はよく知っております。あなたがそうされたのは、どれほど大きな愛情をもって私を愛しておられるかを明らかにすることにほかなりませんでした。

七　ですから、「私に報いてくださったすべてのことに対して、私は何を主にお報いしたらよいのでしょうか[17]」。「主よ、はっきりと申し上げます。私は生きているかぎり、［神の国を］宣べ伝えるにあたって、あなたが耐え忍ばれた数々の労苦、［各地を］巡回なさった時の疲労、祈りのための徹夜、［人々に］共苦共感されての涙、悲しみ、［あなたに浴びせかけられた］誹謗、唾、殴打、愚弄、［十字架の］釘、そしてその傷を思い起こします。そうでなければ、『地上に流された正しい人の血の責任が、私に求められるでしょう[18][d]』。「誰が私の頭に水を、私の目に涙を与えてくれるでしょうか[19]」。日夜、私の主イエスの死を悼んで泣くことができるために。その死はご自身の罪のためではなく、私の罪のために耐え忍ばれたものです。「［主］が傷を負われたのは私たちの背きのため、［主］が打ち砕かれたのは私たちの咎のためでした[20]」と、預言者イザヤが言っているとおりです。

八　最後に、考えてください、熱心に見つめてください。

キリストの死と受難が極めて長い時間に及んだことを。御降誕の最初の日から御死去の最後の日まで、常に、様々な苦難と悲しみのうちにあられました。預言者を通して、御自ら語って証ししておられるとおりです。「私は若い時から貧しく、苦しんで来た[21]」。別の所でも仰せになっています。「日ごと、私は鞭打たれていた[22]」。「日ごと」とは、私の生涯のあらゆる時に、ということです。

さらに、キリストの死の苦難がどのようなものであったか、次のようにも考えてみてください。実に、［主が十字架に］吊るされたのは、責め苦ができるだけ長く続くため、苦しみが速やかに去ることのないため、死の瞬間を引き延ばすため、そしてそのようにして拷問が長く続き、より一層激しく虐待されるためでした。

九　おお、キリストの処女《おとめ》、神の侍女よ、以上で私が述べたすべてのことから、あなたのいとも愛する花婿であるイエス・キリストの死と受難がどれほど恥辱に満ち、どれほど苦痛に満ち、どれほど全体的なものであり、どれほど陰湿なものであったか、あなたはまとめあげることができるでしょう。これらのすべてを耐え忍ばれたのは、ご自分に対する愛をあなたの内に掻き立てるため、これらのすべてのことの故に、心を尽くし、魂を尽くし、精神を尽くして、あなたがこの方を愛するようになるためです。まさしく、僕の救いのために主が僕の姿形を取られること以上の好意が何かあるでしょうか。神の義と神への従順の故に、死を耐え忍ぶという模範以上に、人間に救いへの道を教えるものが何かあるでしょうか。［私たちには］何の功績もなく、かえって多くの過ちを犯していたにもかかわらず、私たちのためにいと高き神の御子が「ご自分の魂（命）を捨ててくださいました[23]」。これほど大きな慈しみ以上に、いったい何が神を愛するように人を駆り立てることができましょうか。この御好意は絶大なものであり、これ以上に慈悲深いもの、これ以上に寛大で物惜しみのないもの、これ以上に親切なものは何一つとして考えられないほどのものなのです。私たちのためにより一層激しくより一層過酷な苦しみを耐えてくださった、あるいは耐えることを望まれたのであればあるほど、この御好意はより一層明らかにされるのです。まさしく、「私たちすべてのために、その御子をさえ惜しまず死に渡された神が、御子と一緒にすべてのものを私たちに賜らないはずがありましょうか[24]」。このことによって、［主］を愛するように、また愛する者として［主］に倣うよう、私たちは招かれているのです。

一〇　ですから、何と禍なことでしょう、これほどの御好意のこもった慈愛に対して感謝の念を持たない人々は。そのような人々の魂においては、キリストの死は何の効果をあげることもないのです。ベルナルドゥスが言っています。「ご覧なさい、口づけをしようとして傾けられたキリストの頭を、抱き締めようとして差し伸ばされた腕を、豊かに与えようとして穿たれた手を、ご自分のすべてを与え尽くそうとして広げられた体全体を[e]」。また、何と禍なことでしょう、自分の罪によってキリストを「再び自分の手で改めて十字架につけ[25]」、「その傷の痛みにさらに痛みを加える[26]」人々は。さらに第三に、何と禍なことでしょう、これほど大量の血がこれほどしばしば流され、これほど膨大で優れた代償が払われたにもかかわらず、心を和らげ嘆き悲しむことができず、御好意にすがることもできず、善業を行おうと燃え立つこともできない人々は。まさしく、このような人々は「キリストの十字架に敵対する者たち[27]」であり、かつて十字架の木に吊り下げられておられた方をユダヤ人が冒瀆した以上に、今日、天において御父の右に座しておられるキリスト、神の御子を冒瀆しているのです。このような人々に対して、そしてこのような人々について主は嘆き訴え、幸いなるベルナルドゥスを通して語っておられるのです。「人よ、見るがよい。あなたのために私が苦しんでいるのを。私に加えられているような責め苦による痛みがあるだろうか。あなたのために死のうとしている私があなたに叫んでいるのだ。目を留めるがよい、私を苦しめる責め苦に。目を留めるがよい、私[の手足]を刺し貫く釘に。外的な痛みはこれほど大きなものである。だが、内的な痛み悲しみはもっと大きなものだ。これほどまでにあなたが感謝の念を欠いていることを味わわされているからである[f]」。

二　ですから、気をつけてください、母君。気をつけてください。これほどのご好意に対して感謝の念を欠いた者とならないように。あなたのためのこれほどの代償に対して冷淡な者とならないように。むしろ、「あなたの心に刻まれた印章のように[28]」、十字架につけられたイエス・キリストを押し当ててください。柔らかい蠟に押し当てられた印章のように、あなたの花婿であるイエスをあなたの心に刻みつけ、預言者と共に言うことができますように、「私の心は溶けて流れる蠟のようになりました[29]」と。「あなたの腕に刻まれた印章のように[30]」、「十字架につけられたイエス・キリストを押し当ててください。」決して良いことを行うことを止めることがないように、主イエスの御名のための労苦に疲弊することのないように。むしろ、それまで何もしてこなかったかのように、今初めて始めるかのように、あらゆることを行ってください。時として悲しいこと、重苦しいこと、不快なこと、辛いことが何かしら生じた時には、あるいは、当然あることですが、何かしら良いことを行うことに倦みつかれた時には、直ちに、十字架につけられたイエスのもとに駆け寄ってください。そしてそこで、茨の冠、鉄の釘、脇腹の槍を見つめてください。そこで、足の傷、手の傷、頭の傷、脇腹の傷、体全体の傷を思い浮かべつつ観想してください。あなたのためにこれほど苦しまれた方は、あなたのためにこれほどまでに耐え忍ばれた方は、それほどまでにあなたを愛してくださったからです。私を信じてください。このようにただ見つめることで直ちに、あらゆる悲しみは喜びに、あらゆる重苦しさは軽やかさに、あらゆる不快なことは心地よいことに、苦々しいことは甘やかで美味なことに取って代わり、幸いなるヨブと共に叫び始めるはずだからです。「私の魂が以前は触れることを望まなかったものが、今は」、キリストの受難の「苦しみの故に私の糧となっています[31]」。これは次のようなことです。私の魂が以前は軽んじていた良いものが、今は、私が見ているキリストの受難の苦しみの故に、私にとって甘美で喜ぶべきものとなっています。

ところで、次のようなことが記されています。ある人が回心して修道者となりました。食事の粗末さと修道生活の規律の厳しさに全く我慢できなくなりました。このようにして全く耐え難いことから追い詰められていました。その時、十字架につけられた「キリスト」の像の前に進み出て、そこで多くの涙を流しながら、耐え難い苦しみと修道生活の労苦、パンと飲み物という食事の味気なさを訴え始めました。すると、たちまち、「十字架の」像の脇腹から血が流れ出し始めました。その人が、激しく泣きながら自分の苦しみを思い巡らしていますと、それに応えて、キリストの像が語りました。食べ物や飲み物が不味いと感じた時はいつでも、キリストの塩気をおびた血に浸すがよい[g]。

（1）レビ六・5。（2）イザ一二・3。（3）ヨハ二〇・25、27。
（4）ガラ二・19―20。（5）イザ五三・12。（6）ルカ二二・37。
（7）知二・20。（8）フィリ二・7。（9）フィリ二・8。
（10）ルカ二二・44。（11）マタ二六・38。（12）Ｉペト二・22。
（13）ヨハ一八・38。（14）知七・26。（15）イザ一・6。
（16）哀一・12。（17）詩一一五・12。
（18）マタ二三・35、エゼ三三・8参照。（19）エレ九・1。
（20）イザ五三・5。（21）詩八七・16。（22）詩七一・14。
（23）ヨハ一〇・15。（24）ロマ八・32。（25）ヘブ六・6。

(26) 詩六八・27。(27) フィリ三・18。(28) 雅八・6。
(29) 詩二一・15。(30) 雅八・6。(31) ヨブ六・7。
(a) ベルナルドゥス『聖水曜日の説教』10。
(b) ベルナルドゥス『主の生涯と受難についての説教』6。
(c) アンセルムス『祈り』2. Post tractareris。
(d) ベルナルドゥス『聖水曜日の説教』11。
(e) この言葉はベルナルドゥスの著作には見いだされない。
(f) Franz Joseph Mone, Hymni latini medii aevi (1853) Tom. 1, p. 172.
(g) Chronica XXIV Generalium (Analecta Franciscana, Tom. III, 1897).

第七章

神への完全な愛

一　以上で、主が霊感を与えてくださるままに、どのようにして霊魂を鍛錬しなければならないかを、神の侍女であるあなたに伝授してまいりました。それは、階段を昇るようにして、「徳から徳へと[1]」進歩することができるためです。さてこの第七章で残されているのは、諸々の徳の形相について、つまりただこれだけが人を完成の域に導くことができる愛（caritas）について語ることです。悪徳を消滅させるため、恵みの内に前進していくため、あらゆる徳の完成の頂にまで到達するためには、愛以上に優れ有益なものは何一つとして語ることはできませんし、考えることもできません。このため、『観想生活』の中でプロスペルは次のように言うのです。「愛（caritas）は諸徳の命であり、悪徳の死である[a]」。そして、「蠟は火の前に溶けるように」、悪徳は愛の「前に滅び去る[2]」ものなのです。まさしく愛はこれほど大きな力をもった徳なのです。愛のみが地獄［の門］を閉ざし、天［の門］を開き、救いへの希望を与えてくれ、神に愛される者としてくれるのです。愛はこれほど大きな力を持った徳なのです。愛のみが諸々の徳の中でも徳として名指しされ、それを持っている人は富んだ人、裕福な人、幸いな人であり、それを持っていない人は貧しい人、物乞いをする人、惨めな人なのです。ですから、「もし愛を持っていなければ[3]」というコリントの人々に宛てた手紙の言葉について、『グロッサ』では次のように記されています。「注目してください。愛がどれほど偉大なものであるか、もしそれがなければ、他のものらは無益なほどのものなのである。だが、もしそれがあれば、すべてを持つことになるほどのものである。それを持ち始めた人は、聖霊を持つことになる[b]」。そして、幸いなるアウグスティヌスも言っています。「徳とは我々を至福の生へと導くものであるとすれば、神への至高の愛以外には徳というものは何一つとしてないと、私は断言しよう[c]」。ですから、愛とはこれほど偉大な徳であるのですから、他のあらゆる徳にまさって愛は強調されなければなりません。ただし、どのような愛でもよいというのではなく、すべてを超えて神を愛する愛、そして神の故に隣人を愛する愛のみ［が強調されなければならないのです］。

二　ところで、あなたの創造主をどのように愛さなければならないかを、あなたの花婿ご自身が福音の中であなたに教えてくださっています。こう仰せになります。「心を尽くし、魂を尽くし、精神を尽くして、あなたの神である主を愛しなさい[4]」。イエス・キリストのいとも愛された侍女よ、細心の注意を払って耳を傾けてください。あなたの愛するイエスがどのような愛をあなたに求めておられるのか。あなたのいとも愛すべき方は、あなたの心の全体、あなたの魂の全体、あなたの精神の全体において、他のどんな些細なものをも主と共有することのないほどに、あなたの心の全体、あなたの魂の全体、あなたの精神の全体をささげて愛されることを望んでおられるのです。では、何をしたらよいのでしょう、確実に、心を尽くしてあなたの主である神を愛するために。どのようにしたら心を尽くせるのでしょう。聞いてください。幸いなるヨハネス・クリゾストムスがあなたに教えてくれます。「心を尽くして神を愛するとは、神への愛に心を傾けるだけで、他のいかなるものへの愛にもあなたの心が傾くことなく、神の内にあって喜び、この世の美にも、名誉にも、両親のうちにも喜びを求めない時のことです。ところが、これらのもののどれかによってあなたの心の愛が占められているとすれば、もはやあなたは心を尽くして愛してはいないのです[d]」。キリストの端女よ、あなたにお願いいたします。どうか愛のことで欺こうとしないでください。実に、神の内にない何ものかを、神の故に愛するものでもない何ものかを愛しているとすれば、あなたはもはや心を尽くして愛してはいないのです。ですから、アウグスティヌスは言うのです。「主よ、あなたと共に何ものかを愛する人は、より少ししかあなたを愛しておりません[e]」。ところで、何ものかを愛しており、それへの愛の故に神への愛において進歩しないとすれば、あなたはもはや心を尽くして愛してはいないのです。何ものかを愛しており、それへの愛に引かれて、キリストのためにとっておいたことをなおざりにするのであれば、あなたはもはや心を尽くして愛してはいないのです。ですから、心を尽くしてあなたの主である神を愛してください。

三　ただ心を尽くしてだけでなく、魂を尽くしても愛されなければならない方が主である神イエス・キリストなのです。どのようにしたら魂を尽くして「愛せるのでしょうか」。聞いてください。幸いなるアウグスティヌスが、あなたに教えて言っています。こう言うのです。「魂を尽くして神を愛するとは、逆らうことなく意志のすべてをあげて［神］ご自身を愛することです[f]」。あなたが欲することではなく、この世が慮《おもんばか》ることでもなく、肉が唆《そそのか》すことでもなく、あなたの主である神が望んでおられると知っていることを、逆らうことなく、進んで行う時、その時こそ確かに、あなたは魂を尽くして愛しているのです。イエス・キリストへの愛の故に、必要とあれば、進んであなたの魂を死に引き渡す時、その時こそ確かに、あなたは魂を尽くして神を愛しているのです。ところが、これらのことの何かをなおざりにするなら、もはやあなたは魂を尽くして愛してはいないのです。ですから、あなたの主である神を魂を尽くして愛してください。つまり、あらゆることにおいてあなたの意志を神の意志に一致させてください。

四　さらに、ただ心を尽くしてだけでなく、ただ魂を尽くしてだけでもなく、精神を尽くしてもあなたの花婿である主イエスを愛してください。どのようにしたら精神を尽くして「愛せるのでしょうか」。ここでもまた、幸いなるアウグスティヌスがあなたに教えてくれます。こう言います。「精神を尽くして神を愛するとは、［一瞬たりとも］忘れることなく、あらゆる記憶をあげて神を愛することなのです[g]」。

（1）詩八三・8。（2）詩六七・2。（3）Iコリ一三・2。
（4）マタ二二・37。
（a）プロスペル『観想生活』三・13。
（b）アウグスティヌス『ヨハネ福音書講解』九・8から要約した引用。
（c）アウグスティヌス『カトリック教会の道徳』一・15・25。
（d）ヨハネス・クリゾストムス『マタイ福音書講話』四二。
（e）アウグスティヌス『告白』一〇・29・40。
（f）アウグスティヌス『説教』一〇八。
（g）前掲書前掲箇所。

第八章

終わりまで堅忍すること

一　ある人があらゆる徳の発端を獲得した後でも、諸々の徳の完成するものである堅忍がなければ、決して神のみ前に栄えあるものではありえません。なぜなら、この善が、着手したことを善い結末、幸せな結末をもって完結させないかぎり、どれほど完成の域に達していようとも、死すべき者の誰ひとりとして自分の生涯を誇ることはできないからです。まさしく、堅忍は、「諸々の徳の」最後のもの、「完成するもの、功績を育むもの、報酬を仲介するもの[a]」なのです。ですから、幸いなるベルナルドゥスは言うのです。「堅忍するのを止めるがよい。従順も善業も恩恵をもたらさないであろうし、剛毅も賞賛をもたらさないであろう[b]」。まさしく、敬虔な修道者であったとしても、忍耐強く謙虚な人であったとしても、献身的で節制に努める人であったとしても、神を愛し、他の諸々の徳を持っていたとしても、堅忍がなければ、何の役にも立たないのです。実際、あらゆる徳が走りますが、「賞を受けるのは」堅忍だけなのです[1]。始めた人ではなく、「最後まで耐え忍ぶ者が救われる[2]」のだからです。ですから、ヨハネス・クリゾストムスは言うのです。「種が開花しても、その後枯れてしまえば何の益があろうか[c]」。全く益はない、という意味です。

二　ですから、キリストのいとも愛された処女《おとめ》よ、善い業を行う何らかの徳を有しているのなら、いえむしろ、多くの徳を有しているのであれば、それらの徳において忍耐し、それらの徳において前進し、それらの徳において死に至るまで雄々しくキリストの兵役を果たしてください。最後の日、あなたの人生の終わりに至った時に、労苦の俸給ならびに報酬として栄光と栄誉の冠があなたに与えられるためです。そのため、あなたにとってただひとり愛する方であるイエス・キリストは、黙示録の中であなたに語りかけ、次のように仰せになります。「死に至るまで忠実であれ。そうすれば、あなたに命の冠を授けよう[3]」。この冠とは、永遠の命という報酬にほかなりません。これを得るために、すべてのキリスト者の願望は燃え立っていなければなりません。実に、幸いなるグレゴリウスも言っていますように、これは何人《なんぴと》もその価値を評価できないほど偉大なものであり、何人もこれを数えあげることができないほど多くのものであり、境界線を引くことも終わりを迎えることもありえないほどに長く恒久的なものなのです[d]。

この報酬へ、この冠へとあなたを招いて、あなたの愛する花婿であるイエス・キリストは雅歌の中で仰せになります。「私の花嫁よ、私の友よ、レバノンからおいで、レバノンから出ておいで、冠を与えられるために[4]」。ですから、起き上がりなさい、神の友よ、イエス・キリストの花嫁よ、永遠の王の鳩よ、来なさい、神の御子の婚礼に急ぎなさい。天の全集会があなたを待っているからです。準備はすべて整ったからです。

三　実に、美しく気品のある僕が用意されています。あなたに仕えるためです。高価で美味な食べ物が用意されています。あなたを回復させるためです。魅力的で一際愛すべき共同体が用意されています。あなたと共に喜ぶためです。

ですから、起き上がりなさい。そして婚礼へと急いで駆けつけなさい。そこには、あなたに仕える美しい僕が用意されているからです。この僕とは天使たちの群れにほかなりません。いえそれどころか、永遠の神の御子ご自身にほかなりません。福音の中でご自身について御自ら証しして仰せになっているとおりです。「はっきり言っておくが、主人は帯を締めて、この僕たちを食事の席に着かせ、そばに来て給仕してくれる」[5]。おお、いと高き王である神の御子と、天の御国の訓練された部隊全体を奉仕者として有する時、貧しい人々と見捨てられた人々にとっての栄光は何と大きなものでしょう。

四　また、そこには高価で美味な食べ物が用意されています。あなたを回復させるためです。まさしく、神の御子ご自身がその御手で食卓を準備してくださいます。福音の中で主ご自身が御自らについて語っておられるとおりです。「私の父が私に支配権を委ねてくださったように、私もあなた方にそれを委ねる。あなた方は、私の国で私の食事の席に着いて飲み食いを共にするためである」[6]。おお、この食べ物は何と甘く美味なことでしょう。これは「ご自分の優しさの故に神が貧しい人のために備えてくださった」[7]ものなのです。おお、何と幸せなことでしょう、天の御国でこのパンを食べる人は。そのパンは、処女《おとめ》の胎という焼き窯で、聖霊という火をもって焼き上げられました。「このパンを食べる人は永遠に生きる」[8]のです。天の王はご自分の食卓で、このような食べ物、このようなパンを選ばれた人々に食べさせ、力を回復させてくださるのです。知恵の書に次のように言われているとおりです。「あなたは天使の食物で民を養われ、用意されていたパンを天から、何の労苦もなしに民に与えられました。それはあらゆる美味、あらゆる味覚の楽しみが備わっていました。――そして、それぞれの好みに応えるものでした」[9]。ご覧なさい。神の食卓での食事はこのようなものなのです。

五　それだけではありません。そこには、魅力的で一際愛すべき共同体も用意されています。あなたと共に喜ぶためです。まさしく、そこには御父と聖霊と共にイエスがおられます。そこには、花咲く処女《おとめ》たちの群れと共にマリアがおられます。そこには、使徒たち、殉教者たち、証聖者たち、選ばれた者たちのすべてからなる天の群れがおられます。これほど高貴極まりない共同体に加えられなかった人は何と惨め極まりないことでしょう。この共同体に加えられることを望まない死者はなんと空しい願望を持っていることでしょう。

六　しかし、おお、キリストのいとも気高い侍女よ、私は知っております。あなたがキリストを熱望しておられることを。私は知っております。そのために全力を傾けておられることを。何としても永遠の王の共同体に加えられ、抱擁されるために。ですから、「今や、あなたの心とあなたの魂とを奮い立たせてください。あなたの知性のすべてを立ち上がらせてください。そして、できるかぎりのことを思い巡らしてください。実に、一つひとつの善がそれぞれ喜悦に満ちたものであるとすれば、あらゆる善の愉悦を含んでいるあの善は、どれほど喜悦に満ちたものであるか注意深く思い巡らしてください。創造された命が善いものであるとすれば、創造する命はどれほど善いものであるかを。造られた救いが喜ばしいものであるとすれば、あらゆる救いを造る救いはどれほど喜ばしいものかを[e]」。「この善を享受する人は、何を得るのでしょうか。何を得ないのでしょうか。望むものは何でも得、望まないものは何も得ないことは確かです。もちろん、『目が見もせず、耳が聞きもせず、人の心に思い浮かびもしなかったこと[10]』といった、体と魂との善を得るでしょう。神の侍女よ、それなのになぜ、多くのものらの間をさ迷い歩くのですか。あなたの魂と体の諸々の善を捜し求めて。ただ一つの善を愛しなさい。そこにすべての善があります。それで充分なのです。単一の善を熱望しなさい。そこにすべての善があります。それで足りるのです[f]」。

七　「私の母君よ、そこにあなたの愛するものがあります。あなたの熱望するものがあります。祝された処女《おとめ》よ。私の母君よ、あなたは何を愛しておられるのですか。何を熱望しておられるのですか。祝された処女《おとめ》よ。あなたが愛しているものは何であれ、熱望しているものは何であれ、そこにあるのです。美があなたを喜ばせるとすれば、『正しい人々は太陽のように輝く[11]』のです。長く健康な生涯があなたを喜ばせるとすれば、そこに永遠の健康があるのです。『正しい人々は永遠に生き[12]』、『正しい人々の健康は[13]』永遠に続くものだからです。満ち足りることがあなたを喜ばせるのであれば、『神の栄光が現れる時、彼らは満ち足りるでしょう[14]』。酩酊があなたを喜ばせるのであれば、『神の家の豊かさに彼らは酔いしれるでしょう[15]』。甘美な旋律があなたを喜ばせるとすれば、果てしなく神をたたえる天使たちの合唱隊がそこで歌っています。友愛があなたを喜ばせるとすれば、聖なる人々が自分以上に神を愛し、自分を愛するかのように互いに愛し合っており、神も聖なる人々が自分を愛する以上に彼らを愛しておられます。和合があなたを喜ばせるのであれば、聖なる人々にとってはただ一つの意志があるだけです。彼らには神の御意志の他にはないからです。誉れと富とがあなたを喜ばせるのであれば、神はご自分の善良で誠実な僕と端女たちを『多くのものの上に立て［管理させ[16]］』ておられます。いえ、それどころか、その人たちは神の息子と娘と呼ばれ、実際にそうなるのです。神がおられるところ、そこに『神の相続人、しかもキリストと共同の相続人[17]』である彼らもいるのです」。

八　「さて、このような、そしてこれほどの善があるところには、どのような、そしてどれほどの喜びがあるのでしょうか。主イエスよ、まさしく、この世の生において『目が見もせず、耳が聞きもせず、人の心に思い浮かびもしなかった[18]』ほどに、至福の生において、あなたの聖なる人々はあなたを愛し、あなたによって喜ぶことでしょう[g]」。この世において神を愛すれば愛するほど、至福の生において神によって一層喜ぶことになるでしょう。ですから、この世において神を大いに愛してください。至福の生において大いに喜ぶことができるように。この世において、神への愛をあなたの内で増大させてください。至福の生において、神からの喜びを豊かに受けることができるように。「あなたが神の喜びの内に入るまで」、あなたの愛する方に抱擁されるまで、あなたの愛する花婿が新婚の間に導き入れられるまで、「そのことを、あなたの精神が瞑想しますように、あなたの舌が語りますように、あなたの心がそれを愛しますように、あなたの口がそれを説きますように、あなたの魂がそれに飢え渇きますように、あなたの肉体がそれを渇き求めますように、あなたの全存在が熱望しますように[h]」。［あなたの花婿キリストは］御父と聖霊と共に唯一の神として、代々《よよ》の代々にわたって、生き支配しておられます。アーメン。

（1）Ｉコリ九・24。（2）マタ一〇・22。（3）黙二・10。
（4）雅四・8。（5）ルカ一二・37。（6）ルカ二二・29―30。
（7）詩六七・11。（8）ヨハ六・58。（9）知一六・20―21。

（10）Ｉコリ二・9。（11）マタ一三・43。（12）知五・15。
（13）詩三六・39。（14）詩一六・15。（15）詩三六・9。
（16）マタ二五・21、23。（17）ロマ八・17。（18）Ｉコリ二・9。
（a）ベルナルドゥス『手紙』一一九・2。
（b）前掲書前掲箇所。
（c）ヨハネス・クリゾストムス『マタイ福音書講話』三三・5。
（d）グレゴリウス『福音書講話』三九・1。
（e）アンセルムス『プロスロギオン』24。
（f）前掲書25。
（g）前掲書26。
（h）前掲書前掲箇所。

魂の管理

一　私の魂よ、あなたは何よりもまず第一に、最高に善なる神を、いとも高く、いとも敬虔に、いとも神聖に感じ取らねばならない[一]。すなわち、確かな信仰をもって信じ、注意深い精神をもって考察し、驚嘆とともに理性の鋭敏な眼差しをもって［神を］洞察せねばならない。

二　すべてのものを無から創造し、支えておられる方の計り知れない権能（potentia）と、すべてのものを支配し、秩序づけておられる方の無限の知恵（sapientia）と、すべてのものを裁き、報いる方の果てしない正義（justitia）を、誠実で、敬虔で、鋭敏な注視によって信じ、感嘆し、賛美するなら、そしてまた、「主よ、ユダの娘たちは、あなたの裁きの故に喜び躍る。あなたは全地を超えていと高く、すべての神々にまさって称揚される主であられるから[1]」という預言の言葉を心の底から歌えるほどに、あなたの外へと出て行き、あなたの内へと立ち返り、あなたを超えて昇っていく[二]のであれば、あなたは最高に善なる神をいとも高く感じ取っているのである。

［神が］私たちの人間としての本性と死すべきものとしての本性（humanitas et mortalitas）をご自分のものとされた時のこの上ないご厚意を、十字架と死を耐え忍ばれた時のこの上ない御憐れみを、そして聖霊を授けてくださり、祭壇の秘跡において極めて惜しみなくご自身を分かち与えるために［聖体の］秘跡を制定された時のこの上ない寛大さを、「主は、すべてのものに対して甘美で、その憐れみは作られたすべてのものの上にある[2]」と心（animus）の底から歌えるほどに、あなたが［神］の計り知れない憐れみを感嘆し、抱きしめ、ほめたたえるのであれば、あなたは最高に善なる神をいとも敬虔に感じ取っているのである。

［神］の名状しがたい聖性に気づき、感嘆し、賛美し、幸いなるセラフィムと共に「聖なる、聖なる、聖なる方[3]」

と呼びかけるのであれば、あなたは最高に善なる神をいとも神聖に感じ取っているのである。「聖なる者」とは、まず第一に、他の何ものも聖なるものではありえず認めることもできないまでに、最高度に、いとも神聖に自らの内に聖性を有しておられる方のことである。「聖なる者」とは第二に、真に聖性を保持する者らに恩恵の賜物を与えることを拒んだり、栄光の褒賞を与えることを拒絶したりすることができないまでに他の者らの内にある聖性を完璧に愛する方である。「聖なる者」とは第三に、罪を容認したり罰せられないまま放置することができないまでに、厳格に聖性に反することを忌み嫌う方である。それ故、もしあなたがこのように感じ取るのであれば、律法の制定者「モーセ」と共に歌うであろう、「神は誠実で偽りがなく、義《ただ》しく真っ直ぐな方[4]」と。

三　この後で、あなたの精神（mens）の目を神の律法に向けるがよい。その〔律法〕は命じている、いと高き方に謙虚な心（cor）を、恵みに満ち満ちた方に敬虔な心を、いとも聖なる方に傷のない心を提示するようにと。

すなわち、使徒の規定と教えに従い、すべてを神の栄光のために行う[5]までに、霊魂（animus）においては畏敬の念を、行動においては従順を、言葉としるしにおいては栄誉の表示を通して、あなたは謙虚な心をいと高き方に提示しなければならない。

熱く燃えた祈願を訴訟として用いて、霊的な甘美さを味わうことによって、数限りない恩恵の働きを通して、あなたの魂（anima）が没薬と乳香といった香料から立ち昇る煙の柱のように絶えず荒れ地を渡って神へと昇っていく[6]ように、恵みに満ち満ちた方にあなたの献身的な心を提示しなければならない。

あらゆる罪の汚れを除かれ、詩編作者と共に「あなたが義としてくださることで、私の心を汚れのないものとしてください、辱《はずかし》めを受けることのないように[7]」と歌うことができるまでに、いかなる肉欲への傾きも、いかなるこの世からくる欲望の誘惑も、内的な邪悪への傾きも、知覚や同意や情緒をもってあなたの肉を支配することのないようにして、いとも聖なる花婿に傷のない心を提示しなければならない。

四　それ故、これらのすべてを若い頃から実践してきたか入念に注視し、見定めるがよい。そして、たとえあなたの良心において確認できたとしても、それを自分に帰することなく、神の賜物とみなし、〔神〕に感謝するがよい。しかしながら、一度、または度々、これらの内の一つ、または多くのことを、あるいははからずもすべてを、意図的に、あるいは軽率に、また時としては弱さのため、あるいは無知のために、あるいはしっかりと自覚しながら違反したとわかったのなら、言葉に表せない呻《うめ》きをもって(8)、神と和解するように熱心に努め、悔い改める者と共に、「私は鞭打ちを覚悟している。私の苦しみは常に私の目の前にある(9)」と偽りなしに歌い、唱和することができるように、［神］に提示すべく矯正された徳の霊をまとうがよい。

五　さらに、魂が浄化され、神の［怒り］を鎮めていただくためには、悲嘆にくれる霊魂は二人の同伴者、すなわち神の裁きへの畏怖と内なる願望の熱火とを持たねばならない。それによって畏怖をもって謙虚な心を、熱望をもって献身的な心を、悲嘆をもって傷のない心をあなたは取り戻すことになる。

それ故、数多くの淵(10)である神の裁きを一層強く恐れるがよい。図らずも悔い改めが不充分のため、いまだに神を不快にさせることのないように、最も激しく恐れるがよい。その後でもなお、神を侮辱することのないように、一層強く恐れるがよい。真の悔い改めによって最終的な恵みのうちに死を迎えることなく、常に光を欠乏し、常に火で燃やされ、虫に苛《さいな》まれることがない者として、最終的に神から離れることのないように、最も激しく恐れるがよい。それによってあなたは預言者と共に歌うことになろう、「あなたへの畏怖をもって私の肉を刺し貫いてください。私はあなたの裁きの故に恐れおののいています」(11)と。

六　犯した罪の故に、嘆き悲しみ、苦しみ抜くがよい。すなわち、あなたに与えられた神の恵みを無にしたが故に、激しく嘆き悲しむがよい。あなたのために生まれ十字架につけられたキリストに逆らったが故に、一層激しく嘆き悲しむがよい。［神から］の律法を踏みにじって、その威厳を汚し、真理を完全に否定し、善を毀損し、宇宙万物の誉れを汚し変形し、［その］秩序を乱し、さらには神の法規、指令、判決、神の故にあなたにとって有益なすべてのものに逆らって、自然、聖書、義、憐れみ、無償の賜物、そして約束された褒賞を乱用したことで神を軽んじたが故に、最も激しく嘆き悲しむがよい。以上のことを入念に考察して、ひとり子を喪った哀しみを、あなたにとっての苦痛に満ちた哀悼とするがよい(12)。奔流のように昼も夜も涙を流し、自分に安息を与えてはならない。あなたの眼《まなこ》の瞳孔を黙させてはならない(13)。

七　それにもかかわらず、神の内にあって、神的な愛の炎を燃え立たせつつ、神からの霊的賜物を熱望するがよい。

［神］は、罪人であるあなたを忍耐強く支え、長々と待ちわび、慈しみ深く悔い改めへと導いてくださったのである。それは、苦い後悔を通して、真実の告白を通して、それ相当の償いを通して[三]、悔いる霊、痛悔し遜《へりくだ》る心という犠牲[14]を、［神］に支払う、というよりもむしろ、埋め合わせとなるものをあなたが［神］にお返しすることで、あなたに赦しを与え、恵みを注ぎ、栄冠を約束してくださるほどなのである。すなわち、強く熱望するがよい、聖霊の惜しみない注賦による神的な喜悦を。一層強く熱望するがよい、十字架につけられたキリストを明瞭に模倣することによる神との一致を。さらに最も強く熱望するがよい、永遠の御父を見ることによって神を把握することを。こうして、あなたは預言者と共に心の底から歌えることになるであろう。「強くて、生きておられる神を私の魂は渇き求めている。行って、み前に出られるのはいつか[15]」と。

八　さらにまた、この内的な畏怖と、悲嘆と、熱望との霊をあなたの内に保持するために、「不信仰と世俗的な欲望を捨て、この代《よ》において慎み深く、義しく、敬虔に生活するように[16]」との使徒［パウロ］の証言に従って、あらゆる類の節制、正義、敬虔を目指して外的に自分を鍛錬するがよい。

こうして、「あなたの節制がすべての人に知られるように[17]」との使徒［パウロ］の教えに従って、あらゆる類の節制を目指して自分を鍛錬するがよい。すなわち、何事においても行き過ぎることのないような、食物と衣服における、睡眠と徹夜における、余暇と労働における倹約という意味で節制を目指すのである。状況が要請し、正しい理性が教えることに従って、沈黙と談話、悲しみと喜び、温厚と厳格において中庸を守るという訓育との意味での節制を目指すのである。道徳的な礼儀正しさと規律の厳守を要求していることに従って、行為、動作、態度、衣服もしくは装い、体の各部分と五感を規制し、秩序づけ、配備することによる礼儀正しさとの意味での節制を目指すのである。それらによって、「あなた方の中で、すべてのことを礼儀正しく、秩序正しく行いなさい[18]」と使徒［パウロ］が語っている人々の一人に数えられることになる。

九　また、正義を目指して自分を鍛錬するがよい。「真理と温和と正義のために[19]」云々との預言の言葉が真に自分に適応されうるように。すなわち、神の栄誉への熱意による、神の律法の遵守による、同胞の救いに対する渇望による完全な正義を目指すのである。

長上たちへの従順によって、同僚との友好関係によって、目下の者らに対する譴責によって秩序づけられた正義を目指すのである。自分にしてほしくないことは何一つとして他の人々には行わず、自分にしてほしいことは他人に拒まず、思いでも言葉でも行いでもすべての真理に同意し、善に賛同し、悪に反対するような全き正義を目指すのである。「あなた方の正義が、律法学者とファリサイ派の人々の正義にまさるものでなければ、あなた方は天の国に入ることはできない[20]」と言われている人々の全き模倣者と［魂が］なるように。

一〇 最後に、敬虔さを目指して自分を鍛錬するがよい。使徒［パウロ］が言っているように、「今の［世］と来るべき［世］の命への約束を有している敬虔さはすべてに対して有効[21]」だからである。すなわち、注意深く、献身的に、畏敬の念をもって、法で定められた［聖務日課の］時課を執り行い、日々の罪を告白し涙を流し、時宜を得た折には、いとも聖なるエウカリスティアを拝領し、毎日ミサにあずかることで、神聖な礼拝のもつ敬虔さを目指すのである。

ある時は祈りを反復することに、ある時は説教を介して教え諭されることに、ある時は模範に刺激されることに助けられて、数々の魂の救い［を願う］敬虔さを目指すのである。こうして「聞く者が『来てください』と言う[22]」ようになる。とはいえ、自分の救いを損なうものとならないように、思慮深くこれを行わなければならない。

忍耐強く支え、友としての愛をもって（amicabiliter）慰め、謙虚に、朗らかに、慈しみ深く奉仕することで、身体的な欠乏を緩和する敬虔さを目指すのである。このようにして、あなたは神の律法を果たすことになろう。「互いに重荷を担い合いなさい。そのようにすればあなた方はキリストの律法を全うすることになる[23]」と使徒［パウロ］が言うとおりである。以上のすべてを遂行し続けるためには、何にもまさって、十字架につけられた方の記憶が役に立つと私は思っている。あなたの愛する方は、あたかも没薬の袋のように、あなたの精神（mens）という乳房の間に常に留まっていてくださるのである[24]。この方ご自身がこれをあなたにお与えくださるのをよしとされますように。この方は代々《よよ》の代々にわたって祝されますように。アーメン。

（1）詩九六・8。（2）詩一四四・9。（3）イザ六・4。
（4）申三二・4。（5）Ｉコリ一〇・31。（6）雅三・6。
（7）詩一一八・80。（8）ロマ八・26。（9）詩三七・18。
（10）詩三五・7。（11）詩一一八・120。（12）エレ六・26。
（13）哀二・18。（14）詩五〇・19。（15）詩四一・3。
（16）テト二・12。（17）フィリ四・5。（18）Ｉコリ一四・40。

（19）詩四四・5。（20）マタ五・20。（21）Ⅰテモ四・8。
（22）黙二二・17。（23）ガラ六・2。（24）雅一・12。

訳注

（一）この表現はボナヴェントゥラ『ブレヴィロクィウム』一・2・3、『討論問題集　至聖なる三位一体の神秘』q1・a2、『公開講義　聖霊の七つの賜物』三・5にもみられる。「神を知る（scire）とは精神によって観て、確固として認めること」とするアウグスティヌスの考えに従っている。ここではsentireを単に感覚で感じる、または頭で知るというより、むしろ心で、人間全体で感じ取る意に捉えて翻訳した。

（二）神を探究しながら上昇する魂の三様の動きを示す。

（三）犯した罪に対する後悔、痛悔、または悔い改め、また犯した罪を司祭に告白し、司祭は相応の償いを与えるということで「ゆるしの秘跡」「告解」が暗示されている。

ソロクィウム——精神の四つの鍛錬

序

一「私は、私たちの主イエス・キリストの父である神に対して膝をかがめる。天と地にあるすべての『父』という呼び名（paternitas）は、この方に由来している。［この父が］ご自分の栄光の豊かさに従い、内なる人間に働きかけるご自分の霊によってあなた方に力を与え、強めてくださるように。信仰によって、あなた方の心の内にキリストが住んでくださるように。あなた方が愛（caritas）に根ざし、［愛に］土台を据えて、その長さ、広さ、高さ、深さがどれほどのものであるかを、聖なる方々と共に理解し、人知（scientia）を遥かに超えたキリストの愛を悟り、神の溢れる豊かさによって満たされるように[1]」。

永遠の選びの器、神が聖別した聖所、天上の観想の鏡であり模範でもある使徒パウロは、先に掲げた言葉によって、精神の鍛錬の起源、対象、そして成果を私たちに提示している。

実に、精神の鍛錬が敬虔で救いをもたらすものでなければならないとすれば、超自然本性的に（supernaturaliter）力づける権能、規定する知恵、慰めを与える慈悲を備えていなければならない。従って、献身的で、神を観想する愛の火をともされた魂は、身を屈し、いとも幸いなる把握し難い三位一体の神（Trinitas）の玉座の前に精神の膝をかがめ、謙虚に胸を打ち、思慮深く請い求める、労苦の圧力に屈することのないように、父である神の力をもたらす権能を。真理から遠ざける誤謬に迷うことのないように神の御子の規定する知恵を。勝ち取ったものが疲労によって衰えることのないように聖霊なる神の慰めをもたらす慈愛と慈悲を。実に、すべての最上の贈り物、すべての完全な賜物は上から、光である御父から降ってくるものなのである[2]。また、アウグスティヌスによれば、「私たちにとって善いものはみな、神［ご自身］であるか、神に由来するものである」[a]。それ故、あらゆる善業の発端には、すべての善が根源的にそこから発する方、すべての善は範型的にその方によって導き出され、すべての善は最終的にはその方に還元される方の名が呼び上げられるのは不当なことではない。これこそが名状し難い三位一体の神、父と子と聖霊である。使徒［パウロ］は「膝をかがめ……できるように」と述べた時、この方に言及したのである。

二　第二に、［使徒パウロ］が提示しているのは、精神のこの救いをもたらす鍛錬の対象である。敬虔な精神の鍛錬の対象は内なるものと外なるもの（interiora et exteriora）、下のものと上のもの（inferiora et superiora）でなければならない。

実に、敬虔な魂は、精神の鍛錬を通して、観想（contemplatio）の照明をまず第一に自らの内なるものに向けて反映させねばならない。どのようにして、それは本性によって形成され、罪過によって形を損じ、恵みによって回復されたのかを見るためである。

第二に、観想の照明を外なるものに向けねばならない。世俗の富がいかに不確実なものであるか、世俗の名声がいかに移ろい易いものであるか、世俗の豪華さがいかに惨めなものであるか認識するためである。

第三に、観想の照明を下のものに向けねばならない。必然で避け難い人間の死、最後の審判の恐ろしさ、峻厳さ、地獄の罰の耐え難さ、苛酷さを理解するためである。

第四に、観想の照明を上なるものに向けねばならない。天上の喜びの測り知れない高価さ、名状し難い美味、無限の永続性を認識するためである。

これこそ、四つの先端によって限定された、かの幸いなる十字架である。おお、敬虔な魂よ、あなたのいとも甘味なる花婿イエス・キリストと共に、観想によってしっかりとこれにかけられなければならない。またこれは、あの四輪の燃える火の車である。あなたは観想によって、これに乗ってあなたのいとも誠実な友の後を追って天の宮殿に昇らねばならない[3]。これはまた、あの四重の、すなわち、西、東、北、南の領域である。おお、魂よ、あなたは、毎日、巡り歩くことで、この［領域］に入らねばならず、この［領域］を偵察して、ことのほかあなたの愛する方を捜し求めて踏査しなければならない。花嫁と共に言うことができるために、「私は夜、臥所《ふしど》の中で、私の魂が愛する方を捜しました(4)」と。「その広さ、長さ、高さ、深さがどれほどのものであるかを、聖なる人々と共に理解できるように」と言い添えた時、使徒［パウロ］はこの四つのことに言及したのである。

三　第三に、［使徒パウロは］救いをもたらす鍛錬の成果を提示している。救いをもたらす、この鍛錬の成果は、もし相応に称賛に値するように実践されるなら、永遠の幸福である。これは最良で、最美で、自己以外には何も必要とすることのないまでに最も自己充足的なものである。この［幸福］の内にあって、代々《よよ》に祝される方を、永遠に、そしてそれを超えて、私たちは見て、愛して、自由にされ、賛美するであろう。使徒［パウロ］は、「神の溢れる豊かさによって満たされるように」と言って、言葉を結んだ時、この成果を約束したのである。「神が意志にとって豊かな平和、理性にとって光の充満、記憶にとって永遠の持続となる(b)」時、この溢れる豊かさを私たちは見いだすであろう。実に、「理性からあらゆる誤謬が、意志からあらゆる悲しみが、記憶からあらゆる恐れが離れ去り、私たちが待ち望んでいる驚嘆す(c)べき静寂、神聖な喜悦、永遠の安全がそれに取って代わる」時、「神がすべてにおいてすべてになるであろう(5)」。

四　内的意識の刺激を受けて、この論考をどちらかというと純朴な人々のために、聖なる方々の簡潔な言葉を用いて、一種の対話の形式で私は書き上げた。この［対話］において、永遠の真理の弟子である敬虔な魂が瞑想しつつ問いかけ、「内なる人」が精神的な言葉をもちいて答えるのである。

では、この精神の鍛錬の評価しえない観想に到達することができるように、まず手始めに、光の御父に遜《へりくだ》って呼びかけつつ近づき、永遠の御威光の玉座の前で謙虚に心の膝をかがめ、分かちえない三位一体の神の御座の前で涙と呻《うめ》きをもって絶え間なく叫び求めることで始めることにしよう。御父である神が、その祝された御子を通して聖霊のうちに、精神の鍛錬へと駆り立てる恵みを私たちに与えてくださるように、また「長さ、広さ、高さ、そして深さがどれほどのものか」認識することができるように、これによって、あらゆる願望の目的であり成就である方に私たちが辿り着くことができるように。アーメン。

（1）エフェ三・14―19。（2）ヤコ一・17。（3）王下二・11。
（4）雅三・1。（5）Ｉコリ一五・28。
以下言及箇所の出典を記すが、いずれも文字通りの引用ではない。

（a）アウグスティヌス『キリスト教の教え』一・31・34、『真の宗教』18・35（教文館版三・3・18）。
（b）ベルナルドゥス『雅歌講話』一一・5。
（c）ベルナルドゥス『雅歌講話』一一・6。

第一章

どのようにして、魂は精神の鍛錬を通して観想の照明を自らの「内なるもの」に反映させねばならないか。それはどのようにして本性によって形成され、罪過によって形を損ない、恵みによって回復されたのかを見るためである。

一　序言

一　**魂の問いかけ**。おお、人よ、答えてください。神の御威光に敬虔に呼びかけた後で、永遠の知恵に謙虚に嘆願した後で、さらに上からの慈愛と慈悲とを涙ながらに懇願した後で、この四重の題材、すなわち長さ、広さ、高さ、深さという題材に関する精神の鍛錬の恵みを私は手に入れることができるのでしょうか。不適当な順序であれば、無知のまま進むことになるとすれば、この鍛錬の功績を失わないためには、どのような順序で取り掛かったらよいのでしょうか。幸いなるアンブロジウスによれば、「順序を知らないことは、［考察の］成果となるはずのものを混乱させる」と言われておりますし、同じ方は「事柄に関する完全なる認識は、何をなすべきか知っている時には我々の内に存在するが、進めるべき順序を知らないとすれば「我々の内に存在する」とは考えられない」というのですから[a]。

二　［内なる］**人**。おお、魂よ。教皇エウゲニウスに宛てた幸いなるベルナルドゥス［の言葉］によれば、「あなたはあなたの考察をあなた自身から始めなさい。徒《いたずら》に他のものにまで広げて、自分のことをなおざりにしないためである」[b]。同じく、『瞑想』の中でも「多くの人が多くのことを知っているが、自分自身のことは知らない。他の人々のことは知り尽くしているが自分自身については蔑《ないがし》ろにしている。外なるものを通して神を捜し求めているが、自分の内なることは蔑ろにしている。それらよりももっと内なるものらの内に神はおられる。それ故、外なるものらから内なるものらへと私は戻ろう。そして下のものらから上のものらへと昇っていこう。それは、私はどこから来てどこに行くのか、私はどこにおり、何ものなのか認識することができるためであり、このような自己認識を通して神の認識へと昇っていくためである」(c)［と記されている］。また、［ヨハネス・］クリゾストムスも『マタイ福音書［講話］』において述べている、「哲学の領域では自己認識は小さからざる［題材］である」(d)と。さらに、アンブロジウスは『ヘクセメロン（六日間の創造の業《わざ》）』の中で［述べている］、「自分がいかほどのものか認識するがよい、自分自身に注目するがよい、考察において何が自分の内に入ってきて、説教においては何が出て行くのか注意を払うがよい」(e)と。

　従って、おお、魂よ、日常の言葉のやり取りにおいて、あなたの生のあり方を吟味するがよい。そしてどれほど進歩し、どれほど衰退しているか、道徳の点ではどうであり、情緒的にはどうであるか、どのようにして神に似ており、似ていないか、どれほど［神の］近くにおり、どれほど遠のいているか入念に点検するがよい。星座の運行、草木の効能、人々の結びつき、動物の本性は認識しており、天上と地上のあらゆることに関する知識を有しているとしても、自分をなおざりにしているよりも自分を認識している方が遥かに称賛に値し優れていることを常に確認するがよい。それ故、常にではないとしても、時々は、自分に立ち返りなさい。自分の性向を支配しなさい、行動を正しなさい、歩みを修正しなさい(f)。従って、魂よ、聖なる方々の助言を保ち、まず第一に、観想の照明を東の領域、すなわちあなたの状態の考察に向けなさい。従って、入念に考察しなさい。あなたは至高の巨匠の手で、本性によってどれほどの高潔なものとして形成されたのか、あなたの意志による罪過によってどれほど醜く形を損なってしまったのか、神の善良さのおかげで、ご厚意による恵みによってどれほどしばしば回復されているのかを。

（a）アンブロジウス『詩編一一八・27講話』四・12。
（b）ベルナルドゥス『熟慮について』二・3・6。
（c）擬ベルナルドゥス、Meditationes piissimae, 1. 1 (PL 184, 485A)。
（d）ヨハネス・クリゾストムス『マタイ福音書講話』二五（二六）・4 (PG 57, 332)。
（e）アンブロジウス『ヘクセメロン』六・8・50。
（f）擬ベルナルドゥス、Meditationes piissimae, 5. 14 (PL 184, 494D-495A)。

二　至高の巨匠の手で、魂は本性によってどれほどの高潔なものとして形成されたのか

三　それ故、まず第一に考察しなさい。あなたが本性によってどれほど高潔なものとして形成されたかを。あなたの本性的な高潔さは、あなたの優美さのために、いとも幸いなる三位一体の像が本性的にあなたに刻み込まれたことのうちにある。このため、アンセルムスは『プロスロギオン』の中で言っている、「主よ、あなたを思い起こし、あなたを考え、あなたを愛するように、あなたの像にかたどって私を創造してくださったことを賛美し感謝いたします[a]」と。ベルナルドゥスは『瞑想』の中で述べている、「内なる人に則して、私は私の内に三つのものを見いだす。それらによって、私は神を思い起こし、見つめ、そして熱望する。この三つのものとは記憶、知性、そして意志である。実に、神を思い出す時、私は［神］の内にあって喜んでいる。その記憶はぶどう酒にまさる[1]。私の内に不可解なものがどれほどあろうとも、私は知性をもって［神］を眺める。［神は］元《はじめ》（principium）であり終わりであるから。天使たちの内に願わしいことがどれほどあろうとも、［天使たち］は［神］を見きわめることを望んでいるのである[2]。すべての聖なる者らの内に好ましいことがどれほどあろうとも、彼らは［神］の内にあって絶えることなく喜んでいるのである。すべての被造物の内に驚嘆すべきものがどれほどあろうとも、［神］が万物を力あるものとして創造し、知恵をもって管理し、恵み深く整備しておられるのである[b]」。以上のことを鑑みると、私は［神］ご自身を熱望する。「意志によって神を愛する時、私は［神］ご自身へと変容する」。これはベルナルドゥス［の言葉である[c]］。それ故、おお、私の魂よ、すべての被造物に共通してみられる創造主の痕跡のみならず、理性的な被造物だけにみられる固有の［痕跡］がどれほど驚嘆すべく、測り難い品位を持つものであるか再確認しなさい。従って、私の魂よ、主を賛美しなさい、シオンよ、あなたの神を賛美しなさい[3]。「目覚めよ、そして賛美せよ。躍り上がれ、そして喜べ。あなたには神の像が刻み込まれ、［神の］似姿に装われ、［神の］理性に参与し、永遠の至福を受けうるものとなったのだから[d]」。

四　以上のことは不当に、取るに足らぬものと判定されることはないので、たとえ、死によって終わりを迎えるとしても、躍り上がり、賛美せよ。先に述べたことと共に、

［神は］あなたに不死の本性、朽ちることのない実体、絶えることのない持続性、永久の命を与えてくださったからである。「死によって終了しうるとすれば、あなたは永遠なる三位一体の像ではない」とアウグスティヌスは『三位一体』［の中で言っている］[e]。「おお、魂よ、注目しなさい。あなたの創造主は存在することに次いで、美しいものとして存在することをあなたに与え、永久に存在することをあなたに与え、生きること、感じ取ること、区別することをあなたに与えてくださった。感覚によってあなたを装い、知恵によって照らしてくださった」[f]。「従って、どのような美を愛さなければならないか理解するために、あなたの美しさに注目しなさい。ふさわしくあなた自身を吟味するには力不足であるとしても、少なくとも他者の判断によって、自分をどう判断すべきか、なぜ、あなたは熟慮しないのか。あなたには花婿がいる。たとえ［自分の］美しさを疑うとしても、その方の美しさをあなたは知ることができる。あなたの特異な愛らしさ、他のものらにまさる驚くべき愛らしさがその方を惹きつけることがなかったとしても、神の御独り子は眼差しでは捉えられないまでに美しく優雅であると［知ることができる］[g]。このようにアウグスティヌスは［述べている］。

五　全く恩知らずな魂よ、これらのことはたいしたことではないと、あなたには思われるかもしれない。そのためにも第三の驚嘆すべき［あなたの］品位について聞くがよい。あなたの精神という家には何ものも住むことができないまでの単一さ（simplicitas）をあなたは有している。永遠の三位一体の単一さと純粋さ（puritas）の他は何ものにも、そこに住居《すまい》を設けることはできないほどの［単一さ］である。花婿が仰せになることを聞きなさい。「私と私の父とはその人の所に行き、その人のもとに住居《すまい》を設けるであろう」[4]。そして他の所では「急いで降りて来なさい。今日、私はあなたの家に泊まることになっているのだから」[5]［と仰せになっている］。［精神］を創造した神ただひとりの他には何ものもそこに存在することはできないのである。あなたの内の、さらに内奥に存在するのは［神］ご自身であることが提示されている[h]。それはアウグスティヌスが証言しているとおりである。従って、幸福な魂よ、これほどの賓客をお迎えできる主婦であることを喜びなさい。ベルナルドゥス［が言っている］。「おお、内在される神をお迎えするために、日毎に自分の心を浄めている魂は何と幸いなことか。この賓客は何らのもてなし（善）も必要とされない。自らの内にすべての善の創始者を有しておられるからである[i]。「おお、神がそこに憩いを見いだされる魂は何と幸いなことか。『私を創造された方が、私の幕屋の内で憩われました[6]』と言うことができるのだから。万が一拒めば、その者には天の憩いは得られない」。その者はこの［世の］生の内に憩いを準備してしまったのである。このようにベルナルドゥス［は言っている］。「おお、魂よ、これほどの賓客の訪れがあなたにとって不充分であるなら、あなたは途方もなく貪欲なのだ。この方はご自分の善をあなたに分かち与えてくださるほどに寛大な方であると、ご自分の善であなたを豊かにしてくださるほどに誠実な方であると私は知っている。ご自分に対するふさわしくないもてなしをお許しになることは君主にはありえないのである。従って、新婚の床を用意して、王であるキリストをお迎えしなさい[j]」。あなたの家族はみな、この方の訪れを小躍りして喜ぶだろう。おお、まことに驚くべき、驚嘆すべき言葉である。「王よ、あなたの美しさに太陽も月も驚嘆しています[k]」。あなたの偉大さを天と地は恐れ敬う。あなたの知恵によって天の使いの軍勢は照らされ、あなたの慈愛によってすべての幸いなものらの集いは満たされる。おお、魂よ、この方は天上の宮殿よりもあなたの小部屋を望み渇望するまでに、あなたのもてなしを熱望しておられる。実に、この方の楽しみは人の子らと共にいることなのだ[7]。

六　だが、それでもなお、あなたの創造主を賛美するようにと駆り立てられないとすれば、観想の照明を第四の恩寵に向け、神をおいて、いかなる被造物もあなたの欲求を満たすには足りぬほどの受容力を備えていることを自覚するがよい。サン・ヴィクトルのフーゴ［は言っている］。「被造物のもたらすすべての喜悦、すべての甘味さ、すべての美しさも人間の心を動かすことはできず、満足させることはできない[l]」。アンセルムス［は言う］。「あらゆる富も、神が存在されなければ、私にとって窮乏にすぎない[m]」。『モラリア［ヨブ記の道徳的注解］』でのグレゴリウス［の言葉］によれば、「人間の魂は神に向かって突き進むように作られているのである。それ故、何であれ、些細なことであっても神をおいて求めることは、当然満たされることはない。神ではないのだから[n]」。

七　魂よ、もはや大いに賞賛すべき、あなたの気高さを充分に見たと判断するので、今度は、観想の照明を他の被造物にまさるあなたの能力に向けなさい。それはまさしく驚嘆すべきものである。『魂の嫁資（arrha）』でフーゴ［は述べている］。「おお、私の魂よ、あなたの花婿はあなたに何をくださったのか。この世界に目を向けなさい。すべての存在（natura）はこの目的を目指して自分の進路を定めている。すなわち、あなたの必要に応えるために、時の配分に則してあなたの慰安のために絶え間なく現れるのである」[o]。故に、私の魂よ、ご覧なさい。そしてじっくりと考えなさい。あなたの創造主、あなたの王、花婿、そして友がこの世界の全機構をあなたに奉仕するようにと秩序づけられたのである。

ご覧なさい。天使たちはあなたの情緒を浄め燃え立たせ、あなたの知性を照らし教化し、あなたの存在（subjectum）を完成させ守護しているのである。実に、これほどの教師たち、これほどの慰め役たち、これほどの守り手たちを有しているのは非常に名誉なことである。ベルナルドゥスも［言っている］。「おお、魂よ、［天使たちが］どれほどの喜びをもって、どれほど大きな喜びをもって、祈る人々の傍らに立ち、瞑想する人々の間に立っているか、どれほど熱心に私たちを善の内に留まるように助け、どれほどの熱意をもって私たちを、また私たちの永遠の救いを待ち望んでいるか、あなたが見ることができたら［よいのに］」[p]。

天はその運行を通して、天に輝くものらはその流出を通してあなたに奉仕し、太陽はあなたのために一日を定め、月はあなたのために夜を照らし、火は大気の寒さを和らげ、大気は内的な熱をあなたのために鎮火し、水はあなたのために臭気を浄め、あなたのために激しく燃える渇きを鎮め、大地の力を活気づける。そして大地はその堅固さによってあなたを支え、その豊饒さをもって蘇生させ、その優美さをもってあなたを楽しませている。

ご覧なさい。魂よ、手短にではあるが、下なるものらから上なるものらへと一つひとつ巡ってきて、「すべての被造物は、この目的のために神の指令によってその行程を定められており、［その目的とは］あなたの必要に応えるため、そして絶え間なくあなたに楽しみをもたらすためである」ことを見いだしたはずである。「しかし、私の魂よ、気をつけなさい、花嫁と言われず、姦通の女と言われることのないように。愛する方の愛情よりも与えてくれる者の贈り物のほうを愛するなら［そうなるのだ］」[q]。アウグスティヌスは『告白』の中で［言っている］。「お前は禍《わざわい》である。その足跡の間を彷徨い、一時的な利益を得ようとして、その方に替えて、その方のしるし（nutus）を愛するのであれば。浄められた精神の知解（intelligentia）である至福の光が合図していることに気づかないなら。その足跡としるしはすべての被造物の飾りにすぎないのである」[r]。これでもなお、女の中でも最も美しいものよ、万が一、あなた［自身］を知らないのであれば、出て行って羊の群れの足跡を追いなさい[8]」。［羊の群れとは］理性のない被造物のことであり、それらはあなたの創造主の足跡なのである。あなたはいとも幸いなる三位一体［なる神を映す］鏡なのである。それ故、あなたはこれらのすべてにまさる品位と卓越性を備えたものと認められるのである。「そして、羊飼いたちの天幕の傍らで、あなたの子山羊を飼いなさい[9]」とは、あなたの思索を天使たちの群れに向けよ、ということである。あなたは本性において、ある点で［天使たち］に似ており、栄光の点で同じ市民なのである。

八　魂　もうすでに充分沈黙し、静かにしていました。ですから、遠慮しつつ恥ずかしながら発言し告白するようにとの衝動に駆られています。これまで私は、たいして価値のないものに私の愛を向けてきました。ああ、私は何と不幸で哀れなものでしょう。恥ずかしいことに不敬にも、貞操を破り、空しく怠惰な生活を送ってきました。真実を告白するために、ベルナルドゥスにならって［申します］。「私の品位により完全に目を向ければ向けるほど、不品行な生活を送っていたことを恥ずかしく思い顔が赤くなります[s]」。罪過が大きければ大きいほど、［私の］本性が品位ある高貴なものであることに恐ろしくなります[t]。侮辱が大きければ大きいほど侮辱された方の卓越性の大きさに、私は恐ろしくなります。不正がひどければひどいほど、不正を被られた方のご厚意の厚さに私は唖然としています。何と悲しいことでしょう、何と悲しいことでしょう。主よ、私の神よ。私は実在（substantia）の品位から悪の低劣さを熟慮し、本性の美しさから罪過のもたらす歪曲を認識しています。受けた数々のご厚意を思い起こすことで、私の犯した数々の忘恩を理解しています。何と哀れな私でしょう。私はもう目にしています、もう知っています。「この世の旅路で使用するために至高の与え主からいただいたものをことごとく、私は不正と罪過へと乱用して、惨めにも歪めてしまったのです。人間の平和のための静寂を空しい保身へ向けてしまいました。祖国に定住するよりも、地上を彷徨することを好んだのです。肉体の息災と健康を邪悪な情欲に隷属するよう無理強いしたのです。溢れんばかりの豊かさを身体の必要のためではなく、哀れな情欲のために過剰に支払ったのです。晴朗で魅惑的な気候をも自己愛と地上的な喜悦に役立つように仕向けてしまったのです。何と悲しいことでしょう。私は怖れ、ひどく唖然としています。運悪く、私の過失に服し奴隷となったすべてのことが私を罰するために一斉に鞭をふるうことになっているのではないかと」。このように『講話』の中でグレゴリウスは［述べています］[u]。

九 人 おお、魂よ、あなたの認識は正しいと、もはや私は判断している。というのは、あなたの言葉の端々から、私の忠告は無駄ではなかったと感じられるからである。いくらか神の光に照らされ、真の光に触れて、あなたは動かされていると、私には思えるからである。『モラリア』における幸いなるグレゴリウスによれば、「誰しも真の光に触れて照らされる時、何が正義であるかが示されることで、何が盲目にする罪であるかを教え込まれる。それ故、聖なる人々は諸徳の威光によって神のもとにまで高く昇ることで、自分がそれに値しない者であることをこと細かに気づかされるのである。光に近づくほどに、自分自身の内に隠されていたものを見いだすからである」[v]。このようにグレゴリウス［は述べている］。

（1）雅一・3。（2）Iペト一・12。（3）詩一四七・12。
（4）ヨハ一四・23。（5）ルカ一九・5。（6）シラ二四・12。
（7）箴八・31。（8）雅一・7（8）。（9）雅一・8。
（a）アンセルムス『プロスロギオン』1。
（b）擬ベルナルドゥス、Meditationes piissimae, 1. 1 (PL 184, 485AB)。
（c）ベルナルドゥス『愛について』18・61 (PL 184, 614)。
（d）擬ベルナルドゥス、Meditationes piissimae, 3. 7 (PL 184, 489)。
（e）アウグスティヌス『三位一体』一四・8・11。
（f）前掲書一四・2―4、4―6。
（g）擬アウグスティヌス『神を愛すべきこと』一・4 (PL 40, 851)。なお、フーゴ（サン・ヴィクトルの）『ソリロクィウム』(PL 178, 954C) をも参照。
（h）アウグスティヌス『告白』三・6・11。
（i）ベルナルドゥス『教会献堂の説教』二・2。
（j）『ローマ・ミサ典礼書』マリアの浄めの祝日（主の奉献）の式文。
（k）『ローマ聖務日禱書』聖アグネスの祝日、第三夜課・第一交唱。
（l）フーゴ（サン・ヴィクトルの）『伝道の書講話』二 (PL 173, 142)。
（m）アンセルムス『瞑想』14・2。
（n）グレゴリウス『ヨブ記の道徳的注解』一〇・24・42。
（o）フーゴ（サン・ヴィクトルの）『魂の嫁資に関するソリロクィウム』(PL 176, 955)。嫁資（arrha）は花嫁の持参金というよりも花婿から花嫁に贈られる資産。

(p) 擬ベルナルドゥス、Meditationes piissimae, 6. 16 (PL 184, 495D-496A)。
(q) フーゴ（サン・ヴィクトルの）『魂の嫁資に関するソリロクィウム』(PL 176, 955)。
(r) 実際には『自由意志』二・16・43。
(s) ベルナルドゥス『雅歌講話』八一・1。
(t) アウグスティヌス『ヨハネ福音書講解』一一〇・7。
(u) グレゴリウス『福音書講話』三五・1。
(v) グレゴリウス『ヨブ記の道徳的注解』三二・1・1。

三　故意の罪過によって、魂はどれほど邪悪なものへと歪められてしまったか

一〇　〔人〕　従って、おお、魂よ、真理の光に触れることで、これまで気づいていなかった、あなたの品位を認識するなら、あなたの創造主を侮辱した罪過を理解するなら、そして本性によってどれほど高潔なものとして形作られたかを見たのであれば、今こそ、罪過によってどれほど邪悪なものへと歪められてしまったか、見てご覧なさい。

従って、「悩み多く惨めな魂よ、尋常ではないあなたの罪過を記憶へと呼び起こしなさい、呻きと嘆息を天にまで届けなさい。神に対して不実な魂、キリストの不貞な〔魂〕よ、あなたは何をしたのか考えなさい。あなたの貞潔な、あなたを愛する方を天に置き去りにし、あなたをお作りになった方を軽視し、あなたの花婿を振り捨て、あなたの神を当惑させ、あなたの保護者である聖なる使いを不敬に対処したのである。あなたは神の殿堂、キリストの花嫁、聖霊の聖所であった。この不意の変節、突然の転身はいったい何ごとか。神の処女《おとめ》からサタンに誘惑されたもの、キリストの花嫁から呪われた娼婦、聖霊の住居《すまい》から悪魔の納屋になったのである」。このようにアンセルムスは『失われた処女性への哀悼』〔で述べている〕[a]。

おお、魂よ、思い起こすがよい。なに故にあなたの美しさを売り払ってしまったのか、なに故にあなたの誉れを投げ捨ててしまったのか、何のためにあなたの顔を醜く汚してしまったのか、何のためにこれほど素晴らしいものを安価で売り払ってしまったのかを。

魂　おお、人よ、あなたが真実を語っていること、これほど大きな逸脱行為のことであなたが私を非難なさるのは不当なことではないとわかっています。

一一　**人**　おお、魂よ、なに故にこれほど多くの善いものをはぎ取ったのか。なに故に何の根拠もなしに、これほど名誉なことをはぎ取ったのか。なに故にこれほどの年

月、これほどの日々、これほど多くの時間を何の成果もなしに過ごしたのか。まさしくベルナルドゥスが言っている、「おお、主よ、私の神よ、どれほど多くの歳月が過ぎて行ったことでしょう。その間、見てのとおり、私は何の成果もなしに生きていました。どのようにして私はみ前に立てましょう。かの偉大な、恐るべき審問にあたって、どのようにして顔を上げることが私にできましょう。その時、成果を捜し求めて、私のすべての日々を数え上げるよう、あなたはお命じになられます。おお、主なる神よ、精神を尽くしてあなたを抱擁し、あなたの甘美さのうちにあって喜ぶために、私の心へと向けていただくための一時をどうして私は差し出さなかったのでしょう。私の内にあるものはすべてあなたと共になかったとすれば、いったいどこにあったのでしょう。すべての被造物は、何かしら望ましいこと、称賛に値すること、喜ばしいことを有しているとすれば、あなたからのものとして有しているのですから」。このようにベルナルドゥス［は述べている］[b]。

三　魂　何と悲しいことでしょう。主よ、今、私は理解できます。しかし、恥ずかしく思いつつ告白いたします。被造物（species）の麗しさと美しさが私の目を欺いたのです。そのため、あらゆる被造物よりもあなたのほうがずっと見目麗しく、あなたの測り知れない美の一滴をそれらのものに分け与えたにすぎないにもかかわらず、私は［あなたに］心を向けませんでした。いったい誰が数々の星座によって天を、鳥たちによって大気を、魚たちによって水を、植物と花々によって大地を装ったのでしょうか[c]。いとも慈愛に満ちた父であるあなたではありませんか。あの天の霊的な［存在の］群れはあなたによって様々な賜物によって装われているのです。セラフィムが愛に燃えているのも、ケルビムが認識によって光り輝いているのもあなたによることであり、座天使たちはあなたの賜物によって判断し[d]、傑出した主天使たちはあなたの贈り物によって支配し、権天使たちはあなたの力によって指揮し、能天使たちはあなたの権能によって悪魔の悪意を堰き止め、力天使たちはあなたの深遠な力によって奇跡を行い、大天使はあなたの指令によって重大なことを重要な人々に告げ、天使は小さな事柄を小さな人々に示すのではありませんか。しかし、あなたの美のごく小さな破片がなければ、これらのすべてに何の意味があるでしょう。おお、善きイエス、宇宙万物の美の泉よ。哀れな私をお許しください。あなたの美を知るのがこれほど遅かったことを[e]。［あなたを］愛するのがこれほどまでに遅れたことを。それ故にこそ、憐れにも私は彷徨っていたのです。

三　被造物の甘美ささえもが私の味覚を欺き、あなたが蜂蜜よりも甘いことに気づきませんでした。蜂蜜の、そして被造物の甘美さは実はあなたのものであり、あなたがあなたの［甘美さ］を貸し与えられたのです。ですから、被造物の内には、その他の甘美さも心地よさもなく、それはあなたを畏れるものらのために隠されていたもの[1]のわずかな表示にすぎません。それ故、すべての被造物の甘美さは、正しく注視するなら、あなたの永遠の甘美さへと招くもの以外のことは何一つしていないのです。おお、宇宙万物の甘美さと慈愛の泉であるイエスよ、私をお許しください。私は、あなたの被造物の内にある測り知れない甘美さと蜜の滴るごとき慈愛を知らず、精神の内なる愛をもって味わうこともありませんでした。そのためにこそ、私は惨めにも彷徨い歩き、豚の［餌の］莢《さや》で私の魂を満たすまでになったのです[2]。しかし、何と悲しいことでしょう。私は恐れています。あなたの子らのパンをこれまで私は食べたことがなかったので、そのため、いつも空腹で飢えて、この世の快楽に留まっていたことを。グレゴリウスは［言っています］、「内面において、私たちは用意されている甘美さを味わうことを望んでいないのである。それ故にこそ、空腹で飢えた私たちは憐れにも自分たちの飢えを愛しているのである[f]」と。おお、いとも甘美なるイエスよ、あなたに反するあらゆる甘美さは、私にとって艱難であり、大いなる悲惨であることを知らないのです。アウグスティヌスは『告白』の中で［言っています］。「いとも憐れみ深い神よ、私が罪の内にある時にも、いつもあなたは怒りつつも、慈愛に満ちて私のそばにおいでになり、私のあらゆる不正な楽しみと悪行に極めて苦い苦みを注ぎかけ、鞭打ちによって、苦みなしに楽しみたいのであれば、あなたの内でなければ、［味わうことは］できないことを教えておられました、主よ[g]」。このようにアウグスティヌス［は告白しています］。しかし、何と悲しいことでしょう。この教えを私は理解せず、そのため、私は彷徨い歩きました。それにもかかわらず、あらゆる不正な快楽のうちにあってもいつも私は暴露する者を恐れていました。告発する者を恐れていました。非難する者を恐れていました。しばしば良心にびくついていました。度々汚名が着されるのを大いに恐れていました。いくども地獄に立ちすくんでいました。それにもかかわらず、何と悲しいことでしょう。何と私は惨めなのでしょう。これほどの拷問にもかかわらず、自分の意志を変えませんでした。

一四　被造物の臭いさえもが私の嗅覚を欺きました(3)。おお、善きイエスよ、あらゆる香料にまさるあなたの香りを私は知らなかったのです。おお、善きイエス、薫香の源よ。その［香り］の心地よさが、あなたの香油の香りの内にあなたを追って、私を走らせるのです(4)。

一五　また、被造物の偽りの音声も私の聴覚を欺きました。あなたがお選びになった人々の咽喉にあなたの仰せがどれほど甘美なものか、あなたの友人らの耳にあなたの助言がどれほど甘露であるか(5)、あなたの聖なる者らの手にはあなたの命令がどれほど軽やかなものであるかを私は知りませんでした。おお、イエスよ、知恵の泉、知識の創始者、清らかな助言という種を蒔く方、せめてこの耳であなたのお声を聴けるようにしてください。あなたのお声が私の耳に響きますように(6)。次のように歌い唱える人々の声が惨めな私を惑わしたことでどれほど苦い思いをしたか思い起こさせます。「来たれ、［目の前に］ある善いものを楽しもう。バラの花の冠をかぶろう、しおれぬうちに、季節の花が我々を置き去りにしないように。高価なぶどう酒と極上の香油を満喫しよう。楽しみの跡を至る所に残しておこう(7)」。この声を私は聞きましたが、理解せず、気にも留めませんでした。すべては空しく、嘲笑の的だからです(8)。すべては、そしてこれらに類するものは瞬く間に過ぎ去り、影のように消え去るのです。これらの空しいすべてのものは、それらを愛する者らにどんな益をもたらすのでしょうか。これらの愚かなことは、それを楽しむ者らに何をもたらすのでしょうか。今は恥じ入り、狼狽していることから、どんな実りを得たのでしょうか(9)。

一六　いとも愛する神よ、これらのすべてにおいて、あなたはいつも私のそばにおられ、絶えずあなたの声を耳にしていましたが、私は聴き取りませんでした。救いへ導くあなたの教示に気づいていましたが同意しませんでした。おお、何としばしば、この救いへ導く助言を私に示唆してくださったことでしょう。お前は罪を犯した、手を引け、止めよ、恥じよ、と。これに対して惨めな私は、『告白』の中での幸いなるアウグスティヌスの例にならって、寝ぼけた言葉を返していたのです。「主よ、もうすぐです、直ちに空しいことから手を引き、すぐにも悪事に恥じ入ります。世俗的で空しいことは一切捨て去ります。しかし、悲しいことに、『間もなく』も『今すぐ』も『間もなく』でも『今すぐ』ではなく、『少し』も『長らく』になっていました(h)」。アウグスティヌス［は言います］。「多くの人が永遠に罰せられ、最終的に罪の内に留め置かれるであろう。

この人たちは主のみ声へと自らを正さない人たちである。密かに教示する声を聞いているが、その生き方を正さずに、『明日』、『明日』と言う。すると、突然、門は閉じられ、烏の声とともに罪人は天上の祖国の門（arca）の外に残される。鳩とともに罪のために呻くことを欲しないからである」[i]。グレゴリウス［は言います］。「何と悲しいことか。何と多くの人が自分の幸福を罪の中に投げ込み、何と多くの人が長きにわたる平和を退屈なものにしてしまったことか。それをきっかけに邪悪な敵は直ちに激しく襲いかかるのである。長らく続く平安が怠惰な者らを生み出したのである」[j]。さらに、グレゴリウス［は言います］、「実に、これらの人が立ち返るようにと神は耐えておられる。立ち返った者らを厳しく罰することはない」[k]と。

一七　しかし、人よ、私の不幸な身の上話をもっと完全に表明するために、私は告白します。以上のすべてのことは私を不幸にするに足りるだけでなく、罰を積み重ねるものでもありました。悲しいことに、肉の軟弱さが私の触覚を悲惨なまでに欺いたのです。おお、善きイエスよ、私は知りませんでした。あなたを抱擁することがどれほど甘美であり、あなたに触れることがどれほど栄えあることか、あなたと共にいることがどれほど心地よいことかを。「あなたを愛するであろう時、私は浄められ、あなたに触れるであろう時、私は汚れないものとされ、あなたを受け容れるであろう時、私は処女《おとめ》となります」[l]。おお、いとも甘美なるイエスよ、あなたの抱擁は汚れではなく浄化をもたらし、あなたに触れることは恥辱ではなく聖化をもたらします。おお、イエスよ、宇宙万物の甘美なるもの、そして心地よきものの泉よ、どれほどの甘美さ、気品、歓喜をあなたは持っておられることでしょう。これはあなたの永遠の知恵と認識という「左手」が「頭の下」つまり理性の下にあり、あなたの神としての[10]慈愛と愛情という右手が意志のうちにあって私を抱擁する時のことです。何と私は惨めなことでしょう。このような花婿の両腕の間に安らぎ、このような王であり友の口づけのうちに幸せに眠るほどの甘美さ、心地よさ、楽しさを経験できる人が誰かいるのでしょうか。「あの方が、その唇をもって私に口づけをしてくださいますように[11]」等々と言う時、敬虔な魂はこの甘美さを感じ取っており期待していたのです。「誰が私に与えてくれるのでしょうか、私の母の乳房を吸った、私の兄であるあなたを。そうすれば、私は外であなたを見いだし、あなたに口づけするでしょう。それで、誰もはや私を軽蔑しないでしょう。私はあなたを捕まえて、私の父の家へ、私を産んだ［母］の寝屋にあなたをお連れします。その場で、あなたは主の命令を私に教えてくださるでしょう[12]」。

一八　しかし、主なる神よ、これらの甘美さが考える者にとってこれほどのものであるとすれば、賞味する者にとってはどれほどのものでありえるのでしょう。もし、読む者にとってこれほど甘美なものであるとすれば、情愛（affectus）を通して感じ取る者にとってはどれほど甘美なものでありうるでしょう。アウグスティヌス［が言っています］、「いとも甘美なるイエスよ、私が認識を通して外的に賞味するものを、愛を通して内的に賞味するようにしてください。知性を通して感じ取っているものを、情愛を通して私に感じ取らせてください[m]」と。さあ、いとも甘美なるイエスよ、救いのために効果抜群のあなたの愛の傷をもって、私の魂の髄を刺し貫いてください。そうすれば［私の魂は］真に燃え立ち、燃え尽き、消え果て、あなたへの思慕だけが残り、［この世から］解放され、あなたと共にいることを切望するでしょう[13]。天から降った天上の命のパン[14]である、あなただけに［私の魂］はいつも飢えています。命の泉、永遠の光の源、真に享受すべきものの奔流[15]であるあなたに渇いています。常にあなたを愛するでしょう、あなたを捜し求め、あなたを見いだすでしょう、そして、あなたの内に安らかに憩うでしょう。だが、何たる狂気、何たる地獄の狂乱でしょう、私の精神にとってのこれほど絶大な安らぎ、神からの喜び、蜜の流れるような宴［にあずかること］が、これほど長きにわたって私には禁じられていたのです。

おお、人よ、お願いです、教えてください。これほどの悪の原因は何なのでしょうか。これほどの危機の理由は何なのでしょうか。これほどの罰の契機は何なのでしょうか。

一九　**人**　おお、魂よ、あなたが労苦によって疲れ果て、悲しみによって動揺しており、被った、それほどの損害の原因となるものを、あなたは見いだせないでいるのがわかった。従って、しっかりと聞きなさい。それほどの悪の原因をあなたに明示し、それほどの損害の契機となったものをあなたに明らかにすることが私にできるかどうか。おお、私の魂よ、あなたは身内の敵、友である敵、身近な敵対者を有しているのだ。この［敵］があなたに善に代えて悪を報いたのだ[16]。そして、友情を装ってはいるが実は残酷な敵であって、これらのすべてを、そして他の数知れない善いことをあなたから奪ったのだ。この敵は、あなたにとっては非常に甘美で心地よいものではあり、あなたの敬意を得ているが、あなたの不幸と、悲惨［の元凶である］

肉なのだ。あなたがこれを恐れていた時、あなたに刃向かう極悪な敵としてあなたが立ち上がらせたのだ。あなたがこれを敬った時、あなたに刃向かう残酷極まりない敵としてあなたが武装させたのだ。様々な高価な装いで外面を飾り、内側の装いをことごとく剝奪した時、幸いなるグレゴリウスが『講話』の中で言っていることをあなたは知らなかったのだ。［彼は言う。］「時として、肉は甘美な日々を過ごした。そのため霊は永遠に苦しみを受け呻くことになる」。これに反して「肉が抑圧されればされるほど、霊魂（animus）は天の希望に歓喜する[n]」と。それ故、あなたによって私たちに提起された、これほどの不正にこれ以上私は連座することはできない。これほどの悪は、これまで危険なものとして沈黙の内に見過ごすことで非難されていたのだ。ベルナルドゥスは言っている。「おお、魂よ。私は長い年月あなたと共に生きてき、あなたの食卓に着き、あなたの手から食べ物を受け取り、あなたの懐《ふところ》の内で眠ってきた者が誰であるか知っている。その者は、欲する時に、あなたと言葉を交わしていた。この者は法的に相続上、あなたの僕《しもべ》なのである。ところがあなたはあまりにも丁重に取り扱い、鞭も控えたので、あなたの頭の上にその踵《かかと》をあげて、あなたを奴隷の身に貶《おとし》めたのである[o]」。さらに続けて言う。「憐れむべく惨めな魂よ、誰があなたをこの恥ずべき鎖から解放してくれるのか。神が立ち上がってくださる。すると武装した者は倒れ、敵は壊滅される。神を侮《あなど》る者、この世の友、悪魔を崇める者は。このことについて何があなたに示されるのだろうか。もしも、あなたが正しく感じ取るとすれば、私は思う、私と共に言うだろう、『死に値する罪人だ、十字架につけよ[17]』と。それ故、偽ろうとしてはならない。引き延ばそうとしてはならない。手加減しようとしてもならない。十字架につけよ、このものを十字架につけよ[18]。だが、どのような十字架になのか。私たちの主イエス・キリストの十字架にだ。そこに私たちの救い、命、そして復活がある[p]」。このようにベルナルドゥス「は言う」。従って、『瞑想』におけるベルナルドゥスに倣って思い起こすがよい、魂よ、あなたの起源を。注目するがよい、「あなたには神の像が刻み込まれ、似姿にかたどって装われ、信仰によって婚約が交わされ、希望によって嫁入り支度がなされ、愛によって選びだされ、御血によって贖《あがな》われ、理性にあずかるもの、永遠の至福に値するものであることに。肉と共にあることはあなたにとってどんな意味を持つのか。何が父親にあたるのか。もし、［肉］のあらゆる状況を注意深く考察するなら、鼻孔を通して、その他の肉体の管を通して、何が出て来るか［注目するなら］、これ以上取るに足らぬ堆肥しかあなたは見ないであろう。もしそれらの惨めなものを数え上げようとするなら、情欲に駆り立てられ、熱情に占領され、幻覚によって汚され、混乱に満ち、恥辱にまみれた罪の重荷であろう。醜く汚らわしい想念の他に、そこからあなたは一体何を手に入れるのであろうか(q)」。このようにベルナルドゥス［は言う］。同じく［ベルナルドゥス］は言う。「おお、魂よ、神の似姿の像が豚の似姿に代えられることを恥じるがよい、天（caelum）からのものであるあなたが汚物（coanum）の内で転がりまわることを恥じるがよい(r)」。同じく［ベルナルドゥスは］『雅歌』に関する［書で言う］。「おお、魂よ、肉の内にあるかぎり、あなたは茨の中を歩き回ることになる。そして誘惑の棘と攻撃の切っ先をしっかりと耐え忍ばなければならない。それ故、雅歌であなたに言われている、茨の中の百合のように、私の友なる女《ひと》は娘たちの中にいる⑲と。おお、輝かしい百合よ、柔らかで優美な花よ。不信の破壊の輩があなたと共にあり、あなたは蠍《さそり》と共に住んでいる。それ故、どのように注意深く茨の中を歩くか見分けよ。肉と世は茨に満ちている。そのようなものらの中で暮らし傷を負わずにいるのは神の力によるのであり、人間の力によることではない(s)」。このようにベルナルドゥス［は言う］。

二〇　そして、強くて残虐なもうひとりの敵がいる。その者は驚くほどに狡猾で、「あらゆる者の生活習慣を粉砕し、不安を煽り立て、情動を探り、常に傷つける原因を捜し求め、自分の意のままに操れる者を注意深く見つめている。実に、古くからのこの敵、人類の初めからの敵は、［人類］に美食への誘惑を駆り立て、嫉妬という毒液を注入し、放蕩にのめり込むようにへつらい、空しい高慢へと煽り立てる術《すべ》を知っている。他方では、怖れによって屈服させ、喜びによって欺き、賛嘆することで誘惑する術をも心得ている。また自分に拘束された者らを従え、彼らの才能と言葉とを他の者らを欺くために用いている(t)」。これは教皇レオ［が述べていることである］。おお、魂よ、抵抗するには虚弱で、陥落するには易く、立ち上がるには難きものよ。このように残虐な［あなたに］刃向かう者らの罠を、どのようにして免れることができようか。このように巧妙に仕掛けられたものをあなたは知っているのか。

二一　**魂**　今は、わかります。［敵］に屈服された者は、自分から罪を知るのは容易ではないことが。だが、間もなく、［敵］から距離を置き始める時、その時初めて、どのような醜さの内に自分が横たわっているかを知るのです(u)。従って、私自身、いくらか罪から距離を置き始めたのですから、それによって私［自身］と私の罪とを認識しており、それ故、悲泣を抑えることができないのです。アンセルムス［は言います］。「おお、父よ、私の神よ、あなたは私にあなたの愛すべき像を刻んでくださいました。ところが、私は憎むべき悪魔の像でそれを覆ってしまいました。何と悲しいことでしょう。何と惨めなちっぽけな人間でしょう。神の像の上にデモンの像を刻み込むとは。なに故、私は［悪魔］を模倣することを憎まず、その名前を厭《いと》わないのでしょうか。［悪魔］はただただ倒すだけで、滅亡するのを欲しているのは私なのです。先立つ報復は何もなかったのですが、［悪魔］は高慢になり罪を犯しました。私は［悪魔］への罰を見ていながら、侮って罪を犯したのです。［悪魔］は一度、無垢なものと定められました。私はたびたび立て直されました。［悪魔］は自分を作った方に反抗して自分を高くしました。私は私を作り直した方に反抗して自分を高くしたのです。［悪魔］は約束する神を見棄てました。私は［私を］警護する神から逃げ出したのです。［悪魔］は神を拒絶して悪に固執しました。神が慈しみ深く呼びかけているにもかかわらず、私は［悪魔］のもとに走るのです。双方が神に逆らうのですが、［悪魔］は自分を尋ね求めない者に逆らうのに対して、私は私のために死んだ方に逆らうのです。だが、私はその像を恐れています。なぜなら、多くのものの内に、一層恐ろしい像を私は見いだすからです(v)」。

人　「消え去れ、私［の前］から消え去れ。おお、恐ろしい輩（substantia）よ。お前自身から消え去れ、お前自身から出て失せよ。お前の心の咆哮なしには、お前の恐怖を耐ええないのだから。たとえ耐えるにしても、お前は自分のことをわかっていないのだ。それは強さではなく、精神の薄弱さなのである。健康ではなく、不正が凝り固まったものなのだ(w)」。

三　**魂**　「もし私が自分自身を見るとすれば、それは耐え難いまでに恐ろしいこと。見ないとすれば、それは避け難い死となるでしょう。自分にとって［自分が］恐ろしい人は、何と不幸なことでしょう。しかしながら、もっと不幸なのは永遠の死を身近に感じている人(x)」。このようにアンセルムス［は述べています］。同じく『祈り』の中で［述べています］。「おお、いとも忍耐強い御父よ、おお、いとも慈愛に満ちる王よ。私には隠すことができません。弁解することもできません。しかも告白するのは非常に恥ずかしいのです。でも、これほど多くの悪の原因を私は見いだしました。以前はあざとく隠していたことを認めます(y)」。『瞑想』の中でベルナルドゥス［は言います］。「私の惨めな心は、将来の喜びを考慮せず、神の助言をも尋ね求めませんでした。自ら自分自身から離れ、地上のことどもへの愛に占領され、その間、［地上のことども］によって滑り落ち、包み込まれた［私の心］を虚栄が欺き、放蕩が汚し、好奇心が道を踏み外させ、嫉妬に責め苛《さいな》まれ、憤怒に駆り立てられ、貪欲によってずたずたにされ、怠惰によって不安に苛まれていました。このように私はあらゆる悪徳によって沈められていたのです。私を満たすことのできる一つの善さえも捨て去ってしまったからです(z)」。このようにベルナルドゥス［は言います］。それ故、いとも柔和な神よ、空しく費やされた、私のすべての時間があなたのみ前で忘却に付されますように。恐らく非常に短くはかないものである残された私の時間があなたにとっては「あなたが」たたえられる時、私にとっては実り多き時、隣人にとっては建設的な時でありますように(A)。いとも慈しみ深い神よ、不幸で惨めな私が惨めにも招き寄せた罰の絶大さの故に、私の罪は私自身で充分に嘆き悼むことができないほどのものであることをわかっていますし承知しています。罪に対する嫌悪がこれほどのものであることが不当なことではないとすれば、私の惨めな意志における快楽の大きさなどたいしたことではなかったのです。

亖 人　おお、魂よ、あなたが述べたように、あなたの過誤はあなたにとって自分では充分に嘆き悼むことのできないほどのものであるとすれば、聖なる者らの内の誰かに向かわなければならない。それともあなたは知らないのか、ベルナルドゥスによれば、「御父の前に御子を、御子の前に御母を有しているなら、あなたは御父への安全な道を持つのだ。御母はあなたのために胸と乳房を御子に差し出し、御子は脇腹と傷口を御父に差し出したのである。私が思うに、これほどの愛の目印があるところには、いかなる反駁の余地もありえないのである(B)」。それ故、「危機において、貧窮において、疑念に囲まれる時に、マリアを考えなさい、マリアに呼びかけなさい。［マリア］があなたの心から立ち去ることのないように、あなたの口から消え去ることのないように。［マリア］に従う時、あなたは道から逸れることはない。［マリア］に祈る時、あなたは絶望することはない。［マリア］が支える時、あなたは倒れることはない。［マリア］が保護する時、あなたは恐れることはない。［マリア］が導く時、あなたは疲れることはない。［マリア］が執り成す時、あなたは恩赦に浴する(C)」。このようにベルナルドゥス［は言う］。従って、おお、魂よ、言いなさい、「［マリア］への大いなる信頼を持って。「おお、女王様（Domina）、あなたを介してあなたの御子が私の兄弟となったのであれば、［御子］を介して、あなたが私の母とならないことがどうしてありえましょう。従って、あなたの故に私は喜び躍るでしょう[20]。私にどんな判決が下されようとも、それは私の母と兄弟の判決によるものだから[D]」。このようにアンセルムス［は言う］。

二四　**魂**　私は御子に対して罪を犯した時、御母を怒らせてしまいました。［御母］が気分を害されるのは、御子に対する不正に限られます。それ故、人よ、私は何をしたらよいのでしょうか。誰が私を御子と和解させてくれるのでしょう。敵にまわった御母ですか。誰が私のために御母に執り成してくれるのでしょう。お怒りになっている御子でしょうか。

二五　**人**　おお、魂よ、疑ってはなりません。たとえお二方が気分を害されようと。そうであっても、お二方は慈愛に富み、お二方はいとも慈しみ深い方々なのだ。それ故、義なる神に罪を犯した者は慈しみ深い御母のもとに逃れなさい。御母の気分を害させてしまった罪人は、恵み深い御子のもとに逃れて言いなさい。「神よ、あなたは私たちの惨めさの故に、一人の女《ひと》の息子となられました。婦人よ、あなたは憐れみの故に神の母となられました。罪を犯した不敬な私を憐れんでください。さもなければ一層大きな憐れみをお示しください。そうすれば、憐れな私はその［憐れみ］に逃れることができるでしょう[E]」。このようにアンセルムス［は言う］。

二六　**魂**　おお、人よ、あなたの助言は何と賢明なものであり、あなたの言葉は惨めな私にとって何と慰めに満ちたものでしょう。と申しますのも、私の罪をしっかりと見つめる時、私は気づき、悟るのです。私の数々の罪によって諸元素[F]を汚し、諸々の天を辱《はずかし》め、諸々の天体を暗くし、地獄で断罪されている者らを責め苛み、天上の聖なる者らを困惑させ、私の保護の任にある天使たちに礼を失する態度をとったことに。それ故、これらのすべての方々に助けをお願いするのが大変怖いのです。そして、義しい方々が正当に私に対して憤怒しておられるのですから、あえてこの方々のもとに駆け込むことはできないのです。

二七　**人**　おお、魂よ、あなたの不安は相当なものだ。あなたの自己卑下には感心するが。だが、あなたは知らないのか、聖なる者らの中の多くが罪を犯したことを。そして、私たち罪人をどのようにして憐れまなければならないかを、自分自身の大きな罪によって学んだことを。卓越した預言者であるモーセを考えてみよ、神の権能に対する希望が失せたことがあったのだ。[21] いとも聖なる王であるダビデを考えてみよ、神の律法に反して姦通と殺人の罪を犯したのだ。[22] 知るがよい、いとも知恵に満ちたソロモンは空しく極めて邪《よこしま》な偶像を礼拝していることを。[23] 極めて非道な王マナセを知るがよい。この者はイスラエルのすべての王の誰よりも大きな罪を犯しておきながら言っている、「私は海辺の砂の数を超えるほどの罪を犯しました。私が犯した多くの不正の故に、私は天の高みを見るに値しません」[24]と。これらの者らが恩赦を得たことを常に考えるがよい。しかし、旧約聖書の聖なる者らに留めるのか。収税所に座っていた罪人であり徴税人でありながら弟子に取り立てられたマタイを見るがよい。[25] ステファノに石を投げながら使徒に立てられたパウロを見るがよい。[26] キリストを否みながらも、直ちに恩赦を得たペトロを見るがよい。[27] キリストを十字架につけながらも神の憐れみを保証された兵士を見るがよい。[28] 十字架にかけられながらも恩赦を乞うた盗賊を見るがよい。[29] おお、魂よ、最後に考えてみるがよい、あの悪名高く汚れた罪の女、マグダラのマリアを。[30][G] この女《ひと》はことのほかキリストを愛する者となったのである。実に、今でこそ神と共に治めているすべての者も、かつては私たちと同じように罪を犯したことがあるか、あるいは少なくとも神の慈しみによって罪から守られていなかったなら罪を犯す可能性があったのだ。確実に罪を犯すことがありえないまでの賜物が誰かに与えられたとしても、それは本性（natura）によることではなく、天からの恵みによるのである。

六　魂　今は安心して、私は預言者たちと王たちに助けを求めるでしょう。今は大胆に、使徒たちと殉教者たちに呼びかけるでしょう。証聖者たち、処女《おとめ》たち、寡婦《やもめ》たち、そして聖なる者たちに絶えず願い続けます。しかし、これらのすべての方々よりも前に、神のいとも聖なる母、処女《おとめ》マリアを敬慕し、熱心に呼びかけるでしょう。「愛情がなければ、その名を口にすることも、誠実な愛情を再び燃え立たせないかぎり、考えることもできないまでに慈愛に満ち、甘美で、心地よい方である」[H]と私は知っているからです。「この方はすべてのものの救いを熱望し、この世全体の修復を獲得したのです」[I]ともベルナルドゥス［は言っています］。アンセルムス［は言います］。「おお、驚くばかりに特異な女《かた》、特異にして驚くべき方。この方を通して［すべての］元素は更新され、弱きものらは癒され、人々は救われ、天使たちは修復される。おお、恵みに満ちた女《かた》、その満ち満ちる豊饒さが全被造物を再生させる(J)」。ベルナルドゥス［は言います］。「おお、祝された方、恵みを見いだした方、命を生み出した方、救いの母よ。私たちはあなたを通してあなたの御子へ至る道を得ました。それは、あなたを通して私たちに与えられた方が、あなたを通して私たちを受け取るためです。［御子］のもとで、あなたの潔白が私たちの堕落という罪過を弁護してくださいますように。おお、いとも祝された方、神から賜ったあなたの遜《へりくだ》りが、私たちの空虚さを恩恵で満たしてくださいますように。おお、恵まれた方、あなたが見いだした恵みによって、あなたがそれに値した特権によって、あなたが産み出した憐れみによって、あなたを介して、私たちの弱さと惨めさに与することを是とされた方が、あなたの執り成しを介して、ご自身の栄光と至福にあずかるものと私たちをしてくださいますように(K)」。このようにベルナルドゥス［は言っています］。

(1) 詩三〇・20。(2) ルカ一五・16。(3) 雅四・10。
(4) 雅一・3、四・10。(5) 詩一一八・103。(6) 雅二・14。
(7) 知二・6―9。(8) エレ一〇・15。(9) ロマ六・21。
(10) 雅二・6、八・3。(11) 雅一・1。(12) 雅八・1―2。

(13) フィリ一・23。(14) ヨハ六・51。(15) 詩三五・9。
(16) Iマカ一六・17。(17) マタ二六・66、マコ一五・13―14。
(18) マコ一五・13―14。(19) 雅二・2。(20) 詩九・3。
(21) 出四章、民二〇・10―13、詩一〇五・32―33。
(22) サム下一一・2―22。(23) 王上一一・4―13。
(24) マナセの祈り9。(25) マタ九・9。
(26) 使七・57、九・1。(27) ルカ二二・56、62。
(28) ルカ二三・47。(29) ルカ二三・40―43。
(30) ルカ七・36―50。
(a) アンセルムス『瞑想』3（『失われた処女性への哀悼』）。
(b) ベルナルドゥスではなくアンセルムス『瞑想』13。
(c) 前掲書前掲箇所。
(d) 前掲書前掲箇所。
(e) アウグスティヌス『告白』一〇・27・38。
(f) グレゴリウス『福音書講話』三六・1。
(g) アウグスティヌス『告白』二・2・4。
(h) アウグスティヌス『告白』八・5・12。
(i) アウグスティヌス『説教』八二・11・14、二二四・4・4、『詩編注解』一〇二・16。
(j) グレゴリウス『ヨブ記の道徳的注解』三一・43・84。
(k) グレゴリウス『福音書講話』一三・5。
(l) 偽アンブロジウス『手紙』一・3（PL 17, 814C）。
(m) 擬アウグスティヌス、Liber de contritione cordis, ch.2（PL

40, 944)。

(n)『[福音書] 講話』としているが、実は『ヨブ記の道徳的注解』一〇・24・42。

(o) 擬ベルナルドゥス、Meditationes piïssimae, 15. 38 (PL 184, 506B)。

(p) 前掲書15・40 (PL 184, 507A)。

(q) 前掲書3・7 (PL 184, 489-C490A)。

(r) ベルナルドゥス『雅歌講話』二四・6。

(s) 前掲書四八・1―2。

(t) レオ『説教』二六(主の降誕)七・3。

(u) エドメルス、De S. Ansermi similitudinibus. 99 (PL 159, 665A)。

(v) アンセルムス『祈り』8。

(w) 前掲書前掲箇所。

(x) 前掲書前掲箇所。

(y)『祈り』の中には該当する箇所はない。

(z) 擬ベルナルドゥス、Meditationes piissimae, 9. 23 (PL 184, 499)。

(A) ベルナルドゥスではなくアンセルムス『瞑想』13。

(B) ベルナルドゥス『幸いな処女マリアへの賛歌集』(PL 189, 1726D)。

(C) ベルナルドゥス『処女なる御母への賛歌講話』二・17。

(D) アンセルムス『祈り』52。

(E) 前掲書51。

(F) elementa. 地、水、気、火の四元素を指している。

(G) ベルナルドゥス『聖霊降臨後第六主日の説教』二・4に同じような回心した罪人の列記がみられる。

(H) 偽ベルナルドゥス、Sermo ad Beatam Virginem Deiparam, 6 (PL 184, 1013D)。

(I) ベルナルドゥス『処女聖マリア被昇天の説教』四・8。

(J) アンセルムス『祈り』52。

(K) ベルナルドゥス『主の到来についての説教』二・5。

四　どれほどのご厚意をもって、神の善良さによる恵みを通して魂は回復されるのか

二九　人　おお、魂よ、私が思っていたとおりに、あなたがどのような本性として形成されたのか、またどのようにして罪過によって歪んだものになってしまったのか見るためにある程度ではあるが観想の照明を向けたようだ。ではここで、恵みによってあなたはどのように形成され直されたか考察するために観想の照明を向けなさい。ただし、次のことを知っておかねばならない。悔悛という沐浴によって精神の暗闇がより完全に拭い去られれば去られるほど神による修復の恩寵(beneficium)がより明らかに見渡せ

るということである。実に、アウグスティヌスによれば罪とは「知性は麻痺され、内なる人の全体が暗くされる闇[a]」なのだ。それ故、この闇によって観想の照明が暗くされればされるほど、悔恨の涙によって罪の闇から精神の目を絶えず注意深く浄めなければならない。従って、おお、愛情に包まれ澄み渡った魂よ、どれほど深い神の慈悲をもって、どれほど高い神の知恵をもって、どれほど驚くべき神の力をもって、あなたは恵みによって形成され直されたのか考察するために、観想の照明を向けるがよい。

三〇　まず初めに考えなさい。どのようにして贖いの恩寵によって原罪からあなたは解放されたかを。まさか知らないのではないだろう。原罪によって本性的で霊的な賜物（bona）を剝奪され、諸々の闇の支配者の力に屈服され、祖国から追放され遠ざけられたことを。だが、ベルナルドゥスによれば、「卓越した［神の］尊厳（majestas）は、私たちが生きるために死ぬことを、私たちが支配するために奉仕することを、私たちが祖国に戻るために流浪の身となることを望み、ご自分のすべての業の上に私たちを立てるために最も卑しい奴隷へと身をやつされた[b]」のである。事実、「人の子は失われたものを捜して救うために来られた[1]」。つまり、高ぶるあなたを謙虚にさせるために来られた、ということだ。グレゴリウス［は言う］。「このために、神の御独り子は私たちの弱い姿をご自分のものとされた。このために、見えざるお方が見える者のみならず侮られる者としてお現れになった。このために、侮辱する者らの嘲笑、囃し立てる者らの侮辱、苦しめる者らの責め苦を耐え抜かれたのである。このためとは、人は高慢であってはならないことを、謙虚な神が教えるためである[c]」。アウグスティヌス［は言う］。「キリストは地上のあらゆる善を軽蔑した。軽蔑すべきものを明示するためである。そして、地上のすべての悪を耐え抜いた。耐え抜くべきものを教えるためであり、［地上の善］の内に幸福を捜し求めず、［地上の悪］の内にあっても不幸を恐れぬよう教えるためである[d]」。

三一　第二に、［キリスト］はあなたを永遠の御父と和解させるために来られた。アウグスティヌス［は言う］。「あなたが父に対して敵対する者であった時、私はあなたを和解させた。あなたが遠くにいた時、あなたを連れ戻すために、私は来た。山々や森の中で迷っていた時、あなたを捜し求め、石地や木立の間であなたを見いだした。肩に担いで、私の父のもとにあなたを連れ戻し、労苦し、汗を流し、私の頭を茨にさらし、両手に釘を打たれ、脇腹を槍で開かれるのを許し、あなたのために血を注ぎ出し、あなたのために、不当と言うだけでなく残酷極まりない苦しみにさらされた。ところが、悲しいかな、罪によって、あなたは私から自分を切り離してしまったのだ[e]」。

一二　第三に、［キリスト］は売られたあなたを買い戻すために来られた。アウグスティヌス［は言う］。「私たちは驚嘆し、祝い、愛し、賛美し、崇敬します。私たちの贖い主の死によって死から命へ、闇から光へ、追放の地から祖国へ、朽ちるものから朽ちないものへ、悲惨から栄光へ、悲嘆から喜びへと私たちは呼ばれた[f]」。ナジアンゾスのグレゴリウス［は言う］。「おお、驚くべき、未聞の混合(permixtio)、創造主である方が被造物になり、測りえない方が［空間の内に］収容され、すべてにおいて富んでおられる方が貧しい者となられる[2]。作られた［本来の］像を取り戻させるため、また死ぬことになる肉を不死なるものへと備えるために、私たちの肉の像をご自分のものとされるのである[g]」。

一三　おお、私の魂よ、今こそ、目を覚ます時、あなたのキリストの御顔を見つめなさい[3]。私は言いたいのだ。見るがよい、かつてはあれほどに照り輝いていた御顔を。あなたのために、その輝きに反して覆い隠されたのだ。かつての見目麗しさは、その麗しさに反して腫《は》れあがったのだ。人を惹きつけた愛らしさは、その愛らしさに反して唾を吐き掛けられ、愛し慕い求められた御顔はそれに反して嫌悪されたことを。見なさい、そして考えなさい。主が地上で行われたことを[4]。あなたに名誉が帰されるために、神が愚弄されるのである。あなたが鼓舞されるために鞭打たれる。あなたが解放されるために十字架につけられる。あなたが宴を催すために汚れない小羊が屠《ほふ》られる。あなたが飲むために槍によって脇腹から血と水とが流される。従って、贖いの代価を熟考しなさい。教化のための模範を吟味しなさい。おお、魂よ、吟味し、考えなさい。あなたの友である主キリストがあらゆる類の罰を、感覚のあらゆる部分において、人間のあらゆる状態において苦しまれたことを。［ヘロデ］王は愚弄し、長官［ピラト］は判決を下し、弟子［のユダ］は裏切り、使徒たちは置き去りにし、祭司たち、律法の専門家、ファリサイ派の人々は引き渡し、異邦人らは鞭で打ち叩き、群衆は断罪し、兵士たちは十字架につけたのだった。ベルナルドゥス［は言う］。「天使である霊たちも恐れおののくその御頭は密なる茨の棘によって刺し貫かれ、人の子らにまさって美しい御顔はユダヤ人の唾によって見苦しいものとされた。太陽よりも光り輝く両の眼《まなこ》は死においてかすみ、天使たちの歌を聞いた両の耳は罪人らの嘲《あざけ》りの声を聞いている。天使たちに教えを説いた御口は胆汁と酢とを含まされ、聖なるものであるため、その足台すら崇敬される御足は十字架に釘づけられ、諸々の天をお作りになった御手は十字架の上で引き伸ばされ釘づけられ、御体は鞭打たれ、脇腹は刺し貫かれている。これ以上何が［必要というのか］。残されているのはただ舌のみ。そのため［主キリストは］罪人たちのために懇願し、御母を弟子に託されたのである」(h)。このようにベルナルドゥス［は言う］。おお、信仰篤い魂よ、私たちの救い主は、敵対する者ら、逆らう者らのいかなる誘惑によっても、私たちの救いへの配慮から引き離されることはありえなかった。この方の愛がどれほど激しいものか私たちに示されれば示されるほど、もし私たちがそれを拒むなら、より大きな罰が私たちに科されることになるだろう。

三四　魂　おお、人よ、もう充分長い間、私は沈黙していました。あなたが語ることを喜びつつも悲しみつつ、敬虔な精神をもって聞いていたからです。私は、主において喜びに喜ぶでしょう(5)。［主は］私のためにご自分の御独り子をも惜しまぬほどに私を愛してくださったからです(6)。グレゴリウス［は言います］。「おお、測り知れない愛の愛（dilectio caritatis）よ。端女《はしため》の名にも値しない端女を買い戻すために、御子を渡してくださいました」(i)。おお、主イエス・キリスト。あなたは私のためにご自身を渡されるのを惜しまれませんでした。あなたの傷で私の心に傷を負わせてください。あなたの御血で私の精神を酔わせてください。そうすれば、私がどこに向かおうとも、私のために十字架につけられたあなたを常に見ており、何を眺めようとも御血によって赤く染められたあなたが私［の目の前］におられるでしょう。こうして、すべてがあなたを目指し、私はあなたの他には何も見いだせず、あなたの傷の他には何も見つめることはできないでしょう。これこそ私にとって慰めとなるでしょう。私の主よ、あなたと共に私を十字架につけてください。あなたの他の何かを瞑想すること、これこそが私にとって究極の苦悩となるでしょう。しかし、何と悲しいことでしょう。この「私たちに関する貴ぶべく驚嘆すべき神の慈愛（pietas）」(j)に心を向けるたびに、少なからぬ私の忘恩の故に、私は非常に狼狽し恥ずかしくなるのです。贖いというご厚意の絶大さに気づけば気づくほど、忘恩という罪がいかに卑しいものであるか気づかされるのです。

三五　人　おお、魂よ、あなたは決して忘恩なものではない。見るがよい、あなたには大きな、驚嘆すべきご厚意が寄せられたのだ。実に、忘恩という罪は重大なものなのだ。ベルナルドゥスによれば、「忘恩は焼き払う風のようなものである。神の憐れみの小川を、慈悲の泉を、恵みの流れを干上がらせる[k]」のである。それ故、おお、魂よ、気をつけなさい。そして、常に次の恐るべき言葉に向き直り、熱心に精神の内で思い巡らすがよい。その言葉とは、忘恩の輩に対して救い主の口を通して（in persona）語られたものである。「おお、魂よ、見るがよい。あなたのためにどれほど私は苦しんでいるかを。あなたのために死ぬ私は、あなたに向かって叫んでいる。そのために私が苦しんでいる刑罰を見るがよい。私が刺し貫かれている釘を見るがよい。私に浴びせられている侮蔑の言葉を聞くがよい。だが、外面的な苦しみがどれほどのものであろうと、内面的な呵責はそれ以上に大きなものである。あなたが忘恩である時、私はそれを体験している[1]」。他の箇所で、忘恩の輩に対して［言われている］。「私の民よ、私があなたに何をしたのか。何をもってあなたを悲しませたのか。私に答えよ[7]」。私よりも私の敵に仕えるのを喜ぶ原因は何なのか。それ故、おお、魂よ、気をつけなさい。そして、常に感謝しなさい。これほど大きな賜物の故に、神の御独り子を賛美し称揚するのを決して止めてはなりません。

三六　「あなたの命は全面的に、あなたが永遠の責め苦を耐え忍ぶことのないように、あなたのためにご自分の命を差し出し、苛酷な責め苦を耐え忍ばれた方に負っている」。「それ故、あなたがそれであるところのもの、あなたができるものを何かしら、その方に差し上げても、それは太陽に対する星、大河に対する一滴の雫《しずく》、そして山に対する塵のようなものではあるまいか[m]」。このようにベルナルドゥス［は言っている］。

三七　おお、魂よ、今は、観想の浄められた目をもって、あなたの花婿が原罪からあなたを解放した、神の恵みを知ったのであるから、今こそ、どのようにして神の憐れみによって現行の罪（peccatum actuale = 自罪）からあなたを解放してくださるかを、あなたに示すことにしよう。

従って、観想の照明を義化の恩寵に向け、あなたの神なる主の恵みを考えなさい。その［恵み］は、隠れた［霊の］息吹によって現行の罪からあなたを呼び戻した父の親心によるもので（paterne）あり、時として、それにまさる甘美さ、親しみはないほどの内的な、次のような語りかけによってあなたを呼び戻したものである[8]。「戻って来なさい、戻って来なさい、シュラミティス、即ち、罪によって惨めなものとなった魂よ」と。

三八　私のもとに戻って来なさい、私はあなたの創造主なのだから。私のもとに戻って来なさい、私はあなたの贖い主なのだから。私のもとに戻って来なさい、私はあなたの慰め主なのだから。それでもなお不足に思われるなら、最後に［言おう］、戻って来なさい、私は極めて寛大にあなたに報いる者だから。

従って、私のもとに戻って来なさい、私はあなたをいとも高貴なものとして造った者だから。戻って来なさい、私はいとも慈しみ深く全く侮辱的な自分の死を通して永遠の死からあなたを解放した者だから。私のもとに戻って来なさい、霊的にまた物体的に善い数々のものによって様々にあなたを富んだ者とした者だから。最後に［言おう］、おお、魂よ、私のもとに戻って来なさい、私はすでに用意された至福によって、いとも寛大にあなたに報いた者だから。

私は言おう、戻って来なさい、思い浮かべた罪から。戻って来なさい、口で犯した罪から。戻って来なさい、行為をもって犯した罪から。戻って来なさい、習慣化した罪から。私のもとに戻って来なさい、おお、魂よ、大きな願望をもって聖なる者たちがあなたを待ち望んでいる。戻って来なさい、天使たちがあなたの到来に喜び躍る。戻って来なさい、天上の楽園の集いが皆であなたを待ち望んでいる。おお、魂よ、戻って来なさい、イエス・キリストが十字架の上で両手を広げて、あなたを呼んでいる。戻って来なさい、深淵なる三位がこぞって（totius Trinitatis abyssus）あなたの帰還を待っている。おお、魂よ、これはあなたを招く愛する方の声なのだ。

三九　さあ、気づきなさい、待ち望む方の何と辛抱強いことか。おお、何と長きにわたってあなたの到来を待ち望んでおられたことか。何と悲しいことか。何と長きにわたって、数々の罪の中にいるあなたに耐えておられたことか。あなたの回心の前に、何としばしば、何と深刻にあなたを罪のうちに断罪したことか、そしてまた常に罪人であるあなたを慈しみ深く待ち望んでおられたことか。おお、魂よ、ここで戻って来なさい。十字架の上のキリストはあなたを待ち望んで頭《こうべ》を垂れている、あなたに口づけするために。両腕を差し伸べている、あなたを抱擁するために。両手を広げている、報酬を与えるために。御体は引き伸ばされている、全身を献げ尽くすために。両足は固定されている、留まり続けるために。脇腹は開かれている、その奥にあなたを送り込むために。[9]「それ故、おお、魂よ、岩の祠に、壁の窪みに巣くう小鳩よ、両手に飛んでいきなさい、両足に飛んでいきなさい、脇腹の内に飛んでいきなさい、そこで安全に憩いなさい、そこで静かに憩いなさい」[n]。このようにベルナルドゥス［は言う］。「おお、魂よ、あなたに与えられた恵みをいただくに値しない者らが、あなたと比べてどれほど多くの、どれほどの類のものを破棄してしまったかをしっかりと考えることができるなら［わかるはずだ］。実に、あなたの花婿が選び、あなたを優遇し、あらゆるものの中からあなたを選び、あらゆるものの内から取り上げ、すべてのものにましてあなたを愛したのだ」[o]。このようにフーゴ［は言っている］。

四〇　魂　今は、告白します。今は、認識し、体験し、理解しています。私は神から多くのものを受け取ったことを、しかし、それらのすべてに応じて、これほどの恩寵にふさわしいものを何一つとして神にお返ししていないことを。

四一　人　おお、魂よ、待ち望んでおられる方の辛抱強さをあなたは知ったのだ。ではここで、観想の照明を義化する方のご好意（benignitas）に向けなさい。そして熱心に考えなさい、思い巡らしなさい。あなたの花婿からの、これほどまでの測り知れない恵みがあなたのために用意されたことを。「食卓を共にする者、王国の伴侶、新婚の床の相手となることが、恵みによってあなたに授けられた」[p]。［また］ベルナルドゥス［は言う］。「私は主の慈しみを永遠に歌うであろう[10]。私の内でなされた七つの慈しみを見いだす。それによって、［主］の測り知れない慈愛をいとも明白に認識しているからである。第一に、多くの罪から私を守ってくださったこと。第二に、罪を犯した私を直ちに断罪することなく、不正を長引かせる私に対して、その慈愛を長引かせてくださったこと。第三に、かつては苦かったものを甘美なものへと、私の心を変えてくださったこと。第四に、悔い改める私を慈しみ深く受け入れてくださったこと。第五に、抑制する力と矯正する力を私に授けてくださったこと。第六に、勲功を立てる恵みを与えてくださったこと。第七に、それを得る希望を私に授けてくださったことである」[q]。

四二　魂　さあ、私の主である神よ、「不幸で惨めな私は、私を造ってくださった私の神を愛さなければなりませんでしたが、そうではありませんでした。滅びようとしている私を贖ってくださいました。多くの危機から私を救い出してくださいました。迷っていた私を導いてくださいました。無知であった私に教えてくださいました。罪に陥った私を正してくださいました。悲しみに打ちひしがれた私を慰めてくださいました。絶望しかかった私を力づけてくださいました。強情だった私を和らげてくださいました。倒れた私を立ち上がらせてくださいました。出かける時、先導してくださいました。来た時迎えてくださいました[r]」。「実に、万事において臨在し、個々のものを満たし、あらゆる所に臨在し、万人のために心を配り、個々人のみならず万人のために配慮しておられる。こうして私を守るために専ら専念していると、［他の］一切を忘れておられ、私一人のことに心を向けておられるかのように思われるほどなのです[s]」。

四 おお、人よ、それ故、私は、あなたが口にされたように、以上のすべてのために、神を愛さなければなりません。ですから、お願いします、仰ってください。どれほど、またどのようにして［神］を愛したらよいのでしょう。これほどの愛にお応えするにふさわしいほどに［お愛ししたらよいのでしょう］。

人 おお、魂よ、ベルナルドゥスによれば、「神を愛する原因は神にある。度合は、度合なしに愛することにある[t]」。とはいえ、聖書の幾つかの箇所から、ある程度の度合を見いだすことができる。あなたに愛を授けてくださった方ご自身が、愛すべき度合を提示している。「あなたの心を尽くして、あなたの魂を尽くして、あなたの力を尽くして、あなたの神である主を愛しなさい[11]」と仰せられた時のことである。従って、魂よ、これほど高貴なまでに、あなたを無からお造りになった御父である神を、あなたのために死ぬことで測り知れぬ形であなたを再形成してくださった御子である神を、いとも慈しみ深くしばしば慰めて罪から贖い、善をもって力づけてくださる聖霊を唯一無二の愛をもって愛しなさい。従って、力強く（fortiter）御父である神を愛しなさい。いかなる異質な愛によっても危うく打ち負かされることのないように。知恵をもって（sapienter）神である御子を愛しなさい。いかなる異質の愛によっても狡猾に誘惑されることのないように。甘美に（dulciter）聖霊である神を愛しなさい。いかなる異質の愛によっても毒されることのないように。あるいは別形で、ベルナルドゥス［が言うように］「キリスト者の魂よ、どのようにキリストを愛さなければならないか、キリストに学びなさい。甘美に、賢明に（prudenter）、力強く愛しなさい。［キリスト］への愛に比べれば他のすべての愛はあなたにとって価値のないものであり、［キリスト］ただおひとりがあなたにとって口の中の蜜、耳にとっては美しい旋律、心にとっては歓呼となるように甘美に。他の何者かにおいて絶えて［燃え上がること］なく、ただ［キリスト」においてのみ、あなたの愛が燃え上がるように賢明に愛しなさい。脆弱にもかかわらずあらゆる苛酷で辛辣なことを「キリスト」のために耐え、「私の労苦は一時のものにすぎず、たとえそれ以上のものであろうと愛の故に何も感じることはない」と言えるまでに、力強く愛しなさい。こうして、キリスト者は愛によってキリストへとしっかりと向かい、「キリスト」のもとに辿り着くまで、「キリスト」のためにすべてを喜んで耐えるのである」[u]。このようにベルナルドゥス［は言う］。

四四　魂　おお、人よ、仰ってください。あなたに対する尊敬の念をこめて、お願いします。好奇心からではなく、謙虚な心で、傲慢からではなく、むしろ敬虔な思いからお尋ねします。私の神を愛する時、私が愛しているのは何ものなのでしょうか。

人　おお、魂よ、あなたの質問が傲慢からのものであったなら、大きな過ちとなったであろう。しかし、敬虔な思いに由来するのであるから、敬虔に答える必要があろう。神を愛した、かの偉大なアウグスティヌスが『告白』で何と言っているか聞くがよい。「私が神を愛する時、私が愛するのは身体的な美しさ（species corporis）でも、一時的な美（decus temporis）でも、目に優しいこの光の輝きでも、心地よい旋律でも、甘美な香油の香りでも、マンナでも蜂蜜でもなく、抱擁によって体感する肉体の部分でもない。私の神を愛する時、私が愛するのはこれらのものではない。では、私は何を愛するのか。ある種の光、ある種の声、ある種の香り、ある種の食べ物、私の内なる人の、ある種の抱擁を私は愛している。そこでは私の魂に輝きが放たれるが、それは場所をとるものではない。そこでは音がするが、時間の経過はない。そこには香りが漂うが息吹はない。そこでは味覚が働くが食欲が減退するものではない。そこでは停止することもあるが豊満感が消失することはない」[v]と述べている。

四五　魂　おお、人よ、お願いします、もう少し、愛という徳について仰ってください。知ったことで、神を愛するために私は一層燃え立つでしょう。

人　まさしくそうだ。おお、魂よ、愛（caritas）の果実は大きなものであるが、隠されているのだ。アウグスティヌスによれば、「愛そのものは逆境にあっては耐え忍び、順境にあっては節度を守り、苛酷な苦難にあっては勇敢で、善い業の内では快活で、誘惑にあっても安全極まりなく、客のもてなしにおいてはいとも丁重で、誠実な兄弟の中にあっては喜びに満ち、偽りの者らの中にあってはいとも忍耐強く、侮辱にさらされても平静で、憎悪に包まれても慈悲深く、怒りの内にあっても温和で、邪悪な企みに対しては無垢なままで、不正に対しては嘆き悲しみ、真理の内にあってほっとする」[w]。「おお、幸いな愛（amor）、この［愛］から方正な品行、清純な愛情、鋭敏な知性、聖なる願望、明晰な行為、豊かな徳、優れた功績、気高い褒賞と名声が生じる」。「おお、愛の甘美さ、甘美なる愛よ、私の心はあなたを拝領し、あなたと結び合わされることで、私の魂の臓腑は満たされるでしょう」[x]。このようにアウグスティヌス［は言うのである］。ヒエロニムス［は言う］。「愛の愛（amor caritatis）なしに、誰かが正しく信じたにせよ、至福に到達することはできない。愛（caritas）はそれほどのものであり、これなしに預言者も殉教者でさえも何ものでもないものと思われ、いかなる褒賞も愛に取って代わるものではない。実に、愛はすべての徳の中で最上位を占めているからである」[y]。その霊魂（animus）が愛（amor）によって一時的な物事を抱きしめる者は何と惨めなことか。「一時的な物事は労苦をもって獲得され、不安をもって所有され、悲嘆のうちに放棄されるものなのである」[z]。

四六 しかし、「主よ、あなたを愛する者、あなたのために敵を、あなたにおいて友を愛する者は幸いです。このような者だけが大切な者をひとりも失うことはありません、この者にとってすべての者はあなたにおいて大切なものなのです。誰もあなたを失うことはありません、あなたを捨てるもの以外は。あなたを捨てたものはどこに行きましょう。柔和なあなたのもとから怒れるあなたのもとへと行くのではないでしょうか」[A]。アウグスティヌス［は言う］。「あなたの故に愛するのではないものを何かしら、あなたと共に愛する者はより少なくあなたを愛しているのです。おお、愛（caritas）よ、あなたは常に燃えており、決して消えることはありません。愛よ、私の神よ、私を燃え立たせてください。肉の欲から、目の欲から、世俗の野心から自分を引き離すことができるように」[B]。そして、グレゴリウスは『モラリア』の中で［言う］。「何と幸せなこと、何と幸いなことか、愛（amor）によって、ひたすら永遠への憧れのうちに踏みとどまる者は。その人は順境にあって高ぶることなく、逆境にあっても動揺することはない。この世にあるものを何一つとして愛しておらず、恐れるものはこの世に何一つとしてないからである」[C]。パウロは手紙の中で［言っている］。「愛（caritas）は忍耐し、寛容で、妬まず、高ぶらず、不正を行わず、野心を抱かず、自分の利益を求めず、怒らず、悪を思い巡らさず、不正を喜ばず、真理を喜ぶ[12]」。グレゴリウスは『モラリア』の中で、これを説明して言う。「愛が忍耐するのは、投げかけられた悪を平静に耐え忍ぶから。寛容であるのは、悪に対して善をもって寛大に仕えるから。妬まないのは、現世にあるものは何一つとして欲することなく、地上での成功を羨むことを知らないから。高ぶらないのは、永遠の褒賞に浴することを憂慮しており、外的な善によって自らを高めることはないから。不正を行わないのは、神と隣人の内においてのみ愛を育み、清廉であることにそぐわないことには関知しないから。野心を抱かないのは、自分の内側に向かって燃え立つことで満たされ、外的には他のいかなるものをも欲しないから。自分の利益を求めないのは、一過性のものとして所有しているすべてのものを、自分には関わりのないものとして顧みず、自分と共に留まるもの以外は何一つとして自分のものとはみなさないから。怒らないのは、受けた不正に対して復讐の念を誰に対しても駆り立てることはなく、大きな労苦に対するより大きな褒賞を期待するから。悪を思い巡らさないのは、清潔な愛（amor）のうちに精神は堅固なものにされ、あらゆる憎悪は根こそぎにされているので、汚くするものは何も霊魂の内に入り込むことはありえないから。不正を喜ばないのは、すべてのものに向かう唯一の愛（dilectio）によって渇望し、敵対するものらの破滅すら喜び躍ることはないから。真理を喜ぶのは、他の者らの成長を自分自身のものとして喜ぶかのように、他の者らの内にみられる正しいことを認めることによって他の者らを愛しているからである[D]」。このようにグレゴリウスは『モラリア』で［述べている］。

（1）ルカ一九・10。（2）ロマ一〇・12。（3）詩八三・10。
（4）詩四五・9。（5）イザ六一・10。（6）ロマ八・32。
（7）ミカ六・3。（8）雅六・12。（9）雅二・14。
（10）詩八八・2。
（11）申六・5、マタ二二・37、マコ一二・30、ルカ一〇・27。
（12）Iコリ一三・4―6。
（a）アウグスティヌス『手紙』五五・5・8。
（b）ベルナルドゥス『主の昇天の説教』三・2。
（c）グレゴリウス『ヨブ記の道徳的注解』三四・23・54。
（d）アウグスティヌス『教えの手ほどき』22・40。
（e）擬アウグスティヌス『五つの異端反論』6（PL 42, 1109-10）。
（f）『説教』二〇八・7（PL 39, 2132）。実際にはアウグスティヌスのものではなくアンブロジウス・アウスペルトゥスの作品。
（g）グレゴリウス（ナジアンゾスの）『説教』三八・13。
（h）ベルナルドゥスの著作に文字通りの箇所は見いだせない。『聖水曜日の説教』8に類似した表現が見られる。
（i）復活徹夜祭の復活賛歌（Exsultet）の一節を踏まえている。
（j）前掲賛歌。
（k）ベルナルドゥス『雅歌講話』五一・6。
（l）ペトルス・ロンバルドゥス『命題集』三・16・a2・q3。書記官フィリップスの言葉とされる。
（m）ベルナルドゥス『種々の説教』二二・5―6。
（n）ベルナルドゥス『雅歌講話』六一・3。擬ベルナルドゥス『司祭養成』p.l. n.12（PL 184, 779）。
（o）フーゴ（サン・ヴィクトルの）『魂の嫁資に関するソリロクィウム』（PL 176, 963B-D）。
（p）ベルナルドゥス『公現後八日間の第一主日の説教』二・3。
（q）ベルナルドゥス『聖霊降臨後第六主日の説教』二・3―5。
（r）アンセルムス『瞑想』7。
（s）擬アウグスティヌス（アルケルス［クレルヴォーの］）『霊と魂』17（PL 40, 792-93）。
（t）ベルナルドゥス『神への愛』一・1。
（u）ベルナルドゥス『雅歌講話』二〇・4、一五・6。
（v）アウグスティヌス『告白』一〇・6・8。
（w）アウグスティヌス『説教』三五〇（PL 39, 1534）。
（x）擬アウグスティヌス、Manuale（PL 40, 956）。
（y）ヒエロニムス『ガラテヤ書5・14、22注解』（PL 26, 436B-438A, 446C-449D）、ヒエロニムス『ルフィヌスの書への弁明』二・2。
（z）ベルナルドゥス『種々の説教』四二・3。
（A）アウグスティヌス『告白』四・9・14。
（B）アウグスティヌス『告白』一〇・29・40。
（C）グレゴリウス『ヨブ記の道徳的注解』一〇・21・39。
（D）前掲書一〇・6・10。

第二章

どのようにして、魂は精神の鍛錬を通して観想の照明を自らの「外なるもの」に反映させねばならないか。それはこの世の富がどれほど不安定なものか、この世の卓越したものがどれほど変わり易いものか、この世の華美なものがどれほど惨めなものか認識するためである。

一　**人**　おお、魂よ、従って、今度は、観想の照明をあなたの近くにあるものら、すなわち、感覚的なこの世界に向けなさい。それは、［世界］とその中にあるものを軽蔑し、それを軽んじることによって、花婿への愛（amor）にあなたが燃え立つためである。実に、［花婿］と一緒に他の何ものかに手を差し伸ばすのであれば、あなたは［花婿］をたいして愛しておらず、［他のもの］を［花婿］の故に［花婿］において愛しているのではないⓐ。グレゴリウスによれば、「低いものに喜びを見いだせば見いだすほど、人はあの一層高い愛（amor）から引き離されることになるⓑ」。喜びとするものをこの代《よ》に持っていない人は、より素早く神へと向き直るのである。従って、「被造物のすべてがあなたにとって価値のないものとなればよいのだ、そうすればあなたの創造主ただおひとりが心の中で美味なものとなるⓒ」。

一　世俗の事物の三重の空しさ

二　従って、聞いたことだけでなく体験したこと、言われたことだけでなく行われたことから、この世の富がどれほど不安定なものか、この世の卓越したものがどれほど変わり易いものか、この世の栄光がどれほど偽りに満ち惨めなものか思い巡らし、再度思い巡らしてみよ。「この［世］において卓越しているものは、栄誉によって喜びをもたらすよりも、ずっと悲しみをもたらすものであるⓓ」。このようにグレゴリウス［は言う］。ベルナルドゥス［は言う］。「見るがよい、この世を愛するものらはこの代という市場を歩き回る。ある者らは富を、ある者らは名誉を、ある者らは栄光を求めて。富について私は何を言ったらよかろう。労苦をもって獲得され、怖れをもって所有され、悲しみつつ手放されるのである。名誉については何を告げればよいのか。高い地位にあなたは就けられたとする。すべての人から裁かれること、すべての人から非難されることは絶対にないのだろうか。苦痛なしに名誉のうちに、苦悩なしに優越感のうちに、空虚さなしに崇高なものとして留まることが誰にできるのか。栄光に関してはどうなのか。耳をくすぐる空しいお世辞にすぎない。そもそも審判を伴わない［栄光］そのものがありうるのか。あなたが追い抜いた人々のことを眺めてみるがよい。そして考えてみなさい、そのすべての人に嫉妬の種を蒔いたのではないかⓔ」。このようにベルナルドゥス［は言っている］。

三　**魂**　おお、人よ、事の次第はそうであれば、惨めな人々が求めるものとして何があるのでしょう。この世の空しいものに夢中になっているのです。この世の栄光を求めている人々はどれほど目が眩んでいることでしょう。

人「少なからぬ人が、ある人々の光栄を何かしら偉大なもの、追求するに値するものとみなして、それを得ようと熱望している。しかし、死に際になって、自分の栄光がいかに空しいものかに気づいて、嘆息し告白して言う、『人間は無にすぎない』[f]」と。このようにグレゴリウス［は言っている］。おお、いとも親愛なる魂よ、この世のすべてのものは儚《はかな》い夢のようなものにすぎないのではあるまいか。高慢とか諸々の富の自慢といったものは、それらに愛着する者らにどんな益をもたらすのか。すべては影のように、波を掻き立てつつ海を進みゆく船のように過ぎ去っていき、その痕跡すら見いだせないのだ。まさしく、己に敵対するものによって滅ぼし尽くされる[1]。何と悲しいことか、権力者たちの何と多くの者らが何の痕跡も残していないことか。国々の民の君主はどこにいるのか、地上にいる猛獣たちの上に君臨した者らはどこにいるのか。銀を蓄積した者ら、金を徴収した者ら[2]、都市や城郭を建設した者ら、戦いで勝利を治めた王や王国はどこにあるのか。知恵ある者らはどこに、学者たち、この代の論客たちはどこにいるのか[3]。最も知恵に富んだ者［といわれた］ソロモンはどこに、最高の権力者［といわれた］アレクサンデル［大王］はどこに、最も強い者［といわれた］サムソンはどこに、最も麗しい者［といわれた］アブサロムはどこに、最も栄光に輝く者［といわれた］クセルクセスはどこに、最高の権力者［といわれた］皇帝たちはどこに、一世を風靡した王たちや支配者たちはどこに［いるのか］。「虚ろな栄光、束の間の喜び、世俗の権力、大門閥、肉の快楽、富のもたらす虚偽、甘い情欲がどんな益をもたらすというのか。嘲笑はどこに、歓楽はどこに、自慢はどこに、高慢はどこに［いったのか］[g]」。高貴な血統はどこに、肉体の美しさ、優雅な身のこなし、若者の愛らしさ、広大な地所、壮大な宮殿、この世の知恵［はどこに行ったのか］。これらのすべてはこの世からのものである、そして世は自分のものを愛する[4]。だが、これらのすべては世と共に長らく存続することはない。世と世の欲は過ぎ去っていくであろう[5]。

それ故、「正しく味わい、心眼の光があなたと共にあるなら、惨めなもの、所有することが重荷となるもの、愛されることが煩わしくなるもの、失うことが苦痛となるものに追従し、追求するのを止めるがよい[h]」。それ故、「すべての上におられる方の故に、これらのすべてをあなたは捨てなさい[i]」。このようにベルナルドゥス［は言う］。それ故、「おお、魂よ、逃げなさい、逃れなさい、逃れの町に。それは修道生活（vita religiosa）のことである。そこであなたは過去について悔い改めること、現在において恵みを得ること、将来の栄光を幸いにも期待することができる。罪の意識があなたを引き留めることはない。なぜなら、不正の増すところには恵みもさらに増すのが慣わしとなっているのである[6]。悔い改めの苛酷さそのものがあなたを遠ざけるのではない。この時点での苦しみは許されることになっている過去の罪過に値するのではなく、授けられる現在の恵みと約束されている将来の栄光に値するのである[7][j]」。このようにベルナルドゥス［は言う］。

四　魂　今はもう、世の虚偽と不安定さがよくわかりました。でも、どのような鎖に縛られて、今でもなお精神を向き直らせることができないのか、私にはわからないのです。

人　おお、魂よ、確かに、世から被るあなたの危機を熱心に、そして賢明に回避するなら、世の空しいものらからあなたの霊魂（animus）を遠ざけることには何の疑いもない。世俗で生きるということ（mundane conversatio）は重圧と危険に満ちたものである。というのは、ベルナルドゥスによれば、「享楽に囲まれた貞潔は、富に囲まれた謙虚は、業務に追われた敬神の念は、多く語ることで真理は、不身持な世において[8]愛は危険にさらされている[k]」。おお、無力で脆弱な魂よ、あなたはいとも容易に欺かれ、転落してしまうが、立ち上がるのはあなたには難しいことである。あなたは聞いたことがないのか。「道端に植えられた木の見事な果実を成熟するまで守るのが難しいように、世俗に生きる人が一点の曇りもない正義を最期まで守り通すことは難しいことである[1]」。このように［ヨハネス・］クリゾストムス［は言っている］。同じく、ある手紙の中でアウグスティヌス［は言う］。「この世という獄舎には真実の苛酷さ、偽りの快楽、確実な悲嘆、定かでない享楽、長引く労苦、不安な休息、惨めさに溢れたもの、至福への空しい希望が備わっている[m]」。おお、魂よ、以上のことを精神の内に携えていれば、世と、世の中にあるものとを、あなたは軽視するはずである。

いとも親愛なる［魂］よ、あなたが愛しているのは、そもそも何ものなのか。あなたが心から欲しているのは、そもそも何ものなのか。この世においてあなたが求めているのは、そもそも何ものなのか。高い聖職位を愛するのであれば、あなたは自分の生活を混乱させるにほかならないことを行っているのであるまいか。「最高の地位と最低の精神（animus）、第一の座と下劣な生活、大言壮語する舌と無為な手、弁は多いが実りは零、深刻な顔つきと軽率な行為、絶大な権威と危うい安定、［この組み合わせほど］奇異なものはない」[n]ことをあなたは知らないのか。このようにベルナルドゥス［は言うのである］。グレゴリウスは『司牧規定』の中で［述べている］。「高位聖職者たちは、何かを正しく行わないのであれば、死に値することになり、破滅の範例は配下の者らにまで及ぶことを知らねばならない」[o]。

だが、恐らくあなたは言うだろう、「確かに私は高い聖職位を求めている。しかし、その［職位］にあっても正しく聖なる生活を送ることを目指している」と。

私は称賛する。だが、称賛するに値するものを見いだすのはごく稀のことなのだ。それ故、私はいつも恐れている。『書簡集』におけるグレゴリウス［の言葉］によれば、「しばしば高位聖職者の罪過が配下の者らの生活をより低劣なものとし、民の悪行（meritum）の責任はしばしば牧者の生活に帰されるほどに、支配する者らと従属する者らとの功罪は結び合わされているのである」[p]。

五　もしもあなたがこの世の知恵を求めるのであれば、おお、何という危険を犯すことになろう。ベルナルドゥス［は言う］。「何と悲しいことか。どれほど多くの、どれほど大きな、この世の呪わしい知恵が、自らの内に懐胎した神聖な精神を投げ倒し殺害したことか。［この精神は］燃え上がるのを激しく望んだものである[9]。それともあなたは知らないのか、この世の知恵とは地上的なもの、動物的なもの、悪魔的なものであり[10]、救いの敵、命を吹き消すもの、情欲の母であることを」[q]。このようにベルナルドゥス［は言っている］。アウグスティヌス［は言う］。「救い主を抜きにして救いを捜し求めようと欲する者、真の知恵を抜きにして、賢明な者となりうると考える者は健康な者ではなく病人であり、賢明な者ではなく愚か者であり、病気にもかかわらず休むことなく労働しているのである」[r]。学問においては成長しても、善い生活という面では成長していない者は神によって遠ざけられる。アルガゼルが言うとおりである[s]。それ故、知恵ある者でありたいと願うのならば、「諸々の天においてもあなたと共に存続する知恵をこの地上において学ぶがよい」[t]。このようにヒエロニムス［は言う］。どのようにしたら、一度目にしたらすべてを学ぶことになるお方に至るかを、あなたはここで学びなさい。これこそが永遠の真理である。「これ抜きにしては、すべてを理解することは分別を失うことであり、これだけを認識することが完全［な知識］を得ることである」[u]。

六　しかし、おお、私の魂よ、以上のことの故に、この世の富、世俗の豪奢、肉の快楽を愛していながら、心ならずもこの世を捨てるのであれば、気をつけるがよい。「［あなたの愛する］それらのものは何と儚く、何と脆いものであることか。答えよ、どこに王たちは、どこに支配者たちは、どこに先に述べたすべてのことを愛する者らは［いるのか］[v]」。私は恐れているのだが、嘆かわしいことに、それらの者らの中の何と多くの者が滅ぼされ陰府《よみ》に降されたことか[11]。この者らに高慢はどんな益をもたらしたのか、富の自慢が何の役に立ったのか[12]。神よりも世を、［修道院の］禁域よりも世俗を、禁欲よりも美食を、節制よりも放逸を愛する者は悪魔に従い、［悪魔］と共に永遠の罰へと向かうのである。アウグスティヌス［は言う］。「世俗の幸運によって輝く者らは神の力によって滅び失せる。一時［の栄華］に輝く者らは永遠に滅び失せる。偽りの善によって輝く者らは真の責め苦によって滅び失せる[w]」。同じく、「この世において何かしらを所有することで楽しもうとするのであれば、すべてを所有している神を、何にも囚われていない精神をもって所有するようにしよう。そうすれば、幸せに、かつまた聖く渇望するものを［神］の内に私たちは所有することになるであろう[x]」。

七　しかしながら、おお、魂よ、恐らく、以上のすべてに対する反論を見いだして言うだろう。私は世を軽蔑する。しかし、友人たち、両親、知人たちを見棄てることはできない、と。

おお、魂よ、この反論は取るに足りないものである。ベルナルドゥス［は言う］[13]。「誠実な言葉であって、全面的に受け入れるに値する。父親もしくは母親を軽んじるのは敬神に背くもの（impium）であるが、キリストの故に［軽んじるのは］極めて敬神に叶うもの（piissimum）である[y]」。「おお、頑固な父親よ、おお、猛烈な母親よ、彼らは決して両親（parentes）ではない、殺害者（peremptores）である。あなたが、自分たち抜きで支配するよりも、自分たちと一緒に滅びることを欲しているのだから[z]」。ヒエロニムス［は言う］。「髪を掻き乱し、衣を裂いて、あなたを養った乳房を母親が示そうとも、敷居に父親が横たわろうとも、軽視する母親のために、［足で］踏みつける父親のために、目の涙をぬぐって、十字架の旗のもとに駆けつけるがよい。冷酷ともとれるこのことによってのみ敬虔なる民となるのである[A]」。［ヨハネス・］クリゾストムス［は言う］。おお、魂よ、あなたは知らないのか、「イエスを持つ者は父を持っており、母を持っており、すべての友を持っているのである。なぜ、死んだ者らに従うのか、生けるお方に従うがよい。死者を葬るのは死者に任せよ[14][B]」。

（1）知五・8―10、13。（2）バル三・16、18。
（3）Ⅰコリ一・20。（4）ヨハ一五・19。（5）Ⅰヨハ二・17。
（6）ロマ五・20。（7）ロマ八・18。（8）ガラ一・4。
（9）ルカ一二・49。（10）ヤコ三・15。（11）バル三・19。
（12）知五・8。（13）Ⅰテモ一・15。（14）マタ八・22。

（a）アウグスティヌス『告白』一〇・29・40。
（b）グレゴリウス『福音書講話』三〇・2。
（c）アウグスティヌス『詩編注解』三〇・3・8。
（d）グレゴリウス『ヨブ記の道徳的注解』三二・20・38。
（e）ベルナルドゥス『説教』四二・3。
（f）グレゴリウス『ヨブ記の道徳的注解』六・6・8。
（g）擬ベルナルドゥス、Meditationes piissimae, 3. 9（PL 184, 491B）。
（h）ベルナルドゥス『手紙』一〇三・2。
（i）ガウフリドゥス『シメオンのイエスとの談話の解明』（PL 184, 438B）。
（j）ベルナルドゥス『聖職者に対する説教』21・37。
（k）前掲書前掲箇所。
（l）ヨハネス・クリゾストムス『マタイ福音書講話』三九。
（m）アウグスティヌス『手紙』二六・2。
（n）ベルナルドゥス『熟慮について』二・7・14。
（o）グレゴリウス『司牧規定（Cura pastorali）』三・4。
（p）グレゴリウス『書簡集』七・7。
（q）ガウフリドゥス『シメオンのイエスとの談話の解明』（PL 184, 455D-456A）。
（r）ラバヌス・マウルス『悪魔の技』（PL 110, 1097AB）。
（s）アルガゼル『哲学』二・5・5（ed. Venet, 1506）。
（t）ヒエロニムス『手紙』五三・9。
（u）グレゴリウス『対話』四・33。
（v）擬アンセルムス『奨励（Exhortatio ad contemptum temporalium）』（PL 158, 684D）。
（w）アウグスティヌス『詩編注解』五三・9。
（x）擬アウグスティヌス、De salutaribus documentis, ch.10（PL 40, 1050）。
（y）ベルナルドゥス『手紙』一〇四・3。
（z）ベルナルドゥス『手紙』一一一・2。
（A）ヒエロニムス『手紙』一四・2。
（B）ヨハネス・クリゾストムス『マタイ福音書講話』一八。

二　世の多くの人が盲目となっている理由

八　**魂**　おお、人よ、あなたの言葉によって私は熟慮し、また多くの体験によって、今や、私は認識しました。「この世はそれ自体としては乾ききったものであることを。この世の苦《にが》みを愛し、逃げ去るものを追いかけ、落ち行くものを抱きしめる多くの者らの心の内で花を咲かせている[a]」ことを。仰ってください。これほどの盲目の原因は何なのでしょうか。

人　おお、魂よ、あなたは知らないのか。万物の創始者であるあなたの花婿によって、あなたは極めて優美なもの、高貴なものとして形成されたこと、愛（dilectio）なしにはあなたは存在しえないことを。ヒエロニムス［は言う］。「人間の魂が愛さないことは難しい。私たちの精神は何かしら好ましいものに引き寄せられるはずだからである[b]」。それ故、ベルナルドゥスによると、「私たちは最高のものらの内でも、最低のものらの内でも喜ぶはずのものである[c]」。従って、『モラリア』におけるグレゴリウスによれば、「自分の命をなおざりにするものがかなりいるが、彼らは過ぎ行くものに惹かれ、永遠のものを理解しないでいるか、知的なものを軽視している。傷つけられるのであるが痛みを感じることはない。それ故、悲しいことに、善いものらの内にありながら惨めなものと自分をみなし、追放の地を祖国のように愛し、盲目の身でありながら輝く光のうちにあるかのように喜び躍っている。それとは逆に、選ばれた者らの精神は、過ぎ行くものをことごとく無のようなものとして取り扱い、形成された目的を探求する。彼らの渇望は神の他、何ものによっても満たされることなく、自分の形成者（conditor）の観想のうちにおいてのみ安らぎを得るのであり、天上の市民たちの仲間に入ることを熱望し、この世の中に置かれているにもかかわらず、この世の外に立ち昇るのである[d]」。このようにグレゴリウス［は言う］。同じく、エゼキエル書［に関する著作］で［グレゴリウスは言う］。「天上のものについて何の甘美さをも体験したことのない者らにとっては、人間に関わることのうちに甘美さはあると思われる。なぜなら、人間の精神は永遠のものを理解することが少なければ少ないほど、時間的なものの内に見いだせる甘美さの内に憩いを見いだすからである。しかし、心の舌で味わった人がいれば、その人にとって天上の賜物の甘美さはいかほどであろうか。内的に見たものが甘美であればあるほど、外にあるものはみな苦いものに変わるのである[e]」。

九　**魂**　おお、人よ、お願いします。これ以上引き延ばさずに、世俗の喜びと天上の喜びについて詳しく話してください。双方の本性をより一層真実に理解したなら、私は一方をより完全に軽んじ、他方に到達するようになり一層熱心に努めることができるでしょう。というのも、私が思うには、「善と」認識せずに善を愛することはできない[f]ように、「悪と」理解せずに悪を避けることはできないからです。

人 おお、魂よ、私が考えるには、世俗の喜び——知られざる鞭というのではなく、喜びと言いうるとしてのことだが——は、完全に蔑視されないかぎり、完全に知られることはない。それ故、世を完全に軽んじた人々によって伝えられているとおりに、世俗の喜びは五つの軽蔑すべきことから成り立っている。まず第一に目的において無価値であること。そもそも世俗の快楽とは何か。アウグスティヌスが答える、「罰せられざる不正[g]」、すなわち放蕩、泥酔、暴飲暴食、虚無へ専念すること、そして、これらのために、この「世の」生において何一つとして悪にさらされることのないことである。実に、自分の不正な行動を叱責されないと、快楽に浸っていても安全であると悪い者らは考える。彼らは、アウグスティヌスが言うように、「罪を犯している者らの幸福にまさる不幸は何一つとしてない。それによって、罰せられるべき虚弱さが養育され、悪い意志が強められる[h]」ことを知らないのである。

第二に、主体における不純である。実に、罪によって歪められた魂が世俗の喜びの主体であって、その「魂」が悪を行っているのに喜び、小躍りするのである[1]。それ故、幸いなるヒエロニムスは、見事に言う。「この代と一緒に笑ったり喜んだりするのは思慮ある人のすることではなく、狂気に陥った人のすることである[i]」。浄い心は不浄なこの代と共にではなく、神と共に、神の内にあって喜び楽しむものだからである。

第三に、自らの内にある短さである。偽善者の喜びは点のようなものだからである[2]。ヨハネ「福音書」に関する「著作で」アウグスティヌス「は言う」。「代の楽しみは空しい。その到来を激しい渇望をもって待ち望んでいても、到来する時に留めておくことはできない[j]。おお、魂よ、「世俗の楽しみは何と短く、何と砕けやすく、儚いものか[k]」。ヨブの言うように「人の日々は短いものなのだ[3]」。

第四に、終極には悲しみが「待ち受けている」のである。何と惨めなことか、善い日々を送ろうとも、一瞬のうちに陰府に降るのである[4]。喜びの極みに悲しみが占領する[5]。おお、魂よ、「喜びと悲しみとを」分かつことができるのなら、このような喜びは往々にして、その働きのうちに悲しみが紛れ込んでいる「ことに気づくはずだ」。混乱に陥った良心は冷酷なことを予期するのが常だからである[6]。

第五に、当然の結果として大きな悲惨が待ち受けている。それは霊的な喜びの妨げとなるからである。従って、おお、魂よ、知るがよい、この世がどれほど惨めなものであるか、［世］に従う者が極めて惨めなものであることを。世俗の喜びはいつも人々を至福の生から締め出すのである。ベルナルドゥス［は言う］。「おお、この世の慰めは何と安っぽく、何と役立たずであることか。また、これ以上恐れるべきものがあろうか。真実の聖なる慰めを妨げるのだから[l]」。従って、「おお、私の魂よ、神を思い起こすことで慰めを得たいと欲するなら、この世において喜びを得ることを拒否するがよい[m]」。このようにベルナルドゥス［は言う］。アウグスティヌス［は言う］。「あなたの創造主（creator）ただおひとりが［あなたの］心の中で美味なるものとなるために、全被造物はあなたにとって全く価値のないものとせよ[n]」。

一〇　**魂**　今ではもう、この世を私は軽蔑しています。今ではもう偽りの楽しみと真の悲しみ、偽りの甘美と世の真の苦さを私は知りました。それ故、当然のことですが、あなたの助言に従って、これらのすべてを私は軽んじています。でも、おお、人よ、あなたが仰るように、愛（dilectio）なしに存在することはできないのですから、お願いします、仰ってください。私はどうしたらよいのでしょうか。自分をどこに向けたらよいのでしょう。どこで私はふさわしい愛（dilectio）を見いだすのでしょうか。

人　おお、魂よ、あなたが自分自身を完全に認識すれば、世と、世の中にあるすべてのものを拒絶するはずである。天上の存在（natura）を理解すれば、疑いもなく、地上での慰めを嫌悪するはずである。従って、「あなたは天（caelum）からのものであるから、汚物（coenum）の中で転びまわるのを恥じなさい[o]」。至高のものらの内でなければ、あなたは満たされえないのだから、最低のものらの内で喜ぶのを恥じなさい。私が思うに、あなたは天に属する存在（natura caelestis）である。また、私の考えでは、肉のもたらす錯乱が許しさえすれば、本性的に天からの慰めを憧れ求め捜し求めるはずである。ベルナルドゥス［は言う］。「肉のもたらす錯乱が私たちにそれを許したとしてのことだが、神の愛（amor）という香料に付き添われて、本性に則して生きることは何と甘美で喜ばしきことか。ひとたび癒されるやいなや、本性は自然本性的なものらと和解する[p]」。

一一　**魂**　本性に則して生きるとは、本来的にどういうことでしょうか。

人　端的に言って、本性に則して生きるとは、天上の命（生活）を地上に導入すること、「外なるものから内なるものへと立ち返り、下なるものから上なるものへと上昇すること」、そして「最も高貴なものに則して、それは卓越した人間の内にあるもの、すなわち知性に則してすべてを行うことである」と哲学者（アリストテレス）が『倫理学』の第十巻で述べているとおりである[q]。

三　魂　この地上に、それもこの涙の谷に[7]天上の命（生活）を地上に導入することが人にできるのでしょうか。

人　おお、魂よ、私の言葉を、罪人の［言葉］として疑問視し疑惑を抱くのであれば、アウグスティヌス「の言葉」を聞くがよい、使徒パウロ［の言葉］を聞くがよい。聞くがよい、アウグスティヌスが言うことを。「認識と愛（amor）を通して永遠なるものを何かしら把握する時、私たちは精神においてもはやこの世に存在しないのである[r]」。そして使徒［パウロ］は言う、「私たちの交わり（conversation）は天にある[8]」と。私の魂よ、私が思うには、「そこであなたが生きているその場よりも、そこであなたが愛しているその場」のほうがあなたにとってより真実なものである。「あなたの愛するものは何であれ、愛（dilectio）の力そのものによって、それに類似するものへとあなたは変容される[s]」からである。それ故、あなたが天上のものを観想しているのなら、天上のものを愛しているのなら、この生において天の霊的なものらに似たものとされたあなたが、どうして天に滞在しないことがありえようか。

（1）箴二・14。（2）ヨブ二〇・5。（3）ヨブ一四・5。
（4）ヨブ二一・13。（5）箴一四・13。（6）知一七・10。
（7）詩八三・7。（8）フィリ三・20。
（a）グレゴリウス『福音書講話』二八・3。
（b）ヒエロニムス『手紙』二二・17。
（c）ベルナルドゥス『主の昇天の説教』五・8。
（d）グレゴリウス『ヨブ記の道徳的注解』一・25・34。
（e）グレゴリウス『エゼキエル書講話』一〇・43。
（f）アウグスティヌス『三位一体』一〇・1・1。
（g）アウグスティヌス『説教』一七一・4・4。
（h）アウグスティヌス『手紙』一三八・2・14。
（i）ヒエロニムス『伝道の書注解』。
（j）アウグスティヌス『ヨハネ福音書講解』七・1。
（k）擬アンセルムス『奨励（Exhortatio ad contemptum temporalium）』（PL 158, 684D）。
（l）ベルナルドゥス『降誕徹夜祭の説教』四・1。
（m）ベルナルドゥス『詩編九〇説教』四・2。

（n）アウグスティヌス『詩編注解』二・3・8。
（o）ベルナルドゥス『雅歌講話』二四・6。
（p）擬ベルナルドゥス、Epistra ad Fratres in Monte Dei, 1. 8. 23 (PL 184, 323A)。
（q）アリストテレス『ニコマコス倫理学』一〇・7。
（r）アウグスティヌス『三位一体』四・20・28。
（s）ベルナルドゥス『愛について』18・61 (PL 184, 614C)。

三　神の慰め、それを得るための配備

〔三〕　**魂**　何と悲しいことでしょう。何と悲しいことでしょう。今では、不幸で惨めな私は、多くの歳月にわたって惨めに盲目であったと痛感しています。非常に長い間一時的で地上に属する事柄の間を彷徨い歩き、愛（amor）によって世俗の価値のないものに自分を縛りつけていました。それらのものからごくわずかな慰めを得てはいましたが、それ以上に多くの苦みと荒廃を、ごくわずかで全く貧弱な楽しみと、しばしば様々な多くの心の悲しみを味わっていました。ですから、おお、人よ、お願いします、仰ってください。天上の慰めとはどのようなものであるのか、この涙と悲惨の谷において、それに至ることができるのでしょうか。

人　おお、魂よ、ベルナルドゥスによれば、「この慰めとは、赦しの希望と、かすかなものとはいえ善を味わったことから発する献身の恵みのごときものにほかならず、またそれをもって恵み深い神が憔悴した魂を再創造し、神を捜し求めるように魂を招き、神の愛（divinus amor）へと激しく燃え立たせる、いとも甘美な喜悦にほかならない[a]」のである。「おお、魂よ、あなたはどう思うのか、これほど甘美でこれほど心地よいものとは何か。愛する者を思い起こすことで、敬虔な魂らを感動させ甘美に働きかけ、自分自身から離反するようにし始めさせるのはいったい何なのだろうか。意識は晴れやかにされ、悲しみの記憶はみな忘却へと追いやられ、霊魂（animus）は躍り上がり、知性は明るくされ、心は照らされ、気分は軽やかにされる。自分がどこにいるのか気づくことはできず、一種の愛の抱擁によって何かしら内なるものを捉えてはいるものの、それが何か知らず、それにもかかわらず全力で捉えておこうと欲するのである。それを離れさせまいと、霊魂は喜びつつ、いわば格闘するのである。それは、そこにあらゆる願望の目的を見いだせるかのようなのである[b]」。このようにフーゴ［は言う］。おお、魂よ、これこそが神の慰めなのである。

一四　魂　おお、人よ、誰が私に授けてくれるのでしょうか。それほどに甘美で、これまで味わったこともない、この慰めが私の心に到達すれば、私の数々の悪行を忘れて、世俗の慰めを軽んじて、幸いにも、私自身から遠ざかり始めることができるでしょうに。

人　おお、魂よ、あなたが欲しているのは偉大なことであり、あなたが熱望しているのは測り知れない賜物である。それ故、私の判断では、人間の努力によって獲得することはできず、人間の功績の報いとして与えられうるものでもない。謙遜な祈りをもって、それに値するよう整えられた者らに神から、また神の慈愛による譲渡（condescendentia）によってのみ辛うじて獲得されうるものなのである。それ故、あらゆる黄金もそれに比べれば一握りの砂にすぎず、銀もそれに比べれば無に等しいのである[1]。

一五　魂　おお、人よ、仰ってください、祈る人の愛情がそれを獲得するために秩序づけておかねばならない配備とはどのようなものなのでしょうか。

人　この内容（materia）については、経験豊かな人々が多くのことを語ることができるであろう。私は自分が未熟な者であると知っているので、わずかなことを語るだけでも恥ずかしく思っている。それ故、どうして、あなたは自分が味わったことのないことを語るのかとか、ふさわしくない者でありながら、自分は知らないことを、どうして賛美するのかといって反論されるのではないかと、私は恐れている。

魂　おお、人よ、あなたが聞いたこと、あなたが読んだことを尊敬と謙遜の念をもって披露するのを恐れないでください。偉大で高峻な事柄について、多くの人が、自分自身の体験ではなく、他の人々の知識から学んだことを他の人々に役立てようとして提示しているのですから。

人　では、畏れ多いことだが何か語ることにしよう。未経験の故に尻込みする勇気を、愛（caritas）が支えてくれるだろう。それ故、感じるまま話すことにしよう。私が思うに、より優れた判断によって、天上のこの甘美を味わうための準備をしたいのであれば、あなたは浄化され、訓練され、高揚されなければならない。第一に天上のこの甘美の香りが嗅ぎとられ、第二に賞味され、第三に時としては酩酊するまでに摂取され飲用されねばならない。

一六　第一に私が言うのは、精神は罪から、無秩序な愛情から、一時的な慰めから、被造物への無秩序な愛着から浄化されていなければならない。なぜなら、ベルナルドゥスによれば「天上のあの甘美がこの［世の］灰と、神聖なるあのバルサムがこの［世の］有毒な喜びと、聖霊のあの賜物（charismata）がこの代の誘惑と混在しうると判断する者はみな間違っている[c]」からである。しかし、魂はこれらのものから清められ浄化され、涙によって清められ、嘆きと呻きによって浄化された後では、天上の甘美なる香りによって魂は慰められ活気づけられるのである。

第二に、数々の善を行うことと数々の悪を耐え忍ぶことにおいて精神は鍛錬されなければならない。なぜなら、真理への愛が働きかけている者たちを、善行を鍛錬することと悪を忍耐することが圧《お》し潰すことは決してないからである。それ故、幸いなるベネディクトゥスが言うように、「原初において命へと導く道は狭かった[2]のではあるが、時の経過とともに、測り難い喜悦の甘美さによって広げられているのである[d]」。従って、キリストのための労苦によって神から注がれる慰めは何と幸いなものか。

第三に、この甘美さによって魂が酔わされるほどの精神の高揚がある。それは幸いなことに、霊魂（animus）が地上のものらから引き離され、驚くべき方法で、自分自身を超えて、世をも超えて、あらゆる被造物すら超えて高く上げられ、「王は私をご自分の酒宴の席に導いてくださった[3]」と魂が言える時のことである。そこはぶどう酒の貯蔵庫であり、そこに導かれた魂は、そこで神性という測り知れない甘美さによって調合されたぶどう酒と、人間性という汚れなく純白極まりない乳とを飲むのである[e]。おお、魂よ、ここで友人たちは飲むのですが、いとも親愛なる者らは酔いしれる[4]。おお、幸せな酩酊。それにつき従うのは精神と肉体の貞潔で聖なる節度である。ここでは魂は酔った状態で喜び、逆境にあっても楽しんでおり、危機に際しては勇敢で恐れず、順境においては賢明で分別に富み、不正を許すにあたっては寛大で慈愛に満ちており、そしてついには神の抱擁の内に憩い、まどろみ横臥する。その時、花婿の左手は花嫁の頭を愛をこめて支え、愛する者の右の手は愛された者を親しく抱きしめるのである[5]。

一七 魂 おお、人よ、謙遜と畏敬の念をもって、私は告白いたします。それはかつて私の身に起こったことです。悲しいことに、それは極めて稀なことです。私の回心の初めの頃ですが、暴力［ともいえる］大きな［力］を振り絞って、霊魂（animus）を地上のものらから引き離して、努力の限りを尽くして天上のことを観想するために高く上げました。怖れに震えながら中に入り、恥ずかしく思いつつ辺りを見回し、天使たちの群れ、族長たちと預言者たちの宮殿と喜びを見ましたし、使徒たちの幕屋、殉教者たちの宴、証聖者と処女《おとめ》たちの慰めを目撃しました。そして、それぞれの方にその慰めの一片を施してくださるように願い、御主君がたの食卓からこぼれ落ちるパン屑を願い求めましたが手に入れることはできませんでした(6)。しかも、聞くも嘆かわしいことに、たちまち、異邦人、見知らぬ者としてすべての方々から追い払われてしまったのです。ですから、何の慰めももたらさない労苦に満ちた精神の上昇が、私にとって何の役に立つのでしょうか。

人　おお、魂よ、何の理由もなしに、それほど冷酷な拒絶はないはずだ。私が思うには、苦しみを分かち合う前に、慰めを分かち合うことをあなたが欲したこと(7)、徳に倣う者となる前に、報酬を分かち合うことをあなたが欲したことにあるのであろう。従って、まず初めに、清浄と無垢によって天使たちの一員、謙遜と堅固な信仰によって族長たちと預言者たちの一員であるように労苦するがよい、愛（caritas）と忍耐によって使徒たちと殉教者たちの娘、慈愛（pietas）と節制によって証聖者たちと処女《おとめ》たちの娘であるように努めなさい。そうすれば、畏れ多いことではあるが、あなたはこの追放の地において、少なくとも、放蕩息子と共に、慈愛に満ちた御父からの施しを得るであろう(8)。

一八　**魂**　おお、人よ、過ぎ行くものはみな、いかに空しく味気ないものであるかが、今や私にはよくわかり、熟慮したうえで、世を軽蔑し、この代が差し出す慰めを価値のないものとみなし、人間が求める快楽を死に至らしめる毒のようなものとして斥け、軽んじます。これまでの生涯を死んだもののように悼み悲しみ、惨めな私の精神を呻きと涙をもって洗い浄めます。そして、時として、涙と呻きの合間に、わずかとはいえ神の甘美なる香りを感じ取るならば、私は不幸で、飢え渇いていても子供たちのパンも友人らのぶどう酒も味わいません。ベルナルドゥス［は言います］。「おお、主よ、私の神よ、あなたを畏れる者らに対してあなたはお隠しになった(9)、あなたの大いなる甘美さに、私の心はいまだに近づいておりません。私にとってバルサムとあらゆる類の甘美な香料にまさる、その香りの外に私は留まっています(f)」。おお、神なる主よ、香りがこれほどまでに高貴であるとすれば、あなたの甘美さの味覚はどれほど甘美なことでしょう。ほんのわずかな味わいがこれほどの力を秘めているとすれば、幸いにもそれに酔いしれることはどれほどの喜悦をもたらすことでしょう。「あなたが私の心を訪れ、それを酔わせ、唯一の善であるあなたを抱きしめるように、私をさせてくれるのは誰でしょう。私の神よ[g]」。このようにアウグスティヌス［は言います］。

人　おお、敬虔な魂よ、礼を失しないように言うが、あなたは少々貪欲だ。図々しいとは言わないが。あなたの力量を測ってご覧なさい、功績を考えてご覧なさい、諸々の徳について論じてご覧なさい。もし、それが［あなたの］気に入るものであれば、その時こそ、功績以上のことを図々しくも要求するというよりも、若者たちと一緒に神聖なる香油の香りに包まれて謙虚に走る[10]に値するものとなるだろう。

一九　魂　おお、人よ、あなたは、時として、惨めな私の何と冷酷で煩わしい慰め手なのでしょう。ごく控えめに言わせていただきますが、神の恩寵（bonitas）の管理者のおつもりでしょうか。遠慮せずに言わせていただきます。黙っているわけにはいきません。香りでは私には足りないのです。少しだけ味わうのでは充分に元気づけられません。むしろ苦しませるのです。私の感情は酩酊を好み、熱望しているのです。「友よ、飲め、親愛な者たちよ、酔いしれようではないか[11]」と言う人のことが私にはよくわかります。求める者の無作法が制されると、約束する側の慈愛が希望を呼び起こすのです。おお、人よ、私のために、私の悪を耐えるのを拒まれなかった方には、ご自分の善を私にお与えくださる用意ができておられることを、どうして疑うことができましょう。それとも、神の慈愛について多くの人に教えてこられたあなたが、幸いなるアウグスティヌスから学んだことを知らないとでもいうのでしょうか。［こう言っています］。「人間は怠惰を恥じなければならない。神は、人間が畏れつつ願い求める以上のことを与えようと欲しておられる[h]」。同じく、『真の宗教』では［こう言っています］。「神は私たちに保証として霊を与えてくださった。そこにおいて、私たちは［神］の甘美さを感じ取り、命の泉を味わうのであり、そこにおいて、あたかも川の流れのほとりに植えられた木のように[12]、適度な酩酊をもって私たちは潤わされるのである[i]」。［ヨハネス・］クリゾストムス［は言います］。「ご自分に希望を託す人々を全能な者らになさること以上に神の全能を明らかにするものはない。希望によって霊魂（animus）が神に寄りすがっている時、いかなる欺瞞も、いかなる疑惑も寄りかかる［霊魂］を排除したり、支配する［神］を凌駕したりすることはできないのである[j]」。今や、人間の絶望は赤面し、臆病から来る不安は呪われるがよいのです。なぜなら、［神］を呼び求める者たちはすべてにおいて富んでおり[13]、全く自由であるにもかかわらず、［神］はご自分に完全な希望を置く者らにご自分の恩恵を拒否することがおできになると考えているのですから。このお方のもとにはいかなる変化もない[14]永遠の御父は、ひとえに、その測り知れない寛大さから御子を遣わしてくださり、［御子］の内にご自分が持っておられるすべてのものを、ご自分がおできになるすべてのことを、ご自分がそれであられたすべてのものをお与えくださったのではないでしょうか。まさしく、その寛大さがその無限の善良さを減少させるとすれば、恐らく、私たちの弱さが狼狽するのも不当なことではないでしょう。「善は［神］ご自身に由来するものであって、偶然の賜物に由来するのではない[k]」のですから、その善を交流させることで減少されることはなく、他のものの善を付加することで増加するものではないのです。

二〇　人

魂よ、あなたの信仰は偉大で、希望と信頼の面でもあなたは非常に強い［ことがわかった］。また、希望は個々の功績と神の慈悲への信頼から生じるものではあるものの、褒賞として与えられるもの、称賛されるべきもの、聖なるものでもある。とは言え、酩酊を捜し求めて、自分を超えて上昇する前に、一言助言しよう。救いに役立つ考察を巡らす前に、あなた自身の内に降りなさい。あなたの花婿の隠された寝屋に入り始める前に、敬虔な思いであなたの花婿に対する畏怖の念を持つことを学ぶためである。お怒りになった時に畏怖の念を抱くだけではなく、いとも甘美に招き寄せてくださる時にも畏怖の念を抱かねばならないのである。

（1）知七・9。（2）マタ七・14。（3）雅二・4。
（4）雅五・1。（5）雅二・6、八・3。（6）マタ一五・27。
（7）Ⅱコリ一・7。（8）ルカ一五・11―32。（9）詩三〇・21。
（10）雅一・2―3。（11）雅五・1。（12）詩一・3、三五・10。
（13）ロマ一〇・12。（14）エレ一・17。
（a）ベルナルドゥス『諸聖人の祝日の説教』一・10。
（b）フーゴ（サン・ヴィクトルの）『魂の嫁資に関するソリロクィウム』（PL 176, 970）。
（c）ベルナルドゥス『主の昇天の説教』五・13。
（d）ベネディクトゥス『修道規定』序・48―49。
（e）アウグスティヌス『詩編注解』三〇・二・Ⅰ・9。
（f）ベルナルドゥスではなくアンセルムス『瞑想』13。
（g）アウグスティヌス『告白』一・5・5。
（h）アウグスティヌス『説教』一〇五・1・1。
（i）アウグスティヌス『真の宗教』12・24。
（j）ベルナルドゥス『雅歌講話』八五・5。
（k）グレゴリウス『福音書講話』一四・1。

第三章

どのようにして、魂は精神の鍛錬を通して観想の照明を「下なるもの」に反映させねばならないか。それは避け難く、必然的な人間の死、[誰もが]等しく被る名状し難い最後の審判、耐え難く苛酷な地獄での罰を理解するためである。

一　**魂**　おお、人よ、お願いします、簡潔に仰ってください。「下なるものら」とは何でしょうか。私の考察を何に向けるのでしょうか。私は急いで上昇しようとしているのです。神の慰めに酩酊することを求めているのです。下なるものらの内に長らく留まっていたくはありません。今では、主の愛すべき幕屋に入ることを憧れ求め、主の家に住むことをすべての臓腑を絞って渇望しているのです(1)。

人　おお、魂よ、あなたが向き直って見ることになる避け難く必然的な死、そしてあなたが苦しみ呻くことになる[誰もが]等しく被る名状し難い神の審判、そしてあなたが戦慄することになる耐え難く苛酷な地獄での罰、あなたが驚き仰天することども、これらが「下なるものら」なのである。

一　第一に、避け難く必然的な死

二　従って、しばしば、向き直って、熱心に、さらに向き直って考察しなさい。死は避けることができないこと、死の時を探ることはできないこと、神によって予め定められた時を変更することはできないことを。

イシドルス[は言っている]。「人間の出来事において死よりも確かなことは何か、死の時よりも不確かなものは何か。[死は]窮乏を哀れむことなく、権能を敬うことなく、立ち居振る舞いや出自の高貴さを斟酌することなく、若かろうが老いていようが容赦せず、老いた者らを門口で[待ち]、若者らを待ち伏せする(a)」。

魂　私たちの生涯は死に向かった旅路にすぎない(b)と、私は聞いています。そのように不確実な時の間、所有される一時的なものがどうして大切にされるのでしょう。「長く生きれば生きるほど、私たちは多くの罪を犯し、人生が長くなるほど罪過も多くなるというのに、どうしてこの[世の]生が長いように私たちは願うのでしょう。日毎に悪は増大し、善は影を潜めていくというのに。一瞬一瞬の時間の内に、私たちがどれほどの悪を行い、どれほどの善をなおざりにしているか考えることができる人が誰かいるでしょうか。私たちは善を行わず善を語らず、精神が空しく無益なことの中を遍歴するのを許すのは重大な罪過なのです[c]」。

三　人　グレゴリウスは『モラリア』［で言っている］。「おお、魂よ、それ故、肉的な精神は一時的なものを愛するのである。肉の命がいかにはかないもの（fugitiva）であるか少しも熟慮しないからである。その経過の速さを感じ取っていれば、長く続かぬ、この［世での］繁栄をわずかなりとも愛するはずはない[d]」。同じく、「私の生涯は航海に似ている。眠っていようと目覚めていようと、常に、死に向かって急いでいるのである[e]」［と、またさらに言っている］。「現在の生よ、お前は何と多くのものを欺いていることか。逃げる時、お前は無である。見られる時、お前は影である。高められる時、お前は煙である。愚か者らには、お前は甘く、知恵ある者らには、お前は苦い。お前を愛する者らはお前を知らないのだ。お前から逃げる者らこそ、お前を知っているのだ。ある者らには長い［人生］を約束して、お前は欺き、ある者らには短い［人生を約束して］お前は絶望へと導くのだ[f]」。『霊と魂について』の著者［は言う］。「継続的な瞑想によって、私たちの霊魂（animus）を鍛錬し、私たちの惨めな有様を考察しなければならない。私たちは苦痛と共にこの［世の］生に入ってきたのであり、労苦と共に生きており、恐れと共に去っていくのである[g]」。ベルナルドゥス［は言う］。「この死の影の領域で、弱い肉体の内に、争いの内に、そして誘惑の地でどれほど長く暮らさねばならないことか。注意深く考えてみれば、私たちは三重の不都合によって惨めにも労苦しているのである。私たちは誘惑されるに易く、抵抗するには弱く、事を行うには虚弱なのである[h]」。

四　魂　永遠に生きるための功績を急いで調達するためでなければ、今のこの時を生きるのは空しいことであるのがわかりました。なぜなら、たとえ、ある人に良く生きるための賜物が与えられようとも、長く生きるためには何も与えられないのは確かなことだからです。ベルナルドゥス［は言います］。「おお、静穏なる生よ、そこには清浄な意識が、そこには恐怖の伴わない死が待ち受けている。甘美さをもってそこに存在することが求められ、献身の念をもって受納される[i]」。

人　おお、魂よ、事の次第がそうであるとわかったのなら、私の助言をお聞きなさい。「それがどれだけ続こうとも、この［世の］生において、常に継続する、あの生を自分のために用意せよ。肉の内に生きている間は、世に対して死になさい、肉の死の後に、神に対して生き始めるために(j)」。このようにベルナルドゥス［は言う］。生きている間に、善行によって自分自身に対して準備していないかぎり、何人《なんぴと》も喜びをもって快活に、来るべき死を受け入れることはないと理解しなさい。気をつけなさい。セネカによれば、「愚かな者、すなわち罪ある者と科《とが》ある者は、死ぬことで死に始めるのだが、知恵ある者と有徳な者は死ぬことで死に打ち勝つのである(k)」。

魂　おお、人よ、善人の死は祝されたものであるが、罪人の死は不幸で惨めなものであることがよくわかりました(2)。

人　おお、魂よ、ベルナルドゥスによれば、「義人の死は安息の故に善いものであり、新しさの故に一層善いものであり、安全さの故に最も善いものである。これに対して、罪人の死は最悪、それも極めて最悪なものであり、世を喪失することで悪であり、肉体からの分離の点で一層悪なるもの、蛆虫と火による二重の苦痛(3)の点で最も悪なるもの(1)」であり、すべての点で最悪なのは神の観想の欠如である。

（1）詩八三・2、3。（2）詩一一五・15、三三・22。
（3）イザ六六・24。

（a）実際にはベルナルドゥス『聖職者に対する説教』8・16。
（b）アウグスティヌス『神の国』一三・10、ベルナルドゥス『詩編九〇の説教』一七・1。
（c）擬ベルナルドゥス、Meditationes piissimae, 2. 5-6（PL 184, 488B-489B）。
（d）グレゴリウス『ヨブ記の道徳的注解』八・10・25。
（e）グレゴリウス『書簡集』七・26。
（f）擬アウグスティヌス『説教』四九（荒れ野の兄弟たち宛て）（PL 40, 1332）。
（g）擬アウグスティヌス（アルケルス［クレルヴォーの］）『霊と魂』49（PL 40, 816）。
（h）ベルナルドゥス『主の到来についての説教』七・1。
（i）ベルナルドゥス、De Laude Novae Militiae, c.1, n.2。
（j）ベルナルドゥス『手紙』一〇五。
（k）セネカの著作に、これに該当する箇所は見いだせない。
（l）ベルナルドゥス『手紙』一〇五。

二　第二に、［誰もが］等しく被る名状し難い最後の審判

五　魂　死については、もう充分に話してくださいました。今度は、最後の審判がどのようなものか話してくださ

い。

人　おお、魂よ、あなたが催促することを行おう。だが、お願いだ、忍耐して聞いてほしい。まずあなたは承知しておかねばならない。死について瞑想するのがどれほど恐ろしいにせよ、最後の審判の状況を考察するのは、私の判断では、それに少しも劣らず恐ろしいことなのだ。なぜなら、その時には、誰ひとりとして知恵を欺くこと、正義を曲げること、慈悲を無理強いすること、復讐と正義の応報の判決を覆すことはできないからである。従って、私の魂よ、戦慄しつつ考えるがよい、あなたにとって最後の日はどのようなものか、あなたの意に反して、良心が[あなたの]思いについて語る時[1]、あなたのすべての行為について[地・水・気・火の四]元素があなたを告訴する時、あなたに対する証言として十字架が持ち込まれる時、鞭があなたに対して叫ぶ時、傷が語りだし、釘がしゃべりだし、傷跡が声をあげて嘆く時のことを。

「おお、何という苦難であろう。そこには告訴する数々の罪、次いで威嚇する正義、内には焼き焦がす良心、下には恐怖におののかせる地獄の混沌、上には正義の審判を下す怒れる審判者、外には燃え立つこの世、内には審判者の威嚇する正義があるはずだ。その時、義人が辛うじて救われるとすれば、不信仰な者と罪人はどこに身を置いたらよいのだろうか[2]。どこに向かったらよいのだろうか。隠れるのは不可能だ。身をさらすのは恐ろしいこと」[a]。このようにベルナルドゥス[は言っている]。

アンセルムスは『瞑想』の中で[述べている]。「おお、罪深い魂よ、役に立たない干乾びた木材、永遠の火に引き渡された[木材]よ、かの日に、一瞬の瞬きに至るまでの、あなたにとって貴重なすべての時間が、あなたによってどのように用いられたか吟味される時に、あなたは何と答えるのか」[b]。さあ、私の魂よ、その時に、空しく無用な思い、軽薄で冗談に満ち滑稽な言葉、役にも立たず実りのない行為がどんな役に立つのか。アンブロジウスはルカについての[講話で言っている]。「私は何と禍なことか、自分の罪を泣き悲しまないとすれば。私は何と禍なことか、あなたに[罪を]告白するために真夜中に起きないとすれば[3]。すでに根元に斧は置かれているのだ[4]。できる者は恵みの実をみのらせよ。[悔い改める]べき者は悔い改めの実をみのらせよ」[c]。

おお、魂よ、「目覚めているにせよ、眠っているにせよ、常に、あなたの耳には、あの恐ろしいラッパの音が響いている。『起きよ、死んだ者らよ、来るがよい、審判に[d]』」。

おお、魂よ、あなたの記憶から、[次の言葉を] 決して消してはならない。「行くがよい、呪われた者らよ、永遠の火へと。来なさい、祝された者らよ、御国を得るがよい」[5]。おお、「行くがよい」という言葉よりも嘆かわしく恐ろしい言葉を考えることができようか。「来なさい」という言葉よりも喜ばしい表明が何かあろうか。この二つの言葉、一方はこれ以上恐ろしい言葉を何一つとして聞くことはありえず、他方はこれ以上喜ばしい言葉を何一つとして聞くことはありえないものである。おお、魂よ、直ちに、この世から離れなさい、かの時、キリストと共に留まることができるために。直ちに、この世から逃れなさい、かの時、神につき従うために。直ちに、不正な者らの集いと交わりから遠ざかりなさい、かの時、祝された者らの行進に加わることができるように。

(1) ロマ二・15–16。(2) Iペト四・18。(3) 詩一一八・62。
(4) ルカ三・9。(5) マタ二五・41、34。
(a) 擬ベルナルドゥス、Tractatus de interior domo, 22. 46 (PL 184, 531D)。
(b) アンセルムス『瞑想』1。
(c) アンブロジウス『ルカ福音書講話』二・76。
(d) ヒエロニムス『手紙』六六・10。

三　第三に、地獄での耐え難い苛酷な罰

六　これらのすべての後で、観想の照明を罰せられる者らの苦痛に向けなさい。見なさい、それがどれほど多様で、どれほど苛酷で、どれほど恐ろしく、どれほど耐え難いものであるかを。ベルナルドゥスはエウゲニウスに宛てて [述べている]。「噛みつく (死をもたらす = mordax) 虫と活発な (vivax) 死を私は恐れている」[a]。「ゲヘンナの領域よ、いかに避けるべき地であることか。そこには燃え盛る火、凍てつく冷気、不死の虫、耐え難い悪臭、激しく打ちかかる槌、触れうるほど濃い闇、罪人らの混乱、鎖による拘束、悪魔どもの恐ろしい顔がある」[b]。アウグスティヌス [は言う]。「虫どもによる苦痛、燃え盛る火炎、飲み物なしの渇き、嗚咽と歯ぎしり、両眼に溢れる涙が待ち受けている者らは何と禍なことか。そこでは死が望まれるが、与えられない」[c]。そこには何の秩序もなく、永久の恐怖が宿っている[1]。「その時、そこにはどんな苦悩が、どんな悲嘆が、どんな哀悼があると、あなたは思うのか。不正な者らが義人らの集いから引き離され、悪魔どもの権限のもとに引き渡され、[悪魔どもと] 共に、永遠の罰へと赴く時

のことである。そしてそこには常に、終わりのない哀悼と嘆息があり、楽園の悦楽から隔離され、いかなる慰安を受けることもなく、何千年にもわたって責め苦を科され、しかも何とも憐れなことに解放されることはないのである。そこでは責め立てる者、罰を科す者は疲れることなく、そこでは責め立てられる者が死ぬことは決してない。実に、このように、あの火は燃え尽きるにしても、命は常に維持される。このように、古い責め苦は甘受されても、常に新たな責め苦が控えている。このように赦しと憐れみの希望もなしに常に生き続けるのではあるが、常に死ぬのである。このように、死ぬのではあるが、死に果てることは決してないのである」[d]。

七　魂　おお、人よ、あなたが仰るように、どうして地獄では死が求められるのに、見いだせないのでしょうか。どうして時間の内に（temporaliter）犯されることが永遠に罰せられるのでしょうか。

人　この世において命を提供されながら、受けようとしない者らは、地獄で死を求めても見いだせないのだ[e]。そこで、グレゴリウス［は言う］。「不正な者らは、終わりなしに不正なことどもの内に留まることはできるようにと、勝手気ままに終わりなく生きることを欲している。それ故、この世の生において罪なしに過ごすことを決して欲しない精神を持つ者らが刑罰なしに済まされることのないように、厳しい審判者の正義が求められるのである」[f]。

八　魂　おお、死よ、かつてはあれほど嫌悪されたあなたが、今や何と甘美なことでしょう。あれほど激しくあなたを恐れていた者らが、ただあなただけを慕い求めているのです[g]」。「おお、慈愛に満ちたイエスよ、あなたのみ名の故に、私を慈しんでください。呼び求める［私の］高慢を顧みることなく、遜って呼び求める惨めな［私］に目を向けてください。いとも寛大な御心をもってあなたのものを思い起こし、あなたに関わりのないものを取り払ってください。主よ、憐れみの時には憐れみを。裁きの時にはお裁きになりませんように[h]」。「私の意識は断罪に値するものであり、私の悔い改めは償いに足りるものではないことは確かです。しかし、あなたの憐れみはあらゆるご不興を凌駕しておられることもまた確かです[i]」。このようにアンセルムスは『瞑想』［で述べています］。「おお、もしも驕り高ぶるみ使いに対して、神はこのように行われたとすれば、土と灰とから作られた私に対してはどうなさるのでしょうか。あの［み使い］は天の宮殿において驕り高ぶりました。私は肥溜めの中で［高ぶっているのです］。貧しさのうちで高慢は富のうちにあっての高慢よりも耐え難いものではないでしょうか。私は何と禍なことでしょう。富と権力における高慢がこれほど苛酷に罰せられるとすれば、高慢は富と権力と常に近い関係にあるとはいえ、惨めで貧しくちっぽけな私に対してはどのような判決が下されるのでしょうか[j]」。

九八　おお、魂よ、これまでに述べてきた［言葉］が、あなたには恐ろしいことと思えるなら、それらのすべてよりももっと深刻なことを聞くがよい。［ヨハネス・］クリゾストムスはマタイ［福音書］に関する［著作の中で言っている］。「もし、あなたが私に千のゲヘンナを提示されるとしても、あの栄えある集いの喜悦から追放され、創造主の憎悪の的とされるほどのものではないと私には思われる[k]」。おお、魂よ、ゲヘンナは恐ろしいところである。だが、もっと恐ろしいのは怒れる審判者の顔である。しかし、あらゆる恐れにまさるのはいとも幸いで、いとも喜ばしい三位［の神］の観想から永遠に遠のけられることである。クリゾストムス［は言う］。「永遠の善から締め出されること、ご自分を愛する者らのために神が用意しておられたもの[2]とは無縁なものとされることは呵責を産み出す。その［呵責］は、たとえ外面ではいかなる懲罰を科されることはないとしても、ただ一つのことでこと足りるものであり、何千何万の焔を耐えるほうがましなものである。その［ただ一つのこと］とは、キリストの穏和極まりない御顔が怒っておられるのを目にし、［御顔］から永遠に遠ざけられることである[1]」。グレゴリウスは『［福音書］講話』の中で［言う］。「おお、人が理解することができるものなら、『見よ、花婿が来られる[3]』という言葉がどれほど驚嘆すべきものか、『用意のできていた［処女《おとめ》たち］は［花婿］と一緒に婚礼の宴に入った』という言葉がいかに甘美なものか、『そして、戸は閉められた[4]』という言葉が何と苦渋に満ちたものかを[m]」と。おお、魂よ、何か加えることがあるだろうか。「考えてみよ、キリストの御顔から引き離されること、神聖なることを観想する喜びから締め出されること、いとも幸いなるすべての聖なる方々の交わりからはじき出されること、永遠の命においては死に、永久の死において生きること、波立つゲヘンナの深みに沈められること、貪欲極まりない虫に永遠に引き裂かれ続けること、艱難は終わることなく、揺らめく大火の轟に耐えること、深淵の煙のかもし出す苛酷な闇によって盲目とされること、明るく照らすものを感じ取ることができず、苦しめるものには敏感であることがどれほど過酷なものであるかを[n]」。このようにプロスペルは『観想生活』［で述べている］。

一〇　**魂**　私は恐怖におののき、驚愕に衰弱しきっています。おお、人よ、お願いです、仰ってください。このように痛ましい瞑想がどんな役に立つのでしょうか。

人　おお、魂よ、私が思うには、これまで述べてきた継続的で敬虔な瞑想は数々の罪を癒す薬であり、なにかしらの善を行わせ悪に抵抗するための救いに役立つ刺激剤なのである。ベルナルドゥスはある手紙の中で［述べている］。「あなたは徹夜と手仕事をあえてしないでいるが、これらは瞑想する者にとっては永久の光明のごときものである。暗闇の記憶は孤独を恐れぬようにする。無益な言葉についての将来の弁論を考えるなら[5]、沈黙が嫌われることはないだろう。しばしば目の前で展開される嘆きと歯ぎしりは、あなたにとってござと枕に代わるものと思われるだろう[o]」。アウグスティヌスはある説教の中で［言っている］。「人間の精神は、この世の刺激的で情欲を掻き立てるものに金縛りにされ、労苦を逃れ、快楽を期待して、辛うじてここに連れてこられた。その結果、かつての生の習慣を自ら捨てたのである。将来の審判の必然性、永遠の刑罰の苛酷さを考え始めた時、激情に対して戦う意志を告げ知らせることになる。褒賞の希望、あるいは刑罰への恐れに動かされ、新たなる願望を力として、自分自身に打ち勝つように懸命に努めるのである[p]」。

一一　**魂**　おお、人よ、あなたは、この涙の谷[6]に滞在する惨めな私を、もう充分震え上がらせました。もちろん、何の実りもなく教えてくださったのではありませんが。それでもなお、惨めな私を憐れみ、以前あなたが約束なさったように、私にしてください。そこから何らかの精神の慰めを得ることが私にできるのであれば、永久の幸せについて少々お話ししてください。［話題を］転換するのは好ましいことだからです。アウグスティヌスによれば、「人の生き方が矯正されるためには、時には罰することで、時には赦すことで、時には追い払うことで、時には慰めることでいつもうまく運ぶものである[q]」からです。セネカ［も言っています］。「人間の霊魂（animus）は高邁なものである。権力には反抗し、引きずられるよりも容易に引き寄せられる[r]」。それ故、人よ、人の霊魂がどれほど高邁なものか注視してください。恐ろしいものや敵対するものよりも、穏やかなものや心地よいものにしばしば容易に引き寄せられるものなのです。脅しや威嚇によって追い立てられるよりも、しばしば慰めの約束に引き寄せられるものなのです。ですから、私どもの姉妹である花嫁は、天の香油の香り、神の霊的賜物（charisma）の芳香に引き寄せられることを欲し、そのようにして花婿と共に走り[7]、恐れではなく愛によって戒めの道を喜びのうちに達成すること[8]を欲しているのです。

三 **人**　おお、魂よ、あなたの言うことは真実であると私は明言する。しかし、悲しいことに、順境において神に倣うことを欲しない者が大勢いるのだ。そのような者らが逆境において怖気づくのは当然なのだ。実に、神の霊的賜物を盲目の故に理解しない者たち、空しいことに囚われ怠惰の故に失ってしまう者たちが大勢いるのだ。私の判断では、神はご自分の無限なる善の広大さによって、苛酷に撃退するよりも慰めをもって抱きしめようと常に待ち受けておられる。人々がそれにふさわしい状態にあれば、神の慰めを受けることになる。その［慰め］は貴重なもの、魅力に富むものであり、何らかの形で減少させたり勝手に取り扱われるものではなく、分け隔てなくすべての者に授けられる。

それ故、これがあなたに提示された後、それを得たいと欲するのであれば、よく見るがよい、浄められた知性とよく整えられた感性（affectum）をあなたは有しているかを。アウグスティヌスによれば「至高の善は完全に浄化された精神によらねば認識されえない[s]」ものだからである。そして、私が思うには、非常に善く整えられた感性によらなければ、ほとんど何も味わうことはできないのである。この［世の］生において、多くの人によって極めて明白に観察されているが、それらの者らによって味わわれることはほとんどないのである。アウグスティヌス［は言う］。「主よ、お願いいたします、知性によって私が感じ取っているものを、感性によって私に味わわせてください。認識によって私が感じ取っているものを、愛によって私に感じ取らせてください[t]」。

三 **魂**　おお、人よ、お願いです、仰ってください。感性と知性においてどのような準備を前もってしておけばよいのでしょうか。少なくとも、ごくわずかなりとも精神の酩酊を［味わい］、観想することで天上の甘美さを味わうことができるために。長い間、観察（speculatio）において精神を鍛錬してきましたが、悲しいことに、また恐ろしいことに、これまで一度も、天上の甘美さの一滴すら感じ取ることはありませんでした。聖なる方々の生涯と行動について多くのことを読みました。天使たちの本性と働きと位階について多くのことを読みました。名状し難い神の一性、把握し難い神の三性について少なからず読みました。すべての幸いなる方々の測り難い至福についてさらに多くのことを［読みました］。これまで述べたことに精神を集中していた時にも、悲しいことに、飢えて空腹のままでした。そして、幸いなるアウグスティヌスと共に常に叫んでいました。「いとも慈愛に満ちた御父よ、知性によって感じ取ったことを、感性によって私に味わわせてください」と。しかし、私は前進しませんでした。もっとしばしば、長い勉学に疲れた時などに、自分自身に腹を立てて、預言者と共に叫んでいました、「主よ、いつまでですか。とこしえに私をお忘れになるのですか。いつまで御顔を私から背けるのですか(9)」と。たとえ、私は子供たちのパンを食べるにはふさわしくないと判断しても、御手からこぼれ落ちる非常に小さいパン屑を私は期待したのでした(10)。しかし、悲しいことに、しばしば口を開けて待っていましたが徒労に終わりました(11)。

四　人　おお、魂よ、嘆きながらあなたが訴えた以上のことは、二つの理由から生ずるのだ。ある時は、全く慈愛に満ちた、救いをもたらす神の善良さによる配慮によるのである。それでグレゴリウスは『モラリア』において［述べている］。「いとも慈愛に満ちた御父は乞い求める者の声を［聞き入れるのを］ある時まで引き延ばされるのが常である。それは願望が強まり、そのことによってより聞き入れるに値するものとなるためである。そのため直ちに祈願は聞き入れられないのである(u)」。同じく『講話』で［言っている］。「聖なる願望は引き延ばされることによって成長する。引き延ばされることがないとすれば、願望は無くなるであろう(v)」。確かに、神は慈愛によって非常に慈悲深い方ではあるが、時として、いとも寛大に分け与えることを引き延ばすことをあえて行われる。それは、あなたが多くのことをより熱心に願い求めること、感謝しつつ細心の注意を払って保持することを学ぶためである。

またある時は、求める者の準備が充分に整っていないことから恩恵は差し控えられる。ベルナルドゥス［は言う］。「もしも誰かが、天上の甘美さがこの［世の］灰と、神聖なるバルサムがこの［世の］極めて有毒な快楽と、聖霊の賜物がこの世の誘惑と混合されると判断するとすれば、それは全くの間違いである(w)」。

（1）ヨブ一〇・22。（2）Ｉコリ二・9。（3）マタ二五・6。
（4）マタ二五・10。（5）マタ一二・36。（6）詩八三・7。
（7）雅一・3。（8）詩一一八・32。（9）詩一二・1。
（10）マタ一五・26―27。（11）イザ四九・4。

(a) ベルナルドゥス『熟慮について』五・12・25。
(b) ベルナルドゥス『説教』四二・6。
(c) 擬アウグスティヌス、Liber de salutaribus documentis, ch.49 (PL 40, 1064-65)。
(d) 擬ベルナルドゥス、Meditationes piissimae, 3, 10 (PL 184, 491D-492A)。
(e) アウグスティヌス『説教』二二九・4。
(f) グレゴリウス『対話』四・44。
(g) インノケンティウス三世、De Contemptu Mundi, III, ch.IX (PL 217, 741A)。
(h) アンセルムス『瞑想』2。
(i) 前掲書3。
(j) ベルナルドゥス『雅歌講話』五四・8。
(k) ヨハネス・クリゾストムス『マタイ福音書講話』二三・8。
(l) 前掲書二三・78。
(m) グレゴリウス『福音書講話』一二・4。
(n) 実際にはユリアヌスス・プロメリウス『観想生活について』二・12・3 (PL 59, 492BC)。
(o) ベルナルドゥス『手紙』一・12。
(p) アウグスティヌス『説教』一九六・6。
(q) アウグスティヌス『手紙』一五三・6・19。
(r) セネカ、De Clementia, Libr.I, c.24。
(s) アウグスティヌス『三位一体』一・2・4。
(t) 擬アウグスティヌス、Liber de contritione cordis, ch.2 (PL 40, 944)。
(u) グレゴリウス『ヨブ記の道徳的注解』二〇・31・61。
(v) グレゴリウス『福音書講話』二五・2。
(w) ベルナルドゥス『主の昇天の説教』五・13。

第四章

どのようにして、魂は精神の鍛錬を通して観想の照明を「上なるもの」に反映させねばならないか。それは下なるもの、あるいは外なるもの、あるいは上なるものの観想から生じた十二の喜びに目を注ぐためである。

一 天上の喜び全般

一 **人** おお、魂よ、もう長々とあなたを引き留めたり、期待[させるだけ]で失望させないようにしよう。空しく役にも立たない幻想から、生得的(naturales)で好奇心による詮索(rationes)から、外的で衒学的な研鑽から知性を浄めなさい。そして罪過から、罪過の結果から、罪過の機会もしくは原因から感性を浄めなさい。理性を高め、感性を広げ引き伸ばし、主の喜びに入りなさい[1]。その［喜び］はこの［世の］生において目が見たことは全くなく、耳が聞いたことなく、人の心に思い浮かんだこともないものである[2]。「それ故、私の魂よ、聖なる方々の超越した生への愛と憧憬によって燃え上がりなさい。そこ［聖なる方々が生きている場］では、行動は骨の折れるものではなく、安息は無為ではなく、欠けるところのない生、絶えることのない神への賛美がある[a]」。このようにアウグスティヌス［は言う］。従って、喜びなさい、躍りあがりなさい。あなたの労苦への報いを考えなさい。まさに、それは数え上げることができないほどたくさんのものであり、測ることができないほどに大きなものであり、評価できないほどに高価なものなのであり、限定できないほどに豊かなものなのである。

二　**魂**　おお、人よ、全般的なことについては、もうたくさん語ってくださいました。お願いです、個別のことについて一つひとつ話してください。全般的に説明されたことよりも、個別に語られることを、私どもは知りたいからです。

人　おお、魂よ、何を語ることが私にできようか。来るべき喜びに目を注ぐ時、驚嘆の故に、私の力はほとんど萎《な》えてしまうのだ。なぜなら、「喜びは内と外に、下と上に、ぐるりと取り囲んでいる[b]」からだ。実に、あなたはすべてにおいて喜ぶであろう、あなたはすべてについて喜ぶであろう。私が思うには、あなたの喜びは黙示録の中で、あの幸いなる女性を通して、前もって示されていたのだ。その［女性は］太陽をまとい、その足の下には月があり、その頭上には十二の星の冠を戴いていた[3]。私が判断するには、この女性は幸いなる魂、永遠の王の娘、花嫁であり女王である。娘、その本性の創造の故に。花嫁、その恵みによる縁組の故に。女王、その栄光の授与の故に[c]。この女性はいみじくも太陽をまとっていると言われる。神化する（deifica）栄光の輝きによって装われ、永遠の至福の威光を戴いていたからである。その至福の内には特別の装飾の故に十二の喜びがある。前もって示された十二の星によって、超越的な至福は飾られ表彰されるのである。

三　おお、魂よ、あなたは、日ごとに、敬虔な精神をもって、この喜びを走り抜き、現在の、今の住居《すまい》のいかなる慰めを求めることなく、あの喜びへの希望によって現在の生のあらゆる艱難を平然とまた喜びをもって耐え忍ばなければならない。「おお、魂よ、不安になってはならない。この世において悪人どもが栄え、あなたは苦しみ、［悪人ども」が喜び、あなたは混乱に陥ることになろうとも。残念なことに、悪人どもは天上の喜びの内に、いかなる場も有していないのだ。思い煩ってはならない、たとえ現在の世において何一つ所持していないとしても。あなたが目指すあの喜びへの希望によって、［あなたに］刃向かう道で遭遇する何ものに対しても、あなたの感性は喜びをもって忍耐強く耐え忍ぶであろう[d]」。このようにベダ［は言う］。おお、魂よ、「ある時、世俗的な喜び、この世の偽りの栄光、短く空虚な権能を楽しむことがあれば、精神をそこに向けなさい、そしてすべてを糞尿として退けなさい[e]」。このようにヒエロニムスは『手紙』の中で［述べている］。従って、「おお、魂よ、走りなさい。肉体の歩調によってではなく、情感と憧憬によって。なぜなら、天使たちと幸いなる方々のみならず、天使たちと幸いなる方々の主であり師である方があなたを待っておられる。御父である神が、いとも愛する娘のように、あなたを待っておられる。御子である神はいとも魅力的な花嫁のように、聖霊なる神はご自分のもっともお気に入りの友として［あなたを待っておられる］。御父なる神は、あなたを善なる宇宙万物を受け継ぐ者と定めようとして、あなたを待っておられる。御子なる神は、あなたをご自分の［人間としての］誕生の実り、ご自分のいとも貴い御血の代価としてあなたを父なる神に献げるために［あなたを待っておられる］。聖霊なる神は、あなたをご自分の善良さと甘美さにあずかるものとするために［あなたを待っておられる］。永遠の王の、天上のすべての霊たちのいとも幸いなる家族が、自分たちの団体にあなたを迎え入れるために、あなたを待っているのだ[f]」。

四　従って、すべてにまさって、これらの方々の交わりを慕い求めなさい。たとえ、この涙の谷にあって[4]、それを愛することはなかったとしても、大きな畏怖の念をもって、あなたはそこに辿り着くことになるだろう。それ故「この代の空しい阿諛《あゆ》を楽しむたびごとに、この世において何かしら栄えあることを見るたびに、直ちに精神をもって天に馳せ参じ、将来そうあるであろう、あなたが存在し始めるようにせよ[g]」。実に、私の判断では、おお、魂よ、この天上の喜びを精神の内にしっかりと保持しているなら、この追放の地にありながらも天の王国の郊外地のようなものを建設し、そこで日ごとに、あの永遠の甘美さを前もって、霊的に賞味することになるだろう。なぜなら、「何かしら永遠のものを精神をもって捉える時、もはやこの世ではなく[h]」天に私たちは住んでいる。このようにアウグスティヌス［は言う］。おお、魂よ、あなたの愛（dilectio）の力は、

「生きている所よりも、愛している所にこそ、真にあなたは住んでいる」[i]［と言われるほど強いものなのだ］。ベルナルドゥス［がそう言うのである］。親愛なる魂よ、その場とは、私たちの内にある神の国である[5]。悲しいことに、外の無益で空しいものへと追いやられたことで、惨めなことに、私たちはなおざりにしているのである。「私たちは外へ、私たちの内にある神の国から追い払われたのである。何一つ気にすることなく、外からの、空しく、荒れ狂った偽りのものら[6]からの慰めを捜し求めている。こうしてかつての宗教的な敬虔な思いを失っており、今ではその面影すら留めていないのである」[j]。

それ故、おお、永遠の父の娘である魂よ、敬虔な精神をもって、聞くがよい。聖なる、救いをもたらす助言に耳を傾けなさい。観想を介して天上の慰めを見なさい。軽蔑と嫌悪とによってあなたの民とあなたの父の家、すなわち、世、悪魔、そしてあなた自身を忘れなさい[7]。

（1）マタ二五・21。（2）Ｉコリ二・9。（3）黙一二・1。（4）詩八三・7。（5）ルカ一七・21。（6）詩三九・5。（7）詩四四・11。
（a）アウグスティヌス『教えの手ほどき』25・47。
（b）エドメルス、Liber de S. Anselmi similitudinibus, c.39（PL 159, 169）。
（c）ヒエロニムス『手紙』五四・3。
（d）擬ベダ『詩編三六注解』（PL 93, 674）、Glossa ordinaria in Iac.1, 2（PL 114, 671B）。
（e）ヒエロニムス『手紙』五二・10。
（f）擬ベルナルドゥス、Meditationes piissimae, 6. 17（PL 184, 496BC）。
（g）ヒエロニムス『手紙』二二・41。
（h）アウグスティヌス『三位一体』四・20・28。
（i）ベルナルドゥス、De Praecepto et Dispensatione, ch.XX, n.60。
（j）ベルナルドゥス『グイエルムス修道院長への弁明』10・25。

二　個々の天上の喜び、第一に、下にあるものらに向けた観想から生じる三重の喜び

五　従って、敬虔で探究心に富んだ精神をもって、あの神聖な天上の霊たちがどのようにして、現在の生と悲惨の危機を逃れたのか見極めるがよい。これらの霊たちは、あの永遠の太陽の輝きを自分自身から背けることは決してできないものの、自分の観想の照明をある時は下なるもの

らに、ある時は上なるものらに、ある時は内なるものらに、ある時は外なるものらに向けているのである。

六　これらの霊たちは下なるものらに向き直り、三重の理由で喜んでいる。第一に、不敬で恐ろしく残忍な敵どもが、神の権能によって征服されたこと。第二に、すべての背反と罪とを神の知恵によって逃れたこと。もしくは長らく犯されていたことどもを矯正したこと。第三に、極めて嘆かわしく、終わることのなく、永遠に続く責め苦を神の慈愛によって抜け出したこと。おお、魂よ、あなたはどう思うか。多くの者が肉と世と悪魔とに征服され、決して赦免に値しない様々な罪によって汚され、終わりなしに、永遠に罰せられるのを見ていながら、どのようにして日々、喜びのうちに過ごす[1]ことができようか。私が思うには、死から生へと移動することは二重の喜びなのである。

七　おお、主なる神よ、今、戦いの内にあることがそれほどまでに危険なことであるとすれば、勝利を収めた時の喜びはいかばかりとお思いになられますか。不敬なファラオが、その軍団と共に紅海に沈んで、世が打破され征服された時、選ばれた者らはみなタンバリンを手に取って、マリア（ミリアム）と共に楽の音に合わせて歌い、賛美し、主をほめたたえ、声を合わせて言った、「主に向かってわれらは歌う、輝かしく」云々と[2][a]。

この時、二体のセラフィムが据えられたのである。「この二体は」選ばれた二つの合唱隊、すなわち無垢の者らと悔い改めた者らの［群］であり、相互に叫んでいます。「聖なる、聖なる、聖なる、万軍の主なる神[3]」。聖なる神なる御父、このお方が私たちを世から、肉と悪魔からいとも力強く解放してくださった。聖なる神なる御子、このお方が刑罰と罪過から知恵をもって私たちを義としてくださった。聖なる神なる聖霊。このお方がいとも慈愛深く私たちを永遠の責め苦から保護してくださった。「その栄光は全地に満つ」。このお方はこの世の悲惨［な状況］から天の王国の喜びへと招いてくださった。

おお、魂よ、かの日はあなたにとってどのような日であろうか。その時、この幸いなる合唱隊にあなたは迎え入れられるであろう。その時、地上で、そしてこの世において献身的にあなたが耐え忍んだすべてのことが永遠の歓呼へと変えられるであろう。その時、これらのすべてのたたえるべきことについて、あなたの主なる神をたたえて、唇を歓喜に震わせて言うであろう、「主の慈しみを私はとこしえに歌おう[4]」と。『神の国』でのアウグスティヌスによれば、「この国にはこの賛歌にまさって喜ばしいもの」、甘美なもの「は何一つない。この賛歌でキリストの栄光が歌われる。［キリスト］の御血によって私たちは解放されたのである」[b]。

八　従って、誘惑によって試みられる時、迫害にさらされる時、この世において様々な艱難に脅かされる時、その時こそ、精神によって天に飛び上がり、考えるがよい。それらのものは永遠の喜びの素材（materia）にすぎないことを。そして、その時、グレゴリウスによれば、褒賞を考えることは鞭の力を減少させる。「天において私たちに約束されたものが、どのようなものか、どれほどのものか考えるなら、地上で私たちが有しているものはみな、霊魂にとってその価値を減じてしまう」[c]。このようにグレゴリウス［は言う］。まさしく、所持しているのが喜ばしい善のみならず、時として嘆きつつ耐えている悪までもが、その価値を減じてしまうのである。実に、「今の時の苦しみは、許される過去の罪過と、また注ぎ込まれる現在の恵みと、約束されている将来の栄光と比べれば取るに足りない[5]ものである」[d]。このようにベルナルドゥス［は言う］。おお、魂よ、その時、喜びとともに、どれほど大きな［栄光］をあなたはいただくことになるのだろう。その時、非常に多くの者が圧し潰されるほどに大きな危険を抱えて、あなたはこの世で生きていたこと、多くの者が欺かれる悪魔の狡猾な策略にあなたは打ち勝ったこと、数えきれない者らが被ることになる永遠の責め苦をあなたは免れたことを完全に理解するのである。

魂　おお、人よ、あなたのこの慰めは何と分別に富み力のこもったものでしょう。あなたが提示してくださったこれまでの［言葉］に向かうと、希望から湧き出る小さからぬ慰めを私は得るからです。しかし、主なる神よ、どうお考えでしょうか。今、私が希望していることを、その時には、実際に所有することになるのでしょうか。

（1）ヨハ五・24。（2）出一五章。（3）イザ六・3。
（4）詩八八・1。（5）ロマ八・18。
（a）ヒエロニムス『手紙』二二・41。
（b）アウグスティヌス『神の国』二二・30・4。
（c）グレゴリウス『福音書講話』三七・1。
（d）グレゴリウス『聖職者に対する説教』21・37。

三　第二に、幸いなる者らは観想の照明を自分の傍らにあるものらに向ける。そして三重の対象に喜ぶ

九　**人**　おお、魂よ、あなたが聞いたことはほんのわず

かなこと、それも精神をもってあなたが把握したことに比べれば、無に等しいものである。しばし精神の目を上げなさい、そしてあなたの傍らにあるものらについて、あなたが把握している喜びがどれほど大きなものであるか、敬虔な精神をもって思い巡らし、さらにしばしば思い巡らしなさい。従って、あなたのために神の知恵が建ててくださった素晴らしい所に注目し、考えなさい。美味な食物、興味深い装飾、高価な財宝[1]に注目しなさい。それらはあなたのために永遠の権能［を持つ方］が蒐集したものである。さらに、噂の高い団体にも注目しなさい。この［団体］と共に、あなたの精神は永遠に神の慈愛に喜び躍るであろう。

10　おお、魂よ、ベルナルドゥス［は言う］。「天の都、静謐な邸宅、喜びをもたらすすべてのものを備えた祖国」がどれほど誇り高いものであるか注目しなさい[a]。この天の都がどれほど光に満ち、どれほど輝かしいものであるか注目しなさい。この［都］はそれを照らす太陽も月も必要としない。義の太陽、永遠の光の輝きである主ご自身がその光であり、小羊がその明かりなのである[2]。おお、神の都よ、あなたについて何と素晴らしいことが語られたことか[3]。おお、イスラエルよ、神の家は何と広大で、その所有の地所は何と巨大なことか[4]。おお、魂よ、あなたはここにおいては肉体をもって存在していようとも、精神をもってかの［地］に存在するようにせよ。かの［地］には「労苦のない安息、死のない生、老いることのない若さ、闇のない光」、混乱なき平和「が存在する」からである[b]。実に、主は仰せになる、「私の民は平和の美、信頼の幕屋、豊かな安息の内に座すであろう[5]」。

11　その［地］において、あのいとも幸いなる小羊、あの汚れなき無垢なるイエス、神である御父と処女《おとめ》マリアの子の他に、私たちの食べ物として何があろうか。それは、その極めて純白なる人間性と極めて卓越した神性とからなる、すべてのものにとって充分に足るいとも高貴な食物（fercula）であり、聖なる霊たちに提供されるものである。おお、何と幸いなことか、小羊の婚礼の食卓に招かれた者は[6]。「そこには常に渇きと飽満がある。しかし、驚くべきことに［肉体の］必要性から来る渇きとはほど遠いものであり、不快な満腹感による飽満ともほど遠いものである[c]」。彼らは主の家の豊かさに酔わされ、［主］の喜びの川から飲むようにされるであろう[7]。

12　**魂**　お願いです、仰ってください。このことはいつ［起こるのでしょうか］。

人　私の判断では、至高の王の、あの魅力的な献酌官、父の栄光の輝き、永遠の光の反映、神の実体の具現、神化する光明の曇りなき鏡、天使たちが見極めたいと望んでいる方[8]が、腰に帯を締め、食卓に着かせ、そばに来て給仕してくれる時[9]よりも前であることはないだろう。おお、魂よ、敬虔な精神をもって、このことを熟考せよ。その時、これらの幸いなる霊たちは、給仕するお方の驚嘆すべき威光によって、共に集い会食する者たちのそれぞれの驚くべき愛（caritas）によって、美味な食物の豊富さによって、奉仕する者らの数の多さによって、数々の楽器、また他の様々な琴の音、歌い手たち、栄光の王、神の御子なる神を賛美する者たちの心地よい響きによって、どれほど大きな喜びを抱くことになるのだろう。この、天上の、盛大かつ驚嘆すべき宴において、天使たちの歓呼、使徒たちの賛歌、殉教者たちの凱旋、証聖者と処女《おとめ》たちの賛美の歌声、族長と預言者たちの喜び、すべての聖なる者たちと神に選ばれた者たちが声を合わせて御父と御子と聖霊をほめたたえ、声を一つにして「聖なる、聖なる、聖なる、いと高き神なる主、その栄光は全地に満つ[10]」と歌っているのをあなたは聞くだろう。「おお、何とこの御国は栄光に満ちたものか。そこではキリストと共にすべての聖なる者たちが治めている。彼らは白いストラ（衣）を身につけ、小羊の行く所にはどこにでも従っていく[11][d]」。おお、魂よ、そこに何らかの善の欠如がありうるだろうか。そこにはそれほど様々な喜び躍る材料がそろっているのに。

三　あなたの傍らの聖なる方々の団体を見るがよい。それは神の慈愛によって、あなたの至福を増大させるために集められたのである。なぜなら、「喜びを共にする仲間なしには、いかなる善も所持されることはない[e]」とセネカが言っているとおりだからである。そこでグレゴリウス［は言う］。「いかなる舌が語るに足るであろうか、いかなる知性が理解するに足るであろうか、あの天上の都の喜びがいかなるものであるかを。天使たちの合唱隊に加わること、いとも幸いなる霊たちと共に形成者（conditor）の栄光にあずかること[f]」、そしてこの方々の幸いなる交わりから決して離されず、間断なくこの方々と共に、この方々の喜びの故に永久に喜び躍ることを。アンセルムス［は言う］。「そこでは個々のものによってすべてのものが、そこではすべてのものによって個々のものが知られる。祖国はどこか、どの民族か、どの家系か、父は誰か、何一つとして隠されたものはない[g]」。そこにおいて、義人たちの愛（caritas）は幸いで完全なものであるので、「一人ひとりが自分を愛するように隣人を愛するのである[h]」。測り難い善がこれに続く。それは「一人ひとりが自分のものであるかのように、他者の喜びを喜ぶことになる」ことである。それ故、選ばれた者らの数は名状し難いのであるから、幸いな方々の喜びを誰が語ることができると、あなたは思うのか。

一四　その日は、あなたにとってどのような日になるのだろうか。その日には、主の御母マリアが処女《おとめ》たちの合唱隊を伴ってあなたを出迎え、すべての聖なる者たちと共に花婿ご自身が出迎えて仰せになるであろう。「立ち上がりなさい、急ぎなさい、私の愛する女《ひと》、来なさい、私の美しい女《ひと》、私の鳩よ。もはや冬は去り、雨は止んで、もう去った」[12]。その時、天使たちはあなたの栄光に驚嘆して言うだろう、「荒れ野から上がって来るあの女《ひと》は誰でしょうか。喜びに溢れ、自分が愛する者に寄り添って」[13]と。シオンの娘よ、［天使たち］は、あなたを見て、あなたを賛美するだろう。その時、玉座と長老たちの前の、あの十四万四千人は竪琴を手にして新しい歌を歌うであろう[14]。その時、あなたは花婿の抱擁のうちに抱かれ、恐れることなく喜びのうちに言うだろう、「私の魂が愛する方を見いだしました。その方をしっかり捕まえて、放しません」[15]と。このようにヒエロニムス［は言うのである］[i]。その時、かの幸いなる東の領域に住むすべての人々の間でも偉大な、あのヨブの七人の息子たちはそれぞれ自分の日に祝宴を催して、自分の姉妹であるあなたを、宴を共にする者として招くであろう[16]。そして、それぞれあなたに言うだろう。「さあ、飲みなさい、喜んで食卓に着きなさい。あなたは至高の主君の前で恩顧を得たのだから」。すると、あなたは喜びをもって答えるだろう。「飲みますとも。楽しみましょう。私の魂は、今日、私の生涯のすべての日にもまして栄えあるものとされたからです」[17]。おお、未だ耳にしたこともない栄誉よ。おお、何と卓越した喜悦であり快楽だろう。この代において、未だかつて聞いたこともないことなのだ。私が思うには、この世のあらゆる栄華も、これに比べれば、取るに足りない一滴の雫ほどのものにすぎないのだ。

一五　**魂**　おお、人よ、今まで私は黙っていました。充分、沈黙していました。あなたが提示したことを大きな喜びと驚きをもって私は聞きましたので。でも、この天上の霊たちの宴について何かしらもっと完全に説明する前に先に進まないようにお願いします。と言いますのは、もうすでにこの点については言及なさいましたが、あまりにも簡略に取り扱われたのですから。

人　おお、魂よ、あなたの願っていることに関しては、この天上の神秘について口で汚すようなことにわずかでも言及したり、精神をもって考察したりするよりも、沈黙のうちに通り過ぎるほうが望ましいと思っている。今でも世俗的で不必要な事柄にしばしば巻き込まれている私が、何とも嘆かわしいことに、他の世俗的なことどもに豚の食べる豆[18]を食べて生きている私が、神の霊たちの親密な行動について語ることは、私にとって恥ずかしいことであり狼狽させられることなのだ。とはいえ、あなたと交わした誠実な誓約に背くのは私の望むことではないので、ある時は御霊に駆り立てられ、［ある時は］精神に引きずられて、ふさわしいものではないが簡略に述べることにしよう。実に、かの天上の宮殿には、すべてのものらにとって完全な、あらゆる善の充満がある一方、そこでは功績の相違に応じて非常に巧妙にあるものが与えられるのであるが、グレゴリウスによれば[j]、測り知れない広大な神の慈愛によって何一つとして個人的に所有されることはないのである。すべてにおいてすべてであられるお方の故に[19]、すべてのものはすべてのものに共有されているのである。そこでは、処女《おとめ》は聖なる寡婦《やもめ》の功徳の故に喜び、そこでは、寡婦《やもめ》は浄い処女性の特典の故に喜び躍るであろう。そこでは証聖者は殉教者たちの凱旋の故に悦《よろこ》び、殉教者は証聖者たちの賞賛の故に勝利の凱旋を祝うであろう。そこでは預言者は族長たちの敬虔な生涯の故に賛美し、族長は預言者たちの信仰と期待の故に喜び躍るであろう。そこでは使徒たちと天使たちは下に位置するすべてのものらの功徳の故に喜び、下に位置するすべてのものらは上に位置するすべてのものらの栄光と栄冠の故に悦ぶであろう。まさしく、聖なる完全なる愛（caritas）の絆から発することであり、一人ひとりが自分の功徳として有していないものを他者の内において有することになるのである。

一六　**魂**　おお、人よ、これでは、私の精神は黙しているわけにはいきません。お願いです。先に進まないで、宴と言われるものについて、一つひとつ明確に説明してください。

人　おお、魂よ、「口籠《ごも》りながらも、私たちはできうるかぎりで、神の卓越さを響き渡らせよう[k]」という言葉をよく理解するがよい。理解するにはあまりにも無力なことを、どのようにして私たちは語るに充分でありうるのか。かすんだ目で観想している、あの天をも超えた事柄は理解される以上に、真実に存在し、音声をもって表現される以上に真実に理解されるものであることに驚くことはあるまい。だが、これ以上あなたを引き留めるのは止めよう。聞くがよい。今は感性（affectus）はごくわずかなことしか味わえないとしても、知性が思い描くことを。私が思うには、先の所で言及した、あの七人の息子とはみな、聖なる、選ばれた霊たちであり、至高の御父の相続者、息子たちである。彼らはそれぞれ自分の日に宴会を催す。その時、彼らは互いに天上の喜びを食する。その［宴］では、それぞれが自分の功徳に基づいて与えられた栄光が、最も美味な食物として供される。従って、第一の日に、第一子――すなわち、これは天のみ使いたちの数である――は、不当に第一子たちと評定されるのではない。創造と神への回帰において一番先の者らだからである。罪によって、この［位置］から決して離れることなく、常に不動の愛（caritas）によって神である御父に結びついており、天の国の、あの幸いなる嗣業《しぎょう》をすべてのものらに先立って所有するのである。おお、魂よ、彼らが自分の宴において美味で高価な食物をあなたに供してくれる。賜物として受けた、その卓越した各々の順序に応じて特有の喜びが提供されるのである(1)。

一七　おお、魂よ、考えてみるがよい。あの、位階において至高の霊たちであるセラフィムがあなたにどのような食物を提供してくれるのか。「この［霊たち］は永遠の御父のそば近くにあり、この［霊たち］と［御父］との間には他のいかなる霊も介在しない(m)」。この［霊たち］は［御父］を何の介在もなしに観想しており、その永遠の善をより完全に享受している。あなたはどう考えるのか。この［霊たち］はその高貴な本性から、その明瞭な観想から、その真摯な愛（dilectio）からどのような喜びを提供してくれるのか。それ故、この［霊たち］すなわち、セラフィムと呼ばれる［霊たち］は神への愛（caritas）の輝きで宴会の場を飾り、ケルビムは永遠の光栄の輝きで、座天使たちは神の公正なる威光で、主天使たちは他のものらに及ぼす主権の卓越性によって、能天使たちは下に位置する者らを支配する高邁さをもって、権天使たちは悪い霊どもを抑圧する威厳をもって、力天使たちは奇跡を行う権能によって、大天使は使者としての優れた身分によって、天使たちは神の知識の小さな秘密を伝える働きによって宴会の場を飾るのである。では、とくとご覧なさい。幸いなる者たちの精神がそれぞれ、遥か天上の宮殿で賜物として特別に受けた天上の喜びによってどのような会食をしているのかを。

　上述のこと、そしていまだに私たちには隠されている多くの他のことを、あの霊たちが私たちのため、私たちの喜びのために祝杯を交わしていることに驚くことはない。

［この霊たちは］この涙の谷にあって[20]、誠実に私たちを守り、全力を尽くして、あの永遠の至福の祖国へと私たちを導こうとしているのである。ベルナルドゥス［は言う］。「おお、誰か知る者がいるならば、どれほどの注意と配慮をこめて、あの幸いな霊たちが歌い手たちの間に居合わせ、祈る者たちの傍らにおり、瞑想する者らの内におり、休んでいる者らの上で［見守って］おり、管理する者らを保護しているかを[n]」。おお、断食し、飢えている魂よ、主人たちの食卓からこぼれ落ちた小さなパン屑[21]を、この宴で、精神の開いた口であなたが受け留めたとすれば、その時から、あなたはこの［世］での巡礼の旅、そしてあらゆる艱難を忍耐強く耐え忍ぶであろう。私が思うには、その宴席のぶどう酒の一滴をあなたが味わうことができたなら、この世のあらゆる甘美さも疎《うと》ましくなるであろう。グレゴリウスは『モラリア』において［述べている］。「もしもひとたび、心が天において」味わうことを体験したなら「かつては高価に思われたものが、たちまちのうちにそれがどれほど唾棄すべきものかわかるであろう[o]」。

一八　おお、私の愛する魂よ、族長たち、預言者たち、使徒たち、殉教者たち、証聖者たち、処女《おとめ》たちの宴については他の六人の息子たちによって適切に予示されているが、これについて私は何を語ったらよいのだろうか。これらの人の一人ひとりが、自分の［催す］宴で提供する多くの食物を有しているが、それはこの［世での］生涯において有するものとなった諸々の徳の業である。聖なる族長たちの謙虚さと、いとも完全な純粋さから、預言者たちの信仰と信頼の堅固さから、使徒たちの愛（caritas）と偉大な熱意から、殉教者たちの不動の［勇気］と忍耐から、証聖者たちの敬虔さと慈愛から、処女《おとめ》たちの純潔と貞節から、それぞれの魂が受ける絶大な喜びを充分に語ることができる者があろうか。「真に、舌も音声も欠陥がある。なぜなら、天使たちの合唱隊の内にどれだけ大きな喜びがあるのか、形成者（conditor）の栄光にはいとも幸いなる霊たちが侍っていること、神の表情を目の当たりに見つめること、表現不可能な光を見ること、死の恐怖を全く感じないこと、朽ちることのない永久の賜物を悦ぶことを、知性は充分に把握しえないからである[p]」。このようにグレゴリウス［は言うのである］。

一九　おお、この日はあなたにとっていかに幸いな日となるであろう。［この日］あなたは父祖の嗣業に立ち返るのである。すべて［の祖父］と共に測り知れない喜びをもって迎えられ、幸いなことに至高の王の婚礼の寝屋に導き入れられるのだ。おお、私の魂よ、今こそ、目覚めよ。そして、あの著名な女王(22)と共に、諸々の徳という香料を携え、善行という宝を持って、天への憧憬という大きな調度品と共に、あの上なるエルサレムへと昇っていくがよい。そして、入念に個々のものを観想し、真理は噂を制圧し、栄光はあらゆる風聞を凌ぐものであることを知るがよい。その時、あなたは心に大いなる喜びをもって、幸いなるペトロと共に言い始めるだろう、「主よ、私たちがここにいるのは素晴らしいことです(23)」と。ここに父が、ここに母が、ここに姉妹が、ここに兄弟が［おり］、ここに祖国が［あるのだ」。おお、主よ、私たちがここにいるのをお許しください。決してここから追い立てないでください。アンブロジウス［は言う］。「おお、魂よ、真実の祖国へ逃れよう。そこにこそ、そこを目指すものとして私たちが作られた祖国があり、その方によって私たちが創造された御父がおられ、安全な住居《すまい》、私たちの母である上なるエルサレム(24)がある(q)」。アンセルムス［は言う］。「おお、魂よ、この死すべき生において、そこに向けてあなたは作られた所に到達するためには、愛と憧憬はかくも大きなものでなければならない。あなたはまだそこにいないので悩みが、まだ辿り着いていないので恐れが［あなたを襲う］。そこに到達するための援助と希望をあなたにもたらすものによらなければ、いかなる悦びをも感じ取ることはできないのである(r)」。

(1) 箴九・1、マタ一三・44。
(2) 黙二一・23、マラ四・2、知七・26。(3) 詩八六・3。
(4) バル三・24。(5) イザ三三・18。(6) 黙一九・9。
(7) 詩三五・9。
(8) ネヘ一・11、ヘブ一・3、知七・26、Iペト一・12。
(9) ルカ一二・37。(10) イザ六・3。
(11) 黙七・9、一四・4。(12) 雅二・13―14、11。
(13) 雅八・5。(14) 黙一四・1、3。(15) 雅三・4。
(16) ヨブ一・2―4。(17) ユディ一二・17、18。
(18) ルカ一五・16。(19) Iコリ一五・28。(20) 詩八三・7。
(21) マタ一五・27。(22) 王上一〇・1―3、代下九・1―12。
(23) マタ一七・4。(24) ガラ四・26。
(a) 擬ベルナルドゥス、Meditationes piissimae, 4. 11 (PL 184, 492D)。
(b) 擬アウグスティヌス、Soliloquiorum animae ad Deum, 35 (PL 40, 895)。
(c) グレゴリウス『ヨブ記の道徳的注解』一八・54・91。
(d) 『ローマ聖務日禱書』諸聖人の祝日、晩課・「マニフィカト」の交唱。
(e) セネカ『手紙』六・4。

(f) グレゴリウス『福音書講話』三七・1。
(g) エドメルス、Liber de S. Ansermi similitudinibus, c.39 (PL 159, 619)。
(h) 擬アウグスティヌス『霊と魂』57 (PL 40, 822)。
(i) ヒエロニムス『手紙』二二・41。
(j) グレゴリウス『ヨブ記の道徳的注解』四・36・70。
(k) 前掲書五・36・66。
(l) グレゴリウス『福音書講話』三四・14。
(m) 前掲書三四・10。
(n) 擬ベルナルドゥス、Meditationes piissimae, 6. 16 (PL 184, 495D-496A)。
(o) グレゴリウス『ヨブ記の道徳的注解』五・1・1。
(p) グレゴリウス『福音書講話』三七・1。
(q) アンブロジウス『イサクと魂』8・78。
(r) アンセルムス『クル・デウス・ホモ』一・20。

四　第三、幸いなる者たちは観想の照明を自らの内にあるものへと向ける。そして、三重に喜ぶ

三〇　私たちの体は四つの元素から構成されているので、四つの賜物によって報いを受けることになる。その時、地は永遠の不死性を、水はあらゆる非受苦性を、気は迅速な可動性を、火はいとも輝かしい光明を所有するであろう[a]。「永久の祖国において、幸いなる者らの心は、相互いに光明をもって輝かせ、純粋さをもって貫き照らす。そこでは一人ひとりの容貌ははっきりと見極められ、意識は浸透される。そこでは、ごく小さな肢体も誰かしらの精神を、他の者の目から隠すことはない[b]」。「そこではまた、霊魂(animus)がどこに向かおうとしても、直ちに体がそこにあるだろう[c]」。このようにアウグスティヌス[は言う]。その時、霊魂は完全に創造主に従うように、体はいとも迅速に自分を動かすものに服従する。

そこでは、すべての感覚が自分の働きを発揮させている。実に、そこでは、視覚は最高に美しいものを見るであろう。味覚は最高に甘美なものを味わうだろう。嗅覚は最高に甘美な匂いを嗅ぐであろう。触覚は最高に心地よいものを抱擁するだろう。聴覚は最高に快適な音声によって新たにされるであろう。それ故、「おお、魂よ、現在の生の愛(amor)を遠ざけなさい。来るべき生の愛を近づけなさい。そこ[来るべき生]では反対するものが混乱を巻き起こすことなく、困窮が苦しめることなく、労苦に煩わされることもない。永久の喜悦が支配している[d]」。そこでは、「私たちの存在が変化を被ることなく、私たちの認識が誤謬に陥

ることもなく、私たちの愛が妨害に遭うこともない[e]」。「そこにはいかなる歪曲、いかなる弱さ、いかなる緩慢、いかなる退廃も存在しないであろう。そこには新しい天［があり］、そこには新しい地［がある］[1]。そこでは私たちは神のみ使いに似た者となるであろう[2]。それは年齢によるのではなく、確実に幸福によるのである[f]」。「そこには死のない生、老いのない若さ、悲しみのない喜び、不和のない平和、不正のない意志、闇のない光、変化に関わりのない永遠の王国［がある］[g]」。そこには「あなたの欲するものは何でもあるが、あなたの欲しないものは何も存在しないであろう[h]」。

二　考えてみなさい。今あなたが耳にしたような体を取り戻した時、霊魂がどれほど喜ぶかを。その［体］は生来の悩みをもってあなたが維持してきた、また大きな戦いによって勝ち取ったようなものではなく、しばしば恐れ、耐えきれずにいつも忍耐強く、怒りに駆られつつも慈愛に満ちて、「死に定められたこの体から、誰が私を解放してくれるのか[3]」といった［ようなものではない］。決してそのようなものではなく、完全に従順で、霊的な［体］である。それはいわば、観想の慰めと永遠の幸福のためにあなたに与えられるであろうものである。他方で、魂自身も体を再び受けることを決して欲していないことは確かである。たとえ、栄光に輝く［体を］再び受けるとしても、神の観想を妨げるものであるかぎりは。そこで、アウグスティヌスの見解と教説によれば、聖なる魂自身は［体を］再び受けることを願っており、［体］と再び一致するのを待っている。［体］なしには［魂］そのものの幸福が完成することも喜悦が満喫されることもありえないからである。しかもなお、何らかの形で［魂ら］の観想を妨げたり、遅らせたりすることがあったとしても、激しく願い求めるのである[i]。ベルナルドゥス［は言う］。「おお、悪臭を放つ、醜い、惨めな肉よ、この栄光はどこからお前に［来る］のか。神がご自分の像を刻印し、御血をもって贖った聖なる魂たちが、お前を慕い求め待ち望んでいるのだ。お前なしには［魂たち］の幸福が完成することも喜悦が満喫されることもありえないというのだ[j]」。アウグスティヌス［は言う］。「動物と同じような（animale）［体］ではなく霊的なこの体を魂が受けるであろう時、［その体は］その本性の完全な様態を有するであろう。服従しつつ支配する、生かされつつ生かす［という様態である］。その時、名状し難い幸福が生じる、重荷であったものが栄光となるからである[k]」。

三　おお、魂よ、考えてみるがよい。その時、どのような栄光があなたに帰されるのかを。その時、あらゆる高価な宝石に飾られた[4]新しく輝かしいストラをまとうことになる。［このストラとは］栄光化された体である。最高に高価な宝石が輝きを放つように、精神の内で諸々の徳が［輝きを放つであろう］。あなたが有することになる絶大な喜び、驚嘆すべき栄光、理解を絶する称賛を、いったい誰に語り尽くすことができようか。それはあなたが自分の体を貞潔と節制という楯によって雄々しく制圧したことによるものであり、この世を力強く退け、軽んじることで打ち負かしたことによるものであり、抵抗して戦うことで賢明にも悪魔を逃走させたことによるものであり、あらゆる思惑、あらゆる情動、一つひとつの混乱した衝動に対して勇敢に抵抗したことによるものである。また、もしもできるなら、あなたが言葉と模範をもって、より優れたことへと呼び招いた人々のことで、どれほどの称賛を得ることになるか注目してみなさい。さて、これ以上何があるのか。考えたことの一つひとつ、口にした一つひとつの［言葉］、雄々しく行った一つひとつのことに応じて、特別の、そして永遠の称賛をあなたは得ることになるだろう。

（1）黙二一・1。（2）ルカ二〇・36。（3）ロマ七・24。
（4）シラ五〇・10。

（a）ベルナルドゥス『諸聖人の祝日の説教』四・6。
（b）グレゴリウス『ヨブ記の道徳的注解』一八・48・77—78。
（c）アウグスティヌス『神の国』二二・30・1。
（d）擬アウグスティヌス、De conflictu vitiorum et virtutum, ch.26（PL 40, 1103）。
（e）アウグスティヌス『神の国』一一・28。
（f）前掲書二二・20。
（g）擬アウグスティヌス『説教』四九（荒れ野の兄弟たち宛て）（PL 40, 1333）。
（h）アンセルムス『プロスロギオン』二五。
（i）アウグスティヌス『創世記逐語注解』一二・35。
（j）ベルナルドゥス『諸聖人の祝日の説教』三・2。
（k）アウグスティヌス『創世記逐語注解』一二・35。

五　第四、幸いなる者たちは観想の照明を自分の上にあるものらに向ける、そして至高の善において、完全に、かつ魂の三つの力に則して喜ぶ

三　従って、おお、魂よ、私はあなたに勧告しよう。これまでに目覚めさせ整理し勧誘してきたことによって、あなたの創始者（Auctor）へと向き直りなさい。そしてあの幸いな霊たちがどれほどの喜びをこのお方からいただい

たか、熱心に考えなさい。するとあなたは気づくであろう。「この善がどれほど喜ばしきものであるか、自らの内にあらゆる善の持つ喜悦を包含していること、それは造られたものらにおいて、私たちは経験しないようなものであり、創造主が被造物と異なっているほどに異なったものである。この善を享受する者が欲する物は何であれ存在し、欲さないものは何であれ存在しない[a]」。［こう］アンセルムス［が言っている］。「幸福な生とは語るよりもつき従うほうが容易である。その行程には終点はなく、使用しても飽きることなく、食べ物がなくとも元気は回復され、古くからの、そして永久の喜びのもとに常に新たな喜悦があり、失う恐れのない絶えることなき幸いがある[b]」。そこには「理性による誤謬は全くなく、意志による悲しみは全くなく、記憶による恐れは全くなく、そこには驚くべき静穏、満ち満ちた甘美、倦むことのない永遠の静謐［がある[c]］」。［このように］ベルナルドゥス［は言うのである］。

二四　おお、魂よ、永遠のあの鏡をしっかりと観想する者らがどれほど喜び楽しんでいると、あなたは思うのか。その［鏡］の内に、至高の幸福に収斂する過去と現在と未来のすべてのことがはっきりと見晴らされるのである。アウグスティヌス［は言う］。「諸々の光の御父の至高の光に辿り着くであろう時、被造物の内に存在しうるすべてのことを私たちは理解するであろう[d]」。アンセルムス［は言う］。「その時、義人たちは、神がお作りになった、知るべきすべてのものを知るであろう[e]」。また「すべてのことを知っておられる方を見ている者たちに何かしら知らないことがありうるだろうか[f]」。

フルゲンティウス［は言う］。「鏡を通してかのように、三重の造形（visio）が私たちに示される。つまり、私たち自身、鏡そのもの、そこに現前する何ものかを私たちは見るからである。そのように、神の光明という鏡を通して、神ご自身、私たち自身、そして他の被造物を私たちは認識するのである[g]」。

おお、魂よ、あなたが本性的に何かを知ろうと熱望するのは[h]、この鏡を見たいと欲することであり、この［鏡］において学びかつ読むことを熱望するのである。これを一度見ることはすべてを学んだということだからである。そこで、プラトンの学説、アリストテレスの哲学、プトレマイオスの天文学の蒙昧さが吟味され、明らかにされる。ここで真理について私たちが理解することは何であれ、私たちが無知であることのごくごく小さな一部にすぎないからである。その時、あなたは見て、満ち溢れるだろう、あなたの心は驚嘆し、拡大されるであろう(1)。

二五　魂　では、私は何を見るのでしょうか。

人　「美しく装った天の王［である］(2)。永遠の栄光の輝きは非常に美しく、非常に甘美で、太陽よりも比較できないほどに明るい天使たちでさえ満たされえないほどである(i)」。それ故、その時、神の光明を見るという驚くべき喜びに満ち溢れ、あなた自身の楽しい考察に驚嘆し、すべての被造物を完全に眺望することであなた［の心］は拡大されるであろう。おお、何と驚嘆すべき、感嘆すべき観想（contemplatio）であろう。おお、何と甘美で喜ばしい考察（consideratio）であろう。おお、何と喜ばしく名状し難い展望（speculatio）であろう。おお、主よ、私の神よ、あなたについて言われていることは何とふさわしいことでしょう。「あなたの家での一日は［他の所での］千日にまさる(3)」。「あなたの目には千年も過ぎ去った昨日のようなもの(4)」。そして、アウグスティヌスによれば、「天上の栄光の美しさ、永遠の光のもたらす喜悦、それは、わずか一日の間しかそこで楽しむのを許されなかったとしても、喜びに満ちたこの生涯の数えきれない日々も、一時的な数々の善に取り囲まれていることも、まさしく当然ながらも、蔑視されるほどのものである(j)」。実に、一度《ひとたび》、それを見ると、もはや他の何ものをも喜びとすることができないほどに、美しく甘美なことであり、あらゆる甘美さにまさり、あらゆる欲求をもしのぐものなのである。

二六　魂　それを見ることが喜びをもたらし、それを観想することが楽しみとなるようなものが他に何かあるのでしょうか。

人　おお、魂よ、このことだけで充分であり、他には何一つないとしても、もう一つのことがある。他の数えきれないほどのあらゆる喜悦の中でも一つのことについて、私は黙してきた。それはあらゆる霊［的存在］の精神を驚くべくまでに悦ばせ、どのようにしてなのかは私にはわからないのだが、幸いなる被造物のすべてを測り難い喜びで酔わせるのである。それは、あの天の女王の神々しい（deificans）光明と、そのいとも幸いなる御子（Proles）の栄光に輝く人間性を見ることである。おお、魂よ、誰か充分に考察できるものがあろうか。あの慈しみの御母、慈悲と慈愛に満ちた女王を見ることがどれほど大きな喜びを生じさせるかを。もはや、飼い葉桶の中で泣く幼子と共に横になってはおられない(5)。天使たちの全合唱隊は女主人として［御母］に奉仕している。もはや、三日間も、いとも愛する幼子を見失って、涙を流しつつ歩き回り御子を捜し求めることもない[6]。今は、永久の喜びの内に［我が子］を見つめておられる。もはやヘロデの顔［を恐れて］エジプトへ逃れる［幼子］と共に心を乱しておられない[7]。彼女は天に昇ったが、ヘロデは地獄に降ったからである。もはや、ユダヤ人が御子に対して行った多くのことで心を乱してはおられない。すべてのものが［御子］に従わせられたからである[8]。もはや、十字架の木にかかって死にゆく独り子なる御子の傍らに立って、呻き、嘆き、叫んでもおられない、「我が子よ、私があなたに代わって死ぬように、誰がしてくれるのでしょう[9]」と。いとも愛しい独り息子に代わって全く縁も所縁もない者が与えられるかのように、「弟子が師に代わって、僕が主人に代わって[k]」、ご自分に与えられる時の涙にぬれて嘆く方ではもはやない。かつては私たちの故に哀れで苦悩に満ちたお方が、今や、天使たちの合唱隊と全被造物の遥か上に、測り知れないまでに高く上げられ、三位一体の宮殿において御子キリストと共に支配しておられるのである。

二七　おお、魂よ、敬虔な精神をもってとくと考えてみるがよい。人間の形成者である人間を、形成者を産んだ方である女性を見ること、かつては滅び、見捨てられ、軽蔑されたが、今や見いだされ、今や立ち返り、今や治め、今やすべてを支配している、私たちの兄弟であるイエスを見ることがどれほどあらゆる甘美に満ちた喜びであるかを。私の母の乳房を吸う、私の兄弟をあなたに示せるように誰がしてくれるだろうか。そうすれば、外であなたに会う時、献身の唇をもって口づけし、愛の両腕をもってあなたを抱擁するだろう。もはや誰も私を蔑みはしないだろう。その時、いとも甘美な喜びとともに、あなたを私の寝屋に導き入れるであろう[10]。この光景を見ることを、あの敬虔なるアンセルムスは熱望していたのである。『瞑想』の中で次のように述べている。「おお、いとも甘美なる幼子よ、いつ、私はあなたを見るのだろう。いつ、私はあなたの御顔の前に出ることができるのだろう。いつ、私はあなたの美しさを満喫するのだろう。天使たちも見極めたいと望んでいる[11]、慕い求めるあなたの御顔を、いつ、私は見るのだろう。何と禍なことか、あなたを愛さない魂、あなたを捜し求めない魂は。世を愛して、罪に仕えているなら、どこにも静謐はない、どこにも安全はない。私はお願いいたします。あなたなしには、何一つとして私を喜ばせるものはなく、美味をもたらすものは何一つとしてない。何一つ美しいものはなく、あなたの他には、高価なものは何一つ考えられません。あなたなしには、すべては価値を失います。あなたに敵対するものは、私にとって厭わしいもの、あなたの御心に適うものは、私にとって尽きざる憧憬を呼び起こすもの。あなたを抜きにした喜びは退屈なもの、あなたと共に喜び、あなたと共に泣くことこそ喜ばしいこと。おお、善きイエスよ、あなたの故に泣くことがこれほど甘美なものであるとすれば、あなたの故に喜ぶことはどれほど甘美なことでしょう」[l]。このようにアンセルムス［は言うのである］。

魂　おお、人よ、私の創造者、主である神を見ることの愛によって、私は力尽き果て、私の贖い主であり兄弟であるイエスを見つめる熱望によって、私は疲れ果てています。母である処女《おとめ》を仰ぎ見たいとの願望で痛手を負った私は呻いております。「おお、私が願い求めている私の喜びを、いつになったら見ることができるのでしょうか。私が飢えている栄光はいつになったら現れるのでしょうか[12]。おお、私が待ち望んでいる私の慰め主はいつになったら来られるのでしょうか。いつになったら、ため息をつきながら乞い求める、［主］の家の豊かさによって、私は酔いしれることになるのでしょうか」[13][m]。もはや、私にはあらゆる被造物は見るに重苦しいものです。そこからすべてのものが発出した［主］の美しさは、比較にならないまでに［全被造物を］凌駕しているからです。

人　おお、魂よ、あなたの願望が強大になるよう、忍耐をもって待ち望みなさい。「しばらくすると、あなた方は私を見なくなるだろう。また、しばらくすると、私を見ることになる」[14]と書き記されているからである。

魂　おお、何と長い「しばらく」、何と冗長な「しばらく」でしょう。報いはごく些細かもしれませんが願望は長い長いものなのです[n]。

人　おお、魂よ、永遠の光明を観想するために燃えているあなたの願望が長く大きなものであるとあなたには思われるのであれば、永遠の善を完全に愛するために、また最高の威光［に輝く方］を永遠に所有するためには、どれほどの願望を燃え立たせなければならないと、あなたは思うのか。もしも、あなたは最高に愛していないのなら、どのようにして見ることで喜ぶのか。もしも、よく見て愛するとしても、精神において静謐を所持していないのなら、どのようにして幸いなものであり続けるのであろうか。従って、「そこでは私たちは何にも囚われることなく、見るであろう。私たちは見るとともに愛するであろう。愛するとともに所持するであろう[o]」。「この方ご自身が私たちの諸々の願望の終局であり、この方は終わりなしに見られ、厭われることなく愛され、倦むことなしに、最高の幸福のうちに、永遠まで賛美されるであろう」[p]。

お聞きなさい、あの敬虔なアンセルムスが『プロスロギオン』の末尾で、これまで述べてきた天上のすべての喜びについて語っていることを。注目しなさい、「あらゆる善による喜悦を包含している、あの善は何と喜ばしきものかに。造られた命が悦ばしいものであるとすれば、創造者（creatrix）である本質はどれほど悦ばしいものか。なされた救いが悦ばしいものであれば、万物を造った救いはどれほど悦ばしいものか。造られた者らに関する知恵が愛すべきものであれば、造られざるものらに関する［知恵］はどれほど悦ばしきものか」[q]。それ故、「なに故に造られた善を捜し求めて、あなたは多くのものらの間を巡り歩くのか。そこにすべてのものが存在する一つの善を愛しなさい。美が楽しませるのであれば、義人たちは太陽のように輝くであろう[15]。自由とか剛毅が［楽しませるのであれば］、天において神の天使たちに似たものとなるであろう[16]。長くて健康な生［が楽しみであれば］そこには永遠の健康がある。飽満とか酩酊とか［が楽しみであれば］、そこでは主の栄光によって飽満にされ、神の家の豊かさに酔いしれるであろう[17]。もし旋律［という］のなら、そこでは天使たちが歌っている。もし交わりと友情［という］のなら、そこには幸いなる方々の交わりと全員の一致した意志がある[18]。もし栄誉と富なら、その家における栄光と富がある。もし安全と確実さなら、そこにはすべての時に及ぶ永遠の長さがある。おお、人間の心よ、欠乏した心よ、数々の苦難を体験した心よ、数々の苦難に押しつぶされた［心］よ、それらのすべての［苦難］が氾濫を起こすなら、あなたはどれほど喜ぶことになろうか。あなたの最も親しい者に尋ねるがよい、自分の多くの至福から、その数ほどの喜びを得ることができるかどうかを。

しかしながら、これほど多くの至福から固有の喜びを得ることはほとんどありえないとすれば、選ばれた者たちの数ほどの喜びがどうしてありうるのであろうか。そこでは、それぞれの者が、自分自身のように隣人を愛しており、愛するのと同じように、その喜びを悦んでいるのである。このように、人は自分の幸福以上に、また選ばれたすべての者たちの幸福以上に、神の幸福を、評価しえぬまでに喜ぶのである。なぜなら、心を尽くして、魂を尽くして、精神を尽くして神を愛するように[19]、心を尽くして、魂を尽くして、精神を尽くしても、その満ち溢れる喜びには足りないからである。なぜなら、喜ぶほどに愛し、愛するほどに知るからである。確かに、目が見たこともなく、耳が聞いたこともなく、人の心に浮かんだこともなかったのである[20]。神の聖なる者たちはこれほどまでにあなたを愛し、知ることになるだろう[r]。

　私の神よ、私は祈ります、永遠にあなたの故に喜ぶことができるように、あなたを知り、あなたを愛しますように。もしも、この［世］の生において、そこにまで至ることができないのであれば、せめて、あなたを知ることとあなたを愛することで成長しますように。そこに満ち満ちる喜びがあり、ここでは希望のうちにあるものが、そこでは現実のものとしてありますように。主、父よ、あなたは御子を通して勧めてくださいます、いいえ、願い求めるように命じ、受けることを約束しておられます。私たちの喜びが満たされることを[21]。主よ、私は願い求めます、私たちの喜びが満たされるように願うように勧め、受けると約束しておられる、あなたの驚くべき助言によって。今この時は、私の精神はこのことを瞑想し、私の舌は語り、私の心は愛し、私の口は語り聞かせ、私の魂は飢え、私の肉は渇き、私の全存在（substantia）が願い求めますように。私の神の喜びに私が入るまで[22]。三にして一なるお方が代々《よよ》に賛美されますように[23]。アーメン[s]。

（1）イザ六〇・5。（2）イザ三三・17。（3）詩八三・11。
（4）詩八九・4。（5）ルカ二・7。（6）ルカ二・45—46。
（7）マタ二・13—14。（8）Ｉコリ一五・27。
（9）サム下一八・33。（10）雅八・1。（11）Ｉペト一・12。
（12）詩一六・15。（13）詩三五・9。（14）ヨハ一六・16。
（15）マタ一三・43。（16）ルカ二〇・36。（17）詩三五・9。
（18）詩一一・3。（19）マタ二二・37。（20）Ｉコリ二・9。
（21）ヨハ一六・24。（22）マタ二五・21。（23）ロマ一・25。
（a）アンセルムス『プロスロギオン』24、25。
（b）チェザリウス（アルルの）『講話』九。
（c）ベルナルドゥス『雅歌講話』一一・6。
（d）擬アウグスティヌス、De mirabilibus sacrae Scripturae, Lib.I, ch.7 (PL 35, 2159)。
（e）実はエドメルス、De S.Ansermi de similitudinibus. 59 (PL 159, 635)。
（f）グレゴリウス『対話』四・33。
（g）実際には、擬アウグスティヌス、De triplici habitaculo, ch.6 (PL 40, 996)。
（h）アリストテレス『形而上学』一・1。
（i）ベダ、Homiliae subdititiae, lib.III, sect.1, homil.70, in festo Omnium Sanct. (PL 94, 450)。
（j）アウグスティヌス『自由意志』二・16・43。
（k）ベルナルドゥス『聖母被昇天の祝日後の八日間のうちの主

日の説教』15。

（l）実は擬ベルナルドゥス、Lamentatio in Passionem Christi, 3 (PL 184, 770C, 771AB)。

（m）アンセルムス『祈り』20。

（n）ベルナルドゥス『雅歌講話』七四・4。

（o）アウグスティヌス『神の国』二二・30・5。

（p）前掲書二二・30・1。

（q）アンセルムス『プロスロギオン』24。

（r）前掲書25、26。

（s）前掲書26。

幼子イエスの五つの祝祭

序

神の教会においては、神からの輝きを受けて［他の人］よりも光り輝き、神への献身の念（caelesti devotio）が溢れんばかりに燃え盛っている人々こそが尊敬に値する人々ですが、その方々の見解ならびに教説によりますと、いとも甘美なるイエスについての黙想、受肉した御言葉についての敬虔な観想こそが、蜂蜜にまさって、数々の香油のもたらすふくよかな香りにもまさって、敬虔な精神を優雅な思いをもって喜ばせ、甘美な思いによって酔わせ、より完全な慰めをもたらし、力づけてくれるのです[a]。今こそ、取りとめもなく混沌とした思考の喧騒からしばしの間、身を引き、静かな黙想のうちに、私自身の内奥へと分け入る時であり、神聖なる受肉について、精神の内において思索することで、何らかの霊的な慰めを得る絶好の機会が到来したのでしょう。その［慰め］の内に、「この涙の谷間にあって[1]」鏡を通してではあるものの神の甘美さを味わうことができるでしょう。ほんのわずかであれ、それを味わいさえすれば、この世のものであり幻想にすぎない慰めを、私は完全に忌み嫌うことでしょう。［そのような］私の精神に密かに一つの思いが生じました。敬虔な魂には、御父である神の祝された御言葉であり独り子である御子を、聖霊の恵みを介して、いと高きお方の力によって、霊的に懐胎すること、出産すること、命名すること、幸いなる博士たちと共に捜し当て礼拝すること、そしてついにはモーセの律法に従って、幸いにも神殿において御父である神に奉献することができるということです。そして、このようにしてキリスト教信仰の真の弟子として、教会が幼子イエスに関して行う五つの祝祭を、敬意の限りを尽くして神への献身の念をもって祝うことができるでしょう。それ故、私は何ら飾ることなく思い浮かぶままに、乏しい言葉を用いて書き記しましたように、簡潔なものとするために、権威ある方々の［言葉］を引き合いに出すのは割愛しました。短く朴訥《ぼくとつ》なこの論考を読むことで、あるいは黙想することで、いとも甘美なイエスに対する献身の念を少しでも抱いた方がおられれば、あらゆる善の創始者であり泉であり源であるお方を賛美し、そのお方に栄光をささげ、ほめたたえてくださいますように。しかしながら、全く何も得られなかったのであれば、少しも満足するところもなく、それ相応に書くことができなかった私に非はあるのでしょう。さもなければ、おそらく充分に敬虔で謙虚な心をもって［この書を］お読みにならなかったご自分にこそ非はあるとお考えください。

（1）詩八三・7。

（a）アンセルムス『瞑想』12、ベルナルドゥス『主の公現の説教』一、『種々の説教』二九等参照。

第一の祝祭

神の御子キリスト・イエスは、どのようにして敬虔な精神の内に霊的に懐胎されるのか

一　まず第一に痛悔［の涙］によって知性が洗い浄められ、愛の火花によって愛情（affectus）が燃えあがり高められたうえで[a]、清浄な黙想と敬虔な考察によって、この祝された神の子、キリスト・イエスが敬虔な精神によって、どのようにして霊的に懐胎されるか熟考しなければなりません。

　天上での褒賞への希望によって、あるいは永遠の罰への怖れによって、あるいは「この涙の谷間に」長らく留まっていることへの倦怠感によって動かされ刺激を受けた敬虔な魂は、新しい霊の息吹の訪れを受け、聖なる愛情（affectio）によって燃え立たされ、天を黙想することで不安感を募らせて、ついには昔からの欠陥だらけの古びた欲求を捨て去り顧みもせずに、あらゆる最良の贈り物、あらゆる完全な賜物の源である光［を造られた］御父[1]から提示された新たな生き方によって、恵みの霊を受けて霊的に豊

饒なものとされます。これこそまさしく、いと高き方の力がその上に臨み、肉の欲望を鎮圧する天の清涼［なる力］が影となって覆うことで、[2]天の御父が神聖なる種子によって魂を懐胎させ、豊饒なものとしてくださることを、見えるように精神の目を強め、助けてくださることにほかならないのではないでしょうか。

このいとも聖なる懐胎の後、日常生活を通して真の謙遜を目の当たりにして、魂は青ざめます。食べ物や飲み物に対する嫌悪を精神の内に抱くようになり、この世の事柄を完全に蔑視し放棄することで、種々様々な善い事柄から提示された気遣いと配慮において願望は様々なものに向けられるようになります。時としては、自己の願望を放棄したことで、魂は衰弱し病気にかかり始めることさえあります。まさしく、悲しみが襲いかかり、犯してしまった古《いにしえ》の罪悪の故に、失われた時間の故に、いまだにこの世にあって世俗にまみれて生きている人々の生き様の故に動揺が生じます。［自分の］外にあり、外に認識したすべてのものが、徐々に重苦しく厭《いと》わしく思われ始めるのです。［自分の］内に捉え感知されるお方にとって、それはお気に召さないことと感じられるからです。[b]

二　おお、何と幸いなる懐胎でしょう。このようなこの世に対する蔑視、天からの数々の業《わざ》と神の数々の働きに対する熱望を生じさせる［懐胎は］。今や、呻《うめ》きつつも「精神が味覚を深めるにつれて肉は分別を失い[c]」、魂はマリアと共に山地へと登り始めます。[3]このような懐胎をした後は、地上の事柄は厭わしく思われ、天上の、永遠の事柄が慕わしく思われるからです。「地上のことを考えている人々[4]」との交際（socistas）を避け始めており、天上のことを希求する人々との親しい交わり（familiaritas）を慕い求めるのです。すでに、エリサベト、つまり、神の知恵が照らし、神の恵みが愛情を通して一層強く燃え立たせている人々に奉仕し始めています。このことは大いに強調しなければなりません。多くの［人］に必要なことだからです。この世から自らを遠ざければ遠ざけるほど、善良な人々とより一層親しく親密な交わりを取り戻すことになるからです。悪しき者たちとのむつみ合い（consortio）が疎《うと》ましく思われれば思われるほどに、善良で霊的な［人々］との気品のある交際は、より一層甘美にその人々の愛情を敏感にし、燃え立たせるのです。と言いますのも、幸いなるグレゴリウスによれば、「聖なる人と親密に交わっている人は、その姿を見続けることによって、その話しぶりに倣い、その立ち居振る舞いを手本とすることで、真理への愛のうちに成長をとげ、諸々の罪の暗闇をはね除け、神の光への愛によって燃え上がっている」(d)のです。それ故、「セビリャの」イシドルスは言うのです、「善い人々の交わりに近づきなさい。この交わりの一員となったなら、あなたは美徳の仲間にもなることになろう」(e)と。

ここで信仰篤い魂は考えてください。聖なる人々との語らいがどれほど清浄で、どれほど聖なるもの、どれほど敬虔なものであるか、また「この方々の」助言がどれほど神聖で、どれほど救いに役立つものであるか、その聖性はどれほど驚嘆すべきものであり、その行いはどれほど互いの役に立っているかを。一人ひとりの言葉と模範が他の人をより善いものを目指すように駆り立ててきたのです。

三　おお、敬虔な魂よ、聖霊によって天上の生への新たなる希求を懐胎したと感じるのであれば、そのように行いなさい。悪い仲間たちを避けなさい。霊的な人々の助言を求めて、マリアと共に登りなさい。完成の域に達した人々の足跡を模倣するよう努めなさい。善良な人々の言葉、行い、ならびに模範を観想するよう努めなさい。

邪悪な者らの有毒な助言を退けなさい。それは常に破壊することを求め、邪魔することを好み、聖霊による新たなる願望をずたずたに裂くのを止めないのです。そして、敬神を装って不信心で生ぬるい病原体を注ぎ込むのです。その時にはこう言うのです。お前が始めたことはたいして偉大なことではない、お前が企てていることはたいして難しいことではない、お前が行っていることは耐え難いことだ、人々はお前を容赦しないに違いない、「お前の」生来の力では不充分だ、頭は混乱し、視力は衰え、結核、麻痺、結石、眩暈、発作、失明、五感の衰弱、失神、体力の憔悴といった数々の病気が様々な形で「お前を」蝕むことになる。お前が始めたことを放棄し、もっと体に快適なことを心掛けないかぎり、お前はこれらのすべてに屈服することになる。そんなことはお前の身分にはふさわしくないし、お前の名誉もお前への尊敬も台無しになってしまうだろう。

よく見てください。すでに規律の教師、肉体の医師となった人が、自分自身の風紀（習性）を整備する術《すべ》を知らず、自分自身の精神の疾患を癒すことができずにいるのです。ああ、何と悲しいことでしょう。世俗の人々の助言はどれほど大きな、どれほど多くの悪辣なことをしてきたことでしょう。また聖霊によって懐胎した神の御子を幾たび殺害したことでしょう(f)。これこそが悪魔の勧誘の嘆かわしく致命的な毒薬なのです。それが多くの人が霊的に懐胎することを妨げ、さらに多くの人がしっかりとした計画によって、あるいはすでに立てられた誓約によって懐胎したものを殺害し消滅させるのです[g]。

四　しかしながら、別の人々もいます。その人々は、一見、善良で信心深いように見うけられます。その人々への敬意には変わりはありませんが、非常に小心で、「主の手は短すぎて救えないことはない[5]」ことに気づいておらず、いと高きお方の［子に対する］愛情は半減することはないこと、むしろ助けることを欲しておられるし、おできになることを思い巡らすこともなく、神への熱烈な愛を抱いてはいるのですが、それは深く知ったうえでのものではなく[6]、身体的な苦痛への同情から、あるいは生来の力の衰弱への恐怖心からのものです。――他の人々が自ら善なること聖なることと判断したことを雄々しく実行しているのを見ていても、自分はそれにあえて着手しようとはしないのです――むしろ、完全を目指す行為から人々を遠ざけるのです。この人たちは通常の生き方を突き破るようなことを［行うこと］を容認せず、神の息吹による聖なる助言を拒絶するのです。このような人々の助言は生きる上での動機として真っ当なものであればあるほど危険極まりないものとなるのです。

五　時として、この人々は、古来の敵の口実をいとも巧妙に言い募ります。もしも、あれやこれやのことをあなたが行うならば、聖なる者、善良で、信心深く敬虔な者とみなされるでしょう。そして、他の人たちはあなたには備わっているだろうと考えていたものが、まだあなたにはないとすれば、あなたの大きな、重大な、恐ろしい罪を知っておられる、いと高き審判者のみ前で、あなたは罪人とされ、努力したことの報いを失い、見せかけだけの者、偽善者と判断されるでしょう。この人たちは言うのです、このような鍛錬は何一つとして悪を行ったことのない人たち、聖なる、無垢の生活を送ってきた人たち、神のためにすべてを放棄した人たち、その生涯のすべての時を完全に神に委ね切った人たち[7]のものであると。

六　しかし、愛する、神を敬い畏れる魂よ、この人たちを避けてください。マリアと共に山に登ってください。［使徒］パウロは罪［を犯］さずに生きたわけではありません。第三天[8]にまで連れていかれ、顔と顔とを合わせて神を観想したのは神に長らく奉仕した後のことではありません。マグダラのマリアは、全く高慢で、全く打算的で、世俗的な虚栄にまみれ、肉欲に囚われていましたが、ほどなく聖なる使徒たちの間でイエスの足元に座し、熱心に完全な［生き方］に関する敬虔な教えに耳を傾け、ごく短い時の後、誰よりも先に［復活された］神を目撃するに値する者とされ、他の人々に真理の言葉を絶えず告げたのでした[9][h]。まさしく、「神は人を差別なさる方ではありません」[10]。出自の高貴さ、［奉仕の］時間の長さ、仕事の多寡を考量されません。むしろ、敬虔な精神の熱気の強さ、愛の大きさを［考量されます］。実に、かつてあなた方がどんなであったかではなく、どのようになり始めているかを考量されます。ですから、あのような助言する人々の助言は大いに非難されるべきものなのです。単純さを口実にしないとしても、承認できるものではありません。

七　それ故、あなたは無垢の故に救われえないとしても、悔い改めによって救われるように努めなさい。カタリナとかチェチリアにはなりえないとしても、マグダラのマリアとかエジプトの「マリア」であることを侮《あなど》ってはなりません[i]。従って、神の聖なるご計画によって、いとも甘美なる御子をあなたは懐胎したと気づいたなら、これまで述べてきた死をもたらす毒を避けなさい、そして急ぎなさい、熱望しなさい、希望しなさい、出産をひかえた者のように、幸せに出産するに至るように。

（1）ヤコ一・17。（2）ルカ一・35。（3）ルカ一・39。（4）フィリ三・19。（5）イザ五九・1。（6）ロマ一〇・2。（7）マタ一九・27。（8）Ⅱコリ一二・2―4。
（9）ルカ七・37以下、八・2、一〇・39、ヨハ二〇・1以下。
（10）使一〇・34。
（a）『三様の道』第一章参照。
（b）『ソリロクィウム』第二章8の文末参照。
（c）ベルナルドゥス『手紙』一一一・3。
（d）グレゴリウス『エゼキエル書講話』一・5・6。
（e）イシドルス（セビリャの）『シノニマ』二・44。
（f）ベルナルドゥス『雅歌講話』三〇・10参照。
（g）フーゴ（サン・ヴィクトルの）、De claustro animae. c.2 参照。
（h）マグダラのマリアとベタニアのマリアは混同されている。
（i）カタリナは三世紀末から四世紀初頭のアレクサンドリアの、チェチリアは二―三世紀のローマの処女《おとめ》殉教者、エジプトのマリアは四二一年頃没した聖女、悔い改めの手本とされる。

第二の祝祭

どのようにして神の御子は、敬虔な精神の内に、霊的にお生まれになるのか

一　第二に、注目し考察してください。すでに霊的に懐胎した、神のこの祝された御子はどのようにして霊的に精

神（mens）の内にお生まれになるのでしょう。まさしく、健全な助言［を得た］後、身を粉にして努力した後、神の庇護を呼び求めた後に、聖なる計画は実行へと導かれます。この時、精神の内に長らく熟考してはいましたが、失敗するのを恐れていたために、いつも着手するのを躊躇っていたことを、魂は実行し始めるのです。このいとも幸いなる誕生にあたって、天使たちは喜び、神に栄光を帰し、平和を告げ知らせます(1)。長らく精神の内に懐胎されていたものが、善行の実践へと導かれる時、内なる人の平和が取り戻されるからです。肉が霊に、霊が肉に逆らっている時(2)、霊が孤独を、肉が人混みを好む時、キリストが霊を、この世が肉を喜ばせている時、霊が観想における神との安らぎを追い求め、肉が世俗での高位の誉れに熱中している時には、魂の国において神の平和がうまく機能することはないのです。逆に、肉が霊に征服される時、肉によって妨げられていた善行が実践へと導かれた後に、内的な平和と喜びは取り戻されるのです。おお、何と幸いなる誕生よ、これほどの喜びを天使たちと人々にもたらすとは。「従って、本性に則して行われることは何と甘美で喜ばしいことか、たとえ錯乱が私たちを狂わせたとしても、癒されたなら、直ちに本性は本性的なものらに微笑みかけるのです(a)」。こうして、福音で次のように言われていることが真実であることが体得されるのです。「私の軛《くびき》を受け入れなさい」と仰せになり、こう続けます。「あなた方は魂の安らぎを見いだす。私の軛は甘美で、私の荷は軽いからである(3)」。

二　ここで書き留めておかねばなりません、敬虔な魂よ。この喜ばしい誕生を喜び祝いたいのであれば、まず第一に、あなたはマリアでなければなりません。実に、マリア［という名前］は「苦い海」「照らす女《ひと》」「女主人（domina）」と解釈されます(b)。――ですから、犯した罪を苦々しい思いをもって悲しむため、また怠った善行を心底呻き悲しみ、浪費し無駄に過ごした日々を絶えず悔やむために、痛悔の涙によって、あなたは苦い海でありなさい。――第二に、誠実な生き方によって、徳に輝き、熱心な行動によって、他の人々を善をもって教化する、照らす女《ひと》でありなさい。――第三に、あなたのすべての行動が理性の正しい判断に基づくものであるように、すべてのことにおいてあなたの救いと、隣人の啓発と、神の賛美と栄光とを志向し追求するものであるように、あなたのあらゆる肉の欲望とすべての行為と思惑の「女主人」でありなさい。

三　これこそまさしく、あの幸いなるマリアです。「マリア」は犯された罪のために苦しみ呻いています。「マリア」は数々の徳によって光を放ち輝いています。肉欲の快楽を屈服させています。このマリアからイエス・キリストは苦痛もなく辛苦もなしに喜びをもって霊的にお生まれになるのを拒まれません。この幸いな誕生の後に、主イエスがどれほど甘美であるかを［マリア］は知り味わうのです[4]。聖なる瞑想によって養育される時、敬虔で温かな涙の泉で湯あみする時、憧憬という浄い布で包まれ、聖なる愛の抱擁のうちに抱かれて運ばれ、しばしば敬虔で愛のこもった口づけを受ける時、精神の内奥の隠れ場で温められる時、［どれほど］甘美であるかが明かされるのです。従って、このようにして幼子は霊的にお生まれになるのです。

（1）ルカ二・13以下。（2）ガラ五・12。
（3）マタ一一・29—30。（4）詩三三・9、知一二・1。
（a）ベルナルドゥス、Epist. ad Fratres de monte Dei. I. 8. 23.
（b）ヒエロニムス『新約聖書のヘブライ語の名前について』。

第三の祝祭

どのようにして幼子イエスは敬虔な魂によって霊的に名づけられるのか

一　第三に考察しなければならないのは、霊的に誕生した、このいとも祝された小さき幼子はどのようにして名づけられるかということです。私が思いますには、「イエス」以外にふさわしく名づけられることはありえません。「その名はイエスと呼ばれる」と書き記されているからです[1]。これこそ、預言者たちによって預言され、天使によって告げられ、使徒たちによって宣べ伝えられ、すべての聖なる者らによって慕い求められた、いとも聖なるものと定められた名前です。おお、何と力強く、恵みに満ち、喜びに溢れ、心地よく、栄光に満ちた名前でありましょう。「力強い［名］」、敵対する者に打ち勝ち、力を回復させ、精神を新たにするのですから。「恵みに満ちた［名］」、この［名］のうちに信仰の基盤、希望の支柱、愛を増加させるもの、正義を全うさせるものを私たちは有しているからです。「喜びに溢れた［名］」、「心には快適さ、耳には美しい旋律、口には蜜[a]」、精神には輝き［をもたらす名である］からです。「心地よい［名］」、思い起こされる時には育み、口をついて出る時には鎮め、呼ばれる時には油を注ぎ、書かれる時には活気づけ、読み上げる時には教え導くからです。「栄光に満ちた」名前を敬いなさい[2]。目の見えない人に視る力を、足の不自由な人に歩く力を、耳の聞こえない人に聴く力を、話すことのできない人に話す力を、死んだ人々には命をお与えになるのですから。ですから、おお、何と祝された名前でしょう。数々の力をもってこれほどの成果をお示しになるのですから。おお、魂よ、書くにせよ、読むにせよ、教えるにせよ、何かしら他のことを行うにせよ、イエスの他には、何一つとしてあなたにとって味わい深いもの、あなたを喜ばせるものがあってはなりません。ですから、あなたの内に霊的に生まれた、あなたのいと小さき幼子をイエス、すなわち、救い主(b)と名づけなさい。この［世の］惨めな生の場において［救い主なのです］。あなたに攻め寄せるこの世の虚栄から、あなたを脅かす悪魔の虚偽から、あなたを責め苛《さいな》む肉欲に対する無力さからあなたを救ってくださるのです。

二　敬虔な魂よ、叫びなさい。このような生の場にあって、鞭を打って急き立てなさい。おお、イエスよ、世の救い主よ、十字架と御血とをもってあなたが贖《あがな》ってくださった私たちをお救いください。私たちの神である主よ、私たちをお助けください。申し上げます、いとも甘美なるイエス、救い主よ、お救いください。弱き者を力づけ、哀れな者を慰め、脆い者を鼓舞し、不安に揺れ動く者をしっかりと立たせて。

三　あの祝された名前をおつけになった後、［人間の］本性において幸いなる母であり、霊的にも真の母である、処女《おとめ》マリアは、おお、何としばしば甘美さを味わわれたことでしょう。この名前によって悪霊が追い立てられ、数々の奇跡がなし遂げられ、盲人は光を得、病人は癒され、死者が甦るのをご覧になった時のことです。魂よ、あなたもまた確かに霊的な母として、このようにあなたの内において、あるいは他の人々の内において、あなたの祝された息子であるイエスが、罪の赦しにおいて悪魔どもを追い散らし、真の知識を注入することで目の見えない者らに光をもたらし、恵みの付与によって死者を呼び起こし、足の萎《な》えた人が癒され、中風の人、体の麻痺した人が霊的に強められることで矯正されるのを目撃する時、喜び、舞い上がって喜ぶはずなのです。かつては罪によって虚弱で病んでいた者たちが、恵みによって強く雄々しい者とされているのですから。おお、何と幸いで祝された名前でしょう。これほど大きな力と効果を持つに値するものとされた［名前］は。

(1) ルカ二・21。(2) 使三・6。
(a) ベルナルドゥス『雅歌講話』一五・6。

（b）ヒエロニムス『マタイ福音書注解』一・1・21。

第四の祝祭

神の御子は、どのようにして博士たちと共に敬虔な魂によって霊的に捜し求められ礼拝されたのか

一　第四の荘厳な祝祭に辿り着きました。それは博士たちの礼拝のうちに成り立っています。実に、魂はこのいとも甘味なる幼子を恵みによって霊的に懐胎した後に、出産し、名づけました。三人の王は、多様な現象によってすでに啓示されていた幼子は暴君の治める都で捜し求めるべきであると判断します。ここで言われる三人の王とは三つの雄々しい魂のことです。もはや肉は支配され、感覚（sensus）によって統治され、ただひたすら神に由来する熱意に占められているからであり、王と呼ばれるにふさわしいのです。暴君の治める都とはこの世全体の機構（machina）のことです。従って、瞑想によって捜し求められ、愛情によって探求され、敬虔な考察によって尋ね求められるのです。「お生まれになったお方はどこにおられますか。東方において、そのお方の星を私どもは見ました[1]」。私たちは敬虔な精神の内に、そのお方の煌《きら》めく輝きを観たのです。魂の内奥に、そのお方の光を放つ光輝を私たちは見たのです。私たちはそのお方の声を聴きました。それはいとも甘味なものでした。私たちはそのお方の甘味さを味わいました。それはいとも心地よいものでした。私たちはそのお方のいとも心地よい香りを嗅ぎ取りました。私たちは快適極まりない、その方の抱擁を体験しました。ヘロデよ、答えてください。愛するお方を示してください。慕い求める小さき幼子を見せてください。私たちは、そのお方を慕い求め、尋ね求めているのです。

二　「おお、いとも甘美な、おお、いとも愛に満ちた、永遠の御子、古《いにしえ》の幼子よ、いつになったら、私たちはあなたにお目にかかれるのでしょうか。いつになったら、私たちはあなたを見いだすのでしょうか。いつになったら、私たちはあなたのみ前にいで立つことができるのでしょうか。あなたなしに喜ぶなど退屈の極みです。あなたと共に喜び、あなたと共に泣くことこそ［私たちの］喜び。あなたに逆らうものはみな、私たちを悩ますもの。あなたのみ心に適うものは、絶えることなく私たちが慕い求めるもの。あなたのことで泣くことがこれほど甘味であるとすれば、あなたのことで喜ぶことはどれほど甘味なことでしょう」。

――ですから、私たちが捜している、あなたはどこにおられるのでしょうか。すべてのものの中で、すべてのものにまさって私たちが慕い求めている、あなたはどこにおられるのでしょうか。お生まれになったユダヤ人の王[2]、敬虔な者らの律法、盲人たちの光、憐れな者らの引率者、死者の命、永遠に生きるすべての者らの永遠の救い、あなたはどこにおられるのですか。

三　ふさわしい答えが続きます。「ユダのベツレヘムにおられます[3][a]」。「ベツレヘム」は「パンの家」、「ユダ」は「告白する者」と解釈されます。まさしく、罪の告白の後、天からの命のパン、すなわち福音の教えが聞かされ、咀嚼され、敬虔な精神によって保持されるところでキリストは見いだされます。行為をもって実現され、他の人々によって実現されるように差し出されるためです。涙ながらの痛悔の後、実りをもたらす告白の後、溢れんばかりの涙の最中に、天を観想する甘味さが味わわれるところで、母マリアと共に幼子イエスは見いだされる[4]のです。その時、ほとんど希望を失っていたかに見えた祈りは、罪の赦しの期待と喜びを見いだすことになるでしょう[b]。おお、幸いなマリアよ、イエスはこの「マリア」によって懐胎され、お生まれになり、この「マリア」と共にイエスはこれほどの甘味と喜びをもって見いだされるのです。

四　しかしながら、あなた方、王たちよ、すなわち、本性的に雄々しい魂たちよ、地上の王たちと共に捜し求めてください、礼拝し贈り物を献げるために[5]。尊敬の念をもって礼拝してください。創造主、贖い主、報賞を与えてくださる方なのですから。自然本性的な命の形成において創造主、霊的な命の再形成において贖い主、永遠の命の贈与において報賞を与えてくださる方。おお、あなた方、王たちよ。敬虔の念をもって礼拝してください、何ものにもまさって力ある王だからです。それ相応に礼拝してください、何ものにもまさって知恵ある方なのですから。喜びをもって礼拝してください、何ものにもまさって自由な教師なのですから。――奉納が伴わないなら、あなた方にとって礼拝では足りません。私は言いましょう。何ものにもまさって燃え盛る愛情という黄金を献げてください。何ものにもまさる敬虔な観想という乳香を、何ものにもまさって苦い痛悔という没薬を献げてください。提供された諸々の善の故に愛情という黄金を、用意された諸々の喜びの故に敬虔の念という乳香を、赦された諸々の罪の故に痛悔という没薬を「献げてください」。永遠なる神性に対して黄金を、魂の聖性に対して乳香を、苦しみうる肉体に対して没薬を献げてください。――それ故、あなた方、魂よ、このように捜し求め、礼拝し、献げてください。

(1) マタ二・2。(2) マタ二・2。(3) マタ二・5。
(4) マタ二・11。(5) マタ二・11。
(a) ベルナルドゥス『降誕徹夜祭の説教』一・6。
(b) ベルナルドゥス『雅歌講話』三二・3。

第五の祝祭

どのようにして、神殿において神の御子は敬虔な魂によって奉献されたのか

一　第五番目に、そして最後に、敬虔で信仰篤い魂はどのようにして、神の諸々の業の完成によってお生まれになり、天上の甘美さを味わうことによって［イエスと］名づけられ、捜し求められ、見いだされ、霊的な贈り物を差し出されて礼拝され、表敬された、いとも小さき幼子がどのようにして神殿に奉献され、主に献げられるのか(1)、そして恩義を被った諸々の恵みに対する敬虔で謙虚な行為によって［献げられるのか］考察しなければなりません。

従って、幸いなるマリア、イエスの霊的な母は、この祝された息子を懐胎することによって、悔い改めを通して浄められた後、出産を通して恵みによってすでにある程度強められた後、また祝された名前をつけることで骨髄に徹するほどに慰められ、［三人の］王たちと共に礼拝することで［我が子の］神性を教示された後、天のエルサレムに運ばれるために、神性という神殿へと、神であり、神と処女《おとめ》の御子が奉献される以外の何が残っているでしょうか。

二　従って、霊的なマリアよ、お登りなさい、もはや山地ではなく天のエルサレムという住居《すまい》へ、天上の都という宮殿に。そこで永遠の三位［の神］、そして分かちえぬ一なる［神の］玉座のみ前で、謙遜に精神の膝を屈しなさい。そこで聖霊と共に御父と御子とを賛美しつつ、栄光を帰しつつ、ほめたたえつつ、御父である神にあなたの子をお返しなさい（repraesenta）。喜びのうちに御父である神を賛美しなさい。このお方の息吹を受けて、あなたは善い決意を懐胎したのですから。賛美のうちに御子である神に栄光をおささげしなさい。このお方が形作られることで、あなたは懐胎した決意を具体化することができたのですから。聖霊である神をほめたたえ聖と［崇め］なさい。このお方の慰めよって、これまであなたは善業を実行してこられたのです。

三　おお、魂よ、御父である神に、そのお方の賜物とあなたの善いことのすべてにおいて、栄光をおささげしなさい。「帰りなさい、帰りなさい、シュラミティス」[2]——この［言葉］の解釈は、他の著作、第一の瞑想［『ソリロクィウム』］を参照してほしい——と言って、密かな息吹によって、あなたを世俗から呼び出してくださったのは、このお方ご自身だからです。すべての聖なる者らの内にあって御子である神を崇め尊びなさい。密かにご自分が形成されることによって、悪魔の隷属からあなたを解放してくださったのは、この方ご自身だからです。その時、こう仰せになります。「私の軛を負いなさい[3]。悪魔の軛を捨てなさい。［悪魔］の軛は非常に苦く、私の軛は非常に甘い。［悪魔］の軛には絶えることのない拷問と責め苦が続く。私の軛には非常に甘い果実と深い平安が続く。［悪魔］の軛は、たとえ甘美なものと見えようとも、それは虚偽であり、つかの間のものにすぎない。私の軛が喜びをもたらす時、それは真実であり救いをもたらす。［悪魔］は自分に奉仕する者らをわずかな間ほめそやすことはあっても、それは永遠に至るまで打ちのめすためである。だが、私を貴ぶ者は、わずかな間低くされることはあろうとも、永遠に治め、栄誉を帰されることになる。——これは、神の御子が、ある時は御自ら、ある時はご自分の教師たちと友人たちとを通して伝えてくださった教えであり、これはまた悪魔の虚偽の見解から、肉とこの世のもっともらしい欺瞞から解放した［教えである］。——おお、魂よ、聖霊なる神を常に賛美し、聖［なる方として］崇めなさい。この方が、蜜の流れるような慰めによってあなたを強めてくださったのです。その時、仰せになりました、「労苦する者、重荷を負う者はみな、私のもとに来なさい。私はあなた［の力］を回復させてあげよう[4]」と。実に、虚弱で、享楽に弱く、脆く、病弱な魂よ、どのようにしてこの世の享楽に慣れ親しみ、どのようにして、ぶどうの滓《かす》に酔いしれている豚どものように、この世俗の喜悦に酔いしれ、どのようにして古《いにしえ》の敵の多くの様々な罠に、これほどの虚偽の助言に、これほど様々な妨げに、愛の道からあなたを引き離し、傷を負わせようとしている友人たち、血縁の者たち、その他の隣人らのこれほど無数の攻撃をよく耐え忍ぶことができたのでしょうか、罪人らの肢体に囲まれながらも善く前進することができたのでしょうか。もしも、聖霊の恵みが慈しみ深く助けてくださったのでなければ、非常にしばしば甘味に慰め元気を取り戻させてくださらなかったなら［どうだったでしょうか］。従って、あなたのすべての働きを

〔聖霊〕に帰して、何一つとしてあなたのもとに留めておいてはなりません。

四 精神の清らかで敬虔な意図をもって申し上げなさい。主よ、私の働きはみな、あなたが行われたことです[5]。あなたのみ前で私は何ものでもありません。何一つできません。私がここにいられますのも、あなたの賜物のおかげです。あなたなしでは、私は何一つ行うことはできません。いとも慈悲深い、慈しみ溢れる御父[6]であるあなたに、あなたのものをおささげいたします、あなたにお委ねいたします、至らぬ私をあなたにお託しいたします、あなたによって私にもたらされたあなたのすべての賜物に対して感謝の念が欠けていたことを謙虚に認めます。賛美はあなたに、栄光はあなたに、感謝はあなたに、おお、いとも幸いなる御父よ、永遠の威光に満ちた方、あなたの無限の力によって、あなたは私を無から造ってくださいました。――私はあなたを賛美します、あなたに栄光をおささげします、あなたに感謝いたします、おお、いとも幸いなる御子よ、御父の輝き[7]、あなたの永遠の知恵によって、あなたは私を死から解放してくださいました。――私はあなたをほめたたえます、あなたを聖〔なる方として〕崇めます、あなたを礼拝します、おお、いとも幸いなる、慈しみ（alme）の御霊よ、あなたの祝された慈愛と慈悲によって、あなたは私を罪から恵みへと、世俗から修道生活へと、追放の地から祖国へと、労苦から安息へと、悲嘆からいとも快適でいとも美味なる至福を享受する喜びへと私を呼び寄せてくださいました。これを私たちにもたらしてくださるのは処女《おとめ》マリアの御子、イエス・キリストです。このお方は、御父と聖霊と共に代々《よよ》の代々に至るまで生き、治めておられます。アーメン。

（1）ルカ二・22以下。（2）雅六・12。（3）マタ一一・29。
（4）マタ一一・28。（5）イザ二六・12。（6）Ⅱコリ一・3。
（7）ヘブ一・3。

生命の樹

序

一　「私はキリストと共に十字架につけられました」とガラテヤの人々への手紙の第二章で「パウロは述べています[1]」。

真に神を礼拝する人、キリストの真の弟子である人は、自分のために十字架につけられた万人の救い主に完全にかたどられることを願って、先に引用した使徒「パウロ」の言葉をほんとうに自分自身のうちに実感できるまでに、キリスト・イエスの十字架を精神にも肉体にもしっかりと携えるように、細心の注意を払うにちがいありません。主の受難を忘れたり、感謝の気持ちを抱かない人は、このような感情や感性を真に体験することはありえないでしょう。むしろ、これを欲する人は、生き生きとした追憶と、鋭敏な知性と、意志から生ずる愛をもって、十字架につけられたイエスの苦悩と悲痛と愛を思い巡らします。このような人は、花嫁の言葉を心から口にすることができます。「愛する方は私にとってミルラの花束、私の乳房の間に留まれるでしょう[2]」と。

二　ですから、私たちの内にこのような愛情の火がともり、このような思いが形作られ、このような追憶が刻みつけられるために、イエス・キリストの生涯と受難と栄光がつぶさに記されている聖なる福音書という森から、この「ミルラの花束」を摘み集めるよう努めました。そして、容易に記憶することができるように、それにふさわしい、整然とした、わずかな言葉によってそれを束ねました。奇妙な好奇心という悪癖に傾くことなく、献身の念を燃え立たせ、敬虔な信仰心を育むために、単純で、難しくない、ごく普通の言葉をもって書き記しました。

想像力が理解を助けてくれますので、多くの中から摘み集めたわずかなものを、木の形をもって順を追って配列してみました。枝が伸びる根本のところで救い主の出生と生涯が、真ん中のところで受難が、一番高いところで栄光が述べられています。最初のところには、第二と第三のところと同じように四つの枝があり、それぞれ左右にあわせて四つの短い言葉がアルファベット順に配置されています。四つの枝の先端にそれぞれ一つの実をつけています。こうようにして、命の木の神秘に基づいて、十二の枝のように、十二の果実をもたらすのです[3]。

三　では、知性を働かせて、一本の木を思い描いてください。その根は絶え間なくこんこんと湧き出す泉によって潤されています。そして、その泉は生きた大きな川となり、全教会という楽園を潤すために四つの支流に分かれていきます[4]。この木の幹からは葉と花と果実に装われた十二の枝が伸びています。その葉はあらゆる種類の病に対する予防にも治療にも非常に良く効く薬となります。十字架の言葉は「信じる者すべてに救いをもたらす神の力[5]」だからです。その花はあらゆる色彩で美しく彩られており、あらゆる芳《かぐわ》しい香りを放っており、それを慕い求める人々の萎《な》えた心を奮い立たせ引き寄せます。そして十二の果実にはあらゆる楽しみとあらゆる甘味が宿っています[6]。この果実は神の僕《しもべ》たちが味わうために用意されており、これを食べる人々は常に満たされており、飽きることもありません。

　そして、この果実は処女《おとめ》の胎にその源をもっており、永遠の太陽の真昼の光、つまりキリストの愛によって十字架の木の上で甘味な果実へと成熟していきます。そして、天上の楽園つまり神の庭で、それを慕い求める人々が賞味するために用意されています。第一節が言おうとしているのはこのことなのです。そこでは次のように言われます。

　おお、十字架、救いをもたらす木よ
　生ける泉に潤された木よ
　その葉は芳しい香りを放ち
　その果実は慕わしい

四　この果実は単一のもので、分割することはできません。しかし、この果実の状態、品位、徳能、作用の多様性に即して、多様な慰めをもって献身的な多くの魂を育みます。その慰めを数え上げれば十二にも及びます。ですから、ここで命の木の果実は、十二の枝に十二とおりの味がするものとして、食べるために用意され、描写されます。キリストに献身する精神は、第一の小枝では救い主の光り輝く出自と甘美な誕生を、第二の小枝では救い主がお望みになった遜り《へりくだ》の極めて謙遜な生き方を、第三の小枝では完全な徳の気高さを、第四の小枝では非常に豊かに満ち溢れる慈愛（pietas）を、第五の小枝では受難の危機に有しておられた信頼を、第六の小枝では浴びせられた甚《はなは》だしい不正と侮辱にあたっての忍耐を、第七の小枝では残虐な十字架の責め苦と苦痛のうちに示された毅然とした姿を、第八の小枝では死との格闘と死そのものにおいて獲得された勝利を、第九の小枝では驚嘆すべき賜物によって装われた復活の斬新さを、第十の小枝では恩恵という霊的な賜物を注ぐ昇天の崇高さを、第十一の小枝では将来の審判における公平さを、第十二の小枝では神の御国の永遠性を思い巡らすことで甘美な味覚を味わうことでしょう。

五　以上の事柄を私は果実と呼びます。それらの事柄を瞑想し、それらの一つひとつを細心の注意を払って熟考する魂をその多大な甘美さをもって悦《よろこ》ばせ、その力をもって強めてくれるからです。ただし、罪を犯してしまったアダムに倣うことのないよう気をつけなければなりません。アダムは命の木よりも善悪の木のほうを好んだのです。(7)

理性よりも信仰を、探求よりも献身を、好奇心よりも単純さを、さらには肉的なあらゆる欲求あるいは肉の思慮よりもキリストの聖なる十字架を優先させないかぎり、これを避けることはできません。十字架を通して聖霊の愛が献身する人々の心に育まれ、七重《ななえ》の恩恵が注ぎ込まれるのです。それは、最も高いところにある最後の二つの節で切望されているとおりです。

六　献身と涙なしに、それを口にすることはできません。

これらの果実によって私たちを養ってください
私たちの思いを照らしてください
真っ直ぐな道へと導いてください
刃向かう者の企てを打ち砕いてください

聖なる輝きによって満たしてください
敬虔な息吹を吹き込んでください
キリストを畏れ敬う者たちに
平穏な生涯を送らせてください。アーメン

この小品の各章は次のように構成されています。

出生の神秘について
第一の果実　光り輝く出生
　イエス、神からお生まれになる
　イエス、予め示される

イエス、天から降ってこられる
イエス、マリアからお生まれになる

第二の果実　遜った生き方
イエス、先祖たちと似た者となる
イエス、博士たちに示される
イエス、律法に服す
イエス、御国から避難する

第三の果実　徳の気高さ
イエス、天の洗礼者
イエス、敵に誘惑される
イエス、奇跡によって驚嘆すべき方
イエス、変容する

第四の果実　豊かに満ち溢れる慈愛
イエス、思慮深い羊飼い
イエス、涙を流す
イエス、全世界の王と認められる
イエス、聖別されたパン

受難の神秘について

第五の果実　受難の危機における信頼
イエス、陰謀によって売り渡される
イエス、平伏して祈る
イエス、群衆に取り囲まれる
イエス、縄で縛られる

第六の果実　不正に対する忍耐
イエス、親しい者たちに無視される
イエス、目隠しをされる
イエス、ピラトに引き渡される
イエス、死を宣告される

第七の果実　責め苦における毅然とした姿
イエス、すべての人から拒絶される
イエス、十字架に釘づけにされる
イエス、盗賊と一緒にされる
イエス、胆汁を飲まされる

第八の果実　死との格闘における勝利
イエス、死によって青褪《ざ》めた太陽

イエス、槍で貫かれる
イエス、血まみれになる
イエス、墓に葬られる

栄光の神秘について

第九の果実　復活の斬新さ
イエス、死んで勝利を獲得する
イエス、至福のうちに復活する
イエス、卓越した美
イエス、全世界に示される

第十の果実　昇天の崇高さ
イエス、天軍の指揮官
イエス、天に挙げられる
イエス、御霊を与えてくださる方
イエス、罪を赦す

第十一の果実　審判の公平
イエス、真実の証人
イエス、怒る審判者
イエス、輝かしい勝利者
イエス、華麗な花婿

第十二の果実　神の御国の永遠性
イエス、王、王の子息
イエス、署名された書物
イエス、光の泉
イエス、望まれた終末

ですから、キリストに奉献された魂よ、目を覚ましなさい。そして、イエスについて語られる一つひとつの事柄を細心の注意を払って吟味し、熱心に熟考し、慎重に思い巡らしてください。

（1）ガラ二・19。（2）雅一・13。（3）黙二二・1―2。
（4）創二・10。（5）ロマ一・16。（6）知一六・20。
（7）創二・9。

GLORIFICATIO
PASSIO.
LIGNUM
VITAE
ORIGO.
O crux, frutex salvificus,
Vivo fonte rigatus,
Cuius flos aromaticus,
Fructus desideratus.

出生の神秘について

第一の果実

光り輝く出生

イエス、神からお生まれになる

一　イエスは神からお生まれになったと聞いて、卑しい何かしら肉的な思いがあなたの精神の目に浮かぶことのないように気をつけてください。むしろ、鳩と鷲の目のもつ洞察力をもって単純に信じ、かつ鋭敏な眼差しをもって瞑想してください。これは、無限であると同時に全く純粋極まりなく、最高に輝かしいと同時に全く秘められている、かの永遠の光から、共に永遠で同一本質の輝きが生じるということなのです。この輝きはお産みになる方の力であり知恵でもあります。御父はこの方のうちに永遠からすべてを定めておられたのであり、この方を通して世界をお造りになり[1]、造られたものらを支配し、ご自分の栄光へと秩序づけておられるのです。それは幾らかはそれらの本性によって、幾らかは恩恵によって、幾らかは義によって、幾らかは憐れみによってのことです。ですから、この世界には秩序づけられていないものは何一つとしてないのです。

イエス、予め示される

二　初めに、［人間の］本性が創造された時、［私たちの］最初の先祖は楽園に置かれました。ところが、禁じられた木から［その果実を］食べてしまったことから、神の厳粛な決定に即して、［彼らは楽園から］追放されてしまいました。しかし、神のいとも優れた御憐れみは猶予なく、道を踏み外した人間を悔い改めの道へと呼び戻され、救い主の到来を約束して赦しの希望を与えてくださいました。無知と忘恩によって、私たちの救いというかくも偉大な神の心遣いが効果を及ぼさないものとなることのないように、この世の五つの時代にわたって、義人アベルから洗礼者ヨハネに至る、族長たち、士師たち、祭司たち、王たち、預言者たちを通して、ご自分の御子の到来を予め告げ知らせ、約束し、予め示すことをお止めになりませんでした。それは、何千年にも及ぶ多くの時間を通して、様々な驚嘆すべき偉大な神託によって、私たちの知性を信仰へと高め、熱い希求によって心を燃え立たせるためでした。

イエス、天から降ってこられる

三　次いで、時が満ちると、(2)第六の日に、神の御手の力と知恵によって、土から人間が造られたように、第六の時代の初めに、大天使ガブリエルが一人の処女《おとめ》のもとに遣わされました。そして、その処女《おとめ》が受諾を表明すると、あたかも神の火が彼女の精神を燃え立たせ、完全極まりない清浄さをもって彼女の肉を浄めるかのように、聖霊が彼女の上に降りました。そして、彼女がそのような熱火に耐えることができるように、いと高き方の力の影が彼女を包んだのです(3)。この力の働きによって、瞬時にして、肉体が形作られ、魂が造られ、この双方が同時に御子のペルソナにおいて神性と結合されたのです。これは、双方の本性の固有性が損われることなく、同じひとりのこの方が神であり人間でもあるためでした。

おお、是非ともあなたに気づいてもらいたいものです。天から発したこの炎がどれほど偉大で膨大なものか、天から与えられたこの慰めがどれほど偉大で膨大なものか、処女《おとめ》マリアがどれほど高く挙げられたか、人類がどれほど気高いものであるか、偉大なる神がどれほど遜られたかを。喜びのうちに歌う処女《おとめ》の声を聞くことができますように、あなたの王女様と一緒に山地を登ることができますように、不妊の女性と処女《おとめ》との優美な抱擁と挨拶を交わす様子を目にすることができますように。その時、僕が主を、触れ役が審判者を、声が言葉を認めたのです。私は確信しています。その時あなたは、いとも幸いなる処女《おとめ》と共に甘美な旋律で、「私の魂は主を崇め(4)」と聖なる賛歌を合唱し、幼い預言者と共に喜び躍り、歓呼して、驚嘆すべき処女《おとめ》の懐胎を礼拝することができるでしょう。

イエス、マリアからお生まれになる

四　皇帝アウグストゥスの治世に、皇帝の勅令によって全世界の人口調査が行われるほどに、全世界を包む平和の「沈黙の静けさ(5)」がこの世の騒乱を鎮めていました。この時、神の御摂理によって、処女《おとめ》の夫ヨセフは王の血筋の身籠ったこの乙女を伴ってベツレヘムの町へ赴くことになりました。この時すでに懐胎してから九カ月経っていましたので、「平和の王(6)」は「花婿が新婚の間(7)」から出るように、処女《おとめ》の胎から出てこられました。いかなる欲望にも汚されることなく懐胎されたように、処女性を傷つけることなくこの世の光のうちに出てこられました。偉大な方、富んだ方であったが、私たちのために小さな者、貧しい者となられたこの方は、ご自分の家ではなく仮の宿で生まれ、

布切れで包《くる》まれ、処女《おとめ》の乳で育まれ、牛とロバに囲まれた飼い葉桶の中に横たえられることを選ばれました。この時、「新しい贖《あがな》い、昔日の復興、永遠の幸福の陽が私たちを射し染めました。この時、全世界にとって諸々の天は蜜のように甘いものとなりました(a)」。

私の魂よ、今こそ、あの神聖な飼い葉桶を抱きしめよ。幼児の足に唇をあて、くちづけするために。次いで、羊飼いたちの夜を徹しての見張りに思いを巡らせよ。馳せ参じる天使たちの大軍に驚嘆せよ。天の合唱に加わり、心と口をあわせて歌え。「いと高きところには栄光、神にあれ、地には平和、善意の人々にあれ(8)」と。

(1)ヘブ一・2。(2)ガラ四・4。(3)ルカ一・26―38。
(4)ルカ一・46。(5)知一八・14。(6)代上二二・9。
(7)詩一八・6。(8)ルカ二・14。
(a)『ローマ聖務日禱書』主の降誕、一夜課・二交唱。

第二の果実

遜った生き方

イエス、先祖たちと似た者となる

五　さて、八日目に、幼児は割礼を施され、イエスと名づけられます(1)。これは、一刻の猶予もなく、あなたのために代価としてご自分の血を流されることで、ご自分があなたの真の救い主であることを明らかにするためです。この救い主は、言葉としるしとをもって先祖たちに約束されており、無知と罪とを除いて、すべての点で先祖たちと似た者でした。このためにも、割礼というしるしをお受けになりました。[この世に]来られるにあたって、「罪を罪として処断する」ために、「罪深い肉と同じ姿で(2)」お現れになったように、この遜りをもってその生涯を始めることで、私たちのための救い、永遠の義となるためです。実に、遜りこそあらゆる徳の根源であり、保護者なのです。

「土くれや灰にすぎぬ身で、なぜ思い上がるのか(3)」。「世の罪を取り除く」無垢の小羊(4)は、割礼のための焼き鏝《ごて》にたじろぎませんでした。ところが、罪人でありながら、義人であると装っているあなたは、永遠の救いのための治療を避けているのです。遜った救い主に進んで従わないかぎり、救いに達することは決してありえないのです。

イエス、博士たちに示される

六　主がユダヤのベツレヘムでお生まれになった時、一つの星が東方で博士たちに現れました。そして、先導する光によって、遜った王の住居《すまい》まで彼らを導いたのです。

　先導する東方のこの星の輝きからそれないようにしなさい。むしろ、聖なる王たちの道連れとなり、ユダヤ人の聖書が証しするキリストについての証言を受け入れなさい。狡猾な［ヘロデ］王の悪意を遠ざけなさい。黄金、乳香、没薬をもって、真の神であり人間である方として王であるキリストを礼拝しなさい。信仰へと召される諸民族の初穂をもって、揺りかごに横たわる遜った神を礼拝し、信仰告白し、賛美しなさい。ヘロデの傲慢に追従することのないように夢の中で警告され、遜ったキリストの足跡に従って祖国に帰るためです。

イエス、律法に服する

七　［イエスは］すべての点で御父と等しい方でありましたが、完全な遜りの師として、いとも謙遜な処女《おとめ》に自ら服することで満足なさらず、律法にも服しました。それは、「律法の支配下にある者を贖い出し(5)」、「滅びへの隷属から神の子供たちの栄光に輝く自由へと解放する(6)」ためでした。このため、御母はいとも清浄でありましたが、浄めの律法を遵守することを望まれましたし、万人の贖い主であるご自身もそこに居合わせた義人たちが喜び躍る中で、初子《ういご》として贖われ、神殿で神に奉献され、ご自身のために犠牲《いけにえ》が献げられることを望まれました。

　ですからあなたも、幸いなる老人［シメオン］と老女アンナと共に喜び躍りなさい。御母と幼児に出会うために進み出なさい。愛が臆する心に打ち勝ちますように。愛情が恐れを取り去りますように。あなたもあなたの腕に幼児を抱き、花嫁と共に言うことができますように、「つかまえました、もう離しません(7)」と。あのいとも聖なる老人と共に躍りなさい。そして共に歌いなさい。「主よ、今こそあなたは、お言葉どおり、この僕を安らかに去らせてくださいます(8)」と。

イエス、御国から避難する

八　ところで、完全な遜りというものは他の三つの徳が伴うことで特別に装われていなければなりません。つまり、高慢をあおる富を斥けるところの貧しさという徳、軽蔑を平静に耐え忍ぶ忍耐という徳、他の人々の命令に服従するところの従順という徳の三つです。そのため、不敬なヘロデが殺そうと図って幼児である王を捜させた時、神の配慮のもとに、天からの勧告を通して、超自然的な啓示という神託は、幼児を貧しい巡礼者としてエジプトに移すようにされます。同時に、この幼児はご自分のために殺された同じ年頃の子供たちの内にあって殺され、いわばこの子供たちの一人ひとりの内にあって虐殺されるのです。ついに、ヘロデが死ぬと、神の指示に沿って、幼児はユダの地に連れ戻されます。幼児はその地で暮らし、年齢においても恵みにおいても成長し、両親と共に住み、両親に従い、一瞬たりとも両親のもとから離れることはありませんでした。ただ一つの例外が十二歳の時のことで、この時、エルサレムにひとり留まりました。御母はたいそう悲しんで捜しまわり、見いだした時にはたいそう喜ばれたのでした。

ですから、あなたもエジプトに避難する御母と幼児に同行せずに取り残されることのないようにしなさい。愛する「我が子」を捜す愛する「御母」と共に、「幼児を」見いだすまで、捜すのを止めてはなりません。恵みに満ち溢れる乙女（puella）、いとも貴い王女様（Domina）が柔和で美しい幼児と共に異国の地をさ迷っているのを敬虔な目で見るなら、どれほど涙にかきくれることでしょうか。また、「我が子よ、なぜこんなことをしてくれたのですか(9)」というイとも愛すべき神の御母の、あの甘い咎《とが》めの言葉を聞いたなら、「どれほど涙にかきくれることでしょうか」。あたかも、「いとも慕わしい子よ、あなたをこれほど愛し、あなたにこれほど愛されている母をこれほど悲しませることがどうしてできたのでしょう」と言うかのような「御母の言葉を聞いたなら」。

(1) ルカ二・21。(2) ロマ八・3。(3) シラ一〇・9。
(4) ヨハ二・29。(5) ガラ四・5。(6) ロマ八・21。
(7) 雅三・4。(8) ルカ二・29。(9) ルカ二・48。

第三の果実

徳の気高さ

イエス、天の洗礼者

九　さて、三十歳になると、救い主は私たちの救いの御業《わざ》にとりかかることを望みましたが、教えることよりも前にまず行動することでそれを始めました(1)。まずは諸々の秘跡の門、諸々の徳の基礎によって着手するために、ヨハネから洗礼を受けることを望まれました。それは、完全な義の模範を示し、「清浄極まりないご自分の肉に触れさせることで、再生の力を水にもたらす[a]」ためでした。

あなたもまた誠実にこの方と同行しなさい。この方の内にすでに再生された者として、この方の秘義を探りなさい。それは「ヨルダンの川辺で、声のうちに御父を、肉のうちに御子を、鳩のうちに聖霊を見、三位一体という天があなたに開かれ[b]」、神のもとへ引き揚げられるためです。

イエス、敵に誘惑される

10　「さて、イエスは悪魔から誘惑を受けるために、御霊に導かれて荒れ野に行かれました[2]」。それは、敵の攻撃を謙遜に耐え忍ぶことで私たちを謙遜な者に、勝利を得ることで私たちを勇敢な者にしてくださるためです。この方は、苛酷で孤独な生涯を毅然として受け入れましたが、それは信じる人々の精神を完成の域へと雄々しく進ませ、重荷を担うように力づけるためでした。

ですから、キリストの弟子たちよ、今こそ、敬虔な師と共に、孤独の秘義に分け入りなさい。そしていわば野獣らの仲間となったなら、神秘に包まれた沈黙、敬虔な祈り、長い長い断食、狡猾な敵との三回にわたる格闘を模倣する者となりなさい。そして、諸々の試練・誘惑のあらゆる危機に際して、この方のもとに逃れることを学びなさい。「私たちが有している大祭司は、私たちの弱さに同情できない方ではなく、罪を犯されなかったが、あらゆる点において、私たちと同様に試練に遭われた[3]」方だからです。

イエス、奇跡によって驚嘆すべき方

11　この方「ただおひとりが驚くべき」偉大な「ことを行う方[4]」なのです。［物質の］構成要素を変え、パンを増やし、海の上を歩き、波を鎮め、悪霊どもを抑えつけ斥け、病んでいる人々を癒し、レプラを患っている人々を清め、死んだ人々を起きあがらせます。この方は目の見えない人々に視力を、耳の聞こえない人々に聞く力を、口の利けない人々に話す力を、足の悪い人々に歩く力を、中風の人々、体の麻痺した人々に感覚と運動を回復させます。

レプラを患っている信仰篤い人に倣って、罪深い良心はこの方に向かって叫ぶがよい、「主よ、御心ならば、私を清くすることがおできになります[5]」と。百人隊長に倣って叫ぶがよい、「主よ、私の僕が中風で家に寝込んで、ひどく苦しんでいます[6]」と。カナンの女に倣って叫ぶがよい、

「ダビデの子よ、私を憐れんでください(7)」と。出血を患っている女に倣って言うがよい、「この方の服の房に触れさえすれば治してもらえる(8)」と。マリアとマルタのように言うがよい、「主よ、あなたが愛しておられる者が病気なのです(9)」と。

イエス、変容する

三　永遠の報いに対する希望によって人間の精神を強化しようとして、「イエスはペトロ、そしてヤコブとヨハネを連れて、高い山に登られました(10)」。そこで、彼らに三位一体の神秘を啓示し、受難の恥辱を予告し、来るべき復活の栄光を明らかにお示しになりました。モーセとエリヤが現れたことで律法と預言者が証しし、声と雲とをもって御父と聖霊も証ししておられます。キリストに自らを奉献し、真理によって強化され、徳の頂《いただき》へと高められた魂は、ペトロと共に信頼をこめて言うことができるでしょう、「主よ、私たちがここにいるのは、素晴らしいことです(11)」と。ここでとは、あなたの観想の静穏な喜びの内に、ということです。そこで、あなたの魂に忍び込んだ天上の睡《まどろ》みと法悦の内に「人が口にするのを許されない、言い表しえない言葉を(12)」耳にすることができるでしょう。

(1) 使一・1。(2) マタ四・1。(3) ヘブ四・15。
(4) 詩七一・18。(5) ルカ五・12。(6) マタ八・6。
(7) マタ一五・22。(8) マタ九・21。(9) ヨハ一一・3。
(10) マタ一七・1。(11) マタ一七・4。(12) Ⅱコリ一二・4。
(a) ベダ『ルカ福音書講話』三・21。
(b) アンセルムス『瞑想』15。

第四の果実

豊かに満ち溢れる慈愛

イエス、思慮深い羊飼い

三　いとも慈愛に満ちた羊飼いの迷い出た羊に対する思いやりはどれほど配慮に満ちたものであり、その慈しみがいかに大きなものであるかを、良い羊飼いご自身が羊飼いと百頭目の羊の譬え話で、慈愛に満ちた隠喩を用いて明らかにしています。その羊は迷い出てしまったのですが、羊飼いは多くの労苦の末についに発見し、喜びの内にその肩に乗せて連れ帰ります。また、はっきりと言葉で表現され、次のように言っています、「良い羊飼いは自分の羊のために命を捨てる(1)」と。まさしく、この方において、「羊飼いのように、ご自分の群れを養われる(2)」という預言は完全に成就されます。実に、このために食べる時間も惜しんで労苦し心配していました。ファリサイ派の人々の陰謀と多くの危険をかいくぐって、神の御国の福音を宣べ伝えながら町や村を巡り歩きました。幾晩も夜を徹して祈りの内に過ごしました。ファリサイ派の人々の不平のつぶやきや妨害を恐れず、「この世に来たのは悪いところがある人々のためである(3)」と仰せになって、徴税人たちとは親しく交わりました。悔い改める人々に対しては御父の慈愛を差し示し、神の慈しみ深い懐《ふところ》が開かれていることをこの人々にお示しになりました。これらのことの証人として、マタイ、ザアカイ、主の足元に平伏した罪深い女、姦通の現場で捕らえられた女を召喚することができます。

　ですから、マタイに倣って、このいとも慈愛に満ちた羊飼いに完全に付き随う者となりなさい。ザアカイに倣って、この方を家に迎え入れなさい。罪深い女に倣って、この方に香油を注ぎなさい、この方の足を涙で洗いなさい、髪の毛で拭いなさい、くちづけをもっていたわりなさい。そうすればついには、自分への審判を委ねた例の女性と共に、赦しの判決を聞くことができるでしょう。「誰もあなたを罪に定めなかったのか。私もあなたを罪に定めない。行きなさい。これからは、もう罪を犯してはならない(4)」。

イエス、涙を流す

一四　すべての慈しみの泉である善きイエスは、最高の慈愛の甘味さを明らかにするために、哀れな私たちのために、一度のみならず、何度も何度も涙を流しました。まず初めにラザロのために、次いで「エルサレムの」町のために、そしてついには十字架の上で、あらゆる罪の贖いのために、その慈愛に満ちた眼《まなこ》からぼろぼろと涙を流しました。時には人間の弱さからくる惨めさを、時には見えなくなった心の暗闇を、時には頑なな悪意の邪《よこしま》さを悲しみ、救い主は溢れんばかりに涙を流されました。

　おお、頑なで、常軌を逸し、不敬虔で、真の命を欠いているが故に嘆き悲しまなければならない心よ、これほどの惨めさの内にありながら、なぜ狂乱に陥った人のように、楽しみ笑っているのか、御父の知恵があなたのために泣いておられるというのに。あなたを癒してくださる方が泣いておられることを考えなさい。そして、「独り子を失ったように喪に服し、苦悩に満ちた嘆きの声をあげよ(5)」。「昼も夜も、川のように涙を流せ。休むことなくお前の瞳から涙を流せ(6)」。

イエス、全世界の王と認められる

一五　ラザロが甦った後、そして器から香油がイエスの頭に注がれた後、すでにイエスの名声は香りのように人々の間に流布していました。イエスは、おびただしい人々がご自分を迎えようとして出てくるのを察知し、子ロバに乗られました。それは、［イエスのもとに］駆け寄り、枝を打ち振り、着物を道に敷きつめる人々の歓呼の内にあって、驚嘆すべき遜りの模範をお示しになるためでした。おびただしい人々が賛美の賛歌を歌っている間も、憐れみの心をお忘れにならず、［エルサレムの］町の崩壊を思って嘆きの声をあげられたのです。

救い主の端女《はしため》よ、今こそ、立ちあがりなさい。エルサレムの娘の一人のように、栄誉に包まれた「ソロモン王」を仰ぎ見なさい(7)。その栄誉は、教会の誕生という神秘を前にして、母である会堂《シナゴグ》がこの方を敬いささげたものです。オリーブと棕櫚の枝のように、慈愛の業と諸々の徳という輝かしい勝利をもって、子ロバの背に座られた天地の主にしっかりと従いなさい。

イエス、聖別されたパン

一六　キリストにまつわるあらゆる思い出の中でも、とりわけ思い起こすにふさわしいものは、あのいとも聖なる晩餐という最後の宴であることは誰の目にも明らかなことです。その席で、過越の小羊のみならず、「世の罪を取り除く(8)」無垢の小羊が食べるようにと差し出されます。「あらゆる喜びとあらゆる甘美な味覚を含む(9)」パンの外観のもとに、糧として差し出されるのです。まさしくこの宴において、キリストの驚嘆すべき甘美な善良さが輝き出ました。それはまさに、ご自分の貧しく哀れな弟子たち、そして裏切り者のユダと同じ食卓につき同じ杯を交わされた時のことです。栄光の王が、手拭《てぬぐい》を腰に巻き、漁師たちの足、裏切り者の足をさえ、心をこめて洗われた時、遜りの驚嘆すべき模範が明らかにされたのです。この最初の司祭たちに、そしてそれに次いで全教会と全世界に、ご自分のいとも聖なる御体と貴い御血を食べ物と飲み物としてお与えになった時、物惜しみしない寛大な驚嘆すべき雅量が明らかにされたのです。近い将来神の御心に適う犠牲、そして私たちの贖いの計りがたい代価となる［御体と御血］が、［私たちの］旅路の糧、［私たちの命を］支えるものとなるためでした。「ご自分に属する者たちを愛し抜かれ(10)」、愛情のこもった励ましによって彼らを善の内にしっかりと固め、信仰にしっかりと立ち続けるよう特にペトロに警告し、心地よく聖なる憩いのためにヨハネにご自分の胸を差し出された時にこそまさしく、卓越した驚嘆すべき愛が輝き出たのです。

これらのすべてのことは何と驚嘆すべく、喜びに満ちたものでしょう。しかしながら、これほど荘厳な宴に招かれ、精神をあまねく燃え立たせて駆け寄る魂だけが、「鹿が生ける水を渇き求めるように、神よ、私の魂はあなたを慕い求めます」(11)という預言の言葉を口にすることができるでしょう。

受難の神秘について

(1) ヨハ一〇・11。(2) イザ四〇・11。(3) マタ九・12。
(4) ヨハ八・10、11。(5) エレ六・26。(6) 哀二・18。
(7) 雅三・11。(8) ヨハ一・29。(9) 知一六・20。
(10) ヨハ一三・1。(11) 詩四一・2。

第五の果実

受難の危機における信頼

イエス、陰謀によって売り渡される

一七 キリスト・イエスの受難を敬虔に思い巡らしたいと願う人の心にまず最初に浮かぶのは、裏切り者の不実さです。この人は、師であり主である方を裏切るほどの欺瞞という毒に満たされていたのです。銀貨のために最高に素晴らしい神を売り渡し、安価な報酬のためにキリストのいとも貴い御血を代償とするほどに、欲望という炎に燃え上がらされていたのです。さらには、すべてを自分に委ねてくださり、使徒という栄誉の頂へと引き揚げてくださった方を、死へと追いやるほどに、恩知らずな者となっていたのです。親しく食事を共にしたことも、自分に仕えるために遜ってくださったことも、やさしく語りかけてくださったことも、邪な思いをひるがえさせることができなかったほどに、頑なになっていたのです。おお、頑なな弟子に対する師の、卑劣極まりない僕に対する慈愛に満ちた主の惜しみない寛容さは何と驚嘆すべきことでしょう。まさしく、「生まれなかったほうが、その人のためにはよかった」(1)のです。

しかし、確かに裏切り者の不敬は言葉では言い表せないほどのものではありますが、神の小羊のいとも甘味な寛容さは計りがたいまでにそれを凌駕しています。それは私たち死すべき人間にとって模範として与えられたのです。ですから、友人に憤激させられても、人間の弱さから「私の敵が私の悪口を言ったのなら、それに耐えもしよう[2]」と言うことはもはやないでしょう。なぜなら、キリストの「パンを食べ」、あの聖なる晩餐でキリストと「共に甘味な糧にあずかりながら、尊大にもその方に反逆した」「親しい頭《かしら》とも目された心を通わせた人[3]」がここにいるからです。しかしながら、いとも温和なこの小羊は、裏切りの瞬間においてさえ、「そこには何の偽りも見いだされなかった[4]」口が悪意に満ちた口にやさしく口づけするのを拒まれませんでした。それは、歪んだ心の頑迷さを和らげることのできるあらゆる機会をその人に提供するためでした。

イエス、平伏して祈る

一八　いと高き［神の］秘められたご計画に則して、「イエスはご自分の身に起こることを何もかも知っておられ[5]」、いつもの習慣に従って、御父に祈るために、「賛美の歌をうたってから、オリーブ山に出かけられました[6]」。そして、特にこの時、死の苦しみは差し迫っており、慈愛に満ちた羊飼いが優しい愛情をこめて世話した羊たちが見捨てられ散り散りになることで、キリストの感じやすい本性に死の光景が非常に恐ろしいものとして映し出されました。それは「父よ、できることなら、この杯を私から過ぎ去らせてください[7]」と口にするほどの恐ろしさでした。様々な原因からの苦悶が贖い主の霊においてどれほど大きなものであったかを、全身から大地に滴《したた》り落ちた血の汗の滴《しずく》が証ししています。

「［すべてを］統治される主イエスよ、これほど激しい苦悶、これほど痛ましい嘆願はどこからあなたの魂に生じたのでしょうか。全く自発的な犠牲を御父にお献げになったのではなかったのですか[a]」。

それはまさしく、私たちの死すべき本性が真にあなたに備わっておられたと信じることで、私たちの信仰が強められ、諸々の苦難に同じように耐えることで私たちの希望が鼓舞され、あなたに対して激しく躍動する愛を私たちが抱くためでした。このように明らかなしるしをもって肉の本性的な弱さをあなたが示されたのは、あなたが本当に「私たちの痛みを負われた[8]」こと、痛みの感覚なしに受難の苦味を味わわれたのではないことを私たちが学ぶためでもありました。

イエス、群衆に取り囲まれる

一九　夜中に松明《たいまつ》と灯火《ともしび》と武器を手にして、「流血の罪を犯す者ら[9]」、そして「その魂をねらう者ら[10]」が裏切り者と一緒にやって来ると、自ら彼らの前に進み出て、ご自身を明らかにし、ご自身を委ねられることで、イエスは受難への準備がおできになっていることをはっきりとお知らせになりました。人間の傲慢も、この方ご自身がお許しにならなければ、この方に逆らうことは何一つできないことを知っておられたので、ご自分の全能の言葉をもって非道な追従者たちを大地に投げ倒されました。

しかし、この時でさえ「怒りによって御憐れみを抑えることなく[11]」、「あの蜜に満ちた蜜蜂の巣は」甘味な慈愛を「滴らせるのをやめませんでした[12]」。弟子の一人が切断した厚顔な僕の耳に手を触れて癒され、襲撃する者らを傷つけてまでご自分を守ろうとする者の血気にはやる思いをお鎮めになったのです。「彼らの狂暴さは呪われる、執拗であるから[13]」。その威光の奇跡によっても慈愛の恵みによっても制御されることはありえないからです。

イエス、縄で縛られる

三〇　悲嘆の声をもらすことなしに聞くことができる人が誰かいるでしょうか。この時、どのようにして残忍な従者たちがその殺戮の手を栄光の王に伸ばし、温和なイエスの無垢の手を縄で縛り上げ、一言も反駁しない温良極まりない小羊を強盗のように侮辱しつつ犠牲のために引き立てて行ったかを。この時、どれほどの悲しみの棘が弟子たちの心を刺し貫いたことでしょう、心から愛していた自分たちの師であり主である方が弟子仲間の一人に裏切られ、後ろ手に縛られ、あたかも悪人のように、死へと引き立てられて行かれるのを見て。この時のことです、あの不敬極まりないユダでさえも、自責の念にかられ、生きているよりも死んだほうがましだと思うほどの苦渋の念に満たされたのは。ああ、何と禍《わざわい》なことでしょう、赦しを期待して憐れみの泉へと立ち返らずに、自分が犯した罪のおぞましさに絶望したこの人は。

（1）マタ二六・24。（2）詩五四・12。（3）詩四〇・10。
（4）Ⅰペト二・22。（5）ヨハ一八・4。（6）マタ二六・30。
（7）マタ二六・39。（8）イザ五三・4。（9）詩五四・24。
（10）詩三七・13。（11）詩七六・10。（12）雅四・11。
（13）創四九・7。
（a）アンセルムス『瞑想』9。

第六の果実

不正に対する忍耐

イエス、親しい者たちに無視される

二　羊飼いが捕らえられたので、「羊の群れは散り散りになってしまいました[1]」。師が捕縛されてしまったので、弟子たちは逃げ出しました。しかし、他の弟子たちよりは忠実であったペトロは、「遠く離れて、大祭司の屋敷の中庭までついて行きました[2]」。そこで、端女《はしため》の言葉に、自分はキリストを知らないと言って、誓いの言葉を添えて否定しました。それも、三度もそれを繰り返したのです。その時、鶏が鳴きました。恵み深い師は、いたわりと慈しみの眼差しをもって、このひときわ愛しておられた弟子を見返されました。これに促されてペトロは、「外に出て、激しく泣いたのです[3]」。

あなたを弾劾する端女、すなわちあなたの肉の言葉に、あなたのために苦しみを受けられたキリストを破廉恥にも意志や言葉をもって否定したあなたはいったいなにものなのですか。いとも愛すべき師の受難を思い起こして、ペトロと共に外に出なさい。涙を流すペトロを顧みられた方があなたをも顧みてくださる時に、自分自身のために思う存分泣き悲しむために。二重の苦渋という「にがよもぎに陶酔する[4]」ためです。自分自身のための悔恨とキリストのための共苦という二重の苦渋に。そうすれば、ペトロと共に不敬の罪から贖われ、聖性の霊に満たされるでしょう。

イエス、目隠しをされる

三　私たちの大祭司キリスト・イエスは、悪意を秘めた大祭司たちの会合に引き出され、ご自分が神の御子であるという真理を表明なさいます。すると、冒瀆の言葉を口にしたかのように死刑を宣告され、様々な侮辱を耐え忍ぶことになりました。老人たちにとって尊ぶべきもの、天使たちにとっては望ましきものであった御顔、天のすべてを喜びで満たす御顔は、汚れた唇から吐き出された唾《つば》で辱《はずかし》められ、不敬な冒瀆の手で叩かれ、嘲《あざけ》りのために布で覆い隠されます。こうして、全被造物の主が卑しい僕のように殴打されるのです。ご自分を平手打ちする大祭司の僕の一人に、いとも穏やかな顔と静かな口調で、やさしく咎めて仰せになります、「何か悪いことを私が言ったのなら、その悪いところを証明しなさい。正しいことを言ったのなら、なぜ

私を打つのか(5)」と。

おお、誠実で慈愛溢れるイエスよ、あなたに献身する魂を有する人でいったい誰が、これらのことを目にし耳にして、涙を抑え、内面から沸き起こる共苦の痛みを隠すことができるでしょうか。

イエス、ピラトに引き渡される

二三　ユダヤ人の不敬の何と恐ろしいことでしょう。これほどの不正にも満足できず、かえって野獣のごとき狂暴さをもってわめきたて、狂暴な犬に投げ与えるかのように不敬な審判者に義《ただ》しい方の魂を差し出したのです。縄で縛られたイエスを大祭司たちはピラトの面前に引いていき、「罪と何の関わりもない(6)」方を十字架の刑に処するよう要求しました。ところが、小羊よりも狼を、命よりも死を、光よりも闇を、そして何よりも不敬というより愚かさを選んだ不敬な欺瞞の輩《やから》が、偽りの罪科《つみとが》で群衆を煽りたてて、群集が騒ぎ立てる中で命の創始者の死を求め、人を殺した不穏な強盗の命を守ろうとする間、イエスご自身は、「毛を切る者の前に出た羊のように(7)」、柔和に物も言わず審判者の前に立っておられたのです。
甘美なるイエスよ、心の底から沸き起こる呻《うめ》きも叫びもなしに、「殺せ、殺せ、十字架につけろ(8)」という恐ろしい叫び声を肉体の耳をもって聞いたり、心に思い巡らすことができるほどに鈍感な人が誰かいるでしょうか。

イエス、死を宣告される

二四　まさにピラトは知らなかったわけではありませんでした、ユダヤ民族がイエスに敵対するのは正義によるものではなく、嫉妬・羨望によるものであることを。そこで、イエスには死に値するような理由は全く見いだされないことをはっきりと宣言しました。ところが、人間的な弱さに負け、苦々しい思いが溢れ出て、いとも慈愛に満ちた王を残虐な暴君、つまりヘロデの裁決に委ねてしまいました。この方を愚弄した後、［ヘロデが］送り返してくると、［ピラトは］もっと残虐な命令を発して、この方を裸にして嘲笑する人々の前に立たせるよう命じたのです。そこで、荒々しい処刑人たちが熾烈な鞭打ちをもって、残虐にも打擲の上にさらに打擲を、傷口の上にさらに傷口を加えて、この方の貞潔で汚れなく、輝かしい肉体を引きちぎることになりました。いかなる罪も見いだされなかった、若々しくいとも愛すべき無垢なこの方の聖なる引きちぎられた肉体からいとも貴い血が流れ出たのです。

堕落した人間よ、あなたも恥ずべく痛悔すべきこれらのすべてのことの原因なのです。いったいどうして泣き崩れずいられましょうか。ご覧なさい。全く無垢極まりない小羊が、正当な断罪の判決からあなたを救い出すために、あなたのために不当な判決によって断罪されることを選ばれたのです。ご覧なさい。この方は「ご自分が奪わなかったものをあなたの代わりに償われた[9]」のです。卑劣で不敬な私の魂よ、それなのにお前は、奉献という感謝をもって償わず、心のこもった共苦をもって報いないというのか。

（1）マタ二六・31。（2）マタ二六・58。（4）哀三・15。
（5）ヨハ一八・23。（6）Ⅱコリ五・21。（7）イザ五三・7。
（8）ヨハ一九・15。（9）詩六八・5。

第七の果実

責め苦における毅然とした姿

イエス、すべての人から拒絶される

三五　ところがその後、不敬な者どもの要求を適えるような判決を下しました。聖なる方を冒瀆する兵士たちは救い主を十字架につけるだけでは満足せず、それに先立ってこの方の魂に様々な嘲笑の言葉を浴びせかけたのです。総督官邸の全部隊を集めると、この方の着ている物を剝ぎ取り、深紅の下着を着せ、紫の外套をまとわせ、茨で編んだ冠をその頭に載せ、右手に葦の棒を持たせて、嘲ってその前にひざまずき、平手で打ち叩き、唾を吐きかけ、葦の棒でその聖なる頭を叩き続けたのです。

傲慢な人間の心よ、ここで気づくがよい。あなたは辱めを逃れ、誉れへと鼓舞されていることに。王のような姿をしているものの、最も軽蔑される僕に対する辱めを浴びせられて進んで来られるこの方はいったい誰なのか。「レプラを患った者、人々の中でも最悪の者[1]」のようにみなさている方は、あなたの王、あなたの神ご自身なのです。それは、永遠の辱めからあなたを救い出し、傲慢という疫病からあなたを癒すためです。ですから、二重にも三重にもおぞましいことです。これほど輝かしい遜りの模範を目にしていながら、傲慢に高ぶっている人々は。この人々は「神の御子を改めて侮辱する者だからです[2]」。神の御子は、人々に代わって辱めに耐えられれば耐えられるほど、人々からの誉れを受けるにふさわしい方となられたのです。

イエス、十字架に釘づけにされる

二六　いとも温和な王に対する数々の辱めに満足すると、不敬な輩《やから》は、私たちの王に再び衣服をまとわせます。もっとも、その衣服も後でまた剝ぎ取られることになります。そして、「イエスは」「自ら十字架を背負い、カルヴァリアという所へと」[3]引かれていきます。そこで真っ裸にされ、わずかに手拭を腰に巻いた姿で、十字架の木の上に荒々しく投げ出され、体を引き伸ばされ、引っ張られ、弄《もてあそ》ばれ、毛皮のようにあちらへこちらへと引き伸ばされ、釘の切っ先で貫かれ、聖なる手足を十字架に固定され、いとも残酷に痛めつけられました。その衣服は分捕り品とされ、幾つかに分けられ、一枚織りの下着は裂かれずに、くじ引きで一人の手に渡りました。

　私の魂よ、ここでとくと見るがよい。「万物の上におられ、ほめたたえられる神」[4]である方が、どのようにして「足のつま先から頭のてっぺんまで」[5]ことごとく受難の水に浸されたかを。また、このような諸々の苦しみからあなたをことごとく引き出すために、どのようにして「その魂の底まで水が入り込んだ」[6]かを。茨の冠を被せられ、十字架の重みに背中をたわめ、自ら自分の恥辱を担うことを強いられ、処刑の場に引かれ、衣服を剝ぎ取られます。それは、あたかもレプラを患った人のように、鞭の打撃によって背中と脇腹に所狭しと刻まれた打撲傷と鉤《かぎ》裂きとなった傷口をあらわにするためでもあります。そして、次に釘で刺し貫かれました。それは、あなたの愛する方は、あなたを癒すために、傷の上に傷が刻み込まれた方であることが、あなたに明らかになるためです。「誰が私の願いを実現してくれましょう、私が待ち望んでいることを神が私に報いてくださるでしょうか」[7]。私の願い、それは心も体もことごとく刺し貫かれ、愛する方と共に十字架の木につけられること。

イエス、盗賊と一緒にされる

二七　狼狽、恥辱、不名誉、そして苦痛を増し加えるために、友人たちは泣き、敵対者たちは嘲弄するなか、無垢の小羊は城門の外、極悪人の処刑の地で、荘厳な祝日の、真昼時、見世物にされるかのように二人の強盗の間で十字架の上に掲げられます。「そこを通りかかった人々は、頭を振り」[8]、そこに立っていた人々は罵詈雑言を浴びせました。「他人を救ったのに、自分は救えないのか」[9]と言って。しかも、強盗の一人もこのような嘲笑を抑えようとしなかったのですが、いとも温和な小羊は、ご自分を十字架につけた者たち、そして嘲笑する者たちのために、甘味なる慈愛をこめて御父に執り成し、自分の罪を認め嘆願する盗賊にはいとも惜しみない愛をもって楽園を約束されました。おお、何と甘く、赦しに満ちた言葉でしょう、「父よ、彼らをお赦しください[10]」。おお、何と愛と恵みに満ちた言葉でしょう、「あなたは今日私と一緒に楽園にいる[11]」。

魂よ、いかに罪深いものであろうとも、今こそ、赦しの希望の内にほっと息をつくがよい。あなたのために苦しまれるあなたの神である主、「あらゆる苦悩の中で一度も口を開かれず、不平の言葉も弁明の言葉も、罵り騒ぐこれらの犬どもに対する脅かしの言葉も呪いの言葉も全く口にされず、むしろ『これまで聞いたこともない[12]』新しい祝福の言葉をご自分に敵対する者たちに注がれた[a]」方の御跡に従うのを厭《いと》わないのであれば。ですから、大きな信頼をもって言いなさい、「憐れんでください、神よ、私を憐れんでください。私の魂をあなたにお委ねいたしますから[13]」と。そうすればおそらく、悔い改めた強盗のように、死の瞬間に、「あなたは今日私と一緒に楽園にいる」というお言葉を聞かせていただけるでしょう。

イエス、胆汁を飲まされる

六　「この後、イエスは、すべてのことが今や成し遂げられたのを知り、『渇く』と仰せになりました[14]」。そして、そこに居合わせたヨハネの証言によれば、海綿に浸された酢と胆汁とを混ぜたものをお飲みになった後、「成し遂げられた」と言い添えられました。あたかも酢と胆汁とを味わわれたので、辛辣を極めた受難はことごとく成就されたかのようです。甘味ではあるが禁じられていた木の果実を味わうことで、［神の命令に］違反したアダムが私たち皆の滅びの原因となったのですから、全く逆の手段を通して、私たちの救いの特効薬が見いだされることは全くふさわしいことでした。また、辛辣を極めた受難の矛先はイエスの肢体のそれぞれに向けられ苦しみをいや増し、「それらの憤激が」イエスの「霊を飲み込んだ[15]」とすれば、口と舌という食物と言葉のための器官が無傷のままであり続けるはずはありませんでした。それは、「私を苦悩に飽かせ、私を苦汁で酔わせた[16]」という預言の言葉が私たちの医師において、「見捨てられたもののように、ひねもす苦悩にやせ衰える私を捨て置かれた[17]」という預言の言葉がいとも甘美でいとも愛すべき御母において成就されるためでした。

幸いなる処女《おとめ》よ、あなたの孤独の苦悩の重さをいかなる言葉が語り尽くし、いかなる知性が理解し尽くせましょうか。あなたは、これまで述べてきたすべてのことに立ち会い、［御子イエスの］そばにおられ、あらゆる形でそれらの出来事にあずかられました。あれほど清らかに懐胎され、あれほど愛をこめて育まれ、乳をお飲ませになり、あれほどしばしば胸にお休みさせ、その唇でくちづけされ、その肉体の眼《まなこ》をもって見つめられたこの幸いなるいとも聖なる肉体が、今や鞭の殴打で引き裂かれ、今や茨の棘でうがたれ、今や葦の棒で打ち叩かれ、今や平手と拳《こぶし》で打ち砕かれ、今や釘で刺し貫かれ、十字架の木に固定されぶら下げられて引きちぎられ、今やあらゆる嘲笑を浴びせられ、ついには胆汁と酢とを飲まさせられるのをご覧になっています。

　しかしまた、あなたは精神の目をもって、このいとも神聖な魂があらゆる辛苦の胆汁に満たされるのをご覧になりました。そして今や霊は揺れ動き、今や震えおののき、今や疲弊し、今や苦悶し、今や不安におののき、今や混乱し、今やあらゆる悲しみと痛みに悲嘆にくれておられるのをご覧になります。それは非常に鋭い肉体の苦しみの感覚のためでもあり、罪によって踏みにじられた神の栄誉へのたぎり立つ熱意のためでもあり、憐れな人々に対して注がれる憐れみの感情のためでもあり、あなたに対する共苦のためでもあります。おお、いとも甘美な御母よ、［あなたの御子が］ご自分の前に立っておられるあなたを慈愛の目で見つめられた時、あなたの心の奥底に矢が打ち込まれました。そして、やさしい言葉で語りかけられました。「婦人よ、ご覧なさい。あなたの子です[18]」と仰せになって。それは、苦痛の内にあってもあなたの魂を慰めるためでした。あなたご自身の肉体においてあなたが耐えられた以上に、あなたの魂は共苦という剣《つるぎ》で激しく刺し貫かれたのを知っておられたからです。

（1）イザ五三・4、3。（2）ヘブ六・6。
（3）ヨハ一九・17。（4）ロマ九・5。（5）イザ一・6。
（6）詩六八・2。（7）ヨブ六・8。（8）マタ二七・39。
（9）マタ二七・42。（10）ルカ二三・34。
（11）ルカ二三・43。（12）ヨハ九・32。（13）詩五六・2。
（14）ヨハ一九・28。（15）ヨブ六・4。（16）哀三・15。
（17）ヨブ一・13。（18）ヨハ一九・26。
（a）アンセルムス『瞑想』9。

第八の果実

死との格闘における勝利

イエス、死によって青褪めた太陽

二九　ついに、義の真の太陽である無垢の小羊が三時間にわたって十字架にかかっておられた後、またその同じ時に、この「地上の」目に見える太陽は自分の創造者と共苦してその光の輝きを隠した後、すべては成し遂げられたので、第九の刻に命の泉そのものが涸《か》れ果てます。その間、神であり人であるイエスは、ご自分の憐れみの情を表すとともにご自分の神性の権能を表明するために、「激しい叫び声をあげ、涙を流しながら[1]」霊を御父の御手に委ねつつ息を引き取ります。その時、「神殿の垂れ幕が上から下まで真っ二つに裂け、地震が起こり、岩が裂け、墓が開きました[2]」。その時、百人隊長はこの方が真の神であることを認めました。その時、嘲弄するためにこの見世物に集まっていた人々は、「胸を打ちながら帰って行きました[3]」。その時、「人の子らの誰よりも美しい[4]」方は、目はかすみ、頰は青ざめ、人の子らのために醜いものとなったのです。御父の栄光のために献げられるいとも甘味な香りを放つ焼き尽くす献げ物となりました。御父の怒りを私たちから遠ざけるためです[5]。

「主よ、聖なる父よ、あなたの至聖所から、いと高き天の住居《すまい》から顧みてください[6]。申し上げます。あなたのキリストの御顔を顧みてください。このいとも聖なる供え物を顧みてください。それは、私たちの大祭司が私たちの罪のためにあなたにお献げしたもの。あなたの民の悪に対して寛容でいてくださいますように[7][a]」。

贖われた人間よ、あなたも思い巡らすがよい。あなたに代わって十字架にかかったのは誰なのか、いかなる方なのか、どれほど偉大なる方なのかを。この方の死は死んだ人々を生き返らせます。この方のご逝去を天と地は悼み悲しみます。硬く感覚のない岩でさえも自然界が共苦するかのように真っ二つに裂かれます。おお、人の心よ、これほどの償いの献げ物を思い起こしても、恐れおののかないなら、共苦の痛みを感じないなら、痛悔に心を引き裂かれないなら、敬愛に心を和《なご》ませないなら、あなたはあらゆる岩の硬さにもまして硬く感情のないものです。

イエス、槍で貫かれる

三〇　さらに、十字架の上に眠っておられるキリストの脇腹から教会が形成されるために、また「彼らは、彼ら自らが刺し貫いた者を見つめる[8]」と語る聖書の言葉が成就されるために、神の決定によって、兵士の一人が槍で聖なる脇腹を開き貫くのをよしとされたのです。その結果、水と一緒に血が流れ出て、私たちの救いの貴い代価が注ぎ出されました。泉から、つまり心の奥底から流れ出たものは、恩恵の命をもたらすための力を教会の諸秘跡に与え、すでにキリストのうちに生きている人々にとっては「永遠の命へと湧き上がる生きた泉[9]」から汲まれた杯となります。

ご覧なさい。サウルの、つまり退けられたユダヤの民の不信によって投げられ、傷を負わせることなく、壁に突き刺さった槍[10]は、神の御憐れみによって、「岩の裂け目、崖の穴」を作り、それが鳩の住みかとなったのです[11]。

ですから、キリストに愛されたものよ、起きあがりなさい。「いと高き穴の入り口に巣を作る鳩[12]のようでありなさい。」そこで、住みかを見つけた雀[13]のように目覚めて警戒するのをやめてはなりません。そこに、雉鳩のように、清い愛が産んだ雛を隠しなさい。「救い主の泉から水を汲むために[14]」、そこに口を添えなさい。まさしく、これは「楽園の中央から涌き出る泉」。それは「四つの源流に分かれ[15]」、献身的な心に流れ込み、全地を肥沃にし潤します。

イエス、血まみれになる

三　主キリストはご自分の血で染められます。まず初めは「血のにじんだ」汗によって、次いで鞭と「茨の」棘によって、その後釘によって、そしてついには槍によって豊かに「血が」注ぎ出されました。それは、神のもとにある豊かな贖いとなられるためでした[16]。主は大祭司の赤い衣をまとわれました。それはまさしく、「この方の装いは赤く染まり、その衣はぶどう酒の酒ぶねでぶどうを踏む人々の衣のよう[17]」でした。このようにして、真のヨセフは古い水溜めに投げ込まれ、その下着は山羊の血に浸されました[18]。つまり、これは「罪深い肉と同じ姿[19]」となるためでしたし、また是認のための識別のしるしを御父のもとに送られるためでもありました。

「ですから、いとも慈しみ深い御父よ、あなたのこよなく愛する御子であるヨセフの下着をお認めください。このヨセフを肉による兄弟たちの妬みが野獣のように貪《むさぼ》り食らい、狂暴にもその衣服を踏みにじり、殺戮の痕跡をもってそのあらゆる美しさを汚し、そこに五つの痛ましい裂け目を残したのです。主よ、これがその衣服です。これは、あなたの無垢の御子が自発的にエジプトの娼婦、つまり会堂《シナゴグ》の手に残したもの。不義をはたらいた民の声がもたらす誘惑に屈して一時的に誉めそやされるよりも、肉という外套を剝奪されて、死の牢獄に降ることを選ばれたことで[b]」。［イエスは］「ご自分に差し出された喜びよりも、辱めを蔑《さげす》まれ、十字架を耐え忍ばれたのです[20]」。

いとも憐れみ深い私の王女様、あなたも、あなたの愛する御子のいとも聖なるこの衣服に目を注いでください。それは聖霊の巧みな御業によってあなたのいとも清らかな肢体から織り成されたものです。そして、あなたの御子と共に、あなたを避け所とする私たちのために赦しを執り成してください。私たちが「来るべき怒りを逃れる[21]」に値するものとみなされますように。

イエス、墓に葬られる

三　ついにその時が来ました。アリマタヤのヨセフという気高い議員が、ピラトの許可を得たうえで、ニコデモと共にイエスの体を十字架から取り下ろすと、香料で整え、亜麻布で包み、自分のために近くの園の岩に穿《うが》ってあった新しい墓所に、畏敬の念をこめて葬りました。葬られ、墓の番をするために兵士たちが配備された後、イエスが生きておられたころイエスにつき従っていた聖なる献身的な婦人たちは、もはや亡くなられた［イエス］に対して女性たちが果たす務めを敬虔に果たそうとして、イエスのいとも聖なる体に油を注ぐために香料を購入しました。その中の一人、マグダラのマリアは、女性としての弱さを忘れ、暗黒の闇も、迫害する者らの狂暴さも彼女が墓を訪れるのを阻止できないほどに、心の炎に駆り立てられ、敬虔な愛情のもたらす甘美さに突き動かされ、愛の強い絆によって引き寄せられていました。弟子たちが逃げ去ったにもかかわらず、逃げ出すことなく、墓の前に立ち尽くし、涙で墓所をぬらしていました。神の愛の火にたきつけられていたため、これほど強い希求に思い焦がれ、これほど耐え難い愛に傷ついていましたので、涙の他は何一つ口を通らず、まさしく、「昼も夜も、私の糧は涙ばかり。日毎、人は私に言います、『お前の神はどこにいるのか』と[22]」という預言の言葉を口にすることができたほどです。

私の神、善きイエスよ、私の願いをお聞き入れください。あらゆる点で何の値うちもなく全くふさわしいものでもない私は、これらの出来事を通してあなたの御体のおそばに近づくには値しませんが、信仰の心をもってこれらのことを思い描き、あなたの無垢な御母と悔い改めたマグダラのマリアがあなたの受難のまさしくその時に感じていた共苦の感情を、私に代わって十字架につけられ死んでくださった私の神であるあなたに対して味わうことができますように。

(1)ヘブ五・7。(2)マタ二七・51—52。(3)ルカ二三・48。(4)詩四四・3。(5)詩八四・4。(6)申二六・15。(7)出三二・12。(8)ゼカ一二・10。(9)ヨハ四・14。(10)サム上一九・10。(11)雅二・14。(12)エレ四八・28。(13)詩八三・4。(14)イザ一二・3。(15)創二・10。(16)詩一二九・7。(17)イザ六三・2。(18)創三七・23、31。(19)ロマ八・3。(20)ヘブ一二・2。(21)マタ三・7。(22)詩四一・4。

(a)アンセルムス『瞑想』9。

(b)前掲書前掲箇所。

栄光の神秘について

第九の果実

復活の斬新さ

イエス、死んで勝利を獲得する

三三　もはや受難の苦闘が全うされ、あの血に飢えた竜と狂暴な獅子が、小羊を殺したことで勝利を手にしたと判断した時、陰府《よみ》へと降っている「イエスの」魂の内に神性の権能が輝き始めました。この権能によって、「ユダ族から出た」私たちのいとも力強い「獅子」[1]は「武装した強い者」[2]に対して立ち上がって、その者から略奪物を奪い返し、陰府の門を粉砕し、蛇を縛り上げて、「支配権と権能とを剝奪して、ご自分の勝利の列に従えて、公然とさらしものになさいました」[3]。この時、「レビヤタンは鉤《かぎ》で引き揚げられ」、その「顎《あご》は」キリストによって「貫かれました」[4]。こうして、攻撃した頭に対して何の権利も持っていなかった者が、体に対して持っていると思っていたものまでも失ってしまいました。この時、真のサムソンが死をもって敵の軍隊を滅ぼしました[5]。この時、汚れのない小羊が「その契約の血によって、水のない穴から囚われ人を解き放ちました」[6]。この時、「死の影の地に住む者たちの上に」[7]長い間待ち望んでいた新しい光の輝きが射し染めました。

イエス、至福のうちに復活する

三四　墓の中での主の聖なる安息の第三日が明け染めます。この日は一週間という周期の第八の日であり第一の日でもあります。この日、「神の力、神の知恵」[8]であるキリストは、死の創始者を打ち倒して、死そのものをも征服し、永遠性への入り口を私たちに開いてくださいました。神の権能をもって御自らを立ち上がらせることで、「命の道を私たちに示してくださった」[9]のです。

この時、「大きな地震が起こり、その姿は稲妻のように輝き、雪のように白い衣をまとった主のみ使いが天から降って来ました」[10]。み使いは敬虔な人々には魅惑的な姿で、不敬な者たちには厳粛な姿でご自分を現します。このため、傲岸不遜な兵士たちを驚愕させましたが、おどおどした女性たちを力づけ励ましたのです。そして、復活した主ご自身が最初にご自身を現したのはこの女性たちに対してでした。彼女たちの篤い献身の念はそれに値するものだったからです。次いで、ペトロに、そしてエマオに向かう「二人の」弟子に、さらにトマスを除いた使徒たち全員にご自身を示し、その後、触れるようにトマスにご自身を差し出しました。この時、トマスは信仰を告白して叫びました、「私の主、私の神よ」[11]と。このように、「主は」「四十日にわたって」様々な姿形で弟子たちに「現れ」[12]、弟子たちと一緒に食べたり飲んだりして、数多くの証拠をもって私たちの信仰を照らし、数多くの約束をもって私たちの希望を掻き立て、ついには様々な天上の賜物を与えて、私たちの愛を燃え立たせてくださいました。

三五　イエス、卓越した美

この「エッサイの株から」[13]の花は、受肉において花を咲かせ、受難において花を散らしましたが、復活において再び花を咲かせます。「私たち」皆の美となるためです。まさしく、いとも栄光に満ち、鋭敏かつ活発で、不死なるこの体は、太陽の輝きをも凌駕するほどの栄光の輝きを帯びていました。それは、復活の時の私たちの体の美しさの原型を示しています。それについて、救い主ご自身が仰せになっています、「その時、正しい人々は御父の御国で」つまり永遠の至福の国で「太陽のように輝く」[14]と。考えてみてください。正しい人は誰しも太陽のように輝くとすれば、正義の太陽そのものの輝きはどれほど偉大なものでしょう。あえて言えば、「太陽よりも美しく、すべての星座にまさり、光「そのもの」に匹敵する」[15]ほどのものであり、むげに卓越した美とみなされるのではありません。

これを目の当たりにした目は何と幸いでしょう。しかし、このいとも慕わしい輝きを見るために、あなたの血をひくものが何かしら内的にも外的にも残されていれば、あなたも幸いなものとなるでしょう[16]。

イエス、全世界に示される

三六　主はガリラヤで弟子たちにご自身を現され、御父から天と地の一切の権能がご自分に授けられたことを宣言なさいました。[17]この故にこそ、「あらゆる被造物に福音を宣べ伝えるために、全世界へと」弟子たちを派遣したのです。[18]［それにあたって主は］信じる人々には救いを約束し、信じない人々には断罪をもって威嚇されました。「主は［弟子たちと］共に働かれ、［彼らの語る］言葉を、それに伴うしるしによって証拠づけられた[19]」ので、弟子たちはイエス・キリストの御名によってあらゆる被造物と病とを支配しました。こうして、偉大なる御父の御子であるイエス・キリストが、もうひとりの「ヨセフ、真の救い主[20]」として、エジプトの地のみならず、「永遠の王が統治するあらゆる地においても生き支配していることが全世界に対して明らかにされたのです。死と陰府の牢獄から天におられる神の領域へと引き挙げられ、致死性の頭髪を刈り込み、肉の衣服を不死性の美へと変えられたからです。そして、致死性の水から引き上げられた[21]真のモーセとしてファラオの権力を無力なものとしました[a]」。その誉れは何と崇高なことでしょう。「天上のもの、地上のもの、地下のものがすべて、この方の御名にひざまずく[22]」ほどです。

(1) 黙五・5。(2) ルカ一一・21。(3) コロ二・15。
(4) ヨブ四〇・25—26。(5) 士一六・25—30。
(6) ゼカ九・11。(7) イザ九・2。(8) Iコリ一・24。
(9) 詩一五・10。(10) マタ二八・2—3。
(11) ヨハ二〇・28。(12) 使一・3。(13) イザ一一・1。
(14) マタ一三・43。(15) 知七・29。(16) トビ一三・20。
(17) マタ二八・16—20。(18) マコ一六・15。
(19) マコ一六・20。(20) 創四一・45。(21) 出二・5。
(22) フィリ二・10。
(a) アンセルムス『瞑想』9。

第十の果実

昇天の崇高さ

イエス、天軍の指揮官

三七　主の復活の後、四十日が経ちます。四十日には偉大な意味が込められています。この四十日目に、弟子たちと共に食事をされた後、慈しみ深い師はオリーブ山に登られ、彼らの見ている前で、手を上げ、天へと挙げられました。昇天する師を包んだ雲の妨げによって、見ていた人々の目から隠されました。[1]このようにして、「高い所に登られ、捕虜となった囚われ人を導き出し[2]」、天の門が開かれました。つき従う者たちに先立って進み[3]、脱出した者たちを御国に導き入れ、彼らを天使たちと同じ市民、神の家族[4]となさいます。天使たちの転落を復興し、永遠の御父の誉れをいや増し、ご自分が勝利を収め凱旋する者であることを示し、ご自分が天軍の指揮官であることを証明するために、これらのことをなされたのです。

イエス、天に挙げられる

三八　天使たちが歌い、聖人たちが喜び躍る中を、神であり、天使たちと人々の主である方が、「雲のかなたへと昇り[5]」、「風の翼に乗って[6]」権能の驚くべき働きによって飛んで行き、御父の右の座に着きました。天使たちよりも優れた名を受け継いだ者として、天使たちよりも優れたものとなった方として。ですから、そこで、私たちのために執り成してくださるために、いとも慈愛に溢れる御父のみ前に現れてくださいました[7]。「このように聖であり、罪なく、汚れなく、罪人から離され、諸々の天よりも高くされている大祭司こそ、私たちにとって必要な方でした[8]」。この方が神の威光の右の座に着き、私たちに代わってお受けになった傷跡を、栄光の御父のみ前にお示しになりました。

「御父である主よ、あなたの満ち溢れる愛の名状し難い賜物の故に、すべての舌があなたに感謝しますように。あなたはあなたの御心［に適う］『御独り子さえ惜しまず、私たちすべてのために死に渡されました[9]』。それは、天上においてあなたのみ前にかくも偉大で誠実な『弁護者』を私たちが持つためです[a]」。

イエス、御霊を与えてくださる方

三九　復活の後七週間が過ぎます。つまり、五十日目に、「弟子たちが婦人たちやイエスの母マリアと一つになって集まっていると、突然、激しい風（霊）が吹いて来るような音が天から聞こえました[10]」。霊は一二〇人の人々の群れの上に降り、「炎のような舌が［分かれ分かれに］現れました[11]」。口に言葉を、知性に光を、愛情に熱火をもたらすためでした。「すると、一同は聖霊に満たされ」、同じ聖霊が教えてくださった教えのままに、「様々な国の言葉で話し出しました[12]」。聖霊は彼らにあらゆる真理を伝授し、あらゆる愛の火を燃え立たせ、あらゆる徳をもって彼らを強めてくださいました。まさしく、聖霊の恩恵に助けられ、その教えに照らされ、その権能によって強められたことで、弟子たちは数は少なく朴訥《ぼくとつ》な人々ではありましたが、火のような言葉と、完全な模範と、驚嘆すべき不思議な業によって、あまねく世界に「自分の血をもって教会を植えつけたのです[b]」。同じ聖霊の力によって浄められ、完全なものとされた教会は、その花婿と花婿に付き添う者たちにとって愛らしいものとされました。その装いは驚くべき多様な彩りに包まれていたからです[13]。ところが、サタンとその使いたちにとっては陣営に整列した戦列のように恐ろしいものなのです[14]。

イエス、罪を赦す

四〇　聖霊の驚嘆すべき働きによって、全世界にゆきわたり多種多彩ではあるが単一なものとして結び合わされているこの聖なる教会において、位階制の頂点として大祭司であるキリストが統治しています。キリストは、天上の国に似た驚嘆すべき秩序をもって、霊の賜物を分け与えることで教会の内に様々な身分の役務を割り当てます。教会の中で「聖なる者たちを完成へと導き、キリストの体を造り上げるために、ある人を使徒、ある人を預言者、ある人を福音宣教者、ある人を牧者、教師となさいました[15]」。

また、聖霊の七重《ななえ》の恩恵に則して、諸々の病に対する七つの薬剤のようなものとして七つの秘跡をも与えてくださいました。これらの秘跡を執り行うことを通して、成聖の恩恵を与えてくださり、諸々の罪を赦してくださいました。信仰の内に、そしてこの聖にして母なる教会との一致の内になければ、それらの罪は決して赦されることはありません。

火による苦悩によって諸々の罪は浄められるものです。それ故、神は教会の頭《かしら》であるキリストを受難の潮流にさらされたように、キリストの体、つまりキリストの教会もまた代《よ》の終わりまで、試練と浄化のために苦悩にさらされることを神はよしとされました。こうして族長たちも、預言者たちも、使徒たちも、殉教者たち、証聖者たち、童貞者（処女）たちも、そして神によみされたすべての者もまた、多くの艱難の中にあっても信仰を保持し続けたのです。そして、キリストの選ばれたすべての肢体もまた、裁きの日までこのように過ごすことになるのです。

（1）使一・9、ルカ二四・50–51。（2）詩六七・19。
（3）ミカ二・13。（4）エフェ二・19。（5）詩六七・34。
（6）詩一七・11。（7）ヘブ九・24。（8）ヘブ七・24–25。
（9）ロマ八・32。（10）使一・14、二・1–2。（11）使二・3。
（12）使二・4。（13）詩四四・15。（14）雅六・3。
（15）エフェ四・11–12。

(a) アンセルムス『瞑想』9。
(b)『ローマ聖務日禱書』使徒共通、三夜・一交。

第十一の果実

審判の公平

イエス、真実の証人

四一 心に隠されたものを神がお裁きになる来るべき裁きの時に、「審判者の御顔の前を火が進みゆき[1]」、ラッパを持った天使たちが遣わされ、選ばれた者たちが天の四つの風向きから集められるでしょう[2]。墓所に［葬られて］いる者たちは皆、神の命令の力によって復活して、すべての者がその裁きの座の前に立つでしょう[3]。その時、闇の中に隠されていたことは明るみに出され、その時、心の企ては明らかにされるでしょう[4]。その時、［人々の］良心の諸々の書がひもとかれ、「命の書」と呼ばれる書物も開かれるでしょう[5]。この時、同時に、また一瞬にして、すべての人のすべての隠し事が全く自明な確実さのうちにすべての人にさらけ出されるでしょう。それは、キリスト［の名］において語ると同時に、それぞれの良心がそろって証言する真理の証言に対して、否定したり弁明したり、あるいは釈明したり逃げ口上を述べたりする余地は全く残されていないほどに明らかなものなのです。ですから、それぞれの人が「自分が行ったことに応じて」報いを受けることになるでしょう[6]。

「ですから、大きな必然性が正直であらねばならないと私たちに強いるのです。すべてを見ておられる審判者のみ前で私たちはすべてのことを行っているからです[a]」。

イエス、怒る審判者

四二 全能の神の御子のしるしが雲のうちに現れ[7]、天の勢力が喚起され、全地の大騒動にこの世の大炎上が加わり、義しい人々は皆右側に、不敬な者たちは皆左側に集められる時、宇宙の審判者は排斥せねばならない人々に対して怒っているように見うけられるでしょう。その人々は、「山と岩に向かって、『私たちの上に覆いかぶさって、玉座に座っておられる方の顔と小羊の怒りから、私たちをかくまってくれ』と言う[8]」ほどです。実に、［主は］「正義を胸当てとして着け、断固たる裁きを兜《かぶと》としてかぶっており、公正を打ち負かされることのない楯として持ち、激しい怒りを鋭い槍とし、全地は主と共に愚かな者どもに戦いを挑む[9]」のです。ですから、大胆不敵にも万物の創始者に対して戦いを挑む者たちは、神の正しい裁きによって、すべてのものによって攻略され打ち負かされるのです。

「この時、上には怒る審判者が現れ、下には恐るべき混沌であるところの陰府が口を開けるでしょう。右には諸々の罪の告発、左には数知れぬ悪霊ども。このように取り囲まれた罪人は、いったいどこへ逃れたらよいのでしょうか。もちろん、身を隠すことは不可能でしょうし、身をさらけ出すことは耐え難いことでしょう。『正しい人がやっと救われるのなら、不信心な人や罪人はどこに身をさらしたらよいのでしょうか(10)(b)』」。「ですから、主よ、あなたの僕を裁かないでください(11)」。

イエス、輝かしい勝利者

四三　永遠の火によって焼き尽くされるという咎人どもに対する断罪の判決が下され、イエス・キリストに敵対する者たちが皆「毒麦の」束のように集められると、全能の神の力は彼らを霊肉ともども貪欲極まりない炎に投げ出します。彼らは決して燃え尽きることなく、永遠に燃やされ、苦しみ続けるのです。「彼らの責め苦の煙は代々《よよ》かぎりなく立ち上る(12)」のです。この時、「獣と偽預言者、そして獣の刻印を受けた者たちは火と硫黄の池に投げ込まれます(13)」。これは「悪魔とその手下のために用意されていた(14)」ものです。この時、選ばれた者たちは、自然本性的な死ではなく罰としての死によって死んだ「死体を見るために進み出るでしょう(15)」。この時、正しい人々は罪人たちの血でその手を洗うでしょう(16)。この時、ついに勝利に輝く小羊は、ご自分に敵対した者たちをご自分の足台とされるでしょう(17)。他方、「地の深きところへと追いやられた」不敬な者どもは「剣を持つ者の手に引き渡され、狐の餌食となるでしょう(18)」。この狐とは、その欺瞞によって彼らを誘惑した悪魔のことです。

イエス、華麗な花婿

四四　こうしてついに世界の面《おもて》がより良いものへと新しくされ(19)、「月の光は太陽の光のようになり、太陽の光は七倍になり、七つの日の光のようになる(20)」時、「聖なる都エルサレムが」、今や二重のストラをまとって「小羊との婚礼のために用意の整った着飾った花嫁のように天から下って来て(21)」、天の王宮の宮殿へと導かれるでしょう。そして、聖なる秘められた新婚の間へと導かれた彼女は、誓いをもって天の小羊と結ばれるでしょう。それは花嫁と花婿は「一つの霊となる(22)」ほどの結びつきです。そして、キリストは、選ばれた者たちのあらゆる美しさをあたかも「錦織の長い衣[23]」のようにまとい、あらゆる宝石をもって装われたかのように、その衣に包まれあらゆる美しさに装われて光り輝くでしょう。この時、甘美な結婚のほぎ歌が響き渡り、エルサレムのあらゆる町々においてアルレヤが歌われるでしょう。この時、「用意の整った賢い乙女たちは花婿と共に婚宴の席に入り、戸は閉められます[24]」。「平和の美しさの内に、信頼の幕屋の内に、豊かなやすらぎの内に住まうために[25]」。

（1）詩九六・3。（2）Ⅱテサ一・8。（3）ロマ一四・10。
（4）Ⅰコリ四・5。（5）黙二〇・12。（6）黙二・23。
（7）マタ二四・30。（8）黙六・16。（9）知五・18―20。
（10）Ⅰペト四・18。（11）詩一四二・2。
（12）黙一四・11、二〇・9。（13）黙一九・20。
（14）マタ二五・41。（15）イザ六六・24。（16）詩五七・11。
（17）詩一〇九・1。（18）詩六二・10―11。（19）詩一〇三・30。
（20）イザ三〇・26。（21）黙二一・10、一九・7。
（22）Ⅰコリ六・17。（23）創三七・3。
（24）マタ二五・1―2、10。（25）イザ三二・18。
（a）ボエティウス『哲学の慰め』五・6。
（b）アンセルムス『瞑想』2＋擬ベルナルドゥス、Tractatus de interior domo, 22。

第十二の果実

神の御国の永遠性

イエス、王、王の子息

四五　神の永遠の御国がどれほど気高く栄えあるものであるかは、それを支配している方の偉大さに沿って判断されなければなりません。といいますのは、王国が王を生み出すのではなく、王が王国を生み出すのだからです。ところで、ここに王がいます。この王の「衣と腿のあたりには、『王の王、主の主』という名が記されており[1]」、その「権能は永遠のもの、それは奪い取られることはありません[2]」。その王国は滅ぼされることなく、あらゆる種族、民族、言葉の違う民が永遠にこの方に仕えるでしょう[3]。まさしくこの方こそが「平和の王」であり、天と全地とはこの方の御顔を慕い求めるのです[4]。

おお、このいとも卓越した王の王国は何と栄光に満ちたものでしょう。そこではこの方と共にすべての正しい人々が支配しており、この王の律法は真理、平和と愛（caritus）、命と永遠なのです。この王国は支配する者が多数いることで分裂することなく、「多くの者がそれに」参与することで減少することなく、多くの者が集まっていることで混乱することなく、皆が平等でないことで秩序が乱れることなく、場所によって限定されることなく、活動によって変化することなく、時間によって計られることもないのです。

イエス、署名された書物

四六　王国の栄光が完全なものであるためにはただ卓越した権能が必要とされるのではありません。知恵に輝いていることも必要です。それは、王国の統治が不確かな意志の判断に任されることなく、過つことなく知恵の光からほとばしり出た永遠の律法の輝きに基づくためです。そして、この知恵はまさしくキリスト・イエスの内に書き記されています。キリストはあたかも、御父である神が「知恵と知識の宝のすべて[5]」をそこにお隠しになった「命の書」のような方です。そのため、創造されざる御言葉として神の御独り子は「知恵の書」であり、至高の巨匠の精神の内に生ける永遠の哲理をもって満ちている光なのです。息吹かれた御言葉として、「神の御独り子」は天使たちと幸いなる人々の知性の内に宿っておられます。受肉した御言葉として、「神の御独り子」は肉体と結ばれた理性的な精神の内に宿っておられます。こうして、あらゆる種とあらゆる光の美しさを収めた鏡から輝き出るように、そして神の深い神秘に基づいてすべてが書き記されている書から輝き出るように、神の多様な知恵がこの方から、そしてこの方の内に、御国全体にわたって輝きを放っているのです。

おお、このような書を見いだすことさえできたなら。その起源は永遠、その本質は不滅、それを知ることは命、そこに書かれたことは消されることはなく、それを省察することは慕わしいこと、その教えは容易で、その知識は甘美、その深さは計り難く、その言葉は名状し難く、ただ一つの言葉にすべてが込められています。まさしく、この書を見いだす人は「命を見いだし、主から救いを飲む[6]」のです。

イエス、光の泉

四七　この永遠の御国において、超本質的な（super-essentialis）光線である方、キリスト・イエスを通して、「最良の贈り物、完全な賜物は皆、諸々の光の「源である」御父から」溢れんばかりに豊饒に「下って来ます[7]」。「キリスト・イエスは」「ひとりであってもすべてがおできになる方」、ご自身で在り続けながら、「すべてを新たにされる方[8]」。まさしくこの方は、「全能の神の力と輝きの純粋な発露のようなものである」ので、この光線の泉には「汚れたものは何一つ」入り込むことはできないのです[9]。

　神に自らを奉献した魂よ、あなたはいかなるものであろうとも、生き生きとした憧憬をもって、この命と光の泉に駆け寄りなさい。そして心の奥底からの力をもって叫びなさい。「おお、いと高き神の近づき難い美しさよ、永遠の光のいとも清き輝きよ、あらゆる命を生かす命よ、あらゆる光を輝かせる光よ、最初の黎明よりあなたの神性の玉座の前で永遠の輝きの内に千の千倍の光の輝きを保つ光よ。おお、すべての死すべき者らの目には隠された泉から流れ出た、永遠の近づき難い、明るく甘美な光よ。その深さは底知れず、その高さは極みなく、その広大さは計り知れず、その清さは冒しえない[a]」。この泉から「神の都に喜びを与える[10]」「喜びの油[11]」の川と、火のように熱い活力の奔流が発します。喜びをもたらす陶酔にいたるまで、この「神の御心の奔流[12]」から飲んで天上の宴会に連なる人々は、絶えることのない賛歌をもって喜び歌うのです。

　この油によって私たちをくまなく塗油してください、この慕わしい奔流の滴りによって渇き切った心の干上がった喉を潤し力づけてください。そうすれば、「喜びと感謝の声[13]」をもってあなたに賛美の歌を歌えるでしょう。「命の泉はあなたのもとにあり、あなたの光の内に光を見る[14]」ことを体験を通して証ししつつ。

イエス、望まれた終末

四八　あらゆる願望の究極は至福にあることは確かです。この至福とは「あらゆる善が結集した完全な状態[b]」です。自然本性的な善はもとより無償の「賜物として与えられる」善、物質的な善はもとより霊的な善、一時的な善はもとより永遠の善といった「あらゆる」善の源泉であり起源である方と究極的に融合することによらなければ、誰ひとりとしてこの「至福の」状態に到達することはありません。その方は、自らご自身についてこう仰せになります。「私はアルファとオメガ、初めと終わりである[15]」。永遠に語られた御言葉を通してすべてのものは生ぜしめられるように、肉と一つに結ばれた御言葉を通して「すべてのものは」更新され、前進させられ、完成されるからです。まさしくこのため、ふさわしくも次のように言われているのです。人がそれによって救われうる「名は、天下にこの名の他、人間には与えられていないのです[16]」。

　ですから、すべてのものの目的・終極としてのあなたを私は信じ、希望し、「心を尽くし、精神を尽くし、魂のすべてをあげて、力を尽くして[17]」あなたを愛します。慕わしいイエスよ、「私をあなたの内に」取り込んでください。あなたただおひとりが満ち満ちておられ、あなたただおひとりが救ってくださり、あなたを求め、「あなたの御名を愛する者たち[18]」にとってあなたただおひとりが善なる方であり甘美な方だからです。「私の善きイエスよ、あなたこそ滅ぶべき者たちの贖い主、贖われた者たちの救い主、追放された者たちの希望、労苦する者たちの剛毅、心の乱れた者たちの精神の甘美な慰め、凱旋に連なる者たちの栄冠、天上のすべての住民のただ一つの報いであり喜び、いと高き神の著名な御子息、処女《おとめ》の胎の崇高な実り、あらゆる恵みのいとも豊饒なる泉、『私たちは皆、あなたの満ち満ちた豊かさから受けるのです[19][c]』」。

聖霊の七つの賜物をいただくための祈り

四九　ですから、私たちのために人となられ、十字架につけられ、栄光をお受けになられた御父の御独り子であられるあなたを通して、慈しみに満ちた御父に私たちは祈ります。満ち満ちた豊かさをもってあなたの上に「憩うておられた」七重《ななえ》の恵みの御霊[20]をその宝物殿から私たちにお遣わしくださいますように。「知恵の」御霊［をお遣わしください］。それによって、まさしくあなたご自身であられる「命の木」の果実、つまり、命をもたらす味覚を味わうことができますように。「理解」の賜物［をお遣わしください］。それによって、私たちの精神の洞察が照らされますように。「助言」の賜物［をお遣わしください］。それによって、あなたの御跡に従い真っ直ぐな小道を進み行くことができますように。剛毅の賜物［をお遣わしください］。それによって、襲い来る敵の暴虐を弱めることができますように。「知識」の賜物［をお遣わしください］。それによって、善悪を識別するために、あなたの聖なる教えの輝きで満たされますように。「慈愛」の賜物［をお遣わしください］。それによって、「憐れみの心を身につける[21]」ことができますように。「畏敬」の賜物［をお遣わしください］。それによって、あらゆる「悪を遠ざけ[22]」、あなたの永遠の威光の貴くも畏れおおい重圧にも泰然としていられますように。

　あなたが私たちに教えてくださった、あの聖なる祈りにおいて、まさしくこれらのことを私たちが願うことをあなたはお望みになられました。今や、あなたのいとも聖なる御名をたたえるために、これらのものを得ることができますように、あなたの十字架を通してお願いいたします。御父と聖霊と共にあなたに、栄誉と栄光、感謝、称賛と力が代々かぎりなくありますように。アーメン。

(1) 黙一九・16。(2) ダニ七・14。(3) 黙七・9。
(4) 代上二二・9、王上一〇・24。(5) コロ二・3。
(6) 箴八・35。(7) ヤコ一・17。(8) 知七・27。
(9) 知七・25。(10) 詩四五・5。(11) 詩四四・8。
(12) 詩三五・9。(13) 詩四一・5。(14) 詩三五・10。
(15) 黙一・8。(16) 使四・12。(17) マコ一二・30。
(18) 詩五・12。(19) ヨハ一・16。(20) イザ一一・2—3。
(21) コロ三・12。(22) ヨブ二八・28。
(a) アンセルムス『瞑想』9。
(b) ボエティウス『哲学の慰め』三・2。
(c) アンセルムス『瞑想』9。

神秘の葡萄の樹 あるいは主の受難についての考察

序

「私はまことのぶどうの木である……」(1)。

おお、イエスよ、惜しみなく寛大なぶどうの木よ、来てください。主イエス・キリストよ。あなたは「楽園の中央に植えられた命の木」(2)。その「葉は薬用になり」(3)、その果実は永遠の命をもたらします。いとも貞潔な処女《おとめ》なる御母である祝された若枝から萌出《もえで》た祝された花と果実よ(4)。あなたの他には知恵ある者は誰ひとりとしておりません。あなたこそ永遠の父の知恵であるからです。あなたこそ「知識(intellectus)のパンと知恵の水」(5)によって、私の無力で干からびた精神を甦らせることがおできになります。「ダビデの鍵」(6)よ、開いてください。隠されていた事柄が、私にとって明らかになりますように。「まことの光」(7)よ、光を放ってください。闇に包まれていたものが明らかにされますように。私を通してあなたご自身が明らかにされ、輝き出ることで、語る者も聞く者もともども永遠の命を有することができますように。アーメン。

(1)ヨハ一五・1。(2)創二・9。(3)エゼ四七・12。
(4)民一七・23。(5)シラ一五・3。(6)イザ二二・22。
(7)ヨハ一・9。

第一章

ぶどうの木の様々な特性

一 「私はまことのぶどうの木である」(1)。私たちの主イエス・キリストご自身の助けによって、この地上のぶどうの木の幾つかの特性について考察することにしましょう。それらによって、かの天上のぶどうの木の様々な特性をも把握することができるでしょう。自然本性的にぶどうの木に備わった様々な特性だけではなく、栽培のために外から用いられる様々な特性についても考察したいと思います。

二　まず初めに考察しなければならないことは、ぶどうの木というものは通常、挿し木されるのであって、種が蒔かれるのではないということです。ぶどうの木そのものから切り取られたものが植えられるのです。このことはイエスの受胎に関係しているように私には思われます。実際のところ、ぶどうの木から最初に生まれたぶどうの木は神から生まれた神、御父の御子、由来する方と共に永遠の方、同一本質の方（consubstantialis）だからです。しかし、より素晴らしい果実を実らせるために、大地に植えられたのです。つまり、処女《おとめ》マリアの内に宿られたのです。かつてのままであられつつも、それまで存在しなかったものとなられたのです。何と祝されていることでしょう、この土地は、すべての民族に対する祝福をもたらす土地は。まことに祝福されています、神が与えてくださった恵みによって、これほどの果実を実らせたのですから。この土地についてなのです、聖書が次のように述べているのは。「土を耕す人はいなかった。しかし、水が楽園から湧き出て、土の面《おもて》を潤していた(2)」。実際のところ、神の御子がそこに宿られるために、人がこの土地を耕すことはありませんでした。そうではなく、聖霊の水がこの土地を潤したのです。ですからこそ、「聖霊があなたに降り、いと高き方の力があなたを包む」と［聖書に記されているのを(3)］あなたは目にするのです。また、次のように［聖書に］記されています。「地が開いて、救い主を産み出すように(4)」。まさしく、この土地、つまり祝された処女《おとめ》マリアは、天使の言葉を信じ、それに従うという信仰を通して、開かれたのです。そして、救いをもたらすぶどうの木、つまり「永遠の命という初穂を惜しみなく与えてくださる(a)」私たちの救い主をお産みになったのです。——ですから、このようにして私たちのぶどうの木が明らかにされたのですから、ぶどうの栽培に特有な幾つかのことがこのぶどうの木にあてはめられるのです。

（1）ヨハ一五・1。（2）創二・5–6。（3）ルカ一・35。
（4）イザ四五・8。
（a）『ローマ聖務日禱書』聖アンドレアの祝日、朝課、第二朗読、答唱。

第二章

ぶどうの木の剪定

一　普通、果実を実らせるぶどうの木は剪定されるものです。これは身体的にも象徴的にも取ることができます。私たちの主イエス・キリストは割礼を施されましたが、この割礼を必要としたからではなく、ご自身のためではなく私たちのために苦しまれたこの方の苦しみによって私たちの苦しみを鎮めるためでした。また、傷つけられましたが、ご自身のためではなく私たちの苦しみを癒すためでした。

二　私たちのぶどうの木、つまりいとも愛するイエスの剪定を別の意味に取ることもできます。この「世の」生において持つことはできたが持たずにすませたすべてのものらは切り捨てられたということです。ですから、使徒「パウロ」がこの方について語っている次の言葉はこの剪定についてのことと取ったらよいでしょう。「神の姿形であった方が、ご自分を無にして、僕《しもべ》の姿形を取られた」[1]と「使徒パウロは」言っています。まさしく、この無にしたこと自体がある意味で剪定なのです。ぶどうの木が刈り込まれて小さくなるように、「まことのぶどうの木」である主イエス・キリストは、受肉において「天使たちよりも低い者（小さい者）とされます」[2]。それどころか、すべての人々の内でも卑しい者とされたのです。

三　どのようにしてでしょうか。辱《はずかし》めという小刀で栄光が、軽蔑という小刀で権能が、苦しみという小刀で快楽が、貧しさという小刀で富がこの方から切り取られたのです。では見てください、この剪定がどれほど多大なものであったかを。諸々の天の栄光のすべてが僕として仕える方、それだけではなくただ独り栄光そのものである方が、栄光を投げ捨てたかのように、僕の衣をまとい、屈辱を耐え、恥辱に包まれます。それは恥辱によって私たちを贖《あがな》い、かつての栄光を新たにするためです。地の下にあるもの、地にあるもの、天にあるものらが、その力ある指図に服するこの方が、このように「あらゆる人の中でも一番最後の者」[3]とみなされるまでに見捨てられました。飢え、渇き、暑さ、寒さ、無力さに服し、そして死そのものの責め苦さえも忌避しませんでした。「近寄り難い光の中にお住みになる方」[4]、「天使たちも見て確かめたいと願っていた方」[5]、その香りだけでも、今の世と自分自身を忘れさせ、全力でその方の後について走らせるまでに聖なる人々の心を酔わせる方が、かつて預言者を通して言われたことが成就したとはっきりと知ることができるまでに苦しみに服すのです。「道行くあなた方は皆、心して目を留めよ、よく見よ。私の痛みほどの痛みがあるだろうか(6)」［と預言者を通して仰せになります」。「この方の内に知恵と知識の宝はすべて隠れています(7)」。この方はすべての面で富んでおり、この方ただおひとりが何一つとして欠けることのない方です。自ら証ししておられるように、地上の狐や天空を飛ぶ鳥よりもずっと貧しいとみなされるまでに貧しい者となるのです。「狐には穴があり、空の鳥には巣がある。だが、人の子には枕する所もない(8)」と仰せになります。この方は誕生において貧しく、その生涯においてはさらに貧しく、十字架上では最も貧しい者であります。生まれたばかりの幼子としては処女《おとめ》の乳を糧として与えられ、粗末な布切れに包《くる》まれていました。その生涯においては衣こそまとってはいましたが、しばしば食べ物にこと欠く有様でした。死に際しては、渇きを癒すために「没薬と苦いものとを混ぜたぶどう酒(9)」が差し出されたにしても、裸で渇いているこの方を目にします。

四　最後に、恐れという小刀によって友人と隣人のすべてがこの方から切り離されました。ですから、「彼を慰める人は、彼が愛したすべての人の中にも誰ひとりとしていませんでした(10)」。この方は「ただひとりで酒ぶねを踏みました。諸国の民は誰ひとりこの方に伴いませんでした(11)」。この方は「嘲《あざけ》りに心を打ち砕かれ、苦しみを共にしてくれる人を期待しましたが、そのような人はおらず、慰めてくれる人も見いだせませんでした(12)」。よく見て考えてください。私たちのぶどうの木、いとも寛大で物惜しみされないイエスの剪定がどれほど多大なものであったかを。これほどまでに剪定されたぶどうの木が他にあったでしょうか。しかし、この剪定を慰めるのが、比類のない剪定に続く豊かな実りなのです。

(1) フィリ二・6―7。(2) 詩八・6、ヘブ二・7、9。
(3) イザ五三・3。(4) Iテモ六・16。
(5) Iペト一・12。(6) 哀一・12。(7) コロ二・3。
(8) マタ八・20。(9) マタ二七・34、48。(10) 哀一・2。
(11) イザ六三・3。(12) 詩六八・21。

第三章

ぶどうの木の回りを掘りめぐらすこと

一　さらにまた、ぶどうの木はその回りが掘りめぐらされます。この掘りめぐらすことは、待ち伏せしている者たちの欺瞞と理解することができます。現に、欺瞞によってある人を欺こうと企む者が落とし穴を掘るようなものだからです。ですから、［預言者は］嘆いて言うのです。「彼らは私の前に落とし穴を掘りました[1]」。しかし、「前にも後ろにも一面に目がある[2]」方、過去のことも未来のことも現在のことのように見通しておられる方に対して、いかなる欺瞞も隠しおおせることはありえません。これらの掘りめぐらすことの幾つかを実例をもって明らかにしたいと思います。福音書は次のように述べています。「［律法学者たちやファリサイ派の人々は］姦通の現場で捕らえられた女を連れて来て」、［イエスに］言った。「こういう女は石で打ち殺せと、モーセは律法の中で命じています。ところで、あなたはどうお考えになりますか[3]」。見てください。まことのぶどうの木に対する落とし穴を。これらの落とし穴をもって、邪悪な農夫たちは、私たちの祝されたぶどうの木、いとも甘美な主イエスの回りを掘りめぐらしたのです。それはぶどうの木の生長を促すためではありません。枯れさせるためです。しかしながら、彼らの意図は逆の結果に終わりました。回りが大きく掘りめぐらされました。そして、憐れみという樹液が私たちのために流れ下ったのです。

二　邪悪な農夫たちが掘りめぐらした落とし穴のすべてを数え上げるとすれば非常に長いものとなるでしょう。彼らはこの方のあらゆる言葉と行いとを誹謗しようと企んでいたのです。ところが、どんなに掘りめぐらしてもぶどうの木を痛めつけることができず、かえって掘りめぐらした者たち自身が自分たちの掘りめぐらした落とし穴に陥ってしまったことがわかりました。そこで、他の木々を徹底的に枯れさせてしまう時のように、ぶどうの木の回りを掘りめぐらすのではなく、ぶどうの木そのものに穴を穿《うが》とうと努めたのでした。こうして、彼らは両手だけでなく両足にも脇腹にも穴を開け刺し貫き、凶暴なる槍をもって、いとも聖なる御心の奥深くまでも刺し貫いたのでした。しかし、その御心はすでに愛の槍をもって刺し貫かれていたのでした。この方は仰せになります。「あなたは私の心を傷つけた、私の妹よ、花嫁よ。あなたは私の心を[4]」。いとも愛するイエスよ、「あなたの花嫁、あなたの妹、あなたの愛した者が」あなたの心を傷つけたのです。敵意をもつ者たちによってさらに傷つけられる必要があったのでしょうか。敵意をもつ者たちよ、いったい何をしようとしているのか。いとも甘美なイエスの御心はすでに傷ついているとすれば、いえ確かに傷ついているというのに、どうして第二の傷を加えるのか。それともあなた方は知らないのか、一つの傷を負うだけで心は死んでしまうものであり、ある意味で無感覚になってしまうことを。いとも愛すべき私の主イエスの御心は死んでしまわれました、傷つけられたからです。花婿であるイエスの御心は愛の傷を負ったのです、愛の死を負ったのです。いったいどうして別の死が入りこめましょう。「愛は死のように強い[5]」のです。いえ愛は死よりもずっと強いのです。第一の死、つまり多くの死んだ人々への愛が心という住居《すまい》から追い払われることはありえません。侵し難いその御傷によってそれをご自分のものとされたからです。力の等しい二人の人が戦うことになり、一人は家の中に、もう一人は家の外にいるとすれば、家の内にいる人の方が勝利を収めることを疑問視する人が誰かいるでしょうか。よく考えてみてください。心を住居《すまい》とし、愛の傷によって死ぬ愛の力がどれほど偉大なものであるかを。しかし、これは主イエスに限ったことではありません、この方の弟子たちの場合もそうなのです。ですから、主イエスの御心はすでにずっと前から傷ついておられたように、彼らは「私たちの故に、ひねもす殺される者となり、屠《ほふ》るための羊と見なされているのです[6]」。こうして肉体的な死が近づき、しばしの間勝利を収めました。しかし、それは永遠に征服されるためでした。

三　ところで、私たちはすでにいとも愛すべき主イエスの御心に辿り着き、「私たちがここにいるのは、素晴らしいこと[7]」なのですから、「あなたを離れ去る者は地の内に記される[8]」と記されている方から引き離されるのは容易なことではありません。では、あなたのもとに近づいた人々はどうなるのでしょうか。私たちはあなたのもとに近づき、あなたの御心を「思い巡らしつつ、あなたの内で喜び楽しみましょう」。ここ、御心の内に「住むことは何と素晴らしく心地よいことでしょう[9]」。最高に素晴らしいイエスよ、あなたの御心は、あなたの肉体という畑を掘り返して見いだした素晴らしい宝、高価な真珠[10]です。いったい誰にこの真珠を投げ捨てることができるでしょうか。むしろ、私はすべての真珠を差し出し、私の考えや意向を変え、この真珠を買うのではないでしょうか。善い方であるイエスの御心に、私のあらゆる思いを委ねるなら、この御心は欺くことなく私を育んでくださるでしょう[11]。

四　「この神殿[12]」、この至聖所、この契約の櫃《ひつ》「に向かって、私はひれ伏し[12]」、「主の御名を賛美するでしょう[13]」、ダビデと共に「私の神に祈るための私の心を見いだしました[14]」と言いつつ。王であり主であり、私の兄弟、そして私の友であるいとも慈しみ深いイエスの御心を私は見いだしたのです。それなのにどうして祈らないことがありましょう。もちろん、私は祈るでしょう。あえて申しますが、実際のところ、この方の御心は私の心でもあるのです。当然ながら、キリストが私の頭《かしら》である[15]とすれば、私の頭《かしら》に属するものが私のものでないことがどうしてありえましょう。ですから、私の両目がまさしく私の肉体的な頭に属するように、私の心も私の霊的な頭に属するのです。ですから、よく考えてみてください。イエスと共に一つの心を有しているということは、私にとって何と素晴らしいことでしょう。しかし、どうして驚くことがありましょうか。「信じた人々の群れは一つの心を共有していた[16]」というのに。いとも甘美なるイエスよ、あなたと私の一つのこの心を見いだしたのですから、私は私の神であるあなたに祈るでしょう。私の祈りを聖なる聴聞の場でお聞き入れください。いえむしろ、私のすべてをあなたの御心の内に引き入れてください。たとえ私の数々の罪による歪みが私を妨げるとしても、その御心は計り知れない愛によって広げられ大きくされており、あなたただおひとりが「汚れた種子によって懐胎されたものを清いものとすることがおできになる[17]」のですから。おお、すべてにまさって美しい方、「私の咎《とが》をことごとく洗い、私の罪から清めてください[18]」。それによって私は、あなたによって清められたものとして、いとも清い方であるあなたのもとに近づくことができ、「生涯毎日」あなたの御心の内に「住み[19]」、「御旨を知り」かつ「行う[20]」ことができるでしょう。

五　あなたの脇腹が刺し貫かれたのも、私たちのために入り口が開けられるためです。あなたの御心が傷ついたのも、私たちが外界の喧騒を逃れて、このぶどうの木の内に住むことができるためです。とはいえ、私たちが目に見える傷によって目に見えない愛の傷を見るためにこそ傷ついたのです。まさしく熱烈に愛する者は、愛によって傷つけられるのです。肉体だけでなく、御心そのものまでもが槍によって傷つけられることを甘んじてお受けにならなかったとしたら、いったいどのようにしてこの熱火を明らかにすることができたでしょうか。ですから、肉体における傷は霊における傷を明らかにしているのです。先に引用しました聖書の箇所はこのことをみごとに指摘しているのです。そこでは、二度にわたって、「あなたは傷つかれました」と言われています。いずれの傷の原因も妹ならびに花嫁にあります。「あなたの愛の渇望によってあなたが私を傷つけ、さらには兵士の槍によって私は傷つけられた」と花婿ご自身がはっきりと語っているとおりです。実際のところ、友のために自分の心が傷つけられるのを甘んじて受け入れる人は、それに先立ってその友への愛による傷を負っているのではないでしょうか。だからこそ言うのです、「あなたは私の心を傷つけた、私の妹、花嫁よ、あなたは私の心を傷つけた[21]」。しかしどうして「妹」であり「花嫁」なのでしょうか。妹あるいは花嫁といういずれかの身分だけでは愛する花婿の愛情を充分明らかにすることはできないということでしょうか。さらに、どうして「花嫁」であって「妻」ではないのでしょうか。教会にせよ信ずる人の魂であれ、自分の花婿であるキリストのために数々の善行からなる子孫を日々産み続けているというのに。簡単に答えたいと思います。花嫁たちは、最近結婚したばかりの場合のほうが、歳月を経て、愛そのものが安定したものとなっている場合よりも熱烈に愛されるものです。ですから、私たちの花婿は、歳月によって衰えることのない、ご自分の愛の卓越性を悟らせるために、ご自分の愛する者を「花嫁」と呼ぶのです。この方の愛は常に新しいものだからです。

六　しかし、花嫁たちは肉体的にも愛されるものですから、私たちの花婿の愛に肉体的なものがあると思われないため、ご自分の花嫁を「妹」と呼ぶのです。姉妹が肉体的に愛されることは決してないからです。ですから、「あなたは私の心を傷つけた、私の妹、花嫁よ」と仰せになるのです。あたかも、「私はあなたを花嫁として極みまで愛しているし、妹として貞潔に愛しているので、私の心はあなたの故に傷ついている」と仰せられているかのようです。誰がこれほど傷ついたこの御心を愛さずにいられるでしょうか。誰がこれほど愛する御心の愛に報いずにいられるでしょうか。誰がこれほど貞潔な御心を抱きしめずにいられるでしょうか。この相互の愛によって傷ついて、「私は愛によって傷ついています[22]」と叫ぶ花嫁は、傷ついた御心を心の底から愛しているのです。「愛する方に伝えてください。私は愛によって病んでいると[23]」と言う花嫁は愛する花婿の愛に愛をもって報いているのです。ですから、私たちはまだ肉体の内に留まっていますが、できうるかぎり、愛する方の愛に愛をもって報いましょう。私たちの傷ついた方を抱きしめましょう。非道な農夫たちがこの方の「両手と両足」、脇腹と御心「に穴を穿ったのです[24]」。祈りましょう。まだ頑なで悔い改めることのない私たちの心が、この方の愛の絆によって固く結ばれ、この方の愛の槍をもって傷つけられるにふさわしいものとなれますように。アーメン。

(1)詩五六・7。(2)黙四・6。(3)ヨハ八・3、5。(4)雅四・9。(5)雅八・6。(6)詩四三・22。(7)マタ一七・4。(8)エレ一七・13。(9)雅一・3。(10)マタ一三・44–46。(11)詩五四・23。(12)詩五・8。(13)詩六八・23。(14)王下七・27。(15)エフェ四・15。(16)使四・32。(17)ヨブ一四・4。(18)詩五〇・4。(19)詩二六・4。(20)詩一四二・10。(21)雅四・9。(22)雅二・5。(23)雅五・8。(24)詩二一・17。

第四章

ぶどうの木は縛られること

一　ぶどうの木は縛られます。私たちのぶどうの木の枷《かせ》を目にしていない人が誰かいるでしょうか。それについて考えてみましょう。私の思いますには、第一の枷は「従順」です。まさしく「死に至るまで、それも十字架の死に至るまで」御父に対して「従順でした[1]」。マリアとヨセフとに対して従順でした。「彼らと一緒にナザレに行き、彼らに対して従順であった[2]」と記されているとおりです。また、この世の審判者たちに対しても従順でした。神殿税を納めています[3]。――第二の枷は処女《おとめ》の胎でした。「天が掌握できない方を、あなたはその体内に宿された[a]」のです。――第三の枷は「飼い葉桶」でした。「幼子は狭い飼い葉桶に置かれて泣いていた[b]」とあるとおりです。――第四の枷は、捕らえられた時に縛られた縄です。「敵意をもつ人々がイエスに手をかけて縛り上げた[4]」のです。おお、「王の王、主の主[5]」よ。どんなかかわりがあるのでしょうか、あなたと枷との間に。そもそもぶどうの木が縛られるのは地に倒れないためであり、あるいは果実がつぶれたり傷ついたりしないためです。しかし、あなたの果実は損なわれるようなものではありません。では、いったいどうして縛られるのでしょうか。これについてはアレクサンデル王がみごとに語っています。先が鉤《かぎ》状になった矢で射られた時のことです。ほんの少しの動きでも死を招きかねないので、抜き取られるまで縛りつけてもよろしいかと請われました。これに対して、王は次のように答えたのです。「王が縛られるのはふさわしくない。王の権能は常に拘束されることなく完全無欠でなければならない[c]」と。おお、「神々の神[6]」よ。すると、あなたの自由と権力は何と多大な拘束を受けたことでしょう。何としたことでしょう、ただひとり自由な方であるあなたが数多《あまた》の枷によって縛りつけられるとは。ただひとり縛ったり解いたりする権能を持っているあなたが縛りつけられるとは。しかし、慈しみの故に、あなたは縛りつけられたのです。それは、私たちを悲惨な状態から解き放つためでした。おお、何と残虐なことでしょう。それらによって温和極まりない小羊であるあなたを縛りつけた残虐極まりない人々の枷は。主イエスよ、私は精神の目をもって見ています。今私にできるのはこうすることだけです。あたかも強盗のように荒い縄で縛られて、祭司長の審判へ、次いでピラトのもとへと引き立てられていかれるのを。私はそれを目にして、恐れおののいています。まず初めにあなたの御心の内で愛の縄目によって自らを縛り上げられたからこそ、物質的な枷を科すためにやすやすと連行することができたのだとはっきり知っていなかったなら、驚いて卒倒してしまったことでしょう。おお、善きイエスよ。強い力をもって私たちの数々の枷を粉砕してくださったあなたの数々の枷に感謝いたします。

二　第五の枷は、鞭打たれた時に、柱に［イエスを］縛りつけた枷です。他方、その御体に巻きついた鞭そのものをも枷と呼ぶことができるでしょう。しかし、残虐で冷酷で不当なものではありましたが、これらの鞭という枷を私はうらやましく思っています。あなたのいとも聖なる御体に触れるという栄誉に浴したのであり、あなたのいとも清い御血にたっぷりと浸されたからです。おお、善きイエスよ。言い伝えられているように[d]、現在まで赤い痕跡が残っているまでに、柱は血しぶきにまみれたほど、この鞭打ちにおいてあなたの血は大量に注ぎ出されたとすれば、あなたの御体を引き裂いた鞭そのものにはどれほど多くのあなたの御血が染みついたことでしょう。よく考えてみてください。ぶどうの木が棒杭に縛りつけられることは、イエスが縛りつけられたことに何と似ていることでしょう。棒杭によって示されるのは、主が固く縛られた柱以外のいったい何でしょうか。ぶどうの木が棒杭に固く縛られるように、キリストは柱に固く縛られるのです。

三　第六の枷はあの茨の冠です。それは、多大な過酷さをもって［キリストの］大切な頭を圧迫し、あまたの棘の跡を刻みつけ、そこら中から血を滴らせています。私の思いますには、ユダヤ人が吐きかけた唾がまだ乾いてもいないその貴い御顔をその血潮が濡らしています。この枷の何と残酷だったことでしょう。栄誉を愚弄する飾りがもたらす責め苦が侮辱に満ちたものであることがわかります。おお、「栄光に輝く王[7]」、善きイエスよ、あなたへの信仰を表明するすべての人、あなたに従うすべての人、あなたのために戦うすべての人、あなたによって勝利を得るすべての人、あなたの内に留まるすべての人の冠よ、これほどの屈辱に満ちた辱めの枷をあなたに被せたのはいったい誰なのでしょう。ご覧ください、あなたの大切な頭と顔は辱めに覆われています[8]。冠をつかって邪《よこしま》で曲がった世代[9]によってあなたに嘲りの栄誉が帰されます。しかし、茨の棘によって現実の苦痛が加えられます。あなたの内で辱めと苦痛が拮抗しています。どちらのほうがあなたをより多く苦しめているのか私にはわかりません。嘲りの冠と茨の棘がささる痛みとが襲いかかります。ですから、「出てきなさい、シオンの娘たちよ、王冠をつけたソロモン王を仰ぎ見なさい。その王冠は、王の婚礼の日に、王の御心の喜びの日に、母君がいただかせたもの[10]」。自らをシオンの娘、つまり教会の娘と表明するすべての魂は、世俗の思い煩い、空しい思いから離れて、観想を通してソロモン王、つまりイエス・キリストを見てください。「私たちの平和である[11]」この方は、神と人との間の不和を取り去って、友愛をもたらしてくださいます。

信仰篤い魂よ、この方をよく見てください。王冠をつけていますが、それはこの方の母、つまり会堂《シナゴグ》、ということはユダヤの民が被らせたものです。何と冷酷な母でしょう。あなたの善良なこの息子が、茨の枷に囲まれるほどのどんな罪を犯したというのですか。この方こそ、あなたの「足枷からあなたを解放し、うずくまっている人を起こし、みなしごとやもめを」慰め励ます方なのです[12]。このような方が枷で拘束されるに値したというのですか。まさかこれが、この方の婚礼のためにあなたが用意した贈り物、手土産というのですか。まさしく婚礼の日は第一の日なのです。つまり、憤怒と侮辱の日、艱難と苦難の日、迫害と苦悩の日、枷と死の日であるということです。この婚礼の日はそのような日でした。信仰篤い魂よ、これが「人の子らの誰よりも美しい[13]」あなたの花婿があなたと結婚するために支払った嫁資だったのです。そして今日、花婿として自ら進み出ます[14]、黄金や宝石の冠ではなく茨の冠をかぶって。嘲笑の深紅の衣が欠けていたのでもありません。実際、彼らは「この方に赤い外套を着せた[15]」のでした。もっとも、この方ご自身、その御体という衣を、大量に流れ出たご自身のいとも聖なる御血によってすでに真っ赤に彩っておられました。深紅の布は二度にわたって染め上げられますが[16]、この方の御体は二度ではなく、三度にわたって血潮によって染め上げられたのでした。おお、花嫁よ、ご覧なさい、あなたの花婿を、「血の」汗によって、鞭打ちによって、十字架につけられて赤く［血まみれに］なっているあなたの花婿を。精神の目を上げなさい、そしてご覧なさい、これがあなたの花婿の下着かどうか。ご覧なさい、残虐な野獣、凶暴な犬、ユダヤの民がこの方に噛みつくのです[17]。残虐な野獣があなたの息子、あなたの兄、あなたの花婿を刑に処すのです。これを目にして悲しまない人が誰かいるでしょうか。涙と悲嘆をこらえることのできる人が誰かいるでしょうか。イエスのために喜ぶことは愛に適ったことであるように、愛に適ったイエスのために泣くことは愛に適ったことなのです。

四　第七の枷は、十字架に縛りつけた枷で、これは鉄でできていました。この枷は他のものらよりもずっと強力で、残酷なものでした。いとも聖なる両手と両足の関節を引き裂いただけでなく、情愛に満ちた魂を清浄極まりない肉体という住居《すまい》から引き離したからです。――さあ、「出てきなさい、シオンの娘たちよ、仰ぎ見なさい[18]」。私たちの平和の［王］が私たちの平和のために戦われ、戦いに倒れるのを。ご覧なさい、私たちの命の創始者が私たちのために死の門をくぐるのを。それは、私たちを命の道へと呼び戻すためです。ご覧なさい、残酷極まりない枷、鉄の釘が残忍にも両手と両足を貫いているのを。その両手と両足は常に救いのために整えられており、地上で私たちの救いを実現していたのです[19]。ご覧なさい、私たちのパンへと切り刻まれた［十字架の］木を[20]。このパンは真っ白なパン、美味なパン、「天から降ってきた天使のパン[21]」です。それは糧としてご自身を私たちに与えてくださるため、絶えざる労苦に服している私たちの魂を他の糧ではなくご自身によって力づけてくださるためです。私たちのために受肉されましたが、それは私たちの肉体にご自身を変容させるためではなく、私たちをご自分の霊へと変容させるためでした。ですから、親愛なる皆さん、ご覧なさい。全く自由で善良極まりない私たちの花婿が、どのように縛りつけられ、どのようにして「犯罪人の一人に数えられた[22]」かを。私たちの命が死ぬのです。ご自身のためにではありません。私たちのために［死ぬ］必要があったのです。このような枷に縛られながら死んでゆかれる方に涙の川を献げなさい。この方ご自身がまず先に私たちのために涙を流されたからです。［十字架に］かかった方のもとにたたずみなさい。よく考えなさい、よく見なさい[23]。何と苦渋にみち、何と恥辱にみちた死をもってこの方が処刑されるかを。この方は依然として苦しみに耐えておられ、誰か共に苦しんでくれる人はいないか、慰めを与えてくれる人[24]、血潮をぬぐってくれる人、目を閉じさせてくれる人、縛りつける釘を抜いて、布切れではなく心という「きれいな亜麻布」[25]で、「十字架から」下ろされた「体」を包み、涙を流す幸いな婦人たちと共に涙を流しつつ墓所へと同行してくれる人を誰か見いだすことができるか思い巡らしておられます。

五　ですから、幸いなるパウロの勧めに従って、私たちの花婿、善い方、それも最高に善い方であるイエスと共に、十字架と数々の枷という辱めを共に担い、「宿営」、すなわち、この世の様々な欲望「の外に出て行きましょう[26]」。「頭が十字架につけられているのに、体の一部が甘やかされたものであってはならない[e]」し、頭と共に苦しまなかった体の一部は自分が頭の体に属していることを明らかにしないからです。

　ですから、善い方でありいとも愛すべきイエスの受難における数々の枷によって私たちも縛りつけられましょう。そうすれば、私たちもこの方と共に愛の枷によって縛りつけられることができるでしょう。この方ご自身が愛の枷によって縛られた方として、受難の枷を引き受けるために天から地上へと引き寄せられたのです。そして逆に、地上から天へと引き上げられることを願う私たちは、まず初めに、受難の数々の枷によって私たちの頭《かしら》と結び合わされなければなりません。そうすれば、それによって愛の枷にまで辿り着いたものとして、私たちはこの方と共に一つになることができるのです。

(1) フィリ二・8。(2) ルカ二・51。(3) マタ一七・24。
(4) マタ二六・50。(5) Ｉテモ六・15。(6) 詩四九・1。
(7) 詩二三・8。(8) 詩六八・8。(9) マタ一七・17。
(10) 雅三・11。(11) エフェ二・14。(12) 詩一四六・7―9。
(13) 詩四四・3。(14) 詩一八・6。(15) マタ二七・28。
(16) 出二五・4、二六・1。(17) 創三七・32、33。
(18) 雅三・11。(19) 詩七三・12。(20) エレ一一・19。
(21) ヨハ六・33。(22) ルカ二二・37。(23) 詩四五・11。
(24) 詩六八・21。(25) マタ二七・59。(26) ヘブ一三・13。
(a) 『ローマ聖務日禱書』降誕祭の朝課、第二朗読、答唱。
(b) 『ローマ聖務日禱書』受難の主日の朝課賛歌。
(c) クルティウス・ルフス『アレクサンデル大王伝』九・5。
(d) ヒエロニムス『手紙』一〇八・9。
(e) ベルナルドゥス『諸聖人の祭日の説教』五・9。

第五章

ぶどうの木そのものとの類似、まず第一にキリストの御体

一　これまでぶどうの木の栽培に関わる事柄を外側から見てきましたが、ここで、ぶどうの木そのものについて考察することにしましょう。私たちの真のぶどうの木、私たちの主イエス・キリストとのその類比を通して、よりふさわしく、より近くから［主キリストを］観想することができるでしょう。――ぶどうの木の幹全体は他の樹木や灌木類に比べると不格好であるように見うけられます。全く無益で捨て去られるだけで、他のことのために役立てられることもないように思われます。さて、このことは何を意味しているのでしょうか。地上のぶどうの木の体は、私たちのぶどうの木である主イエスの御体を意味しているはずです。ところが、「人の子らの誰よりも美しい[1]」と記されている方の美しさとこの不格好さとは全く一致しないように思われます。しかしながら、イザヤの言葉に耳を傾けましょう。「見よ、私たちは彼を見た。彼には輝かしい風格も、好ましい容姿もない。彼は軽蔑され、人々に見捨てられ、多くの痛みを負い、病を知っている。彼は私たちに顔を隠し、私たちは彼を軽蔑し、無視していた。そこで、私たちは思った、彼はレプラを患った者、神に打たれた者、卑しめられた者と[2]」。ご覧なさい、このように預言者によって描写されているのです。

二　しかし、私たちはすでに受難の効果に浴しています。ところで、［主が］亡くなられた日、その一日だけを受難と言うのではありません。私たちは［主の］全生涯を受難と言うのです。まさしくキリストの全生涯が模範であり証し（殉教）であったのです。ここでは短く述べますが、瞑想のおりにはゆっくりと省察したいものです。その節制においてどれほど貧しいものであられたことでしょう。徹夜がどれほど続いたことでしょう。どれほどしばしば祈り、どれほどの難儀に耐え、どれほど額に汗されたことでしょう。「村から村へと巡り歩きながら、至るところで福音を告げ知らせておられた[3]」時、どれほど忍耐強かったことでしょう。「生きたパン[4]」、「永遠の命に至る水がわき出る泉[5]」であるこの方がどれほどしばしば飢え渇きに苦しまれたことでしょう。その後「空腹を覚えられた」四十日間の断食[6]を考えてみましょう。荒れ野から人々のもとに戻って来るこの方に駆け寄りましょう。この方の優しい御顔を

仰ぎ見るために。

三　ついには最後の日の苦闘に辿り着きましょう。そしてその時こそ、その御体が見苦しいものとなった理由を知らずにはいられないでしょう。ですから、「［イエス］の魂はひどく恐れ、もだえ始め、死ぬばかりに悲しまれた[7]」と自ら証言しておられる箇所から、私たちの考察を始めることにしましょう。息も絶え絶えとなり苦悶する五体から血の汗が流れ出ました。あまりにも大量でしたので、体を濡らしただけでなく、滴《しずく》となって地面に落ちたほどでした[8]。さらに進んで、その恐ろしい夜の出来事を一つひとつ順を追って見ていくことにしましょう。どのようにして捕らえられ、縛られ、連行され、小突き回され、目隠しされ、唾を吐きかけられ、拳骨や平手で殴られ、茨の冠をかぶせられ、深紅のマントを着せられ、尊敬ではなく嘲りの言葉と動作で愚弄され、葦の棒で打たれ、白い衣を着せられて嘲笑され、残酷な鞭で体を引き裂かれ、ご自分のかかる十字架を背負わされ、まもなくこの方を担うことになる十字架をまずご自身で担うかを見ていきましょう。このようなイエスをじっくりと思い巡らしてください。心地よいところがどこにあるでしょう。その御姿にどんな美しさがあるでしょう。このように殺戮された御体に外観の美しさを捜す人が誰かいるでしょうか。

四　さて、最後の出来事に辿り着きます。いとも愛すべき主イエスは裸にされます。どうしてでしょうか。いとも清らかな御体が見苦しいものとなっていることをあなたが見ることができるためです。だからこそ、善い方、それも最高に善い方であるイエスはこうして裸にされるのです。ああ、何と悲しいことでしょう。主が裸にされます。代々《よよ》に先立って支配し、「美と力とを身に帯びている[9]」主が。「誉れと美とをまとい、衣のように光を身に帯びている[10]」と私たちが歌う主が。主は「世界と人々にとって見せ物、そして恥ずべきもの」となります[11]。多くの人にとって驚きの的《まと》[12]、民々の間で頭を振って侮《あなど》るもの[13]であるかのように。私たちの頭《かしら》、私たちの喜び、私たちの誉れ、善い方であるイエスが。しかし、どうしてここで立ち止まるのでしょう。十字架の上に掲げられるのです。両手と両足に穴を開けられるのです。血が流れ出ます。私たちの仲介者は「私たちが滅びることのないように」、御父の「怒りをそらすために破れを担って」御父の「み前に立っておられます[14]」。そしてたとえ全身はこなごなになっていようとも、精神は挫けることはありません。善意を持ち続けしっかりと立っておられます。おお、このようなあなたを私は見つめております。甘美なるイエスよ。おお、いとも甘美でいとも愛すべき、善きイエスよ。これほど残酷な死へとあなたを導いたのはいったい誰なのでしょうか。私たちの古い数々の傷をただひとり癒す救い主よ。最も残酷であるだけでなく最も恥ずべきこれらの傷を耐え忍ばれるまでにあなたを引き寄せたのはいったい誰なのでしょうか。おお、いとも甘美なぶどうの木である、善きイエスよ。「あなたがエジプトから移した[15]」あなたのぶどうの株は、このような実りをあなたにもたらしました。あなたの婚礼のこの日まで、忍耐強く「ぶどうが実るのを待っておられました」が、「実ったのは茨でした[16]」。まさしく茨があなたの冠となり、茨があなたを取り囲みました。ご覧ください。かつてはあなたのものでしたが、今はあなたのあずかりしらぬものになってしまったぶどうの木は、どれほど苦く冷酷なものになってしまったことでしょう[17]。まさしく、あなたを否定したのです、「私たちには、皇帝の他に王はありません[18]」と叫んで言って。

五　ですから、ぶどう園、つまり都市もしくは共同体の外へあなたを投げ捨てた後、不敬な農夫たちはあなたを殺してしまったのです[19]。それも直《す》ぐ殺したのではありません。十字架刑という長い責め苦を科し、鞭打ちと釘による多くの傷によって憔悴させた後に殺したのでした。おお、善きイエスよ、何と大勢の人があなたを責め立てたことでしょう。あなたのお父上があなたを責め立てられます。御父は「私たちすべてのために、その御子」、つまりあなた「をさえ惜しまず死に渡された[20]」のです。あなたもあなた以外には「誰もあなたから奪い取ることはできない[21]」「ご自分の魂を死に渡して[22]」ご自身を責め立てます。さらに、あなたの弟子の一人も、裏切りと偽りの口づけをもってあなたを責め立てます。ユダヤ人は拳骨と平手であなたを責め立てます。異邦人は鞭と釘であなたを責め立てます。ご覧ください。何と限りなくあなたは責め立てられ卑しめられたことでしょう。おお、何と大勢の責め立てる者がいたことでしょう。おお、何と大勢の者があなたを引き渡したことでしょう。天の御父があなたを引き渡されました。御父は「私たちすべてのために」、あなた「を引き渡された」のです。そしてあなたもご自身を引き渡しました。あなたの僕の一人が感謝をこめて言っているとおりです。「私を愛して、私のためにご自身を引き渡されました[23]」と言うのです。「おお、何と感嘆すべき交換[a]」。主が僕のために、神が人のために、創造主が被造物のために、無垢の方が罪人のために自らを引き渡したのです。ですから、あなたはご自身を、引き渡す者、つまり偽の弟子の手に引き渡しました。その引き渡す者はユダヤ人にあなたを引き渡しました。極悪の引き渡す者らであるユダヤ人は「人の子を侮辱し、唾し、鞭打ち、十字架につけるために、異邦人に」引き渡しました[24]。このことをあなたは語り、預言していました。それが実現したのです。すべてが成し遂げられ、ご覧ください、あなたは十字架につけられ、「犯罪人の一人に数えられました[25]」。あなたに傷を負わせるだけでは足りませんでした。渇いたあなたに「胆汁と没薬を混ぜたぶどう酒を飲ませようとして[26]」、「あなたの数々の傷の苦しみにさらに苦しみを加えたのでした[27]」。

六 「あなたを思って私は悲しみます」、私の王、主、そして先生、父、そして「私の兄弟[28]」、「女の愛にまさって愛情深い」いとも愛すべきイエスよ。「あなたの矢は後ろに逸れることはありません[29]」。まさしく「あなたの矢は鋭い矢[30]」。つまり、あなたの教えは力強い教えです。あなたの「言葉は生きており、力を発揮し、どんな両刃の剣《つるぎ》よりも鋭く、魂と精神とを切り離すほどに刺し通すことができるからです[31]」。あなたの楯は戦いで落とされることはありません。まさしく「あなたが善意」と恵み「の楯で私たちを囲んでくださったのです[32]」。あなたの祈りの槍が逸れることはありません。あなたが逸脱した者たちのために祈ったからです。それも友のために祈るよりも熱心に。あなたは獅子よりも強い方です。「ユダ族から出た獅子[33]」であるあなたは、「誰かを食い尽くそうと捜し回っている[34]」獅子を退治したからです。あなたは鷲よりも早い方です。あなたの受肉の神秘を成就するために、あなたは「巨人のように喜び勇んで道を走りました[35]」。それはまさしく、雛たちに飛ぶようにあおりはばたく鷲のようでした。あなたは十字架の上であなたの腕という翼を広げて、私たちの上を飛び回り、私たちを取り上げ、あなたの肩に乗せて[36]、「力をもってあなたの聖なる住居《すまい》」、あなたの親愛と光の家「に運んでくださった[37]」ほどです。そこでは、「見失ったが再び見いだしたドラクメ銀貨[38]」と羊のために、罪人が悔い改めたのを喜んで「あなたの隣人や友達」、つまり幸いな霊たちと宴会を催されたのです。あなたはこのような方であり、これほど偉大な方でありますが、「不名誉極まりない死[39]」をもって断罪されました。そして、霊を御父の手に委ね、頭を垂れて、息を引き取られます[40]。

七 私は乞い願います。主のうちにあって喜ぶことを渇望するすべての人よ、来てください、私と共に悲しんでください。よく見つめてください。その御手は力強いあなたたちのお方が、どのようにして粉砕されたかを。あなたたちの望んでやまない方が、どれほど惨めな姿に変えられたかを。あなたたちの平和の君が、どのようにして戦いで殺戮されたかを。どこにバラのように赤く生気に満ちた頰が、どこに雪のように白く輝く肌が見られるでしょう。これほどまでに粉砕された体のどこに美しさが見られるでしょう。私たちの日々のうちの日々、ただひとり暗闇のない日々である限りなく慈しみ深いイエスの「日々は消え去りました[41]」。その「骨は柴のように干からび、乾草のように刈り取られ」、その「心は干からびた[42]」のです。この方は高く挙げられ、激しく投げ落とされたのでした。しかし、外面の汚辱にもかかわらず、内面の美しさと栄誉とを保ち続けたのです。ですから、数々の苦難の内にあるこの方のために落胆しないでください。ただ外面だけを見る人々は、十字架上のこの「人の子らの誰よりも美しい」方を見て、「見るべき面影はなく、輝かしい風格もない[43]」方を見たのであり、彼らにとって、その顔は軽んずべきもの、その姿は醜いものだったのです。しかしながら、私たちの贖い主のこの醜さから私たちの美しさの代価が流れ出たのです。しかし、いとも愛すべきイエスの黒ずんだ御体の外面の醜さについては、その一部を私たちは描写しましたが、その内面の美しさを、いったい誰が語れましょうか。誰も語れません。「この方の内には、満ち溢れる神性が、余すところなく宿っている[44]」からです。ですから、私たちも体の外面において、醜くされたイエスと共に醜いものとされましょう。美しいイエスと共に内面的に変容されるためです。私たちの体において、私たちのぶどうの木の御体へと変容されましょう。「私たちの卑しい体が、この方の栄光ある体と同じ形に変えられる[45]」ためです。

(1) 詩四四・3。(2) イザ五三・2―4。(3) ルカ九・6。
(4) ヨハ六・51。(5) ヨハ四・14。(6) マタ四・2。
(7) マコ一四・33―34。(8) ルカ二二・44。(9) 詩九二・1。
(10) 詩一〇三・1―2。(11) Ⅰコリ四・9。(12) 詩七〇・7。
(13) 詩四三・15。(14) 詩一〇五・23。(15) 詩七九・9。
(16) イザ五・2。(17) エレ二・21。(18) ヨハ一九・15。
(19) マタ二一・33以下。(20) ロマ八・32。(21) ヨハ一〇・18。
(22) フィリ二・30。(23) エフェ五・2。(24) マタ二〇・19。
(25) ルカ二二・37。(26) マコ一五・23。(27) 詩六八・27。
(28) サム下一・26。(29) サム下一・22。(30) 詩四四・6。
(31) ヘブ四・12。(32) 詩五・13。(33) 黙五・5。
(34) Ⅰペト五・8。(35) 詩一八・6。
(36) 申三二・11、ルカ一五・4。(37) 出一五・13。

(38) ルカ一五・8–10。(39) 知二・20。
(40) ルカ二三・46、ヨハ一九・30。(41) 詩八九・9。
(42) 詩一〇一・4–5。(43) イザ五三・2。(44) コロ二・9。
(45) フィリ三・21。
(a)『ローマ聖務日禱書』主の割礼の祝日、第一晩課・第一交唱。

第六章

第二の類似、ぶどうの葉叢。まず第一に一般的に

一　ぶどうの葉叢《はむら》は他のあらゆる木の葉叢よりも優れています。さて、この葉叢の内に、私たちの真のぶどうの木である限りなく慈しみ深いイエスの御言葉以外の何を見たらよいのでしょうか。その葉叢によってぶどうの木は優れていています。その御言葉によってイエスは優れておられます。ところで、ぶどうの葉叢の作る影は、木材で造られた棚の上に高く挙げられ、四方八方に広がった時にこそ、より快適なものとみなされるものですから、私たちのぶどうの木がかつて高く挙げられ、広げられたことがあったか考えてみましょう。そして、その時、私たちを保護するために発せられた数々の甘美な御言葉の葉叢を黙想しましょう。

二　「私は地上から挙げられる時、すべてのものを自分のもとへ引き寄せよう」[1]とご自身について述べて、私たちのぶどうの木が高く挙げられることを私たちの主イエスご自身が証ししています。これが十字架によって高く挙げられることについて語られたのであることは明らかです。考えてみてください。その上にぶどうの木が挙げられる木材で作られた枠が十字架を象徴していることは何と明らかなことでしょう。格子状、つまり木が交差するように作られており、その上にぶどうの木は枝を広げます。これ以上にふさわしい象徴が他に何かあるでしょうか。十字架は二本の木材が交差する形に作られており、私たちのぶどうの木、善きイエスは、その上に高く挙げられ、その両腕と体全体を広げます。まさしく、このように十字架の上で引き伸ばされました。それは、その御体のすべての部分が数えられるためでした。預言者を通して語られたとおりです。「彼らは私の手足を刺し貫き、私の骨をことごとく数えた」[2]。これはあたかも次のように言っているかのようです。「私は左右、上下に引き伸ばされ、私の体は太鼓の皮のように引き伸ばされたので、容易に私の骨をことごとく数えることができた」。

三　「あなたのキリストの御顔を仰ぎ見てください」[3]。キ

リスト者の魂よ。涙をためた目で、すすり泣き打ち砕かれた心で、この方の苦痛を仰ぎ見てください。あなたを見いだそうとしてあなたを捜した間、この方がどれほどの苦難に遭われたか、考えてみてください。ですから、あなたの目をしっかりと開いてください。「あなたのキリストの御顔を」仰ぎ見るために。研ぎ澄まされた耳をもって聞いてください。これほどの苦痛の中で何か言葉を発せられるかどうか。そして、聞いた言葉を最も高価な宝としてあなたの心の奥底にしまってください。見てください、この方は粗雑な寝台、つまり死の寝台、十字架の上に横たえられています。ですから、「汚れず、しぼまない財産を受け継ぐ者[4]」となりたいのであれば、あなたの花婿が最期に命じたことを守ってください。死に臨んだこの方が語った言葉は多くありません。キリストの御旨に進んで従う花嫁にとって容易に守ることができるものです。

（1）ヨハ一二・32。（2）詩二一・17—18。（3）詩八三・10。
（4）Iペト一・4。

第七章

ぶどうの葉叢の一つひとつ、そして十字架上のキリストの第一の言葉

一　十字架の上に高く挙げられた時、私たちのぶどうの木は、あたかも常に青々とした七枚の葉叢《はむら》のような、七つの言葉を口にされました。あなたの花婿はあなたのために竪琴になりました。つまり、十字架の木は竪琴の枠、その御体は木に張られた弦なのです[a]。次に挙げますのが、その七つの言葉です。

二　限りなく慈しみ深いイエスは十字架につけられた時、第一の言葉を語りました。「父よ、彼らをお赦しください。自分が何をしているのか知らないのです[1]」。おお、何と青々とした生気に満ちた葉でしょう。おお、いと高き御父の御言葉に何とふさわしい言葉でしょう。善い教師「キリスト」はご自分がお命じになることを実行します。友のためだけでなく、ご自分を「迫害し中傷する者たちのために」も祈ります[2]。この葉をあなたの心の宝庫にしまってください。あなたに敵対する人々が怒り狂う時にはいつも、善きイエスの「甘味溢れる思い出[3]」を引き出すことができ

るためです。この言葉は常に楯のように敵意を持つ人々の侮辱をはねかえすことでしょう。あなたの花婿はご自分を殺そうとする人々のために祈ります。それなのにあなたはあなたを軽蔑する人々のために祈らないのですか。

三　では、この祈りをもっと詳細に検討することにしましょう。「父よ」と仰せになります。どうしてここで「父」という言葉が用いられているのでしょうか。幼い子供たちは父親に愛情をこめて何かをねだる時、「パパとかお父さん」と呼びかけるものです。自分に対する自然本性的な愛情を呼び起こすためであり、それによって自分の願いが容易に聞き入れられるようにするためです。このように、「恵みに富み、憐れみ深く、忍耐強く、慈しみに満ちており、すべてのものに対して寛大な[4]」イエスも、御父が常にご自分の願いを聞き入れてくださると知っていましたが、どれほどの愛情をこめて敵意をもつ人々のために祈らなければならないかを私たちに示そうとして、愛のこもったこの呼び方を用いたのです。あたかも次のように言っているかのようです。「それによって私たちが一つになっているお父さんの愛情によって、私はあなたにお願いします。私の願いを聞き入れて、私を殺そうとしている人々をお赦しください。あなたの息子の友への愛を認めてください。そして、私に敵意をもつ人々をお赦しください」。

(1) ルカ二三・34。(2) マタ五・44。(3) 詩一四四・7。
(4) 詩一四四・8—9。
(a) アウグスティヌス『ヨハネの黙示録講話』[PL のアウグスティヌスの作品にはみられない]。

第八章

第二のぶどうの葉、あるいは十字架上のキリストの第二の言葉

一　私たちのぶどうの木の第二の葉、私たちの竪琴の第二の弦は主の第二の言葉です。それはキリストへの信仰を表明し、キリストに結ばれることを願った盗賊に対するものです。「まことに私はあなたに言う、あなたは今日私と共に楽園にいるであろう[1]」と仰せになりました。おお、何と力強い葉でしょう。おお、何と甘美な音を響かせるのでしょう、この弦は。敵から友へ、見ず知らずの者から親しい者へ、異邦の者から隣人へ、盗賊から信仰告白者へと、何とすばやく変わったことでしょう。おお、この盗賊の信頼はどれほど偉大なものだったことでしょう。彼は自分の

してきたことは悪いことばかりで善いことは一つもなく、法に背く者、他人の命と財産を略奪する者であったことを自覚しています。死の間際、命の終わりに至って、この世の生に絶望し、かつて失ってしまい、それに値することもなかった来るべき生を求め、それを手にすることを恐れません。盗賊が希望を抱いているのに、絶望に陥る人が誰かいるでしょうか。

二　ですから、もはや盗賊ではなく、信仰告白する者となっている魂、つまりご自分の花嫁の願いを花婿は聞き入れたのです。そして、それにふさわしい声をもって、祈る彼女を力づけます。「まことに私はあなたに言う、あなたは今日私と共に楽園にいるであろう」と仰せになります。どのような「あなたに」なのでしょうか。数々の苦痛をもたらす十字架の上で私に対して信仰告白するあなたに」仰せになるのです。「私と共に」数々の悦楽に満ちた「楽園にいるであろう」と。ただ「楽園にいるであろう」と仰せになるのではありませんし、天使たちと共にいるのでもなく、「私と共に」と仰せになるのです。「あなたは慕い求めている者と結ばれるであろう。あなたは信仰告白する無力な状態にある者を、威厳に包まれた者として見るであろう。約束を違えることはない。あなたは今日私と共にいるからである」。まことに善い方、甘美な方である主イエスは、直ちに聞き入れてくださいます。直ちに約束してくださいます。直ちに与えてくださいます。これほど慈しみ深く聞き入れてくださる方、これほど素早く約束してくださる方、即座に報いてくださる方に失望する人が誰かいるでしょうか。いないでしょう。私たちはあなたに希望をかけます。あなたの甘美な御名を知っているからです。「あなたを尋ね求める人をあなたが見捨てることはないからです」[(2)]。おお、慈しみ深いイエスよ、私たちにはそれしかできませんので、精神をもって威厳に満ちた玉座に座しておられるあなたのもとに進みます。十字架の玉座におられるあなたに信仰告白する盗賊が導き入れられた所へ、私たちもあなたに従い、あなたによって導き入れられる光栄に浴することができるよう祈りながら。

（1）ルカ二三・43。（2）詩九・11。

第九章

第三のぶどうの葉、あるいは十字架上のキリストの第三の言葉

一　第三の葉、そして竪琴の第三の弦は、「婦人よ、ご覧なさい。あなたの子です」と「見なさい。あなたの母です」(1)と仰せになる第三の言葉です。何と甘美で心地よい言葉でしょう。何と驚くべき、孝愛の情のこもった偉大な言葉でしょう。善い方であり限りなく慈しみ深い方であるイエスが、特に成人となってからは、最も大切なご自分の母と親しく交わったり、しばしば食事を共にしたり、他の人々よりも優しく話しかけたりするのを、福音書のどこにも見いだすことはできません。しかし、肉体的に死を迎えようとする時、この短い言葉をもって、母に対してどれほど大きな愛情を抱いていたかを吐露されました。ご自身の十字架上での苦難については何も申しません。幸いなる母の苦しみに対してどれほど大きな思いやりの心を持っておられたと思いますか。母のいとも優しい心は、あまりにも激しい苦しみの剣によって貫き通されていたことを知っていたのです。母の苦しみに対する思いやりの心は数々の傷からくる痛みを増幅させました。十字架にかかったご自分の傍らに、完全に打ち砕かれ心で、両手を強くもみしごき、目からは涙をとめどなくしたたらせ、顔を引き攣《つ》らせ、悲しげな声を発しながらも、全身の力をふりしぼって、立っている母を見ています。私の思いますには、処女《おとめ》の恥じらいとあまりにも深い悲しみのためでしょう、その顔をヴェールで包んで立っている彼女は、いくたび呻《うめ》き声をあげたことでしょう。息子のために嘆き、「イエスよ、わが子、イエスよ、いったい誰があなたと共に、あなたの代わりに私を死なせてくれましょう、わが子、いとも愛らしいイエスよ」と言いつつ。いくたび慎み深い眼差しをその荒々しい傷口に注いだことでしょう。もちろん、一瞬なりとも目を逸らしたことがあったとしてですが、溢れ出る涙にもかかわらず見つめることができたとしてですが。その心の測りしれない悲しみにもかかわらず、どうして気を失わずにいられたのでしょうか。私にとって不思議でならないのは、むしろ彼女が死ななかったことです。彼女は生きながら「息子と」共に死ぬのです、生き続けることで、死よりも残酷極まりない悲しみを耐えるのです。

二　しかし、気を失って死んでしまわなかったのは、息子によって内面から強められ、言葉と業《わざ》によって愛情深

く外的に慰められたからです。どのようにしてでしょうか。彼女は「十字架のそばに立っていました[2]」。「イエスは」彼女に仰せになりました。「ご覧なさい。あなたの子です」。あたかもこう仰せになっているかのようです。「息子としての私を肉体的には失うでしょう。だから、他の人々にまさって愛した友を息子としてあなたに差し上げます。私がいない間、彼がそばにいることで慰められるでしょう。ヨハネよ、あなたは父としての私を奪われるだろう。だから、私にとって最も大切な母をあなたの母として与えよう」。——おお、王であり花婿である善きイエスよ、あなたの婚礼の日にあたって、何と物惜しみされなかったことでしょう。何と寛大に、持っておられたすべてのものを与え尽くされたことでしょう。ご覧ください。あなたを十字架につけた人々にさえも愛情に満ちた祈りを、盗賊には楽園を、母には息子を、息子には母を、死んだ人々には命を、御父の手にはあなたの魂を、全世界にはあなたの権能のしるしをあなたは提供されました。奴隷を贖うために、あなたの御血の一部ではなく、そのすべてを、多くの広く開いた傷口から注ぎだしました。あなたを引き渡した人、裏切った者にはその罪の罰を、大地には、朽ちるはずのない御体をしばしの間委ねました。

（1）ヨハ一九・26、27。（2）ヨハ一九・25。

第十章

第四のぶどうの葉、あるいは十字架上のキリストの第四の言葉

一　第四の葉、そして竪琴の第四の弦は、第四の言葉です。これは、「三時ごろ、大声で叫ばれた」もので、「エリ、エリ、ラマ、サバクタニ」、つまり「わが神、わが神、なぜ私をお見捨てになったのですか[1]」という言葉です。この葉を見逃す目があるでしょうか。この弦の音を聞き逃す耳があるでしょうか。はっきりと聞き取られるためでないとすれば、いったいどうして叫ぶのでしょうか。体全体をよじりながら善きイエスがこの言葉を発した時、その残忍極まりない痛みはどれほどであったか考えてみてください。しかし、気をつけてください。この叫びの故に、限りなく温和な方である主イエスが忍耐を失うに至ったと考えないように。実際のところ、次の葉と弦が明らかにしているように、残忍極まりない苦痛の中でも忍耐を保ち続けたのですが、同時に、絶大な苦痛をも明らかにするのです。

二　ところで、この言葉は、神の御子ご自身と一つのペ

ルソナになっていたが、「神の御子によって」受け取られた人間のペルソナによって語られるのです。明らかに、このためにこそ「わが神」と言うのです。人間を受け取られなかったなら、御父と共に唯一の神である方ご自身は、当然ながら、このようには言わないはずです。では、「なぜ私をお見捨てになったのですか」と仰せになるのでしょうか。果たして、唯一の御子をお見捨てになることが御父におできになったでしょうか。決しておできになりません。しかし、体全体、つまり教会全体のために、私たちの頭《かしら》である限りなく慈しみ深いイエスは、このように言うのです。まさしく、ご自分の花嫁である教会に対して有していた合一（unitas）と愛（caritas）とを明らかにすることを望み、この時は頭において、つまり処女《おとめ》から受け取られたご自身の御体において苦しまれたその方が、ご自分の体のすべての部分において苦しむであろうことをお示しになったのです。こうして、見捨てられることはありえない方が、自分は見捨てられたと叫びます。ご自分の体の多くの部分が、神から完全に見捨てられたと思われるほどの苦難に遭遇することになるからです。愛すべき主、限りなく慈しみ深いイエスが賛美されますように。この方はまず初めに私たちのためにご自身において苦しまれること、そして今は私たちと共に、私たちの内にあって苦しみをお受けになることをよしとされます。その苦しみは、義のために私たちがこうむらなければならないものですが、ご自分のものとし、叫ぶのです。「苦難の内にあって、私は彼と共にいる[2]」と。私たちが確実に、この方に信頼するようになるためです。

（1）マタ二七・46。（2）詩九〇・15。

第十一章

第五のぶどうの葉、あるいは十字架上のキリストの第五の言葉

一　第五の葉、そして第五の弦は、いとも愛すべきイエスの第五の言葉です。この言葉を十字架の上で発せられました。「渇く[1]」と仰せられます。「すると人々は没薬と胆汁を混ぜたぶどう酒を飲ませようとしました[2]」。限りなく慈しみ深いイエスの御体のあらゆる部分が懲らしめられた後、残されたのは舌も懲らしめられることでした。ですから、「非常に苦い実を結ぶ野生のぶどうの木に変わり果てた[3]」この方のぶどうの木が、その実りとして渇きのうちに

あるこの方に差し出したのは、苦い飲み物でした。飲むためではなく、むしろ味見するためでした。舌を懲らしめるためには、飲み物の味見をするだけで充分だからです。

二　ところで、このことは聖書［の預言］がしっかりと成就されるために生じたのではありますが、この「渇く」という言葉には何かしら別の意味が込められているように思われます。私の思いますには、この言葉を語ることで、計り知れない愛を示そうと望んだのでしょう。といいますのは、飢えている人が食べ物を渇望する以上に、渇いた人は熱烈に飲み物を渇望するものだからです。ですから、この「渇き」によって、非常に激しく熱望していることへの渇望を私たちに明かそうとして、この「渇き」によって象徴的に、ご自分の燃える愛を明らかにしたのです。もちろん、渇いたことを文字どおりに取ることもできます。といいますのは、全身から聖なる血が流れ出たので渇き、「骨は柴のように枯れ果てた[4]」からです。しかし、間もなくご自分が死ぬであろうと知っていた方が、肉体上の渇きについて語ったとはいささか信じられません。むしろ、私たちの救いに対する非常に激しく燃え立つ渇望によって渇いていたものと、私には思われます[a]。――ところで、私たちを駆り立てるもう一つのことがあります。最後の苦難の時が間近に迫った時、限りなく慈しみ深い主イエスは、祈りに向かいますが、「少し進んで行って、うつ伏せになり、祈って仰せになりました。『父よ、できることなら、この杯を私から過ぎ去らせてください[5]』」。――それも、一度だけでなく、二度、三度と、この祈りを繰り返したのです。――飲むことになっている杯によって、苦しむことになっている受難を指してのことです。さてここで、その同じ苦難の杯を飲み干した後に、「渇く」と仰せになるのです。これはどういうことでしょうか。善きイエスよ、あなたは、それを味わう前には、杯がまったく取り去られることを願いました。ところが、飲み干した後には、渇いているのですか。私の思いますには、酒飲みとして、あなたは何と不思議な方でしょう。あなたの杯に満ちていたのは、ひりひりする非常に苦いぶどう酒ではなく、楽しくさせるぶどう酒だったとでもいうのでしょうか。そんなことは決してありませんでした。むしろ、ひりひりする非常に苦いぶどう酒で満たされていました。それは渇きをもたらすというよりは、むしろ二度と飲みたくないという思いを生じさせるものだったはずです。

三　ところが、受難の前に、杯をあなたから過ぎ去らせるように願われたのは、私の思いますには、苦難を厭《いと》われたからではありません。それを耐え忍ばれるためにこそ、あなたは来られたのであり、それなしには人類の救いは到来しないからです。真の人間でありましたが、神性との合一の故に、あなたは受難の苦味を感じないのだと何人《なんぴと》も考えることのないためでした。杯をあなたから過ぎ去らせてくださるよう、二度、三度と願うことで、そのような疑いを抱く人々に、あなたの苦難が熾烈極まりないものであったことを明らかにしたのです。また、あなたの教えと模範に従っている私たちに対しても、お手本を示してくださったのです。つまり、たとえそれが私たちの役に立つものであろうと、何らかの危険が私たちに迫る時、主が怒りの鞭を私たちから遠ざけてくださるように、私たちはしばし祈ることができるし、祈らなければならないということです。それにもかかわらず、遠ざけられなかった時には、あなたの受難の模範に倣って、私たちは嬉々として、忍耐強く、雄々しく、不屈の精神をもって耐え抜くことができるし、耐え抜かなければならないのです。ところで、受難の前に、過ぎ去らせてくださるよう願った杯を、飲み干しました。そして、「渇く」と仰せになったのです。こうして、あなたの計り知れない愛の深さが示されました。次のように仰せになっているかのようです。「おお、人よ、私の人間としての感性はそれが過ぎ去ることを願うほどに、私の苦難が大きなものであろうとも、あなたへの愛によって、私は十字架の責め苦そのものに勝利し打ち勝った。もし必要ならば、もっと多くのもっと大きな責め苦にも服することを渇き求める。まさしく、あなたのために耐えることを私が拒むような苦難は何一つとして存在しない。私はあなたの贖いの代価として『私の魂を差し出す[6]』」。

（1）ヨハ一九・28。（2）マコ一五・23、マタ二七・34。
（3）エレ二・21。（4）詩一〇一・4。（5）マタ二六・39。
（6）ヨハ一〇・15。
（a）アウグスティヌス『詩編注解』六一・9、『説教』二一八・11・11参照。

第十二章

第六のぶどうの葉、あるいは十字架上のキリストの第六の言葉

一　第六の葉、そして竪琴の第六の弦は、第六の言葉です。真に、最高に甘味である主イエスは、「苦いぶどう酒を受ける[1]」と、この言葉を仰せになりました、「成し遂げられた」と。これはどういうことでしょうか。前の箇所で

次のように言われていました。主は、「すべてのことが今や成し遂げられたのを知り、『渇く』と仰せになった[2]」。そして、［苦いぶどう酒を］味わわれてから、仰せになりました、「成し遂げられた」と。確かに、聖書の証言が完全に成し遂げられたのです。こう言われています。「人々は私の食べ物として胆汁を差し出しました[3]」。これによって「聖書全体にわたり、この方について書かれていること[4]」は成就されるに至ったのです。

二　ですから、私たちの頭《かしら》が、私たちの罪のために、受難の苦痛の成就まで、つまり聖書がこの方について述べているすべてのことが完全に実現されるまで忍耐強く耐えに耐え続けられたように、もし私たちがこの頭《かしら》の体の諸部分でありたいと願うのなら、私たちに降りかかるあらゆる災難にあって、堅忍の力を持ち続けたいものです。限りなく慈しみ深いイエスの導きのもとに、私たちのあらゆる苦難の極限にまで至り、この方と共に、信頼をこめて「成し遂げられた」、つまり私たちの力ではなく、あなたの助けによって、「私は、戦いを立派に戦い抜き、決められた道を走りとおし、信仰を守り抜きました[5]」と言うことができるように。ですから、競技において闘う人々に取っておかれたもの、つまり「義の栄冠」を、あなたの約束のとおり、お与えください。その栄冠は、「正しい審判者[6]」であるあなたが、あなたの館では千日にもまさり[7]、その日にはあなたただおひとりが唯一の太陽である曇りのないあなたの日に授けてくださるのです。――おお、「義の太陽[8]」、慈しみ深いキリスト・イエスよ、あなたの力のうちにあって光を放ち、競技において戦い、最後まで戦い続けたすべての人に、永遠の褒賞としてあなたご自身をお与えください。あなたから永遠の輝きを浴びて、その輝きのうちにあって幸いな者として絶えることなく喜ぶことができますように。しかしながら、「最後まで耐え忍ぶ者[9]」でなければ、何人《なんぴと》もこの輝きに浴することはないでしょう。「耐え忍ぶのは善行の力によるものだからです[a]」。

（1）ヨハ一九・30。（2）ヨハ一九・28。（3）詩六八・22。
（4）ルカ二四・22。（5）Ⅱテモ四・7。（6）Ⅱテモ四・8。
（7）詩八三・11。（8）マラ四・2。（9）マタ二四・13。
（a）グレゴリウス『福音書講話』二・25・1。

第十三章

第七のぶどうの葉、あるいは十字架上のキリストの第七の言葉

一　第七の、そして最後のぶどうの葉、第七の、そして竪琴の最後の弦は、限りなく愛すべきイエスの次の言葉です。「父よ、私の霊を御手に委ねます」[1]。意味は明らかです。しかしながら、この御父と共に永遠の方であり同一本質の方である御子は、どうしてこれほど明らかにご自分の魂を御父の御手に委ねたのでしょうか。たとえこの言葉を口にしなかったとしても、御父に委ねていなかったものは何一つとしてなかったのに。誰でも知っていることですが、御子はご自分のいとも聖なる魂をすでに御父に委ねていました。少し前の箇所で仰せになっています。「世の支配者」、つまりサタン「が来る。だが、彼は私をどうすることもできない」[2]。御子は、土と灰にすぎない[3]私たちを教育するために、ご自分の魂を御父に委ねようとしたのです。私たちの霊が肉体から抜け出た時、この世の支配者によって捕まえられないように、私たちの霊を御父に委ねることを、私たちが学ぶためです。そうすれば、残念なことに、この世の支配者は、自分に属するものを全く私たちのうちに見いだせないでしょう。罪の負い目の全くなかった方、むしろ諸々の罪を取り除くために来られた方[4]ご自身が、いとも清らかな御体から抜け出した、ご自分の聖なる霊を御父の手に委ねたのは、そうしなければならなかったためではなく、私たちへの模範のためでした。

（1）ルカ二三・46。（2）ヨハ一四・30。（3）創一八・27。（4）ヨハ一・29。

第十四章

ぶどうの木との第三の類似、数々の花

一　神の御子は「ご自分を無にして、僕の姿形を受け取り」[1]、私たちの地に植えられ、私たちの体の醜悪さを受け取り、葉を茂らせ、花を咲かせ、数多くの実を結びました。それは、私たちの本性と一つに結ばれたことで、私たちをご自分の神性と一つに結びつけるためでした。さて、花が咲かずには実を結ぶこともないのですから、限りなく慈しみ深い、私の主イエスは花を咲かせました。数々の徳でないとすれば、いったい［主イエス］の花とは何でしょうか。

ところで、よく知られたこのぶどうの木は、不思議な形で、そして極めて独特な形で、素晴らしい形で、花を咲かせました。別のぶどうの木、そして他の木々のように一種類の花ではありませんでした。ご自身の内にあらゆる種類の花を内蔵していたのです。謙遜のすみれの花、貞潔の百合の花、忍耐と愛のばらの花、節制のサフランの花というように。ここでは他の花には触れずに、ばらの花について述べることにしましょう。

(1) フィリ二・7。

第十五章

赤く燃え輝くばらの花一般

一　私たちのぶどうの木、限りなく慈しみ深いイエスには赤く燃え輝くばらの花が咲きます。赤いのは受難の血の、燃え輝くのは愛の火の、露を帯びているのは甘美なイエスの流した涙のせいです。――実に、私の喜びだけでなく、天使たちの喜びでもある、限りなく善い方であるイエスが泣かれたのです。使徒［パウロ］が言うとおりです。「肉において生きておられた時、激しい叫び声をあげ、涙を流しながら、ご自分を死から救う力のある方に、祈りと願いとをささげ、その畏れ敬う態度の故に聞き入れられました(1)」。肉の心ではなく石の心よ、よく聞くがよい。あの偉大な、限りなく善い方であるイエスが、私のために受け取った「肉において生きておられた時」しとどに濡れるまで涙を流されたのです。それでも、お前は干からびたままでいるのか。おお、頑なな心よ、よく聞くがよい。「永遠に揺らぐことのない(2)」方が涙を流すまでに揺れ動かされたのです。それでも、お前は涙を流すまでに揺れ動かされないのか。――愛の火、そして受難の涙に訴えることにしよう。そうすればお前も熱くなり、感動に打ち震えるだろう。そして、ついには涙と血を流されたことの故に、いとも甘美なイエスに、お前も涙を流すことだろう。――さらに、重い槌《つち》を用いて、鉄の楔《くさび》をお前に打ち込もう。そうすれば、少しは揺れ動かされるだろう。たとえお前が「水のない渇いた大地(3)」のようであろうとも、いとも甘美なイエスの涙に浸されて、易々と感動に打ち震えることができよう。しかし、数々の不正な行いのもたらした冷気によって、お前は石のように凍結し硬くなっているようなら、もっと強硬手段、つまり十字架という槌と鉄釘という楔を用いよう。そうすれば、それらが打ち込まれることでお前は張り裂かれ、救いに導く涙の泉を湧き立たせるだろう。

二　頑なで悔い改めることのない心よ、それでも揺り動かされないのなら、お前は荒れ野の岩よりも頑ななものだ。その岩はモーセの杖で二度打つと、水がほとばしり出たではないか[4]。十字架という槌はモーセの杖よりもずっと強く打つのではないか。三本の鉄の釘による三度の打ち込みは、モーセの杖による二度の打ち込みよりも強く勢いよく水をほとばしらせるはずではないか。――だが、ただ子山羊の血だけが柔らかにすることができる硬いダイヤモンドのようになっており、それでも揺るがないのなら、子山羊の血とともに、「きずのない小羊[5]」、限りなく善い方であるイエスの血、愛の比類のない熱によって燃えたぎっている血をお前に注ぐとしよう。その力によって、神と人との間に立ちふさがる反目という鋼鉄の壁を粉砕し溶解してしまうからだ。その壁は、数千年もの間、律法と預言者たちが様々な掟や脅かしという槌をもって撃ちたたいても粉砕できないまでに、強固なものだった。しかし、子山羊の血、私たちの小羊、愛すべきイエスの血を浴びると、穴が開けられるだけでなく破壊されてしまうのだ。――ところで、主イエスは汚れた動物である子山羊と呼ばれます。それは、ご自身の内にはいかなる罪の汚れもなかったが、私たちの数々の罪によって汚れきった本性を担ったからです。これに対して、その卓越した清さの故に小羊であります。この小羊はただひとり罪を犯したことがないだけでなく、「世の罪を取り除く[6]」のです。

三　おお、鋼鉄の心よ、この子山羊、そして私たちの小羊の溢れんばかりの血に自らを浸すがよい、その中に身を投ずるがよい。そうすれば、お前は熱くされ、温められて柔らかくなり、柔らかくなったものとして涙の泉を湧き立たせるだろう。ですから、私は自分のために捜し求め、その結果見いだすでしょう、いとも温和なイエスの涙の内に、十字架と釘の内に、そして最後に真っ赤な血の内に涙の泉を。ですから、私は［聖書を］読み、理解するでしょう、この血が「いとしい人の中でもいとしい[7]」、最も愛しているイエスの肉と魂の赤さをどれほどよく示しているかを。まさしく、二通りの方法で赤いのです。本性的に肉において赤いのです。肉というものはすべて赤いものだからです。それ以上に、受難の血によって赤いのです。この血は、私たちへの愛に駆られて、繰り返し繰り返し、溢れんばかりに、その肉を赤く染めたのです。このいとも聖なる御血は繰り返し流されたのです。それは、すでにこれまでの所で繰り返し説明したとおりです。ですから、読者に不快感を与えないために、ここではそれらに言及するのは最小限にとどめたいと思います。

四　ですから、全体が血肉であり、自らの内に霊的なものを少しも有していない人でもなければ、この御血を厭わしく思う人はいないのではないでしょうか。「血から[8]」、つまり肉と血によって犯された数々の罪から解放されることを願う人が、清浄極まりないイエスのこの救いをもたらす御血を熱望しないことがあるでしょうか。「ご自分の優しさから神が貧しい人に備えてくださった[9]」このいとも甘美な御血に一度でも酔いしれたことのある人は誰しも、ますますそれを渇き求めるのではないでしょうか。「私を食べる人はさらに飢えを感じ、私を飲む人はさらに渇きを覚える[10]」という神の知恵、御父の独り子、最高に善い方であるイエスの真実の言葉を聞き理解しているからです。――一度でも人間の血を味わった猛獣はどんな猛獣であれ、それ以後、いつも人間の血を味わうことに熱中し、他の動物は二の次にして、人間の血を待ち構え、それを手に入れるために人間を殺すに至るほどに、人間の血は他の動物の血よりも本質的に甘味なものであると言われます。もしこれが事実であるとすれば――確かに事実なのですから――、この人の子、まことの神でありまことの人である、甘美なるイエスの御血が甘味なものであることがわかるのではないでしょうか。よく考えてみてください。理性をもたない動物が人間の血を渇き求めるというのに、私は神であり人である、最高に善い方であるイエスの御血を渇き求めないというのでしょうか。猛獣は人間の血を味わえば味わうほど、それを渇き求めるというのに、私は神であり人である、限りなく慈しみ深いイエスの御血を厭うのでしょうか。猛獣は甘味な人間の血を手に入れるために人間を殺すために襲いかかるというのに、私は私の命、「白く輝き赤く染まった[11]」イエスの御血へと急がないというのでしょうか。――もちろん、私は急ぐでしょうし、飲むでしょう。「代価を払うことなく、ぶどう酒と乳を得るでしょう[12]」。それはいと高き方である御父の知恵、限りなく慈しみ深いイエスが、私たちのために、ご自分の肉という杯の中で調合してくださった[13]御血、つまり私たちの命の代価なのです。愛すべきイエスを愛しているあなたも私と一緒に「急いで来てください、そして」この「ぶどう酒と乳を買い求めてください[14]」、「金や銀のような朽ち果てるものにはよらず[15]」、あなたたちの習慣と生き方を変えるという代価を払って。清浄極まりないこの御血は、ぶどう酒のように完成の域に達した人々を酔わせ、乳として幼い人々を養い育てます。[16] もし、あなたが完成の域に達しているなら、強い人であるなら、イエスの御血はあなたにとっては、ぶどうの房から搾り取られた極めて純粋なぶどう酒なのです。まだ弱く、乳を必要としているなら、あなたにとっては、あなたを養い育てる乳なのです。ですから、この「極めて純粋な御血[17]」を飲みなさい。

(1) ヘブ五・7。(2) 詩一二四・1。(3) 詩一四二・6。
(4) 民二〇・11。(5) Iペト一・19。(6) ヨハ一・29。
(7) 雅五・9。(8) ヨハ一・13。(9) 詩六七・11。
(10) シラ二四・21。(11) 雅五・10。(12) イザ五五・1。
(13) 箴九・2。(14) イザ五五・1。(15) Iペト一・18。
(16) ヘブ五・13。(17) 申三二・13―14。

第十六章

愛のばら

ばらの花について一般的に考察しましたので、愛(caritas)［のばら］と苦難［のばら］について考察する必要があるでしょう。慈しみ深い、驚嘆すべき愛の方《かた》とは誰なのか、なぜ、どのような、どれほどの愛をもって愛したのかを詳細に考察するなら、愛のばらの熱さがわかるでしょう。この私たちを愛する方《かた》にまさる者はひとりもなく、豊かな者もひとりもなく、強い者はひとりもいません。あらゆる霊が「あなたこそ私の神です[1]」と、その信仰を告白するのです。この言葉によって、愛する方が誰なのかわかります。神なのです。次に続く言葉から、なぜ愛したのかがわかります。私たちから何かを得ようとして、私たちを愛したのではありません。「私たちの善を必要とされません」とあります。ご自分の無償の愛によることなのです。たとえ、この方が望まれるような何らかの善が私たちの側にあったとしても、それは私たちによるものではなく、この方のおかげで私たちはそれを有しているのです。さて、どのように私たちを愛しているのか、「使徒パウロが」説明してくれます。「敵であったにもかかわらず、私たちは神と和解させていただいたのです[2]」と言うのです。まさしく、正しい方が不正な者たちを、美しい方が醜い者たちを、ただひとり善なる方、神の御心に適う方が罪人で不敬な者たちを愛してくださったのです。おお、何という遜《へりくだ》りでしょう。最後に、どれほど愛されたかを考察することにしましょう。でも、いったい誰がこれを充分に語り尽くせましょうか。

（1）詩一五・2。（2）ロマ五・10。

第十七章

苦難のばら

この［どれほど愛されたか］ということを説明するにあたって、必然的に、苦難のばらを愛のばらに結びつけることになりました。それは、愛のばらは苦難の内に赤くなり、苦難のばらは愛の火によって燃え立つものだからです。まさしく、私たちの愛する方は私たちを愛すれば愛するほど、愛の熱火に駆られて、苦難の赤い色を生じさせ、ご自分の魂を「死に、それも十字架の死に渡す(1)」ほどなのです。しかも、短い期間ではありません、その誕生の瞬間から過酷な死の瞬間まで苦難を耐え忍ぶのです。ですから、善い方であるイエスが「肉において生きていた時(2)」耐え忍んだすべての苦難が、苦難のばらの赤い色をもたらしたのです。何と言っても、［このばらは］主《おも》に、この方のいとも聖なる血が溢れんばかりに流されたことで赤くされたのです。この方が耐え忍ばれた苦難をすべて数え尽くすことはできないのですから、この救いをもたらす御血の流出について倦《う》まずたゆまず語らねばなりません。常に思い起こされねばならないことが記憶にしっかりと刻み込まれるためです。

（1）フィリ二・8。（2）ヘブ五・7。

第十八章

イエス・キリストの御血が最初に流されたこと

一　最初に御血が流されたのは割礼においてのことであると記されています。その時、「イエスと名づけられました(1)」。この時すでに、この幼子は将来その御血の流出によって私たちにとって真のイエス、つまり救い主になることを神秘的な形で示していたのです。小さな男の子にも女の子にも聞いていてもらいたいし理解してもらいたいのです。そして、無垢の幼子イエスの尚早な殉死を彼らの精神に刻みつけておいてもらいたいのです。そのため、イザヤも、いとも甘美な私たちのイエスの誕生について語って、次のように述べているのです。「ひとりの幼子が私たちのために生まれた。ひとりの男の子が私たちに与えられた。権威が彼の肩にある(2)」。彼は「権威」（imperium）という言葉で十字架を示唆したのです。これを誕生と直接関連づけていますが、それはまさしくイエスの誕生の瞬間こそが十字架の誕生の瞬間でもあったからです。私たちの主が知らない土地で、真冬に、真夜中に、宿屋の外で、貧しい母からお生まれになったことも、赤く染まった苦難の少なからぬ証しなのです。もちろん、ここではその御血は流されませんでしたが、七日というごくわずかな時の経過の後、血を流されることになるのです。

二　おお、何という愛の証し。天の栄光、天の富、天の喜びであるいとも甘美でいとも愛らしい幼子イエスがお生まれになったまさしくその時のことです。よく考えてみてください、十字架の辱め、十字架の苦しみ、十字架の貧しさが、その誕生にしっかりと結びつけられているのです。だが、「権威」という言葉そのものが十字架の惨めさを帳消しにしているのです。まさしく、「［十字架の］木の上で支配する[3]」方、力強いイエスは、十字架によって全世界と陰府《よみ》とを同時に征服しました。十字架の故に、「死に至るまで遜って」、御父に「従順でありました。このため、神」である御父「はこの方を高く上げ、あらゆる名にまさる名をお与えになりました[4]」。ですから、この「イエス」という名前は、まさしく清浄極まりない小羊が最初に「血を」流した時に授けられたのです。救いを全うする時、その御血を流し尽くすことになっている方が、私たちの救いのために、その御血を流し始めたからです。

（1）ルカ二・21。（2）イザ九・5。
（3）詩九五・10＝七十人訳。（4）フィリ二・8－9。

第十九章

二番目に血が流されたこと

一　いとも甘美なイエスは二番目に御血を流し、それによって苦難のばらは［赤く］彩られるのですが、それは苦悶のうちに祈るイエスが血の汗を流した時のことです。「イエスは苦しみもだえ、いよいよ切に祈られた。汗が血の滴るように地面に落ちた[1]」からです。他に血を流すことはなかったとしましょう。これだけで私たちのばらは充分に赤くなったでしょうか。もちろん、それだけで赤くなったでしょう。哀れな私の心よ、震えおののくがよい。千々に乱れるがよい。そして、血の涙を流してしとどに濡れるがよい。よく見るがよい。私の創造主が私のために血の汗を流しておられるのです。それも軽く汗ばんだのではない。地面に滴り落ちたのです。このような、これほどの汗が流されたのに乾ききっている心は何と惨めなことか。この方の限りなく温和な心の苦悶を考えてみるがよい。体全体のあらゆる部分から血の汗が滴り落ちるほどに悩み苦しまれたのです。まさしく、この苦しみのもたらす痛みに心は内的に押し潰されていたのではなかったとすれば、体が外的にこのような、これほどの汗を流すことはなかったはずなのです。「私の心は私の内で打ち砕かれた[2]」と預言者は言うのです。だから、心は内的に切り裂かれ、真のソロモンであるいとも愛すべきイエスの皮膚は外的に切り裂かれたので、血の汗が地面に滴り落ちたのです。赤く染まったイエスの、キリストの愛と苦難のばらは赤く染め上げられたのです。よく見るがよい。何と全身くまなく赤く輝いていることか[3]。

二　最高に善い方であるイエスの血がことごとく流されたということには神秘的な意味がないわけではありません。私たちの肉体と血とに由来する私たちの弱さを取り除くために来られた方が全身汗まみれになったのは、私たちの頭《かしら》であるイエスの御体のあらゆる部分から流れ出た血の汗が霊的な体全体、つまり教会全体の治癒と健康回復となるためでした。ですから、「私たちの救いの神」、限りなく慈しみ深いイエスが私たちのために御血を流してくださったことで、「私たちは流血から解放されたのです[4]」。また、この血の汗は、体全体、つまり霊的な体全体、ということは教会全体において殉教者の血が流され、教会は赤く輝いたということをも意味していることは確かです[a]。

（1）ルカ二二・44。（2）エレ二三・9。（3）雅五・10。
（4）詩五〇・16。
（a）アウグスティヌス『詩編注解』九三・19、一四〇・4。

第二十章

三番目に血が流されたこと

三番目に血を流したのは、頬をつまみ引っ張られた時のことです。これには預言者の証言があります。彼は愛すべきイエスになり代わって言うのです。「打とうとする者には体をまかせ、つまみ引っ張ろうとする者には頬をまかせた[1]」。これをある人々は不敬なユダヤ人が爪で頬を引きむしったことと解釈し、ある人々は主イエスのひげを引き抜いたことと解釈しています。いずれが真実であっても、血が流されずにはすみませんでした。ですから、ここで私が目にしているのは、不敬極まりない輩《やから》の瀆聖の手は、最高に善い方であるイエスの慕わしい御顔を拳骨と平手で殴打し、唾を吐きかけることで満足せず、その頬をつまみ引っ張って、私たちのばらを赤くするために、いとも甘美な御顔から御血をにじみ出させていることです。私が目にしているのは、この「汚れのない小羊」[2]の驚嘆すべき、模倣すべき忍耐です。この方は全くの寛大さをもって、全く慎みのない人々の爪によって引き裂かれるためにいとも慎み深いその頬を差し出すのです。これは、いつかある日、この方の故に私たちの「顔が屈辱に覆われようとも」[3]、私たちが忍耐強く耐え忍ぶようになるためです。

（1）イザ五〇・6。（2）Iペト一・19。（3）詩六九・8。

第二十一章

四番目に血が流されたこと

四番目に血が流されたのは、茨のとげとげしい冠が私たちのイエスのいとも甘美な頭に、そっとではなく荒々しく被せられた時のことです。まさしく、真理を憎む者が真理を侮辱しようとするだけでなく、真理を抹殺しようとすることは自明なことと言えましょう。ここでも、血潮が流れ出なかったとは考えられません。嘲笑と憎悪をもって「茨の冠を」被された頭から流れ出た血潮は甘美なイエスの御顔から首へと滴り落ちたのです。なぜなら、冠を被された方を嘲るだけでなく、責め苦を科そうと思わなかったなら、容易に、別の蔦《つた》か別の木の小枝で冠を編むことができたからです。ところが、彼らの振る舞いの残酷さを明らかにするかのように、今や「栄光と威光の冠を被っている」[1]極めて温和な小羊、主イエスに、その時、彼らは茨の棘でできた冠を被せたのです。そして、嘲るために冠を被せたのでしたが、彼らは嘲りつつも知らぬ間に、冠を被された方が王であることを表明しているのです。まさしく王こそが冠を被るものだからです。ですから、この方を知らない者たちによって、この方が王であることが明らかにされるのです。これに対して、茨によって冠を被せた者たちの邪悪さが示されているのです。

（1）詩八・6。

第二十二章

五番目に血が流されたこと

一　五番目に血が流されたのは、極めて温和な小羊、ばらの花であるイエスが残虐に鞭打たれた時のことです。おお、考えてみてください。鞭打ちによって、どれほど大量のいとも聖なる御血が引き裂かれた御体から大地に滴り落ちたことでしょう。考えてみてください。わめき立てる不敬な輩の残忍さがどれほどすさまじかったかを。甘美なイエスを荒れ狂って鞭打つ人々の立てる喧騒がどれほどのものであったかを。イエスが来られたのはまさしく、永遠の鞭打ちから私たちを解放するためでした。「わけもなしに彼らは私に鞭を浴びせた[a]」と言われています。まさしく「わけもなしに」でした。限りなく惨めで邪な者たちがあなたの善い御業を罰するに値すると判断しただけなのです。彼らは真理を虚偽のうちに包み込んでしまったのです[1]。

二　しかし、これらのうちには私たちの生き方について学ばなければならないものがあります。いとも祝された方である私たちの御父の鞭打ちを平静に耐え忍ぶことを私たちは学ばなければなりません。いとも甘美な私たちの主イエスは、それに値しない私たちに代わって、極悪極まりない人々の鞭打ちをこれほどの平静さをもって耐え忍ばれたからです。すべての王の中の王、主の主[2]であり、「罪を犯したことがなく、その口には偽りがなかった[3]」いとも愛すべきイエスが、これほど厳しい鞭打ちによって打ち砕かれているのを見る時、「苦しむために生まれ[4]」、罪の内に育まれ、罪の内に生活しているものの、清いものでなければ受けることのできない天上の国という遺産を約束された人間が耐えられないどんな鞭打ちがありましょう。「愚かで、悟らない」人間よ、「聞くがよい」。そして「学ぶがよい[5]」。鍛錬を拒まないで、むしろ受け入れるがよい。あなたの主が怒っておられるからといって、正しい道から逸れないようにせよ。「ご自分の御子をさえ惜しまれなかった方は」、あなたのために鞭打たれるために御子を「引き渡された[6]」のです。

（1）ロマ一・18。（2）Ⅰテモ六・15。（3）Ⅰペト二・22。
（4）ヨブ五・7。（5）エレ五・21。（6）ロマ八・32。
（a）『ローマ聖務日禱書』枝の主日、朝課、第九朗読、答唱。

第二十三章

六番目に、そして七番目に血が流されたこと

一　六番目に血が流されたのは釘を打たれた時のことで、大量に血が流されました。両手両足に［釘が］打ちこまれ、両手両足を貫かれた時、そこから無垢なイエスの聖なる御血が大量に流れ出たことを疑う人が誰かいるでしょうか。この血潮によって私たちのばらは赤く染められます。ここには真に燃え盛る愛、真っ赤に染まった苦難があるからです。この偉大な苦難の内に秘められた偉大な愛を考えてみましょう。苦難の赤のうちに秘められた愛のばらの熱火を考えてみてください。これほどの厳しく、これほど恥ずかしい苦難を耐え忍んだ人が誰かいるでしょうか。耐え忍ぶのは神なのです。この神はご自分のために苦難という過酷なぶどう圧搾機を少しも軽くすることはありません。ご自分の僕たちを避けることも責め苦の力をやわらげることも決してありません。ご自分のものを惜しみなくお与えになる方は、ご自身をお与えになることを惜しまれません。このことの証しはヨハネによる福音書にみられます。そこで、ご自身を捕らえるために来た人々に対して、彼らが捜しているのはご自分であると表明して、次のように仰せになります。「私である。私を捜しているのなら、この人々は去らせなさい」(1)。おお、何という愛の真実なる、最高に真実なる熱火よ。愛そのものが自らを明らかにし、荒れ狂う敵の手に自らを渡されたからです。それもご自身を惜しまないだけでなく、ご自分に属する者たちが惜しまれることを、彼らのために乞い求めているのです。ですから、囚われの身となった、いとも温和な私たちの救い主、愛するイエスは、ユダヤ人と異邦人の双方から数々の嘲りを受けた後、たびたび血を流した後、両手と両足を同時に釘打たれ、十字架の木にはりつけにされます。——血まみれの苦難のばらを見つめてください、よく考えてください。どのようにして、このばらが燃え盛る愛のしるしによって赤くなっているかを。愛と苦難とが互いに競い合っているのです。愛が燃え盛ればさかるほど、苦難もますます真っ赤なものとなるのです。しかし、不思議なことに、愛の熱火によって苦難は赤くなるのです。愛さなければ苦しみを耐え忍ばないからです。そして、苦難の内に、また苦難の赤い色のうちに、最高の、比類ない愛の熱火は明らかにされるのです。まさしく、ばらは夜の寒さに花びらを閉じ、太陽

の熱が高くなると、花びらを完全に開き、真っ赤になって開き切った花弁によって喜ばしい熱火を明らかにするように、天の喜びの花、最高に善い方であるイエスも、長い間、夜の寒さの内にあるかのように、最初の人間の罪によって［花びら］を閉ざしており、罪人たちに対して満ち満ちた恩恵を差し控えておりましたが、時が満ちるに及んで、(2)愛の熱火の光を浴びて、ご自分の御体のすべての部分を開花させ、真っ赤な血を流すことで愛のばらの熱火を輝き出されたのです。

二　ですから、よく見てください。このばらの花の内に赤く染まったイエスがどのようにして花を開かせているかを。よく見てください、御体全体を。そこに、あなたはばらの花を見いださないのですか。よく見つめてください、一方の手を、そして他方の手を。よく見つめてください、一方の足を、そして他方の足を。そうすれば、ばらの花を見いだすでしょう。よく見つめてください、開いた脇腹を。そこにもばらの花がないわけではありませんから。もっとも、水と混じっているため、少し薄まってはいるでしょうが。そこからは「血と水が流れ出た」(3)からです。まさしく「水と血を通って来られた方」(4)こそ、最高に善い方であるキリスト・イエスその方なのです。おお、――いとも甘美なる、宇宙万物の主にして救い主なる、善きイエスよ、どのようにしたらあなたにふさわしい感謝をささげることが私にできましょうか。あなたは、誕生の初めから限りなく残酷な死に至るまで、いえ死の後まで、私のためにこれほどまでに御血を流してくださったのです。溢れんばかりに御血を流されることで最高に素晴らしいあなたの愛の熱火が明らかになるよう配慮しくださったのです。おお、あなたのばらの花は何と数多く、何と色あざやかなことでしょう。いったい誰がそれを数え尽くせましょうか。いとも愛すべきイエスのいとも甘美な脇腹と御体から流れ出た血の滴《しずく》を数えてみてください。そうすれば、あなたは苦難と愛のばらの花を数えたことになるでしょう。まさしく、一つひとつの滴が一つひとつの花なのです。――主が七番目に血を流したことについては、開かれた脇腹について語りました時、すでに簡単に述べました。脇腹から「血と水が流れ出た」のですが、ここに私たちは洗礼の秘跡を認めるのです。

(1) ヨハ一八・8。(2) ガラ四・4。(3) ヨハ一九・34。
(4) Iヨハ五・6。

第二十四章

キリストの苦難と愛の観想への勧め

一　ですから、今こそ、強くあれ、私の魂よ。高くあがれ、惨めでか弱い魂よ。信仰と希望という翼によって、愛のこの庭にまで飛び行け。様々なことに散り散りになっている精神の働きをことごとく一点に集中せよ。献身という蜜を集めるために、蜜蜂の勤勉さを見習うがよい。愛の楽園に昇り行け。心の高みへと昇り行け。なぜなら、見るがよい、お前の捜している方は高く挙げられたからだ。――しかし、恐れることはない。高く挙げられることで謙虚なものとされるのだから[1]。この方は、ご自分に近づきたいと願っている者たちに対して、ご自分が近づきがたい方であることを示そうとして十字架の上に挙げられたのではなく、むしろ、容易にすべての人に見いだされることができるように十字架の上に挙げられたのだ。それ故、信頼の心をもってこの楽園に近づき、拡げられた両腕の内に十字架にかけられた方の愛情を汲み取るがよい。ご自分をお前に差し出し、お前をご自分のもとへと招いておられる方の抱擁に委ねるがよい。「戻っておいで、戻っておいで、シュラミティス、戻っておいで、私たちがあなたを見ることができるように[2]」と、いわば哀れげに、そして慈しみ深く呼びかける方の抱擁に委ねるがよい。［こう言っておられるのだ］。「悪い意志から、悪い行いから、強情と絶望から戻っておいで。私のもとに戻っておいで。あなたは私のもとから去ってしまったのだから。［戻っておいで］、罪の女、そして盗賊を見つめた恵みの眼差しをもってあなたを見つめることができるように」。

二　「私を読みとっておくれ。私は『表にも裏にも字が書いてある[3]』命の書だから。読んで理解しておくれ。あなたのために私の花を集めておくれ。この楽園に入れるように。その門の前には炎の剣をもったケルビムが配置されている。私から完全に学ぶことができる知識によって、あなたを阻止するケルビムを遠ざけることができる。血まみれの花が回転する剣の炎を消してくれる」。だから、おお、魂よ、あらゆる楽園にまさるこの楽園に入るがよい。今や、ただ一つ、愛情のこもった瞑想のみによって入ることができるのだ。そうすれば、やがて、魂と体とをもって、お前はこの楽園に入ることができよう。しかし、この楽園は一瞥すればすむものではない。この楽園の一つひとつの花を通って飛んでいき、数々の花の花びらに酔いしれなければならない。時には右に、時には左に、血を振りまく血潮に親しみをもって、心をこめて近づかなければならない。いたるところで献身と涙ながらの痛悔の恵みを捜し求めなければならない。どちらの側でも、［両手両足を］貫く釘の荒々しさがどれほどのものであったか、天地を造られた方の両手の傷の痛み、砕かれた骨の痛みがどれほどのものであったか、どのようにして「この地のただ中で救いの御業が果たされた」[4]かを思い巡らさなければならない。そして、これらのことを思い巡らす間、「救いの喜びを再びお与えください[5]」と繰り返し唱えなければならない。飛び交っている間は音を絶やさず、えり抜きの甘い蜜を吸い集めるために花の中に入るまでは決して沈黙することはない蜜蜂に倣って。おお、何と幸せなことか。花々が咲き誇るいとも甘美な私たちの楽園の血にまみれた花々、つまりキリストの御傷の内に入れられた後、この世の喧騒と襲いかかる誘惑から完全に解放され、あなたが近づいた方だけに専心して、イエスがどれほど善い方であり甘美な方であるかを味わい知ることができるあなたは[6]。――同じように両足についても思い巡らさなければならない。両手に劣らず血にまみれており、苦痛も両手に劣ることはなかったからだ。両足も穴を開けられ、釘に刺し貫かれ、血潮の滴りに濡れまみれていたのだ。

三　そしてついに、開かれた脇腹という入り口を通って、いと高き方であるイエスの謙虚な御心にまで進み行かなければならない。間違いなく、そこには願わしくも言い表しがたい愛という宝が隠されている。ここでも献身が見いだされ、涙の恵みがもたらされるし、敵に対する寛容と忍耐、傷つき不幸な人々と共に苦しむことを学び、とりわけ「打ち砕かれ謙虚な心[7]」を見いだすだろう。これほどの方、これほど偉大な方があなたに抱擁されることを望んでおられるのだ。このような方があなたを抱擁しようと待っておられるのだ。美しく花にかこまれた頭、数々の茨の棘に刺し貫かれた頭をあなたのほうへと傾けられる。平和の口づけへとあなたを招くために。こう仰せられるかのように。「ご覧。私がどのような姿になっているかを。どのように刺し貫かれているかを。どのようにして殺戮されたかを。それは私から離れさまよっていた羊であるあなたを私の肩に担い、天上の牧場である楽園へと連れ戻すことができるためなのだ。あなたのほうから戻っておいで、私の傷を憐れと思っておくれ。このような私、あなたがいま目にしている『私を刻みつけておくれ、あなたの心に、印章として[8]』。あなたの腕に、印章として。あなたの心のあらゆる思いの内に、あなたの腕のあらゆる動きの内に、あなたがいま目にしているようなしるしを帯びた私の似姿が見いだされるために。あなたを創造した時、私はあなたを私の神性の似姿として造った。あなたにその姿を取り戻させるために、私はあなたの人間性の似姿にかたどられたものとなった。それ故、あなたが形作られた時にあなたに刻み込まれた私の神性の形をあなたは保持しなかったが、あなたを再創造するために私に刻み込まれたあなたの人間性の形をせめて保持しておくれ。私が造った状態であり続けられないなら、せめて私があなたを再創造した状態でいておくれ。私があなたを創造するにあたって、どれほどの力をあなたに授けたか理解できないのなら、せめて、あなたを再創造するにあたって、かつてあなたを形作った時よりももっと素晴らしい喜びのために作り直すために、あなたのためにあなたの人間性においてどれほどの惨めさを私が引き受けたかを理解しておくれ。神性において私は見えないものであり、見えないが故にあまり愛されないので、私は目に見える人間となった。見えるものとしてあなたに愛されるために。だから、私の受肉と受難の褒賞としてあなたを与えておくれ。私が受肉し苦難を受けたのはあなたのためなのだから。私は、あなたに私を与えた。あなたは、私にあなたを与えておくれ」。

四　おお、いとも甘味にして善きイエスよ。「あらゆる良い贈り物、あらゆる完全な賜物の由来する光の源である父[9]」よ、遜ってあなたに信仰を告白し、あなたを離れては、何もできない[10]ことがよくわかっている私たちを顧みてください。あなたは私たちのための代価としてあなたご自身を与えてくださいました。私たちはそれほどの代価に少しも値しないものではありますが、あなたご自身をお与えください。あなたの恵みにふさわしく完全に報いることができますように。あなたの苦難の姿にかたどられますように。罪を犯したことで失ってしまった、あなたの神性の似姿を取り戻すことができますように。私たちの主の御助けによって。アーメン。

(1) 詩八七・16。(2) 雅七・1。(3) 黙五・1。(4) 詩七三・12。(5) 詩五〇・14。(6) 詩三三・9。(7) 詩五〇・19。(8) 雅八・6。(9) ヤコ一・17。(10) ヨハ一五・5。

主の受難の聖務日課

朝課

主よ、私の唇を開いてください。
　私の口はあなたへの賛辞を告げるでしょう。
神よ、私を助けに来てください。
　主よ、急いで私を助けてください。
栄光は［父と子と聖霊に
　初めのように今をいつも代々《よよ》に、アーメン］アレルヤ。

招句

来たれ。礼拝しよう。捕らえられ、嘲《あざけ》られ、鞭打たれ、
　十字架につけられたキリストを。

詩編九四

来たれ、主に向かって喜び躍ろう、
私たちの救いである神に歓呼の声をささげよう。
賛美のうちに、み顔を仰ぎ、
詩編を唱えて歓呼の声をささげよう。
来たれ。礼拝しよう。捕らえられ、嘲られ、鞭打たれ、
　十字架につけられたキリストを。
神は偉大なる主、すべての王たちにまさる偉大な王。
主はご自分の民を追い返すことはない。
諸々の地の境は御手の内にあり、
山々の頂《いただき》をも［主は］見極めておられるが故に。
来たれ。礼拝しよう。捕らえられ、嘲られ、鞭打たれ、
　十字架につけられたキリストを。
海は［主］のもの、［主］がそれをお造りになった。

乾いた地も［主］の手が固められた。
私たちをお造りになった主の前で嘆き悲しもう。
主こそ私たちの神、
私たちは［主］の民、その牧場の羊の群れ。

来たれ。礼拝しよう。捕らえられ、嘲られ、鞭打たれ、
　十字架につけられたキリストを。

今日、［主］の声を聞くなら、
あなた方の心を頑なにしてはならない。
荒れ野での試みの日に立腹した時のように。
その時、あなた方の先祖は私を試《こころ》み、
　試《ため》し、私の業《わざ》を見た。

来たれ。礼拝しよう。捕らえられ、嘲られ、鞭打たれ、
　十字架につけられたキリストを。

四十年の間、私はこの世代［の人々］の傍らにいた。
そして言った、「彼らはいつも心の内に迷いを抱え、
　私の道を知りはしない」。
私は怒りのうちに誓った、
　彼らは私の安息には入らせない、と。

来たれ。礼拝しよう。捕らえられ、嘲られ、鞭打たれ、
　十字架につけられたキリストを。

栄光は父と子と聖霊に。
初めのように今をいつも代々に。アーメン。

来たれ。礼拝しよう。捕らえられ、嘲られ、鞭打たれ、
　十字架につけられたキリストを。

賛歌

人に救いが与えられる
主の受難のうちに
私たちの安らぎがありますように
心の憧憬もまた。
　　私たちは記憶に留めよう
　キリストの苦痛と屈辱
　茨の冠
　　十字架、釘と槍とを
そして打ち叩かれしことを。
そはいとも気高く

あらゆる賛辞にふさわしいこと
酸いぶどう酒、胆汁、葦の杖
そして辛苦に満ちた死のさまを。
　これらのすべてが私たちを満たし
　心地よい酔いをもたらし、
　諸々の力によって私たちを満たし
　栄えある実りに恵まれる。
十字架につけられたあなたを崇め
心を尽くして願い求めます
聖者の群れに
天の住民の群れに加えてくださることを。
　売り渡されたキリストに賛美と誉れ
　理不尽にも裏切られ、
　辛苦にみちた十字架で
　民のために死を耐え忍ばれた［キリスト］に。
　アーメン。

夜課

交唱　人々は容赦なく私に立ち向かい、
　私の魂を気にもかけなかった。

詩編二

なぜ国々は騒ぎ立ち、
諸国の民は空しいことを思い巡らすのか。
地上の王たちは立ち上がり、
君主たちは一つに集まるのか。
主に逆らい、［主］のキリストに逆らって。
私たちは彼らの枷《かせ》を打ち砕き、
彼らの軛《くびき》を投げ捨てよう。
諸々の天におられる方は彼らを嘲り、
主は彼らを愚弄されるであろう。
その時、怒りのうちに彼らに語りかけ、
憤りをもって彼らを狼狽させるであろう。
だが、私は［主］の聖なる山シオンにおいて、
［主］によって王として立てられた。
主は私に仰せになった、
あなたは私の子、今日、私はあなたを産んだ。
私に願え、あなたの遺産として国々を、
あなたの領地として地の果てまでも与えよう。
あなたは鉄の王杖をもって彼らを支配し、
焼き物師の器のように彼らを打ち砕く。
その時こそ、王たちよ、悟るがよい、

地を裁く者よ、教えを受けよ。
怖れおののきつつ主に仕えよ、
おののきつつ歓呼の声を［主］にささげよ。
教えを受け容れよ、主がお怒りにならないように、
義の道から追い払われぬように。
［主］の怒りがたちまち燃え立つ時、
［主］に寄り頼むすべての者は幸い。

交唱　人々は容赦なく私に立ち向かい、
私の魂を気にもかけなかった。

先　私の賜物を残し、私の遺産を放棄せよ。

答　私の愛する魂を罪人らの手に、私は与えた。

パーテル・ノステル

赦免　私たちの主イエス・キリストの受難が、
私たちを楽園の喜びに導いてくださいますように。

答　アーメン。

主よ（domne）、祝福を。

祝福　その聖なる受難によって、
主が私たちに祝福を与えてくださいますように。

答　アーメン。

第一朗読

ピラトはイエスを捕らえ、鞭打った。そして、兵士たちは茨で冠を編んで、［イエス］の頭にかぶらせ、真紅の衣をまとわせた。そして、［イエス］に近寄って言った、「ユダヤ人の王、万歳」。そして［イエス］を平手で打った。また、唾を吐き掛け、葦の棒を取り上げて［イエス］の頭を打った（ヨハ一九・1―3、マタ二七・30）。

主よ、私たちを憐れんでください。

答　長老たちは集まり、策略を用いてイエスを捕らえ、殺そうと相談した。彼らは強盗に向かうかのように剣《つるぎ》や棒を携えて出て行った。

先　祭司長たちとファリサイ派の人々は、策略を用いてイエスを捕らえて殺そうと相談した。彼らは強盗に向かうかのように剣や棒を携えて出て行った（マタ二六・4、47）。

主よ（domne）、祝福を。

祝福　聖なる十字架の力によって、主が私たちを
真の光の喜びに導いてくださいますように。

答　アーメン。

第二朗読

兵士たちはイエスを引き取り、外に連れ出した。［イエス］は自ら十字架を担い、カルヴァリア、ヘブライ語でゴルゴタと呼ばれる所へ出て行かれた。そこで彼らは［イエ

ス］を十字架につけた。［イエス］と共に、他の二人をも、イエスを真ん中にしてその右と左に［十字架につけた］。だが、イエスは仰せになった、「父よ、彼らをお赦しください。何をしているのかわからないのです」（ヨハ一九・16―18、ルカ二三・34）。

主よ、［私たちを憐れんでください］。

答 あなた方は強盗にでも向かうかのように、剣や棒を携えて、私を捕らえに来たのか。毎日、私は神殿の境内に座って教えていたのに、あなた方は私を捕らえようとはしなかった。しかし、今、あなた方は［私を］鞭で打ち十字架につけようとして引いていく。

先 彼らはイエスに手を掛け、捕らえた。［イエス］は彼らに仰せになった、毎日、私は神殿の境内に座って教えていたのに、あなた方は私を捕らえようとはしなかった。しかし、今、あなた方は［私を］鞭で打ち十字架につけようとして引いていく（マタ二六・55、マコ一四・48―49、ルカ二二・52―53）。

主よ（domne）、祝福を。

祝福 注がれたキリストの血が、
私たちにとって永遠の救いと守りとなりますように。

答 アーメン。

第三朗読

その後、イエスはすべてが成し遂げられたことを知って、聖書［の言葉］が成就されるために仰せになった、「渇く」。そこには、酸いぶどう酒がいっぱい入った器が置いてあった。［兵士たち］は、［このぶどう酒を］たっぷり含ませた海綿をヒソプにつけて、［イエス］の口元に差し出した。イエスは酸いぶどう酒を受けると仰せになった、「成し遂げられた」。そして、頭を垂れて、霊をお渡しになった（ヨハ一九・28―30）。

主よ、私たちを憐れんでください（Tu autem）。

答 ユダヤ人がイエスを十字架につけた時、全地を闇が覆った。第九の刻（午後三時）のころ、イエスは大きな声で叫んで仰せになった、「私の神、私の神、どうして私をお見捨てになるのですか」。そして、頭を垂れて、息を引き取られた。

答 イエスは大きな声で叫んで仰せになった、「父よ、私の霊をみ手に委ねます」。そして、頭を垂れて、息を引き取られた。栄光は父［と子と聖霊に］、そして、頭を垂れて、息を引き取られた（ルカ二三・44、46）。

賛課

神よ、私を助けに来てください。
　主よ、急いで私を助けてください。
栄光は［父と子と聖霊に
　初めのように今をいつも代々に、アーメン］アレルヤ。

交唱　侮辱と恐怖が私を襲った。
　だが強い闘士のような主が私と共におられる。

詩編十二

主よ、いつまでですか、
　果てしなく私をお忘れになるのですか。
いつまで、み顔を私から逸らされるのですか。
いつまで、私の魂の内に思い煩いを抱え、
　一日中苦悩を心に抱えねばならないのですか。
いつまで、
　敵が私に対して勝ち誇るのを許されるのですか。
私を顧み、耳を傾けてください、主よ、私の神よ。
私の目に光をもたらし、
　死の眠りに就くことがありませんように。
「あいつに私は勝った」と
　私の敵が口にすることがありませんように。
私が動揺すれば、私を悩ます者らは高ぶるでしょう。
私はあなたの憐れみに望みを託しました。
私の心はあなたの救いに喜び躍るでしょう。
私は主に歌います、
［主］は私に善いものを授けてくださいました。
楽の音に合わせて、いと高き主のみ名をほめ歌います。

交唱　侮辱と恐怖が私を襲った。
　だが強い闘士のような主が私と共におられる。

章句

私たちの口の息吹、主キリストは私たちの罪の故に捕らえられた。私たちは主に言った、「国々の民の中にあって、私たちはあなたの影に包まれて生きる」（哀四・20）。

答　神に感謝。

賛歌

十字架によって、私たちを敵から贖《あがな》われた
指揮官キリストを
私たちの集いは喜び祝い賛美し
天は賛歌をもって喜び祝う。
　あなたの死は強力な代償
そしてまた、注がれた血も

　心は高鳴る、あなたを捜し求めて
　私たちの贖いなる、イエスよ。
幸いなる傷跡、
唾、鞭、罵りの言葉
私たちに無償で与えられた
キリストの永遠の賜物
　私たちの心は悲しみのあまり震えおののく
あなたの傷口から流れ出る御血
私たちはみな、その［御血］によって洗われた
星々をお造りになった慈しみ深い方。
あなたの受難の賜物に
私たちは酔いしれています、救い主よ
誠実なるあなたが
私たちに与えようと欲される喜びによって
　キリストに賛美と誉れ
　売り渡され、理不尽にも裏切られ
　残忍な十字架刑によって
　民のために死を受けとめられた方に。アーメン。

先　打つ者に頬を差し出された。
答　充分に辱《はずかし》めをお受けになった（哀三・30）

ザカリヤの賛歌［ルカ一・68―79］

交唱　神はご自分の御子を惜しむことなく、
　私たち皆のためにお渡しになった。
［神をたたえよ、イスラエルの……］
キリエ・エレイソン。クリステ・エレイソン。キリエ・エレイソン。

祈願
　主イエス・キリスト、あなたは、夜明けに、人類の救いのために渡され、捕らえられ、縛られ、鞭打たれ、［頬を］打たれ、唾を吐き掛けられることをお望みになりました。あなたのみ名の栄光のために、私たちが侮辱と屈辱を喜びをもって受け入れることができますように、そしてあなたのいとも聖なる受難の追憶を絶えず思い起こし、あなたの復活にあずかるにふさわしいものとなることができますように。あなたは代々の代々にわたって生き、支配しておられます。アーメン。

一時課

神よ、私を助けに来てください。
　主よ、急いで私を助けてください。
栄光は［父と子と聖霊に

初めのように今をいつも代々に、アーメン」アレルヤ。

賛歌

　顔を覆われたあなたは
義の太陽
暴言を浴びせられたあなたは
人類を照らす幸いなる方
　　心からあなたに願います。
　　私たちを慈しみ
　あなたのご慈悲によって
　栄光へと私たちをお導きください。
キリストに賛美と誉れ
売り渡され、理不尽にも裏切られ
残忍な十字架刑によって
民のために死を受けとめられた方に。アーメン。

交唱　私を侮辱する者ら、
　私に唾を吐き掛ける者らに、
　　私は顔を背けなかった。

詩編四二

神よ、私を正しく裁き、
聖なるものではない民から私の異義を聞き分け、
不正な人、欺く人から私を救い出してください。
神よ、あなたこそ私の力、
なぜ、私を退けられたのですか、
敵が私に襲い掛かる時、
なぜ、私は悲しみながら歩むのですか。
あなたの光を、あなたの真理を遣わしてください、
［光と真理］が私を導き、あなたの聖なる山、
あなたの幕屋へと連れて行ってくれますように。
私は神の祭壇に近づくでしょう、
若い私を喜ばせてくださる神に。
神よ、私の神よ、琴を奏でて、
あなたに賛美をささげるでしょう。
私の魂よ、なぜ悲しむのか。なぜ私を掻き乱すのか。
神に希望せよ、今でも、
私は［神］を信頼しているのだから。
私の顔の救い、私の神よ。

交唱　私を侮辱する者ら、
　私に唾を吐き掛ける者らに、
　　私は顔を背けなかった。

章句

ご自分に対する罪人たちの、これほどひどい反抗を耐え忍ばれた方を思い起こしなさい。それは、あなた方の魂が

弱り、疲れ果てることのないためです（ヘブ一二・3）。

答　神に感謝。

先　罵られても、罵り返さなかった。

答　苦しめられても、脅かすことはなかった（Iペト二・23）。

キリエ・エレイソン。クリステ・エレイソン。キリエ・エレイソン。

祈願

　主イエス・キリストよ、あなたは、第一の刻に、私たち罪人のために、総督ピラトのもとに臨まれ、唯一無比の審判者がいとも過酷な判決をお受けになりました。私たちは遜《へりくだ》ってお願いいたします。裁きにあたって惨めな私たちを助け、最後の審判において、私たちが永遠の罰に服することなく、天においてあなたを信ずる人々の交わりに加えられることができますように。あなたは代々の代々にわたって生き、支配しておられます。アーメン。

三時課

神よ、私を助けに来てください。
主よ、急いで私を助けてください。
栄光は［父と子と聖霊に
初めのように今をいつも代々に、アーメン］アレルヤ。

賛歌

第三の刻を迎えるこの時に、
惨めな私たちのために
キリストよ、あなたは十字架を肩に担って、
罪の贖いに向かわれた。
私たちに働きかけてください。
あなたを愛し、聖なる生活を送るように、
そして、天の祖国で安息を
得るにふさわしいものとなりますように。
キリストに賛美と誉れ
売り渡され、理不尽にも裏切られ
残忍な十字架刑によって
民のために死を受けとめられた方に。アーメン。

交唱　主は羊のように屠《ほふ》られるために引いて行かれ、
口を開かれなかった。

詩編六三

神よ、嘆き求める私の祈りを聞き入れ、
敵に対する恐怖から私の魂を救い出してください。
悪意を抱く者らの集いから、

不正を働く者らの群れから、
あなたは私を守ってくださいました。
彼らは舌を剣のように研ぎ澄まし、
隠れた所から、汚れのない者を射ようと、
不快なものである矢を引き絞っていました。
不意に射かけて、恐れることはありませんでした。
不埒な言葉で身を固めていました。
罠を仕掛けようと語り合い、
公言しました、誰が彼らを見ているだろうか、と。
不正な輩は探り出され、
探り出す者らは探索に疲れ果てました。
人は高ぶる心に近づこうとも、神こそ高められます。
彼らの罠は幼子らの矢のように、
彼らの舌は彼らに反して弱り果てました。
彼らを見ていた者らはみな、混乱に陥り、
人はみな怖れに陥りました。
そして、彼らは神の業を語り告げ、
［神］が行われたことを悟ったのです。
義《ただ》しい人は主において喜び、
［主］に希望を託すでしょう。
心の正しい人はみな喜ぶでしょう。

交唱　主は羊のように屠られるために引いて行かれ、
口を開かれなかった。

章句

キリストはあなた方のために苦しみを受け、その足跡をたどるように、あなた方に模範を残されました。この方は罪を犯したことはなく、その口には何の偽りも見いだされませんでした（Iペト二・21―22）。

答　神に感謝。

先　［キリスト］は献げられた、
ご自身が望まれたので。

答　私たちの罪を自ら担われた。
キリエ・エレイソン。クリステ・エレイソン。キリエ・エレイソン。

祈願

主イエス・キリスト、生ける神の御子、あなたは第三の刻に、世の救いのために、十字架という刑具を担わされました。私たちは遜り懇願します。あなたのいとも聖なる受難の力によって、私たちのすべての罪を拭い去り、あなたの至福の永遠の栄光へと、慈しみ深く私たちを導いてください。あなたは代々の代々にわたって生き、支配しておられます。アーメン。

六時課

神よ、私を助けに来てください。
　主よ、急いで私を助けてください。
栄光は［父と子と聖霊に
　初めのように今をいつも代々に、アーメン］アレルヤ。

賛歌
私たちのために十字架を担い
十字架の上にて喉が乾いたイエスは
聖なる両手と両足を
釘にて貫かれていた。
　誉れと賛美は
　十字架につけられた御子に。
［御子は］その罪の贖いによって私たちを
　追放から贖ってくださった。
キリストに賛美と誉れ
売り渡され、理不尽にも裏切られ
残忍な十字架刑によって
民のために死を受けとめられた方に。アーメン。

交唱　その頭の上には罪状書きが掲げられていた。
　ナザレ人イエス、ユダヤ人の王、と（ヨハ一九・19）。

詩編一一五
私は信じていた、
私はあまりにも辱められた、と言った時も。
興奮のあまり、私は言った
「人はみな偽り者だ」と。
［主が］私にたまわってすべてに対して、
私は何をお返ししたらよいのだろうか。
救いの杯を手にして、主の名を呼び求めよう。
［主］の民全体の前で、主に立てた私の誓いを果たそう。
［主］の聖なる者らの死は、主のみ前に尊い。
おお、主よ、私はあなたの僕《しもべ》であるが故に、
私はあなたの僕、あなたの端女《はしため》の子。
あなたは私の縄目を解いてくださった。
私はあなたに賛美の供え物を献げ、
主の名を呼び求めよう。
［主］の民全体の見ている前で、
主に立てた私の誓いを果たそう。
主の家の大広間で、エルサレムよ、あなたのただ中で。

交唱　その頭の上には罪状書きが掲げられていた。
　ナザレ人イエス、ユダヤ人の王、と。

章句

［主は］裁きを受けるため不正な者に自らを渡された。
［主］は私たちの罪を木の上で、その体をもって担われた。罪によって死んだ私たちが義によって生きるために。この御方《おかた》の傷によって私たちは癒された。

答　神に感謝。

先　［キリスト］は献げられた、
　ご自身が望まれたので。

答　私たちの罪を自ら担われた。

キリエ・エレイソン。クリステ・エレイソン。キリエ・エレイソン。

祈願

　主イエス・キリスト、第六の刻に、あなたは十字架の刑具に挙げられ、私たちの救いを渇き求めて、胆汁と酸いぶどう酒とを口になさることを甘んじてお受けになりました。私たちは遜ってあなたに懇願いたします。私たちが熱く燃える心をもって、あなたの受難の杯を渇き求めますように。あなたは代々の代々にわたって生き、支配しておられます。アーメン。

九時課

神よ、私を助けに来てください。
　主よ、急いで私を助けてください。
栄光は［父と子と聖霊に
　初めのように今をいつも代々に、アーメン］アレルヤ。

賛歌

祝されたキリストの受難が
私たちの解放となりますように。
この［受難］によって、私たちに
天上の喜びが整えられますように。
　栄光は主キリストに
　［主］は十字架にかけられ、
　叫び声とともに霊をお渡しになり、
　滅びた世界をも救われる。
キリストに賛美と誉れ
売り渡され、理不尽にも裏切られ
残忍な十字架刑によって
民のために死を受けとめられた方に。アーメン。

交唱　イエスは酸いぶどう酒を受けると

仰せになった、「成し遂げられた」。
そして、頭を垂れ、霊をお渡しになった。
（ヨハ一九・30）。

詩編一四一

私は声をあげて主に呼び求めた。
私は声を限りに主に懇願した。
私は［主］の前に私の祈りをさらけ出し、
私の苦悩を［主］のみ前で申し上げる。
私の霊が弱り果てようとする時にも、
あなたは私の小径を知っておられる。
私が歩んでいたこの道に、
彼らは私に罠を仕掛けた。
私は右側に目を向けて眺めまわしたが、
私を知っている者は誰もいなかった。
私には逃げる術もなく、
私の魂を気にかける者もいなかった。
主よ、私はあなたに叫び求めて言った、
「あなたこそ私の希望、
生ける者らの地で私の分け前。
私の懇願に耳を傾けてください。
私はひどく卑下されているのですから。
私を迫害する者らから解放してください。
彼らは私より遥かに強いのですから。
獄舎から私の魂を導き出してください、
あなたのみ名をたたえるために。
あなたが私に報いてくださるまで、
義しい人々は私を待ちわびています」。

交唱　イエスは酸いぶどう酒を受けると
　仰せになった、「成し遂げられた」。
　そして、頭を垂れ、霊をお渡しになった。

章句

万物はこの方のためにあり、この方の故に万物は作られた、この方が多くの子らを栄光に導くために、彼らの救いの創始者を受難を通して完全な者となさったのは、ふさわしいことでした（ヘブ二・10）。

答　神に感謝。
先　その魂を死に渡された。
答　非道な者らの一人とみなされた。
キリエ・エレイソン。クリステ・エレイソン。キリエ・エレイソン。

祈願

主イエス・キリスト、第九の刻に、あなたは十字架の上で両手を広げて、頭を垂れて、御父である神に霊をお渡しになり、いともふさわしいあなたの死という鍵をもって楽園を開け放たれました。取るに足らぬ私たちに、あなたの執り成しを向けてください。私たちの死の時に、真の楽園であるあなたに私たちの魂が辿り着くように慈しみを注いでください。あなたは代々の代々にわたって生き、支配しておられます。アーメン。

晩課

神よ、私を助けに来てください。
　主よ、急いで私を助けてください。
栄光は［父と子と聖霊に
　初めのように今をいつも代々に、アーメン］アレルヤ。

交唱　主よ、あなたは巻物を受けとり、
　その封印を解くにふさわしい方、
　あなたは屠られ、あなたの血によって
　神のために私たちを贖われたが故に
　　（ヘブ五・9）。

詩編二九
主よ、私はあなたをほめたたえます。
あなたは私を受け入れ、
私の故に敵が喜ぶのをお赦しにならなかったからです。
主よ、私の神よ、私はあなたに叫び求めました。
するとあなたは私を癒してくださいました。
主よ、あなたは私の魂を陰府《よみ》から導き出し、
穴に降る者らから私を救い出してくださいました。
［主］の聖なる者らよ、楽の音に合わせて主に歌え、
［主］が聖なる方であること思い起こしてたたえよ。
怒りは不本意に、命はそのみ旨のうちに。
夕べには嘆きに包まれていようと、
朝《あした》には喜びが［満ちみてる］。
豊かさの内にあって、私は言った、
私は永遠に揺らぐことはない。
主よ、あなたはみ旨のうちに、
私の麗しさに力を添えてくださいました。
あなたは私から御顔を背けられたので、
私は混乱しました。
私の神に叫び求めます。
主よ、私はあなたに呼び求めます。
滅びへと沈む時、
私の血に何の益がありましょうか。

塵があなたに賛美をささげることがありましょうか、
あなたの真理を告げ知らせるでしょうか。
主は私に耳を傾け、私を憐れんでくださった。
主は私［の言葉］を聴いてくださった。
主は私のために、私の嘆きを喜びに替えてくださった。
私の粗布を引きちぎり喜びをまとわせてくださった。
私の栄光があなたに［ほめ歌を］歌い、
悔いることがありませんように。
主よ、私の神よ、
私は永遠にあなたに賛美の歌をささげます。

交唱　主よ、あなたは巻物を受けとり、
その封印を解くにふさわしい方、
あなたは屠られ、あなたの血によって
神のために私たちを贖われたが故に。

章句
その死に至る受難の故に栄光と誉れの冠を戴いたイエスを私たちは見た。神の恵みがすべての者に代わって死を味わったが故に。

答　神に感謝。

賛歌
死の過酷な圧搾によって
罪科《つみとが》の連鎖を解きほぐし
真《まこと》の平和へと私たちを導いてください
処女《おとめ》たちの冠、イエスよ。
鞭打たれ、いとも苦き胆汁を
飲み物とされました
罪人らに代わって成し遂げられました
いと高き永遠の王よ、
すべての国民を更新するために
あなたの死による贖罪が
力と救いを与えてくださいますように
すべてのものの贖い主なるイエスよ。
十字架という屈辱的な祭壇で
血潮の河を流されました
尊きイエス、寛大なる王よ、
父の光を分け与える方。
忌まわしい敵からの贖い主となられた
キリストの血
私たちを安全に導いてください
予め用意されていた小羊の宴に。
キリストに賛美と誉れ
売り渡され、理不尽にも裏切られ

残忍な十字架刑によって
民のために死を受けとめられた方に。アーメン。

先　私たちの平和の模範はこの方の上に。

答　この方の傷によって私たちは癒されたが故に（イザ五三・5）。

マニフィカット［ルカ一・47―55］**の交唱**

私たちの善き羊飼い、生ける水の泉は去って行かれた。
ご自分の羊たちのためにその魂を差し出され、
ご自分の群れのために死ぬことをよしとされたが故に。
キリエ・エレイソン。クリステ・エレイソン。キリエ・エレイソン。

祈願

主イエス・キリスト、夕べのこの時、人類の救いのために死によって亡き者とされたあなたは、十字架から降ろされ、あなたの母の両手の内に抱かれることをお望みになりました。慈しみに信頼してお願いいたします。私たちの罪の重荷を下ろして、神としての威光に満ちたあなたの前に進み出ることができますように。あなたは代々の代々にわたって生き、支配しておられます。アーメン。

終課

先　私たちの救いの神よ、私たちを立ち返らせてください。

答　あなたの怒りを私たちから遠ざけてください。

神よ、私を助けに来てください。
主よ、急いで私を助けてください。
栄光は［父と子と聖霊に
初めのように今をいつも代々に、アーメン］アレルヤ。

交唱　初子《ういご》のために激しく泣くかのように、
彼らは激しく泣く、無垢の主が殺戮されたが故に。

詩編八七

主よ、私の救いの神、
昼も、夜も、私はみ前で叫びました。
私の祈りをみ前に至らせ、
私の願いに耳を傾けてください。
私の魂は災いに満たされ、
私の命は陰府に近づいてしまったからです。
私は穴に降る者らの一人とみなされ、
死者の中に放たれた、
助けを持たない人間のようにされました。

もはやあなたから忘れ去られ、
墓の中に眠る傷ついた者らのように、
彼らはあなたの手から追い払われました。
彼らは私を深い穴の中、
闇の中、死の影の中に置き去りにしました。
あなたの激しい怒りが私の上に留まり、
あなたの波が私に襲いかかりました。
あなたは私の知人らを私から遠ざけ、
彼らは私を嫌悪すべきものとみなしました。
私は手渡されて、抜け出ることはできませんでした。
私の眼は窮乏の故に病み衰えました。
主よ、私は終日《ひねもす》あなたに叫びました。
私は両手をあなたに差し伸べました。
あなたは死者のために驚くべき業を行われるでしょうか、
それとも医者が立ち上がらせ、
あなたに賛美をささげるでしょうか。
墓の中であなたの慈しみを、
滅びのうちにあって
あなたの真実を語る者が誰かいるでしょうか。
闇の中にあっては
あなたの驚くべき業は知られることなく、
忘却の地にあっては
あなたの義は知られることはないのではないでしょうか。
それでも、主よ、私はあなたに叫びました。
夜明けに、私の祈りは御許に届きます。
主よ、それなのになぜ、私の祈りを退けられるのですか、
み顔を私から背けるのですか。
私は貧しい者です。若い時から艱難のうちにありました。
私は高められ、貶められ、混乱させられました。
あなたの怒りが私の内を突き抜け、
あなたへの恐怖が私を混乱に陥れました。
［あなたの怒りが］水のように終日《ひねもす》私を取り囲み、
一斉に取り囲みました。
あなたは友人と隣人を私から遠ざけ、
悲惨の故に知人を［遠ざけました］。

交唱　初子《ういご》のために激しく泣くかのように、
　彼らは激しく泣く、無垢の主が殺戮されたが故に。

賛歌
死者として岩の上に
横たわる潔白な王
あなたのうちで私たちを休ませ
聖なる生活を送らせてください。

主よ、御血によって贖われた者らを
私たちのもとに遣わしてください
天上の永遠の平和の喜びへと
私たちを導いてください。
キリストに賛美と誉れ
売り渡され、理不尽にも裏切られ
残忍な十字架刑によって
民のために死を受けとめられた方に。アーメン。

章句
キリストは肉において苦しまれたのだから、あなた方も同じ心構えをもって武装しなさい（Ⅰペト四・1）。

答　神に感謝。
先　その場所は平和のうちに作られた。
答　その住居《すまい》はシオンに［ある］。
交唱　世の救い主、私たちを救ってください。
あなたは十字架と血をもって
私たちを贖ってくださいました。
私たちはあなたに懇願いたします。
私たちを助けてください、私たちの神よ。

シメオンの賛歌（ルカ二・29—32）
主よ、今こそ、あなたのお言葉のとおり、
平和のうちに、あなたの僕を去らせてください。
私はこの眼で、
あなたの救いを見たからです。
この［救い］は、
あなたが万民の前に備えられたもの。
異邦の民を照らす光、
あなたの民イスラエルの栄光。

交唱　世の救い主、私たちを救ってください。
あなたは十字架と血をもって
私たちを贖ってくださいました。
私たちはあなたに懇願いたします。
私たちを助けてください、私たちの神よ。
キリエ・エレイソン。クリステ・エレイソン。キリエ・エレイソン。

祈願
主イエス・キリスト、一日の最後の刻に、あなたは墓の中で休まれました。激しい悲嘆にくれた御母と、他の女性たちの哀悼と号泣をお受けになりました。私たちはお願いいたします。あなたの受難の痛みに突き動かされて、涙にまみれ、心の限りを尽くして、あなたの受難を絶えず泣き悲しみ、あたかも新たなる受難のように、燃え立つ思いをもって抱きしめますように。あなたは代々の代々にわたって生き、支配しておられます。アーメン。

〈手紙〉
キリストに倣うこと

訳文中の〈 〉は底本ではイタリック体であること、引用文中の会話の言葉である箇所を示す。

一　兄弟よ、幸いなアウグスティヌスは主イエス・キリストに向かってこう語りました。「主よ、忘恩があなたを非常に不快にさせるということを、私は知っております。忘恩はあらゆる霊的な悪の根であり、すべての善を干しあげ焼きこがす風であり、神の人間への憐れみという泉を塞いでしまうものであります。また、忘恩によって多くの悪行が生じ、生き生きした行いは死に絶えて、もはや手に入れることができなくなってしまいます[a]」。それ故、忘恩があらゆる悪の原因なのですから、人は神から恵みを受けた以上は、神にお返しをすべきでしょう。また、恵みが大きくなればなるほど恩寵もまた大きくなるはずです。グレゴリウスは、「賜物が増やされる時には、賜物をくださる理由もまた大きくなります[b]」と言っています。そこで人は、自分が神にどれほど多くのお返しをすべきかを知るためには、どれほど多く神から受けたのかを知らなくてはなりません。

二　ですから、神があなたにどれほど多くの恵みを授けてくださったのかを思ってごらんなさい。神がどのようにあなたを造られ贖《あがな》われ呼び出されたのかを考えてごらんなさい。そこでまず、神があなたを〈どこから〉呼び出されたのかを思ってごらんなさい。というのは、神はあなたを悲惨に満ちたこの世から、魂を永遠の断罪という刑罰に引き入れようとする悪霊たちの罠に満ちたこの世から、呼び出されたのですから。次に、神があなたを〈どこへ〉呼び出されたのかを思ってごらんなさい。むろん、神はあなたを、あなたが神をたたえ神を愛するようにと呼び出されたのです。これはいとも大いなる賜物であります。というのは、これはもともと天使たちの仕事だからです。天使たちは楽園にあって神をたたえることのほかには何もしないのですから。それ故、天使たちの仕事へと呼び出されたあなたがどのように生きるべきなのかを思ってごらんなさい。神はあなたを悲惨に満ちたこの世から呼び出し、永遠の生へと通じている〈まっすぐな〉安全な〈道へと〉あなたを〈移し〉、あなたを〈導いた〉のです[1]。これこそは、神がその限りなく大きな善性の故に、私たちに授けてくださった最大の恩寵なのです。

三　ところで、永遠の生に至るべく呼び出された人々が主に求めて、「主よ、あなたは私たちを造られ、私たちを永遠の生へと呼び出されました。それなら、私たちはそれを所有するためには何をすべきでしょうか」と言うとしましょう。主はその時、「私の父が私に王国を委ねたように、私はそれをあなた方に委ねる[2]」と答えるでしょう。それ故、私たちは父がどのように彼に王国を委ねたのかを考えてみましょう。主ご自身がどのような道を歩まれたのかを考えてみましょう。そこで、「曇りなき鏡[3]」であるキリストの生涯について熱心に考えるならば、私たちには次のことがわかってくるでしょう。すなわち、彼は第一に、〈いと深き謙遜〉の道を歩まれたのです。――第二に、〈いと高き貧しさ〉の道を歩まれたのです。――第三に、〈完全なる愛（caritas）〉の道を歩まれたのです。――第四に、〈偉大なる忍耐〉の道を歩まれたのです。――第五に、〈驚嘆すべき従順〉の道を歩まれたのです。

もし私たちがキリストに従い、キリストを見いだそうと思うならば、このような道を歩むべきであります。幸いなるヨハネが「神の内にいつもとどまっていると言うほどの人は、イエスが歩まれたように自らも歩まなければなりません[4]」と言っているように、そういう人はキリストが歩まれた道を歩むべきなのです。

四　従って、第一に、キリストは〈いと深き謙遜〉の道を歩まれた、と言いましょう。というのは、彼は弟子たちの足を洗うほどに自らを低くされたのだからです[5]。それ故、神の子であり天使たちの王である方が弟子たちの足に自ら向かうというほどの実に卑しい仕事にまで自らを低くなさったのなら、私たちはどれほど謙遜すべきなのかを考えてごらんなさい。というのは、上位の者や同等の者に対して自らを低くすることはたいしたことではありませんが、自分以下の者に対して自らを低くすることは最大の善であり大いなる功徳なのですから。このようにして、人はすみやかに大いなる恩寵を得て、キリストの愛（amor）を豊かに受けるのです。つまり、人が自らを低くすればするほど、神はその人を高くするのです[6]。親愛なる友よ、私を信じてください、もし人が自らを低くすることに努力するのなら、その人は他の人が四十年かかって得るより大きな恩寵をわずか一月で得ることでしょう。

五　『師父たちの生涯』にこのような話があります。ある人が長期間独居房に閉じこもって長い間厳格な生活を送っていましたが、そのうちにある疑問を抱き、神に向かって自分にその疑問の真なる答を明かしてくれるように求めました。その疑問の内容は、幸いなる人々は自分の親しい人々のために祈るのかどうか、もし祈るのなら彼らはどのように祈るのか、ということでした。彼は久しく求めましたが、主はそれを明らかにしてくださいませんでした。そこで彼は、自分自身を低くしてこう言いました。「わかったぞ。私は神への奉仕においてほとんど前進しなかったのだ。それ故、主は私に私の抱いている疑問の真なる答を明かしてくださらなかったのだ。それなら、同胞のところへ行って、私の抱いている疑問を私のために解いてくれるように求めよう」。そこで彼は自分の独居房の戸口を出ようとしましたが、その時主の使いが彼に現れてこう言いました。「兄弟よ、わかりましたか、あなたの全生活もあなたの全禁欲も、あなたが抱いた疑問を主があなたに明らかにしてくださるには足りないものだということが。しかし、あなたが自らを低くして、あなたの兄弟にそれを尋ねようとしたその謙遜は、それに値したのです。神は大いに喜ばれ、あなたの疑問に答えさせるために私をあなたに送りました。さて、最初にあなたは〈幸いなる人々は自分の親しい人々のために祈る［のかどうか］〉と尋ねました。親愛なる友よ、このように知りなさい。正しい人々は、彼らが主にあって愛した人々のために祈るのであり、また、彼らが呼びかける人々のために祈るのです。それは、彼らが悪から守られ、この世の誘惑から解かれるためです。また、もし彼らが迷いのうちにいるのならば、彼らが正され、彼らがすみやかに自分たちの仲間となるためです。次にあなたは、〈もし祈るのなら彼らは［どのように］祈るのか〉と尋ねました。こう言いましょう。彼らの願いが彼らの祈りとなるのです。というのは、彼らは、自分たちの願っているものをみな遅滞なく知るのですから。というのは、彼らにとって祈るとは、神であるキリストに従って肉体的苦悶や偉業を再現することなのですから。しかし、彼らは他のことは祈りません――神ご自身がしむけたことは別ですが――。そうでなければ、彼らの祈りは無益なものとなりましょう(c)」。

六 また、私たちの女主人［聖母マリア］に忠実な、ある小さき兄弟が、女主人に対し、御子に一層喜んでもらえるような道を明らかにしてくださるように求めました。女主人は彼に、「身近なすべての卑しい仕事を行い、あなた自身を低くしなさい」と言われました(d)。

また、ある聖なる師父が、謙遜とは何なのかと尋ねました。彼は自分で、謙遜とは大いなる善であり神の賜物であると答えました。そして、人が謙遜になるのはこのようにしてだと言ったのです。すなわち、「肉体労働をするように。そして、自分自身を罪人と見なして、自分を万物の下にあるものと考えるように。他人の罪には気がつかなくても自分の罪はしっかりと見つめ、神が自分を顧みてくださるようにと祈るように(e)」。――また、ある聖なる師父が、神へと進んで行くとはどういうことであるか、と尋ねました。彼は自分で、神へと進んで行くとは自分自身を低くすることである、と答えました(f)。

七 第二に、私たちの主イエス・キリストの生涯は〈いと高き貧しさ〉のうちにありました。そこで、ベルナルドゥスはこう言っています。「処女《おとめ》から生まれてより十字架の死に至るまでの救い主の全生涯を問うてごらんなさい。そこに最高の貧しさを見いだすばかりでしょう(g)」。ですから、貧しくあればあるほど、その人はいよいよ神の子に似るのであり、神の子に近づくのです。

八 幸いなるフランシスコが、人をよりよく完成［完徳］へと導くものは何であるかと問いかけ、そして彼自身が答えました、それは貧しさである、と(h)。

九 第三に、私たちの主イエス・キリストは〈完全なる愛（caritas）〉のうちにありました。というのは、彼は私たちを愛する愛の故に天から地へと降られたのですから。愛は、彼が残酷な苦しみを受けられた時、柱に縛られた彼を保つ綱でありました。なぜなら、彼は私たちを彼自身よりも愛したからなのです。というのは、私たちが生きられるように、ご自身は死ぬことを欲されたのですから。私たちが悪魔の力から救い出されるように、ご自身は売られることを欲されたのですから。その魂とその身体とを私たちのためにささげられたのですから。愛とは、それによってこそいったい誰が真のキリストの弟子であるかが知られるもののことなのです。というのは、キリストがこう言われたからです。すなわち、「互いに愛しあうならば、それによってあなた方が私の弟子であることを皆が知るようになる」[7]と。愛こそは、人をキリストの子にして弟子にするものなのです。

一〇　ある聖なる師父が、私たちは昼も夜も労苦しているのに、私たちの昔の師父たちが完徳に到達したようには、私たちがそれに到達しないのはどういうわけなのか、と問いかけました。彼は自分でこう答えました。昔の師父たちは自分を慰めるよりも他人を慰めるようにしていた、そこで彼らは大いなる完徳に到達したのである。それに対して、私たちが労苦するが完徳に到達しないのは、各人が自分自身の慰めや利益を求めて、隣人の利益や慰めを求めないからである。そこで、もしあなたがわずかな時間で大いなる完徳に到達し、これを得ようと望むのなら、なしうるすべてのことにおいて、あなたはあなたの兄弟たちに仕えようと努めなさい、そしてさらに、自分自身の慰めや利益よりも他人の慰めや利益を求めなさい、と[i]。

一一　第四に、私たちの主イエス・キリストは〈偉大なる忍耐〉のうちにありました。彼がどれほど不当に、どれほど苦しまれたかを思ってごらんなさい。そうすれば、彼が決して不平を言わなかったことがわかるでしょう。無垢なる小羊のように、彼はどこにでも引かれて行きました。「罵られても罵り返すことなく、自らは苦しんでも人を脅かすことはなかった」[8]のです。「いとも温順な小羊」[9]のように、引きまわされるに任せたのです。忍耐は、敵のすべての謀略を無力にするものなのです。――このような話があります。ある師父がかつて、悪霊たちが語りあっているのを聞いたのです。ある悪霊が、自分たちは修道士たちにどれほどの力をふるえるのか、と問いかけました。彼は自分で答えて、こう言いました。「私は彼らを打ち負かすことができない。というのは、私が彼らを挑発して短気や不和を起こさせようとすると、一人が他の者の前で自分のその過ちを言ってしまうからだ、そして彼は、その忍耐によってすべてを無力にしてしまうのだ」[j]。――それ故、親愛なる友よ、これが常にあなたの口にあるとよいのです。すなわち、あなたが誰かから非難されたなら、あなたは「それは私の過ちです。代わりに、もっと善い他のことをいたしましょう」と言うのです。

一二　第五に、私たちの主イエス・キリストは〈驚嘆すべき従順〉のうちにありました。それによって彼は「死に至るまで従順でした」、それも他のどんな死でもなく「十字架の死」[10]に至るまで、でありました。それは、どのような普通の死よりも苛酷で不名誉で恥ずべきものでした。それでも、彼は全く従順でありましたから、高く天に挙げられたのです。それ故、天に挙げられたいと思う人は、純粋にかつ完全に従順であるように努めましょう。

三　『師父たちの生涯』にこのような話があります。「ある聖なる師父が言った、常にその魂を神の故に従順にささげている人は荒野に一人でいる隠修士よりも大きな功徳を持っている、と。彼はさらに言った、ある聖なる師父はこう語った、すなわち、私は天に四つの階層を見ましたが、そのうちの一つは神の故に忍耐しつつその弱さを保った人々の階層、次は貧しい人々にその宿を貸した人々の階層、その次は孤独のうちに過ごした人々の階層、第四は神の故に従順のうちにあった人々の階層でありました、と。しかも彼は、従順のうちにあった人々が他の人々とは違って黄金の光輪を持っているのを見たのであり、次いでこういう声を聞いたのです。すなわち、彼らはより大きな光栄を受けたのです、というのは、彼らは彼らのなしたことを従順によってなしたのだからです、しかし、他のすべての人々は自分の意志の範囲のことをなしたにすぎません、と」[k]。このように、従順の犠牲は、自分の意志を犠牲に献げるのですから、他のどのような犠牲よりも大きいものなのです。ですから、親愛なる友よ、もしあなたが大いに進歩して神に喜ばれたいと思うのでしたら、あなたが受ける指図には純粋に従順であるように努めなさい。

四　また、祈りの友であるように努めなさい。というのは、祈りがあなたを謙遜の人に、忍耐の人に、従順な人にするでしょうから。祈りは、あなたにすべての善きものをもたらすでしょう。祈りは、この世の生においても永遠の生においても、あなたを神に導くでしょう。というのは、聖なるフランシスコが、祈りの友となることなくしては何《なん》人《びと》も神への奉仕において前進することはできないと思われる、と言ったのですから[l]。

五　親愛なる友よ、もしあなたが祈りたいと思うならば、あなたは沈黙すべきです。そしてもし沈黙したいと思うならば、一人でいるべきです。『師父たちの生涯』にこのような話があります。ある聖なる師父が死に臨んだ時、修道士たちは彼に、何か別れの言葉を言ってほしい、と言いました。そこで彼は「兄弟たちよ、〈沈黙〉よりも善いものは何もないと思う」と言いました[m]。それ故、親愛なる友よ、奉仕の時にあたっては、できるかぎり沈黙をもって行うように努めなさい。また、完全なる奉仕のためには、直ちに孤独のうちに逃れなさい。しかし、孤独のうちにあって無活動となってはいけません。というのは、無活動は孤独にあってはきわめて危険なものなのですから。——ある人がある聖なる師父に、どうしたら神と人とに喜んでもらえるかと尋ねました。聖なる師父は、「語ることは少なく、行うことは多く」と答えました。

『師父たちの生涯』にこのような話があります。「修道院長アルセニウスは、まだ宮殿に暮らしていた時、神に祈って言った、〈主よ、私を愛し救ってください〉と。すると彼にこのように言う声があった、〈アルセニウスよ、人々から逃れなさい、そうすれば救われるでしょう〉と。そこで彼は修道士の生活に入り、再び祈って同じ言葉で言った、〈主よ、私を愛し救ってください〉と。すると、このように言う声が聞こえた、〈アルセニウスよ、逃れなさい、沈黙しなさい、安息しなさい〉と。これらは罪の根ではなく、救いの源なのです(n)」。

一六　また、その『聖なる師父たちの生涯』にこのような話もあります。「修道院長マカリウスはその兄弟たちに言った、〈兄弟たちよ、聖堂でのミサが終わったら逃れなさい〉と。そこで兄弟たちの一人が彼に言った、〈父よ、このような孤独からさらにどこに逃れるというのでしょうか〉と。そこで修道院長は、自分の口の上に指をあてて言った、〈この口から逃れるべきだと言うのです。みなこのようにして自分の独居房に入り、戸を閉じてただひとり座り、祈り続けたものです〉と(o)」。

もしもあなたが以上のことを守ったとすれば、親愛なる友よ、私はあなたが短期間のうちに大いなる完徳に到達するであろうことを疑いません。以上の言葉を私だと思って、しばしば読んでください。そして読んだ時には、私があなたと語っているのであり、私があなたに以上の言葉を言っているのだと考えてください。すべてを終えて就寝しようとする時には、私が書いてさしあげたように、その日を過ごしたかどうか、あなた自身を点検してみてください。主にあって、ご機嫌よう。私のために神に祈ってください。

(1) ヨハ一五・16、詩一〇六・7。(2) ルカ二二・29。
(3) 知七・26。(4) Iヨハ二・6。(5) ヨハ一三・4—15。
(6) シラ三・20、マタ二三・12。(7) ヨハ一三・35。
(8) Iペト二・23。(9) イザ五三・7、エレ一一・19。
(10) フィリ二・8
(a) 擬アウグスティヌス、Soliloquiorum animae ad Deum, 18 (PL 40, 879)。
(b) グレゴリウス『福音書講話』九・1。
(c) 『師父たちの生涯』=『砂漠の師父の言葉』五・15・72。

(d) ルカ・ワディング『小さき兄弟会年報』一二七二年二三号。
(e)『砂漠の師父の言葉』五・15・82。
(f) 前掲書五・15・77。
(g) ベルナルドゥス『降誕徹夜祭の説教』一・5、『復活節の説教』三・1。
(h) ボナヴェントゥラ『聖フランシスコ大伝記』七・1。
(i)『砂漠の師父の言葉』三・181。
(j) 前掲書三・18。
(k) 前掲書五・14・19。
(l) ボナヴェントゥラ『聖フランシスコ大伝記』一〇・1。
(m)『砂漠の師父の言葉』五・15・9。
(n) 前掲書三・190、五・2・3、五・15・10。
(o) 前掲書五・4・27。

第一回状

一　キリストにあって最も親愛なるすべての管区の奉仕者および管理人《クストス》へ、小さき兄弟会全体の奉仕者にして僕《しもべ》である兄弟ボナヴェントゥラが、挨拶と「あらゆる人知を超えた平和(1)」をお送りいたします。

　私は、私に課せられたこの重荷を引き受けるには自分が不適格であることをはっきり知っております。肉体は虚弱であり精神は不完全であり行動は経験不足なのですから、そして意志は逆らっているのですから。とはいえ、かの総会と教皇の「突き棒を蹴り返すことは困難です(2)」。そんなことをしては、いと高き神の意志に頑なに抵抗することになりましょう。そこで私は、このほとんど耐えがたいほどの重い荷物を背負うことにしたのです。それも、全能者の力が助けてくださると希望し、あなた方もそれを真摯に支援してくださると頼りにしてのことなのです。というのは、たとえどれほど力があり勤勉であり経験がある人でもこれほど重い荷物すべてを一人で背負うことは不可能ですが、しかしその荷物が分割されて他の人々も背負うようであれば誰でも雄々しく運ぶことができ、どれほど虚弱な指導者でも尋常ならぬものを恐れて絶望すべきではないからです。

　それ故私は、あなた方の勤勉と真摯と溢れる熱意とが悪しきものを根絶し善きものを促進し弱きものを元気づけ強きものをさらに強固にしようとする渇望を抱いていると予想いたします。そこで私は、「イスラエルの家の見張り」となった自分を見つめながら、「人々の血の責任が私に負わされることが(3)」ないように、若干の事柄をあなた方に手短に書こうと思ったのです。もしも総会に出ておりましたなら、私はそのことを口頭でもっと伸び伸びとお話しできたでしょうが。

　ところで、現在の差し迫った危険は、私たちの良心が磨滅し、それが世俗の人々の醜聞になっていることにあります。彼らにとって私たちの修道会はあらゆる聖性の鏡であるべきですが、実際には世界の各地で不平と軽蔑の対象となっています。そこで私は、総会代表者たちの助言を受けて、私なりに是正されなければならないと考えたことを手短に述べようと思います。私は全く何も言わないことも何もかもみな述べることもできません、また新しい規則を定めることも束縛を増し加えることも、他の人々に重荷を負わせることもいたしません、ただありのままの事実を告げる者として手短に述べようと思うのです。というのは、ありのままの事実については決して黙っているべきではないと考えるからです。

ニ　なぜ私たちの修道会の輝きはこんなにも暗くなったのでしょうか。なぜこの修道会は外的に汚れ、良心の輝きは内的に曇ってしまったのでしょうか。その諸理由を深く問い質していますと、私は次のようなことに思い当たりました。

——大量の商取引が行われている。そのため、私たちの修道会の貧しさの最大の敵である貨幣が熱心に求められ、軽率に受け取られ、さらに軽率に用いられている。

——ある兄弟たちは怠惰に陥っている。怠惰はすべての悪徳のたまり場である。そのため、心の麻痺した非常に多くの者たちが活動生活と観想生活の中間のある種の奇怪な状態を選び、肉的にというよりむしろ残忍に人々の活力を吸い取っている。

——多くの兄弟たちが放浪している。彼らは自分の身体の安楽を求めるが故に、出会う人々を困らせ、生き方の模範を後に残すどころか人々の醜聞となっている。

——しつこく人々に物を求めている。そのため、道行く人々はすべて私たちの兄弟たちに出会うことを憎み、追いはぎでもあるかのように私たちの兄弟たちとの出会いを恐れている。

——贅沢で奇怪な建築が行われている。それは兄弟たちの平和をかき乱し、親しき人々を困らせている。そのため、人々は様々な仕方で私たちに歪んだ判断を下している。

——私たちの会則によって禁止されている女性との親交が増大している。そのことが多くの疑惑や非難や醜聞を引き起こしている。

——役務は思慮なく配分されている。そのため、あらゆる点でまだ未熟な、内的な禁欲もできず霊的な強化もされていない兄弟たちが、ほとんど担うこともできないような役務を課されている。

——埋葬と遺言に関することについても貪欲を発揮して

いる。そのため、聖職者とりわけ教区司祭に対して多大な迷惑をかけている。

——住居はしばしば移動され、贅沢にされている。そのため、その地域に暴力沙汰や混乱を生みだし、気まぐれを印象づけ、貧しさを危うくしている。

——最後に、贅沢によって費用が跳ね上がっている。というのは、兄弟たちがもはやわずかなもので満足しようとせず「人々の愛が冷えきってしまった[4]」ので、私たちは万人の重荷となっているからである。もしもすみやかに救済策が講じられないならば、将来の私たちは万人のさらに大きな重荷となるであろう。

三　むろん、以上に述べたどんな事柄についても非難しえない人々は数多く見いだされます。しかしそれでも、罪のある人々が罪のない人々によって制止されないかぎり、私たちはみなこの誹謗のうちに巻き込まれてしまいます。上に述べたすべてのことが私たちの修道会に決して無視することのできない甚大な損害を与えていることは、火を見るよりも明らかです。もっとも、微温的な者、不熱心な者、「肉的意味では知恵のある者[5]」、慣習を考慮する者、人数の多さに訴える者には、そうしたすべてのことは、ほとんど苦にならないもの、許容しうるもの、治らないものと思われていますけれども。

それ故、私たちの心に信心と情熱とを熱烈に掻き立てましょう。そして「天なる父の家から両替人を追い出し[6]」、すべての兄弟を熱心な祈りと信心とに駆り立てなければなりません。というのは、入会については会憲を厳しく遵守することが是非とも必要だからです。前述の悪徳のような歪んだ慣習を勇断をもって断ち切らなくてはなりません。というのは、たとえこれを難しいと見る兄弟がいるとしても、私たちの任務の完全性がそれを必要としているからです。幸いなるフランシスコも、キリストの注がれた血も、高きにおられる主も、それを声高に求めております。

四　怠惰な者はつついて働かせ、放浪する者は抑えて静かにさせ、しつこく物を求める者は黙らせ、家を大きくしようとする者は徹底的に抑えつけ、女性との親交を追い求める者は孤独のうちに囲い込まなくてはなりません。説教と聴罪の役務は、それができるかどうかを充分に吟味した上で課さなければなりません。遺言についての古くからの会憲と埋葬についての新しい会憲とは、一層厳格に遵守させなければなりません。総会に諮ることなく住居を変更することは、決して何人《なんぴと》にも認めてはなりません。というのは、私は醜聞を避けるために総会代表者たちの助言を受けて私の前任者の措置に従うこととし、それを継続するからです。それ故、何人も今後は私の許可がないかぎり住居を変更しないように従順によって命じます。また、兄弟たちはわずかな物で満足することを学ばなければなりません。というのは、知恵ある人々が、兄弟たちがわずかな物で満足しなければならない日が――好むと好まざるとにかかわらず――来るであろうと非常に恐れているからです。それには、それなりの理由があります。

五　私は、巡察師たちが前述の是正すべき事柄について、指導的立場の者にもそうでない会員たちにも、しっかり注意を払ってほしいと思います。そして、もしあなた方がこの手紙の言葉に従順となり、彼ら巡察師を通じて私たちがこのことを理解するならば、私は万物の造り主とあなた方とに感謝するでしょう。しかし、案に相違してそうならなかった場合には、あなた方は私の良心が前述の事柄を黙って見過ごすことなど決して許さないであろうことを確知すべきでしょう。というのは、あなた方に新しい束縛を加えることは私の意図ではありませんが、それでも良心に駆りたてられたなら、私としても全力を尽くして前述の事柄の根絶を目指さなくてはならないからです。ですから、醜聞を避けて、従うと誓った会則を守るようにしなければなりません。それを遵守しなければ、私たちは救われることができません。私たちはこの真実を鋭く見つめ、任務をなしとげ、明らかに右に述べたすべての事柄によって挑戦されている純粋さを全力で守りぬかなくてはなりません。

一二五七年の殉教者ゲオルギウスの祝日にパリに於いて

あなた方の管区のすべての修道院でこの手紙が読まれますように。

（1）フィリ四・7。（2）使二六・14。（3）エゼ三・17―20。
（4）マタ二四・12。（5）Ｉコリ一・26。（6）ヨハ二・14―16。

アシジの聖クララ修道院の修道院長と姉妹たちに宛てた手紙

イエス・キリストにおいて、愛する姉妹たち、すなわちアシジの貧しい婦人たちの聖クララ修道院の修道院長と、そのすべての姉妹たちに、小さき兄弟会の全体の奉仕者であり僕《しもべ》である兄弟ボナヴェントゥラは、挨拶［を送ります］。あなた方が［婚宴への］準備ができたいとも幸いなる処女《おとめ》たちとともに、「小羊の行くところはどこへでも[1]」従いますように。

　主において愛する姉妹たち、最近、かつて師父の伴侶であった愛する私たちの兄弟レオを通して、あなた方が永遠の王の花嫁のように、あらゆる純粋さをもって十字架につけられた貧しいキリストに従うことをどれほど求めているかを知り、私は主において大いに喜び、あなた方の熱心さを励まそうとこの手紙を［認《したた》めています］。あなた方が小さく貧しい聖フランシスコを通して聖霊から教えられたあなた方のいとも幸いなる母君の諸徳の跡に注意深く従い、あなた方の母君がお教えになったこと、すなわちイエス・キリストと、そのお方の十字架のほかに、「いかなるものも天の下で持つことを望みませんように[a]」。愛する母君の模範にならい、イエスの血の匂いの後を追いかけ、貧しさの鏡、謙遜の模範、忍耐の楯、従順の銘を雄々しく握り、そして神への愛の炎によって火をつけた、あなた方の心を、私たちのために十字架において父である神に差し出したお方に全面的に与えてください。母君の模範の光で装い、甘美な永遠の炎により燃え、すべての徳の香りで匂いを放ち、「救われる者たちの中にあっても滅びる者たちの中にあっても」処女《おとめ》［マリア］の御子であり賢い処女《おとめ》たちの花婿である「キリストのかぐわしい香り[2]」でありますように。

　この故、油断なく望み続け、献身の霊を燃え立たせ、花婿が来られると高らかに［告げられるとき］、精神という燭台は愛と喜びによって充分に満たされており、愚かな処女《おとめ》たちは締め出されるでしょうが、あなた方は幸いにもあの御方《おかた》と共に永遠の喜びの婚宴に入ることができるでしょう。そこでキリストは花嫁を天使たちと選ばれた者たちと共に食卓に着かせ、［花婿は］命のパンと十字架において屠《ほふ》られた小羊と焼かれた魚を給仕するために奉仕するでしょう。それらは極みなくあなた方を愛された愛の火によって調理されたものです。そして、人性と神性とが調合されたぶどう酒の杯が差し出されるでしょう。その［杯］から友人たちは充分飲みますが、深く愛された者たち（carissimi）は不思議なことに泥酔することなく心地よい酔いに包まれます。そして、恐れる者たちに隠されていた甘美さの充満を享受するでしょう。そして人の子らだけでなく、何千もの天使たちにまさって美しい方を、あなた方は絶えず見つめるでしょう。実に、このお方は天使たちが一目見たいと望んでいた方なのです。なぜなら、そのお方は永遠の光の輝き、偉大な神の汚れなき鏡、栄えある楽園の輝きだからです。ですから、深く愛する娘たちよ、永遠の善である方として、いついつまでも［キリスト］に結ばれていてください。そして、あなた方に恵みを賜るときには、罪人である私を、名状し難いあのお方の慈しみに託してください。あなた方の祈りのうちに私を思い起こしてください。あのお方の素晴らしい御前の栄光と誉れになりますように。私に委ねられたキリストのいとも小さく貧しい群れの救いのために、私の歩みを慈しみ深く導いてくださいますように。

聖なる山アルヴェルナに於いて

（1）黙一四・4。（2）Ⅱコリ一一・15。

（a）聖クララ（アシジの）『会則』八・2。

〈説教〉

一　聖フランシスコについての夕べの説教

一二六二年十月四日　パリに於いて

「その時、人の子のしるしが天に現れる[1]」

［序］「朝、種を蒔け、夜にも手を休めるな。芽を出し生長するのはあれかこれかわからないのだから。両方であれば、それはもっと良いことだ[2]」と伝道の書（コヘレトの言葉）の第十一章にあります。

　これは知恵に富んだ伝道者が真理を宣べ伝える者たちに語る言葉です。つまり、彼らは、朝、神の御言葉を告げることで満足してはならず、あらゆる時に、そして夕べにも神の御言葉を告げなければならず、告げ続けなければなりません。使徒［パウロ］のテモテへの第二の手紙の第四章にあるとおりです。「御言葉を宣べ伝えなさい。折が良くても悪くても励みなさい。とがめ、戒め、励ましなさい。忍耐強く、充分に教えるのです[3]」。

　今朝、枢機卿様があなた方に説教してくださいました。そこで蒔かれた種は、神の助けによって、あなた方の内で実を結ぶものと私は信じております。そして、今ここで私が、あなた方の内で実を結ぶことを何かもう少し語ることができるとすれば、それは良いことでしょう。

　ある人々は言うかもしれません。倦怠感と嘲《あざけ》りに向かわせる説教を、どうして度々行うのか、と。しかし、それは真実ではありません。良く整えられた魂を持っている人は倦怠感を抱くことはありません。むしろ、良く整えられた魂を持っている人は、あらゆる時に、喜んで自分の神と創造主について語られるのを聞きたがるものです。喜んで学ぼうとする魂を持っている人は、どんな時にでも喜んで耳を傾けます。より多く学ぼうとしてです。正教授の講義を、朝、聞いたからといって、新任の教員の午後の講義を聞き逃したり軽んじたりすることはありません。むしろ、喜んでそれに耳を傾けるはずです。

神の御言葉を聞くために良く整えられている魂を持っている人についても同様のことが言えます。朝聞いた説教を口実にして「夕べの説教を」聞き逃すことなく、むしろ喜んで夕べにも「説教に」耳を傾けるものです。そして、たとえ益するものがなくても、時としては多くを学ぶことがなくても、そこに喜びを見いだし、自分の創造主について語られることに進んで耳を傾けるなら、大きな功徳を積むことになります。ここで認められる良い習慣の一つに、この町の学生たちは喜んで神の御言葉に耳を傾けるということがあります。

ですから、朝にも夕べにも、主の御言葉は語られ、その種が蒔かれなければなりません。しかし、その上に雨が注がれて芽を出させ実りを結ぶようにしなければ、物体的で物質的な種はごくわずかな実りをもたらすか、一つも実を結ばないように、神の祝福という雨が降り注がれなければ、私の「蒔く」種もごくわずかな実りしか結ばないでしょう。ですから、まず初めに祈りましょう。詩編に言われているように、「恵みの雨」である私たちの主イエス・キリスト「を遣わしてくださる[4]」方が、ご自分の誉れのため、また幸いなるフランシスコへの賛美と賞賛のため、そして、私たちの魂の慰めのために、何かしら私に語らせてくださいますように。

（1）マタ二四・30。（2）コヘ一一・6。（3）Ⅱテモ四・2。
（4）詩六七・10。

〔二〕「その時、人の子のしるしが天に現れる[1]」「とあります」。

謙虚で貧しく小さき者であった、幸いなるフランシスコに神がお授けになった様々な賜物の中には、一つの格別の、あえて言えば、唯一無二の特権がありました。それは、死の前、二年の間、私たちの主イエス・キリストの聖痕をその身に帯びていたことです[2]。その脇腹は刺し貫かれ、そこから血が流れ出ていました。同様に、その両手には傷跡があり、黒い釘が「両手を貫き、釘先は」反り返っていました。この世に存在しうる確かなことのように、これは確かなことです。多くの人がそれを目にしましたし、そのうちの何人かは今も生存しています。主が、このしるしを、この貧しく小さき者、いとも謙虚な者に刻みつけられたのでした。今日、お聞きになったように、「フランシスコは」その謙虚さから、自らをレプラを患っている人々の僕《しもべ》としました。この格別の特権、むしろ唯一無二の特権について語るにあたって、マタイ福音書の先の言葉を引用いたしました。文字どおりの、歴史的な真理に即していえば、主のしるし、すなわち、十字架のしるしが審判の日に現れることを意味しています。寓意に即していえば、受難においてキリストの御体に見られた十字架のしるしを意味しています。比喩に即していえば、幸いなるフランシスコの体に主のしるしが現れることを意味しています。

　天とは、「文字どおりの」真理に即していえば、私たちが現に目にしているもののことです。裁きの日にあたって、この天に、審判者の厳正さのしるしとして十字架のしるしが現れるでしょう。そのためにこそ、「地上の諸民族は皆、彼のために嘆き悲しむ(3)」と黙示録に言われており、「あなたのきらめく槍の輝きの中を彼らは進む(4)」とハバクク書に言われているのです。この「槍」とは、ダビデがゴリアテ、すなわち、悪魔を打ちのめしたものです。つまり、十字架のことです。これについて、裁きの日に、あらゆる星にまさって輝かしく現れるであろう、とヨハネス・クリゾストムスは述べています(a)。

　このしるしは、寓意的に解された天にも現れました。すなわち、受難の日に、私たちの主イエス・キリストの体に現れました。ですから、イザヤ書に次のように言われているのです。「その日には、エッサイの根がすべての民へのしるしとして立てられる(5)」と。それは、慈しみのしるしです。なぜなら、キリストがそれを担い、その上で苦しまれた十字架は、すべての民、すべての国に対する慈しみのしるしだからです。「諸々の民族はこれを切望し、その墓は栄光に輝くだろう」と「イザヤは続けています」。キリストを受け入れようとも理解しようともしなかったユダヤ人はこのことに注目し、このことをとくと考えたらよいでしょう。他の誰かの墓がこれほどの栄光に輝いているかどうか、とくと見たらよいでしょう。

　このしるしは、キリストの神秘的な体にも現れましたし、キリストの体のいろいろな部分にも現れるでしょう。使徒「パウロ」が次のように述べているからです。「キリスト・イエスのものとなった人たちは、肉を欲情や欲望もろとも十字架につけてしまったのです」[6]。そのしるし、つまり、キリストの十字架を担わないかぎり、何人《なんぴと》もキリストの軍隊に属するものではありません。ですから、このしるしはすべての人に現れるはずなのです。しかし、キリストの神秘的な体に属する二人の人に特別な形で、神は十字架のしるしをお示しになりました。

その第一の人がコンスタンティヌス［大帝］でした。といいますのは、大昔からコンスタンティヌスの時まで、王たちや皇帝たちは異教徒でしたし、この世の人々の間には戦いと不和が蔓延していました。それらを完全に忘却させるかのように、十字架の助けが与えられました。マクセンティウスとの戦いに赴かなければならなかったコンスタンティヌスに対して、天に十字架のしるしが現れたのでした。それは勝利のしるしとしてでしたが、コンスタンティヌスに対して、次のように語られました、「コンスタンティヌスよ、トゥトー・ニカ、すなわち、このしるしによって勝利を収めよ、あるいは、このしるしによってお前は勝利を博するだろう」[b]と。この時から、コンスタンティヌスは十字架につけられた方を認め、その額《ひたい》に十字架のしるしを掲げたのでした。この時から、十字架は強盗の処刑の道具から皇帝たちの額［の標識］へと転換したのでした。その後、コンスタンティヌスは母ヘレナをエルサレムに派遣しました。聖なる十字架の木を捜させるためです。ヘレナはそれを発見し、エルサレムに送りました。世界中で保持されているいとも尊い十字架の木の遺物はみな、この十字架からのものなのです。

ですから、御心のままに、勝利のしるし、すなわち、コンスタンティヌスに示された十字架のしるしによって、この世に蔓延していた苦悩と戦いを終わらせることは主の御心に適うことでした。同様に、幸いなるフランシスコにも勝利のしるしを刻むことをお望みになったのでした。まさしくこのために、主は単純で、貧しく、謙虚な人を選ばれました。それは、悔い改めの模範とするためでした。まさに、フランシスコは遜《へりくだ》りと悔い改めとに専念しておりましたので、十字架の聖痕、その受難の聖痕を刻みつけることは、主の御心に適ったことでした。こうして、黙示録の次の言葉は、フランシスコにもかかわることであると理解することができるのです。「私はまた、もう一人のみ使いが生ける神のしるしを持って、太陽の出る方角から上って来るのを見た」[7]。それは、つまり、「嘆き悲しんでいる者たちの額に」[8]そのしるしをつけるためでした。

ですから、最初に提示した言葉のうちに二つことが注目されます。第一に注目されるのは、特権として与えられた格別な恵みです。それは、幸いなるフランシスコが、キリストと同じ形にされたことで有していたものです。ですから言われるのです。「その時、人の子のしるしが現れる」と。第二はフランシスコの卓越した功徳にかかわるものです。ですから「天に」と言われているのです。聖霊はその様々な賜物で天を、すなわち天のような人々を満たすからです[c]。

(1) マタ二四・30。(2) ガラ六・17。(3) 黙一・7。
(4) ハバ三・11。(5) イザ一一・10。(6) ガラ五・24。
(7) 黙七・2。(8) エゼ九・4。
(a) ヨハネス・クリゾストムス『十字架と盗賊』二・4。
(b) エウゼビウス(カイザリアの)『コンスタンティヌス伝』二・28。
(c) グレゴリウス『ヨブ記の道徳的注解』一七・31・48参照。

［三］ さて、天には数多くの特性が備わっていることを指摘しなければならないでしょう。他の数多くの特性は差し置くとしても、その存在そのもの、その［すべてを］包み込む広大さ、その［大地に及ぼす］効果という点から天は考察されるからです。その存在に関して言えば、位置的にみて崇高なものであることです。この故に、義《ただ》しい人、幸いなるフランシスコにおける卓越した貧しさを天と解することができるでしょう。また、天は、その美しさの点で壮麗なものです。この故に、汚れない純潔を天と解することができるでしょう。さらに、天は、その姿の点で泰然としています。この故に、幸いなるフランシスコにみられた謙虚な従順を天と解することができると、私は思っています。

　ですから、その卓越した貧しさによって占める位置の崇高さの故に、幸いなるフランシスコは天のようなものでした。イザヤは言います、「天は私の王座、地は私の足台」と。さらに続けて言います、「私が顧みるのは貧しく小さき人、霊の砕かれた人、私の言葉におののく人ではないか」[1]と。主よ、神よ、どうして貧しく小さき人を天に結びつけられるのですか。どのような天を考えておられるのですか。どのような天に主は喜んでお住みになるのでしょうか。言うまでもなく、貧しく小さき人の内に［住まわれるのです］。次の言葉によって、それは確証されるでしょう。「主は天にその王座を［据えられる］」[2]とあり、それに続けて「その目は貧しい人を顧みられる」とあります。貪欲な人々には、貧しさは非常に厭《いと》わしいものとみなされますが、位置神の前ではそうではありません。その姿形は弱々しくても、その効用は卓越し一際《ひときわ》抜きん出ているからです。ですから、使徒［パウロ］はコリントの人々への第二の手紙の第八章で、次のように言うのです、「彼らの一際《ひときわ》抜きん出た貧しさは、彼らの単純さという富となって溢れ出たのです(3)」と。そして、高き天、さらに高き天、最も高き天という［三つの］層から天は構成されているように、貧しさも、忍耐へと導く良い貧しさ、願望と渇望へと導くさらに良い貧しさ、その貧しさを喜びそれを誇りとする時、栄光へと導く最良の貧しさがあります。ですから、貧しさが、人を天にたとえるようにさせるのです。なぜなら、貧しさが天の国へと導き入れるからです。ですから、マタイ［福音書］第五章で、主は仰せになります、「霊において貧しい人々は、幸いである、天の国はその人たちのものである(4)」と。貧しさを愛さない他の人々、あるいは貧しさを中傷する他の人々を［天の国は］締め出します。「金持ち」つまり、富を愛しそれに頼る人「が神の国に入るよりも、らくだが針の穴を通る方がまだ易しい(5)」からです。ですから、このように貪欲が人を重いものにしてしまいます。「金持ちになろうとする者は、誘惑、悪魔の罠、無益で有害な様々の欲望に陥ります。その欲望が、人を滅亡と破滅に陥れる(6)」からです。よく考えてください。［貪欲が］どれほどの深みに陥れるかを。しかし、貧しさは人を天のようなものへとし、中でも、それを喜び、それを誇りとする［最良の］貧しさがそれを成し遂げるのです。

しかしながら、幸いなるフランシスコほどに貧しさを公言し、貧しさを誇りとした人を他に見いだせないでしょう。フランシスコは、共同体としても個人としても、徹底して何も所持しないことを望み、その兄弟たちが何かを所持することを望みませんでした。ですから、キリストの十字架が貧しさのしるしであるとすれば、まさしく人の子のしるし、つまり、キリストの十字架がフランシスコに印されるのは当然であったといえましょう。

ところで、ある人は言うかもしれません。自画自賛は下劣なことだ。われわれ自身、あるいはわれわれの修道会、あるいはわれわれの父を賞賛することになるようなことは口にすべ(一)きではない、と。しかし、聖霊が驚くべき形で貧しい生き方を確かなものとしてくださったのですから、それらのことについて沈黙するべきではないでしょう。まさしく、聖霊ご自身が、このしるしをもって、驚くべき形で貧しい生き方を推奨し、確かなものとしてくださったのです。実に、幸いなるフランシスコがその修道会を教皇に承認してもらおうと願ったまさにその時、私たちの主の聖痕がフランシスコに刻みつけられたのです。この承認は人によるものではありませんでした。神によるものでした。人は欺かれることもありえます。ですから、一際《ひときわ》抜きん出た貧しい生き方を有するこの修道会の承認にあたって、人間が勅書を下しただけでなく、主ご自身が、謙虚で貧しい、幸いなるフランシスコに、ご自分の受難の聖痕を刻みつけることで、貧しさを承認するためにご自分の勅書を下すことを望まれたのです。これほどの貧しさを堅持すること、あるいはそれを選び取ることはすべての人に与えられたわけではありませんでした。それを承認することはすべての人に与えられたのですが、たとえそれほど貧しい者ではありえないとしても、このような貧しさは何らかの形で人の賛同を得るものなのです。

同じように、天は、その美しさの点で壮麗なものです。そして、汚れない純潔の故に、幸いなるフランシスコはこのような天でもありました。ですから、集会の書（シラ書）の第四三章に次のように言われているのです。「高き大空はその麗しさを示し、天の美しさは栄光を反映する」[7]。美しい大空とは、蠟に刻みつけられた刻印のように、純潔をもって確かなものとされた魂のことです。出エジプト記の第二四章に次のように言われています。「イスラエルの長老たちがイスラエルの神」、主「を見ると、その足の下にはサファイアの敷石のような物があり、それはまさに天のように澄んでいた」[8]。ここでの［天］は、あらゆる汚れ、肉の罪によるあらゆる汚れと腐敗から浄められた魂を意味しています。ナジル人の魂がこのようなものでした。彼らについては哀歌の第四章で次のように述べられています。「この［民の］ナジル人らは雪よりも清く、乳よりも光り輝き、古くなった象牙よりも赤く染まっていた」[9]。これは、主に奉献され、純潔を遵守する義務を負った人々について言われています。ですから、これらのナジル人は「雪よりも清い」のです。これは、肉［欲］から浄められているが故に、貞潔な人々にふさわしいことだからです。情緒の浄さの故に「乳よりも光り輝いて」いるのです。思念の浄さの故に「乳よりも光り輝いて」いるのです。これらの［三つ］が統合されているが故に「古くなった象牙よりも赤く染まっている」のです。「サファイア」すなわち浄く装われた天「よりも麗しいのです」。サファイアは澄んだ天の色をしているからです。

ですから、以上のそれぞれの浄さの故に、幸いなるフランシスコは天であると言うことができるのです。まさしく、フランシスコは「天の国のために」自らを去勢したのでした[10]。肉［欲］を制御し、肉体に苦行を課したことで、「茨とあざみが生え出でる」ことはありませんでした。つまり、肉的な思念と情緒という衝動は生じなかったのでした。幸いなるベネディクトゥスも同じように行ったのです。その回心の初めの頃、わずかな間でしたが、肉の罪に誘われました。「そのため隠遁所から逃げ出そうとしたほどでした。その時天上からの恵みに浴したベネディクトゥスは裸になると、茨の茂み、茨の鋭い棘の中、いらくさの棘の中に身を投げ出したのでした。こうして肉欲を苦痛に変えたのでした。それから後は、そのような誘惑をこうむることはありませんでした[a]」。

同じように、祝されたフランシスコも回心の初めの頃、何らかの肉の誘惑を体験しました。そして、真冬のことでしたが、その誘惑と戦うために、夜になると裸になって雪の中に身を投じました。こうして、完全に肉を支配したのでした。以後、それ以上のことは必要ではなくなりました。ずっと行い続け、耐え続けていた他の様々な［苦行］によって、その肉体は充分に抑制されていたからでした。［フランシスコが］望んでいたことは、肉の衝動と精神の思いと情欲が完全に抑制されることでした。［フランシスコは］まさしく貞潔という浄さ、天上の浄さを有していたのです。皆さんに知っておいていただきたいのですが、貞潔は他の諸々の徳を飾るものであり、それらのすべてを華麗なもの、気高いものとするものなのです。かつて次のように言われたことがあります。［フランシスコは］気高い生涯を送り、貞潔で清浄な人であった、と。これは、神のみ前で驚嘆すべく、華麗な人であった、ということです。まさしく、キリストの十字架は貞潔のしるし、肉の抑制のしるし、小羊のもつ純朴さと清浄さのしるしなのです。ですから、［フランシスコ］にそれが記されることはまさしく極めてふさわしいことでした。

第三番目に、天は、その在り方からして、その姿の点で泰然としていると言われます。そこにはいかなる攪乱もないからです。すべてのものが秩序正しくそこに納められているからです。こうして謙虚な従順の故に、幸いなるフランシスコは天であると言うことができるのです。「お前は天の秩序を知っているとでもいうのか[11]」とヨブ記にあります。天の秩序とはいかなるものでしょうか。私たちは目にしているのです、より上位の天体が、その運行によって他のあらゆる天体を引きずっているのを。あらゆる天体は独自の運行によって移動しているとはいえ、他のすべてを引きずる［上位の天体］と共に移動しているのです。天の位階制における秩序はこのようなものなのです。つまり、最高位にあるものが他のすべてを引きずっているのです。では、いったい誰がこの秩序を定めたのでしょうか。この秩序が、最高位の一つの霊［的存在］、あるいは最高位の複数の霊［的存在］は永遠の法則に従っており、より下位の霊［的存在］はそれらの霊［的存在］に服しているという秩序に由来することは確かです。下の序列のみ使いに言うとしましょう。「なぜ上の序列のみ使いに従うのですか。そのみ使いと同じように、あなたも直接神によって造られたのに」。そのみ使いは答えるでしょう。「私が上の序列にあるみ使いに従うからといって何の不思議があるのですか。そのみ使いは自分勝手なことを何一つ私に命じません。神から受けたことだけを命じるのです。私は自分の創造主に従わなければならないのです」。これと同じようにして、神の教会においても、聖なる魂においても良き秩序が認められるのです。それは、下位にある者たちは上位の者たちに服し従い、魂の力において劣っている者たちは優れている者たちに服し従うというものです。

　では、なぜ霊に逆らう反逆が肉の内にあるのでしょうか。これは最初の状態に由来するものではありません。そのように人間は創造されたというのでは決してありません。最初の状態に留まっていたなら、感覚や欲求が理性に逆らうことは決してなかったし、人々が知っていなければならないことに無知であることもなかったのです。ですから、これは原罪によることなのです。これが上位の理性が神に従わず、感覚が［神よりも］下位にある［が自分よりも上位の理性］に従わず、下位のものが上位のものに従わない理由なのです。ところが、これらのすべては遜りの従順によって秩序を取り戻すのです。人が神の掟に従う時、その時こそ、そこには遜りの従順があり、その結果、その人はいかなる反抗も、いかなる過ちも、いかなる躊躇いも遅延もなしに生きることができるのです。その時こそ、その人は真に天なのです。そこには、究極的で最良の天体に対する下位の天体たちの完全な服従があるのです。

　幸いなるフランシスコはまことの謙虚さを有していました。ですから、彼自身も彼の修道会もその名前をもって呼ばれることを願ったのでした。つまり、「より小さき者らの修道会」と呼ばれること、それも端的にそう呼ばれることを願ったのでした。ですから、フランシスコはあらゆる人の中でも最も小さき者でした。少なくとも、彼は自分を最も小さき者とみなしていたのです。［フランスの］最初の管区の奉仕者はパチフィコという名前の兄弟でしたが、彼は幸いなるフランシスコの同伴者であり、フランシスコ自身によって［フランスに］派遣されました。ある日のこと、彼は夢を見ました。楽園に上げられ、多くの座席があり、それらにはそれぞれ人が座っていましたが、それらのすべてよりも抜きん出て高いところにある座席は空いていました。そこで、その座席は誰のものか尋ねますと、フランシスコのものだ、という答えが返ってきました。そのようなこともあって、ある日のこと、ご自分についてどう見ているのか、ご自分についてどう考えているのか、フランシスコに尋ねたのでした。すると、次のような答えが返ってきました。「私にわかるのは、私は世界で最大の罪人であるということだ。疑いもなく、私は自分をそのように考えている」。パチフィコはフランシスコに言いました。「どうしてそのように仰しゃるのですか。世界には大勢の強盗がおり、姦通の罪を犯している人も大勢いますし、人を殺す者も大勢いるではありませんか」。すると幸いなるフランシスコは次のように答えたのでした。「私にお与えくださったほど多くの大きな恵みを神が施されたなら、私以上に感謝しない人はこの世には一人もいないからだ。だからこそ、私は罪人の中でも最大の者だと自分をみなしているのだ」。［使徒］パウロもそうでした。「私は、その罪人の中で第一の者です[12]」と言うのです。時間の上で第一の者であるのではありません。彼よりも前に多くの罪人がいたからです。最大の罪人、という意味で第一の者なのです。パウロも謙虚で［自分を］卑下する人だったのです。

私は皆さんに申し上げます。「小さき者たち」と呼ばれることで、私たちの上には大きな重荷が置かれたのです。私たちはすべての人よりも劣った者、軽蔑されるべき者とみなされなければならないからです。私たちの兄弟の一人が傲慢なのを目にすると、私たちは不快になるとすれば、私たち以上に神にとって不快であるのは確かです。ですから、キリストの十字架はまず第一に遜りのしるしなのです。このことは明らかです。使徒［パウロ］の言葉に耳を傾けてください。［キリストは］「遜って、死に至るまで、それも十字架の死に至るまで従順でした[13]」とあります。ですから、キリストの十字架は最高の遜り、自己卑下のしるしなのです。私たちのために、十字架の上で遜り、ご自身を卑しい者とされたからです。ですからこそ、最大限に遜られた方にも、最も卑しく軽蔑されるべき者と自分をみなしていた幸いなるフランシスコにも、このしるしが記されるはずだったのです。まさしく、フランシスコ自身が祈りの中で次のように主に祈っていたのです。「主よ、どうして私にこの重荷を負わせられたのですか。どうして朴訥《ぼくとつ》で愚かで軽蔑の的である私を、この修道会の頭《かしら》とされたのですか」。［すると次のような答えがありました］。「私がお前を立てたのは、お前の内で私が行うことが、人間の才覚ではなく、私の恵みに帰されるためである」。

　第二に、その広がりの故に天は驚嘆されます。大いなる広がりを有しているからです。あらゆるものを包括しています。こうして、その満ち溢れる愛の故にも、フランシスコは天であったのです。その愛はすべてのものにまで及んでいました。「天の縁《ふち》を回ったのは私ただひとりであった」(14)と集会の書（シラ書）にあります。神の内にあり、私たちの内にある愛をこのように言うことができるでしょう。愛は「天を取り囲んでいる」からです。万物を包括するからこそ天だからです。しかし、良い人でなければ、天に住まうことはありません。このように、愛は愛の故に、愛すべきすべてのものを愛するのです。神性が肉と一つに結ばれることも、キリストが自ら遜り、死に服従したことも愛が行ったことなのです。「虹を見よ、そしてそれを造られた方を賛美せよ」(15)［とも記されています］。この虹とは、キリストの十字架以外の何でしょう。それ以外の何ものでもありません。ですから、天の人、その内には広く拡がった愛がある人、つまり幸いなるフランシスコの上にキリストの十字架が刻まれたのです。フランシスコはすべてのものに及ぶ広い広い愛を有していました。まさしく愛が罪人のために惜しみなく自らを差し出させたのです。フランシスコにとって、正しく受け入れ、進んで耳を傾けている信仰篤いキリスト者に［福音を］宣べ伝えるだけでは充分ではありませんでした。そこで、サラセン人のもとに出かけて行きました。誰かが彼の血を流すことを欲すれば、キリストへの信仰のために死ぬことができると考えてのことでした。

　ところで、どうして私たちはこれほどまでに冷え切った心を持つほどに惨めなのでしょうか。主のために何一つとして耐えようとしないのです。私たちの心は愛によって燃えてもいなければ熱してもいないのです。［愛の］熱気が心の特質の一つであり、その人の内により強い［愛］が心を包んでいればいるほど、その人の行動は英雄的で徳に満ちたものとなります。ですから、心に愛の熱気を有している人は、自ら偉大な徳に満ちた行為を成し遂げることができるのです。あなたは自分の心に十字架につけられたキリストが刻まれることを望むのですか。愛に燃えるまでに、十字架につけられたキリストに変容されることを望むのですか。鉄が充分に熱せられて溶けて柔らかくなると、どんな形であれ印章であれ思いのままに刻みつけることができるように、キリストへの愛によって充分に熱した心の内に、十字架につけられたキリストご自身、あるいは十字架につけられた方の十字架が刻みつけられます。こうして愛する人は十字架につけられた方へと変えられ変容させられるのです。幸いなるフランシスコに起きたとおりです。

ある人々が不思議に思っているのは、フランシスコにキリストの受難の聖痕が刻みつけられた時、彼のもとにセラフィムが遣わされたことです。セラフィムが十字架につけられたのではなかったはずだ、と言うのです。確かにそうです。だが、セラフィムという霊［的存在］は熱火から、そのように呼ばれるのです。それによって示されるのは、フランシスコのもとにセラフィムが遣わされた時、フランシスコは愛に燃え立っていたということです。この霊［的存在］はこのことを示していたのです。フランシスコの体に刻みつけられた十字架、あるいは十字架のしるしは、彼が十字架につけられたキリストに対して抱いていた愛情を示していたのです。そして、愛のこの熱火によって彼の全体がキリストご自身へと変容させられたのでした。

一つの実例がこのことの証拠となっています。それはある地方［リエティ］で起きたことです。その地の動物たちの間に何らかの疫病が蔓延し、動物たちは餌を食べることができなくなってしまいました。瞬く間に動物は死ぬことになるでしょう。だが、自分の動物を助けるためにどうしたらよいのか、人々にはわかりませんでした。彼らのうちの一人がある聖なる人のもとを訪れ、自分たちの動物が死んでいることの次第を語り、助言を求めました。その人は次のように答えました。幸いなるフランシスコが手足を洗った水を手に入れ、それを動物の上に降り注ぎなさい、そうすれば癒されるでしょう。そのようにしますと、たちまち動物たちは餌に駆け寄り食べ始めたのでした。これは、それを目撃した人が私に語ってくれたことです。ですから、幸いなるフランシスコは、すべてを包む広大な愛の故に、天だったのであり、十字架はその至高の愛のしるしでした。ですからこそ、フランシスコにはそのしるしが刻みつけられるはずだったのです。

さらにまた、天は秘密を宿しています。ですから、隠蔽することから天と呼ばれるのです[b]。こうして、観想の高さの故にもフランシスコは天でありました。「幕屋のように天を張り、いと高きものらを水で隠されました[16]」と詩編に歌われています。まさしく、明るく澄んで輝かしい水によって隠されたのです。この水のうちに、つまり観想のうちに、人は自分の姿を見、この水の流れのうちに神の光の輝きを見るのです。フランシスコは、未来を予言し、心に秘められたことを見抜き、遠く離れた人々に自分の姿を示すほどの高い観想の域に達していました。これは幸いなる［エジプトの隠修士］アントニウスと同様でした。この人については、［アウグスティヌスの］『キリスト教の教え』の冒頭で語られています[c]。ですから、キリストの十字架が神の秘義の啓示と知恵のしるしであることは、黙示録の言葉からも明らかです。そこにはこう言われています。「屠《ほふ》られた小羊は、巻物の七つの封印を開いた[17]」と。これは十字架をもって聖書のあらゆる秘義を開いたということです。まさしく、キリストの十字架は「ダビデの鍵」であり、「［キリスト］が開けると、誰も閉じることなく、閉じると、誰も開けることがない[18]」のです。ですから、観想と知恵の高みに達していたこの聖者、幸いなるフランシスコにこのしるしが与えられることは極めてふさわしいことでした。

「鳩のように単純でありなさい[19]」と言われています。主によって知恵の光と輝きをもって照らされたいのであれば、単純素朴な心、浄い心を愛するようにしましょう。それはちょうど太陽の正反対にある時の月と同様です。その時月は照り輝き、照り輝かされたものとして現れます。ところが、太陽に接近した時には、月の光も輝きも見られません。しかし、月は太陽に接近すればするほど、太陽に近寄り、ますます照り輝かされているのです。この時、太陽の正反対にある時よりも、実質的にはずっと多く照り輝かされているのです。これは人間についても同様です。自分の知恵を見せびらかせ、知恵ある者とみなされたいと思えば思うほど、照らされ方は少ないのです。ところが、人々から逃れて、自己に専心し、神に結ばれていることを思い巡らす時、その時こそ一層多く照らされるのです。たとえ照らされていると思われようとも、最大限の謙虚さと単純な心とをもって主のもとへ近づいていかねばならないのです。実例を一つあげましょう。［パリ大学の総長］プレポジティヌス[二]のもとに学生たちが行って質問をしました。「あなたは何を信じておられるのですか。私たちは何を信じるべきかお教えください」。すると総長は、道を通りかかった単純素朴な人を呼びとめ、何を信じているか尋ねました。その人は単純に答えました。「全能の神である御父とその御子と、このおふた方の霊が等しく唯一の神であることです」と。「素晴らしい。私も、単純素朴に、そして謙虚に、そのように信じたいと願っている」と総長は答えたのでした。

そしてまた、天は完全に包括しています。すべてのものを包み込み、何ものにも包み込まれることはないからです。同様に、七重《ななえ》の恵みに満たされていたことから、フランシスコは完全に包括する天でありました。彼のうちには七重の恵みがあったのです。「天を仰いで、星を数えることができるなら、数えてみるがよい。あなたの子孫はこのようになる[20]」とあります。その無限の広大さが地上を満たし、照り輝かせることのないほどに小さな星は一つとしてないのです。数多《あまた》の星が一斉に輝き、その光は一つに集中しているのですが、それらの星を仰ぎ見ると区別されるのです。同様のことが聖なる人々の魂についても言われます。それらの魂は聖霊によって、神の輝きをもって照らされています。それらの魂の内には聖霊の種子があるのです。まさしく天の星々のように、その魂は聖霊の種子だったのです。聖霊によって驚くほどに豊穣なものとされたからです。ですから、「主の霊が諸々の天を飾り立てた」とヨブ記で言われているのです。ここで諸々の天とは天のような人々のことです。さらに続けて「その産婆の手をもって、曲がりくねった蛇は追い出された[21]」と言われています。聖書は何と驚嘆すべきものでしょう。全く異質のものと思われるが実際にはそうでない二つのことが一つに結びつけられているのです。それをもって業《わざ》がなされる神の手とは何でしょうか。宇宙万物の創造という観点から、御子が神の手であると言うことができます。この方を通して「神は」すべてのものを造られました。諸々の恵みの相違という観点から、聖霊が神の手であると言うことができます。聖霊が諸々の恵みという賜物を「望むままに、一人ひとりに分け[22]」与えてくださるからです。ですから、諸々の恵みと賜物の相違という観点から、聖霊が神の手なのです。ところで、人間の手には幾つの関節があるのでしょうか。十四です。この手によらなければ、曲がりくねった蛇を人から追い出すことはできません。つまり、人が善の内に歩き始めるために七つの霊的な恵みをその人に吹き込み、善の内に全うするために七つの霊的な恵みをその人に吹き込んでくださらないかぎりできないことなのです。聖霊の七つの賜物とは、素早く良く行動することができるために魂に与えられるものなのです。ですから、キリストの十字架は、神の恵みの注賦のしるしなのです。キリストの十字架、つまり御受難から恵みの霊的な賜物は流れ出るからです。ですからこそ、人の子のしるし、つまりキリストの十字架のしるしが、聖霊の数々の霊的な賜物で満たされた人［フランシスコ］に印されるのは極めて当然なことでした。

　第三に、効果の観点から天について語ることができます。それには四つの働きがあります。天は、その輝きによってこの下界にあるものらを照らし、雲によって潤し、熱によって燃え立たせ、雷鳴によって揺り動かします。この四つの特徴は幸いなるフランシスコにも適用されます。フランシスコは、その輝きによって、つまり徳を実証することで、彼よりも低い状態にある人々、あるいは隣人たちを照らし導く天でした。激しい雨をもって、つまり完全な徳の模範によって潤す天でした。［後の二つについてはここでは省略します。］従って、キリストの十字架は神の完璧な御業、あらゆる不思議な御業のしるしであり、また幸いなるフランシスコはそれらのすべてを行う天でありましたから、彼の上にキリストの十字架が印されたのは当然のことでした。それは、そのしるしによって彼が高く挙げられるためでした。まさしく、「主」ご自身「が謙虚なものらを顧みられる(23)」のです。ですから、謙虚で非常に貧しい者であった幸いなるフランシスコを顧みられ、ご自身のしるしを彼に刻まれたのです。「遠くにいましても、高いものら」つまり「傲慢な者らを知っておられます(24)」。「［主］は、謙虚な者たちには恵みをお与えになり、高慢な者には抵抗される(25)」のです。

　主に願いましょう。この世にあっては幸いなるフランシスコと共に私たちも謙虚なものとされますように、そして来世においてはフランシスコの功徳によって天に挙げられますように。謙虚な者たちを愛し高く挙げてくださる私たちの主イエス・キリストが私たちの願いを叶えてくださいますように。アーメン。

(1) イザ六六・1—2。(2) 詩一〇・5。(3) Ⅱコリ八・2。
(4) マタ五・3。(5) マタ一九・24。(6) Ⅰテモ六・9。
(7) シラ四三・1。(8) 出二四・9—10。(9) 哀四・7。
(10) マタ一九・12。(11) ヨブ三八・33。(12) Ⅰテモ一・15。
(13) フィリ二・8。(14) シラ二四・8。(15) シラ四三・12。
(16) 詩一〇三・2—3。(17) 黙五・12、5。(18) 黙三・7。
(19) マタ一〇・16。(20) 創一五・5。(21) ヨブ二六・13。
(22) Ⅰコリ一二・11。(23) 詩一一二・6。(24) 詩一三七・6。
(25) ヤコ四・6。
(a) グレゴリウス『対話』二・2。
(b) イシドルス（セビリャの）『語源』一三・4・1参照。
(c) アウグスティヌス『キリスト教の教え』序文4。

訳注

（一）professio paupertatis. エリック・ドイルは the life of poverty と訳す。

（二）クレモナのプレポジティヌス（一一三〇／五―一二一〇）のこと。一二〇六―一二〇九年にかけてパリ大学の総長であった。

二　聖フランシスコについての説教

一二六六年十月四日　パリに於いて

「わが僕《しもべ》、シェアルティエルの子ゼルバベルよ、私はあなたを迎え入れる。私はあなたを印章のようなものとする。私があなたを選んだからだ(1)」

この〔預言者〕ハガイの言葉は幸いなるフランシスコに当てはめられます。まさしく「ゼルバベル」という名前は「移住の指導者」という意味に解されますが、彼はバビロンから〔イスラエルの〕民を導き出し、神殿を再建しました。同じように、幸いなる〔フランシスコ〕も、多くの人を罪の混乱からキリストへと導き、修道会を設立しました。これらの言葉のうちに三つの特徴をもって〔フランシスコ〕は提示されています。「私はあなたを迎え入れる」とあるように、その奉仕が神に受け入れられるという功徳をもって。「私はあなたを印章のようなものとする」とあるように、注目すべき聖性という印章をもって。「私があなたを選んだからだ」とあるように天からの選びという特権をもって。

〔一〕　第一の点については次のように言ったらよいでしょう。〔フランシスコは〕主に受け入れられた僕でした。世俗の栄誉を軽んじることで謙虚な者だったからです。使徒〔パウロ〕の言葉のとおりです。「私は、あらゆるものから自由な者ですが、すべての人の奴隷になりました。できるだけ多くの人を得るためです(2)」。それは「神の身分でありながら、自分を無にして、僕の身分をとられた(3)」キリストに倣ってのことです。グレゴリウスも言っています。「謙虚さなしに他の諸々の徳を修める人は、風上に塵を持っていくようなものである。何かを持っていると思われるそのことから、ますます目が見えなくなってしまうのである[a]」。

幸いなるフランシスコは、レプラを患っている人々に僕として仕えるほどに謙虚でした。このような偉大な謙虚さの故に、神の秘義が啓示されるまでに高く挙げられたのです。イザヤは言います。「見よ、私の僕は理解し、高く挙げられ、高く掲げられ、非常に崇高なものとされるであろう[4]」。そしてマタイは言います。「あなたはこれらのことを知恵ある者には隠して、幼い者にお示しになりました[5]」。

さらに、肉の欲求を殺すことで雄々しく勇敢だったからです。次の詩編の言葉のとおりです。「私は救いの杯を受け取ろう。……主よ、私はあなたの僕です[6]」。この「救いの杯」とは肉を殺すことです。ローマの人々への手紙の六章に次のようにあります。「私たちの古い自分がキリストと共に十字架につけられたのは、罪に支配された体が滅ぼされ、もはや罪の奴隷にならないためです[7]」。このように肉を殺すことで神に仕えるのです。ローマの人々への手紙に次のように記されています。「人間的な言い方をしているのですが、かつて不法のために自分の五体を汚れと不法の奴隷として献げていたように、今これを聖化を目指して義の奴隷として献げなさい[8]」。

幸いなるフランシスコはまさしくこれを行ったのです。肉の欲望を消滅させるために、寒さ厳しい真冬に、雪の中を転げ回りました。このようにして、天上の慰めを受けるに値するとみなされたのでした。ルカ［福音書］に「腰に帯を締めなさい[9]」とあります。グレゴリウスは「節制によって肉の放逸を締めつける時、われわれは腰に帯を締めるのである」と言っております[b]。ルカ［福音書］では次のように続きます。そのような人々を見いだすと、主は自ら「帯を締めて、この人たちを食事の席に着かせてくださる[10]」。つまり、慰めてくださるというのです。この慰めによってあらゆる汚れは取り除かれるでしょう。ですからこそ、黙示録に言われているのです、「犬のような者、魔術を使う者、みだらなことをする者は［都の］外にいる[11]」と。

さらにまた、地上の世俗的な渇望を捨て去ったことで、誠実な者だったことから、［フランシスコは受け入れられたのでした］。民数記によれば、「私の僕モーセは私の家の者すべてのものにまさって誠実である[12]」と言われています。誠実な僕とは、人間からの賞賛を求めない人です。ガラテヤの人々への手紙で［パウロは言います］、「もし、今なお人の気に入ろうとしているなら、私はキリストの僕ではありません[13]」と。ベルナルドゥスは言います。「あなたから出たものではなく、あなたを通して渡されるものであったとしても、主の数多《あまた》の栄光の何かしらを掌中に納めようとしないなら、あなたは真実誠実な僕です[c]」。しかし、もっと誠実な人とは、肉体上の休息を求めない人です。マタイ［福音書］に次のようにあります。「主人がその家の使用人たちの上に立てた誠実で賢い僕は、いったい誰であろうか[14]」。そしてこう続けられます。「主人が帰って来た時、言われたとおりにしているのを見られる僕は幸いである[15]」。死の瞬間、主は来られます。ですから、それよりも前には、労苦から離れて休息を取ってはならないのです。ですから、列王記の第一巻［サムエル記上］でも、サムエルについて次のように言われているのです。「ダンからベエル・シェバに至るまでのイスラエルのすべての人々は、サムエルが主の誠実な預言者であることを知った[16]」。そして、集会の書（シラ書）でも言われています、「金銭も、あらゆる肉から履物にいたるまで、［何一つ］この人は受け取らなかった。そこで誰もこの人を非難しなかった[17]」。

幸いなるフランシスコはこの［言葉］を目に見える形で実践しました。福音の規定を［その生き方において］完全に具体化したからです。ですから、「帯の中に金も持たず[18]」「足に履物もつけていませんでした[19]」。このようにして主を見倣ったのでした。まさしくヒエロニムスが言っておりますように、「主は弟子たちに禁じたものを持つことはおできになりませんでした[d]」。このような忠誠心の故に王としての栄誉に値するとみなされたのです。マタイ［福音書］に言われています。「忠実な良い僕だ。よくやった。主人と一緒に喜んでくれ[20]」。貪欲な人々がこの喜びにあずかることはありません。使徒［パウロ］は言います。「みだらな者、汚れた者、また貪欲な者、つまり、偶像礼拝者は皆、キリストと神との国を受け継ぐことはできません[21]」。ですから、浮世のはかないものを愛するように宣伝する人は［神を］冒瀆することになります。ヒエロニムスは書き記しています。「人から施された糧を食べておられた貧しく、十字架につけられた主の司祭であるよりも前に、執政官のもとにある役人や兵隊のように不寝番をすることは恥ずかしいことです[e]」。「僕は主人にまさりはしない[22]」からです。

さらにまた、天上の命令を実践することで僕として仕えたことで、「フランシスコは受け入れられたのでした」。ヨブのようです。「お前は私の僕ヨブのことを考えたか。地上に彼に似た者はいまい。純朴な正しい人で、神を畏れ、悪を避けて生きている[23]」と記されています。仕えることについて列王記の第一巻［サムエル記上］に次のように記されています。「ただ主にのみ仕えなさい。そうすれば、主はあなたたちを救い出してくださる」(24)。「誰も、二人の主人に仕えることはできない」(25)［と主も仰せになります。二人の主人とは］悪魔と神のことです。これは、［アンモン人］ナハシュがイスラエルの子らと結ぼうとしたような契約による以外にはありえないことです。［ナハシュは］こう言ったのでした。「お前たちと契約を結ぼう。ただし、お前たち全員の右の目をえぐり出すのが条件だ。それをもって全イスラエルを侮辱しよう」(26)。右の目とは永遠のものを見つめること、左の目は地上のものを見つめることを欲するものなのです。ですから、悪魔は自分の僕たちが、たとえ何かしら善いことを行うとしても、永遠のものを意図することを阻止しようとするのです。

　しかし、幸いなるフランシスコはあらゆる行いにおいて右の目を持ち続けました。「純朴な正しい人」だったからです。「純朴な目」を持っていましたので、その行いという「体の全体が明るく照らされていました」(27)。このような僕としての奉仕によって、「神の住居《すまい》」に迎え入れるに値するものとされたのです。イザヤ書に次のようにあります。「見よ、私の僕、私が選んだ者を。彼の上に私の霊を置いた」(28)。神が命じられたことを実行することを拒否する無益な者は、この住居《すまい》に迎えられることはありません。マタイ［福音書］の二五章に次のように言われています。「この役に立たない僕を外の暗闇に追い出せ」(29)。

　ですから、このように幸いなるフランシスコは神に受け入れられた僕でした。尊大な人々のもつ虚栄、肉の情欲、この世の欲望、邪《よこしま》な者らのもつ頑迷さに逆らって、謙虚で、雄々しく、誠実で、献身的な者だったからです。

(1) ハガ二・23。(2) Ⅰコリ九・19。(3) フィリ二・6。
(4) イザ五二・13。(5) マタ一一・25。
(6) 詩一一五・13、16。(7) ロマ六・6。(8) ロマ六・19。
(9) ルカ一二・35。(10) ルカ一二・37。(11) 黙二二・15。
(12) 民一二・7。(13) ガラ一・10。(14) マタ二四・45。
(15) マタ一二・46。(16) サム上三・20。(17) シラ四六・22。
(18) マコ六・8。(19) マタ一〇・10。(20) マタ二五・21。
(21) エフェ五・5。(22) ヨハ一三・16。(23) ヨブ一・8。
(24) サム上七・3。(25) マタ六・24。(26) サム上一一・2。
(27) マタ六・22。(28) イザ四二・1。(29) マタ二五・30。
(a) グレゴリウス『福音書講話』七・4。
(b) 前掲書一三・1。
(c) ベルナルドゥス『雅歌講話』一三・3。

（d）ヒエロニムス『手紙』一二二・19（エウストキウム宛て）。
（e）ヒエロニムス『手紙』五二・11（ネポティアヌス宛て）。

［三］ では、第二の部分の考察に入りましょう。「私はあなたを印章のようなものとする」とあります。ここで、際立った聖性という印章によって［フランシスコが］賞賛されています。このことは受難の聖痕が刻まれたことによって極めて明らかなことです。

まず第一に注目すべきことは、［フランシスコは］痛悔の悲嘆によって新たにされた印章であったということです。ヨブ記に次のように記されています。「印章は粘土のように作り直され、衣装のようなものとしてその姿を現す」[1]。かつては神の印章であった［堕落した］み使いは修復されることはありませんでした。悔い改めることはありえなかったからです。しかし、人間は違います。ですから言われるのです、「印章は粘土のように［作り直される］」、つまり悔悛という水と遜りという塵によって［作り直され］、「衣装のようなものとしてその姿を現す」と。衣装というものは、それだけではっきりせず、体を被ってはじめてその姿を現すものなのです。このようにフランシスコは悔悛によって粘土のように作り直され、衣装として、つまり聖霊の衣装としてその姿を現したのでした。

さらに、［フランシスコは］愛の炎によって変容された［印章］でした。雅歌に次のように記されています。「印章として私を刻みつけてください、あなたの心に[2]」。サン・ヴィクトルのフーゴは言います。「私の魂よ、私は気づいている、お前が愛している方の似姿へと変容させるのが愛の力であると[a]」。

また、［フランシスコは］完徳の模範によって刻印された［印章でもあります］。ローマの人々に宛てた手紙で使徒［パウロ］が述べているとおりです。「彼は信仰によって義とされた証しとして、割礼の印を受けたのです[3]」。ここでの割礼は肉体的なものではなく霊的なものです。

また、［フランシスコは］天からの救いに燃える渇望によって表示された［印章でもあります］。黙示録に次のように記されているとおりです。「私は、もう一人のみ使いが生ける神の刻印を持って、太陽の出る方角から上って来るのを見た[4]」。この刻印とは人類の救いに燃える渇望のことです。ですから、エゼキエル書に次のように言われているのです。「あらゆる忌まわしいことの故に、嘆き悲しんでいる者の額《ひたい》にタウの印を付けよ[5]」。この刻印とは、エジプトで、この印を押されていない者たちが滅ぼされたものでもあります[6]。

ですから、このようにして「フランシスコは」新たにされ、変容され、刻印され、表示された印章でありました。

（1）ヨブ三八・14。（2）雅八・6。（3）ロマ四・11。（4）黙七・2。（5）エゼ九・4。（6）出一二・29。
（a）フーゴ（サン・ヴィクトルの）『魂の嫁資に関するソリロクィウム』（PL 176, 954）。

〔三〕　第三の部分は「私があなたを選んだからだ」と続きますが、ここで「天からの選びという特権」の故に「フランシスコが」称揚されているのです。ここで注意しなければならないことは、神の選びの原因は神ご自身の意志以外には帰されないということです。神はこう仰せになります。「私は自分が憐れもうと思う者を憐れみ、慈しもうと思う者を慈しむ[1]」。とはいえ、選びのしるしは次のようにして見分けられます。それは特に次の七つのことです。

まず第一は「神の御名に対する畏敬」です。集会の書（シラ書）の第一章にこうあります。「知恵の初めは主への畏れ。それは、母の胎内にある時から信じる者たちと共に造られ、選ばれた女性たち」、つまり魂たち「と共に歩み、正しく誠実な者たちと共に認められる[2]」。この言葉の前には、「主を畏れる人は、幸せな晩年を送り、臨終の日にも祝福を受ける[3]」とあります。同じ章では、逆に次のようにも言われています。「畏れを抱かない者が義とされることはありえない。その人の怒りという激情が、その人の破滅となるからである[4]」。ですから、聖書全体が目指しているのは、人間の内に主への畏れを生み出すという、このことなのです。伝道者（コヘレト）は言います。「神を畏れ、その戒めを守れ。これこそ、人間のすべて[5]」。

次に、「肉体的な聖性への愛」です。エフェソの人々への手紙で「パウロは」、「天地創造の前に、神は私たちを愛して、ご自分の前で聖なる者、汚れのない者にしようと、キリストにおいてお選びになりました[6]」と述べ、ペトロは「あなた方は、選ばれた民、王の系統を引く祭司、聖なる国民です[7]」と述べています。

第三に、「本性的な憐れみという甘美さ」です。使徒「パウロ」は言います。「あなた方は神に選ばれ、聖なる者とされ、愛されているのですから、憐れみの心を身につけなさい[8]」。テモテに宛てた手紙の中で「パウロが」明らかにしているのも、この選びのしるしなのです。こう言います。「信心は、この世と来るべき世での生を約束するので、すべての点で益となるからです[9]」。ヨブも言います。「憐れみは、幼子の頃から私と共に成長し、私と共に母の胎内から出てきた[10]」。逆に、集会の書（シラ書）にはこうあります。「心の頑なな者は、悪い結果に終わる[11]」。ベルナルドゥスは言います。「心の頑なさとはどのようなことか知りたいのであれば、ファラオに聞くがよい[a]」。

第四に、自ら選んだものであれ科されたものであれ「自発的な貧しさに満足すること」です。イザヤ書で言われています。「私は貧しさという炉の中でお前を選んだ[12]」。ヤコブは言います。「神は世の貧しい人たちを選んで、信仰に富ませ、ご自身を愛する者に約束された国を、受け継ぐ者となさったではありませんか[13]」。「霊において貧しい人々は、幸いである、天の国はその人たちのものである[14]」「と主も仰せになっています」。

第五に、「［神に］献身する人の精神の謙虚さ」です。コリントの人々への第一の手紙の第一章にこうあります。「兄弟たち、あなた方が召された時のことを、思い起こしてみなさい。人間的に見て知恵のある者が多かったわけではありません。ところが、神は知恵ある者に恥をかかせるため、世の無学な者を選び、力ある者に恥をかかせるため、世の無力な者を選ばれました[15]」。これはダビデにもみられた選びのしるしでした。ダビデはミカルに言っています。「お前の父よりも、この私を選んでくださった主のみ前で、［主を］ほめたたえよう。そして、私はもっと卑しめられ、自分の目にも低い者となろう[16]」。逆に、ルカ福音書では次のように言われています。「人に尊ばれるものは、神には忌み嫌われるものだ[17]」。

第六に、「生来の物惜しみしない心からくる平静さ」です。集会の書（シラ書）にこうあります。「その信仰と平静さの故に彼を聖とし、あらゆる肉なるものの中から彼を選んだ[18]」。逆に、箴言には次のように記されています。「主の憎まれるものが六つある。心からいとわれるものが七つある。兄弟の間にいさかいを起こさせる者[19]」。

第七に、「天からの恩恵という助け」です。知恵の書にこうあります。「神はご自分が選ばれた者らを顧みられる[20]」。「顧みられる」とは神の摂理がその人を助けることを意味しています。「あなた方が私を選んだのではない。私があなた方を選んだ。私があなた方を任命したのである[21]」と、ヨハネ［福音書で主も仰せになっています］。

こうして、以上の七つの［しるし］が幸いなるフランシスコには明らかに見られるのですから、それらのしるしが［フランシスコ］が選ばれた者であることを証明しているのです。

(1) 出三三・19、ロマ九・15。(2) シラ一・16。
(3) シラ一・13。(4) シラ一・28。(5) コヘ一二・13。
(6) エフェ一・4。(7) Iペト二・9。(8) コロ三・12。
(9) Iテモ四・8。(10) ヨブ三一・18。(11) シラ三・27。
(12) イザ四八・10。(13) ヤコ二・5。(14) マタ五・3。
(15) Iコリ一・26―27。(16) サム下六・21―22。
(17) ルカ一六・15。(18) シラ四五・4。(19) 箴六・16、19。
(20) 知四・15。(21) ヨハ一五・16。
(a) ベルナルドゥス『熟慮について』一・2・3。

三　聖フランシスコについての朝の説教

一二六七年十月四日　パリに於いて

「見よ、私の僕《しもべ》、私は彼を受け入れよう。私が選んだ者、私の魂は彼のうちに喜ぶ。彼の上に私の霊を与え、彼は国々の裁きを導き出す[1]」

［導入］「主人がその家の使用人たちの上に立てて、時間どおり彼らに食事を与えさせることにした忠実で賢い僕は、いったい誰であろうか[2]」。これはマタイ［福音書］の終わりのほうの言葉です。これらの言葉は、神の御言葉を宣べ伝えるにふさわしい人を見いだすことは難しいことを表明しています。そのような人は「忠実で賢い」人でなければならないからです。

「忠実な人」とは誰でしょう。ソロモンは言います。「憐れみ深い人は多いが、忠実な人を誰が見いだせようか[3]」。忠実な人とは、その行うあらゆる業《わざ》において神の栄光しか求めない人です。自分の利益、自分への賞賛、自分への喝采は何一つ求めず、ただひたすら神の栄光と人々の魂の救いのみを求めます。ですから、忠実な人を見いだすのは難しいのです。

しかし、「賢い」人を見いだすのもまた難しいことです。「賢い」人とは「時間どおり食事を与える」人です。別の福音記者［すなわちルカ[4]］によれば、「時間どおりにふさわしい食べ物を分配する」人です。あまり長くもなく、あまり簡略にもならず、短すぎもせず、小刻みにもせずに語るというように、聞き手の能力に応じて、神の御言葉を賢明に分配することは大変な仕事です。誰にこれができるでしょうか。一気にすべてを語ろうとすれば、たくさんのことを言いそびれることになります。私自身のことを申しますと、説教にあたって説教者に求められる規範について考えますと、これだけの歳になっていながら、それにふさわしくないと痛感しています。しかしながら、語るのは神なのです。人は、時として良く語ったと思うでしょうし、善いことを考えたでしょう。時としては、何も語れないかもしれません。「人間に求められるのは魂を整えることです。舌を制するのは主なのです(5)」。

あまりにも生ぬるいことを語っているのではないか、神は私に対して怒っておられるのではないかと恐れます。幸いなるフランシスコに対する賛美をあまりにも長々と語れば、フランシスコについて語っていながら自分自身が賞賛されることを求めていると考える人々もいるでしょう。この題材を語ることは、私にとって難しいことです。私が意図していることは、霊的で完全な人を皆さんに紹介し、皆さんそれぞれがこの人を模倣するよう努めることです。真理の筆先に頼って、幸いなるフランシスコを模範として提示したいと願っています。初めに主に祈りましょう。主が［私たちを助けてくださいますように］。

「見よ、私の僕」云々と言われていますが、第一義的な意味に即して理解すれば、これらの言葉は私たちの主イエス・キリストについて言われたものです。しかし、類似性と有機的な結合の故に、頭に属することは体の諸部分にもあてはめられるものです。ですから、妥当な理解として、これらの言葉は、誰であれ義《ただ》しい人、完全な人についても言われるものです。しかし、特別な意味で、幸いなるフランシスコにみられた卓越した完全な聖性、特にその完全な聖性の根源、聖性の気高さ、完全な聖性の広さに鑑みて、［フランシスコの完全な聖性］が説明されています。

完全な聖性の根源は徹底した遜《へりくだ》り（humilitas）のうちにあります。聖性の気高さは試練を経た徳のうちにあります。そして、完全な聖性の広さは満ち溢れる愛のうちにあります。徹底した遜りとは、それによって人が神に受け入れられるところのものです。試練を経た徳によって、私たちは神をお喜ばせするものとされます。満ち溢れる愛（caritas）のうちに私たちは神のもとにまで高く挙げられ、隣人へと向かって行きます。このため、これらの言葉において、その徹底した遜りの故に、幸いなるフランシスコが賞賛されています。それによって、神に受け入れられたのです。「見よ、私の僕、私は彼を受け入れよう」と言われる時、このことが示されているのです。第二に、「フランシスコは」試練を経た徳の故に賞賛されます。それによって、神をお喜ばせするものとされるのです。「私が選んだ者、私の魂は彼のうちに喜ぶ」と言われる時、このことが示されています。第三に、満ち溢れる愛の故に「フランシスコは」賞賛されます。その愛によって自らを神へと高め、隣人へ自らを開いたのでした。「彼の上に私の霊を与えた」と言われる時、このことが示されているのです。

　さて、この完全な聖者とは誰のことでしょうか。よく聞いてください。それは徹底した遜り、試練を経た徳、そして満ち溢れる愛を宿している人です。聖性の根源は遜りのうちに始まり、試練を経た徳のうちに成長し、満ち溢れる愛のうちに完成されるものなのです。神によって受け入れられるということは、遜りが成し遂げるのです。神をお喜ばせするということは、徳が成し遂げるのです。神のもとへと全面的に移り行き、持っているものを他の人々に譲り与えるということは、満ち溢れる愛が成し遂げるのです。

(1) イザ四二・1。(2) マタ二四・45。(3) 箴二〇・6。
(4) ルカ一二・42。(5) 箴一六・1。

〔二〕　まず第一に私が言いたいのは、その徹底した遜りの故に、幸いなるフランシスコは神の口によって賞賛されているということです。こう言われるのです。「見よ、私の僕、私は彼を受け入れよう」。主が語られる次の言葉も「フランシスコ」にあてはまります。「私の僕、ゼルバベルよ、私はあなたを迎え入れる。私はあなたを印章のようなものとする。私があなたを選んだからだ[1]」。

「私はあなたを印章のようなものとする」とは、全能の方の言葉によって、あなたにしるし、それも聖痕を刻みつけるということです。「私はあなたを印章のようなものとする」と言われるのです。なぜでしょう。「私の僕である」、それも神への畏怖の故に謙虚なものだからです。隣人に対する忍耐の故に、より謙虚なものだからです。自らを軽んじる点では最も謙虚なものだからです。他のあらゆる美徳にまして、幸いなるフランシスコの遜りを賛美したいと思います。

　まず第一に私が言いたいのは、神への畏怖の故に神の謙虚な僕であったということです。ですから、ヨブ記で主が仰せになる次の言葉も「フランシスコ」にあてはまります。「お前は私の僕ヨブについて考えたか。純朴で正しい人で、神を畏れ、悪を避けて生きている[2]」。

　その謙虚さの故に僕と呼ばれます。精神の意図するところは純朴だったからです。その感情においては神を畏れ、神の業を行うにあたっては悪を避けていたからです。ですから、僕であり、最高に神を敬う者とみなされたのでした。行ったこと、あるいは耐え忍んだすべてのことにおいて神を賛美したのでした。ヨブには「七人の息子と三人の娘」(3)があったと言われます。「ヨブ」という名前は「悲しむ者」という意味です。これも幸いなるフランシスコをよく示しています。その生涯は悲しみに満ちていたからです。常に涙を流していましたし、自分の、そして他の人々の罪を泣き悲しんでいました。会の発足当時のことを顧みますと、当初、七人の兄弟を有しており、「フランシスコ自身は」八番目の兄弟でした。そして、主の指示に従って、彼らを「東西南北」世界の四つの方角に分け、二人ずつ派遣しました。主が彼らを一緒に引き戻してくださる、というのが彼の願いでした。

「フランシスコは」三人の娘をも有していました。その回心の初めに、三つの聖堂を建立したからです。一つは聖コスマと聖ダミアノの栄誉のために建立された聖堂であり、もう一つは使徒ペトロのために建てられた聖堂であり、第三のものは処女《おとめ》マリアの聖堂でした。そして、この第三の聖堂で、「フランシスコ」にこれから送らなければならない生き方を主は啓示されたのでした。また、三つの修道会(religio)を創設しました。第一の修道会は小さき兄弟会で、第二の修道会は幸いなるクララの姉妹たちの会です。この会は初めは、聖コスマと聖ダミアノの貧しき婦人たちと呼ばれていましたが、その後、幸いなるクララが列聖されてからは、幸いなるクララの姉妹たちと呼ばれています。そして第三会を創設しましたが、この会は痛悔者たちの会と呼ばれ、会員は悔悛の兄弟たちと呼ばれています。あたかも三人の娘のようにこれらの修道会を創設し、神への敬愛のために整備したのでした。こうして、幸いなるフランシスコは神を礼拝する者、謙虚な僕だったのでした。ですから、「フランシスコは」詩編作者と共に言うことができたのでした。「主よ、私はあなたの僕。あなたの端女《はしため》の息子だからです」(4)。これらの点で、私たちは幸いなるフランシスコを模倣しなければならず、敬虔に神を礼拝する者でなければなりません。

私たちは「魂も体も地獄で滅ぼすことのできる方」(5)を恐れましょう。そして、その方を礼拝し、この方の御旨に従いましょう。さもないと、次のように言って、あなたたちについて嘆かれるでしょう、「私が父であるなら、私に対する尊敬はどこにあるのか。私が主人であるなら、私に対する畏れはどこにあるのか」(6)と。同様のことをヨブも言っています。「私は僕を呼んだ。だが僕は応えなかった」(7)。主は私たちを呼んでおられます、内なる霊感によって、説教を通して、鞭打ちによって、恩恵と完徳に達した人々の模範を通して。ルカ［福音書］に記されているようなことは決して行うことのないようにしましょう。こう記されています。「主人の思いを知りながら何も準備せず、あるいは主人の思いどおりにしなかった僕は、ひどく打たれる」[8]。ですから、神への畏敬の点で［フランシスコは］神の謙虚な僕だったのでした。

第二に、隣人に対する忍耐という点で、［フランシスコは］神のより一層謙虚な僕でした。使徒［パウロ］はコリントの人々への第一の手紙第九章で次のように述べています。「私は、誰に対しても自由な者ですが、すべての人の奴隷になりました」[9]。聖なる師父フランシスコは、すべての人に対してすべてにおいて僕となりました。軽蔑すべき人々の僕とさえなることを欲したのでした。旅にあっては、同伴の兄弟が誰であっても、その兄弟への従順を約束しました。かつて世俗にあった時は、レプラを患った人々に対して大きな嫌悪感を抱いていたのですが、回心の後には、その人々を敬い仕えることを決意したのでした。彼らの足を洗い、彼らの潰瘍や傷口に包帯を巻き、膿みただれた傷口からは膿を搾り出し、足に口づけをしました。隣人に対して忍耐を示すことで、自らを軽蔑されるべきものとみなし、神に感謝するためでした。使徒［パウロ］はガラテヤの人々に宛てて次のように言っています。「兄弟たち、あなた方は、自由を得るために召し出されたのです。ただ、この自由を、肉に罪を犯させる機会とせずに、［聖］霊の愛によって互いに仕えなさい」[10]。私たちの自由はこのようなものでなければならないのです。

ところで次のように言う人がいるかもしれません。確かにわれわれは互いに仕え合わなければならない。だがレプラを患っている人々に仕える必要はない。しかし、このような奉仕を神が軽んじられなかったのです。神が、弟子たちの泥だらけの足を洗うために身をかがめました。そして、こう仰せになりました。「あなた方は、私を『先生』とか『主』とか呼ぶ。そのように言うのは正しい。私はそうである。ところで、主であり、師である私があなた方の足を洗ったのだから、あなた方も互いに足を洗い合わなければならない。私があなた方にしたとおりに、あなた方もするようにと、模範を示したのである。よくよく言っておく。僕は主人にまさらず、遣わされた者は遣わした者にまさりはしない」[11]。これについてアウグスティヌスは次のように述べています。「いと高き方が行われたことを、私たちも謙虚なものとして互いに行いましょう。謙虚なものであるようにというこの勧めは偉大なものです。兄弟たちは、まさしく目に見える行為をもって、これを実行しているのです。行為をもってそれを実行できない時には、心の内でそれを行っています。手をもって実行するほうがはるかにまさっています。キリストが行ったことを、キリスト者が行うことを軽んじないためです。兄弟の足へと身をかがめる時、心の内に謙虚な気持ちが掻き立てられ、すでにそれを抱いている時には、堅固なものとされるのです[a]」。

　グレゴリウス九世は、知恵に満ちた方でしたが、幸いなるフランシスコと交わしていた親しい交わりの故に、［フランシスコ］を模倣する者となり、自分の部屋にレプラを患った人を住まわせ、［小さき兄弟会の］兄弟として修道服をまとってその人に仕えていました。ある日のこと、そのレプラを患った人は言いました。「私に仕えてくれるこのような老人が教皇のそばにおられるのだろうか」。非常に疲れさせられることです。しかし、隣人に仕えることは善いことです。ですからこそ、使徒［パウロ］は言うのです。「自分の体を打ちたたいて服従させます[12]」。「若い時から軛を負ったことは、その人にとって善いことである[13]」［とも言われています］。

　幸いなるフランシスコは、神への畏怖の点で謙虚な人であり、隣人への忍耐の点でより一層謙虚な人でしたが、第三に、自分を軽視する点で最も謙虚な人でした。それは、「自分を無にして、僕の姿形になられた[14]」と、フィリピの人々に宛てた手紙で述べられている方に従うためです。その方は、その姿形をもって懐胎されました。ですから、次のように言うことがおできになったのです。「私は若輩で、侮《あなど》られています。私は虫けらであって、人ではない。人間の屑、民の恥[15]」。主は天におけるご自分の栄光の姿をお示しになりましたが、それを渇望したルチフェルと彼に追従するみ使いたちは滅びてしまいました[16]。ルチフェルは、神の像にかたどって造られた人間を自分と一緒に壊滅させたのでした。［主は］天における［ご自分の］謙虚な姿をお示しになりませんでしたが、知恵の根源をお示しになろうとして、自ら謙虚なものとなられたのでした。キリストの知恵を持ちたいと願う人は、幸いなるフランシスコが行ったように、聖性の根源から始めなければなりません。初めに回心した時、同胞の市民たちから道端の泥を投げつけられ、裸で司教の前に赴き、世俗の一切を放棄しました。並外れた聖性の人となったのはその後のことなのです。これによって、聖性と謙虚さ（遜り）の頂点に達したことが示されたのでした。幸いなるベルナルドゥスは言います。

「真に謙遜な者は、謙遜な者と称賛されることよりも軽視すべきものとみなされることを望んでいる[b]」。幸いなるグレゴリウスも言っています、「高慢な者らは自分がほめそやされることで高ぶるように、謙遜な者は自分が軽んじられることで喜ぶ[c]」と。謙遜はどこから来るのでしょうか。間違いなく、心の奥底からです。

幸いなる兄弟パチフィコは、［小さき］兄弟会をフランスにもたらした最初の人ですが、偉大な聖性を備えた人でした。ある日のこと、幸いなるフランシスコと共に聖堂で祈っておりましたが、眠り込んでしまいました。［眠りの内で］天が開き、天に非常に美しい玉座があるのを見ました。その玉座は誰のものか尋ねますと、次のような答が聞こえました。「この玉座はルチフェルがその高慢の故に失ったものであり、今は、その謙遜の故に、幸いなるフランシスコのために取っておかれている」。眠りから覚めると、［パチフィコ］は幸いなるフランシスコに尋ねました、「あなたご自身はどう思われますか」。幸いなるフランシスコは言いました。「自分はこの世で最悪の罪人であると私には思えるのだ」。パチフィコは言いました、「人殺しや強盗、また他の悪人がたくさんいるではありませんか」。「私に与えられた恵みの賜物を受けていれば、この世の極悪人でさえも私よりずっと敬虔であるはずだ」と幸いなるフランシスコは答えたのでした。驚嘆すべき［事実］を聞き取ってください。私たちが驚くことができるすべてのことの中でただ一つ、新約と旧約聖書の中で神が高く挙げている者らは見捨てられ辱《はずかし》められた者にほかならないことです。

旧約聖書において、神は三人を永続的に（stabiriter）高く挙げています。サウルを高く挙げてはいません。サウルは安定していませんでした。ヨセフ、モーセ、そしてダビデを高く挙げています。ヨセフについてはどう言われているでしょうか。詩編は言います、「［主］は彼らに先立って一人の人を遣わされた。売られて奴隷となった［ヨセフ］を」。そして、牢に投獄され、鉄枷《かせ》で縛られ、一緒に牢に投じられていた者らに仕えていた、と言われています。その後、ファラオは「自分の家の司《つかさ》として立てた」のでした[17]。同じく、ファラオの娘の息子として縁組みされていたモーセに対して、エジプトの地では高く挙げることを主は約束なさいませんでした。しかし、ファラオが彼に対して怒りを向け、荒れ野で家畜の世話をし羊を牧する者となった時には、主は［モーセ］にご自身を現され、彼に対するご自分の判決を語られました[18]。では、ダビデについては何と言われ、何と書かれているのでしょうか。あなたは何と言うのですか、ダビデよ。ダビデ［自身］が語っています。「その僕ダビデを選び、羊の群れから、乳を飲ませている［羊］らの後ろから引き離し、ご自分の僕ヤコブとご自分の嗣業《しぎょう》イスラエルを牧するものとされた[19]」と。同様に、あなたのみ名のもとにすべての人が《新約聖書においてもキリストのすべての弟子たちは》自ら遜っていました。キリストは謙遜な人々を高く評価されたからです。

ある人が高価な宝石を持っていたとします。その石が価値のないものであるとみなされればされるほどその人にとっては高価なものとなるのです。そして、それを軽蔑する人に意気揚々と示すものです。軽蔑によって霊魂の力は増大し、愚かなものであるほど称賛されることを求めるものなのです。聖なる人々は人々から軽蔑されることを望みました、神のみ心に適うものとなるためです。グレゴリウスは言います、「聖なる人々、それも偉大なことを行なっている人々までもが自分自身を価値のないものとみなしているとすれば、徳の業なしに尊大にふるまう人々は何と言って申し開きするのであろうか[d]」と。

謙遜には六つの段階があり、第六段階に辿り着くことのできる人は満ち溢れる恵みを有しているとアンセルムスは言っています[e]。謙遜の第一段階は自らを軽蔑すべきものとみなすこと、第二［段階］は自らを軽蔑すべきものと言うこと、第三［段階］は自分が軽蔑すべきものであると［他者に］説得すること、第四［段階］は［自分が］軽蔑されるべきものであると思われることを欲すること、第五［段階］は［自分が］軽蔑されるべきものであると言われることを欲すること、第六［段階］は［自分が］ただただ軽蔑されるべきものとして辱められるのを欲することにあります。そして［第六段階にある］時、［その人は］神の側近、謙遜な僕なのです。「神の前にある人、それがその人なのであって、それ以上のものではありません[f]」。［人は］神が判定したもの以上ではありえないのです。驚くべきことは、人々は他の人々に気に入られようと躍起になっていることです、他の人々に気に入られることが、その人にとって何の役にも立たないのに。その方のお気に召されることこそ諸徳の完成であるのに、その方に気に入られることには無頓着なのです。従って、その深い謙遜の故に、幸いなるフランシスコはこのように理解されるのです。

謙遜の故に［フランシスコは］三重の慈しみによって受け容れられました。詩編［に言われています］。「あなたの僕を善へと向かわせ、高慢な者らに私を咎《とが》め立てさせず、あなたの慈しみに則してあなたの僕を取り扱ってください[20]」。神のこの謙遜な僕は自分に対する軽蔑によって、これほどまでに謙遜な者となっていたので、赦しをもたらす慈しみによって受け容れられ、隣人を支える者となったので保護をもたらす慈しみによって受け容れられ、第三に、神を崇める者であったので、自由をもたらし高く挙げる慈しみによって受け容れられたのです。

　私が言いたいのは、まず第一に、幸いなるフランシスコは自らを蔑視する人だったということです。それ故に、赦しをもたらす慈しみによって受け容れられたのです。幸いなる処女《おとめ》［マリア］の賛歌で言われています、「力ある者らをその座から排し、謙遜な者らを高められ、その慈しみを思い起こし、その子イスラエルを受け容れられた[21]」と。み使いと格闘して足を引きずるようになったヤコブ[22]、もしくはイスラエルは［神の］慈しみの故に受け容れられました。その方を通して罪が赦されることになる神の御子が、その子孫から生まれることになるからです。だがまず初めに腰の筋を萎《な》えさせる必要があります[23]。そのことは肉を断つことを意味しているのです。次いで、ダニエル書で、三人の若者は、初穂［を献げる］場もないと言っています。そして続けて、打ち砕かれた霊魂と遜った霊によって主に受け容れられると述べています[24]。もし、あなたが赦しをもたらす慈しみによって受け容れられることを望むなら、情欲を断つために、祈りにおいて、み使いと共に格闘しなければなりません。そうする時、打ち砕かれた心という犠牲《いけにえ》を献げることができるでしょう。この地上において、人間の霊魂は情欲とか感覚を惹きつける外的なものによって火をつけられているのです。あたかも全身が炉の中にあるかのようです。それでも、み使いが炉の中に降ってきて、恵みによって私たちの精神を貫いてくれるなら、人は自らを遜らせて、自分の肉を断ち、神の御心に適うものとなり始めるのです。［み使いは］炉の中央を、湿った風が吹いているかのようにしてくれるので、肉の欲望を感じることなく、感じたとしても何の害も受けることはありません[25]。

　幸いなるフランシスコは、回心の時から、主がお現れになり、最後の一クァドランスに至るまで[26]の彼の多くの罪は赦されたと告げられた時まで涙は止みませんでした。私はこの世でほかでもないただこの［一言］を聞きたいと願っています。マグダラの［マリア］もこの［一言］を聞いたのです。ですから、幸いなるフランシスコは自分を蔑視する者であったので、赦しをもたらす慈しみによって受け容れられたのです。

　第二に、隣人を支える者であったので、保護をもたらす慈しみによって受け容れられました。イザヤ［書］に［次のように記されています］。「お前は私の僕である。私はお前を選び、退けなかった。私はお前を援け、義なる者の右の手がお前を受け容れた[27]」。［フランシスコ］は後ろを振り返りませんでした。鋤に手をかけてから後ろを振り向くことはありませんでした[28]。選ばれた者であり、退けられた者ではありませんでした。死に至る罪だけでなく、人間であるかぎり［犯す］可能性のある小罪をも遠ざけました。「義なる者の右の手がお前を受け容れた」［と言うのです］。この義なる者とは誰のことでしょうか。使徒［ヨハネ］は言います。「私たちは天において御父のもとに弁護者を有しています。義なるイエス・キリスト［です］[29]」。私の義なる者の右手とは、全能の神の右手です。この［右手］が彼に敵対するすべての者らから守ってくれるのです。デモンたちが肉体的に彼を攻撃し傷つけようとした時、常に神のもとに駆け戻りました。詩編の次の言葉を述べることができました。「あなたの翼の覆いの下で私は喜び躍るでしょう。私の魂はあなたによりすがり、あなたの右の手は私を受け容れてくださった。助けを求める者は神の右の手の下にいなければならない[30]」。

第三に、幸いなるフランシスコは神を崇める者でした。それ故、自由をもたらす慈しみによって受け容れられたのです。詩編［に述べられています］。「あなたは私の右手を握っており、あなたの意志において私を導き、栄光をもって私を受け容れてくださった[31]」。ソロモン［は言う］。「霊によって謙虚なものを誉れは受け容れ、屈辱は高慢な者をつけ狙う[32]」。自由にし、高く挙げ、名声を高め、栄誉を与えるのは慈しみなのです。それ故、「私を敬った者を私は敬うであろう[33]」、「偉大なのはただ神の力のみ、［神は］謙虚な者らによって敬われる[34]」と主は仰せになるのです。

神を敬う者たち、彼らは［神］だけを敬い、誉れを与えられるのです。謙遜な者たちだけが神を敬うのです。故に、謙遜な者たちだけが栄誉に浴することになります。ですから、三重の慈しみに受け容れられたいのであれば、自分を蔑視することで、隣人を援けることで、神を敬うことで謙虚な僕となりなさい。これがキリスト教的哲学（愛智）の第一部です。キリスト教的哲学にとって第一義的なものは何か、ディオスクルスはアウグスティヌスに尋ねました。アウグスティヌスはそれに答えて次のように言います。「修辞学（rhetorica）で一番重要なものは何か、問うているのであれば、雄弁（eloquentia）であると私は言おう。二度、三度、そして百回にわたって同様に尋ねるとしても、その都度、私は答えるだろう、雄弁であると」[g]。同じように、キリスト教的哲学とは何か、あなたが問うのであれば、私は答えるであろう、謙遜（遜り）である、と。しかも、二度、三度、そして百回にわたって同様に問うとしても、その都度、私はあなたに答えるであろう、謙遜（遜り）である、と。このことを福音は伝えようとしているのであって、謙遜（遜り）を口にしない頁、章句は聖書には一つもないのです。私たちが高慢になるとすれば、預言者たち、そして使徒たちの真の知恵から私たちは失墜することになります。《私たちは高慢になれば、真の知恵から失墜することになります。自ら知恵ある者だと称しながら愚か者となると言われているように[35]。真の知恵とは預言者たちと使徒たちの知恵のことです。》以上で、幸いなるフランシスコの深い謙虚さは明らかになったことでしょう。

（1）ハガ二・23。（2）ヨブ一・8。（3）ヨブ一・2。
（4）詩一一五・16。（5）マタ一〇・28。（6）マラ一・6。
（7）ヨブ一九・16。（8）ルカ一二・47。（9）Ⅰコリ九・19。
（10）ガラ五・13。（11）ヨハ一三・13―16。（12）Ⅰコリ九・27。
（13）哀三・27。（14）フィリ二・7。
（15）詩一一九・141、二二・7。（16）創一・27。
（17）詩一〇四・17―18、21。（18）出二・9、三・1以下。
（19）詩七七・70―71。（20）詩一一八・122、124。
（21）ルカ一・52、54。（22）創三二・25、32。（23）創三二・33。
（24）ダニ三・38、39。（25）ダニ三・50。（26）マタ五・26。
（27）イザ四一・9―10。（28）ルカ九・62。（29）Ⅰヨハ二・1。
（30）詩六二・8―9。（31）詩七二・23。（32）箴二九・23。
（33）サム上二・30。（34）シラ三・20。
（35）ロマ一・22
（a）アウグスティヌス『ヨハネ福音書講解』五八・4。
（b）ベルナルドゥス『雅歌講話』一六・10。
（c）グレゴリウス『対話』一・5。
（d）グレゴリウス『福音書講話』七・4。
（e）擬アンセルムス（エドメルス）、De S. Ansermi similitudinibus, c.100-109 (PL 159, 665-68)。
（f）フランシスコ（アシジの）「訓戒の言葉」XIX。
（g）アウグスティヌス『手紙』一一八・22。

〔三〕「私が選んだ者」「彼のうちに私の魂は喜ぶ」と言う時、注目されているこの人［即ちフランシスコ］の是認された徳について少々語ろうと思います。「選び」は、それによってある人が他の人よりも上に置かれることになる卓越性を意味しています。幸いなるフランシスコは悪い者らの中から選ばれただけでなく、善い者らの中でも高く挙げられたのです。それ故、集会の書（シラ書）で言われている言葉が彼にあてはめられるのです。「群れなす選ばれた者らの中で彼は称賛され、祝された者らの中で祝されるであろう」[1]。幸いなるフランシスコは三つの徳の故に選ばれ是認されたと言われるのです。第一に、律法と福音とを完全に遵守したことの故に、第二に、キリスト教信仰への卓越した熱意の故に、第三に、十字架につけられたキリストへの抜きんでた愛（dilectio）の故に。

第一に、律法と福音の完全なる遵守の故に、幸いなるフランシスコは選ばれたというのは、イザヤ［書］に次のようにあるからです。「見よ、私はお前を精錬したが銀のようにではない。貧しさという炉の中で私はお前を選んだ」[2]。貧しさはある人々を溶かし、ある人々を精錬する炉のようなものなのです。忍耐心がなく、地上の物を得ようとする欲求を持った貧しい者らをこの炉は溶かします。不敬な者の口にあっては、貧しさは悪なのです[3]。しかし、キリストの模倣、キリストとの一致を伴う自発的な貧しさは選ばれた者らを試みる炉なのです。［ダニエル書の］三人の若者がいたのはこの種の炉です。燃え盛る炉の中で三人の若者の間に神の御子のような者が現れたと言われているように、この世において神の御子は貧しい者らの中にお現れになるのです。主は仰せになります、「持っている一切の物を捨てる者でなければ、誰も私の弟子になることはできない」[4]と。そして、即座に言い添えられます。「自分の十字架を担って、私の後についてくる者でなければ、私の弟子になることはできない」[5]。十字架と共にあり試みの炉である貧しさは、福音的な生き方と固く結ばれているのです。［福音的な生き方］は厳しさ、完璧さ、謙遜（遜り）、全き寛大さにあるのです。厳しさは美食を、完璧さは放逸を、謙遜は高慢を、単純は詮索を、寛大は怒りを断つのです。このようにして、貧しさという炉の中で、人は裸のキリストに従うのです。

もし、美食、放逸、高慢であることを欲するなら、この炉は浄めるものではなく、殺戮するものとなるでしょう。

幸いなるフランシスコは選ばれた黄金でした。貧しさという炉の中にあったからです。この炉に投げ入れられながら、外に投げ返された者らは何と惨めなことでしょう。浄められるにふさわしいものではないのですから。親愛なる皆さん、この炉は素晴らしいものです。み使いが炉の中央を、湿った風が吹いているかのようにしてくれたのです。モンテプルチアーノと呼ばれるシエナ近郊の城塞に幸いなるフランシスコと共にひとりの兄弟が暮らしていました。

ある日のこと、固いパンしかないことに二人は気づきました。二人は聖堂の入り口の前でパンを食べ、水を飲みました。その後、聖堂の中に入りますと、フランシスコは大きな喜びに満たされ始めたのでした。丸一時間、聖堂の中に立っていて、その兄弟は疲れていました。今自分をどう感じているか、その兄弟から尋ねられた幸いなるフランシスコは、回心してからこれまで、これほど歓喜を感じたことはない、と答えたのでした。厳しさ、完璧、単純、謙遜（遜り）、寛大さを伴う貧しさは神の御心に適うものなのです。それから、幸いなるペトロの［聖堂］に赴き、その誓約から離れることのなかった［ペトロ］が［フランシスコの貧しさの遵守］を保証することになったのでした。神がイスラエルの子らに、あらゆる喜悦とあらゆる甘美な味とを有した糧であるマンナを降らせた時[6]、唐茄子やその他の物を欲しがった人々[7]はその甘美を味わうことはなかったように、地上の慰めを求める者は天の［慰め］を失うのです。神はユダヤ人のために岩から水を流れ出させました[8]。厳しさ、完璧、謙遜（遜り）、単純のうちに貧しさという炉の中にいる者に対して、神はご自分の恵みを与えてくださり、その人々は選ばれた黄金となるのです。

第二に、キリスト教信仰への凌駕し難い熱意の故に、幸いなるフランシスコは選ばれたのでした。パウロについて「異邦人や王たち、また、イスラエルの子らの前に私の名前をもたらすために、私が選んだ器である」[9]と言われています。幸いなるパウロはこの熱意を有していました。キリストへの信仰がユダヤの人々、ギリシアの人々、そしてローマの人々の間に拡大することを欲していたからです。そして、幸いなるフランシスコはキリストのために貧しい者であることを欲し、信仰への熱意のために神の選びの器となったのでした。信仰が拡大するために世界中の町へと赴きました。三回にわたって海外へ赴こうとしましたが［初めの時は］難船のためできませんでした。［二度目の時は］、イスパニアのミラマモリンに至り、モロッコにまで辿り着きました。その後、この地で、私たちの兄弟たちが殉教しました。三回目の時には、スルタンのもとに至り、キリスト教信仰を告知し、キリスト教信仰のために体を切り刻まれることを願い出たのでした。するとスルタンは言いました。「我々の知恵者を召し出すので、我々の信仰とお前たちの信仰について討議しようではないか」。幸いなるフランシスコは答えました。「私どもの信仰は理性を超えたものであって、理性は信じる者以外には何の役にも立ちません。ですから、聖書を用いて論議することは私にはできません。なぜなら、［あなた方の知恵者たちは］聖書を信じておられないからです。むしろ薪を用いて火を起こしてください。あなた方の知恵者たちと一緒に火の中に入りましょう。焼かれた者の律法（lex）が間違っているのです」。たちまちのうちに、スルタンの知恵者たちは尻込みしたのでした。するとスルタンは苦笑いしながら言いました。「お前らと一緒に火の中に入る者を見つけることができるとは私には思えない」。幸いなるフランシスコは言いました。「では私が一人で［火の中に］入りましょう。もしも燃えてしまえば、それは私の罪のためであるとお考えください。もしも燃えなければ、私どものキリスト教信仰をお受け容れください」。スルタンは答えました。「あえてそれを行うことはしないでおこう。我々の側の者どもによって、私は石殺しにされるのが怖いのだ。だが、お前らの信仰は善いものであり真理に根ざしたものであると私は思う」。この時から［スルタン］の心にはキリスト教信仰が刻みつけられていたのでした。

　第三に、幸いなるフランシスコは十字架につけられたキリストへの抜きんでた愛（dilectio）の故に選ばれたのでした。雅歌の中で花嫁について言われています、「私の愛する方は白く輝き赤みを帯び、万人の中から選ばれた方[10]」と。キリストは、受肉においてはその無垢の故に白く輝き、受難においては赤みを帯びていました。幸いなるフランシスコはキリストの受肉とキリストの十字架に対する非常に大きな信心（devotio）を有していました。処女《おとめ》［マリア］の御子への愛（amor）の故に、その生存中に、六つの翼を持ったセラフィムが現れて、十字架につけられたキリストの姿形へと変容させられたのでした。黒い大きな釘が両手に、足の裏側には押し曲げられた釘の先が、脇腹には［槍の］傷跡が［現れたのでした］。「あなたは私に傷を負わせた[11]」と言うことができました。同様に、悔い改めの故に黒ずんでいました。死にあたって、その肉体は真っ白に輝き、かつ赤みを帯びていました。一レウカ［約一五〇〇歩］歩く時間の間、裸のままにしておいてほしいと願っていました。パウロと共に言うことができたのです。「私はキリストと共に十字架につけられています。私には、私たちの主イエス・キリストの十字架の他に誇りとするものが断じてあってはなりません[12]」。それ故、主によって選ばれたのでした。願いましょう。

（1）シラ二四・4。（2）イザ四八・10。（3）シラ一三・24。
（4）ルカ一四・33。（5）ルカ一四・27。

（6）詩七七・24、知一六・20。（7）民一一・5。
（8）民二〇・8―11。（9）使九・15。（10）雅五・10。
（11）雅四・9。（12）ガラ二・19、六・14。

キリストのいとも聖なる御体

一「主を賛美しよう、その慈しみと人の子らへの不思議な〔業《わざ》〕の故に。〔主は〕乏しい魂を満ち足らせ、飢えた魂を善いもので満たされたのだから。彼らは闇と死の影の内に座し、窮乏と鉄鎖《てっさ》で制圧されていた(1)」。この言葉を書いたのは預言者ダビデです。そこで「主を賛美しよう」と言って、彼は感謝するように私たちを駆り立てています。そして、「満たされたのだから」と言い添えて、その理由を述べています。それ故、預言者は感謝するように私たちの心を駆り立てようとしており、この言葉によって私たちの惨めさに起因する多様な欠陥と神の慈しみの多様な効果を明らかにしています。――ここで〔ダビデ〕は言うのです、人間は乏しいものであった、人間は飢えていた、人間は闇の内に座しており、死の影の内に臥しており、窮乏と鉄鎖で制圧されていた、と。――乏しいものでした、自らの内に神がお住みになる場を持っていなかったからです。飢えていました、霊的な糧を持っていなかったからです。闇の内に座していました、神を認識していなかったからです。死の影の内に臥していました、断罪の判決を受けていたからです。窮乏に制圧されていました、徳となるような行為をしてこなかったからです。鉄鎖で制圧されていました、頑固な心を有していたからです。

　それ故、主を賛美しましょう、なぜなら、〔主〕ご自身が乏しい魂を満たし、飢えた〔魂〕を満たし、闇の内に座していた〔魂〕を照らし、死の影の内に臥していた〔魂〕に和解の手を差し伸べ、窮乏の内にあった〔魂〕を富ませ、鉄の心を持っていた〔魂〕を柔らかにされたからです。――人間は乏しいものでした、そこで〔主〕はその内にお住みになるためにご自身を与えてくださいました。人間は飢えていました、そこで〔主〕は糧としてご自身を与えてくださいました。闇の内に座していました、そこで〔主〕

は心の内を照らすものとしてご自身を与えてくださいました。死の影の内に臥していました、そこで［主］は和解の献げ物としてご自身を与えてくださいました。人間は窮乏の内に制圧されていました、そこで［主］は徳となる行為としてご自身を与えてくださいました。鉄鎖に制圧されていました、つまり心が頑なでした。そこで［主］は心を和らげるものとしてご自身を与えてくださいました。それ故、主を賛美しましょう。［主］ご自身が乏しい者らを満たすもの、飢えた者らの糧、闇の内に座している者らの光、死の影の内に臥している者らの和解、窮乏と鉄鎖からの解放、［頑なな］心の溶解。――以上で明らかなように、ここで述べられていることはすべて［この説教］で触れる事柄と関わっているのです。

二　従って、聖書においてキリストの御体は六つの形象（figura）のもとに予め示されているのです。すなわち、脂肪（adeps, pinguedo）の形象のもとに、パンの形象のもとに、蜂蜜の形象のもとに、過越の小羊の形象のもとに、天の宝庫の形象のもとに、マンナの形象のもとにおいてです。

実に、脂肪というものは浸透するものです。それ故、欠乏を満たすことができます。これが第一です。パンは力づけるものです。それ故、飢えた者らの糧となることができます。これが第二です。蜂蜜は目を浄めるものなのです。それ故、闇の内に座している者らを照らすものとなることができます。これが第三です。過越の小羊は屠《ほふ》られるものなのです。それ故、死の影の内に臥している者らに和解をもたらすことができます。これが第四です。宝庫とは熱望されるものです。それ故、窮乏を解消することができます。これが第五です。マンナは溶かすものなのです。それ故、鉄の心を溶解することができます。これが第六です。それ故、主を賛美しましょう。

（1）詩一〇六・8―10。

［一　脂肪］

三　第一に、キリストのいとも聖なる御体は脂肪の形象のもとに、予め私たちに示されていました。これは妥当なことです。実に、キリストの御体が私たちに与えられたのは、心の内に神の熱火（fervor）を保守するためです。これは三通りの方法で保守されます。自分自身の内での喜びを通して、隣人への愛（dilectio）を通して、神への献身を通して。自分自身の内での喜びというものは、旅路の糧（viaticum）によらなければもたらされません。隣人への愛は秘跡による交わりを通してもたらされます。神への献身は犠牲《いけにえ》を献げることを通してもたらされます。それ故、この三つのためにキリストの御体は与えられたのです。すなわち、自分自身の内に喜びを保守するために旅路の糧において、隣人への愛を保守するために秘跡による交わりにおいて、神への献身を保守するために犠牲を献げることにおいて。脂肪はこの三つのことを行うのです。摂取した食物を美味なものとします。これが第一。塗りつけられた皮革を引き伸ばします。これが第二。灯された炎（flamma）を燃え立たせます。これが第三。

四　それ故、脂肪が食物を美味なものとすることが意味するのは、キリストの御体は、敬虔な思いをもって食する者自身の内において、大きな喜びをもたらすということです。このことは創世記の最終章の一つ前の章で表現されています。「アシェルは、彼の脂肪分豊かなパン、王たちに美味をもたらす」(1)。このパンは人に大いなる美味を注ぎ込みます。苦しめるものをことごとく取り去るからです。この生において四つのものが人を苦しめます。無力、無知、悪意、情欲。この四つは原罪の故に人に襲いかかったものです。詩編［に言われています］。「私は衰え果て、卑《いや》しめられています」(2)と。そして、その理由を言い添えます。「私の力は私を見棄てました」。無力のことです。「私の目の光は私と共にありません」(3)。無知のことです。「私の友と隣人は私に立ち向かって近づき立ち続けています」(4)。情欲のことです。――情欲と共に肉を友ならびに隣人と呼びますが、敵でもあるのです、「肉は霊に逆らって欲する」(5)とガラテヤ書の五章にあるからです。――「私の傍らにいた者らが遠くに立っています」(6)。悪意のことです。先に述べた［創世記の］言葉によれば、この四つに対抗するものとしてキリストの御体が、アシェルのパン、脂肪分豊かなパン、美味をもたらすパン、王たちのパンの形象のもとに与えられるのです。――「王たちのパン」と言われるのは、力づけることで無力に対抗する王とするからです。つまり、審判の席に座す王、すなわち魂を正しく管理する、実直な理性が自分の洞察によってあらゆる悪を粉砕させるからです。箴言で言われているとおりです(7)。――また、キリストの御体は「脂肪分豊かなパン」とも言われています。無知に対抗して照らすからです。実に、「脂肪」は土器もしくは燭台の器に入れられて照明のために用いられるのです。――また、肉の情欲に対抗する美味をもたらすパンとも言われます。まさしく、このパンはあらゆる喜悦、あらゆる甘美な味覚を備えているのです。知恵の書十六章［にあるとおりに］(8)。――さらに、「アシェルのパン」とも言われます。「アシェル」とは至福を意味しており、あらゆる悪に対抗して、人間を全面的に幸いなものとするからです。実に、このパンの力は人をキリストに変容させるほどのものなのです。［キリスト］はその本質（essentia）によって最高に幸いなる方であり、恵みによって他の者らを幸いな者となさるのです。それ故、幸いなるアウグスティヌスに主は仰せになったのです、「あなたの肉体の糧のように、あなたが私をあなたへと変えるのではなく、あなたが私へと変えられるのである[a]」と。

五　第二に、隣人への愛（dilectio）を保守するために、秘跡の交わりのうちにキリストの御体は私たちに与えられます。それ故、「脂肪」によってふさわしく示されるのです。まさしく脂肪を塗られた皮革を引き伸ばすように、キリストの御体は、それを敬虔に拝領する魂を引き伸ばします。それもすべての方向へ、すなわち上と下に、右に左に、前と後ろへと引き伸ばすのです。このため、エレミヤ書の三一章で言われているのです、「私は祭司たちの魂を脂肪で酔わせるだろう[9]」と。――ここで、祭壇の秘跡を、祭司たちの魂を酔わせる脂肪と呼んでいます。ふさわしく拝領する魂を愛（caritas）へと燃え立たせるのです。それは魂をあらゆる方向へ激しく引き伸ばします。そのため、言い添えられるのです、「私の民は私の恵み（bona）によって満たされる[10]」と。ここで、凱旋の教会のみならず戦闘の教会をも含めて全教会を「民」と呼んでいます。この秘跡の力から発する愛（dilectio）の脂肪によって祭司の魂が酔わされた後、直ちに全教会を恵みで満たします。天において支配している聖なる方々の誉れのために神におささげすることで、［教会は］満ち溢れる愛（caritas）によって上へと、天にまで引き伸ばされます。下に、すなわち煉獄にまで引き伸ばされます。そこに存在している者らのためにお献げするからです。右にまで引き伸ばされます。友である者、また善を行う者らの救いのためにお献げするからです。左に引き伸ばされます、敵対する者らと迫害する者らの救いのためにお献げするからです。後ろへ引き伸ばされます。自分の祖先たちのためにお献げするからです。前に［引き伸ばされます］、審判の日まで予定されている、これから来るすべての者の救いのためにお献げするからです。

六　第三に、キリストの御体は、神への献身を保守するために、犠牲の奉献（sacrificium oblationis）として私たちに与えられました。それは「脂肪」ということのうちによく表現されています。火の上にかざされた脂肪が炎を高くあげるように、敬虔な心で受け容れられた、いとも神聖なるエウカリスティアは、献身の念によって神にまで自らを駆け上らせるのです。このために、詩編で言われているのです、「あなたの名において、私は手を上げるでしょう。私の魂が脂肪（adeps et pinguedo）に満たされるように、私の口は、歓喜の唇をもって賛美するでしょう[11]」と。脂肪で満たされた器がそれを内部に収めきることができずに、外に溢れ出させてしまうように、キリストの御体も、献身という脂肪によって魂を満たした時、歓喜の唇によって外へとほとばしり出るのです。――この言葉のうちに四つのことが言及されています。それは神への献身を保守するために必要なものです。すなわち、正しい意向、祈りの習慣、敬虔な交わり（拝領）、感謝をもって結ぶことがそれです。人はこの順序を守らねばなりません。まず第一に正しい意向を備え、その後、祈りによって自分を鼓舞し、その上で敬虔に拝領へと近づき、そして終わりに感謝のうちに口を解くのです。

七　第一に、正しい意向を持たなければなりません。人はこの犠牲を人々の喝采を得るために、あるいは肉の便宜のため、あるいは一時的な収益のために献げてはならず、むしろ純粋に神の栄誉のため、隣人の福利のため、自分の善業を増やすために［献げなければならないのです］。このことの故に、ここで「あなたの名において」と言われているのです。使徒［パウロ］によれば、「言葉にしろ、行いにしろ、何かをする時には、すべてを主イエス・キリストの名において行いなさい[12]」［とあります］。――この秘跡に近づくには、祈りへと鼓舞されていなければなりません。誰であれ生ぬるい心で近づいてはなりません。頑なさに相当するともなりうるからです。このためここで言われているのです、「私は手を上げるでしょう」と。つまり祈りのためです。使徒［パウロ］のテモテへの言葉はこれによるものです。「男たちは、あらゆる場所で、清い手を」主に「あげて祈ることを私は望みます[13]」と。――こうして、第三に、敬虔な者として交わり（拝領）へと近づかなければなりません。ですから、言い添えられているのです、「私の魂が脂肪に満たされるように」と。――そして終わりに、献身によって肥えたもの、愛（dilectio）によって火をつけられたものとして感謝のうちに爆発しなければなりません。それ故、言い添えられます、「私の口は、歓喜の唇をもって賛美するでしょう」と。――それ故、その慈しみの故に主を賛美しましょう。まず第一に「脂肪」の形象のもとに、その御体を私たちに予め示してくださったのだからです。

(1) 創四九・20。(2) 詩三七・9。(3) 詩三七・11。
(4) 詩三七・12。(5) ガラ五・17。(6) 詩三七・12。
(7) 箴二〇・8。(8) 知一六・20。(9) エレ三一・14。
(10) エレ三一・14。(11) 詩六二・5—6。(12) コロ三・17。
(13) Ⅰテモ二・8。
(a) アウグスティヌス『告白』七・10・16。

[二 パン]

八 第二に、このいとも聖なるご自分の体を、パンの形相(forma)のうちに予め示してくださいました。これについては[主]ご自身がヨハネ[福音書の]六章で仰せになります、「私は天から降ってきた、生けるパンである」と。そして同じ箇所で「私が与えるパンは、世の命のための私の肉である」と[1]。このパンは、天使がエリヤに届けた[パン]でもあります。列王記の第三巻[サムエル記上]十九章に「エリヤが見ると、その頭の所に灰の下で焼いたパンと水の器があった[2]」とあるとおりです。「灰の下で焼かれたパン」とはキリストの御体のことです。それが上手く「灰の下で焼かれた」と言われています。偶有的なもの(accidentes)で覆われているからです。「灰」によって偶有的なものが意味されており、偶有的なものらという灰の下に、私たちの精神の糧は隠れています。そこには「水の器」があったと言われているのは、キリストの御血の神秘の故に言い添えられているのです。このパンが天使の奉仕を通して届けられたということは、この秘跡が執り行われる時には天使たちの非常に大きな群れがそこにいることを意味しています。グレゴリウスは『対話』の中で「述べています」。「犠牲が屠られるその瞬間、祭司の声に対して、天が開き、最も低いものらが最も高いものらに結び合わされ、地上のものらが天上のものらに接合され、見えるものらと見えないものらとが一つにされることを疑う者が信じる者らの中に誰かいるだろうか。私たちがこれを行う時、まず初めに神のみ前で、痛悔の心をもって、私たち自身を祭壇の上で屠らなければなりません[a]」。

しかし、このパンの糧に至るまでに、エリヤは四つのことを行ったと記されています。従者(puer)を残して、荒れ野に入り、杜松《ねず》の木の下に座し、覚醒させる者として天使を得たからです。この秘跡にふさわしく近づこうと願う者は、この四つのことが意味していることを実践しなければなりません。第一に、この世の慰めを退けなければなりません。信仰深い生活(religio)に入らなければなりません。そこで長上に対する服従を修得しなければなりません。

神に対する献身を修得しなければなりません。これが先に述べた四つのことです。

九　それ故、第一に、この世の慰めを退けなければなりません。この秘跡には霊的な慰めの横溢があるからです。他の慰めを受け容れる者には、この［慰め］は与えられません。ベルナルドゥスが言うとおりです(b)。霊的な慰めにあずかりたいと願う人は肉の快楽を放棄しなければなりません。この［箇所］で、ベルサベエ（ベエル・シェバ）に来ると、そこに従者を残したと言われているのは、このことなのです。「ベルサベエ」は「飽満の泉」と解釈され、キリストを意味しています。［キリスト］の内に諸々の恵みの飽満のすべてがあります。世のあらゆる快楽を放棄する人がこの飽満にあずかるのです。ここで、続いてそこに従者を残したと言われているのはこのことです。「従者」によって肉の快楽以外の何を意味していると受けとめたらよいのでしょうか。いかなる「従者」を私たちは残すのか使徒［パウロ］が教えてくれます。「ものの判断において、あなた方は子供（従者）であってはなりません。悪事については幼い子供のようでありなさい(3)」と言うのです。それ故、従者を残す者は世の従者のような在り方を残すのです。

一〇　第二に、この秘跡にふさわしく近づきたいと願う者は、宗教的に誠実な生き方（vitae honestae religio）に自らを整えなければなりません。ここで、エリヤは荒れ野に入ったと言われているのは、このことなのです。「荒れ野」とは宗教的な在り方を意味しています。放棄される、見捨てられるということに由来するからです。ここではあらゆる一時的なものが放棄されます。ここでは貧しさの誓願によって富が、貞潔の誓願によって享楽が、自己の意志の否定によって世俗的な名誉と地位とが放棄されます。世の中に、この三つ以上に有害なものは他に何一つとしてありません。ヨハネが正典［の手紙で述べている］とおりです。「世にあるものすべて、すなわち、肉の欲、目の欲、驕り高ぶった生活(4)」。悪魔はこの三つによって罪を犯した魂を捕虜とし、この三つによって信仰深い人（修道者）を攻撃するのです。このことが申命記の八章で言われているのです、「荒れ野には風に燃える蛇」、すなわち高慢によって誘惑する悪魔、渇きによって殺す「蝮」、すなわち貪欲によって誘惑する悪魔、顔つきでへつらい、尾で刺す「蠍《さそり》」、すなわち肉の情欲によって誘惑する悪魔「がいる(5)」と。

一一　第三に、長上に対する服従を修得しなければなりません。ここではエリヤが杜松の木の下に座ったということで、そのことが言われています。イシドルスが言うように、杜松の木（juniperus）とは、その灰は一年間ずっと火を保ち続けるという木です[c]。それ故、杜松の木によって善い長上以外の何を私たちは意味することができましょう。杜松の木の灰は長上の謙遜です。それは通常、服従する者らの胸に相互愛の火と燃え立つ献身の灼熱を保守させるからです。

一二　第四に、神に対する献身を修得しなければなりません。このことが、ここで天使が［エリヤ］を覚醒させたと言われていることです。「天使」によって、神の恵みの賜物以外の何が指し示されるのでしょう。「天使（angelus）」は「使者」と解されます。従って、私たちに恵みを注いでくださる時、神は天使のように私たちのもとに遣わしてくださるのです。この天使は一度、そしてもう一度、起こします。神の恵みの賜物というものは常に、霊のうちにあって進歩するよう私たちを鼓舞するものだからです。――この秘跡にふさわしく近づく者は、空しく帰ることはありません。それ故、銘記しておいてください。ふさわしく近づく者は、通常、この秘跡からこの四つのものを汲み取るのです。

一三　実に、この秘跡は行動へと力づけ、観想へと高め、神に関する啓示に備えさせ、世を無視するように仕向け、そして天上の、永遠の諸々の善を願い求めるように仕向け、さらに燃え立たせるのです。それ故、ここで言われています、エリヤはこの食べ物によって力づけられて歩き、神の山にまで辿り着き、神の神秘を見た、そして洞穴の入り口に立った[6]、と。これまた四つのことです。

それ故、敬虔な魂がこの秘跡から汲み取ることは、第一に行動へと力づけられることです。そのため、ここで言われています、この食べ物に力づけられて、四十日間歩んだ、と。この食べ物とはキリストの御体を指し示しています。この力によって人間は労働するのです。霊的な命に関して言えば、それは進歩を止めることはありません。四十日間歩きます。四十［という数］は十を四倍したものです。「十」によって十戒が示されます。旧約聖書全体がこれに還元されます。「四倍」は四つの福音書を示しており、新約聖書全体がこれに還元されます。従って、この食べ物に力づけられて四十日間歩くとは、私たちのすべての時を通じて、霊的な命において前進するということです。その間、私たちの命は旧約と新約聖書によって導かれるのです。

一四　第二に、観想へと高められます。そのため、ここで言われます、「神の山に辿り着いた」と。「山」［という言葉」で精神の上昇以外の何を意味することができましょう。この山にモーセが辿り着きました。そのことについては出エジプト記の第三章に記されています、[7]「モーセは羊の群れの世話をしていた」と。ここで行動の鍛錬が示されます。その後「荒れ野の奥へと群れを導いた」と。ここに、すべての行為と感性が心の内奥へと還元されることが示されています。そして「神の山へと辿り着きます」。ここに、天上のものへの魂の上昇が記されています。ここで「主が［モーセ］に現れました」。この時から、観想の行為が魂に授けられるからです。［主がモーセ］に現れたのは「火の炎の内においてでした」。火は暖める力と照らす力とを有しています。魂が観想の恵みへと辿り着く時、知性は認識の光を、感性は愛（dilectio）の焰（incendium）を汲み取ることを示しているのです。

一五　第三に、神の秘義の啓示へと備えられます。そのため、ここで言われています。主はエリヤに仰せになった、「外に出て、山の上で主の前に立ちなさい」。［その時］主が通り過ぎていかれた。主の前で強い大風が山を覆し、岩を砕いた。風の中に主は［おられ］なかった。風の後に地震［が起こった。だが］地震の中にも主は［おられ］なかった。地震の後に火［が来た。だが］火の中に主は［おられ］なかった。そして火の後に微《かす》かになびく息吹が［感じられた］[8]。そこに主は［おられた］。ここでエリヤに啓示されたのです。主は高慢の霊の内に、忍耐できない地震の内に、欲望の、あるいは肉欲の火の内にはおられず、微かになびく息吹のうちに、すなわち平穏で平静な意識のうちにおられることが。詩編［に言われています］、「平和のうちにご自分の場を、シオンにご自分の住居《すまい》を設けられた」[9]と。

一六　世を無視するように、そして天上の、永遠の諸々の善を願い求めるように仕向け、さらに燃え立たせるのです。ここで次のように言われているのはこのことなのです。「エリヤはマントでその顔を覆うと、洞穴の入り口に立った」[10]。まさしく、神の測り知れない美しさと限りない力を見るまでに高められるやいなや、魂は自分のあまりの小ささに尻込みし、深い謙遜によってその顔を覆って、この世の欲望から抜け出て、洞穴の入り口に立ちます、すなわち永遠を憧れ望むのです。「洞穴」は人間の体を、「入り口」は外に出たいという願望を意味しています。このため、入り口に立ったのです、外に出ることを願っていたからです。――それ故、主を賛美しましょう。第二に「パン」の形象のもとに、ご自分のいとも聖なる御体を私たちに予め示してくださったのだからです。

（1）ヨハ六・51、52。（2）王上一九・6。（3）Ⅰコリ一四・20。（4）Ⅰヨハ二・16。（5）申八・15。（6）王上一九・8—9。（7）出三・1—2。（8）王上一九・11—12。（9）詩七五・3。（10）王上一九・13。

（a）グレゴリウス『対話』四・58、59。

（b）ガウフリドゥス修道院長『ベルナルドゥスの説教集からの講話』五五・66（PL 184, 473）。

（c）イシドルス（セビリャの）『語源』一七・17・35。

［三　蜂蜜］

一七　第三に、［主は］ご自分のいとも尊敬すべき御体を、「蜂蜜」の形象のもとに予め私たちに示してくださいました。このため、箴言の二四章に言われています、「わが子よ、蜂蜜を食べよ。それは美味しいのだから。蜂の巣の蜜は私の咽喉《のど》に甘い（1）」。「蜂の巣の蜜」によって主の御体の秘跡が指し示されています。それも「蜂蜜」によって見事に表現されています。蜂蜜は味覚を楽しませるとともに、医師たちによれば視覚を浄める［力］を有しているからです。同様に、キリストは感覚を楽しませるとともに、知性を照らす方です。ベルナルドゥスは［言います］。「イエス、心の美味、生ける泉、精神の光、あらゆる喜び、あらゆる願望を凌駕する方」。「心の美味」とここで述べていることを通して、感性を楽しませる［力］を有していることが、「精神の光」と述べていることを通して、知性を照らす［力］を有していることが［明らかにされています］。——キリストが蜂蜜であることについても、ベルナルドゥスは雅歌に関する［講話］で「イエスは口においては蜂蜜、耳においては甘い旋律、心においては歓呼（a）」と、また別の箇所では「天使たちの装い、耳にとっては甘美な歌、口にとっては驚嘆すべき蜂蜜、心においては天上の香料」［と述べています］。この蜜は私たちの蜂蜜、処女《おとめ》マリアが私たちのために産んだものです。集会の書（シラ書）十一章によると「蜜蜂は飛ぶ物らの中でごく小さなものであるが、その産み出すものは極めて甘いもの（2）」。——蜜蜂は祝された処女《おとめ》、彼女は「ごく小さなもの」と言われます。すべての聖なる者らの中で極めて謙虚な女《かた》だからです。この方が産んだ方は極上の甘さを持っています。この方の胎に宿った方である主イエス・キリストはただ蜂蜜のように甘味があっただけでなく、蜜、蜂の巣の蜜にまさっていたのです。そこで、ベルナルドゥスは［言うのです］。「イエスの現存の甘味は蜜とあらゆる［甘美な］ものにまさる（b）」と。——

それ故、キリストの御体が、飢えている者らの糧としてのパンの形象のもとに予め示されていたように、死の影の内に座している者らを照らす蜂蜜の形象のもとに予め示されています。列王記の第一巻［サムエル記上］の十四章に記されているのがそれです。そこで、ヨナタンは蜂蜜を食し、その目が照らされました[3]。――さて、この秘跡にふさわしく近づく人のためには四つのことが必要なのですから、ヨナタンが行った四つのことが記されています。第一に、蜂の巣の蜜を味わうために来たこと、険しい道を登ってきたこと、ペリシテ人の陣営をことごとく逃亡へと追いやったこと、笏《しゃく》を手に取って、その手を自分の口へと持っていったこと。これらはこの秘跡にふさわしく近づく手立てを示しているのです。それは、より善くなる努力、誘惑に対する勝利、祝された処女《おとめ》の庇護、照らされた行動を保護することです。

一八　それ故、まず第一に、より善くなる努力を保持し続けなければなりません。このため、両手と両足とをもって這って登ったと、ヨナタンについて記されています。これが意味するのは、徳から徳へと進歩し成長し上昇するという大きな願望を常に持ち続けなければならないということです。詩編［の言葉］によると「幸いな人、あなたから助けを得て、定められた場所まで、涙の谷を登りゆく決意を心に定めた人。法を定めた方がこの人を祝福するだろう。徳から徳へと進みゆき、シオンで神々の神にまみえるだろう[4]」。魂と体のすべての力をこのために傾注する人の他は、誰もこれに適した人はいないからです。そのため、ヨナタンは両手と両足をもって這って登ったと言われているのです。ベルナルドゥス［は言います］。「これが私の日々の鍛練です。絶えず私の精神を吟味します、両手と両足のように、あなたを愛する人々と共に、全力を尽くして上へと、あなたのもとへ達しようと努めます。しかし、上に登ろうとすればするほど地上へと、私自身の内へと、私自身の下へと私は突き落とされるのです。そして私自身を顧みます。こうして私自身が重苦しく厄介な課題となるのです[c]」。

一九　第二に、誘惑に対して勝利を収めなければなりません。このため、ヨナタンについて全陣営を逃亡へと追いやったと記されているのです。その意味するところは、祭壇の秘跡にふさわしく近づきたいと願う者は、あらゆる誘惑において勝利を手にしなければならないということです。

二〇　第三に、祭壇の秘跡の内に隠された、この蜂蜜の甘味を味わいたいと願う者は、幸いなる処女《おとめ》マリアの庇護を有していなければなりません。このことのために、ヨナタンは蜂蜜の甘味に辿り着く前に、笏を手に持ったと記されています。聖書では、「笏」によって処女《おとめ》マリアが指し示されています。イザヤ書十一章によれば「エッサイの根から若枝（笏）が生え出で、その根から花が咲き上る[5]」とあります。それ故、その手に笏を持つ者、すなわち、自分のあらゆる行動において幸いなる処女《おとめ》の記憶を抱いている者は、それを指し伸ばすことで蜂蜜を手にすることになります。幸いなる処女《おとめ》マリアの庇護なしには、この秘跡の力に達することはないからです。それ故、「マリア」を通して、このいとも聖なる御体が私たちに与えられたように、私たちのために予定されており、「マリア」の胎からお生まれになった「御体」を、その手を通してお献げするとともに、その手を通して秘跡のもとにお受けしなければならないのです。ベルナルドゥス「は言います」。「あなたが献げようと準備するものは何であれ、幸いなるマリアのみ手に託することを記憶しておきなさい、恵みが流れ出た同じ胎から、恵みの授与者へと恵み（感謝）が逆流するためです。恐らく、あなたの手は血にまみれているか、供え物によって汚れていることであろう。いかなる供え物をもってしても、あなたにはそれを振り落とせなかったのである[d]」。

二　第四に、キリストの御体の神秘にふさわしく近づきたいと願う者は、照らされた行動を保護する者でなければなりません。使徒「パウロ」がテサロニケの人々に言っているとおりです。「働きたくない者[6]」あるいは労働しない者「は食べてはならない」と。キリストの御体の拝領に関して、このことは極めて厳格に遵守されねばなりません。善い行動によって鍛錬された者の他は、何人《なんぴと》もこの秘跡にあずかるにふさわしくないのです。このために、ヨナタンについて「手を口にもっていった」と記されているのです。私たちは手をもって労働しますので、聖書では「手」は行動を意味します。これに対して、私たちは口をもって食べます。ですから、「口」という言葉で食べるという行為が意味されています。それ故、キリストの御体の拝領のために善い行動の鍛錬に励む人は、手を口にもっていくのです。

三　通常、ふさわしく拝領した者には恵みの賜物が増大するものですから、蜂蜜を食したことでヨナタンは四つの恵み（bona）を受けたと記されています。ここで意味されているのは、ふさわしく近づいた者は、秘跡において四つの恵みの成果を得るということです。——まさしく、至高の真理を認識するために理性が照らされます。そのため、ここでヨナタンは蜂蜜を食した後、「その目が照らされた」と記されているのです。実に、熱い献身の念をもって、しばしばこの秘跡にあずかる人は、日毎に精神の照明において進歩するのです。このため、ここで「あなたたち自身が見ていることだ。この蜂蜜をほんの少し口にしただけで、私の目は照らされたのだ[7]」と言われるのです。

二三　第二に、ここで至高の善を探究するための願望が駆り立てられます。ふさわしくこの秘跡に近づいた人は、その奥底でますます喜ぶようになるのです。そのことが、ここでヨナタンについて言われています、「この蜂蜜をほんの少し口にして、私は味わった[8]」と。「口にして、私は味わった」と言っていることに注目してください。この甘味が味わわれる時、もっと味わいたい、もっと喜びたいとの願望が駆り立てられるのです。それ故、味わうことで味わう、味わうことから常に願望が拡大するのです。それで、ベルナルドゥス［は言います］。「霊的な食欲を誘発するのは愛（amor）、刺激するのは喜び[e]」、さらに「あなたを味わう人々は飢え、飲む人々は［飲んでも］渇き、願望を満たすのは、彼らが愛するイエスの他にはない」と。そして、「ほんの少しの蜂蜜」と言い添えられているのも妥当なことです。この［世の］生において人間に与えられる賞味は多大なものであるにしても、あの天上での横溢に比べれば「ほんの少しの蜂蜜」にすぎないからです。

二四　第三に、あらゆる悪の根絶のために怒りが強められます。このために、ヨナタンは蜂蜜で強められ、ペリシテ人をハイロン（アヤロン）にまで追いやったと記されているのです[9]。ペリシテ人は二重の破滅と解され、悪徳を意味しています。それは永遠の死によって魂と体を破滅に至らせるのです。ハイロンは命（生活）の吟味と解され、そこでいとも完全に私たちが獲得することになる永遠の命を意味します。実に、この一時的な命は「命」と呼ぶべきものではなく、むしろ「死」［と呼ぶほうがふさわしいのです］。グレゴリウスが言うとおりです[f]。それ故、ヨナタンは蜂蜜によって強められ、すなわち、キリストの御体によって真の人間（vir）となり、ペリシテ人をハイロンまで追い払うのです、すなわち、永遠の命を獲得するまで悪徳を追い払うのを止めないのです。

二五　第四に、神に従って生きるために、人は世に対して死ななければなりません。ここでヨナタンについて言われているのはこのことです。ほんの少しの蜂蜜を味わった後、続けて言い添えています、「見よ、私は死にます」と。ここで意味しているのはこれです。この秘跡の甘味が浸透した人は誰しも、この世に対して完全に死んだものとならねばなりません。これは聖なる方々の願望でもあります。それで、ヨブ［は言います］。「私の魂は縊死を、私の骨は死を選んだ[10]」と。外なる人にとってこのように死ぬことは、内なる人にとっては最高に生きることなのです。それで、主はモーセに仰せになったのです、「人は私を見て、そのまま生き続けることはない[11]」と。このように死んだ後でなければ、神を見るまでに至ることはないからです。アウグスティヌスが[g]言うように、「神を見ることは完全に報酬（merces）である」から、死を通してでなければ、神を見るまでに至りえないのです。このため、幸いなるアウグスティヌスはこの死を願って言うのです。「主よ、あなたへの憧れとあなたへの愛（amor）によって、私をこの世に対して完全に死んだものとしてください。あなたの愛の偉大さを前にして、空しい過ぎ行くものらをことごとく忘却にふし、一時的なものらのために嘆き悲しむことも喜ぶこともなく、へつらいに惑わされず、反対に動揺することもありませんように[h]」。――それ故、その慈しみの故に主を賛美しましょう。「蜂蜜」という形象のもとに、ご自分の御体を予め私たちに示してくださったからです。

（1）箴二四・13。（2）シラ一一・3。
（3）サム上一四・27、29。（4）詩八三・6、7。
（5）イザ一一・1。（6）Ⅱテサ三・10。（7）サム上一四・29。
（8）サム上一四・43。（9）サム上一四・31。（10）ヨブ七・15。
（11）出三三・20。
（a）ベルナルドゥス『雅歌講話』一五・6。
（b）賛歌「イエス・ドゥルチス」を踏まえている。ベルナルドゥスの作とされているが実作者は不明。
（c）グイエルムス（聖テオドリクス修道院長）、Tract. De Contemplando Deo. 2. 5。
（d）ベルナルドゥス『処女マリアの誕生の説教』Sermo de aquaductu, n.18。
（e）ベルナルドゥス『諸聖人の祭日の説教』一・10。
（f）グレゴリウス『福音書講話』三七・1。
（g）アウグスティヌス『詩編九〇の説教』二・13。
（h）実際にはアンセルムス『祈り』17。

［四　過越の小羊］

二六　第四に、［主は］ご自分の御体を「過越の小羊」の形象のもとに予め私たちに示してくださいました。出エジプト記十二章に［記されています］。「各々、家族のために、自分の家のために小羊一匹を用意しなければならない。その小羊は傷のないものでなければならない[1]」。この小羊は、預言者によって前もって見られています。そこでイザヤは

［言います］。「主よ、地を治める者に小羊を送ってください[2]」と。この小羊は傷のないものでした。世の罪を取り除くために来るからです。ヨハネ［福音書］第一章に［記されています］。「見るがよい、神の小羊」、「見るがよい、世の罪を取り除く者を[3]」と。——この過越の小羊はキリストの御体を指し示しています。それ故、次のことが私たちに明らかにされます。すなわち、それに近づく前、人はいかなる者でなければならず、近づいた時いかなる者であり、近づいた後、いかなる成果を得ることになるのか、ということです。

二七　実に、［この小羊］に近づく前、人は四つのものを有していなければなりません。宇宙万物（universitas）に対する敬意を有していなければなりません。適応（idoneitas）に備えておかねばなりません。愛（caritas）へと燃え上がっていなければなりません。完全な信仰に到達していなければなりません。——それ故、第一に［この小羊に］近づく者は宇宙万物への敬意を有していなければなりません。祭司は自分一人の資格（in persona sui solus）においてではなく、宇宙万物の資格（in persona universitatis）において［この小羊を］献げなければなりません。「イスラエルの子らの全会衆が集まってそれを屠る[4]」と言われているのはこのことなのです。まさしく、すべての生ける者らの手を通して、煉獄に存在する者らの贖《あがな》いのために献げねばなりません。また、生ける者らと死せる者らの手を通して、永遠の命のうちに支配しておられるすべての聖なる天使と人々の賛美と栄光のために、そして宇宙万物の手を通して聖なる三位一体［の神］の栄誉のために［献げねばならないのです］。——第二に、適応に備えておかなければなりません。このことが続いて言われているのです。「その血を取って、それを食する人々のいる家々の戸口の二本の柱と鴨居に塗る[5]」。家の戸口を形成している二本の柱と鴨居は、それを通して神が心の住居《すまい》に入ってこられる魂の内にある三つのものを指しています。すなわち「理性的なもの」、これを通して神は光もしくは輝きとして入ってこられます。「希求的なもの」（concupiscibilis）、これを通して神は甘美ならびに善として入ってこられます。「憤怒的なもの」（irascibilis）、これを通して神は栄光ならびに無限なるものとして入ってこられます。この三つに血が塗られます。キリストの受難に突き動かされる時のことです。理性的なものに血が塗られます。秘跡の真実が驚嘆される時です。希求的なものに［血が］塗られます。真実を認識したことから、キリストの苦難を共にすることによって悲しみを味わう時です。憤怒的なものに［血が］塗られます。苦しむキリストを認識したことで、それに倣うように突き動かされる時です。——第三に、愛へと燃え上がっていなければなりません。「そして、その夜、肉を火で焼いて食べる[6]」と言い添えられているのがこれです。この「火」によって愛（caritas）が意味されています。この［愛］が常に心の祭壇の上に燃えているように主はお命じになります。この火によってキリストの御体の肉は焼かれると言われています。愛においてでなければ、それは食されてはならないからです。それ故、愛なしに秘跡に近づく人は、生《なま》の肉を食するのです。しかし、生の肉を食する人は命を危機にさらすことになります。キリストの肉を食していながら愛（dilectio）を有していないということは永遠の劫罰に値するからです。——第四に、完全な信仰を有していなければなりません。「頭も足も内臓も切り離さずに[7]」と言われているのはこのことです。「頭」によって神性が意味されています。「キリストの頭《かしら》は神である[8]」と使徒［パウロ］が言っているとおりです。「足」は人間性［です］。実に、神はどこにでもおられ、場所から場所へと移動されることはありえません。それ故、足をご自分のものとされるかのようにして、ご自分のものとされた人のうちにあって、場所から場所へと歩まれたのです。この足をトビア、すなわちキリストが、川で洗った、すなわち十字架の上に置いた時、その［足］を飲み込もうとした魚、すなわち悪魔に、その悪意を明らかにすることで打ち勝ったのです[9]。「内臓」とはこの秘跡にかかわる捉え難い事柄です。そのすべてを人は飲み込まなければなりません。たとえ知性によって把握することができないとしても、そのすべてを忠実に信じなければならないからです。そこには幸いなる処女《おとめ》から受け取られたキリストの真の御体があると信じなければなりません。実体変化（transsubstantiatio）によってそこにあり、また本性的な結合（naturalis colligatio）によって魂もそこにあり、切り離しえない合一（unio inseparabilis）によって神性もそこにあります。まさしく、そこには「内臓」と言われる［人性と神性］双方の本性、すなわち説明しえない秘義（sacramenta）が存在するのです。それ故、この秘跡の崇高さを知性によって捉えることのできない人は、聖霊の権能に委ねなければなりません。このことを次のように言うのです。「もし残ったものがあれば、火で焼き尽くさなければならない[10]」。

六　［この秘跡に］近づくには、人は四つのことを修得していなければなりません。すなわち、肉における節制、感情における潔白さ、霊魂における受難の追憶、永遠の命への憧れです。――それ故、第一に肉における節制を修得していなければなりません。そのため、ここで言われています、「腰に帯を締めなさい[11]」と。腰は放蕩の座にあたります。それ故、節制によって情欲の奔流を鎮めようとする人は腰に帯を締めるのです。――第二に、感情における潔白さを修得していなければなりません。「足に履き物をつけなさい」と付け加えられているのはこのことです。聖書において、「足」は感情を意味しています。体が足によって動かされるように、魂はその感情によって動かされるのです。足に履き物をつけるということは、あらゆる土的なことから引き離すということです。聖書の瞑想のように、私たちの感情を潔白に保つことができるものは他に何もないのです。それで、使徒［パウロ］は私たちに奨励するのです、「平和の福音を告げるための準備として履き物をつけなさい[12]」と。――第三に、ここで言われています、「手に杖を持ちなさい[13]」と。「杖」によって十字架が意味されています。この杖をもってヤコブ、すなわちキリストはヨルダン川、すなわち世の奔流を渡りました。そして、自分と一緒に二つの群れ、すなわち異邦人とユダヤ人から成る大勢の魂の群れを連れて戻りました[14]。それ故、霊魂の内にキリストの受難の記憶を保持している人は、手に杖を保持します。主はこのことをお命じになったのです。この秘跡を制定された時に、「［パンを］手にするたびに、私の記念としてこれを行いなさい[15]」と仰せになったのは。――第四に、永遠の命への憧れを有していなければなりません。このために言い添えられています、「急いで食べなさい[16]」と。これが意味するのは、この秘跡を拝領する者は、その充満の極みを目指して急いで食さねばならないということです。この甘美な味覚によって豊かな喜びへと招き寄せられます。このために、言い添えられています、「これは主のパスカ(phase)、すなわち通過である[17]」と。それで、この小羊は、エジプトからの脱出においてイスラエルの子らのために形象のもとに与えられたのです。その意味するところは、この秘跡を敬虔に受け取る人は、この世から神のもとへと移り行くということです。

二九　第三に、銘記すべきは、ふさわしくこの秘跡に近づく人は、四つの成果を享受するということです。この故に、この小羊が食された後、主は四つのことを行われました。エジプトの地を通過しました。初子《ういご》を打ちました。エジプトの神々に対して裁きを行いました。［小羊の］血で印しづけられた者らを災害から守りました。これが意味するのは、ふさわしく拝領する者らには慰めが与えられること、火口《ほくち》を小さくすること、世への愛を取り去ること、裁きの日に安心できるものとすることです。——それ故、第一に、慰めを与えてくださいます。「エジプトの地を通過するだろう[18]」と言われているのはこのことです。「エジプト」は「闇」と解され、まだ完全に照らされていない人間の心を意味しています。慰めを与えてくださる時、主はこれを通過なさるのです。まさしく、通過なさるのです。そこに住居《すまい》をお作りにならないからです。住むにふさわしい場所をそこに見いだせないからです。とはいえ、通過することはおできになりますし、ご自分がお住みになる所を作ることもおできになります。このことに応じて、列王記の第四巻［列王記下］第四章で、信じる者の口を借りて言われているのです、「私どものもとをしばしば通過して行かれる、あの方は神の聖なる人であるとわかりました。ですから、あの方のために小部屋を作り」、すなわち、あの方が住む所を「私どもの」心に準備しましょう、そして、「そこに」自己認識の「燭台と」内的な食事の「食卓と」平穏な逗留の「椅子と」観想の「寝台をあの方のために置きましょう。私どもの所にいらした時に、そこに泊まっていただくために[19]」。——第二に、火口を小さくする。そのため、言い添えられています、「エジプトの地のすべての初子を打つだろう[20]」と。肉の不品行の他に「初子」として何があるでしょうか。それこそ始祖から生まれたものにほかなりません。肉の火口を小さくなさる時、主はこれを打たれるのです。「小さくなさる」と私は言います。ことごとく取り去る、ではありません。「この［世の］生において、どれほど進歩しようとも、あなたの肉が死滅したと思うなら、あなたは誤っています、制圧されているにすぎないのです。あなたが欲しようとも欲しまいとも、エブス人はあなたの境界内に住んでいるのです。制圧されることはありうるでしょう。しかし、絶滅されることはありえないのです[a]」。——第三に、世への愛を取り去ります。このために言われています、「エジプトのすべての神々に対して裁きを行う[21]」と。「エジプトの神々」とはこの世に愛着させるものです。「ある人が他のものにまさって愛するもの、それがその人にとって神である」とアンブロジウスが言っているとおりです[b]。このため、フィリピの人々へ［の手紙］で肉的な人々について言われるのです、「彼らの神は自分たちの腹、その栄光は彼らの恥ずべきものです[22]」と。それ故、世に対する軽蔑が生ずる時、それらに対する裁きを神は行われるのです。――第四に、［この秘跡に］ふさわしく近づく人々を、裁きの日に安心できるものとなさいます。このために言い添えられます。「家々についた血は、お前たちがそこにいるというしるしである。私はその血を見て、お前たちの所を通過するだろう。私がエジプトの地を打つ時、災害はお前たちに及ばないだろう[23]」。実に、裁きの日に、ご自分の贖いの血のついた人々をご覧になると、その人々を永遠の打撃という災害から解放してくださるでしょう。その時とは、「その口の杖をもって大地を打ち、その唇の息をもって不敬な者を殺す[24]」時のことです。――それ故、その慈しみの故に主を賛美しましょう。「過越の小羊」の形象のもとにご自分の御体を予め私たちに示してくださったのだからです。

(1) 出一二・3、5。(2) イザ一六・1。(3) ヨハ一・29。
(4) 出一二・6。(5) 出一二・7。(6) 出一二・8。
(7) 出一二・9。(8) Ⅰコリ一一・3。(9) トビ六・2―3。
(10) 出一二・10。(11) 出一二・11。(12) エフェ六・15。
(13) 出一二・11。(14) 創三二・11。
(15) ルカ二三・19、Ⅰコリ一一・24。(16) 出一二・11。
(17) 出一二・11。(18) 出一二・12。(19) 王下四・9―10。
(20) 出一二・12。(21) 出一二・12。(22) フィリ三・19。
(23) 出一二・13。(24) イザ一一・4。
(a) ベルナルドゥス『雅歌講話』五八・10。「エブス人」に関しては士一・21を参照。
(b) この言葉はアンブロジウスのものともヒエロニムスのものとも言われる。

［五　天の宝庫］

三〇　第五に、［主は］ご自分の御体を、天の宝庫の表象のもとに予め私たちに示してくださいました。キリストの御体が実に的確に宝庫に対置されています。宝庫には富として望まれるものらが収納されているように、キリストの御体の内にはあらゆる恵みの賜物（charismata）が収納されているからです。御父である神は、御子の花嫁、聖なる母なる教会を慰めようとお望みになって、キリストの到来の前に、「隠された宝物《ほうもつ》をあなたに与えるだろう[1]」と仰せになって、彼女にお約束になったことなのです。［この言葉は］イザヤ書四五章［に見られます］。この恵みの宝物は、実に的確に「隠されたもの」と言われています。秘跡のもとに見えるものは覆われているからです。銘記してください、ここで複数形を用いて「宝物」と言われています。まさしく、キリストの内には、秘跡の覆いのもとに隠された四つの宝物があるのです。［キリスト］の内に、すべての存在（essentia）の、すべての知恵の、すべての恵みの、すべての栄光の宝があるのです。

三　第一に、キリストの内にすべての存在の宝があります。現に存在するもの、かつて存在したもの、これから存在するであろうもの、あるいは存在しうるもののすべては、［キリスト］によって、［キリスト］を通して、［キリスト］の内に存在するのです[2]。それ故、考えてください。そこから天、地、海、そしてそれらの内にあるものらすべて[3]を生じさせる、この宝物がいかなるものであるかを。それ故、「彼は自分の蔵から新しいものと古いものとを取り出す[4]」というマタイ［福音書］十三章［の言葉］を、また「彼は蔵から風を送り出す[5]」という詩編［の言葉］をキリストにあてはめて言うことができるでしょう。――第二に、キリストの内にすべての知恵の宝があります。現に存在するいかなるものをも、かつて存在したいかなるものをも、これから存在するであろういかなるもの、存在しうるいかなるものをもすべて［キリスト］は認識しておられます。事物（res）を認識しておられるだけでなく、その事物が有している、あるいは有しうる状態（conditio）をも認識しておられます。まさしく、この方は、その方にとってすべての心はあらわであり、すべての意志は語られ、隠されたままであり続ける秘密は何一つない神なのです。この方ご自身が事物を完全に認識しておられるだけでなく、認識されるすべてのことを、この方が認識するようになさるのです。まさしく、この方は、すべての光を照らし、ご自分の力の内に保管する光なのです。ヨハネ［福音書］八章で「私は世の光である[6]」［とお仰せになっています］。この宝について、コロサイの人々に宛てた［手紙］で言われています、「知恵と知識のすべての宝はここに隠されています[7]」と。――第三に、キリストの内にすべての恵みの宝があります。［キリスト］ご自身が恵みと真理に満ちておられ[8]、この横溢から天使たちも人々も水を汲むのです。この方ご自身が満ち溢れる源泉を有しておられ、この方がその手を開いて、すべての理性的な生き物を祝福で満たしてくださるのです[9]。――また、この恵みの宝庫は祭壇の秘跡の覆いのもとに隠されています。マタイ［福音書］十三章に「天の国は畑に隠された宝に似ている[10]」［と言われています］。ここで「畑」によってキリストの御体の秘跡以外の何が指し示されているのでしょうか、何が畑に関連づけられるでしょうか。この畑の内に、私たちは隠された宝を有しています。そこにはあらゆる類の恵みの宝が隠されているからです。それを見つけた人は、喜びのあまり、行って、自分の持っている物をすべて売り払い、その畑を買う[11]」のです。この秘跡の満ち満ちた豊かさを認識する人は、非常に喜んで他の勤行を中断して、自ら進んでこの秘跡の勤行もしくは奉献に専念するでしょう。そこで、永遠の命を所有する水を汲み取ると知ったからです。ヨハネ［福音書］六章で主が仰せになります、「私の肉を食べ、私の血を飲む人は永遠の命を持つ[12]」と。――第四に、すべての栄光の宝庫はキリストの内にあります。審判の日までに救われるはずの天使たちと人々が有している栄光は何であれ、それが体のストラに属するものであれ魂の［ストラに属するもの］であれ、宝庫からのようにこの方［キリスト］ご自身から汲み取るのです。この方ご自身は、ご自分の宝庫の内に深い淵を備えておられます[13]。［深い淵とは］その栄光の境界は言葉で表現できないということです。このことのために、「あなた方は自分のために天に宝を積みなさい[14]」とマタイ［福音書］六章で仰せになる時、この宝庫へと急ぐように私たちにお命じになるのです。聖なる方々はこの宝庫に到達することを強く強く願っています。死を経ることとなしには、この［宝庫］に到達することはできません。「墓を見いだすと、宝物を掘り出したかのように歓呼する[15]」とヨブ記三章に［言われています］。

三　さて、この宝庫は、四つの理由で、パンとぶどう酒という覆いのもとに隠されています。そのために、ここで「私は隠された宝庫をあなたに与えるであろう[16]」と言われているのです。第一に、信仰の功績のため、第二に、生《なま》の肉との接触を避けるため、第三に、私たちの感覚の不完全さのため、第四に、信仰のない者らを排除するためです。

第一に、信仰の功績のために、この宝庫はパンとぶどう酒という覆いのもとに隠されています。秘跡に属するものを信じて、七つの敵を征服する人は自分のために大きな功績を積むことになります。この敵とは五感です。このすべてがそこにキリストの御体は存在しないと感じます。そして想像力も同じように反対します。偉大な人間、十字架にかかったキリストの全体が、極めて小さいホスティア［聖体祭儀で用いられる薄焼きパン］の内に隠れうるとは決して想像できないのです。また、この秘跡において明らかなように、同時に一度に、同じ物体が違った場所に存在しうるということは、天において極めて完全に存在する［体］が、祭壇上の極めて完全な食物とが、複数のものとしてではなく、一つの、唯一の、同一の体であるということは、理性にも全く反することです。このような信仰の功績として「与えられる」ために、キリストの御体は覆われているのです。グレゴリウス［は言います］、「人間の理性が経験によって明らかにしたものへの信仰には何の功績もない[a]」と。

三三　第二に、生の肉との接触を避けるために、キリストの御体は覆われています。実に、人間が生きている人間を食べているのを、生の肉をむさぼっているのを見るとすれば、生の肉に接触することの恐怖が多くの人をこの秘跡から引き離すこともありえます。このために、この体は、通常私たちが食する表象のもとに、すなわちパンの偶有的なもののもとに覆われたものとして、私たちに与えられました。それで、主ご自身がご自分を私たちのパンと呼ばれることを望んで、ヨハネ［福音書］六章で仰せになります、「私は生けるパンである[17]」と。パンの偶有的なもののもとにキリストご自身を拝領することで、生の肉への恐怖を人が抱くことのないためです。

三四　第三に、私たちの感覚の不完全さの故に、キリストの御体は覆われています。ありのままの栄光の輝きのもとに、ご自身をお現しになったなら、死すべきものとして誰ひとり、その輝きを観るに耐ええないでしょう。主と言葉を交わすことで絶大な輝きを受け、その顔面も輝き、その顔面の輝きの故に［モーセ］を見つめることはできなかったので、イスラエルの子らに語りかける時には顔を覆わなければならなかったように、ここでもまたキリストは私たちの弱さに合わせて、ご自身を低くされ、その輝きの上に覆いをおかけになったのです。

三五　第四に、信仰のない者らを排除するために、キリストの御体は覆いをかけられます。［キリスト］ご自身が仰せになります、「聖なるものを犬に与えてはならない[18]」と。また、あなた方の真珠を豚に投げ与えてはならない。言葉で仰せられたことが、行動で実現されました。その御顔を秘跡の内に隠され、犬と豚、すなわち、ふさわしくないすべてのものを、この秘跡を認識することから締め出されたからです。――それ故、その慈しみの故に、主を賛美しましょう。天の宝庫の表象のもとに、ご自分の御体を予め、私たちに示してくださったからです。

（1）イザ四五・3。（2）ロマ一一・36。（3）詩一四五・6。
（4）マタ一三・52。（5）詩一三四・7。（6）ヨハ八・12。
（7）コロ二・3。（8）ヨハ一・14。（9）詩一四四・16。
（10）マタ一三・44。（11）マタ一三・44。（12）ヨハ六・54。
（13）詩三二・7。（14）マタ六・20。（15）ヨブ三・21―22。
（16）イザ四五・3。（17）ヨハ六・51。（18）マタ七・6。

（a）グレゴリウス『福音書講話』二六・1。

［六　マンナ］

三六　第六に、［主は］ご自分の御体をマンナの表象のもとに予め私たちに示してくださいました。出エジプト記十六章で言われているのはこのことです。「主はモーセに仰せになった、『見よ、私はお前たちのために天からパンを降らせよう。民は外に出て、その日に充分なものを集める』。これを見て、イスラエルの子らは互いに言い合った。『マヌウ（manhu）』、すなわち、これは何だ、という意味である。イスラエルの家は、そのものの名前をマナと呼んだ」[1]。知恵の書十六章には次のように記されています。「あなたは天使たちの食物であなたの民を養い、用意されたパンを天から、労せずに彼らにお与えになった。［そのパンは］あらゆる喜悦、あらゆる甘美な味覚を自らの内に有していた。あなたが子らに対して抱いているあなたの実体（substantia）とあなたの甘美さとをあなたはお示しになった。また、一人ひとりの意志に応じて、その人の望みどおりに変わった」[2]。見るがよい、ここにマンナの表象のもとにキリストの御体の秘跡が私たちのために描写されています。それは類的に極めて卓越した食べ物、味覚の点では極めて甘美なもの、内容の点では極めて高貴なもの、効果の点では極めて驚嘆すべきものです。

三七　それ故、第一に、主の御体は類的に極めて卓越した食べ物です。いとも聖なる三位一体の神によって、聖霊の火で処女《おとめ》の胎というパン焼き窯の中で焼かれたものであり、いとも幸いなる三位一体の神ご自身の力によって、パンの素材からこの同じ［体］が作られたのだからです。「用意されたパンを天から、労せずに彼らにお与えになった」と言われているのはこのことなのです。この［御体は］かつてある時、処女《おとめ》の胎内に用意されました。だが今は、天に留まり、秘跡のもとに隠れておられます。それ故、極めて卓越したものなのです。極めて卓越した理由を有しているからです。――極めて卓越したものです、極めて卓越した者たち、すなわち、天使たちが、秘跡の莢《さや》なしに、パンとしてこの方を食するからです。私たち罪人には覆いに包まれたものとして与えられます。そのために、聖霊は私たちを燃え立たせ感謝へと導くために仰せになります、「あなたは天使たちの食物であなたの民を養われました」と。

三八　第二に、マンナの表象のもとにあるキリストの御体は、味覚の点では極めて甘美な食物です。このパンの味覚は何千という天使たちの願望を引き寄せていますが、この世においても、その香りは私たちの心を引き寄せ、日毎にそれを受ける栄誉へと、その充満にあずかるようにと引き寄せているのです。そのため福音記者ヨハネ［は言います］、「主よ、あなたの香りは私の内に永遠の希求（concupiscentiae）を掻き立てました」[a]と。ここでマンナの表象のもとにキリストの御体について言われていることは、［この御体は］あらゆる喜悦、あらゆる甘美な味覚を自らの内に有していたということです。

三九　第三に、この食物は、内容の点では極めて高貴なものです。まさしく、いとも聖なる三位一体の神全体を内包しているのです。そのため、「三位一体の神の器」とも言われます。私が言いたいことは、取り囲むこと（circumscriptio）によってではなく、現存すること（praesentia）、そして臨在すること（assistentia）によって内包しているということです。［三位一体の神］は「すべてのものの内におられるが、閉じ込められてはおらず、すべてのものの外に［おられる］が締め出されているのではなく、すべてのものの上に［おられる］が浮き上がっているのではなく、すべてのものの下に［おられる］が屈服されているのではありません」[b]。実に、受肉によって御子がおられる所には、唯一の実体の分かちえない交わりによって［御子］と共に、御父も聖霊もおられるのです。このために、ここで御父に対して言われるのです、「あなたが子らに対して抱いているあなたの実体（substantia）とあなたの甘美さとをあなたはお示しになった」と。おお、父よ、あなたはあなたの御子、すなわちあなたの実体を――ご自分の全実体を御父は御子にお与えになります――、あなたの甘美さ、すなわち、永遠からあなたが有しておられたあなたの御霊を、この代《よ》において照らされた精神らに、この秘跡のもとにお示しになられます。

四〇　第四に、マンナの表象のもとでの、この食べ物は効果の点で極めて驚嘆すべきものです。このため、ここで言われているのです、「一人ひとりの意志に応じて、その人の望みどおりに変わった」と。使用の効果は、善い意志の程度に応じ、命と聖性の大きさに応じるものです。「主の恵み（bona）に信頼の足を固定する程度に応じて、あなたは所有するだろう」と幸いなるベルナルドゥスが言うとおりです[c]。――聖なる方々がこの秘跡の極めて高貴な結果にまで到達する理由はこれです。極めて深い信頼の足を［主］の恵みのうちに固定したからです。御父の右に座しておられる方のように、この秘跡のもとに隠れておられる方を畏れたのと、極めて深い信頼を神に寄せていたので、秘跡のもとに存在される方が語られるのを肉体の耳をもって聞いたと、幸いなるクララについて記されているのです[d]。――この秘跡のもとにキリストと出会う人の状況に応じて、キリストはご自分の恵みの賜物を携えて、ご自身をその人にお示しになります。すなわち、大きな人々には大きな者として、中程度の人々には中程度の者として、小さい人々には小さい者として、悪い人々に対しては悪い者として［ご自身をお示しになります］。実に、聖なる者と共に［おられる時には］聖なる者、邪《よこしま》な者と共に［おられる時には］悪賢くふるまわれます[3]。このために、この秘跡について記されています、「火によって消去することはできなかった、一瞬の太陽の光に暖められるだけで、溶解してしまった[4]」、つまり溶けてしまった、と。まさしく、これがマンナの質料（materia）でした。火の熱に対しては固くなり、太陽の熱に対しては溶けたのです。これは次のような意味でしょう。肉の欲望もしくは人間的な欲求の火を自分の内に抱えて、この秘跡に近づく人は固くされるのがふさわしいのです。この火に対してこの秘跡は固くなるのです。これに対して、太陽の熱、すなわち、愛（caritas）の熱火を抱いて近づく人は、溶けるにふさわしい、すなわちより一層激しい愛の火によって浄化されるにふさわしいのです。太陽の光線に対してこの秘跡は溶けたのです。その情熱（affectus）によって魂を溶かすのです。こうして、「私の愛する方がお語りになった時、私の魂は溶けてしまいました[5]」と雅歌の言葉を口にすることができます。そして、すべてのものをあなたの恵みで養うものへとすべてにおいて変容を遂げる［マンナ］は神によって慕い求められたものらの意志に仕えていた[6]、とマンナの表象のもとに語られたことはこの秘跡の内に実現されるのです。

四　しかしながら、エジプトから脱出し、紅海を渡り、荒れ野に入り、木を投ずることで水を甘くするまでは、イスラエルの子らはマンナという食物に到達しなかったと記されています。［このことは次のように］理解したらよいでしょう。この秘跡について以上で私どもが述べた、極めて高貴な効果に達することを望む人は、四つのことを行わなければなりません。悪徳の闇から抜け出さねばなりません。悔い改めのふさわしい実りをもたらさねばなりません。あらゆる土的なものを軽んじなければなりません。十字架の苦《にが》みを悦楽へと変えなければなりません。――それ故、第一に悪徳の闇を放棄しなければなりません。イスラエルの子らがまずエジプトを脱出して、その後でこの食物を食するに至ったと言われているのはこのことなのです。「エジプト」とは「闇」を意味しています。これらの甘美な恵みへと急ぎたい人は、悪徳の闇を抜け出すのです。使徒［パウロ］の次の［言葉］をこのことに当てはめることができるでしょう。「あなた方は闇でしたが、今は、主において光となっています」[7]。——第二に、悔い改めのふさわしい実りをもたらさねばなりません。イスラエルの子らが紅海を渡った後、と言われるのはこのことです。悔い改めの苦み以外の何が「海」によって意味されるでしょう。［悔い改め］において、痛悔は大きな海のようなものであり、この海にエジプトの王はその軍勢と共に、すなわち悪魔がそのあらゆる装飾と共に沈められるのです。——第三に、土的なものをことごとく捨てなければなりません。イスラエルの子らがこの食物を食する前に、荒れ野に辿り着いた、すなわち土的なものをことごとく放棄したと言われているのはこのことです。通常、人が世に縛られるものとして三つのものがあります。すなわち、所有への愛（amor）、肉の快楽、名誉への欲望です。これに倣って、ヨハネの第一［の手紙の］二章に［言われています］、「世にあるもののすべて、すなわち、肉の欲、目の欲、驕り高ぶった生活[8]」と。このため、モーセは言ったのです、「私たちは荒れ野に三日の道のりを行くでしょう[9]」と。その意味するところは、第一日目には所有への愛が捨てられ、次の日には肉の快楽が捨てられ、三日目には名誉への欲望が捨てられるということです。——第四に、人は自分の十字架の苦みを甘い快楽へと変えなければなりません。つまり、自分の魂を救いたい人は強いられてではなく、喜んで自分の十字架を担うということです。主は仰せになります、「自分の十字架を担って私の後に従わない者は、私にふさわしくない[10]」と。それ故、あなたの十字架の苦みを甘い快楽へと変えたいのであれば、あなたは常にあなたの心の内に主の受難の追憶を抱いていなければなりません。「キリストの傷を驚き眺める人は、自分の［傷］を何とも思わない」とベルナルドゥスは言います[e]。極めて甘美なこの食物に辿り着く前に、マラで苦い飲み物に辿り着いたとイスラエルの子らについて記されているのは、このことです。あまりの苦さにその［水］を飲むことができませんでした。主は、その飲み物の中に木を投ずるようお命じになります。［この木は］十字架を予め示しています。こうして、彼らは甘いものへと変えたのです[11]。——それ故、「その慈しみと人の子らへの不思議な［業］の故に、主を賛美しよう。［主は］乏しい魂を満ち足らせ、飢えた魂を善いもので満たされたのだから。彼らは闇と死の影の内に座し、窮乏と鉄鎖で制圧されていた」。

四 それ故、貧しいと感じるのであれば、「脂肪」という形象のもとに、この秘跡の内にあなたを満たすものを求めなさい。飢えていると感じるなら、「パン」の形象のもとに、あなたを回復させる糧を求めなさい。失明し闇の中に座していると感じるなら、「蜂蜜」の形象のもとに、この秘跡の内にあなたを照らすものを求めなさい。死の影の内に臥していると感じるなら、「過越の小羊」の形象のもとに、この秘跡の内にあなたを和解させるものを求めなさい。困窮し物乞いする状態にあると感じるなら、天の宝庫の形象のもとに、この秘跡の内にあなたを豊かにするものを求めなさい。鉄の心を有していると実感するなら、マンナの形象のもとに、この秘跡の内にあなたを柔らかなものとするものを求めなさい。いとも幸いなるマリアの御子、イエス・キリストが私たちの前に立ってくださる恵みを与えてくださいますように。アーメン。

(1) 出一六・4、15、31。(2) 知一六・20、21。
(3) 詩一七・26–27。(4) 知一六・27。(5) 雅五・6。
(6) 知一六・25。(7) エフェ五・8。(8) Ⅰヨハ二・16。
(9) 出三・18。(10) マタ一〇・38。(11) 出一五・23–25。

(a) 聖書にはない。ヨハネの臨終の言葉として伝えられたもの。
(b) グレゴリウス『ヨブ記の道徳的注解』二・12・20。
(c) グエリクス修道院長『聖ベネディクトゥスの祝日の説教』。
(d) トマス(チェラノの)『聖クララ伝』4・29。
(e) ベルナルドゥス『雅歌講話』六一・8。

ブレヴィロクィウム

序論

一　私は、私たちの主イエス・キリストの父である神に対して膝をかがめる。天と地にあるすべての「父」という呼び名（paternitas）は、この方に由来している。［この父が］ご自分の栄光の豊かさに従い、内なる人間に働きかけるご自分の霊によってあなた方に力を与え、強めてくださるように。信仰によって、あなた方の心の内にキリストが住んでくださるように。あなた方が愛（caritas）に根ざし、［愛に］土台を据えて、その広さ、長さ、高さ、深さがどれほどのものであるかを、聖なる方々と共に理解し、人知（scientia）を遥かに超えたキリストの愛を悟り、神の溢れる豊かさによって満たされるように[1]。

選ばれ、聖化された器[2]として神の霊に満たされた諸国の民の偉大な教師、真理の説教者［パウロ］は、この言葉をもって、「テオロギア」と呼ばれる聖書の発端（ortus）、進展（progressus）、成就（status）を明らかにしている。すなわち、聖書の発端をいとも幸いなる三位一体の神の教示（influentia）に応ずるものとして、進展は人間の理解力の必要性に応ずるものとして、そして成就、もしくは成果は最も十全な至福の充溢に応ずるものとして提示している。

二　無論、「発端」は人間の探究によるものではなく、神の啓示による。この［啓示］は、天と地にあるすべての「父」という呼び名が由来している「光の父[3]」から流れ出るものである。［父］から、その御子イエス・キリストを通して、私たちの内に聖霊が留まり、「望みのままに、［人］それぞれに[4]」賜物を分割し分配する聖霊によって信仰が与えられ、［この］信仰を通して、私たちの心の内にイエス・キリストがお住みになる[5]。これこそがイエス・キリストの知識（notitia）であり、ここから根源的に（originalietr）聖書全体の確実性と理解が生ずる。それ故、誰であれ、［聖］書全体の「灯火《ともしび》」「扉」「土台」として自分の内に注賦されたキリストへの信仰をまず初めに持たないかぎり、認識すべき［この聖書］の内に分け入ることは不可能である。というのも、主から［離れて］彷徨っている間は[6]、信仰そのものがすべての超自然本性的なものらを照らすもの、土台を固め、灯火として導き、扉として迎え入れるものなのである。そしてまた、その［信仰］の度合いに従って、神から私たちに与えられた知恵は測られなければならない。「自分は当然このようなものだと思う以上に自分を過大に評価せず、神が各々に分け与えてくださった信仰の度合いに応じて程よく自分を見積もるように[7]」。従って、冒頭に引用した言葉の初めの部分で使徒［パウロ］がはっきりと強調しているように、いとも幸いなる三位一体の神の教示に基づく聖書の知識は、この信仰を介して私たちに与えられる。

三　ところで、聖書の進展は、他の諸学問の慣例に基づく推論や定義や区分といった法則に狭められるものではないし、宇宙万物の一部分にも狭められるものでもない[a]。むしろ、旅人である人間に事物に関する充分な知識を与えるために、超自然本性的な光に従って進行する。それにあたって、救いに必要なことに則して、一部は明白な言葉で、一部は神秘的な言葉で宇宙万物の全体の内容を、あたかも総体（summa）のようなものとして叙述する。ここでは「広さ」が注目される。また「経過」を叙述する。ここでは「長さ」が注目される。また、最終的に救われる者たちの崇高さを叙述する。ここでは「高さ」が注目される。また、断罪される者たちの憐れな様を描写する。宇宙万物のみならず、神の裁きの「深さ」はここに基づいている。――このようにして［聖書］は宇宙万物を叙述するが、救いのための知識を持つことに役立つかぎりにおいてのことであり、それを「広さ」「長さ」「高さ」「深さ」に則して［叙述する］。［聖書］そのものが自らの進展の内に、これらの四つのものを有していることは、後に明らかにされることになっている。ここでこのように但し書きされるのは、人間の能力の条件によるのである。［人間の能力は］偉大なもの、数多くのものを大きくかつ多様に把握できるように生まれたのであり、それはちょうどある非常に高貴な鏡のようなものとして、宇宙万物のすべての事物を自然的のみならず超自然的にも描写することになる。このようにして、聖書の進展は人間の能力の要求に則して注目されることになる。

四　しかしながら、聖書の成就もしくは成果とは、ある何らかのものではなく「永遠の幸福の充溢」にある。これは、その中には永遠の命の言葉[8]が存在する書である。それ故、これが書き記されたのは私たちが信じるためだけではなく、私たちが永遠の命を得るためである。その［命］において私たちは見て、愛して、私たちの願望がことごとく満たされるのである。そしてそれらが満たされることで、その時、私たちは「人知を遥かに超えた愛」を悟り、「神のあらゆる豊かさの内に」満たされるであろう。聖書はこの豊かさへと私たちを導き入れようとしている。これは先に言及した使徒［パウロ］の言葉の真実に根ざすものである。従って、この目的、この意図をもとに聖書は探究され、教えられ、聴聞されなければならない。

五　また、私たちが、聖書の正しい行程の道を辿って、正しい進展を経て、この成果ならびに終着点に到達するためには、出発点から始めなければならない。それは私たちの心の膝をかがめつつ、真正なる信仰をもって「光の父」へ近づくためであり、［御父］が御子を通して、聖霊において、イエス・キリストの真の知識を、そして知識と共にその愛をも私たちにお与えくださるためである。こうしてまた、［キリスト］を知り、愛している者として私たちが、信仰において固められ、愛に根を下ろしたものとして、聖書そのものの「広さ」「長さ」「高さ」「深さ」を悟ることができるためでもある。そして、この知識を通して、いとも幸いなる三位一体の神の、最高度に満ち溢れる知識と桁外れの愛に到達することができるためである。聖なる方々の願望が目指しているのもそこにあり、そこにこそあらゆる善と真の成就と完結（complementum）がある。

六　聖書のこの目的が熱望され留意され、起源（principium）が信じられると共に呼び求められたのであるからには、［聖書］の「広さ」「長さ」「高さ」「深さ」に至る進展を、使徒の証言の道と順序に則して考察しなければならない。

ところで、［聖書］の「広さ」はその数多くの部分に、「長さ」は時間と世代の叙述に、「高さ」は段階的に秩序づけられた諸位階の叙述に、「深さ」は無数の神秘的および知的な理解に基づくものである。

第一章　聖書の広さ

一　従って、聖書の「広さ」を展望したいと望むなら、第一望のもとに私たちが遭遇するのは、聖書は二つの契約、すなわち旧約と新約から成ることである。――さらに旧約は多くの書き物から成っている。律法の諸書、歴史の諸書、知恵の諸書、そして預言の諸書である。そして第一の群れは五つの書、第二の群れは十の書、第三の群れは五つの書、第四の群れは六つの書から成り、総じて二十六の書となる。[一]――同じように新約聖書もこれらに対応する四重の形式の書き物を有している。律法の書に対応するのが福音の諸書、歴史の書に対応するのが使徒言行録、知恵の書に対応するのが使徒たち、特にパウロの手紙類、預言の書に対応するのが黙示の書である。このように、旧約聖書と新約聖書との対応には、驚嘆すべきものがあるが、それは単に意味内容のみならず、四重の形式による区分にまで及ぶ。――この形象（figura）ならびに証し（consignatio）として、四つの顔を持つ四つの車輪、車輪の中にある車輪をエゼキエルは見たのである。[9] 旧約は新約の内にあり、また逆に［新約は旧約の内にある］からであり、また、律法の諸書と福音の諸書には獅子の顔があるがそれは卓越した権威による。歴史の諸書には牡牛の顔があるが、それは徳の模範による。知恵の諸書には人の顔があるが、それは鋭敏な賢慮による。預言の諸書には鷲の顔があるが聡明な知性によるのである。[b]

二　まさしく、聖書は旧約聖書と新約聖書の二つに区分されるのであり、哲学のように理論と実践に区分されるのではない。聖書は、道徳と正義、そしてすべての正しい生活の力であり基礎でもある信仰の認識の上に独自に築かれているので、［聖書］においては、物事の、あるいは信じるべき事柄の認識が道徳の認識から乖離されることはありえない。道徳の真理のみならず、純粋な思弁的考察によって真なるものにも関わる哲学とも異なる。従って、聖書は善を目指し、悪から立ち返ろうとする認識なのである。またこれは「畏れ」と「愛」（amor）によるものでもある。それ故、二つの契約に区分される。［両者の］「ごく小さな相違は畏れと愛にある[c]」。

三　また、四重の形で、すなわち、最高の能力［を持つ方］の権威ある命令を通して、最高の知恵［を持つ方］の真理の教えを通して、最高に無垢［なる方］の善性の模範とご厚意を通して、そして一つに集められたこれらのすべてによって、人は善を目指し、悪から立ち返ることができる。それ故、新約と同様に旧約聖書においても、上述の四つの［方法］に対応する、四重の形で諸書が伝えられている。確かに、律法の諸書は最高の能力［を持つ方］の権威ある命令を通して働きかけ、歴史の［諸書］は最高に無垢［なる方］の善性の模範を通して、知恵の［諸書］は最高に先見の明［ある方］の真理の教えを通して、預言の［諸書］は上述のすべてを一つに結束したものによって働きかけるのである。これはそれらにおいてはっきりと示されているとおりである。それ故、［預言の諸書は］律法と知恵と教えの全体を想起させるようなものともなっている。

四　従って、聖書は広大な河に似ている。多くの水流が合流することでますます広大なものとなり、ますます長大な流れとなる。実に、初めに聖書に収められていたのは律法の諸書であった。その後、歴史の諸書の知恵の水流が加わり、最高に英知に満ちたソロモンの教えがさらに加わり、この後、聖なる預言者たちの教えが［加えられ］、そしてついに、福音の教えが啓示された。［この教えは］キリストの肉の口を通して告知され、福音記者たちによって書き記され、聖なる使徒たちによって布告された。さらに、［使徒たち］の上に臨んだ聖霊が、彼らを通して私たちに教える文書が加えられる。神の約束のもとに[10]、このようにすべての真理を聖霊を通して伝授された［使徒たち］が、救いに関わるすべての真理をキリストの教会に授け、聖書が成就されたことで、真理の知識を広げるのである。

第二章　聖書の長さ

一　この聖書は長さをも有している。その［長さ］は時間と時代との叙述のうちに成立し、世界の初めから裁きの日に及ぶ。［聖書は］三つの時間の経過をもって世界を叙述する。すなわち、自然の法、書かれた法、恵みの法の時間によるのであり、これらの三つの時間の内に七つの時代を区別している[d]。その第一はアダムからノアまで、第二はノアからアブラハムまで、第三はアブラハムからダビデまで、第四はダビデからバビロンへの移住まで、第五はバビロンへの移住からキリストまで、第六はキリストから世界の終わりまで、第七は第六とともに経過し、墓の中でのキリストの安息から始まり宇宙万物の復活までである。この時、復活の第八［の時代］が始まる[e]。――このように聖書は極めて長期間にわたるものである。その叙述は創世記の初めの世界と時間の開始（exordo）から始まり、世界と時間の終わり、すなわち黙示録の終わりにまで至るからである。

二　しかし、正確には、三重の法、すなわち内に添えられ、外から与えられ、上から注がれた法に則して経過する時間の総体は、七つの時代を通して経過し第六［の時代］の終わりで完成される。このようにして、世界の経過はこの開始に呼応し、大なる世界の経過は小なる世界、すなわち人間の生に呼応するものとなる。そもそも(f)［大なる世界］は［小なる世界］のために作られたのである。世界の第一の時代、それは世界そのものの形成がなされた［時代］であり、悪魔たちが失墜し、天使たちの［信仰］が確立したのであり、これはまさしく第一の日に対応する。その［日］に光が作られ闇から切り離された。――第二の［時代］に、箱舟と洪水を経て善人たちは救われ、悪人たちは滅亡したが、この［時代］に第二の日が対応する。この［日］に大空によって水と水との区分がなされた。――第三の［時代］に、アブラハムが召し出され、神を礼拝するために子孫をもうけ途絶えさせない会堂（synagoga）が発足するが、これに第三の日が対応する。この［日］に地が現れ緑の草木を生えさせた。――第四の［時代］に、ダビデ王が神の礼拝に尽力したため王国と祭司職が栄えたが、これに第四の日が対応する。この［日］に［二つの］光るものと星々との形成がなされた。――第五の［時代］に、多くの国の民々の間に移住させられた人々が放浪し苦しみを受けた。これに第五の［日］が対応する。この［日］に水から魚類の形成がなされた。――第六の時代に、キリストが人間の姿を取ってお生まれになった。この方こそ真に神の像である。これに第六の［日］が対応する。この［日］に最初の人間が形成された。――第七は終わりを持たない魂たちの安息［の時代］である。これに第七の日が対応する。この［日］に、神は成し遂げられたすべての業《わざ》を休まれたのである。

三　これらの七つの時代は、各々の開始にあたって生じたと記されていることによって区別される。そしてその故に、世界の形成の日々に対応している。さて、第一の時代は「幼児期」と呼ばれる。幼児期が忘却によって全面的に抹消されるように、第一の時代も洪水によって滅ぼされた。――第二の時代は「少年期」［と呼ばれる］。少年期に、私たちは話し始めるように、第二の時代に言語の混乱が生じた。――第三の時代は「青年期」と言われる。生殖能力が現実のものとして機能し始めるように、アブラハムは召し出され、割礼が施され、子孫についての約束がなされた。――第四［の時代］は「壮年期」と言われる。壮年期にあたって人間の生涯は花盛りを迎えるように、第四の時代に王たちのもとで会堂は繁栄を迎えた。――第五［の時代］は「老齢期」［と呼ばれる］。老齢にあたって力は萎《な》え、容姿は衰えるように、移住においてユダヤ人の祭司職にも同じようなことが生じた。――第六の時代は「老衰期」と言われる。この［時代］は死をもって締め括られるものの、知恵の大きな光を有している。このように世界の第六の時代は裁きの日をもって終わりを迎えるが、この［時代］において知恵はキリストの教えによって活気を得るのである。[10]

四　従って、このようにこの世界全体は、極めて秩序正しい経過をもって初めから終わりまで進展するものとして聖書によって叙述されている。それは極めて美しく作り上げられた歌曲のようであり、そこにおいて人は、世界を指揮する神の知恵から発出する神の裁きの多様性と多数性、公平さ、秩序、正しさ、そして美しさを時の経過に則して眺望することができる。[g] それ故、歌曲のすべての語句を通読していなければ、その美しさを読み取ることはできないように、宇宙万物の全体を眺めているのでなければ、何人《なんぴと》も宇宙万物の秩序と運行の美しさを見ることはない。人は誰しも、自分の肉眼をもって全体を見ることはできず、自分で将来を予見することもできないので、聖霊は私たちのために聖書の諸書を用意してくれた。その長さは宇宙万物の運行に対応されているのである。

第三章　聖書の高さについて

一　聖書は、その進展（processus）において「高さ」を有している。その［高さ］は段階的に秩序づけられた位階の叙述の内に成り立っている。その［位階］とは、教会の［位階］、天使の［位階］、神的あるいは天の下の、天の、天の上の［位階］である。第一の［位階］を明白に叙述し、第二の［位階］を少々隠れた形で、第三の［位階］をもっと隠れた形で叙述している。［聖書は］教会の位階の叙述によって高いもの、天使の［位階の］叙述によってより高いもの、神的な［位階の］叙述によって最も高いものなのである。こうして、私たちは預言者の［言葉を］言うことができる、「あなたの知識は私には驚異の的、あまりにも高遠にして及びもつかない[11]」。

二　そして、このことは充分に正しいのである。事物は質料（materia）の内に存在を有し、獲得した知識を通して魂の内に存在を有し、恵みを通して［魂］の内に存在を有し、栄光を通して［魂］の内に存在を有し、永遠の学芸（ars）の内にも存在を有している。さて、哲学は自然の内に、あるいは自然本性的に植えつけられた、あるいは獲得された知識に則して魂の内にあるものとして事物を取り扱う。しかし、神学は信仰の上に構築され、聖書を通して啓示された知識を取り扱い、恵みと栄光と、さらには永遠の知恵にまで視野に置いた事柄を取り扱う。それ故、「神学］は哲学的な認識を自分のもとに置き、それを通して神的な事柄が表示されることになる鏡を作るために必要なかぎりにおいて、事物の本性から［の認識］を取り入れる。それはあたかも梯子を立てるようなものである。その基底部は大地に接し、その先端は天に接している[12]。そして、この全体は、その方ご自身が唯一の位階をなすイエス・キリストによってなされる。この方はご自分のものとされた人間の本性の故に教会の位階において一つの位階であるだけでなく、天使の位階においても［一つの位階であり］、いとも祝された三位の、天の上の位階においても中間のペルソナなのである。こうして、［イエス・キリスト］を通して、至高の頭である神から髭までではなく衣の襟にまでも塗油の恵みは流れ下る[13]。天上のエルサレムのみならず戦闘の教会にまで［流れ下る］からである。

三　確かに、世界という機構のうちに偉大な美はあるが、聖なる方々の霊的賜物に飾られた教会にはそれ以上に大きな美が、そして天上のエルサレムには最高の美があるが、かの至高の、いとも幸いなる三位一体の神の内には超絶的な美がある。それ故、聖書そのものは、それによって楽しませ、それによって精神の理解を高き所へと高める最高の素材を有しているのみならず、［聖書］そのものが最高に優雅なもので、驚くべき方法で私たちの知性を楽しませてくれる。こうしてまた、さらに一段と楽しませることで、神的な光景の直視（contuitus）ならびに高揚（anagogia）に慣れさせるのである。

第四章　聖書の深さ

一　最後に、聖書自体が「深さ」を有している。その［深さ］は多様な神秘的な理解から成り立っている。様々な箇所で、文字通りの意味の他に、三重に、すなわち、比喩的に、道徳的に、神秘的に（anagogice）説明される。一つの出来事を通して、信じるべき事柄に則して、別の出来事が示される時、それが比喩（allegoria）である。起きた事柄を通して、起きるはずの他の事柄が理解されるように与えられる時、それが寓意（tropologia）もしくは教訓である。熱望すべきもの、すなわち、幸いなる方々の永遠の幸福が理解されるように与えられる時、それが上へと導く高揚（anagogia）である。

二　まさしく、聖書には、文字通りの意味の他に、上記の三重の意味が存在しなければならない。［聖書］そのもののの主題、聴衆もしくは子弟、起源、目的がそのように求めているからである。

主題が求めているというのは、神について、キリストについて、修復の業について、信じるべき事柄について、といった教えそのものが主題だからである。実に、主題とは実体に関するかぎり神、力に関するかぎりキリスト、働きに関するかぎり修復の業、以上のすべてがまさしく信じるべきことである。さて、神は三であり一なるお方である。本質（essentia）において一なる方、ペルソナにおいて三なる方。この方に関するものである聖書自体も文字としては一なるものでありつつ、三様の意味を備えているのである。――キリストもまた、御言葉としては唯一、万物はこの方を通して作られたと言われ[14]、この方の内にあって輝き返している。こうして、この方の知恵も多様でありつつも唯一である。――修復の業には多くのものがあるが、すべてはキリストの主要な奉献（oblatio）を目指す側面を有している。――信じるべきことに関しては、信じるべきものであるかぎり、信じる者らの様々な状態に則して照り返している。以上で述べたすべてのことに符合して、聖書は一つの文字の内に多様な意味を生みだすのである。

三　このことは聴衆にも符合する。謙遜で、汚れなく、誠実で、勤勉な者[h]でなければ、何人も［聖書］の聴衆としてふさわしくないからである。それ故、あらわな文字の皮層の下に高慢を抑えつけるために神秘的で深遠な意味が隠されている。それは素朴な文字に隠された［聖書］の深さによって、高慢な者らは抑えられ、汚れた者らは追い返され、欺く者らは遠ざけられ、怠惰な者らは神秘的な事柄を理解するよう駆り立てられるためである。――この教えの聴衆は、一種類の人に限られず、あらゆる類の人でもありうる。救われるはずの人はみな、この教えの何かしらを知っていなければならない。それ故、［聖書］は多様な意味を有している。こうすることで、あらゆる知性を捉え、あらゆる知性を謙虚にし、あらゆる知性を凌駕し、熱心に自分に集中するあらゆる知性を、その多量な光線をもって照らすとともに燃え立たせるのである。

四　このことはまた、その由来する始め（principium）にも符合する。［聖書は］この教えを書き記した預言者たちと他の人々の口を通して語るキリストと聖霊を通して神に由来するからである[15]。というのも、神は言葉を介して語るだけではなく、出来事を介しても語る。［神］にとっては語ることは行うことであり、［神］にとって行うことは語ることであり、すべての被造物は神の成果（effectus）として自分の原因を暗示している。それ故、神から渡された聖書においては、言葉だけでなく出来事もまた意味を表示するはずだからである。――教師であるキリストは、肉においては低い者であったが、神性においては高き者であった。それ故、［キリスト］ご自身とその教えとは、意味内容（sententia）の深さとともに、［話す］言葉においては無力さ（humilitas）を持つことがふさわしかった。それは、［嬰児］キリストが布切れに包まれたように[16]、神の知恵が聖書において［文字という］取るに足りない形象に包まれるためであった。――聖霊もまた、様々な方法をもって預言者たちの心を照らし、啓示をもたらした。いかなる知性も［聖霊］から身を隠すことはできず、すべての真理を教えるために［聖霊は］遣わされた[17]。それ故、一つの言葉の内に多様な意味が隠れていることは［聖霊］の教えにふさわしいことであった。

五　さらにまた、その目的にも符合する。最終的に、望むべきことに辿り着くために人間が知るべきこと、行うべきことへとそれを通して向かうようにと聖書は与えられたのだからである。そして、すべての被造物はこのため、すなわち、天上の祖国を目指す人間に奉仕するために作られた。それ故、聖書はその被造物の様々な形（species）を受け容れた。それを通して、永遠のものへと導く知恵を私たちに伝授するためである。認識的［知恵］が信じるべき真理を知り、行動的［知恵］が行うべき善を行い、情緒的［知恵］が見るべきもの、愛すべきもの、享受すべきものとしての神を憧れ求めないかぎり、人間が永遠のものへと向かうことはない。このため、聖霊を通して与えられた聖書は、三様の理解の方法に則して目的に関連づけることで、被造物の書を受け容れるのである。こうして、私たちは、寓意を通して雄々しく行うべきことの知識を、比喩を通して誠実に信じるべき知識を、高揚を通して喜んで望むべきことの知識を有することになる。こうしてまた、有徳な行動によって浄められ、光り輝く信仰によって照らされ、燃え盛る愛（caritas）によって完全なものとされ、最終的に、永遠の幸福という栄冠に私たちは到達するであろう。

第五章　聖書自体の論法について

一　従って、聖書自体の「広さ」「長さ」「高さ」「深さ」の内に含まれている、これほど多様な知恵の内に一つの共通する論法（modus procedendi）、すなわち真正なる（authenticus）［論法］がある。それらの内に叙述、命令、禁止、勧告、説教、威嚇、誓約、嘆願、賛美といったものが含まれる。そして、これらすべての論法は一つの真正なる論法のもとに還元される。このことは充分正しいことである。

二　この［聖書の］教えは、私たちが善いものとなり、救われることを目指す。このことは単なる考察によって生じるというよりも、意志を傾けることによる。そのため、聖書は、私たちがより良く傾くような論法で伝達される必要があった。感性（affectus）は論証よりも模範に、推論よりも約束に、定義よりも献身に動かされるものである。それ故、この聖書は、他の諸学のように、主体に生じるある種の情念を吟味するための定義、分析、総合という論法を用いるべきではなかった。むしろ、霊魂（animus）の種々の傾きに即して、いろいろな方法で霊魂を傾けさせる固有の論法を用いるのは当然なことだった。というのは、たとえある人は命令や禁止に動かされないとしても、語られた模範に動かされることもあろうし、［模範］に動かされないとしても、自分に示された厚意に動かされることもあろうし、［厚意］に動かされないとしても、賢明な警告、誠実な約束、恐ろしい威嚇に動かされることもあろうからであり、このようにして少なくとも神への献身と賛美へと駆り立てられ、そこにおいて、それを通して有徳な行動へと向けられる恵みに気づくことになろう。

三　従って、これらの叙述の論法は理拠の確実さを介して成し遂げられうるものでもない。特殊な行動（gesta）は論証されえないからである。そのため、聖書が疑念によって動揺したり、［疑念］によってたいして動かされることもないということのないように、理拠の確実さに替えて、「権威による確実さ」を神は聖書のために用意された。これは全く偉大なものであり、人間の生来のあらゆる洞察を凌駕している。欺き、あるいは欺かれうる者の権威は確かなものではなく、欺かれることはありえず、欺くことを知らない者は神と聖霊の他には何一つない。そのため、聖書は自らそうあるべき方法で完全に真正なるものであるため、人間の探究を通してではなく、神の啓示を通して伝達されたのである。

四　それ故、［聖書］においては、何一つとして無益であると侮《あなど》ったり、何一つとして誤りであると退けたり、何一つ不都合であると拒んだりすべきものはない。［聖書］の極めて完全な起草者（auctor）である聖霊は、偽りを何一つ、余計なことを何一つ、言い足りないことを何一つとして語ることはありえなかったからである。それ故にこそ、天地は過ぎ去るが、聖書の言葉はそれが成就されるまで過ぎ去ることはない[18]。天地の続くかぎり、律法の一点一画も、それらが実現するまで、失せることはない。救い主は証ししている。だから、聖書が教えていることを破り、またそうするように人々に教える者は、天の国で最も小さい者と呼ばれる。しかし、［掟を］行い、それを教える者は、天の国で偉大な者と呼ばれる[19]。

第六章　聖書を説明する方法

一　さて、この聖書は特別の論法を有しているように、その特別の論法に基づく特別な方法で理解され説明されなければならない。［聖書］は、一つの文字のもとに多様な意味を隠しているので、［聖書を］説明する者は隠れたものを明るみに持ち出し[20]、持ち出したものを［聖書］のより明らかな他の箇所によって明示しなければならない。もし私が、「武具と楯を取れ、そして私を助けに立ち上がれ[21]」という詩編の言葉を説明しようとするなら、神の武具とは何かを説明しようとし、それは［神］の真理と善き意志であると言うであろう、そしてそうであることを聖書の明らかな［箇所］によって論証しなければならない。実に、他の箇所に「あなたは善き意志という楯で私たちを囲まれる[22]」と記されており、さらに「その真理は楯となってあなたを囲むだろう[23]」とも記されている。――［聖書の］朗読に慣れ親しむことによって聖書の本文と文字を記憶に刻むことなしには、何人《なんぴと》も容易なことについてであれ、そこにまで到達することはできない。他の方法をもってしては、聖書の説明に関して能力あるものではありえない。それによって陳述なされる、初歩的な要素を学ぶことを拒む者は、陳述の意味することも、構文の正しい法則も知ることができないように、聖書の文字を軽んじる者は、その霊的な理解にまで登ることはないのである。

二　とはいえ、［聖書を］説明する者は気をつけなければならない。どこにおいても比喩を捜し求めてはならないし、すべてを霊的に説明してもならない。それ故、聖書は四つの部分を有していることに留意しなければならない。一つは、文字に則して、この世の諸存在（naturae）について取り扱うもので、世界の形成の叙述において明らかなように、それらを通して私たちの修復が表明される。――もう一つは、イスラエルの民の行動と経緯について取り扱い、それらを通して人類の修復が表明される。――第三は、信仰と道徳に関する範囲で、私たちの救いに関わる事柄を剝き出し（nudus）の言葉で表明し記述する。――第四は、私たちの救いの神秘を予告する。一部は剝き出しの言葉で、一部は謎めいた不明瞭な言葉を用いて。このため、聖書は、その様々な箇所において、一様に説明されてはならないのである。

三　聖書を説明するにあたって、それを説明する者は三重の法則に則って取り組まなければならない。その［法則］は幸いなるアウグスティヌスの『キリスト教の教え』から引き出すことができる。[i]

第一はこれである。聖書において、言葉の第一の意味が創造の事物（res creationis）もしくは人類社会の個々の行為（singulares actus humanae conversationis）を現している箇所はどこであっても、まず第一に、言葉によって表示される事物が現されているのであり、次に、私たちの修復の神秘が［現されている］。言葉の第一の意味することが信仰もしくは愛（caritas）を表示している箇所では、いかなる比喩も探求してはならない。

第二の法則はこれである。聖書の言葉が創造の事物もしくはイスラエルの民の社会を現している箇所では、聖書の他の箇所からいかなる事物が示されているのか問い、次いで剥き出しの言葉によって表示された信仰の真理、もしくは道徳的な善行を介してその意味を選び出す。例えば、「羊は双子を産む」[24]と言われているとすれば、ここでは羊は人々を、双子は双生の愛（caritas）を意味することを明らかにすることになる。

第三の法則はこれである。聖書のある箇所が何らかの文字通りの意味と霊的な意味とを有している時、双方に符合しえない点があれば、［聖書を］説明する者は、それを歴史的な［意味］と霊的な［意味］とのどちらに帰するのがふさわしいか検討せねばならない。双方に符合する場合には、文字通りにも、霊的にも受けとめられなければならない。しかしながら、一方のみに［符合する］場合は、霊的にのみ理解されなければならない。例えば、律法の安息日が永続的なものであること、永遠の祭司職、土地の永遠の所有、割礼の契約が永遠のものであること、[25]これらはすべて霊的な意味で解釈されなければならない。

四　道を切り開いて、説明するために安全に聖書という森の中に分け入ろうとする人は、まず初めに、明白な言葉を通して聖書そのものの真理を知る必要がある。すなわち、未来において永久に高められるために、この［世］においては自らを卑しめる善い者たちと、この［世］において自ら高ぶり、永遠に押し下げられることになる悪しき者たち[26]という、いわば互いに対立した側から見ている二つの群れの端緒と進展と終極をどのように聖書は叙述しているか注目する必要がある。それ故、［聖書］は宇宙万物に関して、高みと深み、初めと終わり、そして中間に関する事柄を、いわば可知的な十字架の形をもって取り扱っている。［十字架の形］のもとに、宇宙の全機構が叙述され、ある方法で精神の光をもって見られるものとなっている。だが、それを理解するためには、諸事物の原理＝元（principium）である神、それらの諸事物の創造、堕落、イエス・キリストの血による贖《あがな》い、恵みによる再形成、秘跡による癒し、そして最後に永遠の罰と栄光による報いを知る必要がある。

五　また、この教えは学者たちの著作のみならず聖人たちの著作の内に分散するような形で伝えられてきた。そのため、聖書を聴聞しようと近づく者らにも、長い間、見ることも聞くこともできずにいた。――それ故、神学の初心者たちまでもがしばしば聖書を、あたかも不確実で、無秩序なもの、さらには暗い森のように恐れているのである。私どもの極めて貧弱な知識をもって、神学の真理について、その総体を要約して語るように、私は仲間から要請され、彼らの祈りに負け、『ブレヴィロクィウム』のようなものを作ることに同意してしまった。この［書］において、すべてを要約するというよりも、理解するのに役に立ついくつかの事柄が簡略に論じられており、そのため状況に応じて理解の助けになる事柄が加えられている。

六　実に、神学とは神についての、第一原理についての言説（sermo）である。それ故、最高の学知であり教えであるからには、［神学］はすべてを第一の至高の原理である神において開示する。従って、この小品もしくは小論考全体において取り扱われているすべてにおいて、その理拠を提示するにあたって、第一原理から取るよう努めた。そうすることで、聖書の真理が神からの、神による、神に即した、神の故のものであることを私は明らかにし、従って、当然この学知が一つの秩序づけられたものであり、神学と呼ばれることは全く不当なことではないことが明らかになるためである。――従って、不完全な点、不明瞭な点、余計な点、あまり正確ではない点がそこにあったとすれば、それは多忙のため、時間が足りなかったため、知識不足のためと大目に見ていただきたい。もし、何か真に正しい点があれば、「ただ神おひとりに栄誉と栄光」が帰されるように[27]。

論述の流れがより一層明らかになるように、それぞれの章の表題をあらかじめ提示するよう配慮した。より容易に記憶され、論述の趣旨が明白になるためである。本書は、七つの部と七十二の章に分けられている。

ここで、序論は終わる。

(1) エフェ三・14―19。(2) 使九・15。(3) ヤコ一・17。(4) Ⅰコリ一二・11。(5) エフェ三・17。(6) Ⅱコリ五・7。(7) ロマ一二・3。(8) ヨハ六・69。(9) エゼ一・15―21。(10) ヨハ一六・13。(11) 詩一三八・6。(12) 創二八・12。(13) 詩一三二・2。(14) ヨハ一・3。(15) Ⅱペト一・21。(16) ルカ二・7。(17) ヨハ一六・13。(18) マタ二四・35。(19) マタ五・18―19。(20) ヨブ二八・11。(21) 詩三四・2。(22) 詩五・13。(23) 詩九〇・5。(24) 雅四・2。(25) 出一二・14、四〇・13、創一七・8、13。(26) マタ二三・12。(27) Ⅰテモ一・17。

(a) アリストテレス『分析論後書』一・1―3、『形而上学』6・1。

(b) グレゴリウス『エゼキエル書講話』一・6・12。

(c) アウグスティヌス『マニ教徒アディマントゥス反論』17・2。

(d) アウグスティヌス『三位一体』四・4・4。

(e) アウグスティヌス『創世記に関してマニ教徒反駁』一・23、『創世記逐語注解』四・11・21。

(f) アリストテレス『自然学』二・2 (194a 34-35)。

(g) アウグスティヌス『手紙』一三八・1・5。

(h) アウグスティヌス『キリスト教の教え』二・41・62。

(i) 前掲書三・10・14。

ここに『ブレヴィロクィウム』の本論は始まる。

第一部

三位一体の神について論じる第一部は九章から成る

第一章　神学がそれによって成り立つ七つの点、概論

第二章　ペルソナが三であり本質 (essentia) は一であることに関して保持すべきこと

第三章　この信仰の健全なる理解

第四章　この信仰のカトリック的な表現

第五章　多様な顕現における神の本性の一性

第六章　多様な属性における神の本性の一性

第七章　神の全能

第八章　神の知恵、予定と予知

第九章　神の意志と摂理

第二部

世界の創造について論じる第二部は十二章から成る

第一章　世界全体の形成

第二章　存在するようにされたものとしての物体的本

性
第三章　存在するものとしての物体的本性
第四章　行動し影響を及ぼすものとしての物体的本性
第五章　聖書の中で［創造について］描写されている方法
第六章　天上の霊たちの形成
第七章　悪魔たちの背信
第八章　善いみ使いたちの批准
第九章　霊としての人間の形成
第十章　肉体としての人間の形成
第十一章　全面的に統合されたものとしての人間の形成
第十二章　完成された全世界の補完と秩序

第三部

罪による腐敗について論じる第三部は十一章から成る

第一章　一般的に見た、罪の起源
第二章　人祖の誘惑
第三章　人祖の背反
第四章　人祖の罰
第五章　原罪の腐敗
第六章　原罪の伝達
第七章　原罪の治癒
第八章　自罪の起源
第九章　主要な罪の起源と区別
第十章　罪の罰の起源と性質
第十一章　聖霊に対する罪である終極的な罪の起源

第四部

御言葉の受肉について論じる第四部は十章から成る

第一章　神の御言葉が受肉せねばならなかった、もしくはそれがふさわしかった理由
第二章　［二つの］本性の合一としての受肉
第三章　受肉の様態
第四章　時の充満としての受肉
第五章　キリストの愛情の賜物としての恵みの充溢性
第六章　知性における知恵の充満
第七章　行動における功績の完全性
第八章　キリストの受難
第九章　キリストの受難の様態
第十章　キリストの受難の成果

第五部

聖霊の恵みについて論じる第五部は十章から成る

第一章　神から与えられた賜物としての恵み
第二章　善い功績の助けとなる恵み
第三章　罪の癒しとしての恵み
第四章　諸徳の習性における恵みの分岐
第五章　賜物の習性における恵みの分岐
第六章　至福の習性における恵みの分岐、その結果として成果と感覚における〔恵みの分岐〕
第七章　信じるべき事柄に対する恵みの鍛錬
第八章　愛すべきものに関する恵みの鍛練
第九章　命令と勧告を司るものとしての恵みの鍛練
第十章　懇願する者、祈る者に対する恵みの鍛錬

第六部

秘跡の癒しについて論じる第六部は十三章から成る

第一章　秘跡の起源
第二章　秘跡の変遷
第三章　秘跡の数と区分
第四章　秘跡の制定
第五章　秘跡の授与
第六章　秘跡の繰り返し
第七章　洗礼の制定と完全性
第八章　堅信の完全性
第九章　エウカリスティアの完全性
第十章　悔い改めの完全性
第十一章　終油の完全性
第十二章　叙階の完全性
第十三章　結婚の完全性

第七部

最後の審判の状況について論じる第七部は九章から成る

第一章　公審判
第二章　審判に先行すること、煉獄での罰とはいかなるものか
第三章　審判に先行すること、教会の代禱はいかなるものか
第四章　審判に付随すること、火による焼却
第五章　審判に付随するもの、肉体の復活

第六章　審判に続く事柄、陰府《よみ》での刑罰

第七章　楽園での栄光

第一部　三位一体の神

第一章

神学がそれによって成り立つ七つの点、概論

一　初めに、理解しておかなければならない。聖なる教え、すなわち神学は、まず第一に（principaliter）、第一原理、すなわち三にして一なる神について、総じて七つの点を論じるものである。［その七つとは］第一に三位一体の神について、第二に世界の創造について、第三に罪による腐敗について、第四に御言葉の受肉について、第五に聖霊の恵みについて、第六に秘跡の癒しについて、第七に最後の審判の状況についてである。

二　その真理の理拠はこれである。聖書もしくは神学は、救いのために不可欠なことに則して、この［世の］生の状態に応じた、第一原理についての充分な知識を内包した学だからである。また、神は諸事物の原理であるのみならず、創造における実際的な範型、贖いにおける回復の原理、応報における補完の原理でもある。それ故、創造主としての神のみならず、創造について、さらに被造物についても論じるのである。理性的な被造物はある意味で万物の目的＝終極であるが、立ち続けることなく、自らの原因で修復を必要としたので、罪による腐敗を論じ、医師、健康、治癒、そして最終的に栄光のうちになされるであろう完全な治療と不敬な者らが罰に投げ込まれることを論じるのである。――それ故、この学こそが完全な学である。最初から、つまり第一原理から始まり終極、つまり永遠の褒賞にまで至るからであり、至高の［存在］、すなわち、いと高き神、万物の創造主から始まり、最も下なるもの、つまり陰府《よみ》での劫罰にまで及ぶからである。

三　また［神学］のみが完全な知恵である。何らかの原因であるものらの原理として至高の原因から始まるが、哲学的な認識はそこが限界である。［神学］は、罪人たちの癒しとしてそれを通り抜けて、功績の褒賞として、また諸々の願望の的としての［至高の原因］へと還元する。そして、この認識の内にこそ完全なる美味（sapor）、魂たちの命と救いがある。それ故、すべてのキリスト者の願望は

そこにおいて学ぶことへと燃え上がらなければならないのである。

四　以上のことから明らかであるが、神学は、これほど多くの、そしてこれほど様々なことを取り扱うのであるが一つの学であり、その主題は万物が由来する（a quo）神であり、万物の仲介である（per quod）キリストであり、万物が目指す（ad quod）修復の業であり、万物を包み込む（circa）愛（caritas）の唯一の絆であるが、天上のものと地上のものとがそこにおいて結び合わされる。さらに、正典の（canonicis）諸書に収められたすべてのこと、信じられるものとして信じられるもの（credibile ut credibile）と、諸解説者の書に［収められた］すべてのこと、知解可能なものとして信じられるもの（credibile ut intelligibile）[a]［が主題である］。アウグスティヌスの『信の効用』によれば、「私たちが信じていることは権威に負っており、私たちが理解していることは理性に負っている」からである[b]。

（a）坂口ふみ氏の訳に倣う（『天使とボナヴェントゥラ』二六一頁。

（b）アウグスティヌス『信の効用』二・4・11・25。

第二章

ペルソナが三であり本質は一であることに関して保持すべきこと

一　従って、まず第一に、三位一体の神について、次の三つのことが考察されなければならない。すなわち、唯一の実体（substantia）ならびに本性（natura）がどのようにして複数のペルソナと同時に存在するのか。第二に、どのようにして複数の顕現が、第三に、どのようにして複数の固有性が同時に［存在するのか］。

二　一つの本性における三つのペルソナに関して、正統信仰は次のように理解するべきであるとする。すなわち、一つの本性の内に三つのペルソナ、父と子と聖霊が存在する。第一［のペルソナ］は何ものにも由来せず、第二［のペルソナ］はただ第一［のペルソナ］のみからの出生によって、第三［のペルソナ］は第一と第二［のペルソナ］から息吹（spiratio）もしくは発出（processio）によって［存在する］。こうして、ペルソナが三であることは神の本性から最高に唯一、単一、無限、永遠、不変、必然、さらには第一のものであること（primitas）を排除するものではない。むしろ、最高に豊饒、愛（caritas）、自由、同等、親近、和合、不可分離なものであることを内包している。以上のすべてが、いとも幸いなる三位一体の神の内に存在すると健全な信仰は理解している。

三　この真理の理拠はこれである。すなわち、信仰は神を礼拝するための原理であり、敬神に即するものである教[1]えの基礎でもあるから、最も気高く最も敬虔に神について考察することを求める。神は最高度にご自分を譲渡することがおできになると信じないのであれば、最も気高く感じ取ることはない。それをおできになるが、お望みにならないのだと信じるのであれば、最も敬虔に感じ取ることはない。それ故、最高に気高く最高に敬虔に感じ取るためには、神は永遠に「愛する者」と「共に愛する者」（condilectus）[三]とを有することで、ご自分を最高度に譲渡なさる[四]ということになる。またこれによって神は一であり三である［と言われる］。

四　この信仰において、最も敬虔に神について感じ取らねばならないというかぎりにおいて、「敬神に即した教え」と言われる聖書全体が保証となる。神は子（proles）を有すると表明しているからである。［その子を神は］最高度に愛しており、［その子は］神ご自身と同等な御言葉であり、「永遠から産み、すべてをこれに託された」のであり、この［御言葉］を通してすべてを造り、支配しておられる。また、最高のご厚意から肉となった［御言葉］を通して人間を贖い、贖われたものを最も貴い御血によって養われたのである。さらに、世の終わりにあたって、［御言葉］を通して最高の憐れみを分け与えることで、あらゆる惨めさから解放なさるであろう。こうして選ばれたすべての者はいと高き御父の子らとなり、ここにおいてすべての慈愛（pietas）、神の私たちに対する、逆に［私たちの神に対する慈愛］は完結することになる。

五　最高に気高く神について感じ取らねばならないと信仰が要請するかぎりにおいて、聖書がその保証となるのみならず、すべての被造物もまたその保証となる。それはアウグスティヌスが『三位一体』第十五巻第四章で述べているとおりである。「聖書の権威だけが『神が存在する』と告知しているだけでなく、私たちを取り囲み、私たちがそれに属しているところのもの、宇宙万物の存在（natura）そのものが、自分が最高に卓越した形成者（conditor）を有していることを叫んでいる。この方が私たちに本性的なものとして精神と理性とを与えてくれたのであり、それによって生きているものは生きていないものに、知覚を持つものは知覚を持たないものに、知性的なものは知性的ではないものに、不死なるものは死ぬものに、能力のあるものは能力のないものに、義なるものは不義なるものに、見目麗しいものは不器量なものに、善なるものは悪なるものに、朽ちざるものは朽ちるものに、不変なるものは変化するものに、見えざるものは見えるものに、非物体的なものは物体的なものに、幸いなるものは惨めなものにまさると私たちは判断する。そして、それによって疑いもなく、創造主（creator）は被造の諸事物にまさるとするのであるから、［創造主は］最高度に生きており、万物を知り理解しており、死んだり腐敗したり変化したりすることはありえず、物体ではなく、最高に全能、最高に義、最高に美、最良で至福な霊であると私たちは表明する」。――以上の十二の［項目］のうちに神の至高なる卓越性は含まれる。しかし、彼［アウグスティヌス］自身が後で提示するように、この十二の［項目］は三つに、すなわち、永遠、知恵、至福に還元される。また、この三つは一つに、すなわち知恵に還元される。この［知恵］の内に産むものとしての精神、子である御言葉、両者を結び合わせる愛（amor）が内包されている。この［三者］の内に至福なる三位一体は成立すると信仰は表明する。また、最高の知恵は三位一体であることを想定するのであるから、当然、前述の最高に高貴な諸条件、すなわち一なること、純一なること、そして諸々のことを想定する。そして必然的に、前述の神の存在の高貴なる諸点は同時に、いとも幸いなる三位一体とともに存続するのである。

（1）Iテモ六・3。

第三章

この信仰の健全なる理解

一　この信仰の健全な理解のために、聖なる教えは次のことを教える。神の内には二つの流出、三つのヒポスタシス、四つの関係性、五つの観念（notio）、そしてそれらから成る三つのペルソナとしての固有性がある。

二　上述の事柄を理解するための理拠はこれである。すなわち、第一の、そして最高の原理は、第一であるということ自体によって、最高に純一であることになり、最高であるということ自体によって最高に完全なものであることになる。それ故、最高に自らを譲渡する、最高に完全なものだからである。そして、最高に純一であること自体によって、あらゆる面で不可分なものであることを保持する。それ故、本性が一つであることを保守しつつ、完全なる流出の様式がそこにある。完全なる流出の様式はただ二つ、すなわち本性によるものと意志によるものである。第一のものは産出であり、第二のものは息吹もしくは発出である。故に、この二つがそこにある。

三　二つの実体的な（substantificus）流出によって必然的に二つのヒポスタシスが流出し、第一にヒポスタシスを発出するものは別の［ヒポスタシス］から流出したのではないことを認めなければならない。さもないと、無限に連鎖することになる。それ故、そこには三つのヒポスタシスがある。

四　また、それぞれの流出には二重の関係性が呼応するので、そこには四つの関係性、すなわち父であること、子であること、息吹と発出がある。

五　これらの関係性を通して、神のヒポスタシスは私たちに知られることになる。そして、このことの他に、第一の理拠となる第一のヒポスタシスもまた知られることになる。それは発出されるものではない――これこそがその特性である――ので、五つの観念、すなわち前述の四つの関係性と「生まれざるものであること（innascibilitas）」があある。

六　また、それぞれのペルソナは固有なものを有しており、それらの名称によってまず第一に知られる。それ故、ペルソナとして固有なものは三つだけである。それが御父と御子と聖霊である。

七　御父の固有性は「生まれざるものであること」もしくは「誕生せざるもの」（ingenitus）であり[五]、原理によらない原理（principium non de principio）、また御父であることにある。「生まれざるものであること」は否定法によって、また帰結としては肯定法によって知られる。というのは、御父において「生まれざるものであること」は源泉としての横溢（plenitude fontalis）を想定しているからである。原理によらない原理であることは否定法とともに肯定法によっても知られる。御父であることは肯定、習性（habitudo）、固有、補完、限定の形式によって知られる。

八　同様に、御子は像であり御言葉であり子であるという時、表現された似姿として、そのペルソナが像と呼ばれ、表現される似姿として言葉、ヒポスタシスとしての似姿として子、またさらに、合致した似姿として像、知性的な似姿として言葉、本性を共にする類似として子と［呼ばれるのである］。

九　同じ用法によって、聖霊の固有性は賜物である、両者の結合あるいは愛（caritas）である、そして聖なる霊であると言われる時、自発的に与えられたものとして賜物、自発的かつ優先的に与えられたものとして愛あるいは結合、自発的かつ優先的かつペルソナとして与えられたものとして聖なる霊と呼ばれる。――ここから、この三つの名、すなわち御父と御子と聖霊によって、三つのペルソナのペルソナとしての固有性へと導かれる。――従って、以上のことは三位一体［の神］への信仰の健全な理解として保持せねばならない。

第四章

この信仰のカトリック的な表現

一　この信仰をカトリックにふさわしく表現するためには、聖なる教師たちの文書に沿うものでなければならない。神的な［三つのペルソナ］に関しては二つの陳述様式がある。実体の様式であり関係の様式である。三つの想定すべき様式がある。本質、ペルソナ、観念である。実体を表現する四つの様式、すなわち、本質、実体、ペルソナ、ヒポスタシスという名辞によるもの。五つの話法、すなわち「誰」（quis）、「何者」（qui）、「どんな」（quae）、「何物」（quod）、「何」（quid）。そして、種差の三つの様式「存在の様式の相違に基づくもの」「状況の相違に基づくもの」「理解の様式の相違に基づくもの」。

二　以上で述べた事柄の理拠はこうである。第一原理は最高に完全で最高に純一であるので、完全性に属するものはみな、独自に真にそのように言われる。しかし、不完全性に属するものはそのように言われないし、言われるとしても［受肉において］人間本性を受容したことに基づくか、転喩的に言われるのである。十の範疇、すなわち、「実体」「量」「関係」「質」「能動」「受動」「場所」「時」「位置」「所有」があるが、後の五つは物体的なもの、もしくは可変的なものに固有なものとして考察される。それ故、転喩的もしくは比喩的にでなければ神にあてはめられることはない。これに対して初めの五つは、神にあてはめられるが、神の純一性を妨げることなく、完全を述べるかぎりにおいてのことである。従って、これらすべての範疇は、それらが陳述されるまさしくそのことと同一のことである。こうしてそれらの存在の主体との比較を通して、すべては実体へと移行することが陳述されるのである。ただし、関係は別である。これは二重の比較、すなわちそこにおいて存在する主体との、それが目指すところの客体との［比較］を有するからである。第一の様式によって移行し、結合することはない。第二の様式によれば存続し、区別をもうけることになる。そして、ここに「実体は一性を保持し、関係は三位を多数化する[a]」と言われる所以がある。それ故、ここに相違を陳述する二つの様式が保たれるのである。――これらには次の二つの法則が与えられる。実体に則して陳述されることはすべて、個々に、そして共に、個別に陳述される。しかしながら、関係に則して陳述されることはすべてについて陳述されることはないし、複数のものについて陳述されるとすれば、内的な関係の故に、関係するもの、区別されるもの、類似するもの、等しいものとして複数のものに陳述される。三位の名辞は双方の［陳述様式］を包含しているのである。

三　一つのペルソナの内に複数の関係性が存在しうるのであるが、それは一つの本性の内に複数のペルソナが存在するのと同様である。それ故、観念における差異はペルソナの相違をもたらすものではないし、ペルソナの区分は本性の複数化をもたらすものでもない。それ故、本性に符合することは何であれ観念もしくはペルソナにも符合するのではない。またその逆もそうである。そこで、ここに三つの想定すべき様式がある。それらについては、常々次の規定があてはめられる。本質（essentia）が想定される場合、観念もペルソナも想定されることはない。観念が想定される場合、本質もペルソナも想定されない。ペルソナが想定される場合、本質も観念も想定されることはない。このことは様々な実例から明らかである。

四　さて、真の区分は実体の想定のうちにあるのだから、本質は一つのままで、実体は多様に意味されねばならない。伝達しうるもの、伝達しえないもののようにである。伝達しうるものとは、本質という名辞によって抽象的な方法により、実体という名辞によって具体的な方法による。伝達しえないものとは、ヒポスタシスという名辞によって区分しうるものとして、あるいはペルソナという名辞によって区別されたものとして表現される。[六]――換言すれば、何らかの形で区分されたもの（distinctam qualitercumque）として。これがヒポスタシスである。あるいは明白かつ完全に区分されたものとして。これがペルソナである。――被造物の中に、次の四つの範例がある。「人間性」「人間」「ある人」「ペトロ」である。第一は本質、第二は実体、第三はヒポスタシス、第四はペルソナを言う。

五　また、区別されるペルソナの内に、区別されるところのものが考えられるだけではなく、区別されるところのものも考えられる。これが固有性もしくは観念である。そのため、神的なものの内に五つの論じられ、あるいは探究される様式があると言わねばならない。［その五つとは］誰（quis）、ペルソナとしての理拠、何者（qui）、ヒポスタシスとしての理拠、なぜ（quia）、実体の区別されない想定を語るので、何（quae）、観念の理拠、何物（quod）、実体の理拠、何または何処《どこ》（quid sive quo）、本質の理拠によるものである。

六　そして、これらのすべての様式は本質が一なることに根ざしている。神の内にあるものは何であれ、一にして唯一なる神自身だからである。それ故、本質によってであれ存在によってであれ、そこに相違は認められない。それ故、そこには三つの相違の様式のみがある。すなわち、ペルソナからペルソナを分けるような、存在もしくは流出の様式によるもの、ペルソナと本質とを分けるような、関連の様式（modus se habendi）によるもの——一つのペルソナは他のペルソナと関連づけられ、それ故に区別されるのであるが、本質は他の本質に関連づけられることはなく、それ故区別されることはないからである——、善と知恵のように、実体的な固有性によって分けられる知識の様式によるものである。第一の区別はより大なるものであって、神的なものらの内に見いだされる。想定されるものらの内にも見いだされるが、一つのものについて言われることは他のものについて言われることはない。——第二の区別はより小なるものである。諸属性の内にあるものだからである。ペルソナと本質とのように、一方に言われることは他方にも言われうるが、一方について言われるあることは、他方について言うことはできない。ペルソナは区別され、［他と］関連づけられるが、本質はそうではない。——第三の区別は極めて小なるものである。含意的なものらの内にあるものだからである。一方について言われることは他方についても互いに言われ、同じことを双方に言うことができるが、同じことが双方に含意されているのではなく、同じことによって双方の認識が与えられるのではない。——第一の区別の様式からペルソナの複数性が生じ、第二の区別の様式から実体的かつ関連に関する陳述の複数性が、第三［の区別］からは本質的かつ観念的な複数の固有性が生じる。この場合、永遠ないしは時間的に、文字通りにないしは転喩的に、共通的ないし独自的に［生じる］。神の諸ペルソナの至高なる三一性についていかに考察し、いかに語るべきかは、以上の説明で充分明らかなはずである。

（a）ボエティウス『三位一体論』6。

第五章

多様な顕現における神の本性の一性

一　第二に、神の多様な顕現について、神聖なる教えは、次のことを保守しなければならないことを教える。すなわち、神は限定しえず、見えないもの、変わりえないものであるにもかかわらず、特別な形で聖なる人々の間に住み、族長たちと預言者たちに顕現し、天から降り、人類の救いのために、御子と聖霊を派遣している。——神の内には三位一体の不可分の本性と力と働きがあるにもかかわらず、一つのペルソナの派遣あるいは顕現があり、他の［ペルソナの］派遣あるいは顕現はない。さらに、そこ［三位一体］には最高の同等性があるにもかかわらず、御父ただ独りが派遣し、派遣されることはない。時として、人間を受け取られた（受肉した）方が派遣されると言われる以外には、神のペルソナに関して、派遣されるのは聖霊だけである。聖書から［証言］を集めることができるように[1]、御子は派遣し派遣される。

二　以上で述べたことの洞察ならびに理拠はこれである。すなわち、第一原理は測り難く、限定しえず、非物体的で、見えないものであり、永遠のもの、変わりえないものではあるが、霊的な諸事物と物体的なものらの、自然的なものらと無償のもの（超自然的なもの）らの［原理（根元）］でもある。このことによって変わりうる、感覚的な、限定される諸事物の［原理（根元）］でもある。そして、それらのものを通して、ご自身は不可変で非感覚的で測りえない方ではあるが、ご自身を現し、知られるものとなさる。ご自身から流出したものらの効果の普遍性によって、一般的に、ご自身を現し、知られるものとする。それらにおいて、その本質、能力、現存を通してご自身をすべての被造物にまで拡張すると言われる。——また、あるものを特別にご自身の内へと導く、その効果を通して、特別に、ご自身を知られるものとなさる。それらの理拠として、「内住する」「顕現する」「降臨する」「派遣される」「派遣する」と言われる。——「内住する」とは、受容とともに霊的な結果を言う。恵みの効果は［神に］好ましいものとする、すなわち神に似たものとすることであり、神へと立ち戻らせ、神が私たちを所有するようにさせ、私たちによって所有させる。このようにして、私たちに内住するものとなる。また、恵みの効果はすべてのペルソナに共通するものであるから、他の［ペルソナ］抜きにして、一つのペルソナが内住するのではなく、三位全体が同時に［内住する］のである。

三「顕現する」とは、聖霊が鳩［の姿］で現れたように[2]、しるしによって表現された感覚的な効果を言う。神のペルソナは区別され、しるしと名称によって区別して表現できるように、どのペルソナであれ独自に自らを現すことができるし、その顕現は、すべての［ペルソナ］が同時に、あるいはそれぞれ独自に［顕現すること］ができるのである。こうして、聖霊が火の舌の［姿］をとって、鳩の［姿］をとって現れたと言われる[3]。これは新たな結合もしくは効果によるものではなく、様式と起源に基づいて独自にあてはめられる「しるしづけられたもの」と「しるし」との一致によるものである。

四「降臨する」とは、前述の双方の効果を当初からもつものである。実に、天において神は常に天使たちに対して現臨している。常に彼らに内住し、［ご自身を］現しているからである。しかしながら、地上においても罪人たちに対しては、恵みにおいても観念においてもいわば不在という形をとる。それ故、現れ、内住し始める時、天には現臨し、私たちに対しては不在であった状況から地上に現臨することになる。そこには何らの変移もないのであるが「降臨する」と言われる。

五「派遣される」とは、永遠の生成をもって、前述の効果を述べるものである。御父が御子を派遣する時、観念を通して、また恵みを通して、［御子を］私たちに対して現臨させることで、［御子が］ご自身から発出することを教えられる。そして、御父は何ものからも発出しないのであるから、決して派遣されるとは言われない。だが、御子は生成するとともに生成されるのであるから、派遣し派遣されると言われる。ところが、聖霊は永遠に生成されるものであり、時間の内においての他には、生成することはない。それ故、派遣されるのは［聖霊の］固有のことであり、被造物に関することを除いて、派遣することを自分にあてはめることはない。——ここから明らかなように、次のように言うのは不適当であり放棄すべきである。すなわち、聖霊は自らを派遣する。聖霊は御子を派遣する。そして、御子はご自身を派遣する［というのがそれである］。ここで［御子に関することは］処女《おとめ》からの誕生に関してのことでなければ考えられないことである。——「派遣する」と

「派遣される」とはすべての［ペルソナ］に符合するものではないことは明らかである。被造物における効果を述べるものではあるが、［三位における］内的関係にも言及している。「派遣する」とは権威について、「派遣される」とは権威のもとにあることに言及するものである。［三位］の内なる永遠の生成の理拠こそが重要なのである。

（1）例えば、ヨハ五・37―38、六・38―44、七・16、一四・26、一五・26、一六・7。（2）ヨハ一・33。

（3）使二・3、ヨハ一・32。

第六章

多様な属性における神の本性の一性

第三に、多様な属性があることに関しては、次の点を保持しなければならないと聖書は教える。本質に関わるすべての事柄はすべてのペルソナに同等に、何らの相違もなしにあてはまるとはいえ、一であることは御父に、真理は御子に、善であることは聖霊に帰されると言われる。――これと並んで、第二の、ヒラリウスの属性の［配列］があげられる。[a] すなわち、永遠であることは御父に、美形（species）は像に、使用（usus）は賜物に帰される。これと並んで、第三［の配列］があげられる。すなわち、御父には効果的な原理（ratio principiandi）が、御子には範型の理拠が、聖霊には目的の理拠が帰される。――これと並んで第四［の配列］があげられる。すなわち、全能が御父に、全知が御子に、意志もしくは厚意（benevolentia）が聖霊に［帰される］。――これらは「帰属される」と言われるのであって「固有のもの」とされるのではない。これらは常に共有されるものであって、固有のものらの、つまり三つのペルソナそれぞれの理解と認識へと導くためのものである。

二　以上で述べたことの意味と理拠はこうである。第一原理は最高に高貴で最高に完全なものであるから、最高に高貴な最高に一般的な「存在の条件」は［第一原理］の内に最高に［完全なもの］の内に見いだされる。それらは一、真、善であり、想定に基づいて存在を限定するものではない。理性に基づいて［限定する］。一は存在を数えうるものとして名づけるのであるが、それ自体においては自らの不可分性によって自らを堅持する。真であるが、可知的なものであることに基づいて［真であり］、固有の美形（species）からの不可分性によって自らを堅持する。善

「であるが」、共有しうるものとして「善であり」、固有の働きから不可分性によってそれを堅持する。そして、この三重の不可分性は知解の理拠による秩序において自らを堅持するのであり、真は一を前提とし、善は一と真とを前提としている。そしてこのことから、この「三重の不可分性」は最高度に第一原理に帰属される。完全かつ普遍だからである。また三つのペルソナにも帰属されるが、秩序づけられたものだからである。故に、「最高に一なるもの」は諸ペルソナの起源である御父に、「最高に真なるもの」は言葉として御父からのものである御子に、「最高に善なるもの」は愛（amor）と賜物（donum）として「父と子」双方からのものである聖霊に「帰属されるのである」。

三　さて、「最高に一なるもの」は「最高に第一のもの」であるが故に、またあらゆる始めを欠いているが故に、また「最高に真なるもの」は「最高に等しいもの」「最高に美なるもの」であるが故に、さらに「最高に善なるもの」は「最高に有用で有益なるもの」であるが故に、ここにヒラリウスの言う第二の属性が生じる。永遠は御父に「帰属する」。発端を持たず、すべてのものに対して第一のものだからである。美形（species）は像、すなわち御言葉に「帰属する」、最高に美なるものだからである。使用（usus）は賜物、すなわち聖霊に「帰属する」、最高に有益なもの、共有しうるものだからである。同じことを別の言葉を用いてアウグスティヌスも教える。「一性は御父に、同等性は御子に、一性と同等性の融合は聖霊に「帰属する」」[b]。

四　さらにまた、「最高に一なる第一のもの」は始源ならびに起源に関わる理拠を、「最高に美ならびに美形なるもの」は表現ならびに範型に関わる理拠を、最高に有益ならびに善なるもの」は目的に関わる理拠を保持する。「善と目的は同一のもの」だからである。ここに第三の帰属の理拠が生じる。効果を御父に、範型を御子に、目的を聖霊に「帰属させるものである」。

五　さらにまた、第一の最高の原理（始源）からすべてを行う能力（全能）が、第一の最高の範型からすべてを知ること（全知）が流れ出、すべての願望は最高の目的を目指すのであるから、故に、第一のものは必然的に最高度に全能、最高度に全知、最高度に厚意的なもの（benevolentissimum）であることになる。第一であり最高のものである一であること（unitas）は、十全にして完全なる還元性によって自らに還元して最高度に全能である。同様に、真理は最高度に全知であり、善は最高度に厚意的なものである。これらのことは帰属させられる秩序を提示しているからである。意志は認識を想定し、意志と認識は能力と力（potential et virtus）を想定する。「知ることができるということは、一つの能力[c]」だからである。

以上のことから、属性とは何か、何に［帰属し］、その原因は何であるかが明らかになった。とはいえ、最後の三つ、すなわち、能力と知恵と意志とは、聖書においては、非常にしばしば、これらの［三つ］によって、至高の三位一体が賛美されている。それ故、それらについて簡略に概要を論じる必要があろう。

（a）ヒラリウス『三位一体』二・1。
（b）アウグスティヌス『キリスト教の教え』一・5・5。
（c）リカルドゥス（サン・ヴィクトルの）『三位一体論』六・15。

第七章

神の全能

一　神の全能について、聖なる教えによれば、次のことを保持しなければならない。神にはすべてのことができる（全能）のである。だが、偽りを言ったり悪を望んだり、といった罪過に関わる行為を［神］に帰してはならない。恐れるとか苦しむといった罰に関わる行為、転喩的な用法を除いて、眠るとか歩くとかといった肉体ならびに物体に関わる行為、自分よりも大きなもの、あるいは自分に等しい他の神、行為において無限なるもの、あるいは類似したものを作ることができるといった［神に］似つかわしくないことを帰してはならない。なぜなら、アンセルムスが言うように、「たとえそれがごく些細なものであれ、似つかわしくないものが神のもとにあることはありえない」からである[a]。しかしながら、たとえこれらのことができないとしても、［神は］真に、固有のものとして、完全に全能である。

二　上述のことの解明と理拠はこれである。すなわち、第一原理は、純一なるものとしての能力によって力あるもの（potens potentia）である。ここに付された区分の形容詞［全］は、「できる」と「純一なるものとしてできる」とを区別する。これらのものは完全で秩序づけられた能力から出てくる。——ところで完全な能力と私が言うのは、尽きることはありえず、倒れることはありえず、欠乏することのありえないもののことである。罪に関わる能力は尽きるものであり、罰に関わる能力は倒れ、肉体的な行為に関わる能力は欠乏を内包している。しかしながら、神の能力は最高にして完全な能力である。それ故、無から生じたものではなく、何者かに服するものでもなく、何かを欠くものでもない。それ故に、罰に関わるものでも罪に関わるものでも物質的なものでもありえない。それは、全能なる者は完全な能力だからである。

三　秩序づけられた能力に関しては三様に語ることができる。行為に則して、被造物の側からの資質に則して、唯一の造られざる力の側からの資質に則して。第一の用法によれば可能であるだけでなく現実的でもあるということ、第二の用法では、第一と異なり、ただひとえに可能であって現実的ではないということ、第三の用法では、第一とも第二とも異なり、神にとってのみ可能であって、被造物には不可能であることを言う。前述のどれからも可能ではないものは、いわば根源的で永遠の理拠ならびに原因によって秩序に真っ向から対立するものであって、端的に不可能なことである。たとえば、現実に無限なるものを何かしら神が作ること、存在していながら、同時に全く存在しない何ものかを作ること、かつて存在していながら存在していなかったものを作ること、これに類することがそれである。神の能力の秩序や神の完全性に反することが可能とされる場合である。以上のことから、いかなるものが神の能力に属するのかが明らかになる。また、何が端的に可能であると、また何が端的に不可能であると言われるかが明らかになる。またある事柄が不可能であることと真に全能であることが両立すること［が明らかになる］。

（a）アンセルムス『クル・デウス・ホモ』一・20。

第八章

神の知恵、予定と予知

一　神の知恵に関しては次のことを保持しなければならない。すなわち、神の知恵そのものがあらゆること、善と悪、過去、現在そして将来、現実のことと可能なことを、最高度に明晰に認識しており、またそれによって私たちには把握し難いことと無限なることとを［認識している］。様々な名前を付与されることがあろうとも、［知恵］そのものはいかなる形であれ変化を被ることはない。――あらゆる可能なものの認識に関して学知（scientia）もしくは認識と言われる。宇宙万物において生ずる、あらゆるものの認識に関しては見識（visio）と言われ、良く生ずるすべてのことの認識は是認（approbatio）と言われ、将来起こるであろうことの認識に関しては予知もしくは予見と言われる。神ご自身によってなされるはずのことの認識に関しては摂理（dispositio）と言われ、報いとして与えられるすべてのことの認識に関しては予定と言われる。罰せられるべきことに関する認識は排斥（reprobatio）と言われる。

二　また、［知恵］そのものは認識しうるものであるだけでなく、認識の理拠でもあるので、それ故、あらゆる認識しうるものの理拠であるかぎりにおいて光と言われる。見られ是認されたものの認識の理拠であるかぎりにおいて鏡と言われる。予知され摂理のもとにあるものの認識の理拠であるかぎりにおいて範型と言われる。予定ならびに排斥されたものの認識の理拠であるかぎりにおいて命の書と言われる。――従って、［神に］立ち返るものとしての諸事物の観点からすれば命の書、［神から］出るものらの［観点からすれば］範型、［神の前を］歩む者らの［観点からすれば］鏡、万物の［観点からすれば］光なのである。――理念（idea）、言葉、学芸、理性は範型を目指すものである。理念は先見の行為に従って、言葉は前提とされる行為に従って、学芸は随伴する行為に従って、理性は完成の行為に従うのである。その上に目的という意図が加えられるからである。――これらのすべては神の内にあっては一なるものであるから、それ故に一が他の［表現］に替わって、しばしば用いられる。

三　神の知恵は、認識の対象と、それらのもつ多様な内容の間における相違によって、多様な名称が付与されるが、内的な理拠によって多様化されるのではない。実に、［神の知恵は］偶発的なことをも誤りなく、可変的なものを不変的に、将来のことを現在的に、時間的なものを永遠的に、依存したものを依存せざるものとして、創造されたものを造られざるもののように、自分とは別のものを自分自身の内に、自分自身によって認識している。――誤りなく偶然的なものを認識しているのであるから、［被造物の］自由と意志の不確定さは、予定と予知と両立する。

四　上述のことの解明と理拠はこれである。すなわち、第一原理は、第一の、最高のものであることからして、最高に純一であると同時に最高に完全なる認識を有している。最高に完全であるが故に、事物が有している、あるいは有しうるあらゆる状況のもとにあっても、最高に判然とすべてのことを認識している。それ故、将来のことを将来のこととして、現在のことを現在のこととして感知しており、善を是認すべきこと、悪を排斥すべきこととして感知している。上述のことに則して、様々な呼称が付与されることになる。

五　知恵の完全性は最高に純一であることと両立しうるのであるから、ここから、［知恵］は自らのものとは別のすべてのことを、自らにおいて、また自らによって認識している。ここから第二のこととして、［知恵］は被造物を造られざるものとして認識していると帰結される。ここからさらに、第三として、依存しているものらを依存せざるものとして認識していると帰結される。ここから第四として、時間的なものらを永遠なものとして認識していると帰結される。ここから第五として、将来のことを現在のこととして認識していると帰結される。ここから、第六として可変的なものを不可変なものとして認識していると帰結される。ここから第七として、偶発的なことを誤りなく認識していると帰結される。

六　偶発的なものとして留まっている、偶発的なことも、神の知恵にとっては全く誤りなく知りうるものであるから、自然に服するものと同様に人間の意志の自由に服する偶発的なことについても同様である。――被造物の意志の自由が、どのようにして永遠の予定の不可謬性と両立するのかという、この真実を理解したい人は、最後から始めて上述の七段階を経て第一にまで進み、第一原理は最高度に完全にすべてを自分自身を通して認識していること、それは最高度に確実な真実であることに到達する。そこにおいて、上述したことが確かなことであることが推論によって結論されるであろう。

七　ところで、神の認識の確実性は、認識される諸事物の偶発性と両立するように、神の知恵が最高度に純一なものであることと、最高度に完全なものであることとは両立するのであるから、同じ理由によって、［神の知恵が］一なるものであることと理念と観念とが複数であることは両立する。実に、［神の知恵は］最高度に完全に、それ故最高度に判然と宇宙万物と個々のものとを認識し、そのすべてのものを最高度に完全に、かつ判然と表示する。それ故に、最も完全に諸事物の類似を表現するものとして、個々のものらの理念と理拠とを［神は］有していると言われる。――［神の知恵は］最高度に純一なものであるから、すべての類似するものらは、［この知恵］において一なるものである。それ故、諸事物のあらゆる完全性に則して、時間の内に、神は一つの力によって万物を形成したように、一つの真理によって万物を永久に表現する。故に、至高で全能の神の内に、それ自体としてはただ一つの能動的な働きがあるのだが、複数のものが造られているがために、複数のものらの形成が語られるように、神において唯一の知性の働きの真理は一つであるが、複数の諸理念、あるいは複数の存在物、将来存在するであろう諸事物、並びに［存在する］可能性のあるものら故に、複数の類似物、諸理念、諸理拠が語られるのである。とはいえ、これらの理念とか理拠は一つの真理と光と本質であるとしても、一つの理拠とか理念であるとは言われない。理拠とか理念といったものは、理解の分野において他者との関係において言われるからである。実に、類似は観念の側に属していると見られようとも、実際には神からその存在を得たものなのである。

八　しかしながら、これに似たことを被造物の間に求めるとすれば、［神の］範型に固有のものであると言わねばならない。すでに述べたように、同時に、純一で無限、そして最大限に完全であることは極めて特殊なものであり、他のことは論理的に知られる。その範型が最高度に純一かつ完全であるということは、純粋な行為（actus purus）である。ということは無限であり測りえないということである。ということはあらゆる類を超えていることになる。ここから、一つ［の範型］が存在するが、多くのものを表出する類似がありうることになる。

第九章

神の意志と摂理

一　さて、神の意志に関しては、次のことを保持しなければならない。［神の意志は］何をもってしても曲げることができないまでに真っ直ぐなものである。また、何をもってしても妨げることができないまでに効力を発揮するものである。多様に表現されることがありうるが、それ自体は一なるものである。

二　神の意志、それは善を喜びとする意志であるが、それは五つの異なったしるしに則して表現される。命令、禁止、助言、補充、許可がそれである。宇宙万物の内に生ずるものは何であれ、善を喜びとする意志によって配分されている。「神の意志はすべてのものの形と運動の第一の、最高の原因である。この全被造物の測り難く広大な国において、至高の支配者の見えざる知性的な内なる宮殿から、褒賞と罰、恩恵と報復という名状し難い公正に基づいて命令されること、あるいは許可されることなしには、いかなるものも見える感覚的に捉えられる形で生じることはない[a]」。

三　また、この意志は理性によって秩序づけられているので、摂理と言われる。宇宙万物の内に生じることはすべて神の摂理によって動かされ支配されている。このことはあらゆる面からも非とされるものではない。何一つとして公正に命じられ、禁じられ、助言されないものはなく、何一つとして公正に反して行わず、何一つとして不正に許可することはないからである。

四　上述のことの解明と理拠はこれである。第一原理は最高度に高貴なものであるから、意志を有しており、それも高貴な形で有している。従って、意志とは、自らの企図に則して行動することにおいて、公正さの原則と行為が効果的であるという原則が期待されるのであるから、神における意志は最高度に公正であり、最高度に効果を発揮するものであることが必然的に求められる。故に、［神の意志は］最高度に公正である。神において意志と真理は同一だからである。故に、最高度に効果を発揮するものである。神において、意志と力もしくは能力とは全く同一だからである。――神の意志は真理を欠くことはありえないので、［神の意志は］公正であるだけでなく、公正さの原則そのものである。［神の意志は］力を欠くことはありえないので、それ故、効果を発揮するのみならず、あらゆる効力の泉ならびに源でもある。こうしてこれ［神の意志］なしには、何一つとして効力を発揮することはありえないし、それに反して何一つとして起こりえないし、何一つとしてそれを妨げることはできないのである。

五　［神の意志は］最高度に公正なものであるから、何ものであれ、これ［神の意志］に合致せずに公正ではありえない。何ものであれ、自分にその意志が知らされずに、それに合致させられることはありえない。それ故、公正さの原則に則して、神の意志は私たちに知らされなければならない。ところで、ある公正さは必然性に属する。これは必要とされる善を行い悪を避けることにある。ある［公正さ］は完全性［に属する］。これは責務を超えた過剰なことを行うところにある。これに則して、三様のしるしによって私たちに知らされる。すなわち、命令、禁止、助言である。これは神が善を喜びとすることを正しいこととして受け入れることを意味する。これは神の命令に則して行うこと、神の禁止に則して避けること、神の助言に則して成就することを意味する。これらのしるしは公正さの原則にのっとるものとして神の意志の誤りないしるしなのである。

六　また、［神の意志は］最高度に効果を発揮するものであるから、［神の意志が］働き、協働するのでなければ、いかなる形であれ、誰も何かを成し遂げることはできないし、［神の意志が］正当にも見放したのでなければ、誰も背いたり罪を犯したりすることはありえない。このことに即した二つのしるしがある。効果を発揮する者の意志としての補充と、正当に見放す者の意志としての許可である。ところで、［神は］正しいものであるが故に、正当に見放すのである。導入した法則が踏みにじられることのないように、形成したものらを［人に］委ねた。このようにして、［神はご自分が］創造したものらと共に働き、それらのものが自分の行動を取るようにした」のである[b]。それ故、自由意志が［善悪］双方に傾きうるものであるとすれば、自然の法則によって悪に陥るのをそのままにしておくことはまさしく正当なことなのである。

七　さらにまた、［神の意志が］恵みによって先行し支えるとしても、誰に対しても不正を行うものではない。不当に行動するのでも、功績の要求によって正当に行動するのでもない。このためには功績は全く不充分なのである。［恵みは］無償で憐れみによって、善である［神］に全くふさわしいという意味で正当に［働くのである］。故に、断罪する時、咎める時、正義に則して行動する。だが、予定する時、恵みと憐れみに則して［行動する］。これは正義を締め出すものではない。それ故、「滅びの塊」(massa perditionis)に属するものはみな断罪されねばならない。故に、選ばれるものらよりもずっと多くのものらが退けられるのである。救いは特別な恵みに基づくものであるが、断罪は一般的な正義に基づくものであることは明らかである。それ故、何人《なんぴと》も神の意志について不平を言うことはできない。すべては最高度に公正に行われるからであり、むしろすべてにおいて、私たちは感謝し、神の摂理の統治をほめたたえなければならない。――他の［罪人］にまさって、ある一人の罪人に恵みの賜物が分け与えられるのはなぜかと、問う人があれば、この人間的な発言に対しては沈黙をもって応じ、使徒［パウロ］と共に叫ばなければならない。「おお、神の知恵と知識の深さよ、神の定めは悟り難く、その道は窮め難い。いったい誰が主の思いを知っていたであろうか。誰が主の相談相手であったであろうか。また、誰がまず主に与え、その報いを受けるであろうか。すべてのものは神から出て、神によって保たれ、神に向かっているのである。神に栄光が代々《よよ》の代々に至るまで。アーメン[1]」。

（1）ロマ一一・33―36。

（a）アウグスティヌス『三位一体』三・4・9。

（b）アウグスティヌス『神の国』七・30。

第二部　世界の創造

第一章

世界全体の形成

一　三位一体の神について理解できることを包括的に述べてきたが、ここで世界の創造について何かしら論じる必要があろう。この点に関しては、総じて次のことを保持しなければならない。すなわち、世界という機構全体は、ある時から、そして無から、唯一であり最高の第一原理によって、存在の場に形成された。［形成者］の能力は測り知れないものではあるとはいえ、万物をしっかりとした重さ、数、尺度の内に配置した[1]。

二　これらのことは諸事物の形成に関することとして総括的に考察されねばならない。それによって真理が拾い集められ、誤謬は退けられる。「ある時から」と言われている、そのことから、永遠の世界を主張する人々の誤謬は退けられる。「無から」と言われていることによって、物質的な原理の永遠性を主張する人々の誤謬は退けられる。「一つの原理によって」と言われていることによって、複数の原理を主張するマニ教徒たちの誤謬は退けられる。「唯一であり最高の」と言われていることによって、知性的な奉仕者たちを通して神は下等な被造物を形成したと主張する人々の誤謬は退けられる。「しっかりとした重さ、数、尺度のうちに」と言い添えられることによって、被造物は三重の原因のもとで創造者である三位の成果であることが明らかにされる。作動因（efficientis）によって被造物に一性、様態、尺度が、範型因によって被造物に真理、種、数が、目的因によって被造物に善、秩序、重さが与えられていることが明らかにされている。このことは、物体的なものであれ、霊的なものであれ、［物体と霊との］双方から合成されたものであれ、すべての被造物に創造主の痕跡のようなものとして見いだされるのである。

三　上述のことを理解するための理拠はこれである。すなわち、諸事物の内には完全な秩序と位置（status）があるというそのことが、必然的にすべてを一つの原理へと還元する。その［原理］は他のものらに位置を与えるという点で第一のものである。また他のすべてのものを補充するという点で最高に完全なものである。従って、位置の点で第一の原理であるには、唯一無二のものでなければならないのであるから、世界を形成するとしても、自分自身から自らを形成することはできないので、必然的に無から形成することになる。無からの形成は形成されたものの側からは非存在の後に存在することを意味するのであり、原理の側からは形成する力の無限さを意味するものである。このことは神にのみ属するものであるから、必然的に、世界の被造物は、ある時に、無限の力によって、行為者自らによって、直接に形成されたことになる。

四　さらに、宇宙万物の完全さが流れ出る、最高に完全な原理は、必然的に、自ら、自らに則して、自らの故に行為するものでなければならない——行為するにあたって自らの他に不足するものは何もないので——その被造物のいずれに対しても、作動因、範型因、目的因という三重の原因を果たす意図を有していなければならない。また、すべての被造物はこの三重の関係をもって第一原因に対比されねばならない。実に、すべての被造物は作動因によって存在の内に置かれ、範型因に模して形成され、目的に向かって整えられている。そしてこのことによって［被造物は］一、真、善であり、適応され、美しくされ、秩序づけられており、測定され、区分され、計られたものなのである。ちなみに重さは整えられた傾向のことである。[a] ——以上は、物体的なもの、あるいは非物体的なもの、あるいは人間存在のように［物体的なものと非物体的なものとの］双方から構成されたものであれ、すべての被造物に関して包括的に言われることである。

(1) 知一一・21。
(a) アウグスティヌス『詩編注解』二九・2・10。

第二章

存在するようにされたものとしての物体的本性

一　物体的本性については、存在するようにされた(fieri) ものとして、存在するものとして、行動するものとして、私たちは考察しなければならない。——物体的本性に関しては、特に、次のことを保持しなければならない。すなわち、六日間かけて存在へと導き出されたこと、つまりすべての日に先立つ「始めに」神は天と地を創造したこと。——第一日に光が形成された。第二日に、［上と下の」水の中間に大空が作られた。第三日に、水が地から分けられ一箇所に集められた。第四日に光るものらによって天は飾られた。第五日には、空気と水は鳥と魚で［満たされた］。第六日に、地は生き物と人間によって［満たされた］。第七日に、神は休んだ[1]。［神は］今に至るまで活動しているのであるから[2]、働きとか活動とかを休んだということではない。新たな種の形成（conditio）を休んだのである。万物は、繁殖するものらに見られるように同類において、あるいは他の方法をもって存在へと導入されるものらのように種子的理性によって作られるからである。

二　以上で述べたことを理解するための理拠はこれである。すなわち、事物は第一の、そして最高に完全な原理から流れ出る。ところで［この原理は］最高に全能、最高に知恵に満ちたもの、最高に善意なるものである。故に、このようにして存在へと導き出されたものは、それらのものらの作成（productio）において、上述の三様の気品と卓越性とを反映しているはずである。それ故、世界という機構の作成には神の三様の働きがあった。すなわち、全能という特性に呼応する創造、知恵に呼応するものとして分類、最高度に惜しみない善に呼応するものとしての装飾である。

また、創造は無からのものであるから、あらゆる物とあらゆる時の基礎として、すべての日に先立つ、「始め」になされたのである。

三　さらに、世界の物体的なものらの分類は三重の様式に則して展開されるので、［始めの］三日を通して行われた。輝く本性の分類は透明なものと不透明なものとによるのであるから、第一日に闇からの光の区分において行われた。透明なものからの透明なものの本性の区分は水からの水の区分において第二日になされた。不透明なものからの透明なものの本性の分類は、地からの水の区分において第三日になされた。これらのことにおいて、天上のものらと諸元素との分類が含蓄的に示されている。このことについては後に明らかにされることになろう[a]。従って、分類は［最初の］三日間を通してなされねばならなかったのである。

四　また、装飾は分類に呼応する。故に、同じように三日間によって完成されねばならない。輝く本性の装飾がある。これは第四日に星々と太陽と月の形成によってなされた。透明な本性の装飾があり、これは第五日になされたが、この［日］に、水と空気を装飾するために水から魚と鳥が生じた。不透明なもの、すなわち地の装飾もあり、これは第六日に行われ、この［日］に獣が作られ、這う物が作られ、さらにあらゆるものの完成のために人間本性が作られたのである。

五　神はこれらのすべてを一瞬のうちに作ることができたにもかかわらず、時の継承のうちに「作ること」を選んだ。一つには能力と知恵と善性の反映が明快で明瞭であるためであり、一つは「日」もしくは「時」と働きとの適合した調和のためである。さらにまた、世界の最初の状態の内に、将来なされる業の種子が蒔かれていなければならなかったように、来るべき時の前表となるためでもあった。――それ故、これらの七日間のうちに、種子のようにして、あらゆる時の区分が先行していた。それは七つの世代によって展開するものである。そして、ここで六日の［創造の］業に、第七の休息が加えられる。この日には夕べがあるとは記されていない。それは、この日が後続する夜を有していないからである。決して終わりのない魂らの休息の前表となるものだからである。――もし別の表現を用いて、すべてのものは同時に作られたのだと言うのであれば、これら七日間をみな天使に関する考察とすることができよう。とはいえ、最初の説のほうがより一層、聖書に合致するし、幸いなるアウグスティヌスに先立つ人々、後に続く人々の権威［ある見解］に合致するものである。

（1）創一・1、一・6、一・9、二・2。（2）ヨハ五・17。
（a）本部第三章と第五章。

第三章

存在するものとしての物体的本性

一　存在するものとしての物体的本性については、次のことを保持しなければならない。すなわち、世界の物体的な全機構は天上の［本性］と元素とから成り立っていること。天上の［本性］は三つの主要な天に区分される。すなわち、エンフィレウム、クリスタリウム、フィルマメントゥムである。――天体（星座）の天でもあるフィルマメントゥムの内には七つの惑星の七つの軌道（orbis）が含まれる。［七つの惑星とは］サトゥルヌス（土星）、ジュピテル（木星）、マールス（火星）、ソル（太陽）、ヴェヌス（金星）、メルクリウス（水星）、ルナ（月）である。――これに対して、元素の本性は四つの領域（sphaera）に区分される。すなわち、火、空気、水、そして土である。こうして、天の極点から発して地の中心点に至るまでに、十の天の軌道と四つの元素の領域が生じる。これらによって、感覚的な世界の全機構は、はっきりと、完全に、秩序あるものとしてまとめられ構成される。

二　上述の事柄を理解するための理拠はこれである。すなわち、物体の本性が自らの完全性、そして第一原理の多様な知恵の表現のために多様な諸形相（forma）を求める時、何らかの純一なる物体が立てられねばならない。これは鉱物、植物、動物において明らかなとおりである。その［物体］は、多様な多数の形相を導入するために、様々な形で混入される。これはまた相反するものに服する本性のものであり、これが諸元素である。また、混合体の中で結合される相反するものを所有するような、ある本性が生じさせられる必要があった。そしてこのようなものは相反するものらからは遠く離れたものであり、「光と超天上の物体の本性」（natura lucis et corporis supercaelestis）と言われるものである。

三　さて、混合は能動的なものと受動的なものとが相対することなしには生じないのであるから、諸元素の中には二重の相対するものが生じていなければならない。すなわち、能動的な性質としては「熱」と「寒」、受動的なものとしては「乾」と「湿」である。また、それぞれの元素がいずれも能動的であると共に受動的でもあるので二つの性質を有しており、一方は能動的であり、他方は受動的である。とはいえ、一方が主導的であり本来的なものである。それ故に、上述の四つの性質、四重の組み合わせから四つの元素だけが存在しなければならなくなる。

四　さて、天上の本性は単一（uniformis）で不動である。これがエンフィレウムである。純粋な光だからである。あるいは動的で多様なもの、これがフィルマメントゥム、あるいは動的であって単一なもの、これがエンフィレウムと星の［天］との中間の天で、クリスタリウム（水晶）の天である。しかしながら、第四の組み合わせ、すなわち、多様なものと不動のものとの組み合わせは成立しえない。多様であることは様々な動きへと向かわせるので、休息という単一なものへと向かうことはないからである。

五　従って、三つの天が存在する。それらの内の第一のものはすべてにわたって輝かしいもの、すなわちエンフィレウムである。第二のものはすべてにわたって透明なもの、すなわちクリスタリウムである。第三のものは［前述の二つの］双方の結合したもの、すなわち、フィルマメントゥムである。従って、三つの不朽の天と可変的な四つの元素が存在することによって、必然的に結合、調和、対応が生ずることになる。惑星の七つの軌道は神が定めた。そして［惑星］はその運動の多様性と形相の不朽性によって、あたかも絆のように、下位の諸元素の領域と上位の天上の領域とを結び合わせ宇宙万物を完成させ、飾ることになる。宇宙万物は数に基づく調和によって秩序づけられていると言われる。十の天上の領域と四つの元素の領域との結びつきに基づいており、比例的に美しくあると同時に完全で秩序あるものとして自らを表現している。それはまた、それぞれの方法で自分の原理を再現することになるのである。

第四章

行動し影響を及ぼすものとしての物体的本性

一　行動するものとしての物体的本性については、次のことを保持しなければならない。すなわち、天上の［物体的本性］は、地上の［物体的本性］と諸元素とに、時間を明確に表示すること、つまり日、月、年を［表示すること］で影響を及ぼしている。実に、聖書に次のように記されている、「季節と日と年とを定めるしるし」となる[1]。——また［天上の物体は］生産し腐敗する諸事物、すなわち鉱物、植物、感覚を有するもの、そして人間の肉体の実際の産出に影響を及ぼしている。——とはいえ、時を示したり活動を左右するものとして数えられるが、偶発的な将来の出来事の確たるしるしでもなく、ある哲学者たちが「神託」と呼んだような形で、星座の力による自由意志に影響を及ぼすものでもない。

二　上述のことを理解するための理拠はこれである。すなわち、第一原理に近いことから、光、動き、熱、力は天上の諸物体の内に入れられる。——光はその形と美の故に、動きは上位のものが及ぼす影響の故に、熱は影響を及ぼされる下位の本性との関係の故に、力は上述のすべてとの関係の故に。——私が言いたいのは次のことである。天上の物体は光と動きによって時間の区分、すなわち太陽の光と大空の動きに基づいて日が、楕円軌道の月の動きに基づいて［歳月の］月が、同一の軌道の太陽の動きに基づいて年が、分離と接近、上昇と下降、逆行と停止といった惑星同士の様々な動きに基づいて季節、つまり、それらによって季節に移り変わりが生じるのである。

三　一方、［天上の物体は］力と熱をもって、元素から生ずるものらの形成を刺激し、促進し、結合させることで影響を及ぼす。同等性からは全く相反するものらの統合に基づいて鉱物に影響を及ぼす。同等性からあまり離れていないものらの統合に基づいて植物に、同等性の点では隣接しているものの統合に基づいて感覚を有するものに、同等のものの統合に基づいて、人間の肉体に影響を及ぼすのである。この［人間の肉体］は最高に高貴な形相、すなわち理性的な魂へと向けられている。あらゆる感覚的本性と物体的本性の志向は、この［魂］へと秩序づけられ限定されている。そして、存在し、生きており、感覚し、理解するものである形相である［理性的魂］によって、知的な円周をたどるように自らの原理へと還元されるのであり、そこにおいて完成され、至福に包まれるのである。

四　［理性的魂］は自由意志によってそれ［至福］を目指すのであるから、自由意志の故にこそ、あらゆる物体的な力を凌駕している。また、このために生じさせられたすべてのものは、［理性的魂］に奉仕する。神の他には何も、神託［運命］も星の座標の力もそれを支配する力を持たないのである。

五　それ故に、私たちが、存在するものらすべての目的であることは疑いもない真実である。物体的なものはすべて、人間に従うものとして作られた。［作られた］すべてのものによって、宇宙万物の作り主（factor）を愛し賛美するように人間は駆り立てられる。その方の摂理によってすべてのものは配置されているのである。従って、物体から成る感覚的な機構は、最高の製造者（opifex）によって人間のために作られたもの、いわば家のようなものである。しかしそれも、天にある、［人の手で］作られたものではない「家」が到来する時までのことである。[2] 魂がただ肉体の故に、功績を積むために、今は地上にあるように、ある時、肉体が魂の故に、また褒賞として天上にあるようになるのであろう。

（1）創一・14。（2）Ⅱコリ五・1。

第五章

聖書の中で［創造について］描写されている方法

一　以上で述べてきたことは、次のようにまとめられる。神は事物を時間の内に秩序あるものとして作り、空間の内に秩序あるものとして配置したように、影響の点でも秩序あるものとして管理している。また、聖書は、教えの点で充分なことを秩序あるものとして語っている。天上のものらにせよ元素にせよ、その領域の相違に関して明瞭に描写していないとしても、上にある物体の運動と力について、また元素と諸元素の混合されたものの組み合わせについてほとんど、あるいは全く述べていないとしても、さらに宇宙万物が存在へと制作されたことを描写する時、より上位の霊たちの状態について何一つとして明瞭に語っていないとしても［そう言えるのである］。

二　上述のことを理解する理拠はこれである。すなわち、第一原理は、聖書を通して、また被造物を通して、ご自分を認識しうるものとして私たちに提示される。被造物という書を通して作動因としての（effectivum）原理として、聖書を通して修復の（reparativum）原理としてご自身を表示する。そして、修復の原理は、作動因としての原理を認識することなしに、それを認識することはできない。故に、聖書は、まず第一に、修復の業について取り扱うのではあるが、作動するものであり更新するものでもある第一原理を認識するように導くかぎりにおいて、制作の業についても取り扱わねばならないのである。故に、［聖書］は崇高で救いをもたらす認識である。崇高なものである、作動因としての原理、つまり創造主である神について［論じている］ので。救いをもたらすものである、修復の原理、すなわち救い主であり仲介者であるキリストについて［論じている］からである。

三　さらに、［聖書は］第一原理と最高の存在者について取り扱っているが故に崇高なものである。諸存在者の特別な本性とか動きとか力とか相違とかについて描写するために身を屈することなく、ある普遍性の内に立っており、特殊な事柄はそれに内包されている。すなわち、世界の形成について描写するにあたっても、光り輝く本性、暗い本性と半透明な本性の配置や影響について一般的に語っているのである。

四　［聖書］で取り扱う第一原理は実存における自然本性の秩序を、配置における知恵の秩序を、影響における善の秩序を自らの内に有していることから、自然本性の秩序は同時性と同等性を有しており、知恵の秩序は優先性と後続性を、影響の秩序は優位と劣位を考慮する。故に、自然本性の秩序を示唆するために、神が働くことはふさわしいことであると聖書は判断して、初めに、時間の流れに先立って、この三重の本性が非存在から存在へと作り出されたことを次のように言う。「始めに神は天と地を創造した」、そして「神の霊が水の上を動いていた[1]」。ここで天という名辞で光り輝く本性が、地という名辞で暗い本性、水という名辞で半透明もしくは透明な本性が示唆されている。［水によって示唆される本性は］反対物に従うか、反対物の上に挙げられるかによって［半透明もしくは透明となる］。――ここで、永遠の三位が示唆されている。御父が創造主なる神の名の内に、御子が「始めに」という名辞の内に、聖霊が神の霊という名辞の内に。――「永遠に生きる者が万物を同時に創造した[2]」と言われていることは次のように理解しなければならない。詩人が空想したように、全くの混沌の内に［万物］を創造したというのではない。この三重の本性を創造した時、最上のものを最上の位置に、中間のものを中間の位置に、最下のものを最下の位置に［据えたということで］、天は完全なもの、地は整えられてはいないもの、中間の本性として、いまだ完全な整備に至っていないものとして中間に位置するが、「存在」という点では何ら区別されるものではない。

五　［事物の］配置における知恵の秩序を示唆するために、次のことを［聖書は］明らかにする。この三重の本性は同時に区別され整備されたのではなく、この創造された三重の本性が区別のために三日間、さらに整備のために三日間を必要とした。こうして、神は始めに、時間の原初において三重の本性を同時に創造したように、時間の継承において三重の時間の尺度、つまり三重の日のうちに、創造された三重の本性の区別を設け、それに続く三日間で区別された三重の本性の三様の整備を施したのである。

六　影響における善良さの秩序を示唆するために、次のことを［聖書は］明らかにする。この三重の本性はその尊厳と影響に基づき、世界の内に下と上とに配置されたのである。――光り輝くものは美観（species）の点で多大なものであるので、旋回することが割り当てられ、暗いものは美観の点でごく小さなものしか有していないので中心地点に［割り当てられ］、半透明なものは中間に位置し、それ故、中間が割り当てられた。透明かつ半透明な本性は天的な本性とも諸元素とも共通するところがあり、なおかつ光り輝くものとの双方に適合する。それ故、大空（フィルマメントゥム）は［二つの］水の間に作られたとまさしく言われる[3]。それは天の上の水は流動し凍結し重さを持ち腐敗するような水ではなく、繊細で腐敗することなく透明で、その卓越性の故にあらゆる反対物の上に挙げられ、天的な本性によって天的なものらの内に位置づけられるのであるが、高貴な形相の理拠によることである。

七　また、［水は］力と影響という理拠によって位置づけられる。下位の諸事物における物体的な動きはすべて、天的な本性から規定、始原、活力（vigor）を得る。能動的な性質（qualitas）は二つ、すなわち温暖と寒冷があり、ある天は主に温暖をもって影響を及ぼすが、星群の天がその輝きの故に［そうである］。あるものは寒冷の上で影響を及ぼすが、クリスタリウムがこれであろう。――星群の天は温暖の点で影響を及ぼすが、形相として温暖ではない。同様に、アクエウムとかクリスタリウムとか言われる天にしても本質的に寒冷なのではない。それ故、聖なる人々[a]は言うのである、水がそこに据えられたのは、上位の物体の熱およびこれに類したものを遮蔽するためである、と。これは［本質に関する］断言としてではなく、効果と影響を述べるものと理解すべきである。――それ故、上述の秩序に基づく創造の次第は、創造的な知恵と、崇高な学知である聖書の秩序とは合致するのである。

八　さらに、［聖書は］救いに関する学知である。故に、修復の業に関わらないかぎり、形成の業に関しては介入しないのである。天使たちは、後続の箇所で明らかになるが、堕落を修復する余地のないものとして形成されたので、天使たちの境遇と堕落に関しては、文字による表現としては沈黙に付されている。それに続く修復はありえないからである。

九　最高に卓越した被造物の境遇について沈黙していることは聖書の卓越性に似つかわしくないので、卓越し、救いに関わる学知が必要とするかぎりにおいて、聖書は諸事物の境遇について記述している。とはいえ、すべての境遇は霊的な理解に基づいて、文字を用いて記述されており、天使や教会の位階を描写するにも霊的に描写されている。それ故、最初に形成された三つの本性の内で「天」という名辞でみ使いの位階が、「地」という名辞で教会の位階が、「水」という名辞で、それによって両者が潤わされる恵みが描写されていると霊的な理解に基づいて［解されるのである］。

一〇　さらに、「七日間」という表現によって、七つの世代の流れに即した教会の七様の状態が理解される。また、同じ表現によって、被造物から神にまで至るみ使いたちの七通りの回帰が理解される。このようにして、以上で述べたことからも、聖なる人々の様々な見解の内に、聖書の十全性と真理が明らかになる。［聖なる人々］とはアウグスティヌスや他の人々であるが、正しく理解されるなら、［その見解は］決して矛盾するものではない。

（1）創一・1―2。（2）シラ一八・1。（3）創一・6。

（a）例えばバジリウス（バジレイオス）『ヘクサエメロン』三・7。

第六章

天上の霊たちの形成

一　続いて次に、霊的で非物体的な本性について、すなわち天使たちの［本性］について取り上げねばならない。天上の霊たちの境遇（conditio）について、悪魔たちの墜落について、善いみ使いたちの批准（confirmatio）について考察する必要がある。

二　従って、次のことを知っておかねばならない。すなわち、み使いたちには、その境遇（創造）のそもそもの始めから、四つの属性が付されていた。すなわち、本質の純一性、ペルソナとしての区別、記憶と知性と意志を伴う理性、善を選び悪を退けるための自由意志である。――この四つの主要な属性に、他の四つの［属性］が随伴する。働きにおける確実さ、奉仕における誠実さ、認識における鋭敏さ、善もしくは悪を選択した後の不易性である。

三　上述のことを理解するための理拠はこれである。すなわち、第一原理、まさしく第一のものそのものは、万物を無から形成した。故に、無に近いだけでなく、ご自身に近いものでもある。[a] 実体という点ではご自身から遠く離れたもの、つまり物体的本性として形成した。だがごく近くのものでもある。それは知的で非物体的な実体でもある。この点で神に非常に似たものであるということであり、本性の純一性とペルソナの区別を有している。共通のものとしても個別のものとしても実体という面で神に非常に似たものなのである。――［天使は］精神（mens）の内に、記憶、知性と意志に基づく三位一体の像を有している。また、意志の自由を有しており、本性的にせよ選択にせよ能力の面からも神に似たものとされており、こうして本性的能力には神の像が、選択の［能力］には自由がしるしづけられていることになる。意志の選択の自由を有していなかったなら、いかなる善を行おうとも、その功績によって輝かしい褒賞に至ることは決してない。そしてこのようなことは、記憶、知性と意志とを備えた理性的な実体においてでなければありえないことである。理性のあるところには、「理性的本性の個別的実体」（rationalis naturae substantia individua）[b] がなければならないし、当然、霊的で非物体的な実体、またそれ故に、純一で量に関わる次元を完全に欠いたものでなければならない。

四　このような実体は、純一であるということの故に「働きにおける確実さ」を備えており、確実さとペルソナとしての区別の故に、奉仕において役務の割り当てがある。純一であり確実であることの故に、認識における鋭敏さが備わっている。純一で鋭敏であることの故に、神に相似する（deiformis）[c] 知性を有しており、故に、善であれ悪であれ選択において選択の後に確固としていられるのである。――そして、このような境遇は天上の霊たちの一般的な境遇として一般的に認められることである。

（a）アウグスティヌス『告白』一二・7・7。
（b）ボエティウスのペルソナの定義（訳注六）参照。
（c）ディオニジウス・アレオパギテス『神名論』。

第七章

悪魔たちの背信

一　悪魔たちの背信に関しては次のことを保持しなければならない。すなわち、神はすべてのみ使いたちを善なるものとしてお作りになった。最高善であるご自身と、被造物であるところの可変的な善との中間としてお作りになったのである。ということは、上にある［善］を愛するように向かうのであれば、恵みと栄光の状態へと上昇するのであるが、可変的な善、すなわち下に位置する［善］に［向かう］のであれば、そのこと自体によって罪過と罰へと陥落することになる。正義の粉飾なしに罪の恥辱はありえないからである。[a] ――み使いたちの中で第一の者ルチフェルは私的な善を先取りし私的な卓越性を渇望した。他のものらの上にあることを欲してのことである。それ故、彼に同意したものらと共に墜落したのである。［その墜落は］悔い改めの余地なく、頑固で、盲目的で、神を瞑想することから締め出されるもの、行動においては秩序を逸脱したものであり、様々な誘惑によって人間を転落させようとあらゆる攻撃をもくろんでいるのである。

二　上述のことの理解の理拠はこれである。すなわち、第一原理は最高善であるから、善でないものは何一つとして作らない。善以外のものが何か善から発することはないからである。[b] あるものから作られたものは、その［作った］ものより劣っている。故に、そのものは最高善ではありえない。従って、み使いは神によって善なるものとして形成された。だが最高善ではない。愛情をこめて最高［善］に向かうなら完成される［善である］。

三　意志の選択の自由によって最高善に向かうことも、私的な善に向き直ることもできたので、ルチフェルは自分の美と高ぶった思いによって、自己愛と私的な善へと駆り立てられた。すでに身につけていた卓越性を過信して、まだ持っていない私的な高位を切望したのである。この過信《うぬぼれ》によって、自分で自分のために原理を設定し、自分自身を栄えあるものとし、自分で自分のために最高善を設定して、自分自身の内にあって安らごうとしたのであった。しかしながら、［ルチフェル］自身は最高原理でも最高善でもなかったので、必然的に、秩序を逸した台頭によって転落した。同じ理由で、これに追従した者たちもみな［転落したのである］。

四　そして、正義の粉飾なしに罪の恥辱はありえないのであるから、罪に陥った時、自分に追従した者たちと共に、直ちに至高の場、すなわちエンフィレウムを失い、下界、すなわち暗い靄《もや》、あるいは陰府（地獄）に落ちたのである。こうして、自由意志によって罪過に墜落したということは神の判決によって罰へと転落したということである。――選択の後、不可変性を有していたが故に、直ちに、悪に固執し、そのために真実が見えなくなり、行動において秩序を逸したものとなり、力においても無力なものとなった。それ故に、不敬なその意志と神に逆らうその行動は人間に対する憎悪と嫉妬へと転換した。真の光から逸れて盲目となった理性の鋭敏さは卜占や詐欺によって欺くことに奔走するのである。また、奉仕における忠誠は真の奉仕から逸れて誘惑へと化し、その力強さも弱められ委縮し、許された範囲であるが、突然の変異という現象を通して不思議な業を行うことに向けられるが、物体的な被造物に関して起こることである。――これらすべては高慢によって歪められた意志によって秩序を逸したものとなっているので、これらすべては自分の高慢を養うものに変えられているので、神に対するように崇められ礼拝されることを人々に求める。「すべてのことを悪く行う[c]」のはこのためである。とはいえ、目下のところ神が黙認しているのは、最後の審判を通して明らかになるように、悪を行う者たちを罰し、善人たちの称賛するためである。

（a）アウグスティヌス『自由意志』三・15・44。
（b）ディオニジウス・アレオパギテス『神名論』4・19。
（c）ペトルス・ロンバルドゥス、Magna glossatura, II Cor. 6:15（Ⅱコリ六・15の注解）。

第八章

善いみ使いたちの批准

一　み使いたちの批准（confirmatio）に関しては次のことを保持しなければならない。み使いたちが神に背くやいなや、悔い改めの余地がないために、それが確固たるものとなってしまったように、神に向き直った者たちは直ちに、意志においては恵みと栄光によって批准され、朝夕の認識に則して理性においては完全に照らされ、命令であれ実践であれ力においては完全に強化され、瞑想であれ奉仕であれ働きておいては完全に秩序づけられる。そして、これは三重の位階、すなわち、上位、中位、下位の［三位階］に則して行われる。――座天使、ケルビムとセラフィムが上位に、主天使、力天使と能天使が中位に、権天使、大天使、天使が下位に属する。この［下位の］者たちの中から多くの者が派遣される、それは人々を保護するためであり、神の意志と命令に則して浄め、照らし、完成することで人々に奉仕するのである[1]。

二　さて、上述のことを理解するための理拠はこれである。み使いたちは、第一の、最高の原理との明瞭なる類似性と親近性との故に、自由意志による同意の後、神に相似する知性と不可変性を有している。神の恵みが注がれることで、最高善に向かい、全面的に神に向き直る時、栄光によって批准されると同様に完全なものとされる。故に、意志に関しては不動で幸福なもの、理性に関しては鋭敏なものとなるので、［造られた］その類においてのみならず、［創造の］技巧において事物を認識し、それによって「晩の」認識のみならず「暁の」もしくは「昼間の」認識をも有しており、その光の充溢性と清浄さの故に、［他の］すべての被造物［の認識］はせいぜい闇と言われうるにすぎない。――命令するにせよ実行するにせよ、物体を取り入れるにせよ取り入れないにせよ、力強さの点では完全に強化されている。――働きに関すれば完全に秩序づけられており、神を瞑想するために上昇するにせよ、人間に奉仕するために下降するにせよ秩序を逸することはない。顔と顔を合わせて[2]神を瞑想する時も派遣される時も神の内を疾走しているのだからである[a]。

三　本性によって、その発端を、栄光によってそこに完成をもつ位階的な秩序に基づいて［これらの霊たち］は動かされ動くのである。［栄光］は上述の四つの属性に基づき、自由意志の浮遊性を確定したものとし、鋭敏さを照らし、奉仕職を秩序づけ、力を強化する。――瞑想における理性の鋭敏さは、まず第一に神の御稜威を礼拝するために、あるいは真理を理解するために、あるいは善を熱望するために関わっている。これに基づいて、第一の位階には三つの段階がある、すなわち座天使、彼らには崇敬が、ケルビム、彼らには知恵が、セラフィム、彼らには厚意が関わっている。――完全なる力強さに命令の力、実践の力、成就する力が関わる。第一のものは主天使、第二のものは力天使、第三のものは能天使に関わる。［最後のものらは］逆らう勢力を防ぐのである。――完全な職務には支配すること、啓示すること、援助することにある。第一のものは権天使、第二のものは大天使、第三のものは天使に関わる。［み使いたちは］立っている者らが倒れることのないように保護し、立ち上がることができるように倒れた者らを援助するのである。――こうして以上のことから明らかであるが、これらのすべてのことは、上位の者らから最下位に降るものらまでのみ使いたちに、多かれ少なかれみられることである。［各］段階は「受けた職務の卓越性」に応じて名づけられたはずである。(b)

（１）ヘブ一・14。（２）Iコリ一三・12。

（a）グレゴリウス『福音書講話』二・34・13。
（b）前掲書二・34・14。

第九章

霊としての人間の形成

一　物体的な本性と非物体的な本性の後、双方から構成された本性について少々論じる必要がある。まず第一に精神（mens）の面から、第二に肉体の面から、第三に人間全体の面から［論じられることになる］。――従って、理性的な魂については、ここで概略が、聖なる教えに基づいて扱われなければならない。すなわち、［魂］は存在するもの、生きるもの、理解するもの、そして自由を享受するものとしての形相である。存在するものの形相であるということは自分自身からでも、神的な本性からでもなく、神によって無からの創造によって存在へと導き出されたということである。――生きるものとしての形相であるということは、外的な本性によるのではなく、それ自身によって、死すべき命ではなく永久に［生きる］命であるということである。――理解するものとしての形相であるということは、被造物であるだけではなく、記憶、知性、そして意志によってその像として作られた創造的な本質でもあるということである。――自由を享受する形相であるということは、常に強制から解放されているからである。無垢な状態にあって、悲惨と罪過から解放されており、失墜した本性の状態にとはいえそうなのである。強制からのこの自由は、魂の主要な能力である理性と意志との性能にほかならない。

二　以上で述べたことの理解のための理拠はこれである。すなわち、第一原理は最高に幸いなるもの、最高に厚意あるものであるから、自分の最高の厚意によって自分の最高の幸いを被造物、霊的で近隣の［被造物］のみならず物体的で遠隔な［被造物］にまで譲渡する。ただし、物体的で遠隔のものには仲介を通して譲渡する。「仲介を通して最下のものを最上のものへと連れ戻すこと、これが神の原則である[a]」からである。それ故に、天使のような、「物体からは」切り離された霊のみならず、［物体と］結合した霊、すなわち人間をも至福にあずからせる。従って、理性的な魂は至福にあずかりうる形相なのである。また、至福という特典に到達するには輝かしい功績によるほかはないのであるから、意志をもって自由になされたことにおいてでなければそれを得るには値しない。故に、あらゆる強制を忌避するために自由意志を備えていることが是非とも必要なのである。なぜなら、これこそが意志の本性なのである。罪過によって悲惨なものになろうとも罪の奴隷[1]になろうとも何ものも強制できないのである。

三　さらにまた、至福にあずかりうる形相は記憶、知性、そして意志を通して神を受け容れうるものであるから、本質においては一性の、権能においては三位の故に三位一体の神の像なのである。故に、魂が必然的に神と［他の］すべてのものを理解しうるものであったのは、神の像が刻み込まれていたということによるのである。――また、幸いなる者は、その至福を喪失させることは何もできないのであり、朽ちないもの不死なるものでなければ、何も至福にあずかりえないのであるから、必然的に理性的な魂は、その本性からして不死の命をもって生きるものであることになる。

四　最後に、他のものによって至福にあずかりうるもの、不死なるものでありうるものは、善く存在することに応じて可変的であり、存在することに応じて朽ちざるものであるのだから、魂は自分自身によるものでも神の本性によるものでもない。可変的なものだからである。［他の］何ものから形成されたものでも、本性を通して生まれたものでもない。不死なるものであり朽ちざるものだからである。こうして、この形相は出生によって存在へと導き出されたものではありえない。本性的に生まれるものはみな、本性的に朽ちうるものだからである[b]。——以上のことから次のことが明らかになる。すなわち、至福へと秩序づけられた魂の至福という目的は必然的に上述の諸条件を課すことになる。

五　至福にあずかりうるものは不死なるものであるから、死ぬべき肉体と合一されるということは［肉体］から切り離されうるということである。このことの故に、単に形相であるだけでなく、「何かあるもの」（hoc aliquid＝個としての実体[c]）である。故に、完成のために肉体に合一されるだけでなく、動力因（motor）としても［合一される］のである。こうして本質によって完成されるとともに、能力によって活動する。また［魂］は［肉体］に存在すること、生きること、感じること、理解することをもたらすのであるから、植物的、感覚的、知的な能力を有する。こうして、植物的能力によって産出し、養育し、増加する。産出するとは何ものであるか（quid）を、養育するとはいかなるものか（quale）を、増加するとはどれほどのものか（quantum）を［示している[d]］。——感覚的［能力］によって感覚的なものを把握し、把握したものを保存し、保存したものを総合し分析する。実に、世界の主なる五つの物体との対応に基づき五つの外的な感覚［器官］によって把握する。記憶によって保存する。統合の第一の力である空想（phantasia）によって総合し分析するのである。——これに対して、知的［能力］によって真実を識別し、悪を退け、善を希求する。理性的な［力］によって真実を識別し、憤怒［の力］によって悪を退け、熱望［の力］によって善を希求するのである。

六　また、真実の識別は認識であり、回避と希求は情動（affection）であるから、魂全体は認識と情動とに分かたれる。

七　さらにまた、真実の識別には二通りのものがある。すなわち、真実を真実として、真実を善として［識別するものである］。後者［真実を善として識別すること］は魂を超えた永遠のものか、魂の内なる時間的なものか［に分かれる］。ここで、認識能力、つまり知性と理性は次のように分けられる。知性は思弁的なものと実践的なものに、理性は上位の部分と下位の部分とに。これは能力の違いよりも職務の違いによって名づけられるのである。

八　最後に、希求はあることに対して二通りに向けられうる。すなわち、自然本性的な刺激に応ずる場合と、考量ならびに決断に応ずる場合である。ここに、情動的能力は自然本性的な意志と選択の意志とに分けられる。後者が固有な意味で意志と言われる。このような選択は双方に関わりなくなされるものであるから、決断の自由によるのである。――このような肩入れのなさ（indifferentia）は先行する熟慮とそれに接合する意志から生じるのである。ここから、決断の自由は理性と意志の技能であることになる。こうして、アウグスティヌスが言うように、このことは上述のすべての理性的な能力を包括するものである。「アウグスティヌス」は言う。「私たちが自由意志について論じる時、魂の一部についてではなく、［魂］全体について論じるのである」[e]。これらの能力が合流することから、つまり自らの上位部分にある理性と付随する意志の協力によって、意志の十全性が生じる。そしてこれこそが、善もしくは悪の選択に応じる功績もしくは過誤を決める原理なのである。

（1）ヨハ八・34。
（a）ディオニジウス・アレオパギテス『天上位階論』四・3。
（b）アリストテレス『天体論』一・12（282b 8-9）。
（c）アリストテレス『カテゴリー論』5（3b 10-12）。
（d）アリストテレス『生成消滅論』一・39・5（320a 8ff）。
（e）擬アウグスティヌス『ヒポグノスティコン』3・5・7（PL 45, 1624）。

第十章

肉体としての人間の形成

一　最初の状態における人間の肉体に関しては、正統信仰の教えに則して、次のことを保持しなければならない。すなわち、最初の人間の肉体は作られたのであり、「土の塵から」[1]形作られた。それも魂に従属するもの、それも均衡のとれた形で「従属するものとして」。ここで「均衡のとれた」と私が言うのは、同等の結合、美しく多様な構成、真っ直ぐな姿勢のことである。「従属」というのは抵抗なしに服従すること、繁殖するものであり情欲なしに繁殖しうるものであること、衰微なしに活気あるものであること、あらゆる腐敗を免れた不可変なものであること、死によって中断されることのないもの、それ故に、平穏な住居《すまい》として地上の楽園の場が与えられたのである。――汚れない繁殖のための伴侶としてまた助け手として男の脇腹から女が形作られた。絶えざる活動のため、また永久の不死性のための完全な不変性のために「命の木」[2]が与えられていた。

二　上述のことを理解するための理拠はこれである。すなわち、第一原理は、［諸事物の］形成において最高に能力のある、最高に知恵ある、最良のものであり、そのことを自分のすべての成果において何らかの形で現すのであるから、最後の、最も気品のある成果の内に最も鮮明にこのことは現れなければならない。こうして他のすべての被造物の間で最後に形成された人間の内に、このことは最も鮮明に現れており、神の業の完成を反映しているのである。

三　従って、人間の内に神の権能が現されるために、［人間］を全くかけ離れた［二つの］本性から一つのペルソナならびに本性に結合されたものとして作った。［二つ］とは肉体と魂である。一方は物体的な実体で、他方、すなわち魂は霊的な非物体的な実体であって、実体の類としては全くかけ離れている。

四　同様に、神の知恵が現されるために、魂に対してそれなりの均衡をもつものとして肉体を作った。それ故、仕上げるもの、動かすもの、至福を目指して上へと向けるものとして魂に肉体は合一される。故に、［肉体は］命をもたらすものとしての魂と合致されるためには同等の均衡を有したが、それは重さや量の均衡ではなく、最高に高貴な生の在り方のために整備された自然本性的な正義による［均衡である］。——多様な諸能力によって動かす［魂］と合致されるために、最高に優雅で精巧で適応性のある多様な器官を有していた。このことは、「諸器官中の器官」[a]である顔や手において明らかなとおりである。——天を目指して上に向かわせる魂と合致されるために、真っ直ぐな姿勢と上に向かった頭とを有していた。直立した肉体は精神の実直さを証しするものだからである。

五　最後に、人間において神の善と厚情が現れるために、あらゆる汚れも罪過も、罰も悲惨もないものとして人間を作った。実に、第一原理は最良であると同時に最高に義なるものである。最良であるからには、善なるもの以外に人間を作ることはできない。そして、これによって［人間は］汚れなく、実直なものなのである[3]。最高に義なるものであるからには、いかなる罪とも関わりのない［人間］に罰を科すはずはない。そして、これによって、理性的な魂のために、［魂］に対して従順であり、反抗による闘争を抱えておらず、情欲に流されず、活力の減少、死の腐敗に侵されていない肉体を立てたのである。こうして［肉体は］魂と合致されたが、魂は無垢であったが、罪過に陥ることもありうるように、肉体は不受苦であったが罰に服することもありえるのである。故に「死ぬことはできなかったが、死ぬことはありえた[b]」のである。満足していられたし、不満足でもありえた。魂に従順でありえたし、［魂］に対して反抗し、闘争することもありえたのである。

六　このため、この状態にあって、同じように共同元祖（comprincipians）となる女性の支援によって子孫の繁殖のための種の決定が［男の肉体］によってなされた。熱（calor）の働きによって、栄養液の消費がなされた。それでも、楽園の木々の滋養によって回復がなされた。回復は命の木もしくは根に蓄えられていた樹液によるものであろう。その木はその力を有していた。そのことについては、それは糧のみならず、秘跡をも意味しているとアウグスティヌスは言っている[c]。――従って、アダムの肉体の非腐敗性と不死性は、第一には包含し作用する魂に由来するが、肉体の善と、配置と受容としての同等の均衡にも由来し、命を与え支える［命の］木に由来し、さらには内的に保存し、外的に保護する神の摂理の管理に由来するのである。

（1）創二・7。（2）創二・9。（3）コヘ七・30。
（a）アリストテレス『霊魂論』三・8（432a 1-2）。
（b）アウグスティヌス『創世記逐語注解』六・25・36。
（c）前掲書八・4・8。

第十一章

全面的に統合されたものとしての人間の形成

一　さて、楽園に置かれた人間全体については次のことを保持しなければならない。すなわち、二重の感覚（sensus）、すなわち内的［感覚］と外的［感覚］、精神の［感覚］と肉の［感覚］が与えられたこと。――二重の動き、すなわち意志における命令的な［動き］と肉体における実践的な［動き］が与えられたこと。――二重の善、すなわち一つは見えるもの、もう一つは見えないものが与えられたこと。――二重の命令、すなわち自然本性への［命令］と規律としての［命令］が与えられたこと。自然本性への［命令］は「産めよ、増えよ[1]」がそれである。規律としての命令は「善悪を知る木の実を食べてはならない[2]」がそれである。――与えられたことに則して、四重の援助、すなわち学知、良心、良知（synderesis）、恵みが与えられたこと。善の内に留まり、進歩し、悪を警戒し避けることができるに充分なものを有していたのである。

二　上述のことを理解するための理拠はこれである。第一原理はこの感覚的な世界をご自身を表明するために作った、つまり、鏡もしくは足跡によるように、［この世界］を通して工匠（Artifex）である神へと人間が導かれ［神を］愛し賛美するためである。そして、これに則して、二重の書物がある。一つは内に書かれたもので、神の永遠の技巧と知恵である。もう一つは外に書かれたもの、すなわち感覚的な世界である。従って、天使のように、内的な書物を認識するための内的感覚を備えた、一つの被造物が存在する。もう一つの［被造物］は、野獣のように外的な感覚をすべて備えたものである。宇宙万物の完成のためには、内側と外側に書かれた書物、すなわち、知恵とその業［が書かれた書物］を認識するために、上述の二重の感覚を備えた被造物が存在しなければならなかった。キリストにおいて、一つのペルソナの内に永遠の知恵とその業とが同時に合流するのであるから、［キリストは］世界の修復のための「内側にも外側にも書かれた書物」と言われるのである[3]。

三　また、いかなる感覚にも動きが呼応するのであるから、人間には二重の動きが与えられた。一つは精神において理性の刺激に応ずるもので、もう一つは肉において感覚能力の刺激に応ずるものである。第一の［動き］は命ずること、第二の［動き］は正しい秩序に則して服従することである。これが逆転すると、魂の実直さも管理も自分本来の状態から失墜することになる。

四　そして、いかなる動きと感覚にもある善に対する希求が呼応するのであるから、人間には二重の善が用意されていた。「一つは見えるもの、もう一つは見えないもの。一つは時間的なもの、もう一つは永遠のもの。一つは肉のもの、もう一つは霊のもの。これらの善から、神は一つを与え、もう一つを約束した。こうして一つは無償で所有されるが、もう一つは功績を通して確保されるのである」[a]。

五　もし保護されないとすれば、善は無駄に与えられることになり、［善］そのものに到達しえないとすれば、無駄に約束されることになる。故に、人間には二重の命令が与えられた。一つは、与えられた善を保護するための本性［への命令］であり、もう一つは約束された善を獲得するための規律［としての命令］である。この［約束された善］は、「真正な従順」以外のいかなるものをもってしても、これを受けるに値するようにはなりえないのである。何か別の原因によってではなく、ただ命令［であるという］そのこと自体から拘束し［実行される］時のみ、真正な従順なのである。それ以外の場合は規律［としての］命令と言われる。というのは、それによって従順の力がいかほどのものであるかを教えるからである。［従順は］その功績によって天にまで導き、逆の場合は、陰府（地獄）へと突き落とすのである。それ故、このような命令が人間に与えられたのは、人間の恭順によって神が何かを得るという何らかの欠乏によるものではなく、真正で意志的な従順によって栄冠を手に入れる道を提示するためである。

六　人間は、欠陥を抱えた本性、無から形作られ、栄光によって堅固にされていないという理由によって転落しうるものであった。最高に厚情な神は、四重の援助を［人間］に授けた。二重の自然本性［への援助］と二重の恵み［の援助である］。実に、二重の公正さを［人間の］本性そのものの内に注入した。一つは公正に判断するために。これは良心の公正さである。もう一つは公正に意欲するために。これが良知（synderesis）である。［この働きは］悪に反するよう囁き、善へと鼓舞することにある。――さらに、二重の恵みによる完成が付加される。一つは無償で与えられた恵み（gratia gratis data＝助力の恩恵）。これは自分自身、神ご自身、［神が］ご自身のために作ったこの世界を理解するために知性を照らす学知である。もう一つは、［神に］ふさわしいものとする恵み（gratia gratum datum＝成聖の恩恵）。これはすべてを超えて神を、自分自身のように隣人を愛[4]するために整えられた愛（caritas）であった。――こうして、堕落の前にも人間は自然本性的な完全さを有しており、その上、神の恵みで覆われていた。ここからはっきりと結論される。もし転落したとしても、それは自分自身の罪過にほかならない。従順であることを侮ったからなのである。

（1）創一・28。（2）創二・17。（3）エゼ二一・9、黙五・1。
（4）マタ二二・37。
（a）フーゴ（サン・ヴィクトルの）『秘跡』一・6・7。

第十二章

完成された全世界の補完と秩序

一　さて、以上のことから次のように結論することができる。世界の被造物はいわば書物のようなものであり、その中には、三重の段階の表現に即して、作成者（fabricatrix）である三位一体が輝き出で、表示され、読み取られる。［三重の段階とは］痕跡、像、似姿という用法である。痕跡という手法（ratio）はすべての被造物に、像という手法は知的なもの、あるいは霊的で理性的な者らのみに、似姿という手法は神にかたどられた者ら(deiformes) のみに見いだされる。これらをあたかも階段のように一つひとつ昇って至高の原理、すなわち神にまで昇っていくように人間の知性は生まれついているのである。

二　上述のことを理解するための理拠はこれである。すべての被造物は自分の創造主に関わり依存しているので、三通りの形で神に比されうる。すなわち、創造の原理に対するものとして、動機の対象に対するものとして、内住する賜物に対するものとして。第一の様式によって［神の創造の］成果であるすべてのものは［神］に、第二の様式ですべての知的なものが、第三の様式ですべての正しく神に受け容れられた霊たちが［神に］比されるのである。実に、［神の創造の］成果であるすべてのものは、いかに少なかろうと、存在を有しているかぎり、神を原理として有している。すべての知的なものは、いかに少なかろうと光に浴しているかぎり、神を認識し愛することができるものとして生まれた。すべての正しく聖なる霊は自分に注賦されたものとして聖霊の賜物を有しているのである。

三　一であり真理であり善であることに則して［神］に形作られていなければ、被造物は原理として神を有することはできない。記憶、知性、意志によって［神］を捉えるのでなければ、対象（目的）として［神を有することはできない］。信仰、希望、愛（caritas)、もしくは三様の贈り物によって［神］に形作られていなければ、注賦された賜物として［神を有することはできないのである］。第一の符号はかけ離れたもの、第二の［符合］は近接したもの、第三の［符合］は全く隣接したものである。ここから、第一のものは三位一体の痕跡、第二のものは像、第三のものは似姿と言われるのである。

四　従って、理性的な霊は第一と最後の中間にあり、こうして第一のものを下に、第二のものを内に、第三のものを上に有する。故に、無垢の状態において像は歪められておらず、恵みによって神にかたどられたものとなっているので、被造物という書物は、そこにおいて人間が神の知恵の光を捉えるよう自らを鍛錬するに足るものであった。このようにして、自らの内に宇宙万物を見、自己の類において見、［創造の］技巧の内に見るまでに知恵ある者なのである。これに則して、事物は三通りに存在を有している。すなわち、質料もしくは自己の本性において、創造された知性において、そして永遠の技巧において。この三通りのことに基づいて聖書は言う、「神は仰せになった、あれ、成れ、成った[1][a]」)。

五　この三通りの見ることに則して、人間は三様の目を受けている。サン・ヴィクトルのフーゴが述べているとおりである[b]。すなわち、肉の［目］、理性の［目］、そして観想の［目］である。肉の目。これによって世界と世界の内に存在するものを見る。理性の目。これによって霊魂（animus）と霊魂の内に存在するものを見る。観想の目。これによって神と神の内に存在するものを見る。このようにして、人間は肉の目によって自分の外に存在するものを見、理性の目によって自分の内に存在するものを見、観想の目によって自分を超えて存在するものを見るのである。とはいえ、観想の目は、罪過によって失ってしまい、恵みと信仰と聖書の理解とによって回復される栄光によらなければ、自己の完全な働きを発揮しえない。先の三つのもの［すなわち恵み、信仰、聖書の理解］によって、天上の事柄を観想するために人間の精神は浄められ、照らされ、完成される。墜落した人間は、まず自分の欠陥と闇とを再認識しないかぎり、この［観想］に到達することはできない。人間本性の破滅を考察し注目しないかぎり、［自己の再確認］はなしえないのである。

（1）創一・6―7。
（a）アウグスティヌス『創世記逐語注解』二・8・16―20、四・29・46、四・31・48。
（b）フーゴ（サン・ヴィクトルの）『秘跡』一・10・2。

第三部　罪による腐敗

第一章

一般的に見た、罪の起源

一　さて、三位一体の神と世界の被造物について、いくつかのことを簡潔に論述してきたが、ここで罪による腐敗について何かしら簡潔に論及せねばなるまい。ここで是が非でも保持しておかねばならないのは、罪とは何らかの本質ではなく、欠陥ならびに腐敗であること、すなわち創造された意志において様態（modus）、形象（species）ならびに秩序が損なわれることである。[a] このことによって罪による腐敗とは善の対極にあるもの、善の内以外には存在を有することなく、善以外から端緒を引き出しえないのである。［その端緒は］自由意志の決断にある。そして［自由意志］は全くの悪ではない。善を欲することができるのだから。全くの善でもない。悪に逸脱することもありうるからである。

二　上述のことを理解するための理拠はこれである。第一原理は、自らによって存在するものであり、他のものによるのではないので、必然的に、自らのために存在するものである。これによって、最高善はいかなる欠陥も有しえないのである。従って、第一にして最高の悪なるものが何かしら存在することはありえない。第一原理は最高に充溢したもの、最高の悪は最高度に欠陥あるものを言うからである。従って、第一原理は最高に、充溢した存在であるので、存在においても活動においても欠乏することはありえず、最高の悪でも、何らかの悪でも、何らかの点で第一の（principale）悪であることはありえない。――とはいえ、［第一原理は］全能であるから、何らの質料の助けを借りることなしに、非存在から存在へと善を導き出すことができる。被造物を形作った時、このことを行い、それに存在すること、生きること、理解すること、欲することを授けた。この［被造物］は最高善によって、三重の原因に沿って作られたのであるから、当然、その実体と意志の内に様態、形象、秩序を有していたことになる。それ故、神によって、神の意に沿って、神のために自らの業を行うということが生じた。そしてこのことは、自らの内に植えつけられた様態、形象、秩序に則して［なされるのである］。

三　しかしながら、［この被造物は］無から作られたもので欠陥を抱えたものであるので、神のために行うことから逸脱することもありえた。こうして神のためにではなく自分のために何ごとかを行うことになり、これによって神によってでも、神の意に沿ってでもなく、神のためでもなく［行動することになる］。これが罪である。これは様態、形象、秩序の腐敗である。それは欠落なので作動因（causa efficiens）を有しておらず、欠落した（deficiens）、つまり創造された意志の欠落である[b]。

四　さて、腐敗とは善の腐敗にほかならないのであり、すべての腐敗は腐敗しやすい物にみられることであるから、善の内にしかありえないことになる。そこで自由意志は自らの内で固有の様態、形象、そして秩序をもって真の善から逸脱することによる。このようなものであるかぎり、すべての罪は第一の起源である意志によるものであり、固有の主体の内にあるように意志の内にある。意志がその脆弱さ、変わり易さ、気紛れさをもって行動する時、不変不屈の善を軽んじて、移ろい易い善に固執するのである[c]。

五　以上のことから次のように結論される。「罪とは諸々の悪いものへの欲求ではなく、より善いものらの放棄である」[d]。故に、意志の欲求における様態、形象、秩序の腐敗である。これによって、「およそ意志的なものが、意志的なものでなければ、もはや罪ではない」[e]ことになる。このように理解するなら、諸々の悪の第一原理として最高悪を想定したマニ教徒たちの不敬は明らかである。実に、何が悪の起源であるのか、何が悪の主体であるのかは明らかである。

（a）アウグスティヌス『神の国』一一・9。
（b）前掲書一二・7。
（c）アウグスティヌス『自由意志』二・19・53。
（d）アウグスティヌス『善の本性』34、36。
（e）アウグスティヌス『真の宗教』14・27（教文館版二・14・27）。

第二章

人祖の誘惑

一　さて、罪による腐敗がどのようにして世界に入り込んだのかを理解するには、人祖の転落、原初の罪過（culpa originalis）の伝達、そして自罪（peccatum actuale）の起源もしくは根元を考察しなければならない。――従って、人祖の転落に関しては、次の三つのことが考察すべきこととして私たちに生じる。すなわち、悪魔の誘惑、犯された罪過、そして科された罰である。

二　誘惑について保持すべきことはこれである。楽園の幸福のうちに、神が男性と女性という二つの性において人間を作成した時、悪魔は人間に嫉妬して、蛇の姿を取って女に近づいて、最初に尋ねた。「どうして、［木の実を］食べてはならないと、神はあなた方に命じたのか[1]」。次には断言している。「いや、あなた方は死にはしない」。三番目には約束している。「あなた方は善悪を知り、神のようになるだろう[2]」。［悪魔は］この誘惑によって弱い女性を倒し、彼女を通して、その後、男性を打ち倒そうと欲し、主の許しのもとに、それを行った。

三　上述のことを理解するための理拠はこれである。［被造物の］形成において第一原理は最高に権能あるものであったように、その管理においても最高に公正なものである。故に、「それらのものが固有の活動をするのを許すようにして、作成したものらを管理する[a]」のである。それ故、人間はこのように形成されたのであるから、戦いの勝利を通して永遠の安息という褒賞に到達する。たとえ神は、人間が誘惑に屈すると知っていたとしても、［人間が屈すると］知っており、［そうさせることが］でき、欲する者［悪魔］によって人間が誘惑されることを許さねばならなかった。――従って、かつては知る［力を持ち］、実直であった悪魔は、高慢によって堕落し、狡猾で嫉妬深いものとなった。それ故、嫉妬によって誘惑することを欲し、狡猾さによって［その術《すべ》を］知っていた。故に、自分にできることとして誘惑し、神は［それを］許したのである。それ故、誘惑するにあたって蛇の姿を取ったことは、神の計らいによったのである。［悪魔の］狡猾さに気づくことができるためばかりでなく、その形態（effigies）から、誘惑にあたっての悪魔の狡猾さがアダムのすべての子らに知られるようになるためである。

四　さらに、規律としての命令について試みることもまた同様に神の計らいであった。［誘惑に］打ち勝とうと打ち負かされようと従順の功績あるいは不従順の過誤をすべての人に知らしめることになる。――女性から始めたことは［悪魔の］狡猾さによることであった。力の弱い者を倒すほうがより簡単だからである。故に、敵の狡猾さは弱い部分から町を攻略するのである。

五　同様に、誘惑にあたって用いられた様態も狡猾極まりないものであった。探ること、唆《そそのか》すこと、誘うことと進めている。質問の形で探りを入れ、断言することで唆し、約束によって誘うのである。初めに命令の理由を質問する。理性を疑念に誘導するためである。次に、疑念を抱かせる、「恐らく、私たちは死なないだろう」と。それに同調し、［命令を］軽んじるように駆り立てる。三番目に、約束する。情欲として抱いたものを願望へと導くためである。このようにして三つの様態によって判断の自由を同意へと引き寄せるのであるが、この［同意］こそ理性と意志の機能であるが、上述の三つの力、すなわち理性的な、憤怒の（irascibilis）、情欲の力を抱えている。以上のことに鑑み、悪魔は三重の欲求によって女を誘き寄せたのである。すなわち、理性的な欲求である学知によって、憤怒の欲求である神に似た卓越性によって、情欲的な欲求である「木の甘美さ」によって。このようにして、［悪魔は］女の内にある誘惑しうるすべてのものを誘惑したのである。誘惑に誘い込むことができるすべてのものを用いて、すなわち、世界の三様の魅惑的なもの、つまり肉の欲、目の欲、驕り高ぶった生活[3]である。すべての誘惑の起源は、世界、もしくは肉、もしくは悪魔の三つに由来するのである。

（1）創三・1。（2）創三・4。（3）Ⅰヨハ二・16。

（a）アウグスティヌス『神の国』七・30。

第三章

人祖の背反

一　さて、人祖の罪過については次のことを保持しなければならない。悪魔の誘惑に同意した女は、神のような学知と卓越性を熱望し、なおかつ、禁断の木の甘美さを味わうことをも希求した。そしてついに、命令に背反するに至った。――［女は］これに満足することなく、禁断の木の実を差し出して、男を誘い込んだ。［男］は自分の享楽が陰《かげ》ることを望まず、女を咎め立てすることなく、かえって悪い誘惑に同意してしまい、差し出された木の実を食べて、神の掟に背反してしまったのである。

二　上述のことを理解するための理拠はこれである。先に述べたように、第一原理によって、二重の書物に鑑み、また二重の善に鑑みて、二重の感覚と希求とが人間には与えられていた。こうして、人間は自由意志に則して、双方に向かうことができる。女は外からの蛇の教唆を聞いて、理性の正しい判断によって読むことができるように自分に与えられている内なる書物に駆け寄らず、自分の感覚を外なる書へと向けて、外的な善の取引を始めた。そして、その感覚は不可謬の真理に近づくことはなかったので、その希求は可変的な善へと向かい始めた。故に、悪魔が約束したことを希求し、［悪魔が］教唆したことを行うことに同意した。卓越した学知を希求することで、［女は］高慢の内に立った。高慢の内に立った、そのことによって美食（貪欲）へと唆された。これによって、第三に不従順によって身を売り渡された。第一に、精神において、第二に感覚的なものにおいて、第三に行いにおいて起きたことである。――さて、誘惑はより下位のものから始まり最高位のものに至るように、聞くことから希求を経て同意に至る。これとは逆に、混乱はより上位のものから始まり、最下位のものに至り罪を犯すことになる。そして、人間存在（本性）において、これこそがすべての罪の発端であり、諸々の悪の起源である。

三　さて、誘われた女は男を誘った。［男］も同様に、外なる書物に向かい、可変的な善に［向かった］。女との結びつき、［女］との交わりの慰安を希求し、女を咎めることも、自分の享楽を痛悔することも欲しなかった。こうして、［女］を咎めるべきであったが咎めなかった。それ故に、女の罪は［男］に帰されることになる。女を遠ざけて自分の享楽を痛悔しようと欲しなかったので、極度に自己を愛することが始まり、それによって神の友愛 (amicitia) から遠ざかり、貪欲と不従順へと陥った。

四　それ故、男ではなく女が誘われた(1)のであるから、それぞれ別の原因によるとはいえ、［男女］の双方が共通して命令に背反した。そして、双方に、すなわち男と女に、上から下に至るまで混乱が生じた。初めに精神もしくは理性に、次に感覚に、その後、行いに［混乱が生じた］からである。故に、双方が不従順によって売り払われ、美食によって誘われ、双方が高慢の内に立ったのである。女は、それまで有していなかったものを希求し、熱望したから、男はすでに得ていたものを極度に愛し、過大に評価したからである。故に、女は食べることで偉大なものになると思い、アダムは自分を何か偉大なもの、神にとって価値あるものであり、厳しく罰せられることはないと思い込んでいた。神の厳格さがいかに冷酷なものか、まだ経験したことはなかったのである。(a) ――こうして［男女の］双方が、秩序を無視して、あるがまま以上に自分を高く上げて、惨めなことに自ら下へと、無垢と寵愛の状態から罪過と悲惨な状態へと転落したのである。

（1）Iテモ二・14。
（a）アウグスティヌス『神の国』一四・11・2。

第四章

人祖の罰

一　人祖に科された罰については次のことを保持しなければならない。男と女は罪過の後直ちに、謀反への呵責と肉における恥辱を感じた。故に、陰部を覆い隠すために、腰に巻く物を作った。[1]――神の裁きの後、労働と窮乏の罰、飢えと欠乏の罰、死と灰への分解の罰へと男は陥った。「土はお前の業の故に呪われた[2]」と聖書に記されているとおりである。――これに対して、女への罰は二重のものであった。妊娠における様々な罰としての辛苦、出産の苦痛、共生における男への服従という罰が科された。このことから、禁断の木から食べるという［罪は］いとも易々と犯されたのであるが、その罪は充分に重く罰せられたことは明らかである。

二　上述のことを理解するための理拠はこれである。第一原理は管理においては最も先見の明に富み、監督するにあたっては最高に実直であるので、宇宙万物の内にいかなる無秩序も徹底して放置することはなかった。そして、罪過は罰の内に組み込まれていたので、人祖の場合、直ちに罪の恥辱は裁きの栄誉に服させられた。自然本性の秩序から転落し無秩序となったものは、直ちに裁きの秩序においても転落することになる。実に、この二重の秩序はすべてのものを包括しているので、一方において転落するなら、他方においても反転することになる。[a]

三　それ故、人祖のどちらもが精神において驕り高ぶり、肉において享楽に耽って、自分の長上に対して不従順なものとなったので、神の正しい裁きによって、［人間］より下のものが［人間］に対して不従順であるようにした。特に、双方の性の結合がそれによってなされる部分、生殖能力に奉仕する器官が［不従順なものとなった］。これは自然本性によって内在していたのではなく、彼ら自身の罪過によるのである。故に、恥じて自らを覆い隠したのである。

四　さらに、男は、最高に喜ばしいものを斥けて、肉体における喜悦を求めたので、神の正しい裁きによって、労働と、飢えと渇きによる疲労が科された。

五　最後に、肉体の善の故に精神の善から引き離されることを選んだのであるから、神の正しい裁きによって、不本意ながら魂は、死と灰への分解を通して、肉体から引き離される。神は人間に、自然本性の秩序に則して、魂に従う肉体、情欲なしに子孫をもうけ、疲労することなく活動的で、死の介在することのない不可変なものとしての肉体を人間に与えたのであったが、人間が罪を犯したことで、正義の秩序に従って、今述べたすべてのことを取り去って、逆のことを科すという事態が生じた。こうして、罪過が罰せられずに無秩序のままであり続けることはなかった。そのようなことを神の摂理が甘受することは全くありえないのである。

六　罪はその発端を女から手に入れたので、［女］への罰は倍にされる。精神において高慢なものとなったので服従する結果となり、甘味なものを食するために木を見て、それを希求したことが苦痛を招くことになり、従順という軛《くびき》を粉砕したので、様々な苦難の枷《かせ》と重荷を科されることになる。

こうして次のことが明らかになる。神の摂理の秩序によって、男に様々な罰が科されたが、女には倍のものが科された。まさしく、正義の粉飾なしに罪の恥辱はありえない[b]と言われるとおりである。

（1）創三・7。（2）創三・17。

（a）ボエティウス『哲学の慰め』四・6。

（b）アウグスティヌス『自由意志』三・15・44。

第五章

原罪の腐敗

一　人祖の失墜［について論じた］後、原罪の伝達について何かしら語らねばならない。これについてはまず初めに腐敗の様態（modus）、次に伝達の様態、第三に治癒の様態について考察せねばならない。

二　人類が原罪によって腐敗するものとされた様態はこれである。性的な交接によって生まれた者は誰しも本性によって「怒りの子[1]」である。原初の義の公正さを欠いているからである。この欠如によって、私たちは魂に対して四重の罰、すなわち脆弱、無知、悪意、情欲を招き寄せた。この四つは原罪の故に科された。まさしく、この霊的な罰は肉体に多様な罰、多様な欠陥、多様な労苦、多様な疾患、多様な苦悩を引き入れる。これらの罰には、死と、灰への回帰という罰、神の直視の欠落、天の栄光の消失という罰が続く。これは単に成人にだけではなく、洗礼を受けていない子供たちの内にも見られることである。この子供たちには他の諸々の罰の中でも「最も穏やかな罰[a]」が科せられる。感覚的な苦痛なしの断罪の苦痛のみに服するからである。

三　上述のことを理解するための理拠はこれである。第一原理はすべてのことを自ら（a se）、自らに従い（secundum se）、自らのために（propter se）行うのであるから、必然的に、自らが最高に善なるもの、最高に公正なるもの、そしてそれ故に最高に慈愛に満ちたもの、最高に義なるものでもある。また、この故に、そのすべての道は憐れみと真理[2]、もしくは裁きである。さて、神が始めから、人間をこのような悲惨な境遇にあるものとして形成したとすれば、慈愛に満ちたものでも義なるものでもない。何らの罪過も先行しないのに、自分の業を悲惨をもって抑圧するのだから。同様に、罪過［を犯したのでも］なしに、このような悲惨が私たちを満たすとすれば、あるいは満たされることを許すとすれば、慈愛も義もなしに、神の摂理は私たちを管理していることになる。従って、［万物の］形成において、予め配慮するにあたって、第一原理は最高に公正であり慈悲に満ちていたことが極めて確実であるとすれば、必然的に、始めから、何らの罪過も悲惨もないようなものとして人間を作ったことになる。また、必然的に、何らかの罪過が先行するのでないかぎり、私たちの内に悲惨な状況が存在するのを許さないように管理するはずである。私たちの［存在の］発端から、罰の様々な悲惨によって私たちは締め付けられているのは極めて明らかであるので、私たちはみな、本性によって怒りの子らであることも確実であり、そのため、私たちは原初の義の公正さを欠いていることになる。この欠如を根源的な罪過（culpa originalis）と私たちは呼ぶ。

四　罪過はみな、不可変の善からの退避、そして可変的な善への接近を言うのである。不可変の善から退避することは、最高の力、真理、そして善から退避することである。可変的な善に接近することは、愛（amor）によって必要以上に［可変的な善］へと突進することである。こうして、原初の義を失い、脆弱、無知、悪意、そして情欲が生じる。

五　さらに、可変的な善の故に不可変の善を放棄するものは双方にふさわしくないものとなる。すなわち、原初の義の欠如を理由に、魂は、多様な腐敗と死によって、肉体の内にあって一時的な安らぎを失い、ついには、永遠の光を見ることから引き離され、肉体においてのみならず魂においても栄光の至福を失うのである。

六　最後に、生まれてくるものらにおいては、この義の欠如は自分の意志の動きによるものではなく、具体的な快楽によるものでもないのであるから、この［世の］生の後、ゲヘンナ（地獄）において感覚の苦痛を科するものではない。常に溢れるほどの憐れみを携えている神の義は、［罪過に］相当する以上にではなく、ずっと軽く罰するものだから。――ここで、幸いなアウグスティヌスが判断したことを信じなければならない[b]。その言葉は表面的には、［新生児に］ある種の幸福を認めたペラギウス派の嫌悪すべき誤謬に対するものであることから別の意味にも取れるのであり、実際のところ、彼ら［ペラギウス派］を中道に引き戻すために、極端に傾きすぎているが[七]。

（1）エフェ二・3。（2）詩二四・10。

（a）アウグスティヌス『エンキリディオン』93（五・3・2）。

（b）De fide ad Petrum 3. 36, 27. 70 (PL 40, 764, 774)。アウグスティヌスの作とされているが、実際にはルスペのフルゲンティウスの作。

第六章

原罪の伝達

一　原罪の伝達の様態はこうである。魂は伝達によるものではないが、原初の罪過はアダムの魂から、情欲によって生まれた肉体を介して、子孫の魂らに伝えられる。アダムの肉体が罪を犯した魂によって汚染され、欲情へと傾いたように、欲情によって植えつけられた［肉体］は、腐敗した汚染を自らに引き寄せ、魂を汚し、害する。この魂における汚染は罰のみならず罪過にも及ぶ。このようにして、ペルソナは本性を粉砕し、粉砕された本性はペルソナを粉砕する[a]。しかしこれらすべてにおいて、神の義は損なわれることはない。いかなる形であれ、魂の汚染が［神の義に］影響を及ぼすことはありえない。たとえ［神が魂］を創造することで［肉体］に注入し、注入することで汚染された肉体と一つにするとしても［そうなのである］。

二　さて、以上で述べてきたことを理解するための理拠はこれである。第一原理は、自己表現のために自分の像として人間を作った。肉体の面からは、一つの根本原理からのように第一の人間からすべての人間が繁殖するように、また魂の面からは、存在すること、存続すること、理解すること、愛することにおいて似姿として表現されるために、無媒介の第一原理からのように神自身からすべての理性的な霊は仲介なしに流出する。［肉体］より卓越したものとして霊はずっと第一原理に近い。こうして、霊は肉体に命令し肉体は創造された霊に服従するものとして神は人間を形成した。ただし、［肉体が創造された霊に服従するのは］その霊が創造されざる御霊に服従するかぎりにおいてのことである。逆に、霊が神に服従しないなら、神の義《ただ》しい裁きによって、肉体も［霊］に反抗し始める。これは、アダムが罪を犯した時に起きたことである。

三　従って、アダムがしっかりと立っていたなら、その肉体は霊に服従していたであろうし、そのようなものとして後の世代に伝達されたであろう。そして、神は［肉体］に魂を注入するが、［魂は］不死の肉体と一つになり、［肉体］に服従して、義の秩序とあらゆる罰を免れる特権を得たであろう。ところが、アダムが罪を犯したこと、肉体が霊に反抗するようになったことから、そのようなものとして後の世代に伝達せねばならず、神も最初に定めたとおりに魂を注入しなければならなくなった。ところが、魂が反抗的な肉体と一つになると、［魂は］下位のものすべてに命令しなければならないという自然本性的な義の秩序に欠陥が生じる。［魂は］肉体と一つにされたのであるから、［肉体］を引き寄せるか、［肉体に］引き寄せられるかいずれかである。反抗的なものであったため引き寄せることはできないので、必然的に、［肉体］に引き寄せられ、情欲の病に感染することになる。義の責務の欠陥と同時に情欲の病に感染することになる。アウグスティヌスとアンセルムスによれば、この二つによって、離反と回帰によって原罪は更新されると言われる。

四　それ故、先に述べたように、人間存在（本性）はこのように制作され、このように繁殖されること、そして罪を犯し罰せられるということでは最高度に秩序づけられたものであった。こうして制作においては知恵の秩序、繁殖においては自然本性の秩序、懲罰においては義の秩序に監視されている。たとえ罪過が後の世代に伝達されるとしても、神の義に反するものではないことは明らかである。

五　さらに、肉体の内に謀反の罰が先行しないかぎり、原初の罪過が魂の内に転移することはありえない。罪過が先行しなければ、罰は存在しない。罪過は秩序正しい意志からではなく、無秩序な意志から生じる。そして、これによって、神の意志からではなく、人間の意志から［生じるものである］。それ故、原罪の転移は最初の人間の罪によるのであり、神によるのでも、制作された本性によるのでもなく、犯された過誤（vitium）によることは明らかである。こうして、アウグスティヌスが言うことは真実なのである。［彼は言う］「原罪は生殖によってではなく欲情によって次の世代に転移する[b]」、と。

（a）アンセルムス『処女懐胎と原罪』23。

（b）前出のフルゲンティウス、De fede ad Petrum, 2.16（PL 40, 758）。

第七章

原罪の治癒

一　最後に、原［罪］の治癒の様態はこうである。罪過は癒されるが、時間的な罰は残る、洗礼を受けた子供たちの場合に明らかなとおりである。永遠の罰に値する犯罪に関して言えば癒されるが、情欲の活動と動機に関して言えば残る。生みの親においては癒されるのである。しかしながら、洗礼によって癒された者から、子供たちへ原罪は転移される。原罪の汚れは取り除かれるが、結果は残る。そこで、この［世の］生を生きているかぎり、私たちは戦わなければならない。［皆が］共有する恵みによって情欲が完全に消されることはないからである。このように私が言うのは、いとも幸いなる処女《おとめ》に鑑みてのことである。このお方の場合、神の御子の懐胎において、固有の恵みによって消し去られたのである[八]。

二　さて、上述のことを理解するための理拠はこれである。創造の原理によって肉体間の生殖によって、感染はすべてのものに及ぶように、下位の部分、すなわち肉体から［始まる］ように、治癒は創造されざる原理によってなされるはずである。つまり、魂らの注入によってなされる、つまり、上位の部分である精神（mens）から［始まる］」。従って、人々の間では、精神の部分によって区分されるのであるから、魂はある魂から別の魂が産み出されるのではなく、神から直接出てくる。神から私たちの精神に注入された癒しの恵みは、個々のことを考慮するのであるが、固有で独自のペルソナを考慮するのであって、自然本性的な力による生殖を考慮するのではない。それ故、原［罪］はペルソナと同様に本性に感染する病である。意志においてペルソナに、肉体において本性に感染する。故に、原［罪］の汚れは精神においては癒されるが、肉体においては感染と結果は残るのである。

三　人間は、精神において癒されたものとしてではなく、肉体において腐敗したものとして、また霊的なものに則してではなく、肉的なものに則して生まれるのである。それ故、洗礼を受けた者としては自分自身は原［罪］から浄められているとはいえ、子孫に原［罪の結果］を転移させたのである。

四　さらに、永遠の罰［に値する］犯罪は、精神とペルソナの歪曲に関わり、行動は肉体と本性の傾向に関わる。それ故、原［罪］は犯罪としては洗礼によって消滅するとはいえ、行動としては残るのである[a]。

五　最後に、一時的な苦痛は肉体の部分からの状況に関わる。肉体は常に何らかの感染にさらされ続けているので、罰に値する可能性にもさらされ続けると言わねばならない。故に、罰を受ける可能性と腐敗は恵みによって肉体から取り去られることはないので、［原罪の］結果もしくは情欲、そして肢体の弛緩は、癒しの恵みと同時に存在しうる。故に、徐々に減少するとはいえ、根元は取り去られていないのだから、［この世の］旅人には全面的に取り去られることはありえない。特別な恵みによって、いとも幸いなる処女《おとめ》だけが例外である。実に、この処女《おとめ》は、すべての罪過の贖いであった方を懐胎したのだから。故に、彼女には特別な恵みが与えられた。あらゆる罪過の汚れと腐敗なしに、神の御子を懐胎するために、この恵みは彼女の内で根元的に情欲をことごとく消去した。「この処女《おとめ》が、神のもとで、これ以上大きな清浄さは考えられない清浄さをもって輝いていることはふさわしいことだった。神である御父は、自分と等しく生まれた者、自分自身であるかのように心から愛した独り子である御子を彼女に与えるように整えた。こうして、独りの同じ方が、自然本性的に、神である御父と処女《おとめ》の共通の子となった。また、御子自身も実体的に自分の母となるように彼女を選び、また聖霊も、自分がそこから発出した方が懐胎され出生することを欲し、働いたのである」[b]。

（a）アウグスティヌス『結婚と情欲』一・26・29。
（b）アンセルムス『処女懐胎と原罪』18。

第八章

自罪の起源

一　原罪の伝達について論じた後、自罪（peccatum actuale）について少々論じねばなるまい。——自罪の発端については、概して次のことを保持しなければならない。自罪は、教唆、快楽、同意、実行を介して、その起源を各自の意志の自由にまでさかのぼる。ヤコブ［の手紙］第一［章］によれば「人はそれぞれ、自分の欲に引かれ、唆されて誘惑に陥る。そして、欲は身籠って罪を生み、罪は熟して死を生み出す」[1]。——教唆と快楽が同意の手前で立ち止まるなら、それは小罪（peccatum veniale）である。——神の法によって禁じられていることにおいて、同意と行為が続くなら、死に至る罪が遂行されたのである。——中途半端な状態であれば、すなわち同意はされたが実行には至らなかった、あるいは実行することを欲したができなかった場合、その時、意志は実際に遂行したものとみなされる。これは、実際に遂行されたならば云々という場合に劣らない罰に値することである。あるいは行為を遂行することを欲さないが、内的には快楽を貪ることを欲する時、この場合は女は食べたが男は「食べ」なかった「ことに譬えられる」。この場合、罪は公然と完遂されてはいないが、死に値する罪（mortalia）と数えられる。女が食べたことで全人間（totus homo）が断罪に値するものとなったからである。このことは、肉に関わる罪に特によく理解される。

二　さて、上述のことを理解するための理拠はこれである。罪とは第一原理からの意志の退避を言う。ということは、意志は自分から、自分に則して、自分のために行動するよう生まれついていることになる。すべての罪は、徳と悪徳との元となる精神もしくは意志の無秩序である。従って、現実の罪（自罪）は意志の現実の無秩序である。無秩序は義の秩序を放逐する。このようなものとして「死罪（死に至る罪）」と言われる。義なる魂が活かされている神から自分を引き離すことで、命が奪われることになるから。あるいは、そこまではいかないまでも、秩序は滅びてはいないが幾らか混乱をきたしている場合、「赦されうる罪（小罪）」と言われる。これについては、速やかに赦しを得ることができるから。そのこと自体のために恵みは取り去られることはなく、神の敵意を招き寄せることもない。義の秩序のあるところでは可変的な善よりも不可変の善が、実用的なものよりも気品に満ちた善が、自分の意志よりも神の意志が優先され、感覚的な「判断」より、義しい理性の判断が優位に立つ。そして、神の法はこのような秩序を命じ、これに反するものを拒絶するのだから、永遠の「善」より可変的な善が、気品に満ちた「善」より実用的な善が、神の意志より私たちの意志が優先され、義しい理性より感覚的な希求が優先される時、死罪が犯される。これについてアンブロジウスは言う、それは「神の法の不履行、天から命じられたことに対する不従順」である[a]、と。神の法が命じることを犯すこと、あるいは無視すること、それが禁じていることを行うこと「が罪なのである」。ここから「違犯（delictum）」と「違反（commissum）」という二種類の罪が生じる。

三　可変的な善が必要以上に愛されているが、不可変の善より優先されることのない時、実用的な［善］が気品に満ちた［善］より優先されることなく、私たちの意志が必要以上に愛されているが神の［意志］より優先されることのない時、肉体は情欲に駆られるものの義しい理性の判断より優先されることのない時、死に至る［罪］ではなく、赦されうる［罪］（小罪）である。法に逸れてはいるが、直接、法に反してはいないから。感覚的な希求は、理性がそれに同意しないかぎり、義しい理性の判断より優先されることはない。故に、同意の前に、死に至る罪が犯されることはない。

四　だが、感覚（sensualitas）が無秩序に動かされる時、たとえ理性が同意しないとしても、その無秩序は悪に傾くものなので、何らかの形で義の秩序を傷つけるので、何らかの罪となる。また、無垢の状態においては、理性の動きに基づかなければ感覚は動かされることはなかった。故に、人間はその状態にあったなら、小罪なしで存在しえた。――しかしながら今や、感覚は理性に反抗するので、欲しようと欲しまいと、必然的に、第一の衝動によって何らかの小罪を私たちは犯すことになる。部分的に、また一つひとつ避けることができたとしても、すべてを警戒することはできないものである。罪とはそのようなものであり、それが罪の罰でもあるのだから。それ故に、まさしく「赦されうる（罪、小罪）」と言われる。

五　理性はこれら［の動き、衝動］に同意するよう強要されることはないので、快楽の感覚の後、行為において同意すれば、その時こそ完全な同意となる。そして、この［同意］によって罪は完遂される。そこに完全な同意はかかっている、「男にまで」、すなわち理性の最上位の部分に至ったからである。

六　この［同意］は行為の内のみならず快楽の内においてもなされるので、下位の部分である感覚にまで波及する。感覚的な快楽において理性が感覚に屈するなら、「女」が蛇に服従し、それによって義しい秩序の転覆が生じ、こうして義の転覆［が生じる］。この故に、死に至る罪が犯されることになる。たとえ重大なことではなかったとしても、女のみならず男にも帰される。［男］によって女は制御されねばならず、蛇に服することのないように引き留められなければならなかった。――すべての自罪において、何らかの点で原初の罪の模倣がなされていることは、卓越した博士、すなわちアウグスティヌスの『三位一体』の第十二巻の説明からも明らかである[b]。

(1) ヤコ一・14―15。

(a) アンブロジウス『楽園』8・39。

(b) アウグスティヌス『三位一体』一二・12・17―18。

第九章

主要な罪の起源と区別

一 引き続き、諸々の罪の発端について、特別に論及せねばなるまい。［罪の］中には、主要なもの、罰としてのもの、終極の、もしくは赦されざるものがある。それをいわば最初のもの、中間のもの、最終のもの［として考察しよう］。

主要な罪の発端については、概して、次のことを保持しなければならない。現実の罪（自罪）の入り口は一つ、根元は二つ、火元は三つ、七つの頭、もしくは主要な罪がある。――入り口は一つ、すなわち高慢である。「すべての罪の入り口は高慢」と記されているように[1]。二つの根元、すなわち悪い自己卑下である恐れ、悪く燃え立つ愛(amor)。三つの火元、世にある三つのものに則した、「肉の欲、目の欲、驕り高ぶった生活」[2]。七つの頭もしくは主要な罪とは高慢、嫉妬、怒り、怠惰、貪欲、美食、放縦。初めの五つは霊的な罪、後の二つは肉体に関わるもの。

二 上述のことを理解するための理拠はこれである。死に至る罪とは第一原理から実際に退避することにあるとすれば、第一原理から退避することは、［第一原理］そのものにおいて、あるいはその命令において、［第一原理］を軽蔑することによらなければありえない。第一原理を軽蔑することは高慢である。従って、必然的に、すべての死に至る罪過もしくは過失は、その入り口を高慢から手にする。

三 何人《なんぴと》も、それとは別の何ものかを得ようと欲するか、失うのを恐れること以外に、最高原理それ自体、もしくはその命令を軽蔑することはないのだから、必然的に、すべての自罪はその起源を二つの根元、すなわち恐れと愛から引き寄せることになる。この二つは同等ではないが、諸々の悪の根元なのである。

四 というのは、すべての恐れはその端緒を愛に持っているからである。何人《なんぴと》も、それを持っていることを愛していなければ、何かを失うことを恐れることはない[a]。故に、恐れは、愛が暖められるものによって暖められるのである。

さて、可変的な善との関わりで愛は秩序を逸したものとなる。これ［可変的な善］には三様のものがある。内的なものとして卓越性、外的なものとして財貨、下部のものとして肉の放縦。ここにおいて、必然的に、自罪の根源的な火元は三つあることになる。これは先に述べたことである。魂がこれらの［三つの火元へ］無秩序に動かされる時、すべての自罪が生じることになる。

五　このことは七通りの様態に応じて生じる、故に、主要な罪は七つあり、そこからすべての悪徳は生じる。実に、私たちの意志は、希求してはならないものを希求したり、避けてはならないことを避けることで秩序を逸したものとなっている。希求してはならないものを希求するとすれば、その善は一時的なものであるか可変的なもの、もしくは表面的に善なるものであり、内的なものだとすれば個人的な卓越性であり、高慢が愛するものである。外的なものであれば、［自己］充足である。貪欲がこれを愛する。下部のものであれば快楽に関わるものである。自己保存のためであれば、食料であるはずのものが味覚に応じて快楽をもたらすものとなり美食によって希求される。種の保存のためであれば、［男女の］交接は接触に応じて快楽をもたらすものとなり、放縦によって希求される。――避けるべきことを避けなかったことで意志が秩序の混乱に陥る場合、回避の三様の様態に則して、三様のものでありうる。理性の歪んだ刺激に則して回避するなら、それは嫉妬。憤怒の刺激に則するなら、それは怒り。情欲の刺激に則するなら、それは怠惰。こうして、希求されるものは主要なものとして四つ、それらの刺激に則して回避すべき力は三つ。故に主要な罪は七つということになる。

六　さらに、希求される事物への思い（sensus）には快楽が、回避すべき事物への思いには苦痛が伴うので、四つには快楽が結びついており、他の三つには悲哀と呵責（poena）が付随する。［七つは］いずれも主要な［罪］と言われる。無秩序は根源的なものであり、それぞれの形で、他の無秩序に根源的な影響を及ぼすから。それ故、それらのうちから根源的に回避すべきものを思い浮かべてみると、それも特有の快楽を抱えている。実に、嫉妬は、共有するものなしに自分だけの善を所有することを欲し、それを貫く。怒りは抵抗なしに、平然と。怠惰は労苦なしに何ごとかを［欲し］労することなしに［手に入れる］。だが、これらのものは容易に手に入れられるものではない。それ故、希求するものを得るために、避けるものを避けるために、悪徳の大軍を自分につき従わせるのである。［悪徳の大軍」に鑑みて、主要な（capitalia）罪と言われる。いわば頭《かしら》（capita）からのように、そこから他の諸々の［罪］が流れ出るから。

（1）シラ一〇・15。（2）Ⅰヨハ二・16。
（a）アウグスティヌス『神の国』一四・7・2、『至福の生』2・11。

第十章

罪の罰の起源と性質

一　罰としての罪については、次のことを保持しなければならない。罪過という悪、罰という悪とは諸々の悪の内で異なったものではあるが、罪であるとともに罪の罰のような罪が存在する。というのは、嫉妬や貪欲、そしてこれらに類したもののように、苦悩や悲嘆との結びつきを持つものが、特別な形で、罪と罰のような罪と言われる。一般的には、本性の悪化、あるいは恥辱との結びつきを持つものが、そのように言われる。これは、罪人は「価値のない考えのままに任される」[1]と言われているようなことである。――より一般的には、「最初の背反と、最後のゲヘンナでの罰との間に存在する罪が、罪とも、また罪の罰とも言われうる」[a]。グレゴリウスが言うところによれば、犯罪（crimen）は犯罪によって報復される[b]。――罪と罪の罰とが同一のことを言っているとしても、次のことは保持しなければならない。すべての罰は、それが罰であるかぎりにおいて、義なるものであり、神からのものである。だが、罪過（culpa）はいかなるものであれ、義なるものではなく、神からのものでもない。意志の自由な判断による。――これに対して、罰は、完全に罰であるかぎり、神から科されたものである。だが、罪過もしくは罪過への傾きは［人間によって］引き寄せられたこと、あるいは行われたことである。

二　上述のことを理解するための理拠はこれである。悪とは、善に害を加えて、第一原理からの退去を言うのであるが、善から何かしらを奪うことがないかぎり、善に害を加えることはない。さて、善は様態、種、秩序の内に存在する。様態、種、秩序の腐敗なしには、いかなる悪も存在しない。秩序には二通りのものがある。すなわち、自然本性の秩序と義の秩序である。自然本性の秩序は自然本性的な善の内に、義の秩序は道徳的な善の内にある。そして、自然本性的な善はすべての本性（存在）の内に、道徳的な善は意志の内に存在の場を持つ。故に、自然本性の秩序はすべての本性（存在）の内にあり、義の秩序は選択の意志の内に存在の場を持つ。また、意志は「自らが活動する道具である」[c]が、本性（存在）は決してそのようなものではないので、ここから、義の秩序は作られたもの（factus）であるだけでなく、作り出すもの（factivus）でもある。しかし、自然本性の秩序は作られた秩序である。それ故に、悪は義の秩序も自然本性の秩序をも奪い去ることができるので、ここから、悪には、罪過の［悪］と罰の［悪］という二通りのものがあることになる。

三　さらに、義の秩序は意志の秩序でもあるから、ここから、「罪過の［悪］は意図した結果であるが、罰の［悪］は意図せざる結果である」[d]ことになる。

四　最後に、意志の内にある義の秩序は作り出す秩序である。故に、「［義］の欠如である罪過の悪は私たちが作る悪であって、罰の悪は私たちが受苦する悪である」。受苦は、本来的に行為が先行しなければありえず、行為は、何らかの受苦が伴わなければありえない[e]。ここから、罪過という犯行が先行しなければ、いかなる罰もありえず、何らかの罰が伴わない罪過もありえないことになる。

五　私たちが行うことは、私たちに原因があり、私たちが受苦することは、私たちにも他のものにも原因はありうる。［他の原因として］上位のもの、あるいは下位のものが原因となる。故に、すべての罪過は私たちに原因はあるとしても、すべての罰が私たちに原因があるのではない。無論、ある行為は私たちに原因がある。あるものは科されたもの、あるものは負わされたものである。

六　行ってはならないことを行うのだから、負わねばならないことを受苦するのは義しいことである。故に、すべての罰は、罰であるかぎり、義しいものであり、神の摂理によるものである。それは罪過によって崩された秩序を修復するものだからである。

七　この受苦は、自然本性的な善、あるいは自然本性的な善とともに道徳的な善の剝奪によるものでありうる。ここから、ある罰は混じりけなしの罰、あるものは罰であるとともに罪過でもあることになる。義である道徳的な善は、罪過である不義によることなしに剝奪されえないからである。——従って、第一の罰は、それが罰であることに即しても、それが存在することに即しても神からのものである。神から、と私が言うのは、制定者としてではなく報復者としての神から、ということである。第二に、それが存在するということに即して罪過であるので神からのものと言うのではなく、単に秩序に関わるものとしてのことである。それが自罪に伴うものであれば自身の行為であろうし、原［罪］に伴うものなら負わされたものとなる。

八　それ故、悪が固有の意味で取られるなら、自然本性的な善の欠如、意図せざる結果、私たちが受苦しなければならない悪ということになり、たとえ結びつきがあったとしても、罪過の悪と同一視されることはない。しかしながら、広い意味で、悪が取られるような意味でとられるなら、私たちが、あるいは他の何ものかが原因で、本性のうち、あるいは意志の内で、私たちが受苦しなければならない悪ということになり、罪過の悪と同一視される。ただし、同一のものでも同一のものとして取り扱われることはない。罪過そのものは先行する罰と言われる、あるいは行為によるところの罪過は受苦によるところの罰であると言われるからである。――以上をもって、いかにして、どれほど、なに故にあることが罪であると同時に罪の罰と言われるのか明らかである。

(1) ロマ一・28。
(a) ペトルス・ロンバルドゥス『命題集』二・36・1、アウグスティヌス『詩編注解』五七・9・18。グレゴリウス『エゼキエル書注解』一・11・23—25。
(b) 実際には、アウグスティヌス『律法と預言者との敵への反駁』一・24・51。
(c) アンセルムス『神の予知と自由意志の調和』3・11。
(d) アウグスティヌス『自由意志』三・9・26。
(e) 前掲書一・1・1。

第十一章

聖霊に対する罪である終極的な罪の起源

一　終極的、もしくは赦されざる罪、これは聖霊に対する罪をいうのであるが、これらの罪については、次のことを保持しなければならない。概して、罪とは三であり一である神に対するものであるが、個に帰される形で(appropriate)、ある罪は御父に対する、ある罪は御子に対する、ある罪は聖霊に対するものであると言われる。――ところが、聖霊に対する罪は、この代《よ》においても来るべき［代］においても赦されざるものであると言われる[1]。この代においても赦されることができないのではなく、罪過であるかぎり、この代においては稀にしか、あるいはほとんど赦されることはないからである。罰に関するかぎり、来るべき［代］において、赦しの可能性は皆無だからである。――このような罪として、異なった六つのものがある。すなわち、兄弟の恵みに対する嫉妬、承認された真理に対する攻撃、絶望、傲慢、頑固な精神、終極まで悔い改めないこと。

二　上述のことを理解するための理拠はこれである。三にして一なる第一原理からの退避を罪というのであるから、すべての罪は三位一体の像を歪曲させ、三つの能力、すなわち、憤怒、理性、情欲をもって魂を汚すのである。［この能力は］自由意志から発するが、［自由意志］は自らの内に三位一体の印（insigne）を帯びている。権能（facultas）の故に御父の、理性の故に御子の、意志の故に聖霊の。

三　この三つは同時にすべての罪過へと突進するにしても、それらのそれぞれの欠陥によって他のものらの無秩序の原因ともなりうる。権能に関する欠陥は無能、理性に関する欠陥は無知、意志に関する欠陥は悪意である。ここから、ある罪は無能から、ある罪は無知から、ある罪は悪意から生じることになる。[a] そして、権能は御父に、知恵は御子に、意志は聖霊に帰属されるのだから、ある［罪］は御父に、ある［罪］は御子に、ある［罪］は聖霊に対するものであると言われる。また、意志においては意志それ自身より大いなるものは何一つなく、[b] 意志それ自体が罪の起源であるので、意志の内に存在する腐敗から発するものほどに特別に混じりけなしに意図的な罪は何一つとしてない。――意図せざるものは二通りに言われる、すなわち暴力によるものと、無知によるものである。第一のものは能力の欠陥より、第二のものは学知（scientia）の欠陥による。意志が自分の腐敗のみによって、抵抗することができ、悪であると知っているにもかかわらず、何かを選択する時、はっきりした悪意によって罪が犯されると言われる。このような罪は邪悪な自由意志から混じりけなしに発するのであり、聖霊の恵みを直接攻撃するものである。――混じりけなしに自由意志から発するのであるから、弁解のきれいごとは通用しない。それ故、罰せられる者には罰から解かれる可能性はごくわずか、ほとんど皆無と言わねばならない。実に、それによって罪の赦しがもたらされる、聖霊の恵みに真っ向から攻撃を仕掛けるものだからである。それ故、「赦されざる」と言われる。どんな方法をもってしても赦されえないというのではなく、自分のほうから、それによって罪の赦しがもたらされることになる治療法や薬剤を真っ向から攻撃することになるからである。

四　また、罪の赦しは、教会との一致のうちに、悔い改めの恵みを通して、神からもたらされる。故に、次の三つを直接攻撃することに応じて、この罪の違いが説明される。悔い改めの恵みそのものに対する攻撃、あるいはそれが与えられる神との関係における、あるいは迎え入れられる教会との関係における攻撃である。教会との一致における［攻撃を取り上げる］なら、教会の一致は信仰と愛（caritas）の内に、あるいは恵みと真理の内に(2)成立するものであるから、二通りの罪がある。すなわち、兄弟の恵みに対する嫉妬と承認された真理への攻撃である。――［恵みを］与える神との関係における［攻撃］の場合、義化に関しては、そのすべての道は主として憐れみと真理であるので(3)、二通りの罪があることになる。一つは絶望であり、もう一つは義を攻撃することで、これが放恣《ほうし》な傲慢である。――悔い改めの恵みそのもの、あるいはそれに即することを攻撃するとなると、二通りのものとなる。悔い改めの恵みは犯された［罪］から立ち戻らせることと、犯すことを警戒することにあるから。第一のことに逆らうのが頑固な精神、第二のことに逆らうのが終極まで悔い改めないことである。これは悔い改めない意図と言われ、聖霊に対する罪の種類となる。このことから、終極まで悔い改めないこととは、終わりまで罪が継続することを言う。これはすべての死に至る［罪］の結果であり、この［代］の生において赦されないものであり、あらゆる種類の罪の中でも最大のものが聖霊に対する罪なのである。

五　こうして、すべての罪はその発端を高慢から得て、その完成、もしくは終局を終極まで悔い改めないことに持つ。そこに到達した者はゲヘンナ（地獄）に陥る。仲介者であるキリストの恵みが介在しなければ、道徳的に罪を犯す者は誰ひとりとしてそこから解放されることはありえない。この仲介者、私たちの主に、すべての誉れと栄光が代々《よよ》の代々に至るまで(4)。アーメン。

（1）マタ一二・32。（2）ヨハ一・17。（3）詩二四・10。
（4）Iテモ一・17、二・5。
（a）グレゴリウス『ヨブ記の道徳的注解』二五・11・28。
（b）アウグスティヌス『自由意志』一・12・26。

第四部　御言葉の受肉

第一章

神の御言葉が受肉せねばならなかった、もしくはそれがふさわしかった理由

一　三位一体の神について、世界の創造について、そして罪による腐敗について、以上でいくつかのことを論述した後、今や残されたのは、御言葉の受肉について何らかのことを簡略に論述することである。［受肉］によって受肉した御言葉は人類の救いと修復となったのではあるが、他の方法で神は人類を救うこと、あるいは解放することができなかったからではなく、他のいかなる方法も修復する者に、修復される者にも、修復自体にもふさわしく妥当なものはなかったからである。

二　上述のことを理解するための理拠はこれである。物事の「有効なる原理（principium effectivum）」は神の他に存在しえなかったし、［存在する］はずもなかった。また作成されたものらを修復することは、存在へと導き出すことに少しも劣るものではない。善く存在することが端的に存在することに劣るものではないのと同様である。諸事物の修復の原理が至高の神であることは極めてふさわしいことであった[a]。こうして、創造されざる御言葉によって、神は万物を力強く、知恵をこめて、極めて善く、もしくは厚意をこめて作ったのであるから、ご自分の能力、知恵、厚意を示すように修復するのはふさわしいことである。最大に隔たっているものを一つのペルソナの内に結び合わせるほどに力強いことが他にあろうか[b]。第一のものと最後のもの、すなわち、万物の原理（始め）である神の御言葉と、全被造物の終わりである人間本性（存在）とが、宇宙万物全体の完成のために結合すること以上に知恵に満ち、ふさわしいことが他にあろうか。主が僕《しもべ》の救いのために僕の姿を受け取る[1]こと以上に厚意に満ちたことが他にあろうか。これ以上に慈悲深いもの、恵み深いもの、友愛に満ちたもの（amicabilius）は何一つとして考えられないほどに、このことは恵み深いものなのである。――それ故、この方法は、神の能力、知恵、そして厚意を明らかにするために、修復する神にとって極めてふさわしいものであった。

三　さらに、罪過に陥った人間は、最高に能力があり、最高に知恵に満ち、最高に厚意溢れる原理に背き遠ざかってしまい、その故に、無力、無知、悪意に陥ったのであり、そのため霊的なものから肉的で動物的で感覚的なものになってしまった。それ故、神の力を模倣するには、光を認識するには、善を愛するには不適格なものとなった。従って、この状態から人間を修復するためには、第一原理が［人間の状態］にまで自分を遜《へりくだ》らせて、認識しうるもの、愛しうるもの、模倣しうるものとして自分を差し出すことは極めて妥当なことであった。そして、肉的で動物的で感覚的な人間は、自分に比例し類似したものしか認識せず愛さず後につき従うこともなかったので、この状態から人間を救出するために、御言葉は肉となった[2][c]。それは、肉であった人間によって認識され、愛され、模倣されることができるためであり、それによって、人間は神を認識し、愛し、模倣することで罪の病から癒されるためである。

四　人間は、精神の無垢、神の友愛（amicitia）、それによって神のみに従属する自分自身の卓越性を回復することなしには、完全に更新されることはありえず、またこのことは僕の姿の内にある神によらずには実現できなかったので、御言葉が受肉するのはふさわしいことであった。――実に、更新する者が神でなかったなら、卓越性は回復されえなかった。その方が混じりけのない被造物であったなら、人間は混じりけのない被造物に服従することになり、卓越した身分は回復されなかったであろう[d]。［神と人間の］双方に手を置き、双方にかたどられ、双方の友であるような仲介者によるのでなければ、神との友愛は回復されえなかった。それ故、神性において神に似た者であるように、人性によって人間に似た者［となったのである］。それ相応の償いによらなければ神の義が赦すはずのない罪過が赦されなければ、精神の無垢は修復されえないのであり、全人類に代わって神でなければ償いを果たしえず、罪を犯した人間以外のものが果たすべきでもないので、アダムの末裔から生まれた神＝人によって人類が更新されるのは極めて妥当なことであった。――従って、最高に卓越した更新者（reparator）によらなければ［人間の］卓越性は修復されえず、最高に友愛に満ちた仲介者によらなければ友愛は回復されえず、最高に充足した償いを果たす者によらなければ無垢を再び獲得することはできなかったのであるから、最高に卓越した修復者は神の他におらず、最高に友愛に満ちた仲介者は人間の他におらず、最高に充足した償いを果たす者は神であると同時に人間でもある者の他にはいないのである。御言葉の受肉は私たちの修復のために極めてふさわしいことであった。人類は創造されざる御言葉によって存在へと出てきて、吹き入れられた御言葉を放棄することで罪過に陥ったように、受肉した御言葉によって罪過から起き上がるのである。

(1) フィリ二・7。(2) ヨハ一・14。
(a) アウグスティヌス『説教』一七六・5・5。
(b) ベルナルドゥス『降誕徹夜祭の説教』三・8、『降誕の説教』二・5。
(c) アウグスティヌス『真の宗教』16・30以下、55・110。
(d) アウグスティヌス『三位一体』一三・18・23、アンセルムス『クル・デウス・ホモ』一・5。

第二章

［二つの］本性の合一としての受肉

一　この御言葉の受肉に関しては、私たちにとって、考察せねばならない三つの点がある。すなわち、［二つの］本性の合一、霊の賜物（charismata）の横溢、人類の贖いのために苦難を耐えること。――本性の合一に関しては、受肉の秘義を理解するために、次の三つのことを考察せねばならない。すなわち、行為、様態、時期。

二　さて、受肉という行為に関しては、キリスト教信仰に基づき、次のことを保持しなければならない。受肉は三位一体の行為であり、それによって神性による肉の受容と、神性の肉との合一がなされること。また、この受容は単に感覚的な肉のみならず、植物的、感覚的、知的な能力に即した理性的な霊の［受容］でもあること。この合一は、一つの本性ではなく［一つの］ペルソナにおける合一、人間の［ペルソナ］ではなく神の［ペルソナ］における［合一］、受容されるものではなく受容する者による［合一である］。どのペルソナというのではなく、ただ御言葉のペルソナだけの［合一である］。この合一において、神の御子について言われることは、人の子についても言われるような合一が生じる。その逆もありうるが、合一が強調され、否定が含まれる事柄については別である。

三　上述のことを理解するための理拠はこれである。受肉という行為は第一原理によるものであるが、制作において効果をもたらす原理であるのみならず、治療し、償いを果たし、和解を図るという修復の原理でもある。それ故、受肉は、そこにおける何らかの効果を言う時、第一原理によるものである。［第一原理が］至高の力を動因として万物を作るからである。実体と力と行為は合一しており、三つのペルソナにおいて全く不可分なものである。ということは必然的に、受肉という行為は三位一体全体から発することになる。

四　治癒して修復するというかぎりにおいて第一原理に由来する。また人類全体が堕落し毀損したのは、単に魂のみではなく肉をも動因としている。ここから必然的に、全体が癒されるためには全体が受容されることになる[a]。——肉の部分は、私たちにとって明らかであればあるほど神から遠のくことになる。名づけられたことがより明瞭になるには、遜った事実がより明らかに表現されねばならない。そして［救いの御業の］価値が徹底的に表明されねばならない。そのためである、その行為は「受魂」(inanimatio) とではなく「受肉」(incarnatio) と名づけられるのである。

五　さらに、償いを果たすことで修復することに関するかぎり、第一原理によるのであり、償いは果たすべきであり、かつまた果たしうる者以外にはなされず、人間の他の［誰かが］果たすべきではなく、神以外の他の［誰かが］果たしうるものではない。償いにあたって、双方の本性、すなわち神の本性と人間の本性とが同時に合流している必要があった。また、第三のものを構成するための一部であるかのように、神性が他のものと合流することは不可能であるし、神性そのものが他の本性に移行することも、他の本性が神性そのものに移行することも、その完全極まりない単一性と不可変性の故に不可能であった。そのためである。神性と人性とが一つの本性の内で、あるいは偶有的なものの内で一つに結ばれることはありえず、一つのペルソナおよびヒポスタシスの内で一つに結ばれるのである。それ故、神の本性は自己固有のヒポスタシス以外のいかなる基体 (suppositum) の内にも存在しえないのであるから、合一は人間のヒポスタシスもしくはペルソナの内には存在しえず、神の［ヒポスタシスもしくはペルソナの内に存在することになる］。そしてこのため、この合一のために第一原理は、自分のヒポスタシスの一つを人の本性の基体としたのである。こうしてただ一つのペルソナだけがあるところに、ペルソナとしての合一、すなわち、受け容れる者の側からの［合一があるのである］。

六　最後に、［受肉は］和解による修復の［原理］として第一原理によるものである、また和解させる者は仲介者であるから、この和解は神の御子に固有のものとして適応される。故に受肉も［そうである］。人間を神の認識へ、神との相似性へ、神との親子関係へと導くために人間と神との間の中間点となることは仲介者に属することである。生じさせ、生じさせられる、三つのペルソナの中間にあるペルソナ以上に、中間点となるにふさわしいものは他に何一つとしてない。御父がそれによって御自らを明らかにする御言葉、言葉と音声のように、肉と一つになりうる［御言葉］以上に、人間を神の認識へと導くにふさわしいものは他に何一つとしてない。御父の像であるもの以上に、神との相似性へと導くにふさわしいものは他に何一つとしてない。本性的に子である［御子］以上に、親子関係へと導くにふさわしいものは他に何一つとしてない。

七　それ故、受肉を動機として、人の子と神の［子］とは全く同一のものである。そして、「ある同一のものに同一な［二つの］ものは相互に同一である[b]」。このため、その語彙に何らかの矛盾が内包されていないかぎり、必然的に属性の交流（communicatio idiomatum）が生じる。［その語彙とは］「合一する」「受肉される」「受容する」「受容される」のように、一つの本性が別の［本性］との合一に関わることが内包されている場合である。また、「存在し始める」「創造される」、そしてこれに類するもので、ある［本性］に属するもので別の［本性］に属することを否定する［語彙］の場合である。これらの場合は上述の理由で上述の原則に反する事例となる。

（a）ヨハネス（ダマスコの）『正統信仰の解明』三・6。ピサのブルグンディウスのラテン語訳による。

（b）アリストテレス『詭弁論駁論』Ⅰ・5。

第三章

受肉の様態

一　受肉の様態（modus）に関しては、次のことを保持しなければならない。天使によって、幸いなる処女《おとめ》マリアに受肉の秘義が彼女の内で成就されることが告げられた時、処女《おとめ》は信じ、希求し、同意したこと。その力によって［彼女を］聖化し、懐胎させるために、聖霊が彼女の上に降臨したこと。「処女《おとめ》が神の御子を懐胎し、処女《おとめ》が［神の御子］を出産した。出産後も［彼女は］処女《おとめ》であり続けた[a]」。――しかしながら、ただ肉を懐胎しただけでなく、魂を備え、御言葉に合一した肉を［懐胎した］のであるが、［彼女は］いかなる罪にも拘束されておらず、完全に聖なる、汚れのないものであった。そのために神の御母と言われ、またいとも甘美な処女《おとめ》マリアでもある。

二　さて、上述のことを理解するための理拠はこれである。受肉は第一原理から生じる行為であり、修復の［行為］であるかぎりにおいて、最高にふさわしく、最高に普遍的で、最高に完全な［行為である］。その知恵が発揮されるに適しており、その寛大さが普遍的に発揮されるに適しており、その力が発揮されるに適しているのである。

　それ故、受肉は、最高にふさわしい形で修復する第一原理の［行為］である。ふさわしい形とは病気に対処する治療、堕落の修復、損害の救済である。人類は、悪魔の教唆によって、欺かれた女の同意によって、情欲による生殖によって、子孫への原［罪］の転嫁によって堕落したのである。それ故、ここで逆のことが必要となった。つまり、善い天使が善を勧告し、処女《おとめ》が善い勧告を信じ同意し、聖霊の愛（caritas）が無垢の懐胎（conceptus immaculatus）のために聖化し懐胎させたのである。こうして、「反対のものは反対のものによって癒される[b]」ことになった。こうして、一人の女が悪魔に欺かれ、情欲に流されて男を知り、腐敗して、すべての罪過、病、そして死を転嫁したように、一人の女が天使に教えられ、聖霊によって聖化され、懐胎され、精神のみならず肉体にもあらゆる腐敗なしに、子を産んだのである。この子（proles）は自分のもとに来るすべての者に恵みと健康と命を与える。

四　さらに、受肉は第一原理による最高に普遍的な形態での修復である。――実に、受肉した御言葉によって人々と天使たちの、天上のものらと地上のものらの[1]堕落が修復される。そして人間の堕落は［男女］双方の性に則して修復される。――薬剤がすべてのものに普遍的に（共通に）用いられるように、受肉の秘義へと天使、女、そして男が合流する。天使は告知する者として、処女《おとめ》である女は懐胎する者として、男は懐胎された子として。天使ガブリエルは永遠の御父の使者であった。無垢の処女《おとめ》は聖霊の神殿であった。懐胎された子は御言葉のペルソナそのものであった。このようにして、三重の位階の三者、すなわち神、天使、人間という位階が、万物の普遍的な修復において合流することになる。これは神が三位一体であることだけではなく、至高の修復者の普遍的な厚意と寛大さが［明らかにされることになる］。寛大さは聖霊に帰属され、御言葉の懐胎が成就される処女《おとめ》の聖化も［聖霊に帰属される］。こうして、［受肉という］行為は三位一体［の神］全体に帰されるものではあるが、固有の帰属性（appropriatio）によって、聖霊によって処女《おとめ》が懐胎したと言われる。

五　最後に、［受肉は］第一原理による完全な様態での修復の［行為である］。ということは、子（proles）において完全な懐胎でなければならず、懐胎において、懐胎の力において完全でなければならなかったということである。子において完全でなければならなかったということは、次のことである。懐胎の瞬間に、種子の個体化のみならず、魂によって強められ、形を与えられ、生かされることと、合一された神性による神化がなされたということである。こうして、処女《おとめ》が、理性的な精神を媒介とした、肉の神性との合一の故に、神の子を真に懐胎した。この［媒介を］通してのみ、ふさわしい媒介として、肉は合一に適したものとなったのである。――懐胎において完全でなければならなかったことに関しては、人間の形成における四つの様態のうち、三つの様態はすでに行われていた。第一は男も女もなしのもので、アダムの場合がそれである。第二は女なしに男からのもので、エバの場合がそれである。第三は女と男からのもので、情欲によって生まれたすべての者の場合がそれである。第四の様態は、宇宙万物の完成のために導入されるべきものであった。男の種子なしに、至高の行為者（operator）の力による女からのものである。(c)――力において完全なものでなければならなかった、ということは次のことである。神の御子の懐胎にあたって、生得的な力、注賦的な力、そして創造されざる力が同時に合流する。生得的な力は物質を用意した。注賦的な力は浄化しつつ個別化した（segregavit）。創造されざる力は、創造された力が連続的にしかなしえないことを瞬時に成し遂げた。こうして、いとも幸いなる処女《おとめ》マリアは、神の御子ご自身を男なしに懐胎すること、聖霊によって懐妊することで最高に完全な形で母となった。実に、処女《おとめ》の精神の内には聖霊の愛（amor）が特別に燃え上がっていた。故に、彼女の肉において驚嘆すべき［業］を聖霊の力が行ったのである。すなわち、この驚嘆すべき懐胎が必要とするものに応じて、恵みが本性を掻き立て、助け、高揚させることで。

（1）コロ一・20。
（a）アウグスティヌス『説教』一九六・1・1。
（b）グレゴリウス『福音書講話』二・32・1、アリストテレス『ニコマコス倫理学』二・3。
（c）アンセルムス『クルス・デウス・ホモ』二・8。

第四章

時の充満としての受肉

一　受肉の時については、次のことを保持しなければならない。神は、始めから受肉することができたとしても、代々の終わりに至る前に、自然法、成文法に先立って［受肉するのを］望まず、族長たちと預言者たちの［代の］後に［受肉することを望み］、［それらの法と人物］を通して受肉は約束された。――［代々の］後、時の終わり、ならびに満ち満ちた時に、受肉することがふさわしいとされた。使徒［パウロ］が述べているとおりである、「時が満ちると、神は御子を遣わし、女から生じさせ、律法の下にあるものとした。それは律法の下にある者らを贖い出すためであった」[1]。

二　上述のことを理解するための理拠はこれである。受肉は修復者である第一原理の行為であるから、自由意志に即して、修復の崇高さに即して、宇宙万物の完全さに即して、ふさわしく当を得たものでなければならない。実に、最高に知恵ある者である巨匠（Artifex）は万事をなすにあたって、それを心得ている。――それ故、自由意志は何であれ［自分の］意に反するものへと引き寄せられないことを求めるので、救い主を捜し出すことを願う者は救いを見いだし、救い主を捜し出すことを望まない者は必然的に救いを見いだすことはないように、神は人類を修復せねばならなかった。病気と認識しなければ、誰ひとり医者を求めない。自分の無知を認識しなければ、誰ひとり教師を求めない。自分の無力さを認識しなければ、誰ひとり救助者を求めない。従って、人間は堕落の始めから知恵と力において高慢であったので、神は自然法の時を先に用意した。それによって無知が実証させられるためである。しかし、その後、無知を自覚しても、力に関する高慢を持ち続け、行動する者がいないわけではないが、命じる者はいないとうそぶくほどであったので、道徳的な命令によって教え、儀式によって重くのしかかる律法を付け加えた。こうして知識を身につけ、無力を認識することで、人間は神の憐れみに逃げ込み、恵みを乞い求めるようになる。この［恵み］はキリストの到来において私たちに与えられた。故に、自然法と聖書の律法の後に、御言葉の受肉が続くことになっていたのである[a]。

三　さらに、卓越した治療は、最高に秘められ、最高に救いをもたらす秘義として、最高に堅固な信仰をもって信じられ、最高に燃え立つ愛（caritas）をもって愛されることを求めるものである。それ故、言葉によって明白なものだけでなく、表象を用いた隠されたものを含めた預言者たちの多くの証言がキリストの到来の前に先行するのは最高にふさわしいことであった。秘められていたことが多くの確固とした証言によって確実なものとなり、何の疑いもなく信じるようになるためである。実に、様々な約束と最高に燃え立つ願望が先行した。約束された恩寵が期待され、期待されたことが引き延ばされ、引き延ばされたことでますます熱望され、長く熱望されたことでより強く愛され、感謝を込めて受け取られ、細心の注意を払って保持するようになるためである。

四　最後に、宇宙万物の完全と完成は、宇宙万物が場所と時間において秩序づけられていることを求める。受肉というこの行為は、神のあらゆる行為の中でも最高に完全なものであった。その過程は不完全から完全へと向かうものであって、その逆ではありえない。この行為が時の終わりになされなければならなかったわけがここにある。感覚的な世界全体を飾るものであった第一の人間が最後に、すなわち世界全体を仕上げるために六日目に形成されたように、世界全体の修復を完成するものである第二の人間[2]、そこにおいて第一原理が最後のものと結ばれる、すなわち「土とともなる神」（Deus cum limo）[b]は、時の終わりに登場した。この「時の終わり」は第六の世代であって、知恵による鍛錬、情欲の無力化、混乱の状態から静穏への移行のために適した世代である。これらのすべては神の御子の受肉の故に世界の運行の第六の世代に成就するのである。

五　それ故、キリストの到来は、恵みの法の時に、約束された憐れみの開示において、第六の世代の始めに起きたことであるので、これらすべては充満を語っている。というのは、恵みの法は聖書の律法を補完し、約束の実現は約束を補完し、第六の世代は完全を「象徴する」六脚韻をもって充満を鳴り響かせているからである。ここで、神の御子の到来のうちに時の充満があると言われるのは、その到来において時が終わるということではなく、時の秘義が成就するからである。キリストは時の始めに到来するはずではなかったのは、それではあまりにも早すぎたように、最後の最後まで引き延ばされるはずでもなかったのは、それではあまりにも遅すぎるからである。病の時と裁きの時の中間に、救い主が癒しの時を導入するのはふさわしいことであった。その成員の一部が仲介者に先行し、一部が後続するのは妥当なことであった。賞賛を目指して駆ける機会のある時に、完全な指揮官が姿を見せるのは当然なことだった。そして、その「時」とは、時の終わり、終極の間際、最後の審判の直前である。こうして、審判の恐怖に震え上がり、褒賞の希望によって引き寄せられ、完全な模範によって鼓舞され、力強く、完璧に、力から力へと指導者の後に私たちは従い、永遠の幸福という賞賛にまで辿り着くのである。[3]

(1) ガラ四・4―5。(2) Iコリ一五・47。
(3) 詩八三・8、フィリ三・14。
(a) フーゴ(サン・ヴィクトルの)『秘跡』一・8・3、二・2・1。
(b) ベルナルドゥス『降誕徹夜祭の説教』三・8。

第五章

キリストの愛情の賜物としての恵みの充溢性

一 [二つの] 本性の合一として受肉した御言葉が私たちに告げられた後、霊的な諸々の賜物の充溢として考察しなければならない。これに関しては、まず第一に愛情(affectus)における恵みの充満、次いで知性における知恵の充満、そして最後に行為もしくは効果における功績の充満が考察されねばならない。

二 従って、キリストの愛情における恵みの充満については、次の点を保持しなければならない。その懐胎の時からキリストの内には独特のペルソナとしての恵み、頭としての恵み、合一の恵みというあらゆる恵みの充満があった。独特なペルソナの恵みによって、現実としても可能性としても、あらゆる罪過(culpa)からの免疫を有していた。罪を犯さなかったし、罪を保持することもありえなかった。——合一の恵みによって、栄光の幸福のみならず、ただ神にのみ果たすべき崇敬の祭儀である真の礼拝(adoratio latriae)にふさわしい者であった。——頭《かしら》としての恵みによって、あるいはその到来の前の人々であれ、その後の人々であれ、正しい信仰によって、あるいは信仰の秘跡によってこの方のもとに近寄る、あまねくすべてのものらに衝動と感動(motus et sensus)を注入する。「前を行く者も後に従う者も叫んで言った、ダビデの子にホサンナ」[1]。

三 上述のことを理解するための理拠はこれである。修復は第一原理の行為であるから、惜しみない寛大さに即して[第一原理]から発し、同化(conformitas)に即して[第一原理]へと回帰する。それ故、このことは必然的に恵みと神化(deiformitas)によってなされる。実に、恵みは神から惜しみなく発し、人間を神の形(deiformis)へと連れ戻す。それ故、修復の原理は恵みによって修復し、すべての事物はほかでもなく、自分の源ならびに起源においてこそ満ち満ちたもの、完全なものである。従って、必然的に、私たちの修復の原理、すなわち主キリストの内にすべての恵みの充満があったことになる。そして、修復の原理は修復において第一（始め）であるだけではなく、中間と終極の意義をも有している。終局は償いのうちに、中間は和解のうちに、そして始めは豊かな流出にある。償いに終極的にふさわしいものは神の意に適うものでなければならないのであるから、そしてまた、このためにはあらゆる罪から完全に免疫あるものでなければならない。このことは神の恵みの賜物によらなければ、いかなる人間にもありえないことである。そこで、必然的に、独特なペルソナとしての恵みと私たちが呼ぶ、自らを聖化し強化する恵みがキリストの内に備わっていたことになる。

四　さらに、和解を図る仲介であるためには、双方の本性、すなわち優位なものと下位のもの、礼拝されるものと礼拝するものを自らの内に有していないかぎり、ふさわしいものではありえない。そしてこのことは、最高に崇高で恵みに満ち満ちた合一によらなければ、いかなる形であれ起こりえないことである。故に、必然的に、すべての恵みにまさる恵みとあらゆる敬意をもって崇敬すべきものとがキリストの内に備わっていたことになる。それを私たちは合一の恵みと呼ぶのであるが、これを理拠として、人間キリストは、すべてのものの上におられる賛美すべき神である。[2] 故に、真の礼拝をもって崇めるべき方である。

五　最後に、自らの内に源となる根源的な充満を有していなければ、効果的な流出の原理ではありえないのであり、この［源］は充分に満ち満ちているだけではなく遥かにまさって横溢するものでなければならない。故に、必然的に受肉した御言葉は恵みと真理に満ちたものであることになる。[3] こうして、すべての義しい者たちはこの充満から［恵みと真理を］享受することができる。[4] それは、すべての肢体が頭から衝動と感動の影響を受けるようなものである。そして、この故にこの恵みは「頭の恵み」と呼ばれる。頭は自らの内に諸感覚の充満を有しており、他の諸肢体と一致し、他の諸肢体を管理し、その頭に結ばれている諸肢体に自らの影響による賜物を授けるように、キリストは、自らの内に恵みの満ち溢れる充満を有し、本性において私たちと似た者であり、他の者らにまさって聖なる者、義なる者として、自分に近づく他の者らに恵みと霊の賜物を授ける。それによって感覚と行動は霊的なものへとなるのである。

六　［キリスト］自身に近づくのは信仰もしくは信仰の秘跡によることであるから、キリストへの信仰はかつて存在した者ら、今存在する者ら、これから存在する者らにとって同一のものである。故に、キリストにおける影響の力（ratio）は、かつて存在した者ら、今存在する者ら、これから存在する者ら、キリストを信じる者ら、キリストにおいて再生した者らのすべてに及ぶ。そしてその者らは信仰によってキリストに結ばれ、流れ出る恵みによってキリストの肢体、聖霊の神殿となり[5]、それによって、愛（caritas）の断ち難い絆によって互いに結ばれて父なる神の子らともなる。この［絆］は場所の隔たりによって絶たれることなく時間の経過によって別たれることのないように、すべての義しい者はどこにいようといつ存在しようとキリストの一つの神秘的な体となるが、泉のようにキリストの内に宿るすべての恵みの、泉のような根源的で根本的な充満に即して、力を発揮する一つの頭から感覚と行動を受けてのことである。

（1）マコ一一・9、マタ二一・9。（2）ロマ九・5。
（3）ヨハ一・14。（4）ヨハ一・16。（5）Ｉコリ六・15、19。

第六章

知性における知恵の充満

一　知性におけるキリストの知恵の充満に関しては、次のことを保持しなければならない。受肉した御言葉、すなわち私たちの主キリストの内には、認識に関してだけではなく、認識の様態ならびに相違に関しても、すべての知恵の充満があった[1]。――キリストの内には神性の側から恒久的な認識、感性（sensualitas）と肉の側から感覚的な認識、精神と霊の側から学知的（scientialis）な認識があった。そして、これは三様のものであった。あるものは本性によるもの、あるものは恵みによるもの、そしてあるものは栄光によるものであった。そこで、神として、また人間としてのもの、［神を］至福直観する者（comprehensor）として、また［地上の］旅人としてのもの、恵みに照らされた者として、また本性によって正しく形成された者としての知恵を有していた。こうして全体として、キリストの内には、五つの認識の様態があった。――第一は神的本性に即したものである。この様態によって［キリストは］現実のこと、可能なこと、有限と無限なことのすべてを、現実的で至福直観する者にふさわしい（complehensiva）認識によって認識していた。第二は栄光によるもの。この様態によって［キリストは］現実のことと有限のことのすべてを、現実的で至福直観する者にふさわしい認識によって認識していたが、無限のことは習性的もしくは卓絶した認識によらねばならないのであろう。――第三は恵みによるもの。この様態によって［キリストは］人類の贖いに関わるすべてのことを認識していた。第四は完全な本性によるもの。これはアダムの内にあったもの。この様態によって［キリストは］宇宙万物の構成に関するすべてのことを認識していた。――第五は感覚的な経験によるもの。この様態によって［キリストは］感覚器官に生じるすべてのことを認識していた。この様態に即して言われる、「数々の苦しみによって従順を学んだ[2]」と。

二　上述のことを理解するための理拠はこれである。最高に惜しみなく寛大な恵みによって、私たちが修復されるのは修復の原理の業であるように、それはまた最高に先見の明ある知恵によることでもある。実に、知恵の秩序に即して形成されたものは、知恵の光と秩序なしには修復されえない。故に、キリストはあらゆる罪過（culpa）から免ぜられていなければならなかったように、あらゆる無知から遠ざかっていなければならない。これによって、天上の知恵の光と輝きに全面的に満たされていた。それ故に、［キリストは神＝人］双方の本性と認識能力に即した、諸事物のすべての実在に即した完全な認識を有していたのである。

三　それ故、事物（res）は永遠の技巧（ars）の内に、人間の精神の内に、そして固有の類の内に存在を有しているのであるから、必然的に、キリストはこの三通りの諸事物の認識を有することになる。事物は技巧において二通りに、すなわち、制作者としての立場で、あるいは技巧を観察するものの立場で認識されうる。同様に、精神においても二通りに存在することと認識されることとを有する。しかし、それは不完全なるが故にキリストにはふさわしくないので、修得的［認識］の他に、生来の習性（habitus innatus）に即した、あるいは注入的な習性（habitus infusus）に即した［認識を有する］。ここから、必然的に、知恵の完全なる充満のために、上述の五つの様態が神であり人間であるキリストの内に見いだされることになる。永遠の技巧において、神性の本性によって、また至福直観の栄光によって事物を認識し、精神において、アダムと天使たちが認識したように、本性的で生来の習性によって、また聖霊に照らされた神の聖者たちのように、無償の注入された習性によって［認識する］。固有の類においては、感覚、記憶、そして経験という道を通して認識するのである。これは私たちにおいては、未知のものを認識させるのであるが、キリストにおいては、一つの様態に即して認識したことを、他の様態に即して認識するにすぎない。

四　神の実体、力、行為は測り知れないものである。それ故、神性の本性によるものである第一の様態に即して、無限なものを具体的に把握する。ある名状し難い、極めて無限なる様態によって、あらゆる無限なるものが有限なものとなる。

五　被造物の尊厳がいかに大きなものであっても、実体、力と行為は有限なものである。とはいえ、人間の精神は無限に善なるもののうち以外では安らぐことはなく、それをふさわしく把握することもできない。把握という言葉を本来的にとれば、無限なるものは有限なるものによって把握できないからである。この故に、第二の様態に即するかぎりにおいて、キリストの魂は、至福直観という栄光によって、無限なる善によって祝され、最高に合一した有限なる本性が捉えうるかぎりのものを捉える。このようにして、具体的に把握しつつ、有限なるものへと自らを伸ばすのである。恐らく、［注入され］習性的になった［認識］、あるいは卓絶した［認識］によらなければ、無限なるものへと［自らを伸ばすことはできないであろう］。知識においても、他の何かにおいても、魂は御言葉と同等ではありえないのである。

六　さらに、恵みは修復の業に最大に関与するのであるから、認識の第三の様態に即して、私たちの修復に関するすべてのことをキリストは認識していたのであるが、［その認識は］預言者たちや天使たちの誰かよりも遥かに卓越し優れたものであった。

七　またさらに、人間の本性は、他のすべての被造物の上に立ち、第一の人間の形成において明らかとなったように、［他の被造物たち］も［人間］に従うべきであることを知っているものとして設定されていた。認識の第四の様態に関して、アダムよりも遥かに卓絶してキリストはこの世界の構成器官に関するあらゆることを認識していたのである。

八　最後に、感覚は対象となるものが現に存在しなければ事物の把握はなしえないのであるから、感覚的な認識によるということは、同時にすべてを認識することではない。人類の修復をなすに適したあれこれのことを［キリストは認識していたのである」。

（1）コロ二・3。（2）ヘブ五・8。

第七章

行動における功績の完全性

一　さて、キリストの功績の充満性については、次のことを保持しなければならない。主キリストの内にはあらゆる功績における充満性と完全性とがあった。第一に、それが功績となった方が、単に人間であっただけでなく神でもあったからである。――第二に、それが功績とされた時間が、懐胎の瞬間から死の時までだったからである。――第三に、それが功績とされた手段が、愛（caritas）の最高に完全な習性と、祈りにおける、行動における、忍耐における諸徳の最高に完全な鍛錬によるものだったからである。――第四に、それが功績とされた者が、当事者だけでなく、私たちであり、さらにはすべての義しい者らであったからである。――第五に、私たちのために功績となったものに関して言えば、単に栄光だけでなく恵みと赦しでもあり、単に霊の栄光だけでなく肉体というストラであり天の門の開放でもあったからである。――第六に、［キリスト］自身の功績になったものとしては、すでに有していた精神の栄光化という功績ではなく、肉体の栄光化と復活の加速化、そしてその名と裁きの威厳に満ちた権能の称揚でもあった。――第七に、功績とされた様態である。ある人が功績に値すると言われるのには三通りある。値しない者から値する者にしたことで、あるいは値する者からさらに値する者としたことで、あるいはある方法で値した者を別の方法で値する者としたことで。これらのすべては私たちに該当するが、第三の様態だけが［キリスト］に該当する。そのようにしたのは聖霊の満ち溢れる恵みによる。それによって、キリストは幸いなる者であったと同時に、功績ある者の状態でもあった。こうして［キリスト］の功績の上に、私たちのすべての功績は基礎づけられるのである。

二　上述のことを理解するための理拠はこれである。修復の原理、すなわち私たちの主キリストの内に、必然的に、恵みと知恵の充満があった。それらは私たちにとって正しく聖なる生き方をする源泉であった。ということは必然的に、あらゆる様態の充満性に即したあらゆる功績の完全性と充満性が存在したことになる。実に、それによって懐胎の瞬間から神であった合一の恵みの充満がキリストの内にあったので、［キリストは］至福直観の栄光と決断の自由という行動とを有している。ということは必然的に、キリストの内には、行為者として卓絶した威厳と、最も適切な時宜をもつものとして功績の完全性が備わっていたことになる。

三　さらに、［キリスト］の内には、独自のペルソナの恵みの充満があり、それによって最高に堅固な愛（caritas）と、習性としても実践としても完全なすべての徳があったので、必然的に、［キリスト］の内には、それによって功績となりうるような、また愛と様々な気高い言動の根となる功績の充満があったことになる。

四　またさらに、［キリスト］の内には、それによって諸肢体に充分過ぎる影響を及ぼす「頭としての恵み」の充満があったので、自分自身に対してのみならず、私たちに対する功績の充満を有していた。その神性の故に、私たちの有しているすべての霊的なものを注ぎ入れるように、受け取った人間性の故に、今現在の諸々の善のみならず永遠の幸福にも値するものとするのである。

五　最後に、これほどに多大な霊的賜物の充満は、必然的に、キリストの内に、［この世の］旅路にある私たちの故に摂理的なものとしてではあるが、その優れた部分に即した至高にして完全なる幸福を配置した。ということは、［キリスト］自身に値するものとしては功績として完全なものを有していたが、［その］魂と共に創造された栄光と至福を有していたのではない。それは、自然本性的にすべての功績に先行するものであり、その最高に卓越した品位の栄光化を伴う「肉体というストラ」のように、［この世の］旅路にあるものらと共には共存しえないものなのである。

六　また、それに値する様態として完全な功績を有していた。実に、懐胎の瞬間から最高に完全な充満が［キリスト］にはあったので、［キリスト］自身にとって功績となりうるすべてのものを備えていたのである。この故に、ある形で［功績に］値するものから別の形で値するものとなりえたのである。［キリスト］にとっては、値しないものから値するものへと、また値するものからさらに値するものとなったのではない。いかなる形であれ、聖性において進歩することはありえなかった。始めから最高に聖なる者であったから。そのようなことは私たちのために用意されたのである。私たちは、自らの功績に応じて、恵みによって義とされ[1]、義において進歩し、永遠の栄光によって栄冠を授けられるのである。

七　それ故、罰の償いであれ、永遠の命に値するものとなることであれ、私たちのすべての功績はキリストの功績の内に根を下ろしているのである。人であり神である方の功績によらずには、私たちは最高の善への侮辱から解かれるに値するものになることも、神そのものである永遠の無限の褒賞を得ることもないのである。その方に対して、私たちは次のように言うことができ、また言わねばならないのである。「主よ、私たちのすべての業は、私たちの内であなたが行われたものです(2)」。そして、この方こそが、「主よ、私は言いました、あなたこそ私の神、あなたは私のいかなる善をも必要とされないのだから(3)」と預言者が言っている主であると、私は言うのである。

(1) ロマ三・24。(2) イザ二六・12。(3) 詩一五・2。

第八章

キリストの受難

一　受肉した御言葉に関して、［二つの］本性の合一が考察され、賜物（charismata）の充満が考察された。次いで受難における忍耐が考察されねばならない。忍耐の状態、忍耐の様態、忍耐の結果に関して考察される。

二　忍耐の状態に関しては、次の点を保持しなければならない。キリストは人間の本性だけでなく、本性の欠陥をもご自分のものとされた。実に、飢え、渇き、疲労といった肉体的な苦役をご自分のものとした。悲しみ、呻《うめ》き、恐れといった精神的な［苦役］をもご自分のものとした。しかしながら、多様な病気といった肉体的な欠陥のすべてをご自分のものとしたのではない。無知とか肉の霊に対する反抗といった精神的な［欠陥の］すべてをご自分のものとしたのでもない。何でも構わず［ご自分のものとした］のではない。神の意志に沿うのではなく、理性の意志に沿うのでもなく、何一つとして意に反して苦しむことがありえないように苦しむのに必要なものをご自分のものとした。もちろん、受難は感受性と肉の欲求に反するものであった。このことは救い主の祈りの内に表現されているとおりである。「私が欲するようにではなく、あなたが望まれるままに(1)」。

三　上述のことを理解するための理拠はこれである。和解における修復の原理は、必然的に仲介者としての役務を帯びている。故に、必然的に、自然本性のみならず、自然本性に関わることにおいて両極の一致を有することになる。それ故、神は義なる方、幸いなる方、不受苦で不死なる方である。ところが堕落した人間は罪人で惨めな者、苦しみ死ぬ者である。人間を神のもとに連れ戻すために、神と人間との仲介者は義と至福においては神と、苦しみ死にうるものとしては人間と分かち合うもの（communicare）であらねばならなかった。こうして、「束の間の致死性と永久の至福[a]」とを有しつつ、現在の惨めさから幸いな命へと人間を連れ戻したのである。まさしく、逆に、悪い使いは、惨めさと不正とともに不死性を持ちながら、自分の教唆によって罪過（culpa）と惨めさへと転落させて仲介者となった。それ故、キリストは仲介者として、致死性と受苦性とともに無垢と至福とを有していなければならなかったので、そのため、同時に旅人であり至福直観する者（comprehensor）でなければならなかった。――あらゆる状態から何らかのものを自らの内に有していたのである。無垢の状態から罪からの罷免を、堕落した本性から致死性を、栄光の状態から完成の成果として至福を自分のものとしたと言われているように。

四　さらに、悪行の罰として、原罪の故に科された四つのもの、すなわち無知、脆弱、悪意、そして情欲がある。これらは完全な無垢と両立しえない。それ故、［キリストは］自分のものとするべきではなかったし、自分ものとしなかったのである。――しかし、完全な徳の鍛錬となり、見せかけではなく真の人間性の証明ともなる苦痛は、飢えや渇きのような栄養の欠如として、悲しみや恐怖のように加害的なものの現存として、特に普遍的に［人間の］本性に関わるものである。そのため、［キリストは］それらを自分のものとしなければならず、実際に自分のものとしたのである。

五　最後に、無垢なる者は誰しも意に反して何らかの苦痛を耐えるべきではない。それは神の義の秩序に反するからである。死すべき者は誰しも、本性的に死を避けたいという本性の希求に即して、死ぬことも苦しむことも欲しない。このような罰をキリストが受けねばならなかった。それは、理性に即して、その意に反して苦しみうるものは何一つなかったにもかかわらず。それは至福と、自分と合一した全能の神によることであり、それによってすべての［苦難］を跳ね除けることができた。それはまた最高に完全な無垢によることである。これは自然本性的な義の秩序に即して、何一つとして意に反して苦しむことを許さないのである。それにもかかわらず、自然本性的な傾向にも、感覚と肉の内にある本性的な欲求にも反して、［キリストは」苦しんだのである。――このためである、キリストは理性に即して祈って、苦難を避けるという肉の欲することを、「この杯を私から遠ざけてください[2]」と言って表明した。しかし、理性の欲することを御父の欲することに合わせて、肉の欲求に優先させて言ったのである、「私が欲するようにではなく、あなたが望まれるままに[3]」と。――こうして、一つの意志がもう一つの意志に反することはなかった。「義しいものである神の意志に即して欲し、理性の意志に即して義しいことに同意した。だが、肉の意志に即して苦痛を拒絶したが、義に対して異を唱えなかった。こうして一つひとつの意志が自分のことを行い、自分に関わっていることを追求した。神の意志は義を、［人間の］理性的な意志は従順を、肉の意志は自然本性を[b]」。このようにして、キリストの内には闘争や諍いはなく、平穏な秩序と秩序正しい平安があった。

(1) マタ二六・39。(2) マタ二六・39。(3) マタ二六・39。
(a) アウグスティヌス『神の国』九・15。
(b) フーゴ（サン・ヴィクトルの）『キリストにおける四つの意志』(PL 176, 812C)。

第九章

キリストの受難の様態

一　受難の様態については、次のことを保持しなければならない。キリストは最高に全体的な苦難、最高に苛酷な苦難、最高に屈辱的な苦難、殺戮を意図しているが命をもたらす苦難を耐え忍んだ。全体的な苦難と私が言うのは、神的な本性に即しては何一つとして苦難を耐えることはありえないが、人間の本性に関するかぎり、肉体のあらゆる主要な肢体のみならず、魂の全能力に関するものであったということである。――最高に苛酷な苦難を耐え忍んだ。傷口を通して耐え忍んだ苦痛だけでなく、私たちの罪科（delicta）の故の共苦による苦難でもあった。――最高に屈辱的な苦難を耐え忍んだ。十字架という処刑は極悪人のための処刑法であったし、悪人ども、つまり強盗どもの仲間とみなされたからである[1]。――殺戮を意図した苦難を耐え忍んだ。双方が神性との合一を保持してはいたものの、魂の肉体からの分離［を意図した苦難］であった。神の子が一度自分のものとした本性を、ある時、放棄したと言う者はアナテマ［神に呪われた廃絶されるべきもの］である。

二　上述のことを理解するための理拠はこれである。秩序に従って［被造界は］形成されたように、修復の原理は秩序に従って人類を修復しなければならなかった。従って、決断の自由が保障され、神の名誉が保証され、宇宙万物の管理の秩序が保証されるようにして修復されねばならない。――それ故、決断の自由が保証されるようにして修復されねばならなかったので、最高に効果的な模範を提示しつつ修復がなされた。この模範は諸徳の頂《いただき》へと招き教化することで最高に効果的である。義と神への従順のために死を耐え忍ぶ模範以上に、徳へと人間を強化する模範は何一つとしてない。ここで私が死と言うのは単なる死ではなく最高に厳しい懲罰としての死である。私たちの功績はなく、私たちの過失（demeritus）は数多かったにもかかわらず、いと高き神の御子を私たちのために自分の魂を捨てる[2]ほどに駆り立てる寵愛（benignitas）は他に何一つとしてない。この寵愛は、私たちのためにより一層重苦しく卑しいことを耐えれば耐えるほど、耐えることを欲するほど偉大なものとして提示される。実に、神は「ご自分の子をさえ惜しまずに、私たちすべてのために渡された。どうして［御子］に添えてすべてのものを私たちにくださらないことがあろうか[3]」。このことによって、私たちは［御子］を愛し、愛した方として模倣するようにと招かれているのである。

三　さらに、神の名誉を保証しつつ、修復しなければならなかったので、恭順という償いを献げつつ修復をなした。「神に帰すべき名誉を回復させることこそが償うこと（satisfacere）である[a]」。人間に義務づけられていることに代えて、高慢と不従順によって神から取り去ってしまった名誉は、謙遜と従順による以外には何としても修復しえず、［人間は］何としてもそこにまで達しえなかったのである。それ故、キリスト・イエスは、神として神の姿として御父に等しい者として、人間として無垢で、死の負債を全く負うことのない者として、ご自分を無として、従順なもの、死に至るまで従順なものとして、自分が奪ったものではないものを、完全な恭順という償いによって、神に返済した[4]。そして神の完全な宥《なだ》めのための最高に甘美な犠牲を献げたのである。

四　最後に、宇宙万物の管理の秩序が保証されるように、修復はなされなければならなかったので、最高に適切な修復によって［キリストは］修復した。最高に適切なものとは、反対のものが反対のものによって癒されることである。それ故、人間は、神のように知恵ある者であることを欲し、禁断の木において楽しむことを欲して罪を犯したのであり、その結果、情欲へと傾き、傲慢に立ち上がったのである。それによって全人類は汚染され、不死性を失い、至当な死へと邁進したのである。ここに至って、人間が適切に修復されるために、人間となった神は卑しいものとなり、木にかかって苦しむことを欲した。全体的な汚染に対して最高に全体的な苦難を耐え忍ぶことをもって、情欲に対しては最高に苛酷な受難によって、傲慢に対しては最高に屈辱的な苦難によって、そして至当にして意に反する死に対しては当然の報いとしての死ではなく、自発的な死を耐え忍ぶことを欲したのである。

五　それ故、私たちの内で総体的な腐敗は肉体と魂だけでなく、肉体のあらゆる部分と魂のあらゆる能力をも汚染した。そのため、キリストは肉体のすべての部分において、魂のすべての能力において、理性の上位の部分において苦しんだのである。［理性の上位の部分］は理性として、上位のものとの合一の故に神において最高に楽しみ、下位のものとの結合の故に最高に苦しんだのである。キリストは旅人であると同時に至福直観する者でもあったからである。

六　さらに、欲情（libido）は私たちの内において肉体と魂とを激しく汚染し、肉的な罪、精神的な罪へと引きずり込んだ。そのため、キリストは肉体においては最高に苛酷な苦難を耐え忍び、魂においては最高に苦い［苦難］を共に耐え忍んだ。肉体の内には、結合による最大限の均等性と、諸感覚の完全な生命力があり、魂には神への最高の愛（caritas）と隣人への慈愛（pietas）があった。そのため、双方の苦しみは最高に緊迫したものであった。

七　高慢の膨れは、ある時は内から傲慢によって、ある時は外から誇示と他者からの称賛によって生じる。あらゆる高慢を癒すために、キリストは、その双方の類の侮辱を自らの内で、受難において得た同伴者の内で耐え忍んだ。

八　最後に、これらのすべては不受苦の神的本性に関わるものではなく、人間の［本性］のみに関わるものである。それ故、キリストの死において魂の肉体からの分離がなされた。ペルソナの一性、肉体と魂との、そして神性との合一が保証されねばならない。――魂の肉体との合一が人間を形成し、生きたものとする。そのため、魂と肉体とは御言葉と合一していたが、この三日間、キリストは人間ではなかった。それ故、人間本性の内なる死は、常に生きていたペルソナに死を導き入れることができなかった。故に、死は命の内に死に、キリストの死によって死は勝利に飲み込まれた[5]。そして、死の君主は打ち負かされ、これによって人間は死と死の原因とから、最も効果的な仲介としてのキリストの死という功績によって解放されたのである。

(1) イザ五三・12。(2) Iヨハ三・16。(3) ロマ八・32。(4) フィリ二・6—8。(5) Iコリ一五・54。
(a) アンセルムス『クル・デウス・ホモ』一・11、20。

第十章

キリストの受難の成果

一　キリストの受難の成果ならびに結果については、次のことを何ら疑問とすることなしに保持しなければならない。キリストの魂は、受難の後、すべての者ではなく、生きた信仰あるいは信仰の秘跡をもって死去したキリストの肢体を解放するために、陰府（infernus）あるいは古聖所（limbus）に降った。[九]——その後、三日目に、肉体を持って死者の中から復活した。その肉体はかつて生きていたものではあったが、かつてそうであったものとは違っていた。かつての［肉体］は苦しみうるもの、死すべきものであったが、復活の後では、不受苦のもの、不死のもの、永久に生きるものであった。——次いで、四十日後に、諸々の天に昇り、そこですべての被造物の上に高められ、御父の右の座に着いた。ここで言われていることは場所に関わることとして理解されてはならない。神である御父にふさわしいことではない。むしろ卓絶した栄誉に関わるものとして［理解されねばならない］。御父のより素晴らしい善の内に［キリストは］座しているからである。——最後に、十日が過ぎた時、約束された聖霊を使徒たちに遣わした。［聖霊］を通して諸国民から成る教会が集められ、職務と恵みの様々な配分に即して秩序づけられたのである。

二　上述のことを理解するための理拠はこれである。創造されざる御言葉としてキリストは万物を完全に形作ったように、受肉した［御言葉］として万物を完全に再び形作らなければならなかった。最高に完全な原理が完全の手前でその行為を放棄しないことはふさわしいことである。それ故、修復の原理は、人間の贖いのための治癒を完全に成し遂げねばならなかった。ここで最高に完全であるということは、最高に十全的で最高に効果的であるということであらねばならない。

三　それ故、最高に十全的であるということは、天上のもの、地上のもの、陰府にあるものらにまで及ぶということである。それ故、キリストによって陰府にあるものらは平癒され、地上のものらは癒され、天上のものらは補完されねばならない。これらの第一のものは赦しによって、第二は恵みによって、第三は栄光による。故に、受難の後、［キリストの］魂は陰府に閉じ込められていた者らを解放するために陰府に降った。次いで、罪のうちに死んだ者らを生かすために死者の中から復活した。天上のエルサレムを補完するために囚われの身にある者らを率いて諸々の天に昇った[1]。地上のエルサレムを建設するために聖霊を遣わした。これらのすべては人間の修復を充足させるためには必然的に成し遂げられ要求されることである。

四　また、この治癒が、キリストの到来に先立った人々にとって最高に効果的であったように、その後に続く人々、キリスト自身に近づいた人々と近づく人々、そしてその肢体であった人々、ある人々にとっても［最高に効果的なものである］。これらの人々は信仰、希望、そして愛（caritas）によって［キリスト］に結ばれているのである。故に、この治癒は第一に、キリストを信じ、信じて希望をかけ、希望をかけつつ愛した人々のもとで効果を発揮するはずであった。このために、直ちに、その人々の解放のために陰府に降らねばならなかった。キリストの受難によって天の門は開かれ、［キリストは］償いを果たすことで、煌《きら》めく炎の剣[2]を動かして、神の判決を覆し、自分のすべての肢体を陰府から救出したのである。

五　また、キリストの到来に続く人々のもとで特別に効果を発揮するはずであった。信仰、希望、そして愛へと引き寄せ、ついには天の栄光へと導くことで。従って、［キリストは］信仰へと教え導く。その［信仰］によって私たちはキリストが真の人間であり真の神であると信じる。また、その［信仰］によって私たちは、［キリストが］死を通して私たちを贖うことを望んだこと、復活によって命へと私たちを連れ戻すことができると信じる。それ故、［キリストは］ある一定の時間的間隔を置いて、すなわち、三十六時間おいて、不死の命へと甦ることを欲した。それによって、真に死んだことが明らかにされる。それより早められてはならなかった。それよりも早く甦ったなら、真に死んだのではなく、仮死状態であったと思われかねなかった。それ以上引き延ばされてもならなかった。死のうちにずっと横たわっていたなら、無能と思われるであろうし、誰をも命へと呼び戻せないと思われるであろう。それ故、三日目に復活したのである[3]。

六　さらに、［キリストは］希望を活気づけるために、私たちが希望している天の栄光へと昇った。希望は未来の不死への信仰からしか生じないので、直ちに［天に］昇らず、四十日という期間を設け、その間に多くのしるしと論証をもって、真の復活であることを提示した。それによって霊魂（animus）は信仰において強化され、天の栄光を希望するよう力づけられるのである。[4]

七　最後に、［キリストは］愛へと燃え立たせるために、ペンテコステの日に聖霊を遣わした。激しく執拗な希望にかられた希求をもって乞い求め、捜し求め、叩く人でなければ、[5]何人《なんぴと》もこの火に満たされることはない。故に、昇天の後、直ちに遣わさず、十日の間隔を置いて［遣わした］。その間、弟子たちは断食し、祈り、嘆きつつ、聖霊を受けるために身を整えたのである。[6]——受難にあたってふさわしい時が尊重されたように、復活においても、昇天においても、聖霊の派遣においても［同様であった］。それは上述の三つの徳［信仰・希望・愛］の基礎を固めるため、またこれらの時の内に包まれている多くの秘義のためであった。

八　そして、愛（caritas）であり、愛によって所持される聖霊は、あらゆる霊的賜物の根源である。故に、聖霊が降った時、キリストの神秘的な体が完成するための十全な賜物が注入された。完全な体には種々様々な肢体、種々様々な役務と働き、種々様々な役務のための様々な賜物がなければならない。そのため、ある人には御霊によって知恵の言葉が、ある人には知識の言葉が、ある人には信仰が、ある人には癒しの力が、ある人には奇跡を行う力が、ある人には預言、ある人には霊の識別、ある人には様々な異言、ある人には異言の解釈が与えられる。これらのすべては唯一の、同じ御霊の働きであって、［御霊は］望みのままに人それぞれに分け与える。[7]それは［聖霊］ご自身の完全に自由極まりない摂理と先見の明に富んだ惜しみない寛大さによるものである。

（1）詩六七・19。（2）創三・24。（3）Ｉコリ一五・4。
（4）使一・1―3。（5）ルカ一一・9―13。（6）使一・14。
（7）Ｉコリ一二・8―11。

第五部　聖霊の恵み

第一章

神から与えられた賜物としての恵み

一　すべての無償の賜物の起源であり源泉である、御言葉の受肉について論じた後、聖霊の賜物について少々論じなければならない。これに関しては四通りに論じることが私たちに求められる。第一に、神から与えられた賜物として、第二に、自由意志との関わりにおいて、第三に、道徳的習性との関わりにおいて、第四に、功績の鍛練との関わりにおいて。

二　神から与えられた賜物としての恵みに関しては、次のことを保持しなければならない。［恵み］とは賜物であり、直接（仲介なしに）神から与えられ注入される。［恵み］と共に、［恵み］の内に聖霊が与えられる。［聖霊］は創造されざる、最善の、完全な賜物であり、光の御父から①受肉した御言葉を通して降ってくる［賜物であり］、黙示録の中でヨハネが見た「神と小羊の玉座から出ている水晶のように輝く川②」のようなものである。――何といっても［恵み］は賜物であり、この［賜物］によって魂は完成へと至り、キリストの花嫁、永遠の御父の娘、聖霊の神殿とされる。このようなことは永遠の威光［に満ちた方］の威光を減ずることのない遜り、遜りにも拘わらぬ威光による、恵みの賜物抜きにしては何としても生じえないことである。――要するに、［恵み］は賜物であり、この［賜物］が魂を浄め、照らし、そして完成する。活かし、変革し、そして安定させる。高め、神に類似させ、結び合わす。このようにして［神に］受け容れられるものとする。この故に、この賜物は「御心に適うものとする恵み」（gratia gratum faciens）とまさしく言われ、そのように呼ばれねばならないのである。

三　上述のことを理解するための理拠はこれである。形成の第一原理は、その最高の厚情に応じて、永遠の至福を享受しうる理性的な霊を作った。修復の原理は、罪によって弱いものとなったその能力の救いのために修復した。そして、永遠の至福は最高善を所持することにある。これ［最高善］こそ神であり、人間のあらゆる恭順を計り知れぬほどに卓越した善である。本性の限界をことごとく超越しているので、神がご自身を遜らせて、自分自身を超えるように高められないかぎり、何人《なんぴと》もこの最高善に到達するには全く値しない。神は、その不可変の本質によってではなく、ご自身から発出する影響力（influentia）によって遜るのである。霊は空間的な場所によって自らの上に高められるのではなく、神化の習性（habitus deiformis）によるのである。従って、永遠の至福に値するものとなるには、神化の影響力に参与するものとなることが、理性的な霊には不可欠となる。ところで、この神化の影響力は神から、神に即して、神のためのものである。故に、私たちの精神の像を至福なる三位一体にかたどられたものへと還元するにあたって、単に元来（origo）の秩序のみならず、選択の公正さと、享受による平安に即してのことになる。これを有する者は、直接、［神］にかたどられたものとされるように、直接、神へと連れ戻される。故に、この賜物は、源泉（principium）から流れ出るように、神から直接与えられる。神の像が神から直接流れ出るのと同様である。こうして、神の似姿も神ご自身から直接流れ出る。これ［似姿］は神の像への神化の完成である。故に、再創造の像と言われる。

四　さらに、神を享受する者は神を有するのであるから、自らの神の似姿性によって神を享受するために整える恵みと共に、創造されざる賜物が与えられる。［この賜物］は聖霊であり、これを有する者は神をも有するのである。

五　また、［神］ご自身によって特別に所有されるのでなければ、何人《なんぴと》も神を所有することはない。花嫁が花婿に［愛される］ように、特別に比類のないまでに［神］ご自身を愛し、［神］ご自身から愛されるのでなければ、何人も［神を］所有していないし、［神］によって所有されてもいない。息子として永遠の嗣業《しぎょう》を継ぐものとされていなければ、何人もそのように愛されてはいない。このためである、御心に適うものとする恵みが、魂を神の神殿、キリストの花嫁、永遠の御父の娘とするのは。また、神の至高なる威光と遜りによらねば、そのようなものではありえないのであるから、自然本性的に挿入された何らかの習性によるのではなく、ひとえに無償で注入された神の賜物によるのである。神の神殿、神の息子であること、結婚によるかのように、解消しえないように愛と恵みの絆によって神に結ばれることがどれほどのことか思い巡らす人であれば極めて明らかなことである。

六　最後に、私たちの精神は、諸々の徳の活力、真理の輝き、愛（caritas）の炎によらないかぎり選択の公正さに即して至福の三位一体にかたどられたものとして作られてはいない。諸々の徳の活力が霊魂（animus）を浄め、安定させ、高める。真理の輝きが魂（anima）を照らし、改革し、神に似たものとする。愛の炎が魂を完成させ、活かし、そして神に結び合わせる。これらのすべての故に、人間は神の御心に適い受け容れられるものとして存在する。このために、神化の影響力が上述のすべての行為を司っていると言われ、最後の、補完的でもある［行為］からその名をつけられる。――実に「御心に適うものとする恵み」と言われる。それを有する者を神に受け容れられるものとするからである。神から無償で与えられるだけでなく、神に即して、神のためにあるからである。要するに、神から発した行為が神へと還元するのである。ここに、知的な輪のような形で、あらゆる理性的な霊たちの完結が形成されるのである。

（1）ヤコ一・17。（2）黙二二・1。

第二章

善い功績の助けとなる恵み

一　第二に、聖霊の恵みは、自由意志との関わりにおいて考察することを私たちに求める。そして、これは二通りのものとなる。第一は［恵み］そのものが功績の助けとなるものであること。第二は罪に対する癒しとなることである。

二　従って、功績を積むための助けとしての神の恵みに関しては、次の点を保持しなければならない。恵みは一般的な意味で、特別な意味で、そして固有な意味で言われる。一般的な意味で、被造物への神の助けと言われるのは、［被造物の］いかなる行為に対しても自由に、無報酬で、差別なしに［与えられるもの］で、この恵みの助けなしには、私たちは何事をなすことも、存在の内に留まることもできない。――特別な意味で、恵みが神から与えられた助けと言われるのは、聖霊の賜物を受けるために自らを整える人は、これによって受けるにふさわしい状態に至るのであり、それ故に「無償で与えられる恵み」（gratia gratis data）と言われ、これなしには、救いのために自らを整えるために何一つとして充分に行うことはできない。——固有な意味で、功績を積むために神から与えられる助けが恵みと言われるのは、「御心に適うものとする恵み」（gratia gratum faciens）の賜物とも言われ、これなしには何一つ功績となることはできず、善のうちに進歩することも、永遠の救いに到達することもできない。この〔恵み〕そのものは功績の根源のようなものであって、あらゆる功績に先行する。それ故、次のように言われる。「欲するにあたって意志に先行し、無益なことを欲することのないように〔意志〕に後続する」[a]。それ故、何人《なんぴと》も、この〔恵み〕に値する功績をなすことはできないのであって、「〔この世の生の〕途上にあって神によって成長させられるに値するのは〔恵み〕であり、その結果、成長して、完成に値するものとされる」[b]。これは祖国と永久の栄光のうちにおいて、神ご自身によることである。私たちの意志の共働に応じて、永遠の予定の決定もしくは恩恵に応じて、恵みを注ぎ、成長させ、完成させるのは神に属することである。

三　上述のことを理解するための理拠はこれである。第一原理は、ご自分の全能の力と最高の厚情に満ちた寛大さによって、すべての被造物を無から存在へと形成した。それ故、被造物は、自らの〔存在〕からして（de se）非存在を抱えており、全体的存在（totum esse）は他のところから有する。このように作られたのであるから、自分の不完全性のために、常に自分の原理を必要としており、第一原理は自分の厚情によって影響力を及ぼすことを止めることはない。それ故、理性的な霊は、それ自身が無からのものであり、自らの内に欠陥を抱えている。その本性は限定され欠けたものであるので、自らの内で歪曲し、独自の善を愛している。全体が神によるものであるので、全面的に従属している。そして、欠陥を抱えているので、自ら非存在へと向かう。歪んでいるが故に、完全な義の公正さへと自分で立ち上がることはない。全面的に神に従属しており、神は〔理性的な霊〕の善を必要としない[1]ので、自ら、また自分自身の力ではいかなることもなしえない。このため、神は自らに対して、それも特別に、神そのものである永遠の報酬に対して負い目のある者（debitor）と定めた。これは神の遜りによる以外には〔ありえないことである〕。欠陥を抱えているので、存在において救われるには、神の現存、支持、そして影響力の助けを常に必要としており、それによって存在の内に留め置かれる。〔このような助けは〕すべての被造物に普遍的に認められるのではあるが、「恵み」という名称をもって呼ばれる。義務感から発するものではなく、神の自由で寛大な善によるものだからである。――さらにまた、上からの恵みの賜物に自らを整えるためには、特に本性が堕落した後には、歪んでいるが故に、「無償で与えられる恵み」という別の賜物を必要としている。それによって、状況的善（bona circumstantia）であるところの道徳的な善を行いうるものとされる。［状況的善］は、正しい意図から発するものでないかぎり決して善とは言われえないもの、つまり私たちのためではなく、最高善のためになされるのである。そのため、何らかの無償で与えられる恵みによる神のほうからの先行がないかぎり、私たちの歪んだ霊はそこまで立ち上がることはない。――永遠の褒賞に値する行為を行うことに関して、全面的に神に従属するもの、全面的に負い目のある者となっているので、御心に適うものとする恵みを必要としている。その［恵み］によって、神はご自身を遜らせて、そこから流れ出る働きよりも先に、まずその像と意志を受け容れるのである。それは「原因は結果よりも優れている(c)」からである。誰しも、まず自分自身を喜ばせるのでなければ、自分自身をより良くすることも、神を喜ばせる業を行うこともできない。神はまずその者を顧み、次いでその供え物を顧みるのである(2)。それ故、功績の根源は「御心に適うもの」とする恵みの内にあり、人間を神にふさわしいものとするのは［その恵み］に属している。それ故、誰しも当然のように報賞に値するものとすることはできず、できるのはただふさわしいものとするだけである。

四　だが、［この恵みが］所持されると、その善が功績にふさわしいものとして使用されるなら、［この世の生の］途上の身にあっても、自分の成長に役立つものとなる。実に、神ただおひとりが［私たちに］注入される恵みの原理、源泉であり、［神］ただおひとりが注入という形による成長の原理である。また、恵みも褒賞と功績という形で、また自由意志も共働しふさわしいものとするという形で［原理である］。自由意志は恵みに共働することで、恵みに属するものを自分のものとする。

五　それ故、自由意志は恵みによって、［この世の生の］途上において、恵みの成長と言われるにふさわしいだけでなく、［天の］祖国において補完とも言われるのも全く妥当なことである。それは、功績のために共に働く聖霊の賜物の卓越性のためであり、約束する神の真実性のためであり、同意し最後まで堅忍する自由意志の不安定さのためであり、褒賞に値するに至る困難さのためであり、その肢体と共に栄光を受けることになっている、私たちの頭《かしら》であり仲介者でもあるキリストの威光によることであり、忠実にご自分に従属する者の恭順に対して少なく報いることはふさわしくない、神の寛大さによることであり、愛（caritas）から発する行為の卓越性によることである。［この愛は］審判において、そこから発した愛（amor）がどれほどのものか考量されるのであるが、あらゆる被造物に優先して、比類なく神に向けられるべきものである。そして、最高善である神によらなければ、充分かつ適切に報いられることはありえないのである。――これらすべてによって、七重の理拠によって、七重の恵みは永遠の栄光にふさわしいのみならず、それに値するものとなすのである。

（1）詩一五・2、創一五・1。（2）創四・4。
（a）アウグスティヌス『エンキリディオン』32・9（教文館版二・3・3）。
（b）アウグスティヌス『手紙』一八六・3・10。
（c）アヴィチェンナ『形而上学』6・3。

第三章

罪の癒しとしての恵み

一　さて、罪に対する癒しとしての恵みに関しては、次のことを保持しなければならない。たとえ自由意志が「神のもとで、極めて有能なもの」[a]であろうとも、自ら罪の内に滅びうるが、「御心に適うものとする」と言われる神の恵みの助けがなければ、決して立ち上がることはできない。――だが、この恵みは罪に対する癒しとして充分であるとしても、自由意志の同意が現存しなければ、成人に注賦されることはない。ここから次のことが導き出される。不敬な者の義化のためには四つのことが求められる。すなわち、恵みの注賦、罪過の駆逐、痛悔、自由意志の活動。――それ故、罪過は神の賜物によって駆逐されるのであって、自由意志によるのではない。しかし、自由意志なしにでもない。自由意志を悪から呼び戻し、善へと駆り立てるのは無償で与えられる恵みに属する。自由意志に属するのは同意するか拒絶するかであり、恵みを受容するのは同意する者に属し、［恵み］に共働してついに救いに到達するのは受容する者に属することである。

二　上述のことを理解するための理拠はこれである。第一原理、これこそが第一の、そして最高の能力を備えたものであり、諸々の罪を除いた、宇宙万物の内に生じるすべてのことの原因である。［罪］とは、「神の律法に対する背反、天からの命令への不従順」[b]であり、罪以外には、いかなるものも自らの内に反逆、不当で無礼なものを抱えているものはなく、神の指令を軽んじて、不可変の善から私たちを引き離し、神を侮辱し、自由意志を歪曲させ、無償の賜物を踏みにじり、永遠の罰という責めを負わせることになる。従って、［神の］像の歪曲と恵みの壊滅は、道徳と恵みとしての命の存在における無化のようなものである。神への侮辱は［神］ご自身にまさるとも劣らない重さを持っており、永遠の罰に値する罪科は無限なものとみなさねばならない。恵みの命の内に再創造されないかぎり、侮辱が取り去られないかぎり、永遠の罰が取り消されないかぎり、人間が罪過から立ち上がることは不可能である。従って、創造の原理であった方、また再創造の原理である方、すなわち、永遠の御父の御言葉、神と人々との仲介者[1]キリスト・イエスただおひとりが、無から万物を創造するのであるから、ただおひとりで、いかなる仲介もなしに創造するのである。

三 ［キリストは］罪過による欠陥によって歪曲したものを恵みと義の習性（habitus）によって改造することで、罰に繋がれているものをそれ相当の償いによって解き放つことによって再創造する。そこで、ご自分のものとされた［人間の］本性において、私たちのために罰を耐え忍ぶことによって、私たちをその起源に結び合わせることで、私たちをキリストの肢体とする再形成の恵みを注賦することによって、私たちを修復する。また、それによって、かつては神の敵、悪魔の娼婦、罪の下女（serva）であった罪深い魂をキリストの花嫁、聖霊の神殿、永遠の御父の娘とする。このすべては、無償の賜物の無償の、遜りによる注賦によることである。

四 さらに、本性に与えた法を無効にすることなく、神は再形成するのであるから、自由意志を強要することなく、同意の自由を残すようにして、この恵みを自由意志に施す。そして、このことの故に、罪過が駆逐されるということは、恵みが導入されることが不可欠であるばかりではなく、成人においては――成人において、と私が言うのは、子供の場合は教会とその成員の信仰で充分足り、その無能力が弁明となるからである――自由意志が不可欠である。つまり、「痛悔」と私たちが呼んでいる、あらゆる罪に対する嫌悪によって罪過の駆逐に順応させることになる。また、神の賜物を歓迎し受け容れることによって恵みの導入に順応させることが不可欠である。これを私たちは自由意志の活動と呼ぶ。こうして、不敬な者の義化には、以上の四つが同時に生じることが不可欠である。

五　最後に、補完された形へと予め定められているということは、それに順応させねばならないということである。このため、自由意志は御心に適うものとする恵みに対して自らを整えるために、無償で与えられる恵みの援助が必要なのである。自由意志を強要するのは恵みに属することではなく、［恵みは］先行し、行為として現れるのは両者に同時に関わることである。こうして、私たちの義化において、調和し秩序づけられた、自由意志と恵みの行為が合流しているのである。自由意志を駆り立てるのは無償で与えられる恵みに属し、このように駆り立てられたことに同意するか拒絶するかは自由意志に属している。御心に適うものとする恵みに自らを整えるのは同意する者に属する。これを行うのは自らの内にある者なのだからである。このように整えられて初めて、御心に適うものとする恵みは注賦される。もし欲するのであれば、自由意志は共働することができる。その時は功績とみなされる。罪によって反対するのであれば、その時は負債とみなされる。それ故、終わりまで共働すれば、永遠の救いに到達するに値するものとみなされるのである。

六　従って、アウグスティヌスが「あなたなしにあなたを創造した方は、あなたなしにあなたを義化する[c]」と言うのは正しい。――欲する者あるいは走る者にではなく、憐れむ神に属するということも正しい。何人《なんぴと》も功績を誇ることはできないということもまた正しい。私たちの内で、神が冠を授けるのはご自分の賜物の他に何一つないからである。人間が、受けていないかのような忘恩の輩となることなく、神において誇るように教えるために[2]、神は恵みの賜物の施与をご自身に留保したのである。――また、自由意志は自分で律法を遂行することはできず、自分の内で恵みを働かせることはできないのであるが、なしうることをなさなければ赦し難いものとなることも真実である。無償で与えられる恵みは推進するために常に手元にあり、その補助を得て、自らの内にあることを行うことができるからである。それを行った時、御心に適うものとする恵みを有することになる。それを得た時、神の律法は遂行され、神の意志が行われる。それが行われると、ついに、功績に値する行為の故に、永遠の至福に到達する。これは全面的に恵みによることであり、全面的に自由意志によることでもある。無論、第一義的には（principalius）恵みによることではあるが。アウグスティヌスが言うように、「恵みと自由意志との関係は、騎手と馬との関係になぞらえられる[d]」。［恵みは］、自らの七重の恵みの賜物に即して、完全な諸々の徳において私たちを鍛錬して、騎手のように自由意志を目的に向け、煽り立て、永遠の幸福の門へと導くのである。

（1）Ⅰテモ二・5。（2）Ⅰコリ一・31、四・7。
（a）ベルナルドゥスの作と考えられていた『恵みと選択の自由』3・7、4・9（PL 182, 1005, 1007）。
（b）アンブロジウス『楽園』8・39。
（c）アウグスティヌス『説教』一六九・11・13。
（d）擬アウグスティヌス『ヒポグノスティコン』3・11（PL 45, 1632）。

第四章

諸徳の習性における恵みの分岐

一　第三に論考するべき課題として残されているのは、諸徳の習性（habitus virtutum）との関連における恵みについてである。これに関しては、次の三つの点が考察されねばならない。第一は、どのようにして一つの恵みが諸徳の習性へと分岐されるのか。第二は、どのようにして諸々の贈与の習性へと分岐されるのか。第三は、どのようにして至福の習性へと分岐されるのか、である。

二　従って、諸徳の習性への恵みの分岐に関しては、次の点を保持しなければならない。魂を御心に適うものとする恵みは一つであるが、人間の生が導かれる恵みの徳は七つある。三つの神学的［徳］、すなわち、信仰、希望、そして愛（caritas）。そして四つの枢要［徳］、すなわち、賢明、節制、剛毅、そして正義である。［正義は］ある意味では共通の一般的な［徳］であるが、ある意味では特別の固有な［徳］である。——これらの七つの徳は区別され、固有の卓越性を有しているが、同一の［対象］において互いに結びつき同等のものである。恵みによって無償で形成されるものではあるが、罪過によって醜いものとなる可能性があり、ただ愛だけを別にして、痛悔を通して、恵みの到来によって、再び形成されうるのである。［恵み］こそ習性的な諸徳の起源、目的、形相（forma）なのである。

三　上述のことを理解するための理拠はこれである。形成の原理は、自らの最高の完全性によって、自然本性的な命を与えるにあたって、第一次的行為として「生きること」だけでなく第二次的な行為として「行動すること」を与えるように、修復の原理は必然的に霊に対して無償で「存在すること」を授けるだけでなく、「存在すること」に加えて「行動すること」をも授けるのである。一つの第一次的命に即して生存する一個の者に、その完全な命を表示するための多くの生命活動が属する。行動（actus）は対象によって多様化され、行動の多様性は諸々の習性の区別を求める。ここに、活かす恵みは一つであっても、様々な働きの故に様々な習性へと分岐される必然性を有することになる。――さて、ある種の第一次的行為がある。信じることがそれである。信じたことを理解することが中間的［行為］であり、理解したことを見ることが終極的な［行為］となる。第一の［行為］において魂は矯正され、第二の［行為］において解き放され、第三の［行為］において完成される。故に、御心に適うものとする恵みは諸徳の習性へと分岐される。それらの一つが魂を矯正することである。諸々の贈与の習性への分岐の一つが魂を解き放すことであり、諸々の至福への分岐の一つが魂を完成させることである。

四　さらに、魂の完全な正しさ（rectitude）は、二通りの様相に即して矯正されることを求める。すなわち、上位のものと下位のもの、目的に関わるものと目的に至る［過程］に関わるものである。上位の様相に関わるものとして、魂は永遠の三位一体の像であるのだから、三つの神学的な徳によって矯正されなければならない。創造における像が存在の一性と共に権能の三性の内に存在したように、再創造における像は恵みの一性と共に、習性の三性の内に存在することになる。それらを通して、魂は、三つのペルソナの三つの属性に即して、至高なる三位一体へと真っ直ぐに運ばれることになる。こうして、信じ同意することで信仰は至高の真実へと、信頼し期待することで希望は至高の高みへと、熱望し愛することで愛は至高の善へと導くのである。

五　下位の様相に関しては、魂は四つの枢要徳によって矯正される必要がある。賢明は理性的なものを、剛毅は憤怒に関わること（irascible）を、節制は情欲に関わることを矯正する。正義はこれらのすべての力を他者との関係において矯正する。――この他者とは限定的に隣人でありうるし、同一人物が他者に対するように自分自身を関係づけることもありうるし、神自身でもありうる。このことから、正義はすべての力を掌握すると言われる。[a] これはまた枢要徳と言われるだけでなく、魂全体の正しさを総括するので一般的な（generalis）［徳］と、またそこから「意志の正しさ」とも言われる。そこから［正義］は、平等とか寛大がそうであるように、隣人に対して秩序づけられた諸徳を把握しているだけでなく、痛悔や無垢がそうであるように、自分自身に対して、さらには礼拝、敬虔、そして従順がそうであるように神に対して［秩序づけられた諸徳をも把握しているのである］。

六　最後に、諸徳のあらゆる正しさは、無償で存在するということに即して、起源ならびに源泉からのように恵みから生じる。また、功績あるものとして存在することに即しては、起源、形相、そして目的とするかのように愛を目指す。こうして、他のあらゆる無償の徳は、習性としては互いに結び合わされており、功績となる行為としては平等である。――ここから、他の諸徳の習性は、諸徳の形相である愛のみを除いて、無形相でありうることになる。実に、そこに諸徳の命があるともいうべき恵みと愛なしに所持されるとすれば、その時［諸徳］は無形相である。ところが、恵みが上から注がれるなら、その時形が与えられ、美しく飾られ、神に受け容れられるものとなる。光なしには色彩は目に見えないが、光が注がれると、輝かしく美しく、見る者を楽しませる。このように原因から見れば、光と色彩は一つであるが、多くの色彩を輝かせるには一つの光で充分である。同様に、恵みと無形相の諸習性の場合も、形が与えられる時には、功績となるものと無償のものとの根拠となるのは一つであるが、様々な習性に形を与え、恵みにふさわしいものとする（gratification）一つの恵みで充分に足るのである。

（a）アウグスティヌス『創世記に関するマニ教徒反駁』二・10・14。

第五章

賜物の習性における恵みの分岐

一　諸々の賜物の習性における恵みの分岐に関しては、次の点を保持しなければならない。無償で与えられる恵みの賜物は多様なものがあり、神から与えられたすべての習性が神の賜物であると一般的に言われることは条理を逸したことではないが、特別に、また独特な意味で、聖霊の七つの賜物がある。これをイザヤが数え上げ名指している。［イザヤは］エッサイの根から発生する花について、すなわちキリストについて語って、次のように言う、「その上に主の霊が憩う、上智と聡明の霊、賢慮と剛毅の霊、知識と敬虔の霊が。そして［キリスト］を主への畏怖の霊が満たしている」[1]と。この列挙において、いちばん上から降り、組み合わせることで、諸々の賜物の区別、結合、起源、そして序列が同時に示されている。

二　上述のことを理解するための理拠はこれである。修復の原理は最高に寛大な自由によって、諸徳の習性を用いて悪徳への傾きを矯正する恵みを与えるだけでなく、諸々の賜物の習性を用いて後遺症（symptoma）の妨害に対して装備する［恵みをも与える］。故に、充分な装備をするための必要性に応じて、無償の賜物は多様化されねばならない。従って、私たちの魂は七通りに装備される必要があるので、七通りの理由から聖霊の賜物は七通りのものであることが必要であった。実に、悪徳への傾きに対して、自然本性的な力と、それに加えられる諸徳をもって、忍耐において、活動において、観想において、そして［活動と観想の］双方において装備される必要がある。

三　従って、第一に、悪徳への傾きを最も容易に撃退するために聖霊の七つの賜物がある。高慢に対しては畏怖、嫉妬に対しては敬虔、憤怒に対しては知識、これ［憤怒］は一種の精神錯乱である。怠惰に対しては剛毅、［怠惰は］精神を善に向かうのに無力なものとする。貪欲に対しては賢慮、美食に対しては聡明、放縦に対しては上智。

四　第二に、自然本性的な力を装備するために、聖霊の七つの賜物がなければならない。憤怒は、順境にあっても逆境にあっても善に向かって装備される必要がある。順境にあっては畏怖によって、逆境にあっては剛毅によって。情欲（強い欲望）による衝動は隣人に対する愛情のために装備される必要がある。これは敬虔によってなされる。神に対する愛情（affectus）のために。これは上智の賞味によってなされる。理性的な［力］は真理の洞察と選択と実践において装備される必要がある。聡明の賜物によって真実の洞察のため、賢慮の賜物によって真実の選択のために、「ゆがみ、ねじ曲がった世代（natio）にあって[2]」私たちは正しく行動するのである。

五　第三に、七つの力の職務が装備されるためには聖霊の七つの賜物がなければならない。畏怖は節制を装備する。畏怖は肉を萎《な》えさせる。敬虔は真の正義を、知識は賢明を、剛毅は勇気もしくは忍耐を、賢慮は希望を、聡明は信仰を、上智は愛を［装備する］。こうして、「愛（caritas）はすべての徳の母であり、完成である」と言われるように、諸々の賜物の［一つである］知恵は、知恵ある者に次のように言わせる、「［知恵］と共にあらゆる善が私を訪れた[3]。［知恵］の手を通して数えきれない栄誉が［与えられた］」と。

六　第四に、キリストに一致して耐え忍ぶための装備に、諸々の賜物の習性として七つのものがある。御父の意志、人間の必然性、そして［自らの］徳への熱意がキリストを受難へと動かしたのである。聡明を通して知ったこと、上智を通して愛したこと、畏怖を通して尊敬のうちに取得したこととして、御父の意志が動かしたのである。また、私たちの必要性が動かしたのであるが、その認識のためには知識が必要であり、［人間の必要とすることを］憐れと思うには敬虔（慈愛）が加えられる。しかも［自らの］徳への熱意が動かしたということは、賢慮を通しての選択において予見されたこと、剛毅を通して実践される力に満ちたものであった。こうして賜物は七つなければならないのである。

七　第五に、行動における装備のために聖霊から七つの賜物が与えられる。実に、行動への装備として悪から方向転換するための装備が施されなければならない。これは畏怖によってなされる。また、私たちは二通りの善、すなわち必然的な（neccesitatis）［善］あるいは残余の（supererogationis）［善］の内を進むための装備を所持していなければならない。第一に関しては知識と敬虔が役に立つ。一方が方向を定め、他方が遂行する。第二に関しては、賢慮によって方向を定め、剛毅によって遂行される。また、私たちは最高善の内に憩うはずのものであるが、これは真実の理解と善への愛情が関わる。第一は聡明の賜物、第二は上智の賜物によってなされる。その中に憩いはある。

八　第六に、観想への装備のための聖霊の賜物は六まで数える。位階的で観想的な生のためには、魂が浄化され、照らされ、完成される必要があるからである。情欲から、悪意から、無知から、弱さもしくは無能から浄化されなければならない。畏怖が第一を、敬虔が第二を、知識が第三を、剛毅が第四をなす。私たちは、修復の業において、また原初の状態において照らされる必要がある。第一は賢慮が、第二は聡明がそれを与える。最高の［善］に近づくためには、私たちは完成されていなければならない。［最高善は］「一」の内にある。［これに近づくのは］上智の賜物による。このため、観想の箱舟は上からおよそ一キュビトに仕上げられた[4]。

九　第七に、活動と観想における装備として聖霊の七つの賜物がなければならない。観想［生活］は三位一体の神へと回帰するために装備された三つの賜物を所持しなければならない。威光への尊敬のために畏怖、真理の理解のために聡明、善の味覚もしくは味わいのために上智が。これに対して、行動と忍耐へと向かう活動［生活］は四つの［賜物］を所持しなければならない。すなわち、行動のために敬虔、忍耐のために剛毅、そしてこの二つを方向づけるものとして知識と賢慮。方向（進路）は装備に必要不可欠なものであるから、幾つかの賜物の組み合わせが生じる。幾つかの賜物は聡明に関わっている。真っ直ぐな道へと足を向けるために、[5] 認識の光は極めて役に立つものなのである。

（1）イザ一一・2―3。（2）フィリ二・15。（3）知七・11。
（4）創六・15―16。（5）ルカ一・79。

第六章

至福の習性における恵みの分岐、その結果として成果と感覚における［恵みの分岐］

一　至福の習性の分岐については、次の点を保持しなければならない。救い主が、山上の説教で列挙しているように、七つの至福が存在する。すなわち、霊の貧しさ、柔和、悲しみ、義への渇き、慈しみ、心の浄さ、そして平和。[1]——これらの至福に対して、その完成と充満の故に、御霊の十二の成果と五つの霊的な感覚が生じる。しかし、それらは新しい習性ではなく、喜悦の状態と霊的な洞察の使用を言う。それらによって義なる人々の霊は満たされ、慰められる。

二　上述のことを理解するための理拠はこれである。修復の原理が、無償の賜物によって、最高に完全で、最高度に修復し改革する［原理］であるとすれば、ご自身から恵みの賜物を惜しみなく寛大に流れ出させ、完全なる習性に達するまで豊かに分岐されねばならない。終極に近づくと、言葉通り、至福という名称をもって呼ばれる。それらの十全性、数と秩序は完全さの十全性によって、完全さの様態によって、配備によって一つにまとめられる。

三　従って、まず第一に、完全さの十全性のためには悪からの完全な撤退、善の内での完全な前進、最善の内に完全に留まることが必然的に求められる。ところで、悪とは高慢という潰瘍から、あるいは悪意の宿怨から、あるいは情欲という病から発するものである。故に、この三重種の悪から完全に遠ざかるために三つの必要不可欠な至福が存在する。すなわち、霊の貧しさは高慢という潰瘍から遠ざかり、柔和は宿怨という悪から遠ざかり、悲しみは欲情という悪、情欲という病から遠ざかる。——善の内での完全な前進は神を模倣することに応じて到達され、主の道はすべて慈しみと真理である。[2] ここから、この二つの道に応じる二重の至福があることになる。すなわち、義への渇きもしくは渇望と慈しみの愛情である。――最善の内に留まることは、澄んだ認識によるか、あるいは静穏な愛情による。ここから最後の二つの至福が存在することになる。すなわち、神を見るための心の浄さと［神を］完全に享受するための精神の平和である。

四　また第二に、完全さの様態に目を注ぐとすれば、至福の七つの習性が存在しなければならない。宗教的完全性、統治（praelatio）の［完全性］、そして内的聖性の［完全性］が存在するからである。宗教的完全性のためには、個人的な善の放棄、兄弟間の善の受諾、そして永遠の善への熱望が必然的に求められる。第一のことは霊の貧しさによって、第二のことは柔和な愛情によって、第三のことは苦い悲しみによって成し遂げられる。――統治の完全性のためには、二つのことが必然的に求められる。すなわち、義への渇望と慈しみの愛情である。慈しみと真理とが王を護るのである[3]。この二つに応じて、戦闘の教会において統治の指針が配備されていなければならない。――内的聖性の完全性のためには、良心の清さと、人間のあらゆる感覚を超越する神の平和による魂全体の静穏が必然的に求められる。

五　第三に、これまで述べてきた配備に目を注ぐとすれば、七つの至福が存在しなければならない。畏怖は悪から、そして悪の機会から遠ざける。すべての悪の根源は欲望（cupiditas）にある[4]。故に、畏怖は霊の貧しさに向けて整える。［貧しさ］の内で謙遜が貧しさと結ばれる。こうして完全な人はすべての罪過の根源、すなわち高慢と欲望から遠ざけられることになる。また、ここから、霊の貧しさは福音的完全性全体の土台となる。それ故、完全性の頂に至ることを欲する人は、まず第一に、この土台を固める必要がある。マタイ［福音書］十九章にあるように、「もし完全になりたいのなら、帰って、あなたの持ち物をすべて売り」、見よ、完全な貧しさ、それは何一つ自分のものとして残しておかないことである、「そして、私に従いなさい[5]」、見よ、謙遜、それが人に自分自身を捨てさせ、自分の十字架を担って、キリストに従うようにさせる。［キリスト］こそが完全全体の最高に根源的な土台である。それ故、畏怖は霊の貧しさに向けて整えるのである。――敬虔は柔和に向けて整える。誰かに対して敬虔な思いを抱いている人は、その人を怒らせないし、その人に怒られるようなことはしないからである。――知識は悲しみに向けて整える。知識を通して、私たちは至福の状態から惨めな涙の谷へと追放されたことを知るからである。――剛毅は義への渇きに向けて整える。強い者は、義から切り離されるよりは、肉体的な命から［引き離されることを］選ぶほどに、義と共に自分を保持することを熱望する。――賢慮は慈しみに向けて整える。聖書の中で、慈しみの業を行うこと以上のことは何一つ神は勧めていない。それこそがあらゆる焼き尽くす献げ物にまさるとみなしている[6]。――聡明は心の清さに向けて整える。真理の洞察はあらゆる幻想から私たちの心を浄めるから。――上智は平和に向けて整える。上智は私たちを最高の真と善とに結びつける。そこにこそ、私たちの理性的な希求全体の目的と平安はあるから。

［六］　平和が獲得されると、必然的に、満ち溢れる霊的な喜悦が続いて到来する。それは満ち溢れる喜悦を取り入れるために、十二の成果の内に包み込まれている。十二という数は豊饒を意味し、その［数］を通して、聖なる魂が享受し喜ばされる霊的な賜物の豊かさが示されている。そして、この時、人は観想にふさわしい者、花婿と花嫁とを見つめ抱きしめるにふさわしい者とされる。それは霊的な感覚に即して有することになり、［霊的感覚］によって、［御父の］輝き［であること］を理拠として、花婿であるキリストの最高の美が見られ、御言葉［であること］を理拠として、最高の甘美な旋律が聞かれ、双方、すなわち言葉と輝きとを掌握する知恵［であること］を理拠として、最高の甘味が味わわれ、心の内に吹き込まれた御言葉［であること］を理拠として、最高の香りが嗅ぎ取られ、受肉した御言葉［であること］を理拠として、最高の甘美は受け止められる。［受肉した御言葉は］肉体を持って自ら私たちの間に住み、自らを触れうるもの、口づけしうるもの、最高に燃え上がる愛（caritas）によって抱擁しうるものとして私たちに差し出したのである。［この愛が］法悦と脱自によって私たちの精神をこの世から御父のもとへと移行させるのである[7]。

［七］六　従って、以上で述べたことから明らかに次のことが結論される。諸徳の習性は第一義的に活動生活の訓練に向けて備えられている。これに対して、賜物の習性は観想生活のやすらぎ（otium）に向けて［備えられている］[a]。至福の習性は双方の完成に向けられている。さて、御霊の結ぶ実は愛（caritas）、喜び、平和、忍耐、寛容、親切、善意、誠実、柔和、穏和、信仰、中庸、節制、貞潔である[8]。これらは完全な業の結実である喜びを言う。これに対して、霊的感覚とは観想すべき真理に関する精神による把握を言う。この観想は、預言者たちにおいては、三通りの幻（visio）、すなわち肉体的なもの、空想的なもの、知的なも

のに関する啓示によるところにあった[b]。他の義人たちには洞察（speculatio）を通して経験される。それは感覚から始まり、想像（空想）に至り、想像から理性に、理性から知性へ、知性から覚知（intelligentia）へ、覚知から上智もしくは卓越した認識（notitia excessiva）に至る。この行程はこの世から始まるが永久の栄光において完成される。

［八］七　また、これらの階梯の内に、その先端は天に接するヤコブの梯子[9]とソロモンの玉座[10]がある。その［玉座］には最高に知恵に満ちた王、真に平和で、最高に素晴らしい花婿のように愛すべき、すべてが慕わしく、天使たちさえ一目見たいと憧れる、泉の水を求める鹿のように[11]聖なる魂らが憧れ嘆息する方が座している。実に、その激しく燃える憧れによって、火のように私たちの霊は上昇するに適したように作られているだけでなく、知ある無知（ignorantia docta）[c]によって暗闇と恍惚へと自分自身を超えて持ち去られるのである。「あなたの香油のかぐわしい香りに包まれて、私たちは走ります[12]」と言う花嫁だけではなく、「私の喜びの内にあって、夜は私の明かり[13]」と歌う預言者と共に［持ち去られるのである］。体験する者でなければ、誰ひとりとして、この夜の喜ばしい明かりを知ることはできず、神から与えられる恵みによらなければ、誰ひとりとして体験できず、［その恵みは］それを目指して自らを鍛錬する者の他には、誰にも与えられない。そこで、次に功績となる事柄の鍛錬について考察しなければならない。

（1）マタ五・3―10。（2）詩二四・10。（3）箴二〇・28。
（4）Ⅰテモ六・10。（5）マタ一九・21。
（6）ホセ六・6、マタ九・13、一二・7。
（7）ヨハ一・14、一三・1。（8）ガラ五・22―23。
（9）創二八・12。（10）王上一〇・18。（11）詩四一・2。
（12）雅一・3―4。（13）詩一三八・11。
（a）グレゴリウス『エゼキエル書講話』二・7・11。
（b）アウグスティヌス『創世記逐語注解』一二・6・15―7・16。
（c）アウグスティヌス『手紙』一三〇・15・28。

第七章

信じるべき事柄に対する恵みの鍛錬

一　従って、第四に、功績となる事柄の鍛錬（exercitia）に関する恵みについて考察することが残されている。これには四つのことが考察されねばならない。第一に、信じるべき事柄における恵みの鍛錬について。信仰箇条がこれにあたる。第二に、愛するべきものにおける［鍛錬］。ここで吟味されるのは愛すべきものの順序である。第三に、実行すべき事柄における［鍛錬］。神の律法の指令がこれにあたる。第四に、請願すべき事柄における［鍛錬］。主の祈りにおける嘆願がこれにあたる。

二　信仰箇条に関しては次のことを保持しなければならない。信仰によって、理性を超えた多くのことを信じるように私たちは義務づけられているのだが、一般的には、すべては聖書の正典の内に収められ、述べられていることである。特殊で固有な意味で言えば、使徒的なシンボルム（使徒信条）に収められている項目が信仰箇条と言われる。シンボルムを起草した者の側からみれば十二［項目］である。別の観点から、すべての信じるべき事柄の土台として根源的に信じるべき事柄を考察するとなれば十四［項目］となる[一〇]。

三　上述のことを理解するための理拠はこれである。第一原理はそれ自体において最高に真実で善なるものであるから、その業においても最高に義であり憐れみに満ちたものである。最高の真実には固い賛同が、最高の善には燃える愛（dilectio）が、最高の義には全面的な服従が、最高の憐れみには信頼のこもった呼びかけが帰されねばならない。恵みは、私たちの精神を、第一原理に帰さねばならない礼拝へと秩序づける。幸いなる三位一体［の神］における最高の真理、善、義、そして憐れみが要請することに応じて、信じるべきこと、愛するべきこと、実行すべきこと、請願すべきことにおいて、必要で功績となる鍛錬へと恵みが方向づけ整えるのである。

四　従って、真理が信じられるべきであり、より真理なるものがより信じられるべきであり、当然ながら、最高に真理なるものが最高に信じられるべきである。そして、第一原理の真理は、あらゆる創造された真理よりも無限に偉大であり、私たちの知性のあらゆる光よりも輝かしいものである。ここから、私たちの知性が、信じられるべき事柄において正しく秩序づけられていれば、自分自身よりも最高に偉大なる真理を信じ、キリストへの従順に立ち戻るはずである[1]。これによって、理性に即したことだけでなく、理性を超えたこと、感覚の体験に反することをも信じなければならない。もし拒絶するなら、最高の真理に払うべき敬意を示さないことになり、自分本位の判断を永遠の光の教示（dictamen）より優先することになる。これは真に認めがたい高慢と不遜という潰瘍によるもの以外にはありえないことである。

五　さらに、理性を超えた真理、あるいは理性にまさる真理は［目で］見えたり現れるものではなく、むしろ隠され、信じるに難いものである。このため、これが固く信じられるためには魂を高める真理の証明が必要不可欠であり、魂を固める権威の証明が必要不可欠である。第一は注賦された信仰によって、第二は真正なる聖書によってなされる。そして、この双方が輝きであり御言葉である[2]イエス・キリストを通して、また真理を示し、教え、なおかつ信じるようになす聖霊[3]を通して、最高の真理に由来する。ここにおいて、権威は信仰を支えるものであることを明らかにし、信仰は権威に賛同する。権威は、第一義的に、聖書の内に居を構えている。［聖書は］ことごとくカトリック信仰を導くために起草されている。そのため、真の信仰は聖書から逸脱することなく、虚構ではない［真の］賛同をもって［聖書］に同意する。

六　最後に、信仰によって信じるように私たちが強いられている［真理］、聖書が第一義的に述べる真理は、ある何らかの真理ではなく、固有の本性におけるにせよ、自分のものとした本性においてであれ神の真理である。――というのもこの真理の認識の内に［天の］祖国での褒賞と［この世の生の］途上での功績がある。[4]――ここから、信仰の土台となる信仰箇条は神性に関わることと人性に関わることとになる。神性は三つのペルソナ、すなわち生む御父、生まれる御子、発出する聖霊において、また四重の働き、すなわち自然本性の存在における創造、恵みの存在における再創造、命の修復における復活、栄光の賜物における栄光化である。ここにおいて、神性に関わる箇条は七つとなる。――同様に、キリストの人性は次のように考察されなければならない。聖霊による懐胎、処女《おとめ》からの誕生、十字架上での苦難、陰府への降下、死からの復活、昇天、終わりの審判のための到来。こうして、人性に関する七つの箇条がある。総合すると十四［箇条となる］。七つの星と七つの黄金の燭台のようである。人の子はその中を歩いておられたのである。[5]

七　それ故、キリストは神の本性と人間の［本性］においてひとりの方である。また、最高の真理として一つである。この［真理］は信じるべき一つの、第一の、最高の、そして唯一の理拠（ratio）である。これは時間によって変動するものではない。そこから、上述のすべての箇条は一つの同じ信仰に関するものであって、現在においてのみならず過去においても未来においても変動することはない。

「キリスト」の到来に先立った人々の間よりも、キリストに従う人々の間でより明快で明瞭なものになっているとしても「変わることはない」。それは双方の内に上述の箇条は内包されているが、旧約よりも新約がより明白であるのと同じである。

八　そして、聖霊は信仰のこれらの箇条を最高に堅実な証人によるように、十二使徒によって聖書の奥深くで一つにまとめ上げた。これは、上述の諸箇条が一つの使徒たちのシンボルム（使徒信条）の内にまとめられたということである。故に、使徒たちの数に応じて十二箇条にまとめられたと言うことができる。信仰を構築するにあたって、使徒の一人ひとりが一つの生きた石のように一つの箇条を据えたからである。このことは主の祭壇を建設するために[6]、ヨルダン川の川床から十二の石を引き出した男たちの内に、まさしく聖霊は予示していたのである。

（1）Ⅱコリ一〇・5。（2）ヘブ一・3、ヨハ一・1。
（3）ヨハ一六・13。（4）ヨハ一七・3。（5）黙一・12―16。
（6）ヨシュ四・2。

第八章

愛すべきものに関する恵みの鍛練

一　さて、愛すべきものについては次のことを保持しなければならない。神のすべての業は極めて善いものであるが[1]、固有の意味で愛（caritas）に駆られて愛すべきものが四つある。すなわち、永遠の神、私たちが存在すること、私たちの隣人、私たちの肉体。――これらの愛において秩序と様態が守られなければならない。神が第一に、すべてにまさって、「神」自身の故に愛されなければならない。第二に、神の下に、神によって私たちは存在すること、第三に、私たちのように、私たちの隣人を、第四に、私たちよりも低く、また隣人よりも低い優先性を持つものとして、私たちの肉体を「愛すること」。――これを実践するために、愛の一つの習性と二重の掟が与えられている。律法と預言者たちのすべてが、単に旧約のみならず新約に関しても、これに掛かっているのである[2]。

二　上述のことを理解するための理拠はこれである。第一原理はそれ自体が第一であるが故に最高である。最高であるが故に最善である。最善であるが故に至福であり最高に幸せにするものである。最高に幸せにするものであるが故に最高に享受すべきものである。最高に享受すべきものであるが故に、愛（amor）によって強くよりすがるべきものであり、ついに最終的にそこに憩うべきものである。[a] それ故、真っ直ぐで秩序づけられた愛（amor rectus ordinatus）はカリタスと呼ばれるが、この愛が、第一義的に、そこにおいて享受し憩うところの善へと［私たちを］導き入れる。そしてこの［善］こそが愛する理拠なのである。ここから、特に幸せにするものとして［善］を愛するのであって、その結果として、［善］によって幸せにされるものとして、他のものらを［愛するのである］。従って、隣人は私たちと共に至福に到達するものとして生まれたのである。また、私たちの肉体も霊と共に幸せになりうるものとして生まれたのである。ここから、四つのものだけが愛に駆られて（ex caritate）愛されるべきであると言われる。すなわち、神と隣人、私たちの霊と私たちの肉体。

三　さらに、神は最高の善として私たちの上にあり、私たちの霊は内的な善として私たちの内に［あり］、私たちの隣人は類縁的な善として私たちの傍らに［あり］、私たちの肉体は従属的な善として私たちの下に［ある］。ここから、愛するにあたって秩序（順位）が守られなければならない。第一に、神がすべてを超えて、［神］自身の故に愛される。第二に、私たちの霊が、神の下に、すべての空しいものらの上に。第三に、私たちの隣人が、類似した善として私たちに並んで。第四に、私たちの肉体が最下位の善として［愛される］。そして隣人の肉体も同じ段階に含めなければならない。双方が私たちの霊に比べれば下位の善だからである。

四　最後に、愛（amor）は精神の重さであるから、[b] 精神のあらゆる情感（affectio）の源泉である。これ［情感］は容易に自分自身に向けられるが、隣人に向けるのはずっと難しく、神へと高めるのはさらにさらに難しい。愛に駆られて愛すべきものは四つあるが、二重のことが掟として与えられている。一つは神に向かうもの、もう一つは隣人に向かうものである。

五　すべての命令は、目的に向かうもの、あるいは目的へと導くものとして、神もしくは隣人に向かうものである。ということは、諸々の掟の集成も聖書全体の理解もこの二重の掟の内に込められているということである。愛（caritas）そのものは諸徳の根源、形相、そして目的であり、最終目的をもってすべてを結び合わせ、すべてを互いに、同時に、秩序あるものとして結びつける。故に、［愛は］秩序づけられた傾向の重みであり、完全な結合の絆であり、情感と共にその成果に関しても、愛するべきものたちの相違に鑑みつつ秩序を守る。また、一つの目的、一つの主要に愛されたものに関しては、その習性においては合一（unitas）を有する。［この愛されたもの］が他のものらへの愛の根拠となるものであり、身体が頭に対するように、愛の絆によって、ひとりのキリストの内に結ばれるように生まれたものである。［この身体は］自らの内に救われるべきものらの全体を保持している。この合一は［この世の生の］途上で開始されているが、永遠の栄光において完成される。主が祈っておられるとおりである、「私たちが一つであるように、彼らも一つになるためです。私が彼らの内におり、あなたが私の内におられるのは、彼らが完全に一つになるためです[3]」と。この合一は愛（caritas）の絆によって完成される。神は、確実な永遠性と完全な平和を通してすべてにおいてすべてとなるであろう[4]。すべてのものは愛（amor）によって交わりのあるものに、交わりによって秩序正しいものに、秩序によって結ばれたものに、結びつきによって不解消に結び合わされたものとなるであろう。

（1）創一・31。（2）マタ二二・40。（3）ヨハ一七・22―23。
（4）Ⅰコリ一五・28。
（a）アウグスティヌス『キリスト教の教え』一・32・35。
（b）アウグスティヌス『告白』一三・9・10。

第九章

命令と勧告を司るものとしての恵みの鍛練

一　神の律法の命令については、次の点を保持しなければならない。モーセの律法の内には、裁判に関わるもの、予型的なもの（figuralia）、そして道徳的なものがある。なかでも十戒の十の命令は二枚の石板に神の指で記されている[1]。——福音の法は裁判に関わるものを削除することで［律法を］和らげ、成就することで予型的なものを無効にし、付加することで道徳的なものを完成させる。付加するのは教訓の記録、鼓舞する約束、完成を目指す勧告［である］。［勧告には］貧しさへの勧告、従順への勧告、そして貞潔への勧告がある。これを遂行するように、私たちの主キリストは、完全でありたいと願う者を招くのである[2]。

二　上述のことを理解するための理拠はこれである。第一原理は、それ自体において最高善であるように、その業においても、そして宇宙万物の管理の運営にあたっても最高に義なるものである。それ故、最高に義なるものは、自らの内での義のみならず、他者の内での義をも熱望するものである。義は法規の規定に自らを一致させるところに成り立つものである。義の諸規定を人間に刻み付け表現するのは神の義に属することであるが、真理を教えるという教育手段によるだけでなく、意志を命じるという命令ならびに義務づける形で行われる。また、恵みは私たちの意志を神の意志に一致させるのであるから、神から与えられた律法の命じるところに従って、義の規定に服従し従属するように私たちを整えるのは恵みの業である。

三　さらに、二通りの形で神の命令に従うことができる。すなわち、罰への恐れから、あるいは義への愛（amor）から。第一は不完全な者たちの［動機であり］、第二は完成の域に達した者らの［動機である］。故に、神は人間に二通りの法を授けたのである。一つは恐れの、もう一つは愛の［法］、一つは奴隷の状態に生み出し、もう一つは神の子らとしての養子縁組へと向かわせるもの(3)。このため、恐れる者ら、不完全な者らには、裁きによって恐れおののかされ、しるしによって手引きされ、命令によって導かれるのがふさわしいのである。このためである、モーセの律法は恐れの法であり、そこには裁判に関わること、予型的なこと、道徳的なことが収められているのは。――これに対して、完成の域に達した者ら、愛する者らには、数々の教訓から成る開かれた訓育、数々の褒賞の気前良い約束、数々の勧告による高い完成がふさわしいのである。そのため、福音の法はこの三つを備えているのである。故に、モーセの律法は福音の［法］とは違うと言われる。前者は予型の、後者は真理の、前者は恐れの法であり、後者は恵みの、前者は文字の、後者は霊的な、前者は殺し、後者は生かす(4)、前者は恐れの、後者は愛の、前者は隷属の、後者は自由なものの、前者は重荷の、後者は軽快な［法である］。

四　最後に、義（正義）の必然性を目指す規定は神の命令の内に含まれる。「それぞれの者にその正当な権利を認める」のは義に属するものである。ここから必然的に、愛（caritas）の二重の命令に即して、私たちを神に向かわせる道徳的命令と隣人に向かわせる［道徳的命令］とがあることになる。このことを聖霊は、二枚の石板の神秘を通して教えようとしている。故に、神の指で書かれたと言われているのである。――神は三者（trinus）、すなわち御父と御子と聖霊である。礼拝すべき最高の威光、表明すべき真理、受け容れられるべき愛（caritas）はこの方にこそふさわしい。業と口と心の行動によって、憤怒の力、理性の［力］、情欲の［力］に即して［なされねばならない］。故に、これらの三つのことに対応して三重の掟、すなわち服従の礼拝、真実の宣誓、安息日の厳守が第一の石板に書き記されているのである。

五　実に、隣人は三位一体［の神］の像であるので、御父の像を帯びたものとして［隣人］に敬虔（pietas）をささげなければならない。御子の像を帯びたものとして誠実をささげなければならない。聖霊の像を帯びたものとして厚情（benignitas）をささげなければならない。このため、第二の石板に見られる掟は七つなのである。敬虔に関わるものが二つ。一つは敬虔を命じるもの。すなわち、父［母］を敬え。もう一つは不敬を禁じるもの。すなわち、殺してはならない。誠実に関するものは、主《おも》に言葉に関わっており、それにあたるのは一つ、すなわち偽証してはならない。厚情に関するものは欲求と情欲がこれに対置され、その双方が行為の内にも心の内にもありうるもので、四つのものがあげられる。すなわち、姦淫してはならない、［他人の］妻を欲してはならない、盗んではならない、他人のものを欲してはならない。[5] これらは、それによって義（正義）が傷つけられうる損害の大小に応じて順序づけられている。このようにして義が必要とするものに鑑みた規定が十の命令の内に含まれているはずである。

六　さて、義は、罪過という面からもその原因という面からも、悪から完全に自らを遠ざけることで、完成に至るものである。そして、すべての悪は三重の根源、すなわち肉の欲、目の欲、驕り高ぶった生活から生じる。[6] このため、上述の三つの根源から私たちを完全に遠ざける福音的勧告が三つある。それらの勧告は、悪から完全に引き離すために、許されないことからだけでなく、悪のきっかけとなりうる許されること、また認められることからも引き離すものである。そのため、この勧告は十全的な義のみならず過剰なる義を備えることになる。このことによって、義は福音的法の完成に、完成へと導く恵みの鍛錬にふさわしいものとなるのである。

（1）出三一・18。（2）マタ一九・21。
（3）ガラ四・24、ロマ八・15。（4）Ⅱコリ三・6。
（5）申五・6―21。（6）Ⅰヨハ二・16。

第十章

懇願する者、祈る者に対する恵みの鍛錬

一　さて、主の祈りの懇願については、次のことを保持しなければならない。神は最高に寛大であり、私たちから受け取るよりも、より速やかに与える方ではあるが、私たちが祈るのを望んでいる。聖霊の恵みの賜物を施す機会を持ちたいからである。――［神は］「知性の神への上昇」である精神の祈りだけでなく、「ふさわしいことを神に懇願」する声による祈りをも、[a]また私たち自身が祈るだけでなく、神から私たちに与えられた補佐役である聖なる人々もまた祈ることを望んでいる。私たち［だけ］ではあまり聞き入れられないことでも、聖なる人々を通せば聞き入れられるからである。――また、私たちは何を祈るのか、いかなる意図で祈るべきか知らないのであるから、[1]確信もなく彷徨うことのないように、［主ご自身が］起草した祈りのうちで、それを私たちに伝授したのである。その七重の懇願の内に、乞い求める者らのすべての願いが含まれている。

二　上述のことを理解するための理拠はこれである。第一原理は、ご自身において最高に真であり善であるように、その業においても憐れみ深く義である。また、最高に憐れみ深いが故に、いとも惜しみなく寛大に、ご自分の恵みの注賦によって、人間の惨めさにまで遜った。[2]実に、これは義に基づくことでもあるから、この完全な賜物を願い求める者以外には与えないし、感謝する者以外には恵みを与えないし、惨めさを認識している者以外には憐れみを注ぐことはない。それは決断の自由が守られるため、賜物の気品が損なわれないため、神の誉れへの表敬が完全に堅持されるためである。神の助けを引き寄せるのは、自分の至らなさを表明して、無償で与えられた恩典（beneficium）の故に感謝する祈る者に属するものである。このためである。祈りは神からの諸々の賜物（charismata）を受けるための用意をし、贈り物が豊かに施されるように祈られることを神は望んでいるのである。

三　さらに、神の贈り物を得るために、効果的に願望が天に向けられるためには、私たちの情感は燃え上がっていなければならず、思いは一つのことに集中し、私たちの期待は確かで固いものでなければならない。私たちの心はしばしば生ぬるく、しばしば散漫で、罪の呵責の故にしばしば臆病になっており、神のみ前にあえて自らをさらけ出そ

うとはしないからである。このために神は望んだのである。私たちがただ単に精神をもって祈るだけでなく、言葉によって私たちの情感を掻き立て、言葉の意味を通して思いを集中するために音声をもって祈ることを。――さらに、私たちが聖なる者たちを通して祈ること、そして聖なる者たちが私たちのために祈ることを望んだ。ふさわしい嘆願者を得たことで、自分のためにあえて祈ろうとはしなかった、あるいは祈ることができなかった臆病な者たちに信頼を与えるために。これを通して、祈る者たちの内に謙遜が保たれ、執り成しをする聖なる者たちの内に崇高さが明示され、キリストのすべての肢体の内に愛（caritas）と一致が表明される。これによって、下位にあるものらは信頼を持って上位のものらに走り寄り、上位のものらは自発的に下位のものらにまで身を低くするのである。

四　最後に、義であり憐れみ深い神は、ご自分の誉れと、私たちの救いを目指すものでなければ、［その祈りを］聞き入れるはずはない。すると、［天の］祖国での褒賞を目指すものと［この世の生の］途上での糧（viaticum）を目指すものとなる。第一のものは三つ、第二のものは四つ。ここから、私たちは何を有効に乞い求めるべきかを教える主の祈りの懇願は七つということになる。――実に、神の誉れと祖国での報賞を目指すものは三つある。すなわち、真理の理解（intelligentia）、威光への表敬（reverentia）、意志の一致（concordia）。別の言葉で言えば、最高の真の眺望。浄いものら、聖なるものら以外には見られないもの。これを乞い求めて「あなたの名が聖とされますように」と言われる。すなわち、あなたの名の認識（notitia）が完全な者ら、聖なる者ら、そして浄い者らに与えられるように。あるいは、王となし、それによって王国は保たれる峻高なものへの憧憬ならびに努力（tentio）。これを乞い求めて言われる、「あなたの王国が来ますように」と。あるいは、最高善の果実。神の意志と合致した自分の意志を有している者以外には与えられない。これを乞い求めて言う、「あなたの意志が行われますように、天におけるように地においても」と。――これに対して、［この世の生の］途上における移行を目指すものは、指導してくれる善の寄与（collation）もしくは害を及ぼす悪の除去である。指導してくれる善の寄与は日毎の、あるいは超実体的なパンのうちに乞い求められる。ここでは、霊に即してであれ肉体に即してであれ、現在の命を保持するために必要なものが何であれ乞い求められる。害を及ぼす悪の除去は終わりの三つの懇願によって乞い求められる。すべての悪は過去、あるいは未来、あるいは現在に動機を有している、別の言い方をすれば、罪過としての悪、闘争としての悪、罰としての悪である。第一のものは負債の解消のうちに、第二のものは誘惑に打ち勝つことのうちに、第三、最後のものは諸々の悪の圧迫からの解放のうちに除去されるよう乞い求められる。このように全体として懇願は七つであり、その［七つの懇願の］内に、一般的に懇願されなければならないことが何であれ乞い求められている。そしてこれは正しく充分なものであって、七重の懇願は七重の神の賜物（charismata）と七様の恵みの贈り物（donum）に対応しているのである。

五　それ故、次のことに留意せねばならない。七つの事柄を七通りに考察するように聖書は私たちに提起しているということである。すなわち、罪源、秘跡、徳、賜物、至福、懇願、栄光ある進物（dotum）――これは後に明らかにされることになるが三つの霊的なものと四つの肉体的なものである。第一のものとして七つの罪源は、私たちはそれから遠ざからなければならないもの。第二の七つの秘跡は、それによって私たちは進んでいかねばならないもの。最後の七つの進物は、私たちが希求すべきもの。終わりから一つ手前の懇願は、私たちが乞い求めねばならないもの。それに対して七つの徳、賜物、至福は七重の中間物であり、それを通って私たちは移行しなければならない。こうして日に七度[3]、主の名をほめたたえて、祈り、徳と賜物と至福の七通りの恵みを私たちは願い求める。それによって、私たちは罪源との七通りの闘争に打ち勝ち、栄光ある進物としての七通りの栄冠に到達する。それは言うまでもなく、神によって人類の修復のために定められた秘跡という七通りの癒しの助けを得てのことである。

（1）ロマ八・26。（2）ヤコ一・17。（3）詩一一八・164。
（a）ヨハネス（ダマスコの）『正統信仰の解明』三・24。

第六部　秘跡の癒し

第一章

秘跡の起源

一　神が三位一体であることについて、世界の創造について、罪による腐敗について、御言葉の受肉と聖霊の恵みについて論じた後、ここで六番目に論じるのは秘跡の癒しについてである。これに関して考察せねばならないのは七つ。秘跡の起源、変遷、区別、制定、授与、繰り返し、それぞれの［秘跡の］完全性について論じられねばならない。

二　従って、秘跡の起源については、次のことを保持しなければならない。秘跡とは癒しのために神の制定による感覚的なしるしである。そのしるしの内で、感覚的な事物の覆いの下に神の力が密かに働く[a]。それらは「類似によって提示され、制定によって意味が与えられ、聖化によって何らかの霊的な恵みをもたらす」。この［恵み］によって魂は過誤（vitium）からくる弱さから癒される[b]。最終的な目的として、第一義的に、この［癒し］へと秩序づけられている。また、二次的な目的として、謙遜、教育、鍛錬のためにも有効である。

三　さて、上述のことを理解するための理拠はこれである。修復の原理、すなわち十字架につけられたキリスト、受肉した御言葉は最高に賢明にすべてを配慮する。神として、最高に慈悲深く癒す。受肉した神として、病んだ人類を修復し健康を回復させねばならない。そのために、病める者に、病める機会に、病からの癒しにご自身を一致させるのである。実に、医師は受肉した御言葉である。つまり、見える本性の内にいる見えざる神である。病める人間は、単なる霊でも単なる肉でもない。死すべき肉の内にある霊である。病気とは根源的な罪過（originalis culpa）であり、無知を介して精神に感染し、情欲を介して肉に感染する。この罪過の起源は、主に理性の同意に由来するとはいえ、肉の思い（sensus）からも機会を捉えるものである。――それ故、癒しは、上述のすべてに対応するものであるからには、単に霊的なもののみならず、感覚的なしるしを有するものに及ぶものでなければならない。この感覚的なものが魂のつまずきの機会となったように、起き上がる機会ともなる。それ故、感覚的なしるしは、自らの本性の隔絶した表出は有しているものの、それ自体としては、恵みに向かう効果的な秩序づけを有していない。それ故、恵みの創始者によって意義あるものとして設定され、聖化するものとして祝福される必要があった。このようにして、自然本性的な類似性によって表出が、付加された設定によって意義が、上乗せされた祝福によって聖化と恵みへの準備が生じ、この［恵み］によって、私たちの魂は健康を回復され癒されるのである。

四 さらに、癒しの恵みは高慢な者たち、不信仰な者たち、横柄な者たちには与えられない。故に、この感覚的なしるしは聖化し、恵みをもたらし、そしてそのことによって健康を回復するためだけではなく、意義（signification）によって教化され、拝受することで謙遜にされ、多様性によって鍛錬されるために神から与えられるのでなければならない。このようにして、鍛錬によって欲求されるものらから怠惰は締め出され、教化によって理性的なものから無知は締め出され、謙遜にされることによって憤怒に関わるものから高慢は締め出され、魂全体が聖霊の恵みによって癒されうるものとされる。その［恵み］がこの三つの能力に即して、三位一体［の神］とキリストの像へと私たちを変容させるのである。

五 最後に、神に制定された、このような感覚的なしるしを通して、聖霊の恵みは拝受され、その［しるし］に近づく者らによって見いだされる。このため、このような秘跡は「恵みの器」[c]とも「［恵みの］原因とも言われる。それら［の秘跡］の内に恵みが実体的に包含されているとか、原因として効果を発揮するとかというのではなく、ただ魂の内にのみその場を持ち、ただ神によってのみ注賦されるからである。たとえ「神はご自分の能力を秘跡に拘束させることはない」[d]としても、神の決定によって、それらの［しるし］の内に、それらの［しるし］を通して、至高の医師キリストから癒しの恵みは汲み取られなければならないからである。

六 従って、以上で述べたことから、「秘跡の発端（ortus）は何か」だけでなく、効用は何か、成果は何かまでが明らかにされた。［秘跡］の発端は主キリストである。効用は鍛錬、教化、謙遜をもたらすことである。成果は人々の癒しと救いである。作動因（causa efficiens）が何であるかは明らかである。神の制定だからである。質料因（materialis）は感覚的なしるしの表すところのものだからである、形相因（formalis）は無償の聖化、目的因

（finalis）は人々の治癒による癒しだからである。「名称は形相と目的による」[e]ものである。このために、いわば聖化の治療のようなものとして秘跡（Sacramenta）と言われる。実に、これによって魂は忌まわしい過誤（vitium）から完全な聖化へと連れ戻される。――故に、物体的で感覚的なものではあるとしても、聖なるものとして尊ばれねばならない。聖なる秘義（sacra mysteria）を意味しており、聖なる賜物（charismata）に備えるものであり、最高に聖なる神から与えられたもの、聖なる制定と祝福によって神が聖別したもの、聖なる教会における神の最高に聖なる礼拝のために定められたものである。こうして、秘跡と呼ばれねばならないのは全く妥当なことである。

（a）イシドルス（セビリャの）『語源』四・12・40。
（b）フーゴ（サン・ヴィクトルの）『秘跡』一・9・2。
（c）前掲書一・9・4。
（d）ペトルス・ロンバルドゥス『命題集』四・1・5、フーゴ前掲書一・9・5参照。
（e）アリストテレス『霊魂論』二・4。

第二章

秘跡の変遷

一　秘跡の変遷（variatio）については、次のことを保持しなければならない。秘跡は、初めから、人間の癒しのために制定され、常に人間の病と共に歩み、世の終わりに至るまで存続するであろう。しかし、自然法のもとで、書き記された法のもとで、恵みのもとで、［秘跡は］それぞれ異なったものであった。そして、これらすべてにおいて、最後のものが、その意義において一層明瞭であり、恵みの効果において一層価値あるものである。――自然法のもとでは奉納、犠牲、十分の一税があった。書き記された法の下で割礼が導入され、賠償が加えられ、上述の奉納、十分の一税、そして犠牲に多様な区別が付加された。これに対して、新しい法の下で「数の上ではごく少なく、効用においてはより有効で、力においてはより効果的で」[a]、卓越性において秀でた秘跡が制定された。そして、この［秘跡］において、それまでのすべての秘跡は役割を果たすと同時に引き下がることになる。

二　さて、上述のことを理解するための理拠はこれである。私たちの修復の原理であり、秘跡の源泉であり起源である受肉した御言葉は、最高に慈悲深く、最高に知恵に満ちている方である。罪という病が秘跡による癒しなしに蔓延するのを許すことができないほどに、最高に慈悲深い方である。また、ご自分の不可変の知恵の語った言葉に即して、万物を最高に秩序正しく指揮する者として、様々な時代のそれぞれの変化と多様性に応じて様々な治療法を適用するほどに最高に知恵深い方なのである。それ故、「初めから、時の経過とともに、そして救い主の到来が近づけば近づくほどに、常に救いの効果は増大し、真理の認識も［増大した］。そして救いのしるしそのものも時の経過に伴って、あるものは後になり、あるものは変化するのは当然なことであった。救いにおける恵みの効果が増大すると同時に、見えるしるしそのものの内なる意味もより一層明らかになるのである」[b]。故に、「最初は奉納によって、その後は割礼によって、最後に洗礼の沐浴によって、賠償と義化の秘跡が形成されるように制定されていた。同じ浄めの形と類似が奉納においては隠れた形で見いだされ、割礼においてはより明瞭に表現され、洗礼によって一層明確に表明されている」。そして、フーゴの言うように、次のようになる。「最初の時代の秘跡は真理の影のようなもの、中間の時代［の秘跡］は図形もしくは像、最後の、すなわち恵みの［秘跡は］体のようなものである」[c]。それぞれが表示する真理と癒しの恵みを自らの内に保持しており、約束したものを目に見えるような形でもたらすのである。

三　さらに、恵みの法のうちに示されている真理と恵み[1]の現存は、その業と力における卓越性と多様性の故に、一つのしるしによって表示されることはできず、そうすべきでもなかった。そのため、すべての時代と［すべての］法のうちに、この真理と恵みを表現するために与えられた多数の秘跡が存在した。しかし、特に、予型（figura）［すなわち旧約］の法の時代においては、多くの様々なしるしが先行した[2]。それら［のしるし］はその多様性によってキリストの恵みを多様な形で表現しており、卓越した形で推奨している。そして多様な形で推奨することで小さな子供らを養い、不完全な者らを鍛錬し、重荷を負わせることで頑なな者らを打ち砕き、恵みの軛に馴れさせ、何らかの方法をもって柔らかなものとするためである[d]。

四　最後に、真理の到来によって、影は消え失せ、予告するものである予型は意図した終わりを迎えて、その使用ならびに活動は中断されねばならない。このため、恵みの到来とともに、古い秘跡ならびにしるしは役目を果たすと同時に廃止された。しるしは未来のことどもの予兆であり、遠くからの予告のようなものだからである。そして新しい［秘跡］が現に存在する恵みを証明するもの、何らかの形で主の苦難を想起させるものとして制定される。［主の苦難］こそが、私たちの内であれ、キリストの到来に先行した人々の内であれ、癒しの恵みの源泉であり起源なのである。しかし、［キリストの到来に］先行した人々にとっては約束された代価、後に続く人々にとっては償還された代価のようなものである。償還されることなしには約束された代価の恵みに浴することはできないものである。しかも償還される代価は約束の代価よりも気前よく支払われねばならないものである。このために、キリストの苦難は新しい法の時代の秘跡をより直接的に聖化し、その［秘跡］の内により溢れんばかりの恵みを漲らせるのである。この故に、［古い秘跡］は［新しい秘跡］を準備し、ここまで導いてきたのである。それは道が終点にまで、しるしが記されたものまで、予型が真理にまで、未完成なものが完成を目指し準備するようなものである。

（1）ヨハ一・17。（2）ヘブ一・1、九・9。

（a）アウグスティヌス『ファウストゥス駁論』九・13。

（b）フーゴ（サン・ヴィクトルの）『秘跡』一・11・6。

（c）前掲書前掲箇所。

（d）前掲書一・11・4。

第三章

秘跡の数と区分

一　新しい法の秘跡の区分と数に関しては、次のことを保持しなければならない。七重の恵みに呼応するものとして七つの［秘跡］がある。それは七つの時代を通過して、宇宙万物の復活の第八［の時代］に向かうかのように、原初（principium）、安息、永遠の輪へと、私たちを連れ戻すのである。――これらの秘跡の入り口は洗礼であり、次いで、堅信、エウカリスティア、悔い改め、終油、叙階、そして結婚［と続く］。［結婚は］情欲に結びついた病の故に最後に置かれているが、［他の］すべてに先立って、罪にも先立って楽園において導入されたものである。

二　上述のことを理解するための理拠はこれである。私たちの修復の原理である主キリスト、受肉した御言葉は、神の力、知恵[1]、そして、私たちに対する憐れみであるので、そのように力強く、賢明に、慈しみ深く、ふさわしく、ご自分の秘跡を恵みの法のうちに制定した。それはもはや現在の生においては、私たちの癒しのために何ら欠けるところがないほどである。病の完全な治癒のためには、次の三つが同時に行われる必要がある。すなわち、病の除去、健康の導入、そして導入した健康の維持。――従って、第一に、完全な治癒のためには完全で全般的な病の除去が求められる。そして病には七通りのものがあり、三通りの罪過に関わるもの、すなわち、原罪、死罪、小罪。四通りの罰に関わるもの。すなわち、無知、悪意、脆弱、情欲。また、「踵《かかと》を治療するものは、眼を治療するものではない」とヒエロニムスが言っているとおりである[a]。このため、この七通りの病を完全に駆逐するためには、次の七通りの治療法で対処する必要がある。すなわち、原〔罪〕に対して洗礼、死〔罪〕に対して悔い改め、小〔罪〕に対して終油、無知に対して叙階、悪意に対してエウカリスティア、脆弱に対して堅信、情欲に対して結婚。〔結婚は情欲〕を制御し拒絶する。

三　さらに、健康の完全な回復なしには完全な癒しはありえない。また魂の完全な健康は七つの徳、すなわち三つの神学的徳と四つの枢要徳の効用にある。このため、これらの健全な効用の回復のために七通りの秘跡が制定される必要があった。洗礼は治癒して信仰に備え、堅信は希望へ、エウカリスティアは愛（caritas）へ、悔い改めは正義へ、終油は堅忍へ、〔堅忍〕は剛毅の補完であり究極である。叙階は賢慮へ、結婚は節制を堅持するために。肉の弱さが特別に〔節制〕を攻撃するが誠実な夫婦生活が癒すのである。

四　最後に、導入された健康の維持なしには完全な治癒はありえない。教会の戦列の中以外には、戦いの激突のうちにあって導入された健康は維持されえない。〔教会の戦列は〕陣営の整然とした戦列のように畏敬すべきもの[2]。そして、これは七通りの恵みの武装によってなっている。ここから、必然的に、秘跡は七つでなければならない。この戦列は完全にしかも絶え間なく補強される必要がある。崩れやすい部分からなっているので、補強の、再起の、再生の秘跡を必要としている。戦っている者らを補強し、倒れた者らを再起させ、死んだ者らを再生させるのである。補強の秘跡は〔戦列に〕加入する者らを補強する。洗礼がそれである。〔現に戦列に〕立っている者らを〔補強するのが〕堅信、退去した者らを〔補強するのが〕終油である。――再起させる秘跡は、小〔罪〕の失墜から再起させる、これがエウカリスティアである。死〔罪〕からこれをなすのが悔い改めである。——再生させる秘跡は、霊的な存在において再生させるのは叙階であり、これは秘跡を管理する役割を担っている。自然本性的な存在において［再生させるのは］結婚である。自然本性的な存在において大勢のものを再生させるからである。これはすべての［秘跡の］土台である。病的な情欲と結びついたとはいえ、すべての［秘跡］に先立って導入されたものだからである。また、その意義においては偉大な秘跡（神秘）であるにしても[3]、聖化の点では極めて小さなものであるから、霊的な治癒においては最後に位置づけられ最後の位置が割り当てられている。それ故、洗礼は［戦列への］参入者の、堅信は戦闘中の者の、エウカリスティアは再参入する者らの、悔い改めは再起する者らの、終油は退役する者らの、叙階は新参兵の投入のための、結婚は新参兵の用意のための秘跡である。以上のことから、秘跡による癒しと武具の十全性と順位は明らかである。

（1）Iコリ一・24。（2）雅六・10。（3）エフェ五・32。

（a）ヒエロニムス『マルコ福音書注解』九・28。

第四章

秘跡の制定

一　さて、秘跡の制定については、次のことを保持しなければならない。恵みの法の七つの秘跡を制定したのは、新しい契約の仲介者[1]、秀でた法の規定者キリストである。この［法］において、永遠の約束へと招き、指導する命令を与え、聖化する秘跡を制定した。——その意義とその聖化の効果を明確にするために、言葉と諸元素とをもって制定した。そのようなものとして［秘跡は］常に真理を現すものであるが、必ずしも常に癒しの効果をもたらすわけではない。それは［秘跡］そのものの側の欠陥によるのではなく、受ける側の［欠陥］による。——上述の秘跡を様々な形で制定した。あるものは強化し、承認し、そして完成させる形で［制定した］。結婚と悔い改めがそれにあたる。あるものは示唆し、浄化する形で［制定した］。堅信と終油［がそれにあたる］。あるものは浄化し、完成させ、自らが受けるという形で［制定した］。洗礼、エウカリスティア、叙階の秘跡［がそれにあたる］。［最後に挙げた］これら三つの［秘跡］は［キリスト自身が］全面的に制定しており、また最初に受けている。

二　さて、上述のことを理解するための理拠はこれである。私たちの修復の原理は十字架につけられたキリスト、すなわち受肉した御言葉である。御言葉は御父と等しく、同一実体のものであるから、最高の力の、最高の真理の、最高の善の言葉であり、それ故に最高の権威ある［言葉］である。故に、新しい契約を導入することはこの方ご自身の、固有の業であり、ご自身の最高の力、真理、そして善の要請に応えて完全で十全的な法を与えることもこの方の業である。従って、最高の善であるが故に至福の約束を提示し、最高の真理であるが故に指導する命令を与え、最高の力であるが故に秘跡の管理を定めたのである。こうして、指導する命令を果たすように、秘跡を通して力は補充され、指導する命令を通して永遠の約束へと到達することになる。このことは永遠の御言葉、すなわち主キリストが、道、真理、そして命として、[2]福音の法においてなすことなのである。

三　さらに、修復の原理は、ただ単なる御言葉としての御言葉だけでなく、受肉した［御言葉］でもあるので、真理を認識するために、すべての者らに受肉したものとしてご自分を提示し、癒しの恵みのために、ふさわしくご自分に近づくすべての者らにご自身を現すのである。ここにおいて、恵みと真理に満ちた方として、[3]その意味するところのものと、また聖化の効果をより明瞭に示すために、諸元素と同時に言葉をもって秘跡を制定した。諸元素は眼に、言葉は耳に自分を提示するが、この二つの感覚は重要な認識器官であり、表現された意味を明白にするものであり、言葉はまた諸元素を聖化することで人間の癒しの効果を一層有効なものとさせる。心の奥底で恵みの源泉に抵抗し反抗する者には何一つとして与えられない。故に、常に普遍的に意味を明らかにするように制定されてはいるが、あらゆる虚構なしに、ふさわしく近づく者でなければ、聖化することはないのである。

四　最後に、受肉した御言葉が秘跡の恵みの源泉であるとしても、受肉の前にもある種の秘跡の恵みが存在したのであり、ある種の［恵み］は聖霊の派遣の後でなければ［存在］せず、ある種の［恵み］はその中間に存在している。このために、様々な形で秘跡は制定されねばならなかった。実に、受肉の前にも必然的に悔い改めの痛恨（compunctio）と結婚による出産が存在した。故に、この二つの秘跡は新たに制定したのではなく、すでに［御言葉自身］が制定しており、自然法によって何らかの形で刻み込まれていたものを福音の法において［受肉した御言葉が］補完し強化したのである。それは悔い改めを宣べ伝え、婚礼に参加して婚姻の法を承認したことによる。これは福音書の様々な箇所から結論されることである。[4]――聖霊の派遣の前には、堅信のため、そしてキリストの名を公に告白するための聖霊の十全的な贈与はなかったし、臨終（evolatio）にあたっての精神（mens）の全面的な塗油もなかった。故に、この二つの秘跡、すなわち堅信と終油をキリストご自身が採用し導入した。堅信は子供たちの上に手を置くこと、聖霊によって洗礼を授けることになると弟子たちに予告したことで。[5]終油は［病人を］癒すために弟子たちを派遣したことで。マルコ［福音書］に言われているように、［弟子たちは］病人に油を塗っていたのである。[6]――中間の時に［制定］されたのが、再生、教会の叙階、霊的な糧であった。故に、キリストはこの三つの秘跡、すなわち、洗礼、エウカリスティア、そして叙階を完全かつ明確に制定した。まず第一に洗礼を受けることで、次いで形式を授け、他の人々に告知することで。[7]叙階は、まず第一に、人類の罪を繋ぎ、解く権能を、そして祭壇の秘跡を執行する権能を与えることで。[8]エウカリスティアは、穀物の一粒にご自分をなぞらえ、受難が差し迫ると割いて弟子たちに与えることで。[9]［これはキリストの］体と血の秘跡［なのである］。――故に、この三つの秘跡はキリストによって、はっきりと区別され完全に制定されねばならなかった。そして古い法において様々な形で予型として示されてはいたが、実体的には新しい契約の秘跡であり、立法者、すなわち受肉した御言葉に固有のものなのである。

（1）ヘブ九・15。（2）ヨハ一四・6。（3）ヨハ一・14。
（4）マタ四・17、マコ一・14―15、ヨハ二・1―11、マタ一九・4―6等。（5）マタ一〇・13、使一・5。（6）マコ六・13。
（7）マタ三・13、二八・19、ヨハ三・5。
（8）マタ一六・19、一八・18、ヨハ二〇・22―23、ルカ二二・19、Ⅰコリ一一・24―25。
（9）ヨハ一二・24―25、マタ二六・26―28。

第五章

秘跡の授与

一　秘跡の授与（dispensatio）に関しては、次のことを保持しなければならない。秘跡の授与の権能は、規則に従って（regulariter）人類のみが想定されている。――すべての秘跡の授与において、授与する者の意図が必要条件となる。——ある［秘跡］の場合には、［授与する者の］意図と共に司祭もしくは司教の位階が必要条件となる。司教の［位階］は堅信と叙階の授与において不可欠である。司祭の［位階］はエウカリスティア、悔い改め、終油の授与において［不可欠である］。洗礼と結婚は司祭に関わるものではあるが、司祭の位階以外の者であっても、事実上、授与されうる。特に、緊急の場合にはそうである。——このような状況において、善人によっても悪人によっても、信仰者によっても異端者によっても、教会の内でも教会の外でも秘跡は授与されうるが、［教会］の内では事実上、有効に（secundum veritatem et ad utilitatem）［授与される］が［教会の］外では事実上授与されたとしても有効ではない。

二　上述のことを理解するための理拠はこれである。私たちの修復の原理、すなわち受肉した御言葉は、神として、また人間として、人々の救いのために秘跡を制定し、人間の奉仕を通して人々に授与されるにふさわしいように規定した。このため授与者は救い主であるキリストと、救われることになっている人間そのものとをかたどるものとなっている。それ故、救い主キリストは、法の公正、秩序の権威、そして救いの保証が要請するところに応じて人類を救ったのである——つまり私たちの公正、秩序、そして確実さというありかたで、私たちの救いは成し遂げられた——これらの三つの要請に応じて、授与するように人間に託した——従って、まず第一に、法の公正は、人間として、人間の業が軽率に行われないことを要請する。また、キリストの奉仕者として、人間の業が何らかの方法をもってキリストに帰されること、また救いの奉仕者として人間の業が一般的であれ特定したものであれ、何らかの形で救いに帰されることを要請する。秘跡の授与は、理性的な［存在］として、キリストの奉仕者として、救いの奉仕者として人間の業である。ここから次のことが必然となる。ある意図から発したことは、キリストが人間の救いのために制定したことを行うという意図をもって、あるいは少なくとも教会が行うことを行うという意図をもって行うということになる。上述の一般的な意図のうちに含まれるからである。というのは、教会自身は、キリストから秘跡を受けたように、信徒の救いのために［秘跡を］授与するからである。

三　さらに、権威の秩序は、偉大なことは偉大な者らによって、下位のものは下位の者らによって、中間に位置するものは中間に位置する者らによって執行されることを要請する。ある秘跡は卓越した力もしくは品位に関わっている。堅信と叙階の秘跡がそうである。ある［秘跡］は必要性に関わっている。洗礼と結婚がそうである。一つは「生み」、もう一つは本来的な実存へと「再生する」。あるものは中間に位置する。エウカリスティア、悔い改め、そして終油がそうである。第一の［グループ］は最高位のものとして司教と大祭司でなければ授与されることはありえない。これは一般法の下でのことである。別の最下位のものらは、いかなる位階の者らによっても、下位の者（非聖職者）らによっても授与されうる。特に緊急の場合にはそうである。ここで言わんとしているのは洗礼のことである。中間に位置するものは司祭たちだけによって授与される。彼らは司教たちと下位の者ら（非聖職者）の間にあって中間層をなしている。

四　最後に、救いの保証は、［秘跡］の執行に疑いをさしはさまないことを要請する。授与者が善人であるか確かな信仰を有しているか、何人《なんぴと》も確信できるものではない。また［授与者］[1]自身、自分が愛に値するか憎しみに値するか確かではない。故に、秘跡が善人によってのみ授与されうるとすれば、何人も秘跡の拝受に確信を持てないことになろう。そして、常に繰り返し拝受しなければならなくなり、一人の悪意が他の人の救いを予断させることになり、特に諸秘跡の授与のうちに成り立っている「戦闘の教会」の聖職位階に何の安定性も見られないことになる。故に、秘跡の授与が人間に託されるのは、意志に応じて変化する聖性によるものではなく、それ自体として常にそこに留まり続ける権威によるものであることはふさわしいことだった。そして、このためこの［権威は］善人にも悪人にも、教会の内にいる者にも外にいる者にも及ぶものでなければならない。――実に、私たちを教会の子供ならびに肢体とする信仰と愛（caritas）の一致の外では、何人《なんぴと》も救われえないのであるから、外で秘跡を受けたのであれば、秘跡としては真実のものであるとしても、救いのために受けたのではない。しかし、聖なる母なる教会、キリストの唯一の花嫁のもとに戻るなら、有効なものとなりうる。花婿キリストは、その子供たちを永遠の遺産にふさわしいものとみなすのである。そこで、アウグスティヌスはドナトゥス派駁論［で次のように言う］。「楽園に比される教会は、私たちに次のことを教えてくれる。人々は［教会の］外でも洗礼を受けることができるが、［教会の］外では至福の救いを誰ひとりとして受けることも保つこともできない。というのは、聖書が証ししているように、楽園の泉から湧き出た水流が外に大量に流出している。［その水流が］どの地を通って流れているか名前を挙げて述べられている。楽園の外に［それらの国々］が建てられていたことも、すべての人に知られている。しかし、あの水流が達していたメソポタミアにもエジプトにも、楽園に述べられている幸福な命は存在しない。こうして、楽園の水は楽園の外に存在していても、至福は楽園の内以外には存在しないことになる。それ故、このように教会の洗礼は教会の外にも存在しうるとしても、幸いなる命という賜物は教会の内以外には見いだされない。この［教会］は岩の上に建てられており、繋いだり解いたりする鍵を受け取っている。この［教会］だけが自分の花婿ならびに主君の全権能を保持し所持している。この婚姻の権能によって、端女《はしため》からさえ息子をもうけることができる。この［息子］たちは高ぶることがなければ、遺産の一部を受けるよう呼ばれるが、高ぶることになれば、外に留まるであろう。それ故、教会の名誉と一致のために私たちは戦っているのだから、異端者たちのもとで、［教会］のものと私たちが認識するものは何であれ彼らに譲歩せず、反論して、彼らが［教会の］一致から有しているものは、同じ一致へと至らなければ、救いのために役立たないことを彼らに教えよう[a]」。

（1）コヘ九・1。
（a）アウグスティヌス『洗礼論』四・1・1–2・2。

第六章

秘跡の繰り返し

一　秘跡の繰り返しに関しては、次の点を保持しなければならない。同一の人物、同一の素材によって、同一の理由で秘跡が繰り返し執行されてはならないということは、すべての秘跡に共通することで、秘跡を侮辱することのないためである[a]。とはいえ、特に、決して繰り返してはならない三つの秘跡がある。すなわち、洗礼、堅信、叙階である。これらの三つにおいては、消されることのない三重の霊印（character）が刻み込まれるからである。それらの中で洗礼の霊印が土台となる。これが最初に刻み込まれなければ、他の［霊印］が刻み込まれることはない。——それ故、洗礼を受けていない者が叙階されるとすれば、何の効果も生じない。全部が改めて行われなければならない。「すでになされていないことが明らかなことは、繰り返しとは考えられない[b]」のである。

二　上述のことを理解するための理拠はこれである。私たちの修復の原理である御言葉、すなわち受肉した［御言葉］は、最高の力と知恵と善であることを理拠として、何一つ無駄に、何一つ無分別に、何一つ実りなしに行うことはない。特に、このことは、人類を修復する、最高に高貴なその業の内に認められねばならない。それ故、秘跡はこれに類する神の業に属するものであるから、同一の素材ならびに人物に、同じ理由から繰り返されるなら、何らかの侮辱をなすことになる。それによってかつて授与された秘跡が無駄で無分別に授けられ何の実りももたらさなかったことが明らかにされるからである。これは秘跡の内に秘跡を通して働くために常に臨在する、修復の原理の最高の力、知恵、そして善の要請することに反したことになる。

三　さらに、人類の修復のために普遍的に効果をもたらす神の力が、それらの内に存在している、これらの秘跡の内のあるものは病気の治癒のために、またあるものはそれのみならず、教会の内に、［聖職］位階制度を確立し区別し秩序づけるためのものである。そして病気も多様化し、排除されるものの、再び侵入することもありうる。教会の位階は強められ、固められ、不動のものでなければならない。反復する病気に関わる秘跡は一時的な効力を持つものであり、そのため新しい原因に反復する理由が生じる。［聖職］位階制度、ならびに限定された信仰上の地位に関わる秘跡は、治癒の効力以上に、教会の位階ならびに地位に安定し固定し区別し持続的なものとする効力を付与することが必要となる。しかし、このようなことは自然本性的な所与によっても、御心に適うものとする無償の賜物 (dona gratuita gratum facientia) によってもなしえないのであるから、必然的に、何らかの不朽の実体、すなわち不朽の魂のしるしによってなされることになる。［このしるしとは］不朽の原理によって、不朽の［原理］との符合に応じて、消すことができないように、無償で刻み込まれるものである。これが霊印と呼ばれる。これは決して消し去ることはできないのであるから、決して繰り返されることはない。故に、このような霊印を刻み込む秘跡は［繰り返されることはありえない］のである。

四　最後に、信仰の状態には三通りのものがある。それに応じて、キリスト教の民の間に区別が設けられる。いわば教会位階の戦列において、生まれたての、強められた、そして増大された信仰という状態であり、第一の［状態に］応じて不信仰者から信仰者の区別が、第二の［状態］によって病弱で虚弱な者らから堅固な者らの区別が、第三［の状態］に応じて一般信徒から聖職者の区別が生じる。

ここから上述の信仰の三通りの状態に関わる秘跡は霊印を刻み付ける。これによって消すことができないように刻み付けられた者らを常に区別し、このために決して繰り返されることはありえない。それ故、洗礼は生まれたての信仰の状態に関わっており、これにおいて不信仰者たちから神の民が区別される。それはエジプト人からイスラエル人が［区別される］ようなものである。堅信は強められた信仰の状態に関わるものであり、これにおいて病弱な民から強い民が区別される。戦う才能のない者らから拳闘家を［区別するようなものである］。そして、叙階は増大された信仰の状態に関わるものであり、ここにおいて一般信徒から聖職者が区別される。それはレビ人が他の諸部族から［区別されるようなものである］。ここから、これらの三つの秘跡においてのみ、霊印は刻み付けられることになる。

五　実に、民でない者（non-populum）からの民の区別が第一であり根源的なものである。そこから、洗礼の霊印が他のすべての霊印の土台となる。故に、これが土台として据えられていなければ、何一つ上に据えることはできない。そのため、新しくなされなければならない。だが、［洗礼の土台］が据えられていれば、他の［霊印］は刻まれることができ、さらに繰り返されることはない。これらの［霊印］が刻まれる上述の三つの秘跡は何らかの理由から繰り返されることはない。他の四つの［秘跡］は、侮辱することなく、様々な理由から繰り返すことができるとしても、［この三つの秘跡を］実際に繰り返した者らには、神の秘跡を侮辱したかどで、重い罰が科されねばならない。

（a）アウグスティヌス『洗礼論』一・1・2。
（b）グレゴリウス九世『教令集』三・43・3、5・29（ed. Friedberg, II, 648）。

第七章

洗礼の制定と完全性

一　さて、ここにきて第七の場として残されているのは、それぞれの秘跡の完全性について検討することである。［秘跡の］数は七つであるが、まず第一に考察しなければならないのは、他の諸秘跡の入り口である洗礼の完全性（integritas）である。

二　従って、洗礼の秘跡の完全性については、次の点を保持しなければならない。ある人が真に、完全に（plene）洗礼を授けられるには、主によって制定された、次の表式を音声をもって表明することが求められる。その〔表式〕とはこれである。「私は父と子と聖霊の御名によって、あなたに洗礼を授けます。アーメン」[1]。言葉を発するにあたって省略があっても〔別の言葉の〕挿入があっても、上述の言葉の順序の変更があっても、ここに述べられる名前の変更があってもならない。――水という元素によって、全身、もしくは少なくとも主要部分が浸されるか拭われるかすることが求められる。〔この表式の〕発声と浸水とは同一人物によって同時になされねばならない。以上のことが行われ、受洗者に偽装がなければ、再生の、矯正の、そしてすべての罪過からの浄化の恵みが〔受洗者〕に与えられる。――以上のことが効果的になされるためには、カテキズム（教理教育）とエクソルチズム（悪魔祓い）が準備として子供にも成人にも予め施されていなければならない。また、成人の場合には本人の信仰が求められるが、子供の場合は他者の信仰で足りる。

三　上述のことを理解するための理拠はこれである。私たちの修復の原理である御言葉、すなわち受肉した〔御言葉〕は、最高に完全で最高に充足した原理として、秘跡による治癒を通して人類を修復することができるが、それに際して何一つとして過剰があったり、無秩序があったり、不足があったりしてはならない。そこで、ご自身の力、私たちの救い、そして私たちの病が要請することに応じて、洗礼の秘跡と他の〔諸秘跡〕が完結されるよう取り計らわねばならなかった。――それ故、私たちを更新する力は三位一体〔の神〕全体の力である。三つのペルソナの区別と固有性、秩序と本性的な起源のもとに、この〔三位一体の神〕を母なる教会はその霊魂において（in animo）信じ、言葉をもって告白し、しるしをもって表明している。また〔この力は〕死んで葬られ、三日目に復活した[2]キリストの苦難の力でもある。このため、すべての秘跡の中で第一のものである秘跡においてこれらのことが表現されるために、またそこにおいて第一に、根源的にこの力が働いていることを表現するために、区別され、固有の、秩序正しく名を呼び上げることで三位一体〔の神〕が表明されなければならなかった。教会の原初の時代にはキリストの名によって行うことができたとしても[3]、そこに三位一体の理解は内包されている。洗礼にあたって、三回の浸水とともに、固有の名前を秩序正しく発することで、キリストの死と埋葬と三日目の復活が表現されなければならない。これは同時に（de congruitate）行われる。ひとりの救い主キリストの内に〔三位の力と苦難の力の〕双方が同時に働くのであるから、これらのこと［名前を発することと浸水］は一人の同じ人物によって同時に行われなければならない。一つの秘跡であることと私たちの救い主はひとりであることの意義を保守するためである。

四　さらに、私たちの救いは、再生もしくは更新によって、霊的なものとして存在することをもたらす恵みの存在のうちに始められることを求める。それは汚れを拭い去り、闇を駆逐し、アダムの子孫としてのすべての人間を遍《あまね》く攪乱してきた情欲を鎮めることによる。そこで、再生をもたらす第一の秘跡は、自然本性的な表現によって上述の恵みの三重の効果と符合する点を持つ元素［すなわち水］をもってなされなければならなかった。それ故、その清浄さによって浄め、その透明さによって光を透《とお》し、その冷気によって冷却する。また、［水は］あらゆる液体の中でも最も一般的なものである。このため、私たちの再生の秘跡は何らの差別もなしに水という元素によって執行されねばならないのである。「すべての水は他のすべての水と同一種である[a]」からである。そしてまた、この元素の欠乏の故に、ある人が救いの危機に陥ることのないためである。

五　最後に、第一義的に、これに対処するのが洗礼である、私たちの病は原罪である。これは、魂から恵みの命を、あらゆる徳を可能にする公正を奪い去り、何らかの方法を用いて、あらゆる類の罪過への傾斜を施す。そして、他のものに引き継がせて「子供を情欲的なものにし、成人を実際に情欲まみれのものとし[b]」、悪魔への隷属、闇の支配者の権勢へと引きずり込むのである[4]。そのため、この秘跡によって、反対のものを用いて、治癒の薬剤が充分に施されることは、御心に適う命の欠如に対して再生の恵みが、修徳の可能性の欠如に対して七つの徳における公正の恵みが、あらゆる無秩序な悪徳への傾斜に対してあらゆる罪過から浄める恵みが［洗礼］において与えられることは似つかわしいことであった。

六　原罪は他の者から引き渡され、子供を情欲的なものにし、成人を行為をもって情欲まみれのものとするのであるから、必然的に成人には自分自身の信仰と悔い改めが求められるが、子供の場合は他者の、すなわち普遍的な教会の内にある［人の信仰］で足りる。実に、洗礼は、子供だけでなく成人をも、悪魔への隷属から、また闇の支配者の勢力から引き抜くはずだからである。このため、反対勢力を駆逐するために［子供と成人の］双方にエクソルチズムが施されなければならない。また双方にカテキズムが施される。成人の場合は、誤謬の暗黒が駆逐されたので、信仰に向かって教育されるためである。子供の場合は、彼らに何を教えなければならないかは代父母が知っているので、人間側の欠陥によって洗礼の秘跡がその目的を阻止されることのないためである。

（1）マタ二八・19。（2）Ⅰコリ一五・4。（3）使八・12。
（4）ロマ六・16、エフェ六・12、コロ一・13。
（a）アリストテレス『トピカ』一・6（103a 19-20）。
（b）ペトルス・ロンバルドゥス『命題集』二・30・9、フーゴ（サン・ヴィクトルの）『秘跡』一・7・31。

第八章

堅信の完全性

一　堅信の秘跡に関しては、次のことを保持しなければならない。この［秘跡］自体の完全性のために、音声による表明が求められる。その［表式］は最も一般的なものがこれである。「私はあなたに十字架のしるしを記し、救いの香油をもってあなたを強める、父と子と聖霊の御名によって。アーメン」。――また、オリーブの油とバルサムによって調合された聖香油（chrisma）が求められる。この［香油］を用いて司教の手によって、額に十字架のしるしが、上述の堅信の表式の言葉とともに記される時、この秘跡を受けることになる。この［秘跡］によって強められた人は、闘技者（pugil）のように大胆に公然とキリストの名を表明し［戦うことになる］。

二　上述のことを理解するための理拠はこれである。私たちの修復の原理である御言葉、すなわち受肉した［御言葉］は、御父の心の内に永遠に宿されているが、時間的に、肉の内に、感覚的に、［ひとりの］人間に現れた。それ故、信じて心に［御言葉］を宿し、ふさわしい［信仰］告白によって、信じていることを外的に告白するものでなければ、何人《なんぴと》も修復されることはない。このように、真実の［信仰］告白とは、真理に満ちたものであるが、その真理とは単に思弁的なものではなく、実践的なものでもある。これはまた、知性と言葉（sermo）と事物の整合性（adaequatio）のうちにあるだけでなく、理性の理解に則し、意志の賛同に則し、諸徳との結合に則して人間全体が真理にかたどられるところにある。こうして心を尽く[1]し、魂を尽くし、精神を尽くしたものであるためには、純粋な心、善い意識、偽りのない信仰を尽くしてということになる。このような［信仰］告白こそが完全で、好まれる、恐れ知らずの［信仰告白］である。完全というのは、それが誰についてのものかということの故に、好まれるというのは、誰の前でそれがなされるかということの故に、恐れ知らずというのは、この［信仰］告白が誰によってなされるかということの故にである。それ故、上からの恵みの手によらなければ、極めて臆病な人間はそれに適していない。故に、洗礼に直接続くものとして、堅信の秘跡が神によって制定されたのである。

三　目的は目的に関わることを規定する[a]のであるから、この秘跡は、上述の告白の要請と上述の三つの条件に応じて完全なものとされねばならない。それ故、まず第一に、この［信仰］告白は完全なものでなければならない。そしてキリストは人々のために十字架につけられたまことの人間であり、同時に受肉したまことの神の御子である、そして三位一体の内においてはすべてにおいて御父と聖霊とに等しいと告白されなければ、完全な告白ではない。ここから、音声をもって表現される表式は、単に強める行為を表現するだけではなく、十字架のしるしそのものと、いとも幸いなる三位の名前を表明するものでなければならないことになる。

四　さらにまた、告白が誰の前でなされるかということで好ましいものでなければならないのであるが、神と人々の前でなされなければならない[2]。知的洞察（intelligentia）の光と良心の輝きとが伴わなければ神の御心に適うものではありえず、善い評判と誠実な生き方という芳香が伴わなければ隣人にも受け入れられない。故に、これらのことを表現するために外的な要素として、光り輝くものであるオリーブの油と芳香を放つバルサムとが調合されるのである。これによって次のことが意味されている。この秘跡が目指し、それに備える［信仰］告白は良心と知的洞察の輝きと、生き方のみならず名声という芳ばしい香りをも伴うものでなければならない。言葉と良心との間に、言葉と評判の間に何らの矛盾があってはならない。矛盾があるような［信仰］告白は人に受け容れられないし、キリストに承認されるものではない。

五　最後に、このような［信仰］告白は恐れ知らずのものでなければならない。誰しもが恥ずかしさや恐ろしさから真理を語ることを放棄することなく、また迫害の時に十字架上の恥辱にまみれたキリストの死を公然と［信仰］告白することを恐れることなく、特に［キリストの］苦難に似た罰と恥辱に陥ることを恐れて顔を赤らめることのないようにするためである。このような恐れとか屈辱はとりわけ顔面に、もっとも顕著に額に現れるものである。故に、あらゆる羞恥心と恐怖を撃退するために、権能を有する者の手が［頭の］上に差し伸ばされ、強め、十字架［のしるし］が額に記される。［十字架］を顔を赤らめることなく公然と［信仰］告白し、キリストの名を［信仰］告白するにあたって怖気づくことのないためである。もし必要であれば、いかなる罰であれ屈辱であれ耐え忍ぶことができる。真の闘技者（pugil）が格闘の前に塗油するように、強健な兵士が自分の王の紋章を額に記し、勝利の十字架の旗を手にするのに等しい。［兵士］はこのような装備した上で、敵の戦闘態勢に決然と突入するのである。実に、十字架の罰と恥辱に怖気づくのであれば、十字架の栄光を自由自在に宣べ伝えることはできないのである。アンデレが述べたとおりである、「十字架の恥辱にたじろぐなら、私は十字架の栄光を宣べ伝えられないであろう」(b)。

（1）マコ一二・30。（2）マタ一〇・32。
（a）アリストテレス『自然学』二・9（200a 7-10）。
（b）アカイアの教会からの手紙「聖アンデレの殉教」（PG 2, 1223B）。

第九章

エウカリスティアの完全性

一　エウカリスティアの秘跡については、次のことを保持しなければならない。この秘跡においてキリストの真の体と真の血が提示されているだけでなく、二重の形相（species）、すなわちパンとぶどう酒のもとに、真に保存されていること、［二重の形相］ではあるが二重の秘跡ではなく一つの秘跡であること。このことは、司祭の聖別の後のことである。この［聖別］は主によって制定された表式を音声をもって発することでなされる。その［表式］は、パンの上に「これは私の体である」、ぶどう酒の上に「これは私の血の杯である」［との宣言である］。これをなすとの意図をもって、これらの言葉が司祭によって発せられることで、双方の元素が実体に即してイエス・キリストの体と血に実体変化される（transsubstantiatur）。感覚的な形相は元のまま留まっているが、その双方の内に、キリスト全体が完全な形で（totaliter）、限定的に（circumscribiliter）ではなく秘跡的に保存される。――また、双方の［形相］のもとに、食べ物として私たちに提供される。これをふさわしく受ける者は、単に秘跡的にのみならず、信仰と愛（caritas）によって霊的に拝食することで、キリストの神秘的な体へと組み込まれる（incorporatur）とともに、自らの内では更新され浄化される。だが、ふさわしくなく受ける者は、キリストのいとも聖なる体を見極めることなく、自分自身に対する裁きを飲み食いしているのである[1]。

二　上述のことを理解するための理拠はこれである。私たちの修復の原理、すなわち受肉した御言葉は、力においては最高に十全な方であり、思い（sensus）において最高に知恵に満ちた方である。故に、ご自分の知恵と十全性が要請することに応じて、秘跡を用意した。――最高に十全的な方であるが故に、病気の治療薬と恵みの賜物を交付するにあたって、洗礼のように、恵みの存在へと私たちを産み、堅信のように、生まれた［私たち］を成長させ強める秘跡を制定するだけではなく、生まれて成長した［私たちを］養うもの、エウカリスティアの秘跡をも制定した。それ故、この三つの秘跡は、信仰へと近づくすべての者に与えられる。それ故、恵みによる存在へと目指すかぎり、私たちの栄養となるものは信じる者らの一人ひとりの内に神への献身、隣人への愛（dilectio）、自分の内なる喜びを保持するためのものである。神への献身は犠牲を献げることで実践され、隣人への愛は一つの秘跡にあずかること（交わり）によって、そして自分の内での喜びは旅路の糧を食することで［実践される］。このためなのである。私たちの修復の原理が、献げ物の犠牲として、交わりの秘跡として、旅路の糧としてこのエウカリスティアの秘跡を与えてくれたのは。

三　実に、私たちの修復の原理は最高に十全的な方であるだけでなく、最高に知恵に満ちた方でもあり、すべてを秩序正しく行う方であるので、啓示された恵みの時、私たちの旅路の状態と能力に応じて、犠牲、秘跡、そして旅路の糧を提供するように計らったのである。――従って、まず第一に、啓示された恵みの時は、いかなる類のものであれ献げ物が献げられるのではなく、純粋で心地よく完全な献げ物を求めていた[2]。そのようなものとして十字架上で献げられたもの、すなわちキリストの体と血の他には何一つとしてなかった。そこでこの秘跡において、この時の要求を満たす献げ物として、象徴的な（figurative）だけでなく真にキリストの体が献げられる必要があった。――同様に、恵みの時は、交わりと愛の秘跡が単に交わりと愛を意味するものであるだけでなく、「象徴するものが現実のものとなる」[a]ようにと火を点じるものであることを求める。そして、特に相互の愛へと私たちを燃え立たせ、特に肢体を結び合わせるものこそ唯一の頭である。この［頭］から、愛（amor）が溢れ出し、一つにし、変容させる力を通して私たちの内に相互の愛（dilectio）が注がれる。このために、この秘跡の内にキリストの真の体と汚れない肉が保存されている。自らを私たちの内に流れ出させ、私たちを互いに一つに結び合わせ、最高に燃え盛る愛（caritas）によって、ご自身の内で変容させるためである。［キリストは愛］によって私たちにご自身を与え、私たちのためにご自身を献げ、私たちのもとにご自身を戻らせて、世の終わりまで私たちと共に実在する。[3]――また、このようにして恵みの状態にふさわしい食事は、霊的で、交わりと救いをもたらす食事である。霊の食事とは命の言葉［を糧とするもの］である。[4]この霊的な食事を通して、肉の内なる霊は受肉した御言葉もしくは御言葉の肉となる。この食べ物は交わりと救いをもたらすものである。一つではあるが、それによってすべてのものが救われるからである。それ故、キリストの真の体そのものでなければ、霊的で、交わりと救いをもたらす他の食べ物を提供することはできない。そのため、宥《なだ》めの犠牲、一致の秘跡、旅路の糧を完全に成就するものとして、この秘跡の内に真に［キリストの体］が内包されている必要がある。これらのことは新しい契約、啓示された恵み、そしてキリストの真理の時に存在しなければならないのである。

四　さらに、［この世の生の］途上にある身にとって、キリストをあらわに見ることはかなわないことである。謎に包まれているためであり、信仰の報いに関わることだからである。キリストの肉に歯で触れることはふさわしいことではない。生《なま》の肉［を食すること］への恐れとその体の不死性への畏敬のためである。故に、キリストの体と血はいとも神聖な象徴（symbola）に包まれたものとして、またふさわしく明白な類似性のもとに授与されなければならない。[b]また、パンという食物とぶどう酒という飲み物の他には食事にふさわしいものは何一つとしてない。キリストの真実で神秘的な体が一つのものであることを表示するのに、多くの穀粒から作られたパンと多くのぶどうの粒から一つに絞り集められたぶどう酒以上にふさわしいものは何一つない。[c]故に、他のものにまして、この［二つの］形相のもとにこの秘跡は表現されねばならなかった。キリストは、それら［二つ］の形相のもとに存在しなければならなかったのであるが、それはご自身の内に生じる変化に応じてのことではなく、それらの内に［生じる変化に］応じてのことである。それは上述の二重の言葉が発せられる時のことである。それらの形相のもとでのキリストの実在は、双方の実体のキリストの体と血への変化が生じさせるのであり、その体を宿し表現するしるしとして、属性のみが存続するのである。

五　キリストの祝された栄えある体は諸部分に分割されることはありえないし、魂からも、至高の神性からも切り離されることはありえない。故に、双方の形相のもとに、ひとりのキリスト、全体であり分かちえない、すなわち体と魂と神とが存在する。このため、［二つの形相の］双方に、キリスト全体を包含する一つの、最高に単一な秘跡が存在する。一つの形相のどの部分もキリストの体を表している。ここから、一つの形相全体の内に［キリスト］全体が存在するのであって、そのいかなる部分であれ、全体であろうと分割されていようと、［そこにはキリスト全体が存在することになる］。このため、周りを囲まれるように、場所を占めるように、位置を占めるように、人間の身体的な感覚で接触しうるようにそこに存在するのではない。すべての感覚から隠れており、そのため信仰が場と意義を持つことになる。このため、把握されないとしても、その属性はかつて有していたあらゆる働きを持っている。たとえそれらが主体を超えていようとも、自らの内にキリストの体を包含しているかぎりそうなのである。自然本性的な特性を持続するかぎり、また食するにふさわしいものであるかぎりそうなのである。

六　最後に、キリストを効果的に受け容れるための私たちの能力は、肉にではなく霊の内に、腹にではなく精神の内にある。また、精神は認識と愛（amor）によらなければ、信仰と愛（caritas）によらなければ、キリストを得ることはできない。そのため、信仰は認識を照らし、愛（caritas）は献身へと燃え立たせる。故に、［キリストの体に］ふさわしく近づこうとするのであれば、霊的に拝食する必要がある。そのためには信仰の認識によって噛み砕き、愛（amor）の献身によって受け容れることである。これによって、自分の内でキリストを変容させるのではなく、むしろ自分のほうが［キリスト］の神秘的な体へと譲渡されるのである。――それ故、はっきりと結論される。生ぬるいまま、敬虔の念もなく、無思慮に［キリストの体］に近づく者は、自分自身に対する裁きを飲み食いしているのである[5]。これほど偉大な秘跡を侮辱しているからである。故に、精神もしくは肉においてあまり浄くなく献身的でもないと感じている人々への忠告がこれである、真の、浄い小羊を拝食するために敬虔の念をもって注意深く準備が整うまでは差し控えるがよい。

七 それ故、この秘跡は、場所に限らず時間に関しても、言葉と祈願に限らずミサを執行する際の衣服に関しても、ひときわ荘厳に執行されるように命じられている。それによって、司式する司祭たちだけでなく、それに参与する者たちも恵みの賜物を受ける。その［恵み］によって、浄められ、照らされ、完成され、回復され、活気づけられ、激しく燃え盛る愛（amor）によってキリストご自身の内に移送されるのである。

（1）Ⅰコリ一一・29。（2）ヘブ九―一〇章。
（3）マタ二八・20。（4）ヨハ六・69。（5）Ⅰコリ一一・29。
（a）ペトルス・ロンバルドゥス『命題集』四・4・1。
（b）前掲書四・11・3。
（c）アウグスティヌス『ヨハネ福音書講解』二六・17。

第十章

悔い改めの完全性

一 悔い改めの秘跡に関しては、次のことを保持しなければならない。［この秘跡は］「難破後の第二の［救命］板」[a]である。死罪によって難破した者は、この［救命板］に避難することができる。それも、現在の生の状態にあるかぎり、いつであろうとも、何度であろうとも、神の慈愛を哀願しようと望むなら。――この［秘跡］の完全な部分は霊魂（animus）における痛悔、言葉による告白、果たされた償いである。罪人が犯した死をもたらすすべての罪過を実際に捨て去り、言葉で非難し、霊魂によって拒み、罪を繰り返さないと公言する時、それは完全なものとなる。――これらに、品級、鍵と裁判権を備えた人物によってなされた赦免が合流する時、司祭の鍵［の権能］を介して、人は罪から解き放たれ、教会に再び結び合わされ、キリストと和解させられる。［司祭］の判決によって赦免がもたらされるだけでなく破門と刑罰の緩和ももたらされる。ただし、この二つは教会の花婿である司教に固有の権能である。

二 上述のことを理解するための理拠はこれである。私たちの修復の原理、すなわち受肉した御言葉は、御言葉であるということ自体において真理と知恵の源泉であり、受肉したこと自体において慈悲（pietas）と免償（indulgentia）の源泉である。故に、秘跡による治癒を通して、特に重大な病、すなわち死罪に対抗して、人類を修復しなければならない。慈悲深い大祭司、経験豊かな医師、公正な審判者としてふさわしいことである。こうして、私たちの治療において、受肉した御言葉の最高の慈愛、最高の賢慮、最高の正義が現れることになる。

三　従って、まず第一に、悔い改めを通して死に至る罪過からの私たちの治療において、慈悲深い大祭司としてのキリストご自身の最高の慈愛（clementia）が現れねばならない。大祭司の最高の慈愛は、どのような類のものであれ、どれほど大きなものであれ、どれほど度重なるものであれ、人間が犯したすべての罪を凌駕する。こうして、罪を犯した者たちは、最高に慈愛に満ちた大祭司自身から赦しを受けるのであるが、一度でも二度でもない、神の慈愛を遜って懇願するたびに［受けるのである］。悔い改めの哀願が加わる時には、神の慈愛は真に遜って懇願される。人間は自分をそちらへと向き直らせることができる。この世の生の状態にあるかぎり、人間は善にも悪にも向かいうるものだからである。ここから、どれほど大きかろうと、どれほど頻繁であろうと、いかに繰り返されようとも、罪人が犯した罪は悔い改めの秘跡を逃れ場として持ちうるのであり、それによって諸々の罪の赦しがその人にもたらされるのである。

四　さらに、私たちの癒しにおいて、最高に経験豊かな医師であるキリストご自身の最高の賢慮が明らかにされねばならない。医師の賢慮は［病状に］対応する治療法を用いることにあるが、それによって病気を取り除くだけでなく、原因をも除去することにある。神に対して罪が犯されるのは、快楽によって、同意し、実行されることによる、すなわち、心、口、行為による。このため、最高に賢慮な医師は、罪人の無秩序に対処する方法を制定した。それは三重の力、すなわち情緒的な［力］、説得の［力］、行動の［力］に即したものである。快楽を密かに受け容れることによって生じる、この［無秩序］は上述の三重の力によって悔い改めへと変容する。痛悔の念によって心に宿された悲嘆という悔い改めによって、口で表現された告白によって、行動のうちで成し遂げられた償いによって［それはなされる］。そもそもすべての死罪は唯一の神から離れ、唯一の恵みに対抗し、人間の唯一の主要な正義を滅亡させるものである。このため、悔い改めという治療法が充分であるためにはそれぞれの部分で完全である必要がある。過去の罪に関しては犯された罪に対する遺憾の念によって、現在の罪に関しては罪となる行為を止めることによって、未来のことに関しては同一の〔罪〕あるいは他の類の〔罪〕であれ、二度と繰り返さないという決意によって、すべての罪について悔い改める必要がある。このようにして、悔い改めによって罪過から全面的に遠ざかることで、神の恵みを授けられ、その〔恵み〕を通してあらゆる罪の赦しが得られることになる。

五　最後に、私たちの癒しの内に、審判者であるキリストご自身の公正な正義が明らかにされなければならない。〔キリスト〕ご自身の固有の役割として最後の決定的な審判の前に裁きを下すことはできない。故に、終わりの〔審判〕の前の個々の審判のために審判者を制定しなければならなかった。この審判者たちは侮辱された神と侮辱する人間の間にあって、キリストに極めて近くにあり、民の先頭に位置する。彼らは特別主に近い者らであり、その職務の故に親密な関係にある。彼らはその職務のために聖別された者たち、つまり司祭たちである。故に、司祭の位階に定められたすべての者に、彼らだけに二重の鍵の権能が与えられる。それが識別するための知識の鍵と、判決を下し、許しの恩赦を申し渡す、繋ぎかつ解く権能の鍵である。

六　混乱を避けるために、戦闘の教会において、誰であれ、誰によってであれ選任されるのではなく、教会の位階制そのものが裁治権に則して定められたものでなければならない。故に、この繋ぎ解く権能は、まず初めに、至高の頭《かしら》として普遍的な権能が託された唯一の第一の最高の司祭に委ねられた。次いで個々の教会に応じて分割され、まず司教たちに、次いで司祭たちのうちに唯一の頭から降る。故に、個々の司祭が位階と鍵を有しているとしても、彼らには位階的に委ねられた、鍵の使用の権限が及んでいるにすぎない。それも裁治権を有する者に委任された場合に限られる。この裁治権は第一義的には最高位の頭に、次いで司教に、そして最後に〔魂を〕牧する司祭のうちにある。また、この〔権能は〕下位の者からであれ、中間に位置する者からであれ、最高位の者からであれ、これらの誰からであれ他の者に充分に委任されうるのである。

七　このような裁治権は、秘められたところで神と人間との間を審議するためだけでなく、明らかな形で人間と人間との間を審議するために、至高の大祭司の内に、また司教たちの内に見いだされる。妻が夫に託されているように、教会の管理と監督はこれらの者らに託されている。このため、高位聖職者は「剣《つるぎ》」を有することになる。それによって、法を擁護するために破門を振りかざして切り離すことができる。また教会の功徳の宝物庫から「贈与する権能」

をも有している。それらの［功徳］は頭《かしら》［すなわちキリスト］だけではなく肢体によって蓄えられ委託されたものである。これは免償（relaxatio）によって行われる。このようにして神の真の審判者として、繋ぎ解くという完全な権能を有しており、それによって悔い改めない者らを打ち、謀反を企む者らを根絶し、それのみならず真に悔い改める者らの罪を赦し、神と聖なる母なる教会とに和解させるのである。

（a）ヒエロニムス『手紙』一三〇・9。

第十一章

終油の完全性

一　終油の秘跡に関しては、概して次のことを保持しなければならない。この秘跡そのものはこの［世の］生から旅立つ者らの［秘跡］であり、完全な健康を準備し配置する。また、小罪（venialia）を消し去り、病人の役に立つのであれば、現世での［肉体の］健康を回復させることもできる。——この秘跡の完全性のためには混じりけのない油、しかし聖別された［油］、音声で表現された祈願、病人の所定の七つの部分、すなわち両眼、両耳、鼻、唇、両手、両足、そして腰への塗油が求められる。——この秘跡は成人で、自ら求める者、死の危険が迫っている者以外には授けてはならない。また、この［秘跡は］司祭の手ならびに役務を通して［授けられる］。——以上のことから次のように結論される。この秘跡と堅信の間には七通りの相違がある。すなわち、効果、質料、形相、受ける者、授ける者、場所、時。

二　上述のことを理解するための理拠はこれである。私たちの修復の原理、すなわち受肉した御言葉は、神と人々との仲介者[1]、人間キリスト・イエスとして私たちを修復する。イエスとして救うことができ[2]、キリスト、塗油された者として塗油の恵みを他者にもたらすことができる。ここから、秘跡において、自分の肢体に救いをもたらす塗油を施すのは、この方ご自身の業なのである。ところで、魂が完全に健康を回復するためには、三種類の健康が要請される。すなわち、敏捷な行動、甘美な観想、至福の獲得のための［健康である］。第一のものは教会の戦列へ参入する者らの［健康］、第二のものは［教会の戦列］において、他の者らを教育する立場にある指導者たちの［健康］、第三のものは死によって、その［戦列］から離れて行く者らの［健康］である。ここから、主は堅信における、ただ一つの秘跡による塗油を制定したのではなく、祭司職の叙階における中位［の塗油］と死の危険の迫った者への終局［の塗油をも制定したことになる］。

三　従って、「終極（目的）は、それに向かうものらに必然性を添える[a]」のであるから、この終局の要求に応えて、この秘跡は遂行されなければならないし、全うされ、受けられ、授けられなければならない。――従って、第一に、この秘跡の執行は目的から規定されねばならない。目的はというと、永遠の至福という救いにより容易により素早く達するために導入されたところにある。そして、これは、上へと高める献身によって、下へと引きずり下ろす小罪ならびにそれに付随する罪過の重荷から解き放されることによる。このため、この秘跡は献身を駆り立て、小罪から解放され、諸々の罪の残滓を取り除くための効果を有している。また、多くの病人にとっては、自分の功績を積むためになお少し生きることは有益である。このため、この秘跡は魂を善の内で活気づけ、悪の重荷から解き放つことで、しばしば病から立ち直らせる。幸いなるヤコブが言っているのは、このことなのである。「信仰による祈りは病人を救う。そして、もしその人が罪を犯していたなら、その罪は赦される[3]」。

四　さらに、この秘跡の制定は、終極（目的）の要請に応えるものでなければならない。それは罪過の赦しによる霊的な救いの獲得である。そして、この救いは内的な意識の健康と清浄に関わっており、それに応じて天のあの審判者は裁くことになる。このためなのである、この秘跡において、混じりけのない、聖別された油が用いられねばならないのは。それは意識の住居《すまい》の聖性と光輝とを示している。――しかし、この救いに関する権能を、死すべき人間は有していない。このため、恵みの賜物を獲得するための嘆願の言葉によって、祈願と音声による表式が表現されることになる。――また、魂は、その体の内にあって、自分の体の四つの支配する力、すなわち感覚的、解釈的、生殖的、進歩的［力］に応じて霊的な病を引き寄せるのであるから、それらの力に服従する肢体が塗油されねばならない。従って、五つの感覚に服従する肢体は五つ、すなわち、視覚に対する眼、聴覚に対する耳、嗅覚に対する鼻、触覚に対する手、味覚と他の力、すなわち解釈する力に対する口、前進するために服従する足、生殖的な力に対する腰――生殖器は触れることも名を口にするのもふさわしくなく恥ずべきことである――である。そのため、上述の七つの箇所に塗油がなされなければならない。このようにして人間は、この秘跡を通して、あらゆる小罪が消去されることによって完全な健康に向かって整頓されるのである。

五　最後に、この秘跡の受領（susceptio）は目的にかかっている。その目的とは、小罪の重荷を取り去り、精神を神へと向けることによって素早く天に移転することにある。故に、小罪を犯した成人にのみ、しかも献身の念をもって上へと引き上げられている［この秘跡の拝受を］願う者、さらに危篤もしくは他の状態へ移転する危険のある者たちだけに授けられねばならない。――また、この秘跡は危機に瀕している者たちのものではあるが、聖なる質料、すなわち聖別された油を必要とする。故に、危険を避けるために、一般的に、司祭たちに託されねばならない。また、聖別された油の故に、聖別された手の他は触れてはならない。

六　堅信と終油との相違は、それぞれの効果、質料、表式、場所、時、受容者、授与者の相違に由来する。効果は、［堅信］はより善く戦うこと、［終油］はより素早い飛翔、質料は［堅信］はバルサムを混合した油、［終油］は混じりけのない油、表式は［堅信］は指示の形、［終油］は懇願の形、場所は［堅信］は額、［終油］は多数の箇所、時は［堅信］は健康な時、［終油］は病気の時、受容者は［堅信］は成人だけでなく子供も、［終油］は成人のみ、授与者は［堅信］は司教のみ、［終油］は司祭であれば誰でも可能である。これらすべての相違は終局（目的）から生じる。すでに明らかにしたように、当面の目的における相違は、終極的に秩序づけられる目的に至る手段に相違をもたらすからである。

（1）Ｉテモ二・5。（2）マタ一・21。（3）ヤコ五・15。

（a）アリストテレス『自然学』二・9（200a 7-10）。

第十二章

叙階の完全性

一　叙階の秘跡の完全性については、概して、次のことを保持しなければならない。「叙階とは、叙階された者に霊的な権能が伝授される一種の表象（signaculum）である」[a]。――叙階は七つの秘跡の内の一つであるとしても、叙階の品級には七種のものがある。第一に守門、第二に読師、第三に祓魔師、第四に侍祭、第五に副助祭、第六に助祭、第七に司祭である。これらの下に、いわば準備段階のようなものとしてトンスラ（聖職剃髪）と詩編歌唱者がある。また補完するような形で司教職、首都司教職、また教皇職がある。これらの［三つの職務］から［すべての］品級は派生し、見えかつまた聞こえる所定のしるしのもとに、時と場所、職務と［受容する］人物に関して、所定の荘厳な祭式を遵守して任命されなければならない[二]。

二　上述のことを理解するための理拠はこれである。私たちの修復の原理、すなわち受肉した御言葉は神としてまた人間として、ご自分の善と知恵と力の要請に応じて、人々の救いのため秘跡による治療法を秩序立て区別され力強いものとして制定した。そのため、秘跡によるこの治療法を、どのように管理されてもかまわないというようにではなく、秩序、区分、そして権能が要請するような形で人々に託した。それ故、ある特定の人物がこの職務を遂行するために区分され分離され、それらの人々に通常の裁治権所有者によって委託される必要があった。――また、このような区分は聖なるしるしによる以外にはなされるはずはないものである。秘跡こそそのようなものである。それ故、区別され、力を備え、秩序正しい形で、他の諸秘跡を管理する秩序正しく、区別され、力強い聖なる表象である何らかの秘跡が必要であった。故に、「叙階とは、叙階された者に霊的な権能が伝授される一種の表象である」と定義される。この定義のうちに上述の三つの点が含まれている。そこから叙階の完全性のために要請されることを引き出すことができる。

三　従って、まず第一に叙階は民全体から区別され隔離された表象であるが、それは［叙階された者］は神の礼拝のために全面的に交付されたということである。そのため、トンスラとコロナによる区別が叙階に先行する。これは一時的なものへの欲求の除去と精神の永遠への高揚を意味すると解される。聖職者はすべて全面的に神の礼拝のために交付されたことを表現している。故に、コロナが施される時、「主は私の分け前[1]」と唱えられる。――このような人は神への賛美のうちに養成されなければならない。［神への賛美］は特に詩編の内に見いだされる。故に、詩編歌唱者の職務が他の叙階［の品級］に先立って授けられる。イシドルスは広い意味でこの［職務］を叙階の内に数え上げている[b]。

四　第二に、叙階は秩序づける表象であるとともに自らの内で秩序づけられた［表象］でもある。叙階は完全な差異と区別によって構成される。それは七重の恵みの要請に応えるものであり、主として、その授与のための叙階の秘跡は秩序立てられている。このため、司祭職に至るまで七つの位階があり、［司祭職］の内に諸位階の目指すもの（status）がある。キリストの体の秘跡を聖別するのは［司祭］の職務だからである。実に、キリストの内にすべての恵みの充満はある。それ故、他の六つの位階はいわば補助的なもの、ソロモンの王座に昇る階段のようなものにすぎない[2]。その［階段］は六段あり、六という数は完全を意味する。六は最初の完全数である。それ故、奉仕の職務の完全性と充満とが要請される。というのも、ある者らは遥か離れたところで奉仕し、ある者らは近くで、またある者らはすぐそばで奉仕するが、秩序ある奉仕において何一つ欠けるものはないのである。また、これらの奉仕職のどれであれ、浄化と照明の行為に応じて倍の働きとなる。それ故、六つの奉仕の位階と第七のすべてのものの中で最も完全な［職務］があることになる。この［第七の職務］によって祭壇の秘跡は執行され、終局的で完全な終極のような一つの位階の内に［他の職務］は完全なものとなるのである。

五　最後に、叙階は他の諸秘跡の授与者に関して権能の表象であるだけでなく、自らに関してもそうである。権能の上の権能は卓越した権能である。故に、単一の品級の内にみられるような単一の権能を自らに帰すだけでなく、通常の法規によって諸品級を授与する権能を持つ者らの内にみられるような卓越した権能を［自らに帰すのである］。卓越したものであるから、下に降るほどに広がり、上に昇るほどに一元化される。司教たちは多数いる。大司教になると少なくなる。首都司教となるともっと少なくなる。父たちの父は一人である。パパ（教皇）と呼ばれるに値するのはただひとり、あらゆる父たちの第一の至高の霊的な父であり、全信徒の［父］、位階制の首位、唯一の［教会の］夫、不可分の頭、至高の大祭司、キリストの代理者、教会のありとあらゆる権威の源泉、根源、そして規則。［教会の］最高位としての［教皇］から、教会の最下位の肢体に至るまでの秩序づけられた権能は、教会の位階制の卓越した権威の要請に応じて誘導されるのである。

六　この権威は、特に、叙階の内に宿るものであるから、この秘跡は大きな思慮と荘厳さを持たずに授与されてはならない。このため、誰によってでもなく、誰に対してでもなく、どこにおいてでもなく、いつでもというのでなく、教養のある、誠実で、あらゆる障害事項に抵触しない人物に、断食し、聖なる場所で、ミサにおいて、教会法の定める時期に、諸品級は授与されねばならない。それも司教によって。その卓越性の故に、諸品級の授与、按手による堅信、隠棲修道女と修道院長の聖別、そして聖堂の献堂は［司教たち］に留保されている。これらのことはその重要性の故に、卓越した権能を持つ者以外によって授与されてはならないのである。

（1）詩一五・6。（2）王上一〇・18—20。
（a）ペトルス・ロンバルドゥス『命題集』四・24・13。
（b）イシドルス（セビリャの）『語源』七・12・3。

第十三章

結婚の完全性

一　結婚の秘跡の完全性については、概ね、次のことを保持しなければならない。「結婚とは男性と女性の合法的な結合であり、不可分の生活法（同居）を必須とする」[a]。この結合は［アダムの］罪の後に存在しただけでなく、その前にも存在した。結婚の秘跡は、かつては一つの機能として制定されたが、今は、機能としてだけでなく、病がもたらす情欲の癒しとして制定されている。かつては神と魂との結合を表現するものであったが、今は、それに加えてキリストと教会の結合、そして一つのペルソナにおける二つの本性の［結合］を表現している。――この結合は当事者双方の側からの自由な同意によって実現され、何らかの感覚的なしるしによって外的に表現され、肉の結合によって完結される。実に、結婚は将来に関する言葉［すなわち約束］によって始まり、現在の言葉によって批准され、肉の結合によって完結されると言われる。――この秘跡には三つの善が備わっている。「すなわち、誠実（fides）、子孫、そして秘跡」[b]である。また、十二の障害事項がある。それは契約の締結の障害となり、すでに結ばれた契約を無効にする。それらは次の詩歌に含まれている。

　あやまち（過失）、ひもつき（条件）、ちかいごと（誓約）、ちすじ（血筋）、罪もの（犯罪）、
宗旨ちがい（信仰不一致）、ぼうりょく、ぼんさん（聖職者）、所帯もち（既婚者）、
体面、義理のあいだがら、インポテなれば
一致のつまずき、婚約の解消[c]

二　上述のことを理解するための理拠はこれである。私たちの修復の原理、すなわち受肉した御言葉は、神の御言葉であること自体から、いと高き所にある知恵の泉[1]、受肉したこと自体から地上の慈愛の泉。故に、創造されざる御言葉であること自体から、至高の知恵からの人類形成

の［原理］であり、受肉したこと自体から、至高の慈愛からの人類修復の［原理］である。故に、人類は慈愛によって修復される。知恵によって、先に修復しうるものとして作られたからである。［知恵］はその最高の秩序によって、人類が存立しうるように、転落しうるように、そして修復しうるように作るよう要請した。これについては先に明らかにされたとおりである。それ故、神の御言葉はその知恵において、それがふさわしいものとして、人間を存立し、倒れ、立ち上がりうるものとして作った。そのため、自らを存立へと導くような形で繁殖するように人類を定めたので、治癒へと導く形も必要となった、それは繁殖そのものの内にも罪によるある種のもの、すなわち病を伝達する欲情があるからである。そして、人間の存立は最高に純潔な、唯一で、分かち難い愛（amor）による魂の神との結合に由来する。治癒はヒポスタシスとペルソナの合一における神的な本性と人的な本性の結合から到来する。なお、この合一は神の恵みによって独特のもの、分かち難いものとして導入される。このため、神は始めから男性と女性との分かち難い独特の結合によって繁殖がなされるように制定した。これは［アダムの］罪の前は、神と魂との、あるいは神と天の下の位階制との結合を意味していたが、罪の後では、神と人間存在、あるいはキリストと教会との結合を意味する。故に、双方に秘跡がある。すなわち、［罪の］前にも後にも、意義と目的に関しては別々ではあるが。実に、病が襲いかかる前にも秘跡はあった。罪を通して襲いかかった欲情は、［結婚］を無効にしたというよりも、結婚によって忌避されたのである。病は医薬を損なうのではなく、医薬が病を癒すものだからである。以上のことから結婚とはいかなるものか、どのようにして神聖なものとして導入されたかは明らかになったはずである。

三　さらに、上述の結婚の秘跡において意味する霊的な合一はいかなるものであれ、合一における一方は能動的で影響を与えるものであり、他方は受動的で［影響を］受けるものである。そして、これは愛（amor）の絆によってなされるのであり、純粋な意志から派生する。ここから、結婚は、能動と受動という動因に即して異なる二つの人物、すなわち男性と女性の結合でなければならない。そして、これは意志の純粋な同意によるものである。――意志は、示されたしるしそのものによらなければ、外的に表されることはないのであるから、両者の外的に表示された同意が必要なのである。しかし、未来についての同意は端的に言って同意ではなく約束である。混合（commixitio）前の同意は完全な一致をもたらすものではない。まだ一つの肉とはなっていないからである。そのため、未来についての言葉によって結婚が端緒にあることが言われ、現在について［の言葉］によって［結婚が］批准されたこと［が示される］が、肉の結合（copula）において完結する。その時、一つの肉、一つの体となるからである。[2] そして、これによって、あの合一、すなわち私たちとキリストとの［合一］を表示するのである。この時、子孫を生殖するために、それぞれ自己の能力に応じて一つの体が他の体へ引き渡されるのである。[3]

四　故に、結婚には三つの善が備わっている。すなわち解消しえない絆による秘跡、義務遂行のための誠実(fides)、以上二つを果たす結果としての子孫である。

五　最後に、結婚の結合は、結婚の一つの法律のもとに、異なった［二つの］人格が一つに結ばれることを求める自由な同意によるものでなければならないと言われる。これは十二の形で阻止されうる。ここに、結婚の十二の障害がある。それが次のものである。――結婚の合意のためには、合意における自由、同意する者の自由、そして結合の適正が求められる。しかし、同意における自由は自分の意志によるものではない二つのことによって奪われる。すなわち、無知によって、また暴力によって。こうして、二つの障害がある。すなわち、過失と暴力。――合意する者の自由は、人が他者、ここでは神もしくは人間に拘束されていることによって奪われる。もし神に拘束されているとすれば公になされた誓いによるか、何かに結びついた誓いによる。第一のものは［修道者の］誓願であり、第二のものは［聖職］位階におけるものである。人間に［拘束されるとすれば］二通りのもの。現存する縁（ligamen）もしくは先行する［縁］による。第一は、ある人が妻に結ばれている時の縁において、第二は、姦通の男もしくは姦通の女が相手の配偶者を殺すことによる、あるいは生存しているにもかかわらず結婚を約束した時のように犯罪の場合である。このように四つの障害がある。すなわち、誓願、叙階、［夫婦の］縁、犯罪。――合一（unio）のための適正は当事者間の適正な距離である。それはあまりにも近すぎても、あまりにも遠く離れすぎても障害とされる。あまりにも近すぎるということは血縁関係もしくは、法的あるいは霊的な類縁関係のようなそれに類する関係に由来する。あるいは性的な関係あるいは婚約によって生じる。こうして三つの障害がある。すなわち血縁関係、姻戚関係、公衆の礼儀（publicae justitiae honestas）。――あまりにも遠すぎることは、性的関係を持つことができないような本性に関わること、私たちの能力を超えた境遇上のこと、例えば一方は奴隷であり他方が自由民であるとか、あるいはキリスト教に関して言えば、一方が受洗者で他方が洗礼を受けていない場合に生じる。こうして、三つの障害がある。すなわち性的不能、境遇の相違、宗教上の相違。――以上で十二の障害がすべてあげられた。それらは聖霊の導きのもとに教会に導入されたものである。あらゆる秘跡は教会に託されているが、特に結婚の秘跡は、この秘跡に関して起こりうる多様な事態に対処するために託されたのであった。また、感染しやすいが和らげるのは極めて困難な、これに随伴する病に対処するためでもあった。時を超えて解決を目の当たりにしているように、血縁関係の程度と段階を規定することや、当事者の合法、非合法を判定すること、離婚（divortium）を認めることは教会に属することである。しかし合法的に執行された結婚を失効させることは何人《なんぴと》もできないし、してはならない。その権能がどれほど偉大であろうとも、神が結び合わせたものを人間は分かつことはできないからである[4]。すべてのことは神ご自身の裁きによって裁かれるべく据え置かれているのである。

（1）シラ一・5。（2）マタ一九・6、Iコリ六・15―16。
（3）Iコリ七・3―4。（4）マタ一九・6。
（a）ペトルス・ロンバルドゥス『命題集』四・27・2。
（b）アウグスティヌス『創世記逐語注解』九・7・42。
（c）関根豊明訳（『神学綱要』エンデルレ書店、一九九一年、二八七頁）を借用。

第七部　最後の審判の状況

第一章

公審判

一　三位一体の神について、世界の創造について、罪による腐敗について、御言葉の受肉について、聖霊の恵みについて、そして秘跡による癒しについて簡略に論じてきたが、ここで、第七の、最後の課題として残っているのは、最後の審判の状況について何かしら簡略に論及することである。この点については、概して、次のことを保持しなければならない。疑いもなく、普遍的な審判が将来あること。それにあたって、御父である神は、私たちの主イエス・キリストを通して、生者と死者、善人と悪人を、功績の要請に応じて個々に取り上げ裁くであろうこと[1]。――この審判において、諸書、すなわち良心の書が開かれることになる。それによって遍くすべての者の功績と不行跡が自分自身にも他の人々にも明らかにされる。これが行われるのは、あの命の書[2]、すなわち、受肉した御言葉による。この方は神としての姿においては善人にしか見られないが、人間としての姿においては、判決を布告する時には善人にも悪人にも見ることができるが、同じ姿であるにもかかわらず拒絶された者には恐ろしいもの、義人には魅惑的なものと見受けられる[a]。

二　上述のことを理解するための理拠はこれである。第一原理は、それ自体が第一であることの故に、自分自身で、自分自身に則して、自分自身のために存在するので、それ故にそれ自体が作動因、形相、そして目的であり、宇宙万物を製造し、治め、完成させる。こうして、ご自分の偉大な力に則して製造したように、公正な真理に則して治め、満ち溢れる善に則して完成させる。それ故、偉大な至高の力は、ただ単に足跡としての被造物だけでなく、像としての［被造物］の、非理性的な被造物だけでなく理性的な［被造物］の、自然本性の衝動に則して動かされる被造物だけでなく自由意志に則して［動く被造物］をも製造するよう要請した。また、像にかたどられた被造物は神を受け容れうるものである[b]ので、至福にあずかりうるものであり、理性的な被造物は訓練されうるものであり、自由意志を有する被造物は義の法に則して秩序正しくあることも秩序を逸することもありうる。そのため、公正な真理は人間に法を課さねばならなかった。それによって至福へと招き、真理を学ばせ、義を担わせるためである。とはいえ、自由意志を拘束するものではない。自分の意志の意のままに義を見棄てることも、従うこともできる。「［神はご自分が］制作したものが自分の行動を行わせるようにして指導する」[c]のである。［世の］完成のために、満ち溢れる善は偉大な力と公正な真理の要請に応えて行動するのであるから、至福の完成は、公正な真理から課された義を保守した者ら、その教えを受け容れ、一時的な移ろい行く善よりも至高の、そして永久の幸福を愛した者ら以外には、最高善から与えられることはない。――また、それぞれの内に隠されている意志の多様性のため、［この世の］生の状況におけるそれぞれの判断の［多様性のため］、ある者らはこれを行い、ある者らは逆のことを行うのである。そのため、偉大な力、公正な真理、満ち溢れる善が表示されるために、必然的に普遍的な審判が行われなければならない。そこにおいて、褒賞の義しい贈与、功績の公の宣告、覆しえない判決の布告が行われ、褒賞の義しい贈与のうちに満ち溢れる最高善が、功績の公の宣告のうちに公正な真理が、覆しえない判決の布告のうちに至高の力と偉大な権能が明らかにされる。――従って、まず第一に、義しい褒賞は罪過に関わるものであり、［罪過］に対しては罰が、あるいは義［に関わるとすれば］栄光が報われることになる。アダムのすべての子孫はみないずれかを有することになる。こうして必然的にすべての者が応報（retributio）の裁きによって裁かれ、義人は栄光に浴し、不敬な者は断罪されることになる[3]。

三　さらに、功績の公の宣告は、様々な環境に則して、人間の自由意志によって、何がなされるべきであったか、何がなされたか、あるいは見逃されたかが同時に明らかにされることを要請する。このため、業績が明らかになるように良心の書が開かれ、義そのものが明らかになるように命の書が開かれる。それに応じて、その業績が是認されるべきか、却下されるべきか［明かされる］ことになる。この命の書は、すべてが、同時に、しかも明確に書き記された書物であり、良心の［書］にも嘘偽りなく書き記されている。故に、この［二つの］書が並行して開かれることによって、すべての業績の布告は明らかになり、それぞれの心に隠されていたことが自分自身にも他の者らにも知られることになる。それ故、アウグスティヌスが言おうとしたように、この書は「不思議なことに、それぞれの記憶にすべてを思い起こさせる力」なのである。[d] こうして、真理のいとも明快な光のうちに、神の公正な審判が明らかに現れ出ることになる。

四　最後に、覆しえない判決の布告は、聞かれ、かつ見られうる者によってなされなければならない。また、その者から答弁を求められることはありえない。至高の光はあらゆるものによって見られることはありえない。闇に覆われた眼ではそれを見ることはできない。神化された精神と喜悦に満ちた心なしには顔と顔とを合わせて[4]見ることはできない。そのため必然的に、審判者は被造物の姿をもって現れることになる。また、単なる被造物では最高の権威を有することはありえず、答弁を求められることもありえない。そのため、必然的に、私たちの審判者は、最高の権威をもって裁く者として神であり、人間の姿をもって罪人に見られ審判を下す者として人間でなければならない。判決の一声は罪過ある者を恐れおののかせ、無垢の者らを安堵させる。こうして、同じ一つの姿が義人たちを喜ばせ、逆に不敬な者らを震え上がらせることになる。

(1) マタ一六・27、黙二二・12。
(2) ダニ七・9—10、黙二〇・12。(3) IIコリ五・10。
(4) Iコリ一三・12。
(a) グレゴリウス『福音書講話』二一・3。
(b) アウグスティヌス『三位一体』一四・8・11。
(c) アウグスティヌス『神の国』七・30。
(d) 前掲書二〇・14。

第二章

審判に先行すること、煉獄での罰とはいかなるものか

一　次いで、最後の審判の状況については、幾つかの事柄を、［審判に］先行すること、随伴すること、帰結されることとして考察しなければならない。先行するのは二つある。すなわち煉獄での罰と教会の代禱である。

二　従って、まず第一に、煉獄での罰については、次のことを保持しなければならない。煉獄の火とは物体的な火であり、この［世の］生において悔い改めとそれ相応の償いが果たされなかった義人らの霊が、この［世の］生から引きずってきた焼き尽くされるべきものの多寡に応じて多くまたは少なく、この［火］によって苦痛を味わうことに

なる。——苦痛を味わうとはいえ陰府におけるほど烈しくはないが、この世におけるよりは烈しいものである。［陰府におけるほど］烈しくないというのは、常に希望を有しているからであり、自分が陰府にいないことを知っているからである。それもしばしば罰の大きさに気づかないほどである。——物体的な火によって科されたこの苦痛によって、諸々の罪の負債と不純物と残滓からまでも霊は浄化される。それらから充分に浄化されると、直ちに飛び立ち、楽園の栄光へと導かれることになる。

三　上述のことを理解するための理拠はこれである。第一原理は、第一であるということ自体によって最高に善いものであり最高に完全なものである。そして、最高に善いものであること自体によって善を最高に愛するものであり、悪を最高に忌避するものである。最高善は善が報われないままであることに耐えられないように、悪が罰せられないままであることは耐え難いことである。従って、ある時、義人らが死去し、この［世の］生において悔い改めを完全に果たさなかったとする。永遠の命という報酬が彼らに報われることなく放置されてはならないし、罪過による欠陥が罰せられぬまま放置されるわけにはいかない。宇宙万物の秩序の美が掻き乱されないためである。義人らは最終的に褒賞されなければならず、それぞれの罪過の要請と負債に応じて一時的にせよ罰せられなければならないのである。——犯された罪過は神の威光への侮辱であり、教会に害を与えるもの、私たちの精神に刻まれた神の像を歪めるものである。とりわけ、死罪の場合はそうであるが、小罪であってもそれに準ずることになる。侮辱に対しては罰せられることが求められる。損害は償われなければならない。歪曲は修繕されねばならない。こうして、懲罰は義しい刑罰、それ相応の賠償、充分な修繕（浄化）が求められるのである。

四　従って、まず第一に、その懲罰は義しい刑罰でなければならないのであるから、永遠にして最高の善を侮って、最悪のものに自ら服した霊は、当然、劣ったものらに服さなければならない。こうして罪過を犯す機会となったものから、神を侮り、自らを価値のないものとした理由となるものから刑罰を受けることになる。このため、神の義なる秩序は、霊が物体的な火によって罰せられることを要請する。こうして、命が吹き込まれるために、自然の秩序に則して、魂が体と統合されるように、罰せられるべきものが罰せられるために、そこから刑罰を受けるように、義の秩序に則して物体的な火と統合されるのである。——恵みのうちにある義人らは、一時的な刑罰の他は科される必要はないが、大きな罪を犯せば犯すほど、悔い改めが少なければ少ないほど大きな刑罰を科されることになる。こうして物体的な火によって一時的に罰せられるが、ある者らは長々と、ある者らには短く、ある者らには烈しく、ある者らには軽くと、侮辱の負債が要請する程度に応じて罰せられるのである。卓越した博士アウグスティヌスが言うように、「愛（amor）が執着すればするほど、苦痛は焼き払う必要がある」[a]。世俗の愛がその心の内奥の髄に執着していればいるほど浄化は困難なものとなるのである。

五　さらに、その刑罰は充分に償うものでなければならない。償いというものは意志の自由とこの［世の生の］道程とに関わっている。そして特にここ［煉獄］においては功績となることをなす状態にはなく、その刑罰も意志と関わりを持たない。［苦痛を］耐える意志の側に自由が欠けているということは、刑罰の面からの苛酷さによって補完される。——しかし、浄化される者たちは恵みを有しており、その［恵み］を失うことはもはやありえない。そのため、徹底的に悲しみに飲み込まれることも、絶望に陥ることも、［神を］冒瀆する罪に突き進むこともありえないし、それを欲することもない。また、このことによって、烈しく罰せられているとしても、陰府での［刑罰］とは遥かに異なっており、ずっと緩やかなものである。そして、彼らは自分の状態が陰府で癒されることなく苦痛を受けている者らの状態とは別のものであることを間違いなく知っているのである。

六　最後に、この刑罰は浄化するものでなければならず、この浄化は霊的なものである。ということは必然的に、この火は神から与えられた霊的な力を帯びていることになる。あるいは、私としてはこちらの方ではないかと思っているが、内奥に宿っている恵みそのものの力が、外的な刑罰に助けられて、侮辱のために罰せられ、負債の重荷から解き放された魂を充分な浄化によって浄めるのである。こうして、もはや栄光の妨げとなる類似の損傷（dissimilitudo）は全く見られなくなる。——このような霊たちは、最終的に、栄光の神の似姿を自らの内に受け容れるように予定されているのであるから、［天の］門が開かれ、浄化が完結すると、これらの霊たちは必然的に飛び立つことになる。それらの内には愛（caritas）の火があり、その火が上へと解き放ち、魂の汚れとか負債のほうから引き留めるものは何一つとしてないのである。それ相応の器が見いだされたというのに、これ以上栄光［の賜物］を引き延ばすのは神の憐れみにも義にもふさわしいことではない。褒賞が引き延ばされることは大きな苦痛であり、すでに浄められた霊はもはや罰せられてはならないのである。

（a）アウグスティヌス『神の国』二一・26・4。

第三章

審判に先行すること、教会の代禱はいかなるものか

一　教会の代禱（suffragia）については、次のことを保持しなければならない。教会の代禱は死者にとって有益なものである。代禱と言うものは、教会が死者のために行うことである。すなわち、犠牲、断食、喜捨と他の祈願、そして［死者］の罪過がより速やかにより容易に浄められるために自発的に引き受ける償い（poena）のことである。――死者であれば誰にでも有益であると言うのではなく、「中位に善なる［死者たち］」、すなわち、煉獄にいる者たちのためであり、「極めて悪い［死者たち］」、すなわち、陰府にいる者たちのためではなく、「大いに善なる［死者］」、すなわち、天にいる者たちのためではない。彼らは逆に自分たちの功徳と祈願をもって戦闘の教会を支援しており、彼ら幸いな者らは［教会］の肢体（成員）に多くの恩恵（beneficia）をもたらしているのである。――その効用は、死者個人の功績の多様性に応じるとともに、生者のもつ愛（caritas）に応じるのであるが、この［愛］は［漠然と］ある者らにというよりも特定の者のために効果を発揮する。天の摂理の采配がよしと見るままに、刑の苦痛は緩和され解放は早められることになる。

二　上述のことを理解するための理拠はこれである。第一原理は最高に善いものであるが故に、悪に対しては最高に厳格であると同様に、善に対しては最高に甘美な方であるはずである。故に、厳格な公正さの故に、義人たちが犯した罪過を自らの内に抱えており、この［世の］生の後、煉獄で苦しまなければならない時、甘美なる憐れみの情の故に、彼らは慰められ、援助と保護とを得るはずなのである。特に、もはや自分の業と功績によって自分を支えることができない状態に置かれているのである。従って、できうる者らから彼らのために代禱がもたらされるように神の摂理の運営が整備されねばならなかった。だが、それは公正なる正義に抵触したり、甘美な神の憐れみと矛盾したり、何らかの分裂を生じさせるものであってはならない。公正

なる正義は神の名誉、宇宙万物の管理、人間の功績の質が保持されることを求めるのであるから、最高の、そして第一の原理の最高の摂理は、甘美なる憐れみと公正なる正義に則して、この代禱が死者のために有効であるように定めたのである。こうして神の名誉の威光も宇宙万物の管理も人間の功績の質も保たれるのである。

三　従って、まず第一に、このような代禱において、何よりも神の名誉が保持されるという正義が保守されねばならない。そしてまた、神の名誉は罪過を償うに足る償いの業と補償とを要請する。すなわち、その業を通して代禱はなされなければならず、その業を通して最高度に償いは果たされ、神の名誉は回復されるのである。従って、そのような償いには三つの方法がある。断食、祈りと寄進、そして祭壇の犠牲（ミサ）。この［祭壇の犠牲］によってこそ神にふさわしい名誉が最高度に帰される。その犠牲において献げられるものによってこそ、御心は安んじられるからである。このため、教会の代禱はこのような償いの業、特にミサの執行によって成り立っている。グレゴリウスが『対話』の第四巻で教示しているところによれば、ある者らはミサの恩典（beneficia）[a]のおかげで大きな懲罰から瞬く間に解放されるのである。しかしながら、華美な葬送の行列や丁重な埋葬といった類のことは教会の代禱の内に数えられるべきものではない。このため、聖なるアウグスティヌスは「死者に対してなすべき配慮」についての著書の中で述べている、「埋葬の処置、墓所のこだわり、華美な葬送といったものは死者の支援というよりも生者の慰安のためである」[b]。

四　さらに、そこでは秩序の維持と宇宙万物の管理という正義が保守されなければならないので、影響力の交流において、それが起因するところのものと、それが帰結されるところのものとの間にあって秩序と適合（symbolum）が保守されることを要請する。これによって下位のものが上位にあるものに影響を及ぼすことはありえず、あらゆる意味での隔たりのあるものに［影響を及ぼすこともありえないのである］。それ故、教会の代禱は陰府にいる者らに対しては効果を発揮しえない。キリストの神秘的な体から余りにも離れすぎているからである。故に、いかなる霊的な影響も彼らのもとには達することも彼らの益となることもない。頭から切り離された肢体に、頭の影響力は発揮しえないのと同様である。——それ故にまた、［教会の代禱は］幸いな者らの益ともなりえない。状況において全く上位にあるからであり、すでに終局に実在している者らはそれ以上高く昇ることはできないのである。むしろ逆に、彼らならびに彼らの祈りは私たちの益となるのである。――実に、肉にあった時から彼らはそれに値するものだったのである。――神聖なる秩序は、神の聖なる者らによって祈りがささげられ、また彼ら自身が神聖なる恩恵に浴するように私たちのために執り成すように定めたのである。それ故、教会の代禱は［聖なる者ら］には益となるものではなく、むしろ私たちのために益をもたらすのである。――従って、残るは、煉獄での刑罰を受けている義人たちにのみ［代禱は］役立つということである。彼らは刑罰と自分自身を支えることはできない状態にあることのため生きている者らよりも下位にあり、義という点では教会の他の肢体とは結ばれているからである。それ故、適合と秩序に則して、聖なる教会の功績が彼らに向けられるのは極めて当然なこととなるのである。

五　最後に、これら［の代禱］において義が保守されねばならないのであるが、この［義］こそが功徳の［配分の］秤となるのである。すなわち、死者たち全般になされる代禱は、それぞれの度合いに応じてすべての善人の益となるのではあるが、［この世の生の］途上の状態において自分の役に立ってくれた者たち、自分に尽くしてくれた者たちへの［代禱は］より一層効果を発揮する。特別に、ある者のためになされる［代禱は］なす者の意図が真っ直ぐなものであり、神のみ旨に適うものであり、教会の制定に適うものであれば、疑う余地もなく、無益なものとなることはない。他の者らにも、何らかの形で配分されるとしても、特定された者らにはより一層効果あるものとなる。しかしながら、たとえ霊的なものとはいえ、第一の当事者と同様に他の者らの助けにもなりうるというものではない。神聖なる義は、より大きな罪過にはより大きな賠償を、より多くの罪過にはより多くの賠償を要請する。それ故、一つの食卓を囲んで座っている者たちを等しく照らす光の例はここではそぐわない。そのような拡散する［光］よりも、贖いの代価の支払いのほうが代禱をたとえるにふさわしいのである。――［代禱を受けた］個々の者にどれほどの決定的な効果が及ぼされるのかということは、犯された罪と刑罰と代禱における重さと回数と規模を知りうる方（審判者）だけが確実に決定できるのである。[1]

（1）知一一・21。
（a）グレゴリウス『対話』四・55。
（b）アウグスティヌス『死者のための配慮――パウリヌスに宛

てて』2・4。

第四章

審判に付随すること、火による焼却

一　続いて、審判に付随する事柄について言い添えなければならない。それには二つのことがある。すなわち、世俗的なものらの火（ignis mundanorum）による焼却と肉［体］の復活である。

二　焼却に関しては、次の点を保持しなければならない。地の面を焼き尽くす火は審判者の面前を先行する。この世の姿形（figura）は、かつて大洪水の氾濫によって生じたように、世俗的なものらの火による焼却によって滅びるであろう。――しかしながら、この世の姿形は過ぎ去る[1]と言われる時、この世の感覚的なものらの全面的な破壊ではなく、この火の働きによって、可燃的なあらゆる要素は焼き尽くされ、植物的で動物的な要素、特に「気」と「地」とは浄化され更新されるということである。義なる者らは浄化され、咎ある者らは燃やされる。これらのことが生じると、天の動きは止まり、選ばれた者らの数は満ち、何らかの形でこの世の物体的なものらの更新と頌栄が行われるであろう。

三　上述のことを理解するための理拠はこれである。宇宙万物の原理は最高度に知恵あるものであるから、［自分が］行うすべてのことにおいて、知恵の秩序を考慮する。それが完成（consummatio）に関わるものであれば、ことさら考慮するはずである。こうして、始原（primum）と中間点との間に、中間点と終極（postremum）との間に不一致はないことになり、最高度にふさわしくすべてが秩序づけられたものらのうちに、あの第一原理のものである秩序づける知恵と善と偉大さ（altitudo）が現れることになる。

それ故、神はご自分の最高度に秩序づけられた知恵に則して、感覚的な世界、大世界（マクロコスモス）のすべてを、小世界（ミクロコスモス）すなわち人間のために作ったのである。この人間は神と、これらの下位のものらとの中間に位置づけられたのである。こうして、すべてのものが互いに調和し、住居と居住者とが調和を保つように、人間は善いものとして据えられたのであるから、この世界を善と平安の状態に据えなければならなかったのである。ところが人間は転落してしまったことから、この世界も卑しいものとならざるをえなかった。人間は混乱に陥ったので、［世界も］混乱に陥らざるをえなかった。人間が浄化されれば、［世界も］浄化され、人間が更新されれば、［世界も］更新され、人間が完成させられると、［世界は］安らぎを得るはずなのである。

四　それ故、まず第一に、人間が混乱に陥ったために、この世界は混乱に陥らなければならなかった。［人間がしっかりと］立っていた時［世界もしっかりと］立っており、［人間が］転落した時［世界も］何らかの形でそれに応じたのである。そして、来るべき審判において、審判者の苛酷さがあらわにされることで、すべての者、特に宇宙万物の主を蔑ろにした罪人たちの心は恐れおののくはずである。こうして、すべての被造物には神の嫉妬が向けられることになる[2]。［世界は］創始者（auctor）にかたどられているとともに居住者にもかたどられているので、必然的に全地の旋回軸（cardines）はあまりの恐怖に震撼させられるのである。この震撼の惹起において、ここから、あそこからとあらゆる方面から襲いかかる火という元素よりも烈しく、素早く、恐ろしいものは何一つとしてない。それ故、必然的に、この審判の面前を火が先行することになる。それもただ一つではなく、世界のあらゆる方面から［燃え上がるのである］。そこに押し寄せるのは元素としての地上の火、煉獄の火、そして陰府の火であり、陰府の［火］によって咎ある者らは焼かれ、煉獄の［火］によって義人らは浄化され、地上の［火］によって地上に生じたものらは焼き尽くされ、元素の［火］によって元素は溶かされ表面の更新へと整えられるのである。そしてこれと同時に人間と悪魔に留まらず他の［被造物］も混乱に陥るであろうが、天使たちでさえもこれを目撃して怖れに捕らえられるであろう。

五　さらにまた、人間が浄化される時、この世界もまた浄化されなければならないので、終極の時の状態として人間は貪欲と悪意の残滓からも浄化される必要がある。最初の時に放逸の汚物から［浄化されねばならないのと］同様である。しかも、迅速に、徹底的に、完全に浄化される必要がある。すなわち、初め世が拭い去られ、ある形で、水という元素によって浄化されたのと同様である。［水は］放逸の熱火と残滓に対して冷たいものである。そして、終わりの世は愛（caritas）の冷却[3]と悪意と貪欲の冷気の故に、火によって［浄化されねばならない］。それらはあたかも老年期にある終わりの世を支配するものである。その［冷気］の癒着は極めて強力なものなので、除去するものの徹底した、力づくの、一気果敢な行為が必要となる。これは火以外のいかなる元素にも見いだすことはできない。それ故、大水の氾濫という大洪水によってかつて行われたように、火の行為によって、この感覚的な世の面は焼却されるのである。

六　さらに、この世界は、人間が更新される時、更新されるはずである。あるものは、古いものを滅ぼし、何らかの形で招来された新しい配置によって整えられないかぎり、新たなる形のうちに更新されることはありえない。ところで、火は外的な形態を駆逐する力を特別に有しており、かつまた天上の本性にも類する繊細な力を有している。それ故、［火］そのものによって浄化と更新とが同時になされねばならない。このように［火は］二重の効力を有しているので、一方で審判の到来に先行し、他方で［審判の到来］に後続する。また、更新は新たなものへと向かうものであり、もはや古いものに戻ることはない。そして、そのために、被造物の内の力では与えることのできない不滅の新しさに向かうものである。そのため、その浄化と更新において、火は自然本性的な力によって燃焼、浄化、拡張、希薄化といった何ごとかをなすのではあるが、その自然本性的な力に加えて、自然本性を超えた働きをする力が是非とも必要なのである。炎上の発端はその［力］の指令にあり、完了もまたこの力によるのである。

七　最後に、この世界は、人間が完成に至る時、完成に至るはずである。また、栄光のうちに選ばれた者らの数が満たされる時、人間は完成に至る。究極的な目的ならびに完成に向かうかのように、すべてのものはこの状態を目指している。この数が満たされる時、必然的に、天上の本性の自然本性的な活動は終わりを迎え静止される。また、必然的に、諸元素の変換も終わりを迎える。その結果として、動物や植物における生殖も終わりを迎える。これらのすべては最高に高貴な形、つまり理性的な魂へと秩序づけられるのである。魂らの内にこの状態が確立すると、先行する他の［被造物］の内にも必然的に安定と平安が確立される。――それ故、平安を得て、光に満たされることで天体は報いを受けると言われる。諸元素はもはや相互の変換による多様化の力を有していないので、滅びると言われるが、それは実体（substantia）に関わるものではなく、相互の能動性と受動性、特に能動性の質に関わるものである。植物的なもの、感覚的なものは、高貴な状態のものに留保されている永久の命、恒常的継続性への能力を有していないので、固有の本性のうちにあって消滅せざるをえない。しかしながら、諸原理において、何らかの点で似たものである人間のうちに保存されるのである。［人間は］あらゆる種類の被造物との類似性を有しているのである。故に、この[人間の]刷新と栄光化のうちにすべてのものは刷新され、何らかの形で褒賞されると言うことができる。

(1) Iコリ七・31。(2) 知五・18。(3) マタ二四・12。

第五章

審判に付随するもの、肉体の復活

一　さて、肉体(corpus)の復活に関しては、次のことを保持しなければならない。すべての人の肉体は、全体的な(generalis)復活において甦る。[個々の肉体の復活]の間には時間的な序列に関してはいかなる差異もないが、品位(dignitas)の序列に関しては大きな[差異]がある。――悪人たちは醜悪で罪にまみれ惨めで欠陥のある[肉体]をもって甦る。それらの[肉体]は[この世の生の]途上で得たものである。これに対して、善人らの場合は皆、「本性は守られ、過誤は取り去られて[a]」完全な肉体で、年齢的には成熟し、全身均整のとれたものとして甦るであろう。こうしてすべての聖者は完全な人、年齢的に成熟した人であるキリストへと到達するのである。――善人の場合も悪人の場合も、かつて[肉体を]構成していたのと同じ部分からなる同じ数の肉体が甦るのである[1]。主要な諸肢体ならびに根源的な体液のみならず毛髪や肉体の美を形成する他の諸肢体が[それぞれの]本性の真実を保って[甦るであろう]」。こうして、「いかなる天然の気流や窪みの中に人間の体の塵が落ち込もうとも、かつて生き成長するように自分に生気を与えてくれた魂へと回帰する[b]」のである。

二　上述のことを理解するための理拠はこれである。第一原理は、それ自身からして、第一のものであり最高のものであるので、最高に普遍的なもの、最高に充足したものである。そして、そのことの故に、自然本性の、恵みの、褒賞の原理であり、最高に権能に満ちた、最高に慈しみ深い、最高に義なる原理でもある。ある属性の意味(appropriatio)に従えば、最高に権能に満ちたものは自然本性(naturae)の創成に、最高に慈しみ深いものは恵みの配分に、最高に義なるものは報酬の分配に関わるものである。とはいえ、それぞれのものはそれぞれのものに内在し合っている。最高の能力、慈しみ、義は互いに分かたれることは決してありえないからである。故に、報酬の業において、義の実直さ、恵みの回復、自然本性の完成が要請することに応じてことはなされるのである。それ故、義は必然的に、人が罰せられるにせよ褒賞されるにせよ、ただ単に魂においてのみではなく、肉体においてのみでもなく、魂と同時に肉体の双方において、罰せられるなり褒賞されることを求めるのである。また、恵みの回復も肉体全体が頭《かしら》であるキリストと同化されることを求める。［キリスト］の死んだ肉体は必然的に甦るはずであった。神性と分かち難く一つのものとなっていたからである。また、自然本性の完成は、質料と形相から成るように、人が肉体と魂とから同時に存立することを求める。この両者は互いに求め合い、互いに必要とし合っているのである(c)。自然本性の創成、恵みの注入、義の応報によって宇宙万物は遍く支配されており、それらによって要請されるのであるから、必然的に将来の復活があるはずなのである。故に、以上の三つのことから、万物は人間が甦るはずであると叫んでいる。万物はこの信仰の真理に対して耳を塞ぐ者らに弁解の余地を与えず、当然、彼らに対して全地はこぞって戦いを挑むのである(2)。

三　従って、まず第一に復活は神の義の秩序の要請に応じるものでなければならない。そして神の義はそれぞれに自分の時と場とを与えるのであり、すべての魂は肉体と、ただ一度、束の間の一時、一つに結ばれて、［肉体］の内にあって罪過もしくは恵みを共にする。そこで必然的にすべてが甦らなければならないのである。――また、応報の状態は［この世の生の］途上にあった状態と区別されるべきであり、復活は応報の状態を目指すのである。宇宙万物の秩序が乱されないように、また見たことのないものを信じる信仰がその功を認められるため、神の義の公正性が確実かつ明瞭に現れるために、天使たちと人々の間で、完成と最終的な応報が同時になされるためである。神の義は、共通の法として、すべてのものが同時に甦ることを求める。このように私が言うのは、キリストとそのいとも幸いなる御母、栄えある処女《おとめ》マリアのためである。――悪人には懲罰と悲惨とが、善人には栄光が賦与されるのであるから、時間的に同時に甦るとはいえ、状況は全く異なっている。実に、悪人にとって復活は命ではなく処刑を目指すものであり(3)、［悪人らは］脆弱、醜悪、欠陥をもって立ち上がらせられるのである。

四　さらにまた、復活は恵みの完成の要請に応じるものでもなければならない。そして完全な恵みは私たちを、私たちの頭《かしら》であるキリストにふさわしいもの（conformes）とする。［キリスト］の肢体にはいかなる欠陥もない。年齢的に成熟し、均整のとれた身体、美しい姿形［を備えている」。善人が最高の状態で甦らされるということはふさわしいことである。そしてそのためにも必然的に彼ら「善人」の欠陥（vitia）は取り去られ、本性は保守されているのである。――また、当然なことであるが、肢体に何らかの欠陥があれば補完され、何かしら余計なものがあれば除去され、肢体に何らかの障害があれば矯正される。幼児であったなら、神の力によって、復活したキリストの年齢にまで引き上げられる。もちろん、体格とか体重（moles）といったことではない[d]。年老いていたなら、「キリストと」同じ年齢にまで引き戻される。身体的に巨体あるいは矮小であれば適当な身体に修正されるであろう。こうして、すべてのものが欠陥のない完全なものとして、キリストの満ち満ちた力と年齢に至るのである[4]。

五　最後に、復活は本性（natura）の完成の要請に応じるものでもなければならない。理性的な霊の本性は固有の肉体を生かすことを求める。「固有の行為は固有の質料の内でなされねばならない[e]」からである。そこで、必然的に数の上で同一の肉体が甦ることになる。さもなければ真の復活ではありえない。また、理性的で不死なる魂の本性は「自分が」永久の存在を有しているように、永久に命を注ぐ肉体を持つことを求める。こうして魂と一つにされた、この肉体は、その合一そのものから永久の不死性へと秩序づけられたものとなる。主要な肢体とか体液とか種に則した肉といった肉体全体という実体を構成するものは必然へと秩序づけられている。しかし、他のものら、例えば種に則した肉とか、肉体に偶有的にあるものらは調和（congruum）の秩序づけを有している。故に、第一の部分は必然性の秩序に則した復活へと秩序づけられ、他のすべてのものは調和の秩序に則した「復活へと秩序づけられているのである」。この秩序を神が本性に刻み付けたのである。そして、本性はそれを完成することはできない。死者を立ち上がらせることはできないからである。また、神の摂理そのものが無為に何かをなすことはありえない。それ故、肉体が数の上で同一の、かつまた不死のものとして、すべての部分から構成されたもの、本性の真理がことごとく守られたものとして整えられるのがこの「摂理」の力によるのは必然的なことである。これをなしうる能力を本性は有しておらず、ただ希求するだけである。破壊された肉体を数の上で同一のものとして復元することはできないからである。事物の実体全体に対する力を有しておらず、肉体を不死なるものとなすこともできないからである。本性的に生じたものはみな朽ち果てるものであり、散り散りになったものを集めることもできないからである。従って、必然的に復活は種子的な、あるいは自然本性的な原因によるものではなく、根源的な原因（primordiales）に帰されるのである。こうしてこそ驚嘆すべき、超自然本性的な過程を経て神の意志の命令が実現されるのである。

（1）ルカ二一・18。（2）知五・20。（3）ヨハ五・29。
（4）エフェ四・13。

（a）アウグスティヌス『神の国』二二・17。
（b）アウグスティヌス『エンキリディオン』88・23。
（c）アリストテレス『自然学』一・9（192a 17-24）、アウグスティヌス『創世記逐語注解』一二・35・68。
（d）アウグスティヌス『神の国』二二・14―15。
（e）アリストテレス『霊魂論』26。

第六章

審判に続く事柄、陰府での刑罰

一　引き続いて審判に続く事柄について述べなければならない。それには二つある。すなわち、陰府での刑罰と天上での栄光である。

二　陰府での刑罰に関しては次のことを保持しなければならない。陰府の刑罰は、［地の］下にある物理的な場所でのことで、人間であれ悪い霊たちであれ、咎ある者たちはみな、この場所で永遠に罰せられるのである。――彼らは［誰にも］同じ物体的な火で罰せられるのであり、その［火］は霊と肉体とを焼き、罰する。――しかしながら、その肉体を焼き尽くすことはなく、常に焼き続ける。――悪行の要請に応じてある者らにはより大きな、ある者らにはより小さなものとなる。――このような火による罰に加えて、あらゆる感覚に応じる罰が、さらに虫による罰と神を見ることができないという罰がそれに伴う。こうしてこれらの罰には多様性があり、多様性と共に辛辣さ［の差異］があり、辛辣さ［の差異］と共に際限のなさがあり、咎ある者とされた者らを罰するための責め苦の煙は代々《よよ》限りなく立ち昇るのである[1]。

三　以上で述べたことを理解するための理拠はこれである。第一原理はそれ自体が第一であり最高のものであるので、その有しているものが何であれ、最高のものとして有している。故に、必然的に、それ自体が最高に実直なものである。それ故、実直さに則して応報しようとする時、自らに反することはなしえず、自らを否定することもできず[2]、自分の義に矛《ほこ》を向けることもできない。同様に、必然的に、ご自分の実直さの要請のままに、罪過の多寡に応じて罰するのは当然のことである。［それらの罪の中でも］最大のものは憐れみの法を侮り、悔い改めることなく厳格なる義に矛を向けるものである。それ故、厳格なる義は、根元（radix）に関してだけではなく、状況の悪化に関しても罪過を考量するのであるから、公正な審判者は非道な者らから最後の一クァドランスまで[3]当然の罰として要求するのは極めて妥当なことである。こうして「義の美なしに罪の醜さ」[a]は残留しえないのである。権能は創造に、知恵は支配に、慈愛は修復において現されるように、最高の義は罰することにおいて明らかにされる。それ故、神の義は、罪過の要請に応じて罪人たちの非道を罰せずにはおかないところにある。死に至る罪過は最終的に悔い改めないままにされる時、それ自体が永久の無秩序、自制のない無秩序、多様な無秩序の原因となる。そして、必然的に、自らの諸々の罰の永遠性、苛酷さ、多様性によって罰せられることになる。

四　従って、第一に、永久の無秩序という罰は永久のものであるはずである。誰かが罪を犯して、そのことを悔いることが全くないということは、［その罪は］魂の内に永久にとどまり、永久の命、すなわち神から切り離し、罪の内にあって永久に楽しもうと欲する意志から生じる。そのような快楽は瞬間的なものとして過ぎ去るものではあるとしても、無秩序は永久の原因を持っており、無秩序に呼応する罰は終わりのないものであるはずである。人間は自分の永久性の内にあって罪から離れて終わりを据えることのないように、神はご自身の永遠性の内にあって罰することを中止することはない。終わりのないものに対して罪を犯したのであるから、終わりのない罰を有することになる。烈しさの点で終わりのない罰を持たされることはできないので、少なくとも持続の点で［烈しい罰を持たされることになる］。死後、［人間］の意志は悔い改めを受け容れることなく常に悪に固着しているように、神は判決を変えることなく、常に罰するのである。断罪された非道の者らの永久に続く無秩序がそれを求めるのである。

五　さらに、自制のない無秩序の罰は苛酷なものであるはずである。快楽は、その反対の苦痛によって罰せられるからである。理性的な霊は、罪を犯すことで、自分自身の善に向きを変えて、一時的で部分的なものを情欲をもって愛することで、神の指令と支配を侮るのである。そのため、この非道な快楽は完全に罰せられることになるが、そこには快楽と同時に侮りが、その侮りと快楽に対する懲罰のために、人間であれ霊たちであれ、罪ある者は最も下なる場所、栄光の状態から極みなく隔絶した場所、つまり陰府の底の底に突き落とされることになる。——また、必然的に、そこでは劣悪な本性に属するものによる苦悩にさらされるが、それは霊的な実体によって被るのではなく、物体的なもの下劣なもの、すなわち地的物体の滓《かす》によるのであり、その滓の中に投げ込まれ、火と硫黄によって灰燼に帰されるのである。[4] 霊は、本性によって肉体の上に立ち、肉体に影響を及ぼし［肉体］を動かす力を有しているが、罪過によって本性の品位を失い、価値のないもの、罪の虚無に何らかの形で自らを屈服させてしまったのである。そのため、義の秩序に則して、霊であれ人間であれ罪を犯した者は物体的な火によって繋ぎ留められるよう命じられるはずである。それもその状態にあって命を注入されるのではなく、神の決定によって罰を受けるためである。次第に侵入する神への畏怖によって恐れおののくもの、自然本性的な感覚の力によって感じるものと離れ難く繋ぎ留められているのである。烈しく苦しめられることは必然である。——そして、この火が燃え盛るのは、邪悪な情欲から発する罪と罪過と汚れによるにほかならない。また、この［火］はすべての者に等しいものでもない。すなわち、同じ火によって、ある者らは強く焼かれ、ある者らは軽く焼かれるのである。それは同じ火によって籾殻《もみがら》が焼かれるのと木材が燃やされるのとでは異なるのと同じである。[b] ——しかしながら、罪（peccatum et reatus）の相違に応じて火の働きは調整されるのであるが、［罪そのものは］同一のもの、同形のものとして増えも減りもせず変化することもない。そのため、その［火］は、神の指令の定めによって、常に焼き払うが焼き尽くすことなく、常に打ち叩くが解体することのないように働くのである。というのも、自分の形態を増大させるためではなく、肉体の内にある魂もしくは自らの内にある霊の平安を攪乱するように働くからである。それ故、何かが新たに剥奪されるのではなく、平安が剥奪され続けるのである。こうして、同一の刑罰のうちにあって、［罰の］苛酷さが［罰の］永遠性を取り去ることも、永遠性が苛酷さを取り去ることもないのである。

六　最後に、多様なる無秩序への刑罰は多様なものでなければならない。実際に犯された死に至るあらゆる罪の内には、最高の光ならびに善からの秩序に反する離反、可変的な善への無秩序な転向、正しい理性の指令に逆らう意志の反乱がみられる。そのため、断罪されることになる実際に罪を犯した者らはみな、三重の刑罰（苦痛）によって罰せられることになる。離反の故に神を見ることができないこと、転向の故に物体的な火に焼かれること、意志と理性との闘争の故に虫による刑。このように多様な刑罰（苦痛）の故に罰せられる者らは様々な形で、苛酷に、終わりなく（永遠に）責め苛まれるのである。責め苦の煙は代々限りなく立ち昇るのである。アーメン。

（1）黙一四・11。（2）Ⅱテモ二・13。（3）マタ五・26。
（4）黙一四・10。
（a）アウグスティヌス『自由意志』三・15・44。
（b）アウグスティヌス『神の国』二二・16。

第七章

楽園での栄光

一　天上での栄光に関しては、概ね、次のことを保持しなければならない。その［栄光の］内には、実体的な、共実体的な、偶有的な報酬がある。実体的な報酬というのは、唯一の最高の善、すなわち、神を見ること、享受すること、所有することである。この［神を］幸いな者たちは顔と顔とを合わせて、つまり顔覆いなしに、直接、見るであろう[1]。また、熱心に喜びをもって［神を］享受し、恒久的に［神を］所有するであろう。こうして、ベルナルドゥスの言葉は証明されるであろう。［彼は言う］。「神は、光の横溢によって理性に、平和の充満によって意志に、永遠の持続によって記憶に臨在するであろう[a]」。――共実体的な報酬とは肉体の栄光の内にあり、第二のストラ[二]とも言われる、それを身につけて、幸いな魂はより完全に至高の天を目指すのである[b]。また、このストラは肉体への四重の支度品（dos）、すなわち、透明、繊細、機敏、不受苦から成っており、それらはかつて有していた愛（caritas）の多寡に応じて多かったり少なかったりする。――偶有的な報酬とは特別に上に付加された飾りであり、光輪（aurola）と呼ばれる。博士たちの見解によれば、三重の業に対して与えられる。殉教、説教、終生処女（童貞）を保つこと。そして、上述のすべてにおいて、功績の要請に応じた段階と区別が設けられている。

二　上述のことを理解するための理拠はこれである。第一原理は、それ自体として第一のものであるので、最高の一性、真理、善を有している。そのこと自体が、その内に最高の権能、知恵、慈愛、義を認めることになる。しかしながら、神のこれらの見えない［属性］は業を通して明らかにされるものである[2]。それ故、製造（productio）において最高の権能が、支配の内に知恵が、修復の内に慈愛が、応報の内に完成された義が明らかにされるように、神は、この感覚的な世界を第一に製造し、支配し、修復し、報い、完成させるのである。それ故、権能が明らかにされるように、ご自分の賛美、栄光、栄誉のために、無から万物を製造した。あるものはほぼ無に近いものとして、すなわち物体的な質料として作り、あるものはご自分にほぼ近いものとして、すなわち、霊的な実体として［作り］、そして同時にこの［二つ］を本性とペルソナの合一において、すなわち、理性的な魂と物体的な質料の合一において一人の人間として結び合わせたのである。――知恵が明らかにされるために、［神］ご自身が最高の摂理と秩序をもって万物を支配する。実に、人間の最上部、つまり精神を照らすことで自ら支配し、最下部、つまり肉体を意志の自由な決断を通して指揮する。こうして肉体と肉体に関わるものは霊の支配に服し、霊は神に［服することになる[c]］。――慈愛が明らかにされるように、人間の本性を受け取り、罰せられるべきことをも受け容れ、刑罰を甘受することで堕落した人間を修復した、最高に憐れみ［に満ちた神］が憐れな者に類似する者となるほど憐れみ深いものとなるのである。形成された本性の尊厳のみならず、悲惨なものと定められた欠陥のある本性にまで及ぶ慈愛を啓示するためであった。――そしてさらに、義が明らかにされるために、功績の要請に応じて、悪人に刑罰を報いるだけでなく、義人には恒久の栄光を一人ひとりに報いるのである。公正な応報、無償の修復、秩序ある支配、力に満ちた製造はこのように要請するのである。これらすべての完成は終わりの時のことである。

三　従って、第一に、公正な応報と力に満ちた製造の要請に則して、すべての義人の褒賞がなされなければならない。神の製造は理性的な霊を神に近いもの、神を受け入れうるものとして作った。受け入れうるのは、いとも幸いなる三位一体ご自身の内在する像の力に則してのことである。そして義人らの内にあっては、人間の霊全体が像の完全性に則して、［神に］奉仕したのである。そのため、理性的な霊は神以外のいかなるものによっても頌栄されも満たされうることもなく、その受容能力が満足させられることはない。それ故、［理性的な霊］には栄光の神にかたどられることが褒賞として与えられ、それによって神と一致する結果がもたらされ、理性によって［神］ご自身を明確に見、意志によってしっかりと愛し、記憶によって永遠に留め置くようになる。こうして魂全体が生き生きとし、魂の三つの力において全体的に整えられ、［魂］全体が神にかたどられたものとなり、全体が［神］と一つに結ばれ、全体が［神］の内に憩い、あらゆる善の内にあるように、［神］の内に平和、光、そして永久の充足を見いだし、それによって「あらゆる善の完全なる集合の状態の内に[d]」据えられ、永遠の命によって生きるものとして幸いなる栄えあるものと呼ばれるであろう。

四　さらに、この応報は公正な応報と力に満ちた製造のみならず秩序ある支配の要請に応じてなされるものでなければならない。そして、神は製造において肉体を魂と結び合わせて、報酬［を受けうる］状態に作ったのである。報酬を目指して鍛錬するために霊は肉体を支配することを目指し、それに集中しなければならない。肉体が自分に戻されないかぎり、魂は充分に幸いであるとは本性的な希求が認めない。再び所有しようとする自然本性的に内在する傾きを有しているからである。一方、支配の秩序が主張するのは、肉体が霊に合致されうるかぎり、すべてを通して［霊］に合致され服するものとならなければ、肉体は幸いなる霊に復元されないということである。それ故、霊は永遠の光を見ること（visio）で明らかなものとされるのであるから、その肉体の内に、その光の最大限の明るさを反映させなければならない。［霊は］至高の御霊への愛（dilectio）によって最高に霊的なものとなるのであるから、肉体の内に、それと対応する鋭敏性（subtilitas）と霊性（spiritualitas）とを有していなければならない。永遠性を得ることで、全く不受苦のものとなるのであるから、その肉体において、内側にも外側にも不受苦性が認められなければならない。これらのすべてによって霊は神に到達するために最高に敏捷なものであるから、栄えある肉体の内に最高の敏捷性が復元されていなければならない。従って、これらの四つの固有性によって肉体は霊に合致され、かつ服するものとなるであろう。そのため、特に、これらの四つによって嫁入り支度が整ったと言われ、これらの適性のおかげで、霊に従って、幸いな者らの領域である天の領域に場を得ることができるのである。これらの固有性によって天上の物体と同化されていくのであるが、それらを通して段階的に天上の物体は四元素から分岐されるのである。このように肉体への四重の支度品は肉体そのものを完全なものとするとともに、天の住人たちと幸いなる御霊と同化させ、それによって最高の頂（頭）である神から、衣服の裾[3]、すなわち肉体に至るまで、甘美の充満と至福の陶酔が溢れ出し、できうるかぎりに流れ出るのである。

五　最後に、この褒賞は公正な応報と力に満ちた製造のみならず秩序ある支配、そしてまた栄光に満ちた修復の要請に応じてなされるものでなければならない。キリストの様々な肢体の内には、ただ単に内的な賜物に限らず、外面的な鍛錬に関する、習性に関するもののみならず状態に関する、精神における愛（caritas）の完成に関するもののみならず肉体的な行為における優雅さと美に関するまでの恵みの賜物がある[4]。そのため、ある肢体には三重の支度品を伴う魂のストラと四つの［賜物］を伴う肉体のストラのみならず、徳に満ちた行為における卓越した優雅さと完全さの故に、優れた優雅さと歓喜とを帯びているはずである。従って、魂の三重の力に対応する完全性と美と特別な輝きをもたらす三種類の行為がある。理性的なものに対応する他の者らを救いに導く真理の説教、情欲に関わるもの（concupiscibilis）に対応する終生完全に処女（童貞）を維持するための情欲に関わることの完全な回避、憤怒（irascibilis）に対応するキリストの栄誉のために死を耐え抜くこと。このため、義人らの中でもこれらの三種類の者ら、すなわち、説教者、処女（童貞）、殉教者には光輪（aureola）と呼ばれる偶有的な優れた褒賞が授けられるのである。これはただ単に魂を装うだけでなく肉体をも装うものとなる。単に意志に対してだけではなく、外的な行為に対しても授けられるからである。愛（caritas）の報酬と褒賞は魂の三重の、肉体の四重の、七通りの賜物（支度品）の内にあり、栄光の完結を目指すあらゆる善の完結、完成、充満はこれらの内にまとめられるのである。

六　これらの［善］がどれほど優れどれほど偉大なものであるかを［説明するために］、私の言葉によらず幸いなるアンセルムスの［言葉を］提示することにしよう。『プロスロギオン』の終わりのところで[e]次のように言う。「私の魂よ、今や、目覚めよ。あなたの知性のすべてを掲げ、できうるかぎり、この善がどのように優れたものか、どれほど偉大なものか注意深く考えよ。もし個々の善が心地よいものであるとすれば、あらゆる善の喜悦を内包するこの善がどれほど心地よいものであるかを。造られたものらの内で私たちは体験したことのないもので、創造主が被造物と異なっているほどに異なったものである。造られた命が善いものであるとすれば、造る命はどれほど善いものであろうか。作り出された救いが悦《よろこ》ばしいものであるとすれば、あらゆる救いを作り出す救いはどれほど悦ばしいものであろうか。形成されたものらの認識に見られる知恵が愛すべきものであるとすれば、万物を無から形成した知恵はどれほど愛すべきものであろうか。喜悦をもたらすものらの内にみられる喜悦が多種多様で大きなものであるとすれば、それらの喜悦をもたらすものを作った方の内にはどれほど素晴らしく、どれほど大きな喜悦があることか」。

七「この善を享受する者には、何か自分のものになるもの、自分のものにならないものがあるのだろうか。確かに、その人が望むものは何であれ、その人のものとなり、望まないものはその人のものとはならないであろう。実に、目が見たこともなく、耳が聞いたこともなく、人の心に思い浮かんだこともない[5]ほどの肉体と魂の善がそこにはあるだろう。それなのになぜ、お前は自分の魂と肉体の善を求めて、多くのものの間を彷徨い歩くのか、ちっぽけな人間よ。唯一の善を愛せ。そこにすべての善があり、それで充分である。純一な善を慕い求めよ。それが善のすべてであり、満ち足りている。私の肉よ、お前は何を愛しているのか。私の魂よ、お前は何を慕い求めているのか。何であれお前たちが愛するもの、何であれお前たちが慕い求めるものはそこにある。美が喜びをもたらすとすれば、義人は太陽のように輝くであろう[6]。敏捷な、壮健な、自由自在な肉体が喜びをもたらすのであれば、それを妨げうるものは何一つとしてない。［義人は］神の使いたちに似たものとなるであろう[7]。自然本性によらず、権能によって、魂的な(animalis) 体として蒔かれ霊的な体として甦るからである[8]。長寿と壮健な生涯が［望ましい］のであれば、壮健な永遠、永遠の壮健がそこにある。義人は永遠に生きる[9]から、義人らの救いは主から［来る］[10]からである。飽満が［望ましい］のであれば、神の栄光が現れる時、飽満にされるであろう[11]。陶酔(ebrietas) が［望ましい］のであれば、神の家の豊かさに酔いしれるであろう[12]。美しい旋律が［望ましい］のであれば、そこでは終わりなく神を賛美する天使たちの合唱が響いているであろう。何らかの汚れたものではなく、清純な快楽が［望ましい］のであれば、神よ、あなたはあなたの快楽の流れから彼らに飲ませるであろう[13]。知恵が［望ましい］のであれば、神の知恵そのものが御自らを彼らに示されるであろう。友愛(amicitia) が［望ましい］のであれば、［義人らは］自分自身を愛する以上に神を愛し、自分自身を愛するように互いに愛しあい、神も彼らが自分を愛する以上に彼らを愛するであろう。彼らは［神］によって神と自分とを愛し互いに愛しあっているのであり、［神は］御自らによってご自身と彼らを愛するからである。和合（concordia）が［望ましい］のであれば、彼ら皆の内に一つの意志があるようになるだろう。彼らの内には神の唯一の意志しか存在しないであろうから。権能が［望ましい］のであれば、神がそうであるように、彼らは自分の意志において全能となるであろう。神はご自分が欲することをご自身によって行うことができるように、彼らも自分が欲することを［神］によって行うことができるであろう。彼らは［神が欲すること］以外何も欲することはないように、［神］は何であれ彼らが欲することを欲するからである。また、［神］が欲することが存在しないことはありえないからである。栄誉と富が［望ましい］のであれば、神はご自分の善良で忠実な僕たちを多くのものの上に立て[14]、彼らは神の子らならびに『かみがみ』とまで呼ばれ[15]、［事実］そのようになるであろう。また、［神］の御子のいるところに、彼らもいるようになり[16]、神の相続人、キリストと共同の相続人となるであろう[17]。真の安全が［望ましい］のであれば、彼らは自分の意志によってこれを放棄することも、愛する方である神もご自分が愛する者らからその意に反して、それを奪うことはないと、また神よりも強力な何者かが彼らの意に反して神と彼らの間を引き裂くことはないと確信しているように、彼らは決して、いかなる形であれ、これが、いな、この善が自分から奪われることはないと確信しているのである[18]。

八　このような、そしてこれほどの善があるところに、どのようにしてどれほどの喜びがあるのだろうか。人の心よ、貧しい心よ、辛苦を体験した、いな辛苦に押しつぶされた心よ、これらのすべてに満たされたなら、お前はどれほど喜ぶことであろうか。お前の深奥に尋ねるがよい、それほどの至福がもたらす喜びを受け容れることができるものか。もし、お前が自分自身と同じように愛する誰かが同一の至福を得たとすれば、お前の喜びは二倍になるのではあるまいか。お前自身のために［喜ぶのに］劣らずその人のために喜ぶのだから。もし、二人、三人、あるいはもっと多くの者たちが同じ［至福］を得るとすれば、またその一人ひとりをお前自身のように愛するならば、自分自身のために喜ぶのと同じように、その一人ひとりの故にお前は喜ぶであろう。それ故、数えきれない天使たちと幸いなる人々の完全な愛（caritas）の内では、自分よりも少なく他者を愛する者は一人もいないので、自分自身のためと同じように他の一人ひとりのために喜ぶであろう。それ故、人の心が自分のそれほどの善に対して自分自身の喜びを摑むことがほとんどできないとすれば、どうしてこれほど素晴らしく多くの喜びを受け容れることができようか。無論、人は誰かを愛すれば愛するほど、その人の善を喜ぶものである。あの完全な幸福の内にあって、それぞれが、自分自身と自分と共にいる他のすべての人以上に、比較にならないほどに、神を愛するように、自分と自分と共にいる他のすべての人の［幸福］以上に神の幸福を測り知れないほどに喜ぶであろう。しかし、心を尽くして、精神を尽くして、魂を尽くして神を愛するとしても[19]、心全体、精神全体、魂全体をもってしても愛（dilectio）の偉大さには及ばないとすれば、心を尽くして、精神を尽くして、魂を尽くして、喜ぶであろうが、心全体、精神全体、魂全体をもってしても喜びの横溢には及ばないのである」。

九　「それ故、主よ、あなたの幸いなる者らがどれほどまで喜んでいるのか、私には語ることも考えることもできませんでした。もちろん、彼らは喜べば喜ぶほどに愛し、愛すれば愛するほど知るのでしょう。どれほどあなたを知り、どれほどあなたを愛するのでしょうか。確かに、この［世の］生においては、目が見たことも、耳が聞いたことも、人の心に思い浮かんだこともないことです、あの［世の］生において、どれほどあなたを知り愛するようになるのかは。――神よ、私は祈ります、あなたにおいて喜ぶことができるように、あなたを知り、あなたを愛することができますように。この［世の］生においては充分なところまで至ることができないのでしたら、充分なところにまで達するよう日々精進します。この［世］で、私の喜びが希望のうちに大きなものとなり、あの［世］において現実に満ち満ちたものとなりますように。主よ、私たちの喜びが満ち溢れるように、あなたは御子を通して、乞い求めるようお命じに、いえ、お勧めになり、［それを私たちが］受けると約束なさいます[20]。誠実な神よ、私の喜びが満ち満ちたものとなるよう、私は乞い求めます。私はそれを得るでしょう。主よ、私たちの驚嘆すべき勧告者を通して、あなたがお勧めになることを、私は乞い求めます。私の喜びは満ち満ちたものとなると、あなたの真理を通して約束してくださったことを私は得るでしょう。それまで、私の精神は瞑想し、私の舌は語り、私の心はそれを愛し、私の口は話題とし、私の魂はそれに飢え、私の肉は渇き、私の実体全体が慕い求めますように、私の主の喜びに入るまで。［主］は三位にして唯一の神、代々の代々に至るまで祝される方、アーメン」。

（1）Iコリ一三・12。（2）ロマ一・20。（3）詩一三一・2。

(4) Iコリ一二・4。(5) Iコリ二・9。(6) マタ一三・43。
(7) マタ二二・30。(8) Iコリ一五・44。(9) 知五・15。
(10) 詩三六・39。(11) 詩一六・15。(12) 詩三五・9。
(13) 詩三五・9。(14) マタ二五・21。
(15) マタ五・9、詩八一・6、ヨハ一〇・34。
(16) ヨハ一四・3。(17) ロマ八・17。(18) ロマ八・38—39。
(19) マタ二二・37。(20) ヨハ一六・24。
(a) ベルナルドゥス『雅歌講話』一一・5。
(b) アウグスティヌス『創世記逐語注解』一二・35・68。
(c) アウグスティヌス『魂の大きさについて』36・80。
(d) ボエティウス『哲学の慰め』三・2。
(e) アンセルムス『プロスロギオン』24—26。

訳　注

（一）旧約聖書目録（序・一・一）

この当時、断定的な正典目録はない。ここで取り上げられている目録は次のようになる。

律法の書＝創世記、出エジプト記、レビ記、民数記、申命記

歴史書＝ヨシュア記、士師記、列王記一～四（サムエル記上下、列王記上下）、歴代誌上下、エズラ・ネヘミヤ記、ヨブ記、トビト記、ユディト記、エステル記、マカバイ記一・二

知恵文書＝箴言、伝道の書（コヘレトの言葉）、雅歌、知恵の書、集会の書（シラ書）

預言書＝イザヤ書、エレミヤ書、エゼキエル書、ダニエル書、詩編、十二小預言書

（二）七つの時代（序・二・一―三）

ボナヴェントゥラは小さき兄弟会がヨアキニズムを信奉しているとの嫌疑に反論することになるが、彼自身ヨアキムに触発された見解を有している。フィオーレのヨアキム（一一三五頃―一二〇二年）は『新約と旧約の調和の書』（全四巻）を残している。彼は歴史を父の時代・子の時代・聖霊の時代に三分し、おのおのを一二六〇年ずつとした。第一は旧約聖書の時代、第二は新約聖書が字義通りに解釈される時代であり、第三の時代は新約聖書が霊的に解釈される時代である。また第一は結婚した人々の時代、第二は在俗聖職者の時代、第三は霊的修道士の時代でもある。自分が生きている時代は第二の時代の終わりに位置し、近い未来に第三の聖霊の時代が差し迫っているとし、「第三の時代において、制度的教会と聖職秩序は崩壊し、霊的かつ観想的な修道士が人々を指導する」と主張した。多くの小さき兄弟会会員が自分たちこそ未来の世界を担う霊的修道士であると解釈した。これに対する反撃に巻き込まれ会全体の総奉仕者が辞任したことで、ボナヴェントゥラは総奉仕者に就任することになる。ボナヴェントゥラの歴史観の土台はアウグスティヌスの歴史観にある。アウグスティヌスは救いの過程を六分した。アダム―ノア―アブラハム―ダビデ―バビロン捕囚―キリスト―終末。現在は終末を待っているとする。ボナヴェントゥラはそれを受け継ぎつつ、キリストから終末までを七つの時代に小分けする。

（三）condilectus（一・二・三）

サン・ヴィクトルのリカルドゥスの概念を受け継いでいる。リカルドゥスは『三位一体論』の第三巻で次のように述べている。「相互の愛（amor）においては、愛（caritas）の充全性は双方が相手から最高に愛されること、そしてその結果として思慮分別の規範の命ずる範囲で、双方が最高に愛されるべきであることを是非とも必要とするのである。しかるに、双方が等しく愛されるべきであるなら、双方が等しく完全な者でなければならない。故に、双方は等しい力を持ち、等しい知恵を持ち、等しく善い者で

あり、等しく幸いな者でなければならないのである。かくして、愛（dilectio）の最高の充全性は互いに愛する者らの内に完全性の最高の同等性を是非とも必要とするのである」（三・7）

「愛の共有（condilectio）の特性と力を入念な考察で分析してみよう。そうすれば、我々は求めているものを、いとも速やかに見いだすであろう。或る者が他者に愛を呈し、単独者として単独者を愛する時、そこに確かに愛はあるが、愛の共有はない。二者が互いに愛し合い、最高の憧憬をもって互いに愛情を交わす時、あたかも逆に向かうかのように、一方の愛情は他方に、他方の愛情は一方に流れるのであるから、確かに双方に愛（dilectio）はあるが、愛の共有はない。しかるに、愛の共有は、厳密に言って、二者によって心を一つにして（concorditer）第三者が愛され（dirigitur）、共に結ばれた形で（sociatiter）愛され（amatur）、第三者への愛（amor）の炎によった両者の愛情が一つに融合されるところにある」（三・19）

（四）Deum se summe comunicare（一・二・三）

新プラトン主義の bonum diffusivum sui を踏まえた表現。ボナヴェントゥラは『魂の神への道程』で次のように言う。

「『善は自らをあまねく分かち与えると言われている』のであり、それ故、最高に善なるものは、最高度に自らを分かち与えるからです。しかし最高度に分かち与えることができるのは、それが現実的にして内的であり、実体的にして位格的であり、自然本性的にして意識的であり、自由にして必然であり、そして欠けることなく完全である場合に限られます。従って、最高に善き者のうちに、現実的にして実体的に同一の産出が、そして尊さにおいて同等のペルソナの産出が、永遠よりしてあるのでないならば――かかる産出は、産みと息吹という仕方で産み出す者がある場合です。そして、これによって永遠の始源より共に始源として永遠に産み出す者が産み出されます。かくして愛される者と（愛する者と愛される者の両者に）共に愛される者が、つまり産み出される者と息吹かれる者が、産み出さられことになります。これこそ父と子と聖霊なのです――、決して最高に善きものではないことになりましょう」（六・2＝長倉久子訳）

（五）innascibilis/ingenitus（一・三・七）

ボナヴェントゥラは『命題集註解』で、御父の特性として primitas を重視して言う。

「生まれざる者であることは、完全な位置である。父が生まれざる者と言われているのは、他者よりの者ではないからである。しかるに、他者よりでない者は、最初の者である。最初性とはすぐれた位置を意味する。（中略）父は最初の者であるから、根源なのである（Quia primum, ideo principium）。父は他者よりの者ではないから、神性全体の泉である。（中略）私にこう言わせるのは、昔の優れた博士たちの教えである。彼らは、生まれざる者であるという父の特性が溢れる泉を意味すると言った。しかるに、

溢れる泉は、生ぜしめるものである」（第一巻、第27区分、第1部、唯一項、第2問題＝ネメシェギ訳）

（六）persona/hypostasis（一・四・四）

西方ラテン神学においてpersonaという語を導入したのはテルトゥリアヌスといわれる。この語は元来、古典劇に用いられた「仮面」を意味した。様態論的に理解されることもあって東方教会ではhypostasisを好んで用いた。hypostasisはラテン語圏ではssentia/ousiaの意味で取られ、ギリシア語圏のmia ousia treis hypostseisに対してuna substantia tres personaeが一般化した。ヒエロニムスはその混乱を述べた上で「一つの実体（substantia）、完全で、等しく、共に永遠なる三つの実在するペルソナを口にすれば我々にとって充分なのである。もしそれが気に入るのであれば、三つのヒポスタシスといったことは口にされなければよいのであり、一つの［実体］ということが保持されればいいのである」と述べている（『手紙』一五・3―4）。

ペルソナに関しては、アウグスティヌスは「実体ないしペルソナという名称が種を表示するのではなく、個々のもの、個体を表示すると言うのであれば、この名称はすべての人間に共通する人間という意味を持たず、むしろアブラハム、イサク、ヤコブなど、特定できる誰かのように『この人間』という意味を持つ」（『三位一体』七・6・11＝泉治典訳、二二六頁）と述べ、ボエティウスは「理性的本性をもつ個的な実体（rationalis naturae individua substantia）」（『エウテュケスとネストリウス駁論』4＝坂口ふみ訳、二一〇頁）と定義する。

東方教会では最後のギリシア教父とされるダマスコのヨハネスは「プロソーポンとは、自分の諸活動と諸固有性を通して明白なもの、自分と同一フュシスのものらからは区別された現れ方を我々に提示するものである。……次のことを知らねばならない。すなわち、聖なる教父たちは、同一のものをヒュポスタシスともプロソーポンをも個体とも呼んだのである。つまり、自ら個別のものとして存在し、ウシアと付帯的なものから成るものとして実在する、数的に別々のもの、ある確固としたもの、例えば、ペトロとかパウロとか、ある一頭の馬とかを意味するのである」（『弁証論』43 : PG 94 : 612＝小高毅訳）と述べている。ボナヴェントゥラに多大な影響を与えているサン・ヴィクトルのリカルドゥスは『三位一体論』第四巻第二一章でrationalis naturae individua substantiaとするボエティウスのペルソナの定義を批判し、第二四章でexistens per se solum, secundum singularem quemdam rationalis existentiae modum「理性的な実存のある種の固有の様態に即した、自ら実在するもの」という自らの定義を掲げている。また、第四巻第七章ではad nomen autem personae, proprietas individualis, singularis, incommunicabilisと述べ、ペルソナを譲渡しえない独自で固有性によって他のすべてのものから自らを分かつものとし、十一章ではペルソナはquid（何物）ではなくquis（何者）と問われるものであるとしている。

ボナヴェントゥラは『魂の神への道程』において次のように述べている。「最高の分かち合いがペルソナそれぞれの固有性とともにあり、実体として最高度に同一であるヒュポスタシスとしては複数であり、最高度に類似していてもペルソナとしては別々であり、最高度に同等であっても秩序があり、最高度に同じ永遠性を共有しながら流出があり、最高度に内奥を分かち合いながら送り出しているのです」（六・3＝長倉久子訳）。

（七）洗礼を受けなかった新生児の救い（三・五・六）

アウグスティヌスはペラギウス派に対して、「幼児に洗礼が必要なのは罪の赦しのためではなく、ただ天の国の故である」とし「洗礼を受けていなくても、神の国の外に救いと永遠の命の場を与えている」と非難している（『ペラギウス派の二書簡駁論』一・22・40＝畑宏枝訳、三三七頁）。アウグスティヌスは彼らが「幼児はすでに救われていると主張し、幼児の救い主によって救われる必要性をあえて否定している」（同一・24・42、三三九頁）とするのである。ボナヴェントゥラの師であるヘールズのアレクサンデルは「神の直観は欠くが、肉において苦痛を味わうことはあるまい」と述べる（『原罪に関する討論問題集』）。ここで言及されているのは『ペトロに対する信仰』と考えられる。この書は、ルスペのフルゲンティウスによって書かれたものであるが、「その体をもって、地獄で終わりのない刑罰を受けねばならない」「永遠の火による永久の刑罰をもって罰せられねばならない」と記されている。トマス・アクィナスは世の終わりにキリストの救いがすべての人に及ぶ時天国に入るとする。ボナヴェントゥラは師の立場を取り、「常に溢れるほどの憐れみを携えている神の義は、[罪過に] 相当する以上にではなく、ずっと軽く罰するものだから」と言い添えている。

（八）マリアと原罪（三・七・一）

本書第四部第三章ではマリアは「いかなる罪にも拘束されておらず、完全に聖なる、汚れのない者であった」と述べる。ただし、J・G・ブージュロルは、ボナヴェントゥラは「無原罪の懐胎」を考えてはおらず、「あらゆる恩寵に満ちた者」としてマリアを示そうと極力努力している」と指摘する。ボナヴェントゥラの時代、他の人間と同様に原罪の結果を負って生まれたが、イエスの懐胎に先立って浄められたと考える風潮があった。アンセルムスは「この人の懐妊そのものは清いもので……彼を生んだ処女《おとめ》自身は『罪過のうちに』はらまれ、彼女をその『母は罪のうちにはらみ』、『アダムのうちで全てが罪を犯した』が、彼女もアダムのうちに罪を犯したのですから、彼女は原罪を持って生まれてきたのです」と言う（『クル・デウス・ホモ』二・16＝古田暁訳）。「完全に聖なる、汚れのないもの」という文言は小さき兄弟会に受け継がれ、tota pulchra es Maria … et macula originalis non est in te（全面的に美しきマリア、御身には原罪の汚れなし）との聖母賛歌が歌い継がれてきた。ボナヴェントゥラの後、ヨハネス・

ドゥンス・スコトゥス（一三〇八年没）は「無原罪の懐胎」を論証することになる。

（九）陰府への降下（四・十・一）

受難の後のキリストの陰府への降下は「使徒信条」に掲げられている。Ⅰペト三・19－20にさかのぼる。現存する古代の聖土曜日の説教では、その目的を「人祖アダムとエバを陰府から救いだす」ためであるとしている。つまり、キリストの到来前に生き死んだ義人たちの救済のため、あるいは人祖の救済によって全人類の救済が意味されると解される。ここでボナヴェントゥラは「すべての者ではない」とするが、「生きた信仰あるいは信仰の秘跡をもって死去したキリストの肢体を解放するため」と述べ未受洗者の救済を否定していないが、「生きた信仰」を必要とする。また「陰府（infernus）あるいは古聖所（limbus）に降った」と述べており、「陰府」「古聖所」は同義語と捉えているように思われる。古聖所は煉獄とも異なり、地獄の周辺部を指し未受洗者の行く先となる。ダンテの『神曲』の地獄編第四歌にも登場する。洗礼を受けずに死んだ新生児もここに行くものと考えられるようになる（注七参照）。

（一〇）使徒信条（**symbolum apostoricum**）（五・七・一）

洗礼志願者の信仰教育と信仰告白のために古代のローマ教会で用いられていた信仰表明文を言う。その信仰告白文が各地に流布し、それぞれ手が加えられていった。西方教会の典礼の統一を目指したシャルルマーニュによって南ガリアで用いられていたものがローマ教会に再導入され、西方教会で一般的なものとなった。元来、洗礼の時の父と、子と、聖霊に対する三箇条の信仰告白であったが、これを「起草した者の側からみれば十二」と言われるように、徐々にイエスの十二弟子によって作られたもので十二箇条（項目）からなると考えられるようになる。中世になると「信じるべき項目を箇条書きしたもの」であり、神性に関する七条項と人性に関する七条項の十四箇条から成り、黙示録の七つの燭台と七つの星に結び付け、七つの燭台は救い主の人間性の秘義を意味し、七つの星は神性の秘義を意味すると解されることになる。ボナヴェントゥラもこの流れを汲んでいる（本作品第五部七章六、八参照）。

（一一）叙階の秘跡（六・十二・一、三）

叙階は「品級」とも訳された。守門、読師、祓魔師、侍祭を下級品級、副助祭、助祭、司祭を上級品級と呼んだこともあったが、第二ヴァティカン公会議後の典礼刷新で叙階の秘跡に該当するのは助祭、司祭、司教の三つと限定され、他はすべて廃止された。また、司教こそが十二使徒の後継者であり、「叙階の秘跡の充満」を享受しており、司祭と助祭は司教の協力者と宣言した。これもまた廃止されたがトンスラ（聖職剃髪）は頭髪の中心部を丸く剃髪すること、コロナ（環、冠）はその名の如く環状に頭髪を残し、他を剃り上げることをいう。

(一二) ストラ (stola) (七・七・一)

元来、婦人用の寛衣を指した。ローマ典礼では聖職者が祭儀で着用する頸垂帯を指すようになる。おそらく、ここでは黙六・11、七・13－14の、天上の神の玉座の前に立つ人々が身に帯びている「小羊の血で洗って白くした」衣服 (stola) を踏まえているものと思われる。本作品四・7・1 (四六九頁) 参照。『ソリロクィウム』四・4・22には、復活のときに「あらゆる高価な宝石に飾られた新しく輝かしいストラをまとうことになる。[このストラとは] 栄光化された体である」とある (一六八－一六九頁)。

解説

収録作品

没後七五〇年を記念して、ボナヴェントゥラの著作選集を刊行するにあたって、次のような編集方針のもとに作品の選択にあたった。ボナヴェントゥラの全体像がわかるもの。選択した著作は全訳すること。つまり、抄訳・部分訳はしないこと。すでに邦訳があり、現在でも容易に入手しうるものは控えること。その結果、非常に重要な三つの大著、すなわち初期の『ルカ福音書注解』、最晩年の未完に終わった六日間の創造に関する講話（公開講義）『ヘクセメロン』、そして最初の大著『命題集注解』はその膨大な頁数の故に断念せざるをえなかった。

最終的に収録することになったのは、霊性・修徳・神秘主義に関する小品、小さき兄弟会の総奉仕者（総長）としての活動に関わるもの、キリスト教神学の提要『ブレヴィロクィウム』といった諸著作になった。いずれも頁数からいうと小品とみなされよう。しかし、内容からみるといずれも濃厚なものであり、ボナヴェントゥラの思想が滲み出た著作と言えよう。それらの著作の配列であるが、著述された年代からいうと『ブレヴィロクィウム』が冒頭に置かれるはずである。入手は困難になっているとはいえ、すでに邦訳があるので当初はこの書の収録は考えていなかった。しかしながら、この書を省くことによって神学者としてのボナヴェントゥラが紹介されなくなるとの思いから収録を決めたが、豊饒な内容を理解するには他の著作を通読した後の方がふさわしかろうとの判断のもとに最後に配置することにした。これまたすでに邦訳がある『三様の道』を冒頭に置いたのは、あらゆるところで三位一体の神の痕跡に注目するボナヴェントゥラの思考に慣れ親しむには最適な著作であること、底本とした全集の中でも「霊性神学に関する十の小品集」の冒頭に置かれていることにもよる。初めに置かれた八作品はそこに収録されている。ただし、本巻では序列を少し変更している。霊的生活の指針を述べる『三様の道もしくは愛の焔』『生命の完成――姉妹たちに宛てて』『魂の管理』『ソリロクィウム――精神の四つの鍛錬』の後に、イエスの生涯の観想の書『幼子イエスの五つの祝祭』『生命の樹』、受難に焦点をあてた『神秘の葡萄の樹あるいは主の受難についての考察』に続けて『主の受難の聖務日課』を配置した。通常、著作集の配列では、手紙類は最後に置かれるのであるが、次に手紙を配置したのは『キリストに倣うこと』が内容的に上記の小品に連なるものと考えてのことである。『第一回状』と『アシジの聖クララ修道院の修道院長と姉妹たちに宛てた手紙』は、小さき兄弟会の総奉仕者としてのボナヴェントゥラの一端を表すものとして選択された。また、総奉仕者ならびにパリにおける神学教授としての姿が垣間見られるものとして、聖フランシスコの祝日の説教、そして『キリストのいとも聖なる御体』すなわち聖体の秘跡に関する説教を配置し、『ブレヴィロクィウム』で結ぶことになった。

以下、それらの著作を簡潔に紹介する。

『三様の道もしくは愛の焔』 *De triplici via (allas Incendium amoris)*

「愛の焔」とも呼ばれる本書『三様の道』は、中世以降、多くの人によって引用され、その後の霊性神学の上に多大な影響を与えてきた。おそらくボナヴェントゥラの著作の中でも最も知られている小品と言えよう。だが、浄化・照明・一致（完成）という「三様の道」ということは知られているものの、実際に手にして読まれることは稀だと言ってもよいのではあるまいか。

ボナヴェントゥラの全著作の批判校訂版を刊行したクァラッキ（Quaracchi）の聖ボナヴェントゥラ研究所の研究者たちによって本書は「神秘神学大全」（Summa theologiae mysticae）と称すべきであると提唱された。それを踏まえて、一九五〇年に本書の邦訳を刊行した長谷川武敏氏は『神秘神学全要』との表題を掲げている。校訂版の普及版でわずか三八頁の小著を「スンマ」（大全）と呼ぶことに関して、長谷川氏はボナヴェントゥラが本書を書き上げたのは「神秘生活の要綱を常に一眸《いちぼう》の下に収めしめながら、絶えざる追求・実践・実現の資に供せんことを期し」てのことであり、本書の特色である「簡潔性と精緻性こそは、この一小著作をして、優に神秘神学全要たる実を挙げしめている。けだし『スンマ』なるものは、その取扱う論題の如何に依って、内容の量に大小の変化を来すものであれ、必ずしも常に浩瀚なることを要しないからである」と指摘している（訳者序、二頁）。また、本書の内容を次のようにまとめている。「聖ボナヴェントゥラ独特の範型論的考察に基き、第一に浄化の道・照明の道・一致の道の理論を経とし、第二に黙想・祈禱・観想の理論を緯とし、第三にクリスト中心主義を以て終始一貫している」（同前、一－二頁）。なお、氏の訳書には「聖ボナヴェントゥラとその神秘神学」と題する論文が付されている（長谷川武敏訳『神秘神学全要』エンデルレ書店、一九五〇年）。

「神秘神学」と聞くと神秘的な神体験を思い浮かべる方もおられると思う。ここで言われるのはそのようなものではない。著者自ら、「罪の駆逐から成る浄化の道、キリストの模倣から成る照明の道、花婿を迎えることから成る一致の道」と述べ、この道を経て、神ご自身が憩うている「平和の睡《まどろ》み、真理の輝き、愛の甘さ」を目指して上昇すると述べている（三・一・二）が、三つの段階を意味するものではない。むしろ互いに重なっており、絶えず行われなければならない努力を示している。そのために積む鍛錬は「読書と瞑想、祈り、そして観想である」。だが、それも我々人間の力によるものではなく、恵みの働きである。「［恵みという賜物］が魂を浄め、照らし、そして完成する」と『ブレヴィロクィウム』（五・一・二）にあるように、神の恵みこそが罪から浄め、光明で満たし、神に似たものとし、神と一つに結びつけるのである。同書の中でボナヴェントゥラは、サン・ヴィクトルのフーゴの言葉を踏まえて次のように述べている。

「人間は三様の目を受けている。……すなわち、肉の［目］、理性の［目］、そして観想の［目］である。肉の目。これによって世界と世界の内に存在するものを見る。理性の目。これによって霊魂（animus）と霊魂の内に存在するものを見る。観想の目。これによって神と神の内に存在するものを見る。このようにして、人間は肉の目によって自分の外に存在するものを見、理性の目によって自分の内に存在するものを見、観想の目によって自分を超えて存在するものを見るのである。とはいえ、観想の目は、罪過によって失ってしまい、恵みと信仰と聖書の理解とによって回復される栄光によらなければ、自己の完全な働きを発揮しえない。先の三つのもの［すなわち恵み、信仰、聖書の理解］によって、天上の事柄を観想するために人間の精神は浄められ、照らされ、完成される。墜落した人間は、まず自分の欠陥と闇とを再認識しないかぎり、この［観想］に到達することはできない。人間本性の破滅を考察し注目しないかぎり、［自己の再確認］はなしえないのである」（二・一二・五）。

　この言葉からもうかがえるように、ボナヴェントゥラにとって神学的営みと観想の営みは決して遊離したものではなく、表裏一体をなしていると言えよう。聖書を通して、特に御言葉による啓示を通して、さらに被造物に刻まれた三位一体の神の痕跡を介して、神の創造と、堕落からの修復という神の御業、そしてそこから微かに浮かび上がる神の秘義を開示せんとする神学の営みは、自ずと聖霊の恵みの働きのもとに唯一の仲介者イエス・キリストとともに父なる神へと昇る観想の道へと向かうことになる。二十世紀の代表的な神学者の一人であるイヴ・コンガールが言うように神学（テオロギア）とは賛美の学（ドクソロギア）であると言えよう。

　本書の著述は一二五九／六〇年と推定されている。従って、ボナヴェントゥラが小さき兄弟会全体の奉仕者（に就任（一二五七年）した後、同修道会の立て直しに直面していた時期に書かれている。

　二〇〇六年に出版された英訳新訳の訳者 G. Etzkorn は、本書一・二・一二に「司祭職という恵みを与えてくださった」という言葉、さらには一・一・五に concupiscentia mulierum ［本訳では「肉欲」とする］との表現から元来、聖職者を対象として書き上げられたと推定している（*Works of St. Bonaventure, vol.X, Writings on the Spiritual life* [New York 2006]）。しかし、次に収録した『生命の完成』が修道女に宛てて論述されたから一般人には向かないとは言えないのと同様である

　なお、本邦訳は『観想の道――三様の道・生命の完成』（サンパウロ、二〇〇四年）の拙訳を改訂したものである。底本として *Seraphici Doctoris S. Bonaventurae Decem Opuscula ad Theologiam Mysticam Spectantia* in Textu

Correcta et Notis Illustrata a PP. Collegii S. Bonaventurae Editio quarta cum critica editione collate Ad Claras Aquas (Quarcchi), 1949〔以下 *Decem Opuscula ad Theologiam Mysticam Spectantia* と略記する〕に収録されたものを用いた。

『生命の完成——姉妹たちに宛てて』*De perfectione vitae ad Sorores*

本書は「姉妹たちに宛てて」との副題が添えられている。本文中でもしばしば「聖なる母君」「親愛なる母君」と呼び掛けている。この女性は誰か。フランス王で聖王とも呼ばれたルイ九世の妹イザベルとの説もあるが定かではない。クララ会の修道女のために書かれたものであることは確かであろう。ただし、この副題のために本書が敬遠されるとすれば残念なことである。一九六九年に本書の邦訳を刊行された印具徹氏が指摘しておられるように、本書は「ただ修道女のためのみならず世俗にある一般信者、さらには真実を求めるすべての人間のための霊的指導書であると言える。聖ボナヴェントゥラは、実に本書において、人間が神を知ることとよって、否、神に知られることによって徹底的に砕かれることが如何に必要であるかを諄々と述べている」（解題、一二三頁）。

印具徹氏の邦訳「修道女のための生活の完成について」は玉川大学出版部から刊行された『世界教育宝典　キリスト教教育編3』に収録されている。これよりも前、一九四〇年に笹谷道雄氏の邦訳が『完徳への道』との表題でドン・ボスコ社から刊行されている。

本書が著述されたのは一二六〇年と推定される。一二五七年に小さき兄弟会の総奉仕者に選出された後に著述された名著『魂の神への道程』（*Itinerarium mentis*）に続く霊性に関する一連の作品『幼子イエスの五つの祝祭』『ソリロクィウム』『三様の道』『生命の樹』が著述された頃の作品である。

底本として *Decem Opuscula ad Theologiam Mysticam Spectantia* に収録されたものを用いた。

『魂の管理』 *De regimine animae*

本書がボナヴェントゥラによって書かれたものであることには疑いはないが、誰に宛てて書かれたものかに関しては見解が分かれている。本書のヴァティカン写本等には、「スペインの王太子妃ブランカのための小品」と付記されている。彼女はフランス王ルイ九世の娘で、スペイン王アルフォンソ十世の長子フェルナンドと結婚し二児を儲け、後にパリに帰り、そこで没した。これを元にＰ・ジャン・デ・デュウは、彼女が結婚した一二六九年をもって、本書成立年代の上限としている。しかしながらイザベル、あるいは別の女性とする説もあり、成立年代もクァラッキ版等では、一二六三年とされている。

この小品は序文を欠いているが、作品としては、全体がきちんと対称的で図式的構造をとっており、小品ながら簡潔にまとめられている。この構造を見ることで本書の全体像が明らかになる。

魂の管理のために、まず第一に、神を三重に（altissime, piïsime, et sanctissime）感じ取ることが前提になる。これは「父と子と聖霊」という神の三位に対応している。これに対して、我々の感じ取る神の三重の性質に従って、三重に魂を献げるべきことが述べられる。この献げるべき心の状態（cor humile, devotum et illibatum）について、さらに、こうした心を得るために、どのように鍛錬すべきかが説明される。我々が感じ取る三位の神の性質に従って、我々は単に思索として神について考え知るだけでなく、神の偉大さの中へ心全体として昇って行き、入って行くこと、これが最終目的である。従って、三位の神に則して、心をふさわしく秩序づけていく必要がある。ボナヴェントゥラは、このことを「あなたの外へ出て行き、あなたの内に立ち返り、あなたを超えて昇っていきながら」神を感じ取っていくと表現している（この項湯沢民夫記）。

本翻訳は『ボナヴェントゥラ紀要』第二号（一九八五年、八四―一〇五頁）に掲載された湯沢民夫訳を改訂の上転載させていただいた。

底本として *Decem Opuscula ad Theologiam Mysticam Spectantia* に収録されたものを用いた。

『ソリロクィウム——精神の四つの鍛錬』 *Soliloquium de IV mentalibus exercitiis*

本書が書かれたのは一二五九年から一二六〇年にかけてのことと推定されている。つまり、小さき兄弟会の総奉仕者の職務に就いていた頃に書かれたものである。本書についてはボナヴェントゥラ自身が次のように述べている。

「この論考をどちらかというと純朴な人々のために、聖なる方々の簡潔な言葉を用いて、一種の対話の形式で私は書き上げた。この［対話］において、永遠の真理の弟子である敬虔な魂が瞑想しつつ問いかけ、『内なる人』が精神的な言葉をもちいて答えるのである」

「ソリロクィウム」（soliloquium）と聞くとソルス＝ロクィウム、すなわち「独白」と捉えがちであるが、著者自ら語っているように内面での対話である。対話形式で瞑想の方法論が展開されるのは、すでにアウグスティヌス、サン・ヴィクトルのフーゴの同名の作品にみられる。アウグスティヌスの『ソリロクィウム』では「私」と「理性」が、フーゴの『ソリロクィウム』は本書と同様に「魂」と「人」との間で展開されている。さらに、「聖なる方々の簡潔な言葉を用いて」と述べているとおり、アウグスティヌスはもとよりグレゴリウス、ベルナルドゥス、アンセルムス、フーゴ、さらにはヨハネス・クリゾストムスの言葉まで引用されている。見かたによれば引用の山積みともいえよう。しかも、その多くは逐語的な引用ではなく、要約であったり、自由に敷衍したものである。これは「どちらかというと純朴な人々のため」に本書が書かれたことによるものとも言えよう。

本書の冒頭において、ボナヴェントゥラはエフェソ書三章14－19を引用して「その長さ、広さ、高さ、深さがどれほどのものであるかを、聖なる方々と共に理解し、人知（scientia）を遥かに超えたキリストの愛を悟り、神の溢れる豊かさによって満たされるように」と述べているが、本書に先立って総長就任の直前の一二五四年から五六年に書き上げられた神学書『ブレヴィロクィウム』もまた同じ箇所を引用して「［キリスト］を知り、愛している者として私たちが、信仰において固められ、愛に根を下ろしたものとして、聖書そのものの「広さ」「長さ」「高さ」「深さ」を悟ることができるためでもある。そして、この知識を通して、いとも幸いなる三位一体の神の、最高度に満ち溢れる知識と桁外れの愛に到達することができるためである」とうたって同書を書き始めている（序・五）。近年の英訳書の導入部で、ここに「神学的知識を、当時の［小さき兄弟会の］兄弟たちの抱えていた様々な霊的・司牧的な要求に答えるために用いるボナヴェントゥラの独創的な姿勢の典型的な例」を見ることができると指摘されている。

もう一つ指摘できるのは、本書の冒頭と同様に、結びの部分も、『ブレヴィロクィウム』と全く同じアンセルムスの『プロスロギオン』からの長い引用で結ばれていることである。『三様の道』の解説で、ボナヴェントゥラにとって神学的営みと観想の営みは決して遊離したものではなく、表裏一体をなしていることを指摘したが、ここからもボナヴェントゥラにおける神学の意義を読み取ることができよう。『命題集注解』の序言において、ボナヴェントゥラは神学は「観想のためにあるのか、それともわれわれが善くなるためにあるのか」という問いを立て、「単にわれわれが善くなることだけでなく、われわれが至福になることでもある。しかも、至福とは最善のものである。それゆえ、この知識の目的はわれわれが善くなることである」（須藤和夫訳『中世思想原典集成12』五四七―五五〇頁）と述べている。ボナヴェントゥラにとって神学的営みと観想の営みとは決して遊離したものではないだけでなく、実践的かつ修徳的なものであると言えよう。ここに小さき兄弟会に属する者としての神学の学徒としての姿勢を見ることができよう。パドヴァのアントニオに宛てた手紙でフランシスコは述べている。「あなたが兄弟たちに聖なる神学を教えることは、わたしにとって喜ばしいことです。ただし、会則に書き記されているように、この勉学において、聖なる祈りと献身の霊を消すことのない限りにおいてのことです」（『アシジの聖フランシスコ・聖クララ著作集』教文館、七三頁）。

なお、副題として付された「精神の鍛錬」（exercitium mentale）は後年ロヨラのイグナティウスの「霊操」

(exercitium spirituale)として受け継がれていくことになる。

底本として *Decem Opuscula ad Theologiam Mysticam Spectantia* に収録されたものを用いた。

なお、アベレ・カルフェティ(Abele Calufetti)のイタリア語対訳の付されたラテン語版(Vicenza 1988)、Saint Bonaventure University 刊行の *Bonaventure Texts in Translation Series, Volume X, Writings on the Spiritual Life* (New York 2006)の英訳を参照した。

また、本書の邦訳として関根豊明氏による『ソリロクィウム　観想録――「霊魂」と「内なる人」との対話』(エンデルレ書店、一九九一年)がある。本邦訳にあたって多々ご教示をいただいた。心より感謝申し上げます。

『幼子イエスの五つの祝祭』*De quinque festivitatibus pueri Iesu*

本書は、著者自らが『ソリロクィウム』に言及していることから、その著述の後であることが確認される。すると一二五九/六〇年以後、従って小さき兄弟会の総奉仕者就任後の作品ということになる。会の創始者であるフランシスコの死後、混乱の中にあった会の再建を図るにあたって、その霊性を再確認する過程で明らかになるのはフランシスコの「キリストの十字架の死」と「受肉」の秘義に対する思いであったことは容易に察せられる。その表れの一つが本書であると言えよう。ボナヴェントゥラはこのあと書き記すことになる『聖フランシスコの大伝記』の中でグレッチオでの降誕祭の話を語っており、「その方の名前を呼ぼうとするときには、やさしい愛情に満たされて『ベツレヘムの幼子』と呼ぶのでした」と記している(教文館版、四五九頁)。本書では幼子イエスにまつわる五つの秘義が比喩的に解釈され、いかにしてキリストを信じる者の魂の内にキリストが懐胎し、誕生し、イエスと命名され、三人の博士の礼拝を受け、神殿に奉献されるかを瞑想する。

写本によって、ここに掲げられた表題とは別に、「幼子イエスの誕生」(*De nativitate pueri Iesu*)、「五つの霊的祝祭」(*De quinque festis spiritualibus*)、「救い主の霊的幼年期」(*De spirituali infantia Salvatoris*)、「人の精神におけるキリ

ストの霊的誕生の瞑想」（*Meditationes devotae de spirituali Christi nativitate in mente hominis*）といった表題が付されて伝えられてきた。

なお、本邦訳は、桐生の聖クララ修道院の二人の姉妹メリー・パイエス（Mary Pius）とマリア・エリサベツの英語訳（*The Works of Bonaventure III* [Paterson 1966]）からの邦訳を *Decem Opuscula ad Theologiam Mysticam Spectantia* に収録されたラテン語原文を底本として改訂したものである。それにあたってアベレ・カルフェティによる *Collana di testi bonaventuriani*（Vicenza 1988）に収録されたイタリア語対訳の校訂版を参照した。

『生命の樹』*Lignum vitae*

本書『生命の樹』は十三世紀末から広く流布した作品である。イタリアを初めとする西欧諸国の図書館に多くの写本が収蔵されており、その数は一七五に及んでいる。それらの写本の中には「十字架の木」「キリストの苦難の木」「キリストの生涯の瞑想の木」「イエスのいとも聖なるみ名の手引」「キリストの言動の集成」「キリストの生涯と苦難の集成」「キリストの苦難の観想」「聖なる十字架の観想」「十字架の木について」「命の木の果実について」「イエス・キリストの生涯についての観想」「キリストの苦難について」「イエス・キリストの生涯と会話」「いとも聖なる十字架の賛歌」「霊的生活の書」「十字架の木」「救い主の御業の瞑想」等々様々な表題が付されている。

それらの表題が示しているように内容はキリストの生涯を黙想するものである。著者は「一本の木を思い描いてください」と呼びかけ次のように述べている。「木の形をもって順を追って配列してみました。枝が伸びる根本のところで救い主の出生と生涯が、真ん中のところで受難が、一番高いところで栄光が述べられています。最初のところには、第二と第三のところと同じように四つの枝があり、……四つの枝の先端にそれぞれ一つの実をつけています。このようにして、命の木の神秘に基づいて、十二の枝のように、十二の果実をもたらすのです」。

つまり木から生じる三層の枝として「出生の神秘」「受難の神秘」「栄光の神秘」の三つの神秘が提示され、それらはそれぞれ四つの枝に分かれ、それぞれの枝には四つの果実が示され、それぞれの四つの風味としてキリストの言動が語られるのである。つまり四八項目にわたってキリストの生涯が黙想されることになる。

ボナヴェントゥラ研究家の中にはこの作品の真正性を疑問視している人もいるようであるが、この作品の現代語訳の訳者・編集者は、これを確実にボナヴェントゥラの作品とみなし、一二六〇年頃の作品と考えている。万が一、著者が別人であったとしても、フランシスカン霊性をよく表していることは確かであると言えよう。

本訳はかつてあかし書房から刊行された拙訳『愛の観想――生命の樹・神秘の葡萄の樹』（二〇〇二年）を改訂したものである。

底本として *Decem Opuscula ad Theologiam Mysticam Spectantia* に収録されたものを用いた。なお、アベレ・カルフェティのイタリア語対訳の付されたラテン語版（Vicenza 1988）を参照した。

『神秘の葡萄の樹 あるいは 主の受難についての考察』 *Vitis mystica*

本書『神秘の葡萄の樹』は長い間クレルヴォーのベルナルドゥスの作品とみなされてきた。信頼できる写本が発見されたことでボナヴェントゥラの作品であることが確認された。多くの写本には『主の受難に関する兄弟ボナヴェントゥラの哀歌』という表題が付されている。ヨハネ福音書の「私はまことのぶどうの木」という言葉を手掛かりにして、まずぶどうの木の特性を掲げ、それになぞらえてキリストの受難が語られる。第七章から第十三章で十字架上のキリストの七つの言葉が、第十五章から第二十三章でバラの花としてキリストの血について語られ、最終章でキリストの苦難と愛の観想への招きと、それに応える祈りの言葉で結ばれる。

一二六三年頃に著述されたものと考えられている。すると一連の霊性に関する著作の中でも後期のもの、本巻に収録されている霊性関係の著作では最後の作品と考えられる。

本訳はかつてあかし書房から刊行された拙訳『愛の観想――生命の樹・神秘の葡萄の樹』（二〇〇二年）を改訂したものである。

底本として *Decem Opuscula ad Theologiam Mysticam Spectantia* に収録されたものを用いた。

『主の受難の聖務日課』 *Officium de passione Domini*

この作品は『神秘の葡萄の樹』と同じ頃、すなわち一二六三年頃に書き上げられたものと考えられている。フランスの聖王ルイ九世の依頼によって書き上げられたとする伝承もある。その真偽はともあれ、アシジのフランシスコの同名の著作に刺激されたものとも言えよう。ただし、教文館版の『アシジの聖フランシスコ・聖クララ著作集』の解説によると、フランシスコの作品が「主の受難の聖務日課」と呼ばれるのは十七世紀のルカ・ワディング以降のことであると指摘されているので、両作品の連続性を云々するのは控える。『生命の樹』のように様々な表題が付されて伝えられてきた例もあるので、クァラッキの全集編纂者がワディングに倣ってこの表題を付したとも考えられる。同時代のトマス・アクィナスが『聖体の祝日の聖務日課』を作っていることを考えると、日常的に唱える聖務日課の他に、自分の信心を表す固有の祈りを作ることは、当時としては珍しいことではなかったのであろう。フランシスコとボナヴェントゥラの作品を比べると、両作品とも聖書からインスピレーションを受けたものではあるが、その構成は両者の個性を反映している。フランシスコのものは自由な発想のもとに正式の聖務日課に付加するものとなっており、過越の聖なる三日間から始まり、それが基盤となっている典礼暦に沿って、キリストの生涯の神秘を歌い上げるものとなっている。これに対して、ボナヴェントゥラの作品は一日の聖務日課の各時課に合わせて、捕らえられ十字架で息を引き取り墓に葬られるまでの受難を歌い上げる形をとっており、構成も聖務日課の形式に則っている。『神秘の葡萄の樹』と言い、本作品と言い、フランシスコのキリストの受難に対する思いを受け継いでいることを明らかにしていると言えよう。

底本として *Decem Opuscula ad Theologiam Mysticam Spectantia* に収録されたものを用いた。

なお、Jean de Dieu, *Œuvres Spirituelles de Saint Bonaventure III: Le Christ Jésus*（Paris 1932）に収録されたフランス語訳を参照した。

〈手紙〉

『キリストに倣うこと』*Epistola de imitatione Christi*

この手紙の宛先は誰か不明であるが、「小さき兄弟会」（フランシスコ会）の一員であると推定される。キリストに従うには謙遜、貧しさ、愛（caritas）、忍耐、従順が重要であると説く。他の著作と同様、多くの引用がなされているが、この手紙ではその大部分が古代教会の荒野の隠修士たちの言行録である『師父たちの生涯（砂漠の師父の言葉）』からの引用である。この手紙がいつ書かれたのかは不明である。

底本としてクァラッキ版『ボナヴェントゥラ全著作集』第八巻に収録された *Epistola de imitatione Christi*, pp. 499-503を用いた。なお、本書の現代語訳としては Jean de Dieu, *Œuvres de Spirituelles de Saint Bonaventure III, Le Christ Jésus*（Paris 1932), pp. 17-27がある。

また本翻訳は『ボナヴェントゥラ紀要』第一一号（一九九五年、四二―五四頁）に掲載された須藤和夫氏のものを再録させていただいた。それにあたって段落の区分の形式を他の翻訳と同じようにさせていただいた。また、幾つかの用語を他の作品の翻訳に合わせて変更させていただいた。

『第一回状』 *Epistola ad omnes Ministros provinciales et Custodes Ordinis Fratrum Minorum*

小さき兄弟会の総奉仕者就任後、全会員に宛てた最初の書簡。ボナヴェントゥラが同修道会の総会（総会）において、前任者パルマのヨハネの推挙により全員一致で会全体の奉仕者に選ばれたのは、一二五七年二月二日であった。彼はパリにいたので、ローマで開かれたこの総会には出席していなかった。会全体の奉仕者は規定により四十歳以上であることを要した。彼はその職務への就任を固辞した――その主旨は本回状の最初の方にも見て取れる――が、総会の意思と教皇アレクサンデル四世の勧告に従って、これを引き受けざるをえなかった。一方、パリ大学は同年八月十二日、ドミニコ会のトマス・アクィナスとともにボナヴェントゥラを正教授として認めたが、この職務就任によって彼のパリ大学での学問的経歴は実質的には打ち切られることになった。

なお、彼がこの回状を書いたのは、末尾にもあるとおり「殉教者ゲオルギウスの祝日」すなわち四月二十三日であった。それ故、「総会代表者たちの助言を受けて」と二度も記されているように、二月の総会で議論されたことを踏まえてこの回状は書かれたものと思われる。決して独断専行ではなかったであろう。本文中に挙げられている諸事実はフランシスコ会が当初の理想からいかに逸脱していたかを実感させる。これはみな既存の会則や規定に反することばかりである。ボナヴェントゥラはあくまでも「新しい規則を定める」のではなく、奉仕職にある兄弟たちの着実な監督と会員の理解とに訴えるのである。第四節の諸命令もその範囲のものと見てよいであろう。彼はその後、一二六〇年に、それまでの規則を集大成した「ナルボンヌの会憲」をナルボンヌの総会で成立させている（須藤和夫記）。

底本としてクァラッキ版『ボナヴェントゥラ全著作集』第八巻 *Opusculum XIX. Epistolae Officiales, Epistola I*, pp. 468-469を用いた。なお、本回状の現代語訳としては *Works of Saint Bonaventure V. Writings Concerning The Franciscan Order* (New York 1994), pp. 57-65がある。

本翻訳と解説は『ボナヴェントゥラ紀要』第一二号（一九九六年、二八―三四頁）に掲載された須藤和夫氏の翻訳を再録させていただいた。なお、幾つかの用語は教文館版『アシジの聖フランシスコ伝記資料集』『著作集』の表現に合わせて変更させていただいた。

『アシジの聖クララ修道院の修道院長と姉妹たちに宛てた手紙』

Epistola ad Abbatissam et Sorores sanctae Clarae Monasterii de Assisio

この短い手紙は、文面からフランシスコが聖痕を受けたラ・ヴェルナ山で書かれたこと、ボナヴェントゥラが小さき兄弟会の総長に就任していることが知られる。フランシスコの初期からの伴侶であった兄弟レオとの接触に言及している。ボナヴェントゥラがラ・ヴェルナに滞在しているのは一二五九年と一二六〇年の二回である。一二六〇年の滞在は八月二十三日の聖堂の献堂に参加するための短期間のものであった。従って、一二五九年に書かれたものと推定される。この年の十月、ラ・ヴェルナに滞在していたボナヴェントゥラは、霊性の上でも、また神学的にも重要な『魂の神への道程』を書き上げている。この手紙はごく短いものではあるが、レオとの接触、アシジの聖クララ修道院に対するボナヴェントゥラの思いを知る上で重要な意味を持っている。

底本としてクァラッキ版『ボナヴェントゥラ全著作集』第八巻 *Opusculum XIX. Epistolae Officiales, Epistola VII*, pp. 473-474を用いた。なお、この手紙の現代語訳としては *Works of Saint Bonaventure V. Writings Concerning The Franciscan Order* (New York 1994), pp. 67-70がある。本邦訳は伊能哲大によるものである。

〈説教〉

クァラッキ版全著作集の第九巻は説教集であるが、他の巻にも公開講義と名づけられた一連の作品、神学的な説教として別枠に入れられたものもある。フランスのボナヴェントゥラ研究の第一人者J・G・ブージュロルの計算によるとクァラッキ版全著作集には、七三六の説教が収録されているという。中には概略にすぎないものもあり、完全な形で伝えられたのは五六九の説教ということになる。第九巻に収録されたものに限って数えると典礼暦に沿った説教が三三一、聖人に関する説教が六八、聖母マリアに関する説教が二四（J. Guy Bougerol, *Introduction to the Works of Bonaventure* 1963）となる。この数からだけでも、説教にどれほど力を入れていたか推察できるであろう。それはパリ大学の教授としてのみならず、フランシスコの精神を生きるものとしての使命でもあったと言えよう。なお、近年の研究によれば、その信憑性に問題があるものが多いようである。本巻には聖フランシスコに関するものと聖体の秘跡に関するものを掲載することにした。

聖フランシスコの祝日の説教 *Sermones de S. Francisco*

ボナヴェントゥラは聖フランシスコに関して五つの説教を残している。一二六七年五月二十五日の聖フランシスコの遺体の移葬の記念日に行われた説教を除いて、フランシスコの祝日である十月四日に、パリ大学で兄弟たち（会の会員たち）のために説教されたものである。本巻には一二六二年の夕べの説教、一二六六年、一二六七年の朝の説教を収録した。

一二六二年の夕べの説教（クァラッキ版『ボナヴェントゥラ全著作集』ではフランシスコの祝日の第四説教）は、ある兄弟が筆録したもののような臨場感がある。倦怠感を呼び起こす説教があることを踏まえた上で、「喜んで学ぼうとする魂を持っている人は、どんな時にでも喜んで耳を傾けます。……正教授の講義を、朝、聞いたからといって、新任の教員の午後の講義を聞き逃したり軽んじたりすることはありません。……神の御言葉を聞くために良く整えられている魂を持っている人についても同様のことが言えます。朝聞いた説教を口実にして［夕べの説教を］聞き逃すことなく、むしろ喜んで夕べにも［説教に］耳を傾けるものです」という言葉にはパリ大学での体験がにじみ出ている。しかし、この説教でフランシスコの聖痕についての彼の深い省察が示されている。

ボナヴェントゥラはこれらの説教で、自分が『大伝記』の中で示した聖書の言葉のイメージを説明したり、あるいは深めている。例えば、一二六六年の説教（『全著作集』では第一説教）では、ハガイ二章二三節の言葉をあげて、「『ゼルバベル』という名前は『移住の指導者』という意味に解されますが、彼はバビロンから［イスラエルの］民を導き出し、神殿を再建しました。同じように、幸いなる［フランシスコ］も、多くの人を罪の混乱からキリストへと導き、修道会を設立しました」と説明している。そして新しいゼルバベルであるフランシスコを、次の三つの特徴を持って提示している。「『私はあなたを迎え入れる』とあるように、その奉仕が神に受け入れられるという功徳をもって。『私はあなたを印章のようなものとする』とあるように、注目すべき聖性という印章をもって。『私があなたを選んだからだ』とあるように天からの選びという特権をもって」。そして、この三つの特徴を説教の中で説明している。

一二六七年の説教（『全著作集』では第二説教）はイザヤ書四二章一節の「見よ、私の僕《しもべ》、私は彼を受け容れよう。私が選んだ者……」で始め、その「僕」のイメージをゼルバベルやヨブなどで膨らませ、それを小さき兄弟であることと結びつけ、フランシスコの聖性と謙遜（遜《へりくだ》り）に焦点を絞り、わかりやすく説明している（以上この項、伊能哲大記）。

一二六七年の説教では、「あまり長くもなく、あまり簡略にもならず、短すぎもせず、小刻みにもせずに語るというように、聞き手の能力に応じて、神の御言葉を賢明に分配することは大変な仕事です。誰にこれができるでしょうか。一気にすべてを語ろうとすれば、たくさんのことを言いそびれることになります。私自身のことを申しますと、説教にあたって説教者に求められる規範について考えますと、これだけの歳になっていながら、それにふさわしくないと痛感しています」と説教者の心情が吐露されており興味深いが、この説教の筆記者の手に負えない部分があったのであろう、後半に至ると文脈が途切れていたり、訳者の拙劣さのためでもあるが意味を読み取るのが難しい箇所が多々あり、唐突な終わり方をしている。エリック・ドイル（Eric Doyle）の英訳に付された校訂の注は示唆に富んだものであったが、理解し損ねた箇所が残ったまま刊行することになった。読者にお許しを願う次第である。訳文中の《 》はドイルの指摘を踏まえた異読の例を示している。ただし、筆記者の是非を云々する前に中世の説教は通常「転写したもの、すなわち速記者がかなり勝手にこしらえたものである。……転写された原文は聖書の引用文を並べるだけにとどまっているので、説教者の深い思想を読み取るのは困難である」（ブージュロル『聖ボナヴェントゥラ』岳野慶作訳、一七八頁）との指摘を思い起こす必要があろう。

底本としてクァラッキ版『ボナヴェントゥラ全著作集』第九巻 *Sermones de Sanctis, de S. Petre Nostro Francisco*, pp. 573-597に掲載されたものを用いた。なお、Eric Doyle, *The Disciple and the Master: St. Bonaventure's Sermons on St.Francis of Assisi*（New York, 1983), *Francis of Assisi: Early Documents. vol. II: The Founder*（New York, London, Manila 2000）を参照した。

『キリストのいとも聖なる御体』 *Sermo de Sanctissimo corpore Christi*

クァラッキ版『全著作集』の第五巻は神学に関する小品を収録している。そこには神学に関わるテーマを論じる五つの説教が掲載されており、その一つがこの説教である。一二六四年頃になされたものと推定されている。アシジのフランシスコの聖体に対する篤い思いを受け継ぐものと言えよう。ボナヴェントゥラは、新しい契約の秘跡、キリストの十字架の死と復活を記念する聖体の秘跡は、早くも旧約聖書の内に「形象」（figura）のもとに予め示されていたとして、予型論的な聖書解釈のもとに聖体の秘跡を論じていく。ここでボナヴェントゥラが取り上げるのは「脂肪」「パン」「蜂蜜」「過越の小羊」「天の宝庫」「マンナ」の六つの「形象」である。それぞれ四つの側面から、この秘跡にあずかる心構えと効果を述べて、次の言葉で結ばれている。

「貧しいと感じるのであれば、『脂肪』という形象のもとに、この秘跡の内にあなたを満たすものを求めなさい。飢えていると感じるなら、『パン』の形象のもとに、あなたを回復させる糧を求めなさい。失明し闇の中に座していると感じるなら、『蜂蜜』の形象のもとに、この秘跡の内にあなたを照らすものを求めなさい。死の影の内に臥していると感じるなら、『過越の小羊』の形象のもとに、この秘跡の内にあなたを和解させるものを求めなさい。困窮し物乞いする状態にあると感じるなら、天の宝庫の形象のもとに、この秘跡の内にあなたを豊かにするものを求めなさい。鉄の心を有していると実感するなら、マンナの形象のもとに、この秘跡の内にあなたを柔らかなものとするものを求めなさい。いとも幸いなるマリアの御子、イエス・キリストが私たちの前に立ってくださる恵みを与えてくださいますように。アーメン」

底本としてクァラッキ版『ボナヴェントゥラ全著作集』第五巻「神学小品集」*Sermones selecti de rebus theologicis, Sermo III. De Sanctissimo corpore Christi*, pp. 553-566に収録されたものを用いた。なお、Jean de Dieu, *Œuvres Spirituelles de Saint Bonaventure III: Le Christ Jésus*（Paris 1932）に収録されたフランス語訳を参照した。

『ブレヴィロクィウム』*Breviloquium*

大多数の研究者の評価によれば『魂の神への道程』とともに本書がボナヴェントゥラの二大代表作である。坂口ふみ氏は本書を「ボナヴェントゥラの全神学の要約」と評している（『天使とボナヴェントゥラ』三三頁）。また、現代まで残された写本の数――二二七に及ぶ――からも中世から近代にいたるまで広く読み継がれてきたことが指摘されている。

本書が著述されたのは「キリストの知」「至聖なる三位一体の神秘」という討論問題集の後と考えられる。従って、一二五四年から五六年にかけてのこととなる。ということは小さき兄弟会の総奉仕者に就任する前の、三十代の終わりの頃、教授資格を獲得して数年後ということになる。

さて、本書の内容についてブージュロルは次のように述べている。

「『ブレヴィロクィウム』は、フランシスコ的な霊感の、明快で密度の高い文章による、正確な受肉であると言うことができる。ボナヴェントゥラは、かなり長い緒言で、神学の形成における聖書の位置を明示したのち、教義全体を七つの部分に分けて叙述している。神の三位一体性、世界の創造、罪による腐敗、み言葉の受肉、聖霊の恩寵、秘跡という医薬、四終〔引用者注：死、審判、天国、地獄を言う〕がこれである。これによってわかるように、本書の構想は『黄金の書』〔引用者注：ペトルス・ロンバルドゥスの『命題集』のこと〕の構想に似ている。しかし、このふたつの作品に共通な点は、それだけである。

教師であるボナヴェントゥラは、簡潔に、信じなければならないことを述べる。それはそののち説明する主題の提示である。そして、これを説明するにあたっては、いつも第一原理である神に照合する。それは、聖書の真理の作者は神自身であり、神がその対象、原型、終極であることを示すためである。このような基本の論法は、作品に深い統一をもたらしているし、また、各部分を全体との関係によってとらえることを可能にしている」（岳野慶作訳『聖ボナヴェントゥラ　キリスト教的英知』中央出版社〔現サンパウロ〕、一九八一年、七六―七七頁）。

本書と並ぶボナヴェントゥラの代表作『魂の神への道程』を邦訳された長倉久子氏は同書について次のように述べている。「この著作は『中世のコンパクト・ディスク』とでも呼びたくなるほど、わずかな紙数の中に、十三世紀西欧の知識人が手にしうるあらゆる情報が詰めこまれている。まるで全宇宙を取り込もうとするかのように、当時の宇宙観・自然観・歴史観に基いて、無生物から神に至るまで、創造の初めより世界の終末に至るまで取り上げて、それらが人間にとっていかなる意味をもつかを述べている。選び抜かれた一語一語の、或るものにはギリシア思想の、或るものにはキリスト教教父神学の、或るものには中世神秘思想の、また或るものにはイスラム哲学の伝統が息づいている」（創文社版「あとがき」一三六頁）。まさにこの言葉はそのまま本書にも当てはまると言えよう。

同じように、二〇〇五年に新たな英語訳を刊行したD・V・モンティ（D. V. Monti）は序文で次のように述べている。「"I'm translating Bonaventure's Latin into Englisch, and it still all Greek!"（私はボナヴェントゥラのラテン語を英語に翻訳しているのだが、それはことごとくギリシア語のままだ）」。ボナヴェントゥラの文体が簡潔であると同時に極めて複雑であり、それが現代の英語に翻訳するのを困難にしている、とも述べている（Preface, p. ix）。

特に本書の第一部第四章は英訳のホセ・ドゥ・ヴィンク（José de Vinck）もモンティも、さらには日本の関根豊明氏も難解な本書の中でも最大の難解な箇所であると指摘する。もちろん、秘義中の秘義ともいうべき三位一体の秘義を内容としていることもあるが、当時のパリ大学の師弟間では自明であったであろうスコラ独特の用語と論法を駆使して論じていることにもよる。

その思いはこの邦訳にあたった私自身が実感したことでもある。途中で何度も放棄しようとの思いに捕らわれたのである。その都度、本書の邦訳を成し遂げたパイオニアである関根豊明氏の苦闘に支えられたと言わねばならない。ここに心から感謝する次第である。また、奇しくも、本書の翻訳がオリゲネスの『諸原理について』の新訳版の刊行の最終段階と重なったことで、最初にオリゲネスに取り組んだ若き日を思い起こすとともに、内容的に重なるところもあり、新たな興味を掻き立てられたことも幸いしたと言えよう。

にわかボナヴェントゥラ学徒である筆者が言うのもおこがましいが、本書の翻訳にあたってたびたび脳裏に浮かんだのは、オリゲネスの『諸原理について』との親近性である。先に指摘したように、本書はキリスト教信仰を七つの項目で解明しようとする。オリゲネスの『諸原理について』では秘跡論こそ扱われていないが、唯一のアルケー（原理）である父なる神、御言葉の受肉、聖霊、理性的被造物と世界の創造、堕落、自由意志、審判が聖書の証言とともに教会の使信に則して語られ、聖書の神感性と解釈法が語られているのである。おまけにギリシア語原本からのラテン語訳者ルフィヌスは「学識ある読者を考えて簡潔に表現しようとした結果」不明瞭に書かれた箇所があると指摘していることも重なるのである。明らかに、本書においてボナヴェントゥラは『命題集注解』を前提としている。ただ今回は、そこから入ることができなかった。残されたこれからの時間の課題としたいと思っている。ともあれ、本書がニュッサのグレゴリオスの『教理大講話』、ダマスコのヨハネスの『正統信仰の解明』（本書に引用されている。この書は一一四八年から一一五〇年頃、教皇エウゲニウス三世の要請で、ピサのブルグンディウスが、十三世紀前半にはロバート・グロステストが全文をラテン語に翻訳している）、アウグスティヌスの『エンキリディオン』に連なる神学書と言えよう。しかしながら同時代の学友でもあったトマス・アクィナスの『神学大全』に比べるとほとんど顧みられることもなかった。わたし自身、今回の邦訳を通して、本書に取り組むことで先入観に囚われていたこと、考えていた以上に古びたものではないことを痛感した次第である。拙い訳ではあるが、今回の邦訳刊行が、我が国での本書の再評価の一助とならんことを願っている。

底本として *Tria Opuscula Seraphici Doctoris S. Bonaventurae: Breviloquium, Itinerarium Mentis in Deum et De Reductione Artium ad Theologiam.* Notis Illustrata Studio et Cura PP. Collegii S. Bonaventurae Editio quinta cum critica editione collate Ad Claras Aquas（Quarcchi）1938 を用いた。

The Works of St. Bonaventure II. The Breviloquium（New York 1963）

Works of St. Bonaventure volume IX, Breviloquium. Edited by D. V. Monti（New York 2005）

Bonaventure Revisited: Companion to the Breviloquium. Edited by D. V. Monti and K. W. Shelby（New York 2017）、クァラッキ版にフランス語訳を付して八分冊で刊行された *Saint Bonaventure, Breviloquium*（Paris 1967）、関根豊明訳『神学綱要』（エンデルレ書店、一九九一年）を参照した。

なお、本訳の序文は『ボナヴェントゥラ紀要』第二号（一九八五年）に掲載された湯沢民夫訳の改訂版である。

補遺

ボナヴェントゥラの著述活動は、当時のパリ大学の制度に応じたものであった。それによると、教授として教える資格（licentia docendi）を得るためには、まずマギステル（指導教授）のもとで聖書の講読を担当するためのバッカラリウス（baccalarius）の資格を得る必要があった。ボナヴェントゥラは一二四八年にその資格を得ている。ボナヴェントゥラが最初に取り組んだのは『ルカ福音書注解』（*Commentarius in Evangelium S. Lucae*)である。「注解」という語が用いられているがいわゆる「注解書」ではなく学生の前で行われる聖書講読である。『ルカ福音書注解』は、一二五二年までの四年間にわたって行われたものを二十四章に編集した形でクァラッキ版の全集に収録されているが、六〇四頁に及ぶ大作で、近年（二〇〇一―二〇〇四年）刊行されたR・J・カッリス（R. J. Karris）による英訳でも三分冊、本文だけでも二二四九頁に及ぶ大作である。ちなみに、『ブレヴィロクィウム』は同全集では九〇頁にすぎない。単純計算するとおよそ二五倍になろうか。その後、『ヨハネ福音書注解』『伝道の書（コヘレトの言葉）注解』『知恵の書注解』（一二五三―五四年）を手掛けている。

また一二五〇年から五六年までの六年をかけてもう一つの課題であったペトルス・ロンバルドゥスの四巻から成る『命題集』の講読にも取り組んでいる。ボナヴェントゥラは第四巻から着手して第一巻に戻って第三巻で終了している。クァラッキ版の全集では全十巻（第十巻は索引）中四巻を占め三八二七頁に及ぶものである。『命題集』の注解をもって神学教育を行うという慣例はボナヴェントゥラの師でもあったヘールズのアレクサンデルに始まる。その構成ならびに論法に関しては『中世思想原典集成』の翻訳（抄訳）に付された須藤和夫氏の解説を参照されたい（五二〇―五二三頁）。

一二五三年に教授として教える資格を得て、マギステルとして正式に教えることになる。この段階で著作に加わるのが『討論問題集』（*Questiones disputate*）である。最初に手掛けたものが『至聖なる三位一体の神秘』、次の『福音的完全』は、托鉢修道会の進出に反対する在俗の教授たちに反論するものであり、さらに『キリストの知』に関する討論問題集がある。

一二五七年に、小さき兄弟会の総奉仕者に就任すると、『修練者の規則』『会則に関する解説』ならびに『説教』『聖フランシスコの大伝記・小伝記』といった修道会の再建・一致のためのもの、『三様の道』『生命の完成』『ソリロクィウム』等々の霊性・修徳に関連する著作に力が注がれることになる。

晩年の重要な作品が*collationes*と呼ばれる講義録である。Collatioは元来隠棲修道院で霊的講話として行われていたものであるが、ドミニコ会と小さき兄弟会の学舎で行われるようになったもので、大学の休日である主日・祝祭日に行われた講義の記録である。ブージュロルによるとこの講義は通常の講義に比べて自由な形式をとったもので、晩課（夕刻の聖務日課）の後に行われた（『聖ボナヴェントゥラ』七四頁）。対象となるのは若い学徒である兄弟たち（修道会員）とバッカラリウスであるが、教授資格を持つ者もマギステルも参加できる講座で「公開講義」とでもいうべきものである。一二六七年の四旬節の主日と聖週間に『十戒』（七講話）、一二六八年の同じ時期に『聖霊の七つの賜物』（九講話）、そして一二七三年四月九日から『ヘクセメロン（六日間の創造の業）』の公開講義を始めるが、アルバーノの司教に任命されたこと、リヨンでの公会議に参加することになり、この講義は創世記一章一六節の「二つの大きな光るもの」の創造について語る第二十三講話で中断することになった。そして公会議中にボナヴェントゥラは死去したので、未完で終わることになる。この講義に参加し、それを筆記した人物は次の言葉で結んでいる。

「しかるに、ああ、なんと悲しむべきことだろう。より高い身分が与えられ体力の限界を越える過労が重なって、本書の主であり師である人は、これを続行し完了することを許されなかった。……

この小品が講義され書かれたのは、パリに於いて、主の年の一二七三年、復活祭から聖霊降臨にかけてのことであり、この講義には神学のマギステルとバッカラリウスと他の兄弟たちが出席した。その数は一六〇名であった」（長倉久子訳）

小高　毅

小さき兄弟会総長としてのボナヴェントゥラ

はじめに

トマス・アクィナスとともにスコラ学の代表者の一人として挙げられるボナヴェントゥラは小さき兄弟会の会全体の奉仕者（いわゆる総長）を務め、「会の第二の創立者」とも称された人物であった。彼は当時の人間としてはその生涯が比較的よく知られる人物ではあるが、それはあくまでも彼が会全体の奉仕者という公的な役職についた時代のことが中心であり、それ以前のことはあまり詳しく分からない。長倉久子氏は会全体の奉仕者以前の出来事については、「当時の習慣（例えば教授資格を持つのは当時の大学の規則によれば三十五歳以上であること、総長職は当時の修道会の会憲によれば、四十歳以上であることなどに鑑みて推定する他はない[1]」と述べている。さらに、彼は没後二〇〇年以上もたった一四八二年に教皇シクストゥス四世により列聖されているので、列聖に伴って書かれる伝記には同時代の人物による彼自身にまつわるエピソードがほとんど書かれていないということも挙げられよう。

このこともあり、彼が会全体の奉仕者としてどのような貢献を行ったかに焦点を絞って書くこととする。しかし、そうは言ってもボナヴェントゥラの生涯を素描しておくことは、有益だろう。

生涯の素描

後にボナヴェントゥラと呼ばれるジョヴァンニ・フィダンツァは一二一七年頃（一二一八年、一二二一年とする者もいる）、イタリアのバニョレッジョに生まれた。バニョレジオはヴィテルボの北方にある小さな町で、彼の父は医者であり、母も市民階級出身といわれ、裕福な家庭であったようだ。

ジョヴァンニの子どもの頃のエピソードはほとんど知られていないが、ある時、重い病にかかり、母親がアシジのフランシスコを通して子どもの快復を祈ると、すぐに病気が癒やされたという。この体験は、彼も記憶していたようで、後に彼が書くことになるアシジのフランシスコについての伝記の中でも言及されている[2]。

ジョヴァンニは青年になると、一二三六年頃、当時の西欧の知的中心であったパリの学校に入学する。この当時、すでに小さき兄弟会はパリやその周辺に拠点を持っていた。そして、おそらくジョヴァンニに大きな影響を与えたと思われることは、当時高名な神学者であったヘールズのアレクサンデルが一二三六年に小さき兄弟会に入会し、パリの小さき兄弟会の学院で教え始めたことである。ジョヴァンニはパリで七自由学芸を学んでいて、アレクサンデルの名声に触れ、またおそらくは子どもの時の体験もあり、小さき兄弟会に対して親近感があったのかもしれないが、一二四三年に小さき兄弟会に入会する。入会の動機を彼自身語っていないので、このように推測することしかできない。以後は、ジョヴァンニではなく、ボナヴェントゥラと表記する。ただし、修道名としてボナヴェントゥラと名乗ったということではないと思われるが、ボナヴェントゥラと呼ばれる理由は分からない。ただ、後に触れる第二リヨン公会議に出席した東方教会の代表が彼をエウティキオス Eutychios（幸運というような意味）と呼んだことにちなんでという説もある[3]。

ボナヴェントゥラはヘールズのアレクサンデルのもとで神学を学びはじめ、一二四五年にアレクサンデルが亡くなると、後継者のミドルトンのウィリアム（一二五七年没）や後にルーアンの大司教となるユード・リゴー

（一二七五年没）などから学んだと考えられている。
順調に聖書講読や『命題集』の講読を行い、一二五三年に神学の教授資格を取得し、小さき兄弟会の修学院で教え始める。この時期、彼は『ブレヴィロクィウム』[4]（本書所収）を著している。この頃、パリの、いわゆる大学を中心に行われた教区聖職者との托鉢修道会論争に、説教者修道会のトマス・アクィナスらとともに加わった。この托鉢修道会論争では、小さき兄弟会のボルゴ・サン・ドンニーノのゲラルドの著作が一二一五年の第四ラテラノ公会議で異端とされたフィオーレのヨアキムの教説を支持しているとして、教区司祭のサンタムールのギョームの攻撃を受け、さらに、当時小さき兄弟会の会全体の奉仕者であるパルマのジョヴァンニ（ヨハネ）にもヨアキム主義者の疑いが投げかけられた。

このような状況の中で、ボナヴェントゥラは四十歳頃の一二五七年二月二日に会全体の奉仕者に選出され、会の危機を乗り越えるために活動することになる。皮肉なことに彼は同年八月十二日にパリ大学神学部の正教授に、説教者修道会のトマス・アクィナスとともに選ばれる。ボナヴェントゥラは学問に専念できる立場に就いたにもかかわらず、会のためにその能力をささげなければならなかった。

彼の行政能力は教皇庁の目にも留まり、一二六五年には時の教皇クレメンス四世からヨークの大司教にとの要請が来るが、彼は断り、パリに戻るが、再びそこでアベヴィーユのジェラールによる托鉢修道会への攻撃に応じることになった。

その後、一二七三年五月二十八日に教皇グレゴリウス十世よりアルバーノの枢機卿に任命され、一二七四年には東西両教会の和解を目指すリヨン公会議が五月七日に始められた。五月二十日にリヨンで小さき兄弟会の総会が行われ、彼は会全体の奉仕者を辞任し、枢機卿職に専念する。六月二十九日には東西両教会の和解が成立したことを記念して典礼が行われ、彼はこの中で枢機卿として説教をしている。しかし、彼はこの公会議の閉会を待たずに、七月十五日に帰天した。

その後、一四八二年に教皇シクストゥス四世により列聖され、一五八七年に教皇シクストゥス五世により教会博士となった。ボナヴェントゥラが熾天使的博士 Doctor Seraphicus と呼ばれるのはもう少し早く、ジャン・ジェルソン（一四二九年没）からだそうだ(5)。

転換期の教会と小さき兄弟会

さて、会全体の奉仕者としてのボナヴェントゥラであるが、彼が入会する少し前から、小さき兄弟会は大きな転換点を迎えていた。それは単に小さき兄弟会自身によるものだけではなく、教会、特にローマ教皇庁の変化による部分が大きい。そのため、本節では、まずローマ教皇庁を中心とした教会の変化、そして、それに影響を受ける小さき兄弟会について扱う。

当時の教会の状況

西欧中世の教会史の記念碑となる出来事の一つが、十一世紀の後半に行われたクリュニーの改革運動、そして教皇グレゴリウス七世により始められた叙任権闘争であることは、衆目の一致することであろう。この叙任権闘争により、皇帝権からの教会の自由が主張され、またそれに伴う倫理上の刷新が後の世紀に大きな影響を与えた。法制史家のハロルド・J・バーマンはそれを「教皇革命」と呼び、教会内部の支配権のあり方、また教会と世俗権力との関係が大きく変わったという政治的な変化だけでなく、社会・経済の変化、文化の変化とその影響の大きさを指摘している(6)。

この「教皇革命」とともに、十二世紀には都市の発達により、信徒の教育レベルも上がり、聖書の俗語訳もなされた。信徒の聖書に対する知識が増えてくると、イエスとその弟子たちのように生きたいという者も出てくる。リヨンの商人ピエール・ワルドーはその代表的な人物の一人である。またワルドー派が俗語訳の聖書を使用していたことも知られている。彼らは巡回説教を行い、使徒のように生活することを宣べ伝えていた。しかし、教会は、神学をきちんと学んでいない信徒が誤りを教えることを危惧し、それに批判的になっている。例えば、イングランドのヘンリー二世の廷臣であったウォルター・マップが書いているように、ワルドーたちがアレクサンデル三世の時に開かれたローマ会議で、審問され、「御父を信じるか」そして「御子を信じるか」と尋ねられると彼らは「信じます」と答えたが、「キリストの母を信じるか」と聞かれた時に、彼らは「私たちは信じる」と答え、会議の参加者に嘲笑されたというエピソードは、教会の聖職者たちが民衆の宗教運動を評価していないことを示している[7]。

現代では分かりにくいかもしれないが、四三一年のエフェソス公会議で、イエスの母マリアを「キリストの母」としたネストリウスが異端とされた件がこの話の下敷きになっている。ワルドーらは「神の母」、すなわちテオトコスではなく、「キリストの母」、すなわちクリストトコスを信じると言ったために、彼らの無知があざけられたのである。このように教会の聖職者にとっては適切な神学教育を受けていない信徒が説教活動を行うことに対して、批判的な目を向けていた。

しかし、その一方で、信徒たちは聖職者の倫理的な部分に批判の目を向けるようになっていた。グレゴリウス改革の中で否定されたシモニア（聖職売買）や司祭の妻帯は依然として見られたし、聖職者の贅沢さも批判されている。民衆たちの使徒的な運動は使徒たちに倣って貧しく生活することを旨とした。そして、使徒的運動は聖職者の倫理的な堕落を攻撃し始め、教会の権威を否定するようになってきた。

このように信徒たちの運動が盛んになってきたなかで、パリの神学院を中心とした聖職者たちの中に、信徒への効果的な信仰教育の必要性が高まるとともに、信徒の教会活動への積極的な参加を促す必要性を主張する者が出てきた。

例えば、ペトルス・カントール（一一九七年没）はパリで神学と教会法を教えた学者であったが、信徒への適切な司牧を行う必要を説き、同僚の神学者や改革精神を持つ聖職者らと新しい司牧のあり方を主張するようになる。

彼らは、信仰を生きるためにすべての信徒に真摯な回心と生活の転換を要求してくる。このために、司牧のあり方を変化させ、信徒を信仰と行動へと促す教義的説教、助言と教えに基づく赦しの秘跡の活用、そして、これらの目的を具体化するために教区聖職者の教育の必要性を主張するようになる。これは「司牧革命」とも呼ばれるもので、このような司牧の変化は一二一五年の第四ラテラノ公会議で、教会の公式の政策となる。

第四ラテラノ公会議のカノン10は、司教が説教の義務を行う適切な人間を任命することを定めた。また、カノン21は、成人信徒が毎年自らの罪を司祭に告白することを勧め、カノン11は聖職者などの教える教師の任命について規定していた。このため、インノケンティウス三世以降の教皇、ホノリウス三世にしろ、グレゴリウス九世にしろ、十三世紀の教皇は、西欧教会全体にわたり、「司牧革命」の精神を持つ司教の選出を保証することで、これらの教令の履行を保証していこうとした。

「司牧革命」が始まり進展した時期にフランシスコたちの運動が始まった。しかし、フランシスコたちの運動は十二世紀の民衆宗教運動の流れの中にあり、教会の「司牧革命」の流れの中には入っていなかった。教会当局にとってみると、むしろグスマンのドミニコ（一二二一年没）によって始められた運動が「司牧革命」の方向性と合致していた。学識のある聖職者の集団で、当時の異端に対する活動に従事する目的で、ドミニコは説教者修道会（ドミニコ会）を設立した。第四ラテラノ公会議で、司教に依存した司牧のあり方を勧めることを決議し、それを実行するようになっていたが、インノケンティウス三世の後継者であるホノリウス三世はすでに活動を始めていた説教者修道会を地方の司教の裁治権から独立させ、教皇庁の直轄とすることで、より強力に対異端対策や「司牧革命」を促進しようとした。ホノリウス教皇は一二一七年に説教者修道会を認可し、彼らの活動を後押ししている。

ホノリウス三世が即位した時期のフランシスコたちの運動は、一二一六年のジャック・ドゥ・ヴィトリの手紙にも示されるように、民衆の宗教運動であり、教会の「司牧革命」の流れに基づいたものではなかった。しかし、フランシスコたちはその巡回説教により、設立から十年ほどの間にその数が三〇〇〇人から五〇〇〇人にまで増え、イタリア半島だけでなく、アルプス以北やイスラム教徒の地にまで広がっており、一二一七年には管区が設立されるようになった。このような発展は教皇庁の注意を引き、また当時女性の宗教運動の制度化のために活動していた枢機卿ウゴリノの目を引く。教皇庁はフランシスコたちの運動を教会の中の修道会として位置づけるために、一二一九年六月十一日付の勅書『クム・ディレクティ』（*Cum dilecti*）で、小さき兄弟たちがカトリック信仰を持った信徒であることを司教や高位聖職者たちに知らせたり、一二二〇年九月二十二日付の勅書『クム・セクンドゥム』（*Cum secundum*）で修練期を会に導入するように命じている。そして、最終的に一二二三年十一月二十九日付の勅書『ソレト・アンヌエーレ』（*Solet annuere*）で小さき兄弟会の会則を認可することで、フランシスコたちの運動を教会の一修道会として位置づけた。

しかし、小さき兄弟会はそれまでの修道会の伝統と異なったものであったこともあり、地方の司教たちが受け入れるには多くの抵抗があった。そのため、先に挙げた一二一九年の勅書以外にも、また会則が認可された後も、一二二五年八月二十二日、同年九月十八日、フランスの司教たちに小さき兄弟会が正式な修道会であるので受け入れるように求めている。

また、教皇ホノリウスは一二二五年十月七日付の勅書『ヴィネエ・ドミニ』（*Vineae Domini*）で、説教者修道会と小さき兄弟会をモロッコ地方のイスラム教徒への説教のために派遣している。

以上のように、十一世紀の後半に始まる「教皇革命」、そして十二世紀の後半に始まる「司牧革命」を経て、教会は司牧と宣教に対して、時代状況の変化に応じた改革を進めてきた。その中で、教皇庁が自身の政策を遂行するために、当時成立した説教者修道会と小さき兄弟会を活用していくことになった。しかし、聖堂参事会の規則を取り入れた説教者修道会と異なり、アシジのフランシスコという希代のカリスマの持ち主のもとで、貧しさと小さい者として生きるという霊性を持った小さき兄弟会は、教皇庁の政策に従って活動するためには様々な困難を抱えることになる。

小さき兄弟会の変貌

一二二六年十月四日にアシジのフランシスコがポルチウンクラで亡くなった。フランシスコは一二二〇年の総会で会全体の奉仕者としての職務から辞任していたが、元来、フランシスコという強烈なカリスマを持つ人間の周りに集まり、成り立っていた小さき兄弟会は大きな不安を抱えたことだろう。実際、フランシスコの存命時からフランシスコの理想をめぐる対立の火種は燻っていた。そしてフランシスコは彼の『遺言』で、自らの生涯を簡潔に振り返りながら、自らの意思を示していた。

「司牧革命」を展開している教皇庁は、ホノリウス三世が亡くなると、枢機卿ウゴリノがグレゴリウス九世として教皇の座についた。彼は自らと関わりの深かったフランシスコを一二二八年に列聖するが、その列聖勅書では敵と戦う信仰の擁護者、そして説教活動を行うものとしてのフランシスコのイメージを前面に打ち出した。

一二三〇年の小さき兄弟会の総会で、『会則』の解釈、特に貧しさや女子観想修道会の関わりについて、またフランシスコが自分がどのように生きたかを示した『遺言』の法的な拘束力が問題になり、教皇庁にその解釈を委ねるために使節を送ることとなった。任命された使節のメンバーは、会全体の奉仕者であるジョヴァンニ・パレンティ、後にミラノの大司教となるペレゴのレオーネ、パドヴァのアントニオ、ファヴァーシャムのハイモ、ジェラール・ロシニョール、モデナのゲラルド、そしてブレシアのピエトロであり、ジョヴァンニ・パレンティを除き、聖職者からなる。そして、彼ら全員に共通した特徴は、生前のフランシスコのことを十分には知らない者たちであった。ここにはフランシスコの伴侶と呼ばれる人たちの名前はない。小さき兄弟会の中で学識のある聖職者の兄弟が明らかに力を持ち始めたことが理解できる。

教皇グレゴリウス九世は小さき兄弟たちを基本的に聖職者集団へと変化させようとしたが、慎重に小さき兄弟会と関わった。教皇が一二三二年にパドヴァのアントニオを列聖したことにより、アントニオは学識ある聖職者の兄弟たちのアイコンとなった。しかし、教皇は対立していた神聖ローマ皇帝フリードリヒ二世との交渉に、当時の会全体の奉仕者であったエリヤの力を必要としていた。エリヤはサン・ダミアノ修道院のクララに信頼され、フランシスコの理想を守ろうとしていた。彼は『会則』を遵守し、またプラハのアグネスがクララたちのように貧しさを遵守しようとして教皇と対立した時、彼女たちの相談相手となっていた。

グレゴリウス教皇が一二三七年四月六日に出した勅書『クオニアム・アブンダヴィット・イニクイタス』(*Quoniam abundavit iniquitas*)は、会の聖職者会化の流れを決定づけるものとなった。この勅書は小さき兄弟会と説教者兄弟会は福音を広げるために設立されたこと、異端に対する説教を行い、信徒の告解を聞くことを確認したものであった。そして、一二三八年教皇と皇帝の間が完全に決裂すると、教皇にとってエリヤの利用価値はなくなる。教皇は小さき兄弟会の学識ある聖職者の兄弟ファヴァーシャムのハイモなどを後押しし、一二三九年五月十五日教皇臨席のもとで開かれた小さき兄弟会の総会で、エリヤを解任し、司祭であるピサのアルベルトが会全体の奉仕者として選出された。同時代の年代記者、エクレストンのトマスが「あなた方は会全体の奉仕者がささげた最初のミサにあずかった」と述べたことは有名である。

エリヤの解任は、一二三七年の勅書『クオニアム・アブンダヴィット・イニクイタス』で示された小さい兄弟会の司牧上の役割を実現することを容易にした。

聖職者出身の最初の会全体の奉仕者であるピサのアルベルトはエリヤが増やした七二にものぼる管区を三二管区まで減らし、非聖職者の兄弟たちを会の役職と説教活動から除外し、また会全体の奉仕者の権限を制限していた。しかし、彼は翌年の一月に帰天してしまう。その後を継いだのが、ファヴァーシャムのハイモであった。

彼は一二四〇年十一月一日に会全体の奉仕者に選出される。本来は聖霊降臨祭の集会で選出されるのであるが、教皇グレゴリウス九世は皇帝フリードリヒ二世との対立がより厳しくなったために、小さき兄弟会をまとめる必要性を感じ、総会を前倒しにし、諸聖人の祝日に開いたとされる[8]。

ハイモは一二四〇年十二月から翌年六月までの間に様々な問題に関する全部で九つの勅書を教皇庁から得る。その中には、説教者を試験し許可を与える権利が管区集会で管区の奉仕者に委ねられるというもの、および管区の奉仕者は兄弟と志願者を退会させることができるというものがある。これらは明らかに会全体の奉仕者の権限を制限しようとするものである[9]。ハイモの時代には説教者修道会の統治システムを導入し、その結果会全体の奉仕者の権限が削られ、管区の奉仕者の権限が拡大し、地方分権的になっていった。また、彼の時代には典礼の整備が行われるが、特に彼がまとめた『インドゥトゥス・プラネタ』（*Indutus Planeta*）は私唱ミサに関してまとめたものであり、修道院内で司祭の兄弟が増えていることを前提にしたものである。アルベルトとハイモの時代は、それまでの会のカリスマ的統治から脱却する文字通りの改革の時代であった。これ以降、役職者は定期的に総会から選ばれることになる。

また、これらの改革は教皇庁が小さき兄弟会を司牧の使徒職に従事するように促した結果である。先にも述べたように、グレゴリウス教皇の『クオニアム・アブンダヴィット・イニクイタス』に沿ったものであった。そのため、司牧上の使徒職に就くことを望む者は修道院内の仕事を免除されたり、実際上の規定はないにもかかわらず、非聖職者の兄弟たちが会の要職に就けなくなっていたようだ。

小さき兄弟たちは、教区の聖職者たちや伝統的な修道会士と異なり、十分の一税や献金や教会財産からの収入を受け取っていなかった。小さき兄弟たちは基本的に金銭を受け取らず、必要なものを、その働きに応じて受け取っていた。しかし、一二三〇年の『クオ・エロンガティ』（*Quo elongati*）で、兄弟たちは特別な必要性のもとで信徒の代理人を通して金銭を受け取ることができるようになり、さらには、一二四五年十一月十五日に教皇インノケンティウス四世より出された勅書『オルディネム・ヴェストゥルム』（*Ordinem vestrum*）により、小さき兄弟たちは、実際に必要な場合だけでなく、不都合なことを避けるために金銭を受け取ることが可能になった。このことは次のような結果をもたらした。修道院の中に墓地を持つようになり、信徒が修道院の墓地に葬られるようになる。これは実際のところ埋葬の問題ではなく、遺産を修道院が受け取るということであり、小教区の司祭にとっては死活問題になってくる。

また、金銭を受け取ることが可能になると、フランシスコとともにいた兄弟たちはあまりにもフランシスコの生き方に背いていると感じられたのであろう。そのため、三人の伴侶と呼ばれるルフィーノ、アンジェロ、そしてレオはチェラノのトマスのもとにフランシスコがどのように生きたかを証言した文書を送ることになる。当時の会全体の奉仕者イエシのクレシェンツィオは一二四四年のジェノヴァでの総会で選出されたが、彼は同時にチェラノのトマスによる『聖フランシスコの生涯（第一伝記）』に対する不満の声が大きいことを踏まえ、フランシスコの生涯に関する証言集を送るように命じた。そして、チェラノのトマスは伴侶たちの証言やその他の証言を利用して『魂の憧れの記録』を書くことになる。言い換えれば、当時の会のあり方に対して反対する動きが顕著になり、そのことが会の中でも問題になってくる。

パルマのジョヴァンニは、一二四七年に会全体の奉仕者に選ばれる。彼は後のスピリチュアリ派により、自分たちの先駆者と考えられ、十四世紀に成立した『小さき花』第四十八章では、ジョヴァンニを傷つけようとするボナヴェントゥラが描かれ、スピリチュアリ派にとって、ボナヴェントゥラはフランシスコの理想を傷つけると考えられていたようだ。

しかし、パルマのジョヴァンニはフランシスカンの霊性や生活を重視しているが、また『オルディネム・ヴェストゥルム』をも否定せず、教皇庁の意向に従って、会の聖職者修道会化を進めた。そのために兄弟たちの知的養成のためにパリにある小さき兄弟たちの修学院にも配慮をしていた。

パルマのジョヴァンニの時代に会は教区聖職者たちとの争いに巻き込まれる。先にも述べたように、兄弟たちが司牧に従事してくると、教区の聖職者たちから疑惑あるいは不信の目を向けられる。兄弟たちは伝統的な修道士と異なり、ともすれば異端に間違われるような生活をしており、さらに彼らは司教の裁治権下になく、地方教会のヒエラルキーから自由であったために、司教は兄弟たちをコントロールできなかった。具体的には先にも述べたように小教区の聖職者の収入を兄弟たちが奪ってしまうことであった。サリンベーネは教区聖職者が兄弟たちを攻撃する理由として、兄弟たちが信徒に十分の一税を教区司祭に払うように説教をしていないこと、死者を修道院に埋葬していること、教区の聖職者の意志に反して教区民の告解を聞いていること、また修道院でミサを行うことで小教区のミサ献金を奪ってしまっているというような理由を挙げている[10]。

また、パリの学院における教区聖職者の教授たちにとっても、説教者修道会や小さき兄弟会の兄弟たちが教師となり、自分たちの座を脅かしてくることを脅威と感じていた。

パルマのジョヴァンニの時代に、パリで学生、そして教師として教え始めていたボナヴェントゥラはいやおうなく争いに巻き込まれていく。

会全体の奉仕者としてのボナヴェントゥラ

ジョヴァンニ・フィダンツァことボナヴェントゥラがパリにやってきた直後、ヘールズのアレクサンデルが小さき兄弟会に入会した。彼は「スンマ」（神学大全）という形式を始めた人物として知られ、また「不可抗博士」と呼ばれていた神学者であった。彼が小さき兄弟会に入会したこと、それも五十歳という年齢で入会したことは大きな話題になったことであろう。また、彼の入会は、彼に学びたい多くの若者を小さき兄弟会に導いたことであろう。ボナヴェントゥラもその一人であっただろう。アレクサンデルの後にも、ラ・ロシェルのジャン、ユード・リゴー、ミドルトンのウィリアムと当時の代表的な神学者たちがパリの小さき兄弟会の修学院で教え、ボナヴェントゥラもその謦咳に接し、神学者としてのキャリアを順調に積んでいった。

しかし、小さき兄弟会だけでなく、説教者修道会もパリにおいて多くの学生を持ち、次第に講師や教授などの座を占めようとしてくると、教区聖職者の反発が強くなってくる。

托鉢修道会論争　第一フェーズ

一二五三年の四旬節にパリ市内で四人の学生が夜警から暴力を受け、一人が死亡、その他の者は逮捕された。これに対して、パリの大学（universitas）は講義停止の手段で抗議をしようとしたが、説教者修道会や小さき兄弟会の側は、大学側の呼びかけに反して、講義停止に参加しなかった。大学側は托鉢修道会側の教師たちを大学から追放し、大学の規則への遵守を宣誓するように命じた。しかし、托鉢修道会側は、自分たちは修道士であり、すでに大学と無関係な自分たちの上長に対して誓願を行っているので、新たな誓約を行うためには教皇座の許可がいると、反論した。

そして、教皇インノケンティウス四世は一二五三年七月一日に勅書『アメナ・フローレ』（*Amena flore*）を出し、追放された神学教師の大学への復帰を命じた。しかし、大学側はそれに応じないので、それ以降も教皇は勅書を出し、托鉢修道会士の復帰を促していく。

大学は一二五四年二月四日に、いわゆる『マニフェスト』をキリスト教会のすべての高位聖職者、参事会、学生に宛てて出した。そもそも大学という組織は教区に属する教師たちによって作り出された組織なのだから、教区に属する教師たちの行動は正しく、托鉢修道会の修道者の行動は、大学の権威に反する反抗であると断じている。

この『マニフェスト』がすべての高位聖職者に対しても宛てられていることは、司牧の現場で托鉢修道会と対立していた教区の聖職者を巻き込もうとしたものであった。もともと司牧において教区聖職者と対立していた小さき兄弟会に対する反発も加わり、教区聖職者たち、特にサンタムールのギヨームは、聖書を講解し、討論をし、説教をし、さらには聴罪するという教区聖職者の役務と托鉢修道会士たちの役務は異なるとして攻撃をしてくる。

ボナヴェントゥラはパリで教えながら、この論争に参加する。彼は一二五三年に教授資格を得、小さき兄弟会の修学院で教えていた。彼は『討論問題集　福音的完全』で托鉢修道会の生活を擁護し、ギヨームに反論をしていく。

しかし、一二五四年に小さき兄弟会のボルゴ・サン・ドンニーノのゲラルドが『永遠の福音入門』（*Liber Introductorius in Evangelium Aeternum*）と題される書を発表すると、第四ラテラノ公会議で異端とされたフィオーレのヨアキムの著作から抜粋したと告発された。ギヨームは当時の教皇インノケンティウス四世のもとに赴き、ゲラルドを告発し、小さき兄弟会に対して攻撃を開始する。インノケンティウス四世は元来托鉢修道会に対して好意的であったが、同年十一月二十一日勅書『エトシ・アニマールム *Etsi animarum*』を出し、托鉢修道会に与えられた司牧上の特権を制限した。しかし、その二週間後に教皇は亡くなり、グレゴリウス九世の甥で、小さき兄弟会やクララたちサン・ダミアノ修道会の保護枢機卿であったリナルド・ディ・イェンネが新たに教皇アレクサンデル四世として選出された。彼は一二五四年十二月二十二日付の勅書『ネク・インソリトゥム』（*Nec insolitum*）で前教皇の決定を覆し、兄弟たちの特権を守った。また、パリの大学に対しても、托鉢修道会に講座を開放するように命じる。教皇はギョームを断罪するが、しかし、ギョームは翌一二五六年に『最近の危険について』（*De periculis novissimorum temporum*）を書く。この中で、彼はゲラルドのヨアキム主義的考えは反キリストの到来を促すものであり、小さき兄弟会の兄弟たちは皆ヨアキム主義の危険に陥っていると攻撃する。

　ギョームの『最近の危険について』が小さき兄弟会を攻撃するのは次のような理由である。一人のフランシスカン（ゲラルド）が異端であるので、すべてのフランシスカンが異端であり、世の終わりが近づいているので、小さき兄弟会士は反キリストの先駆者に違いない、とする。また、ギョームは、教会の位階秩序は二つしかなく、一つは使徒の後継者である司教、もう一つはルカ福音書十章に描かれているイエスにより派遣された七二人の後継者としての教区司祭である。托鉢修道会士たちは、それらに属さない。それゆえ、派遣されていないにもかかわらず説教活動を行う者は偽の説教者である、と。そして、彼は、「たとえ教会が誤りによりそのような慣習を認めても、一度真理が発見されたなら、それは無効になる。なぜなら、ローマ教皇座の支配がより良い方向に変化しうることを我々は否定しないからだ」と言う[11]。

　ギョームはパリの大学が教皇の介入に反発し、自分たちの自治権を主張していたように、教皇の権威に全面的に従順に従うことに反対している。

　しかし、ボナヴェントゥラの『討論問題集　福音的完全』は、その全体の半分が貧しさについて、全体の約四分の一が従順で、従順を扱っている部分のほぼ半分が教皇への従順の問題を扱っている。

ボナヴェントゥラの考えは次のようにまとめることができるかもしれない。教皇庁が小さき兄弟会の会則を認可した。もし小さき兄弟会が誤っているなら、会を認めた教皇庁も誤りを犯したことになる、と[12]。

つまり、問題は教皇権の正しさと従順の問題になっている。ギョームは大学の自治を守り、教皇権が可謬であることを主張しているのに対し、ボナヴェントゥラは教皇権の不可謬を主張し、それに従順に従うことを主張した。

ボナヴェントゥラは、パリの大学の教区の神学教師たちが教皇の裁定にもかかわらず、托鉢修道会士を認めようとしない不従順の問題を絡めて論陣を張った。教皇もパリの大学に対して、大学といえども完全な自治団体ではありえず、教皇の権威と教皇の定める「法」に服さなければならないと主張し、それを大学に課した[13]。

教皇は一二五六年七月五日にギョームの『最近の危険について』を「この書に、使徒座と司教団の権力と権威に反するいくつかの道理をわきまえず、また非難に値するものがある」と断罪し、彼を破門し、フランスから追放した。そして、小さき兄弟会に対しても、ヨアキム主義の嫌疑をかけられた会全体の奉仕者パルマのジョヴァンニを説得し、一二五七年二月二日にボナヴェントゥラを会全体の奉仕者へと導いた。

会内をまとめるボナヴェントゥラ

パリの大学の問題から起こった、いわゆる托鉢修道会論争は、教区聖職者の代表であったサンタムールのギョームの追放によりひとまず終わり、会全体の奉仕者に選出されたボナヴェントゥラは、一二五七年八月十二日、説教者修道会のトマス・アクィナスとともにパリ大学神学部の正教授に就任する。

しかし、小さき兄弟会の状況はボナヴェントゥラに落ち着いた研究生活を与えることができなかった。彼が会全体の奉仕者に選出される前年、彼は『無名の教師に宛てた三つの問題についての書簡』を著している。この無名の教師が誰であるかは不明だが、ここで扱われている問題は貧しさ、手仕事、そして学問研究の問題であった。つまり、ここではフランシスカンとしてのアイデンティティの問題が問われている。

先にも述べたように、一二三九年のエリヤの解任以後、会は教皇庁の期待に沿って学識のある聖職者の兄弟を中心とする聖職者修道会へと変貌を遂げようとしていた。ファヴァーシャムのハイモは説教者修道会流の地方分権的な組織を取り入れ、また典礼を整理していくことで聖職者の生活を会の中心に据えるように活動をしていった。

しかし、一二四五年の教皇インノケンティウス四世の勅書『オルディネム・ヴェストゥルム』により、実質的に金銭を受け取ることが認められると、生前のフランシスコを知る兄弟、いわゆる伴侶たちからフランシスコがどのように生きたかが示され、チェラノのトマスの『魂の憧れの記録』にそれらが記された。このため、聖職者会化する会の現状に対する批判が噴出することになる。

『無名の教師に宛てた三つの問題』はまさにこのような会の状況を反映している。無名の教師は、会則に反して金銭を受け取っているのではないか、手仕事をしていないではないか、学問をすることは福音に反しているのではないかと問うている。これらの疑問に対して、ボナヴェントゥラはパルマのジョヴァンニの路線に従って、金銭を使用することを認め、所有をせずに使用することを認める。また、手仕事に関しては、フランシスコの『遺言』にもかかわらず、フランシスコは手仕事を命じるような意図を持っていなかったとする。また、学問研究に関しては、会則は学問研究を禁止していないと回答している。ボナヴェントゥラの立場は教皇庁から期待されている会の方向性と合致しており、ピサのアルベルト以降の会全体の奉仕者の延長線上にある。このようなこともあり、教皇アレクサンデル四世はパルマのジョヴァンニの後継者として、ボナヴェントゥラを会全体の奉仕者として推薦したのであろう。

会全体の奉仕者に就任したボナヴェントゥラは、托鉢修道会論争の中で教区の聖職者が現実に批判しているような托鉢修道会、特に小さき兄弟会の兄弟たちの不適切な生活様式を改めるために、いわゆる『第一回状』（本書所収）を出す。これは一二五七年四月二十三日に出されている。総会の代議員たちからの助言を受けて書かれたものである。彼は次のように書いている。「なぜ私たちの修道会の輝きはこんなにも暗くなったのでしょうか。なぜこの修道会は外的に汚れ、良心の輝きは内的に曇ってしまったのでしょうか」と。教区聖職者の収入源を奪い、貧しさを表明しながら、実際は贅沢な生活をしている小さき兄弟会の兄弟たちの存在に対して、教区聖職者に托鉢修道会への攻撃の口実を与えないように配慮している側面もある。いずれにせよ托鉢修道会が教区の司牧の現場に入ることにより引き起こされた問題であった。ボナヴェントゥラはこれらの問題を奉仕職にある兄弟の監督と兄弟たちの理解に訴えた。

教区聖職者との対立はフランシスコの存命時にもあったが、この『第一回状』で問題になっているのは、貧しさ、金銭授受の問題や労働の問題が大きいだろう。商取引や建築、また遺言と埋葬は貧しさの問題と金銭授受の問題に関わり、托鉢の問題は労働の問題に関わる。聖職者修道会へと変貌をしている会にとって、これらの問題を整理することが喫緊の課題であっただろう。

ボナヴェントゥラはパルマのジョヴァンニほどではないにしても、会全体の奉仕者としての職務の日々の四分の一以上旅をし、兄弟たちのところを訪問し、彼らの意見を聞いた。また、そこで行われている慣習や規則について調査をした。そして、彼は、ピサのアルベルトそしてファヴァーシャムのハイモ時に作られた規則を整理し、従順の規範を確立し、法を守る強制力を奉仕者たちに与えていく。これらは一二六〇年の『ナルボンヌの会憲』として結実していく。この結果、各地で守られていた慣習や規則は無効化され、『会憲』に一本化された。また、ハイモにより始められた会の典礼の改革は一二六三年のピサでの総会で同様に結実する。また、三年ごとに総会を開くことはボナヴェントゥラの時代から確立したことであった。さらに、管区の奉仕者たちの権限を強化することもアルベルトとハイモの時代から始まったことであった。それゆえ、ボナヴェントゥラは「第二創設者」というよりも、一連の改革の流れのまとめ役とでもいう立場であったと言えよう。

彼は旅をしている以外はパリ郊外のマント＝シュル・セーヌ（Mantes-sur-Seine）の修道院に滞在していた。そこはパリの修学院に近いところにあった。彼はそこにいる時、小さき兄弟会の兄弟や学生たちのために霊的な著作を記したことであろう（以下のものを本書所収。『ソリロクィウム』『幼子イエスの五つの祝祭』『生命の樹』『神秘の葡萄の樹』『主の受難の聖務日課』『キリストのいとも聖なる御体』、および『説教』）。

さらに彼は、いわゆる第二会のためにも働いている（本書所収『生命の完成』および『アシジの聖クララの修道院の修道院長と姉妹たちに宛てた手紙』）。彼は教皇ウルバヌス四世と協力して、当時サン・ダミアノ修道会と呼ばれた会に、創立者の名前をとって「聖クララ会」を発足させ、新しい会則を与えている。あるいはフランス王ルイ九世の妹イザベルのロンシャン修道院設立にも協力している。また、ルイ九世の娘であるブランシュ（ブランカ）のために書かれたとされる（異論はあるが）『魂の管理』があり、ルイ九世との親しい関係がうかがわれる。この時期のボナヴェントゥラは兄弟や姉妹たちのための霊的な著作の執筆、あるいは説教を行い、会の法的な整備、また典礼の整備に指導力を発揮していた。

フランシスコ像の統一

ところで、ボナヴェントゥラの時代、会の創設者であるフランシスコをどのようにとらえるかが重要な問題になっていた。アシジのフランシスコは貧しさ、無所有を説き、小さい者としてイエス・キリストの足跡に従う生涯を送った。しかし、フランシスコを列聖した教皇グレゴリウス九世は、フランシスコを教会の敵と戦う、つまり説教活動を行い、教会の司牧活動を助ける人物として描き出した。このフランシスコのイメージが「司牧革命」の方針と重なることは明らかである。先にも述べたように、教皇庁は第四ラテラノ公会議の方針に従って、小さき兄弟会を説教者修道会と同じように、学識のある聖職者を中心とした修道会へと導こうとしていた。そのこともあり、フランシスコの列聖に伴って書かれたチェラノのトマスの『聖フランシスコの生涯（第一伝記）』は教皇庁の意図に沿ったものであった。このため、特にフランシスコの青年期や最初の兄弟たちの活動が十分に描かれておらず、不満が募り、その結果『会の発祥もしくは創設』あるいは『三人の伴侶による伝記』が書かれた。そして、一二四四年ジェノヴァの総会で、新たに会全体の奉仕者に選出されたイエシのクレシェンツィオは、チェラノのトマスの『聖フランシスコの生涯（第一伝記）』に対する不満を解消するために、伝記を書くことを発表し、フランシスコについての新たな証言を求めた。しかし、教皇インノケンティウス四世の出した勅書『オルディネム・ヴェストゥルム』を契機にして、生前のフランシスコをよく知る伴侶たちが、フランシスコがどのように生きたかを証言した。この時期の小さき兄弟会の内部を厳格派と修道院派と分けるのはよく知られているが、フランシスコをどのように考えるかがその根底にある。

ボナヴェントゥラは先にも触れた書簡『無名の教師に宛てた三つの問題』にもあらわれているように、彼の立場は明らかに教皇庁の政策に従い、小さき兄弟会を学識ある聖職者中心の修道会ととらえるものであった。それは、手仕事の問題がそれに関わる。彼は確かに『聖フランシスコの祝日の夕べの説教』の中で、フランシスコが貧しさを生きたことを強調しているが、小さい者として手仕事によりサン・ダミアノ聖堂などを建て直したことは無視している。当時、手仕事、つまり肉体労働は小さい者のしるしであった。しかし、肉体労働は、学識ある聖職者には関わりのないものであった。

そして、彼はフランシスコのイメージを巡って対立する会の分裂を回避するために、いわゆる『大伝記』を執筆する。彼はこの伝記の中でヨアキム主義的な見方をアレンジして、フランシスコを歴史の最後の局面におけるキリストの現存のしるしとして示す。例えば、マージョリ・リーヴス（Marjorie Reeves）は以下のように言う。「彼［ボナヴェントゥラ］がヨアキムの歴史観をどのように考えていたにせよ、実際彼は歴史の終わりの危難を思い描き、その段階を超えて新しい〈時代〉を望見している。この点において、彼はヨアキムの後継者であった。彼はこうした文脈に聖フランチェスコを置いたのだった[14]」。そして、フランシスコは彼自身の『三様の道』になぞらえて、浄化、照明の道を経て一致の道で完成に達するように描かれ、特に彼の生涯の旅路は聖痕の場面において完成し、フランシスコは「もう一人のキリスト」となってくる。

ボナヴェントゥラは、このようにフランシスコを描くことで会の統一した見解を示し、内外からの批判に応えようとした。彼は一二六〇年のナルボンヌの総会でフランシスコの伝記を書くように要請を受け、翌年にいわゆる『大伝記』と典礼用の『小伝記』を完成する。そして、一二六三年のピサの総会で会の承認を得、続く一二六六年のパリ総会で、『大伝記』と『小伝記』以外のすべての「伝記」を破棄し、会の唯一の公認の伝記としていく。もっとも、このような形で会の異論を抑えようとしても、反対する兄弟が、『大伝記』以前の様々な「伝記」を何らかの方法で隠して保存したため、チェラノのトマスらの作品は現代にも細々ながら伝わることとなる。

托鉢修道会論争　第二フェーズ

托鉢修道会論争は、サンタムールのギョームの追放という形でひとまず決着がついたが、一二六九年一月一日、ギョームの弟子であるアベヴィーユのジェラールが小さき兄弟会の聖堂で説教を行い、新たな論争が幕を開けた。ジェラールが問題にしたことは、同年の夏に出された彼の『キリスト教的完全の反対者に対して、特に高位聖職者と教会資源の敵に対して』（*Contra adversarium perfectionis christianae, maxime praelatorum facultatumque ecclesiasticarum inimicum*）で明らかにされる。二つのことがポイントとなる。一つはギョームの論を継承し、小さき兄弟会の司祭が教会の制度に適応していないということ。もう一つは、福音的完全さ、特に貧しさであった。

つまり、ジェラールは、教会の組織、すなわち司教は使徒の後継者、教区司祭は主が派遣した七二人の後継者であるのに対し、完全な者、すなわち修道者であるカテゴリーに属するはずの小さき兄弟会の兄弟が司牧をする司祭でもあるならどのようなカテゴリーに入るのかと言う。伝統的な教会制度の枠組みに小さき兄弟会の司祭は入っていないので、伝統的な教会制度の枠組みに適応するのか、それとも弾圧されるほうを選ぶのかと問う。また、貧しさに関して、イエス・キリストが財布を持っているがこれをどのようにとらえるかと問う[15]。

ボナヴェントゥラは一二六九年の秋に『貧しい者らの弁明』（*Apologia pauperum contra adversarium*）を著す。彼は次のように反論をする。托鉢修道会士は現在の教会のカテゴリーには当てはまらない。なぜなら、聖霊の働きと教皇庁の決定は従来のカテゴリーを廃れさせ、別の仕方を示したと。そして次のように言う。「この種の貧しい人（托鉢修道会士）の誓願は修道士の誓願ときわめて異なっている。そしてより重要なことは、彼らが自分たちの権威に基づいて清め、輝かせ、完全にする位階的な仕事を行っているのではなく、叙階された司教やその他のもの、その権威がすべての明確な権利を超越する至高の教皇のそれに基づいている[16]」。

ボナヴェントゥラは教会の唯一の権威であり、不可謬な存在としての教皇に常に言及する[17]。

また、貧しさの問題に関しては、イエス・キリストの財布は憐れみと貧しさの模範としてのものであり、高位聖職者は財布を持ち、かつ完全でありうるけれども、托鉢修道会士は誓願において財布を持つことをしないので、完全でありうると彼は答えている。

托鉢修道会論争のこの第二フェーズは、一二七四年の第二リヨン公会議において扱われたが、ボナヴェントゥラはこの会期中の七月十五日に亡くなる。この第二リヨン公会議において一応の和解が成立するが、説教者修道会および小さき兄弟会以外の托鉢修道会は廃止するとの決定も出されている。

終わりに

アベヴィーユのジェラールとの論争中、一二七三年五月二十八日ボナヴェントゥラは教皇グレゴリウス十世によりアルバーノの枢機卿に任命され、同年十一月十一日リヨンでアルバーノの司教に叙階された。翌年五月二十日、リヨンで総会を行い、会全体の奉仕者を辞任し、後任にアスコリのジロラモ（在職一二七四－七九年）が選出された。

ボナヴェントゥラは、フランシスコの死後、依然として単なる民衆宗教運動の形態を持っていた会が、教皇庁の「司牧革命」の路線に従って学識ある聖職者の会へと変貌する移行期の総まとめをした会全体の奉仕者といえよう。その中でも、ジョン・ムーアマン（John Moorman）は、「ボナヴェントゥラの重要な仕事の一つは総会を三年に一度開いたこと」と言う[18]。カリスマ的指導者であるフランシスコのもとで生まれた会に制度的な規範を確立しようとする試みであったのだろう。

実際、最近の研究によれば、ボナヴェントゥラは以前に考えられたほど会全体の発展にそれほど決定的な貢献をしたとは言いがたい。小さき兄弟会の歴史の転換点はボナヴェントゥラが会全体の奉仕職を始めるほぼ二十年前から起こっていた。ジアノのヨルダヌスやエクレストンのトマスのような年代記者により会の「改革」と呼ばれた一二三九年から一二四二年の間に会の内部構造に広範囲に及ぶ変化がもたらされ、さらに教会と社会における会の基本的使命の新しい方向づけがなされた。『ナルボンヌの会憲』は「改革」の時代にさかのぼる規定をより体系的に編成したもので、決して革新的なものではなかった。ボナヴェントゥラは会に新しい方向づけを行なったのではなく、それまでに行われたことをまとめあげたのであり、彼の貢献は、会の兄弟たちがすでに受け入れた方向を洗練させ、強化し、そして安定化するものであった[19]。

しかし、彼の没後の小さき兄弟会は、スピリチュアリ派の出現のように再びフランシスコの理想を追求し、それを生きようとする兄弟たち（ただし、それは聖職者を中心とするものであるが）と学識のある聖職者を中心とした兄弟たちとの対立が再燃してくる。それでは、ボナヴェントゥラの行なったことは無駄であったのだろうか。ロザリンド・ブルックは次のように言う。

「後の抗争を彼自身の時代におけるボナヴェントゥラの成功の証拠としてみることは公平でもあり正しくもあると私には思える。必ずしも完全あるいは完璧ではないが、注目すべきものである。……ボナヴェントゥラが宗教的及びアカデミックな政治を行使し、駆け引きに成功したと言える。しかし、彼は疑いなくそれ以上のものであった。彼の生涯と著作は彼がまた彼自身の仕方で聖フランシスコとフランシスカン理想の本物の熱狂者であった[20]」

そこにはボナヴェントゥラの「外交的手腕」と「宗教的及びアカデミックな政治理解」が働いていたことは確かである。彼は会の分裂を避け、一致を保とうとし、ヨアキム主義を正統の範囲内で利用しつつアシジのフランシスコを救いの歴史のうちに位置づけ、また教会全体における会の位置づけを明確にし、会のアイデンティティを主張していった。

しかし、一方で彼が明確にしたがゆえに、後の抗争の原因も明確になったと言える。その意味で彼の政治的成功は後の抗争の原因ともなる。

彼は同時代のトマス・アクィナスに比べて神学的な著作はたしかに少ないが、彼のいわゆる「神秘主義的作品」はフランシスコの決して理性的ではないが、豊かな情感に満ちた主観的なキリストへの思いを神学的な言葉で著したもので、同時代人に対するフランシスカン霊性の重要なメッセージであるとともに、現代の我々に対しても理性と情感のバランスのとれた光を与えてくれるものである。

伊能　哲大

注

（1）『ボナヴェントゥラ　魂の神への道程　註解』長倉久子訳註、創文社、一九九三年。一〇九頁。

（2）例えば、『大伝記』序・3、『小伝記』第七章第八読誦、など。

（3）長倉、前掲書、一三五頁。

（4）托鉢修道会論争と小さき兄弟会との関わり、特にボナヴェントゥラの貢献に関しては、以下のものが依然として重要である。Roberto Lambertini, *Apologia e Crescità dell'Identità Francescana (1255-1279)*, Roma, 1990.

（5）長倉、前掲書、九九頁、注四九参照。

（6）ハロルド・J・バーマン『法と革命1　欧米の法制度とキリスト教の教義』宮島直機訳、中央大学出版部、二〇一一年、一二七―一三一頁。

（7）ウォルター・マップ『宮廷人の閑話――中世ラテン綺譚集』瀬谷幸男訳、論創社、二〇一四年、九九頁以下。

（8）Raoul Manselli, *I primi cento anni di storia francescana, a cura di Alfonso Marini*, San Paolo, Milano, 2004, pp. 74-75.

（9）Rosalind B. Brooke, *Early Franciscan Government*, Cambridge, 1959, p. 206.

（10）*The Chronicle of Salimbene de Adam*, Medieval & Renaissance Texts and Studies 40, trans. Joseph L. Baird et al. Binghampton, New York, 1986, p. 427.

（11）*Works of St. Bonaventure, Vol. XIII, Disputed Questions on Evangelical Perfection*, Introduction and Notes by Robert J. Karris, O.F.M., Translation by Thomas Reist, O.F.M. Conv. and Robert J. Karris, O.F.M., Franciscan Institute

Publications, Saint Bonaventure University, New York, 2008, p. 12f.

（12）Ibid., p. 20f.

（13）大嶋誠「パリ大学における托鉢修道会問題（承前）——その制度史的考察」『史淵』第一一七号、一九八〇年、一八七頁。

（14）マージョリ・リーヴス『中世の預言とその影響——ヨアキム主義の研究』大橋喜之訳、八坂書房、二〇〇六年、二二九頁。なお、ボナヴェントゥラとヨアキミズムの関係については、バーナード・マッギン『フィオーレのヨアキム——西欧思想と黙示的終末論』宮本陽子訳、平凡社、一九九七年、二六三—二七九頁参照。マッギンはヨゼフ・ラッツィンガー（Joseph Ratzinger）の *The Theology of History in St. Bonaventure*, Chicago, 1971 に一定の評価をしている。

（15）*Works of St. Bonaventure, Vol. XV, Defense of the Mendicants*, Introduction and Notes by Robert J. Karris, O.F.M. Translation by Thomas Reist, O.F.M. Conv. and Robert J. Karris, O.F.M., Franciscan Institute Publications, Saint Bonaventure University, New York, 2010, pp. 1-3.

（16）*Opuscula: Apologia pauperum*. XII, n.10, 333.

（17）托鉢修道会論争が教会論に及ぼした影響については次のものを参照。Yves M.-J. Congar, “Aspects Ecclésiologiques de la Querelle entre Mendiants et Séculiers dans la seconde Moitié du XIII siècle et le Début XIV,” *Archives d'histoire doctrinale et littéraire du Moyen Age*, Vol. 28 (1961), pp. 35-151.

（18）John Moorman, *A History of the Franciscan Order: From Its Origins to the Year 1517*, Franciscan Herald Press, Chicago, 1968, p. 147.

（19）*Works of St. Bonaventure, Vol. V, St. Bonaventure's Writings Concerning The Franciscan Order*, Introduction and Translation by Dominic Monti, O.F.M., Ph.D., Franciscan Institute Publication, St. Bonaventure University, New York, 1994, p. 7. 序文を書いたドミニク・モンティは、「第二の創立者」というタイトルはファヴァーシャムのハイモに属すると述べている。

（20）Rosalind Brooke, “St. Bonaventure as Minister General,” in *S. Bonaventura Francescano*, Convegni del Centro di Studi sulla spiritualità Medievale 14. Todi, 1974, pp. 77-105, pp. 104-105.

ボナヴェントゥラの神学

一　フランシスコとボナヴェントゥラ

1　アシジのフランシスコ

「アシジの町に、フランシスコという名の人がおりました」（『大伝記』一・1）。ボナヴェントゥラは後にアシジの聖フランシスコの伝記をこのように始めている。ボナヴェントゥラの思想と神学を探るためには、アシジの貧者と呼ばれ、今なお全世界で親しまれ愛されている、福音に徹底的に従って福音を生きたこの聖人のことを知る必要がある。

イタリア半島のほぼ真ん中に位置するアシジの町で一一八一年もしくは一一八二年に一人の男の子が誕生した。彼の名前はジョヴァンニであったが、しばらくしてフランシスコと呼ばれるようになる。毛織物商であった父親が取引先のフランスに憧れていたからだと言われている。フランシスコは当時の子どもたちと同様に町にある学校で学び、ある程度のラテン語を身につけていった。青年へと成長して、フランシスコはアシジの町の人々によく知られる存在となった。快活なこの青年は誰にも礼儀正しかったからだと言われている。同年代の仲間たちとともに楽しい一時を過ごし、裕福な家庭を背景に金銭を浪費するような生活で青春時代を過ごしていた。

十一世紀は各地で都市が誕生した時代であった。アシジの町もその一つだった。フランシスコは新興する市民階級の一人として生まれ、育ったのである。また、その頃は神聖ローマ皇帝とローマ教皇との勢力争いで戦いが絶えない時代でもあった。アシジは神聖ローマ皇帝に与する町で、市民たちは他の町からの攻撃に備えて協力して城壁を築き、結束を深めていた。貧者、病者は城壁の中には入れず、よそ者を閉め出す雰囲気が市民たちの間にあった。町を治める貴族階級と騎士たちは市民たちの守り手であり、同時に憧れの的でもあった。青年フランシスコは、実家の財力を頼って、騎士となることを夢みていたのである。

一二〇五年、彼はイタリア半島の南部プーリアでの戦いに従軍する。この戦いで功績を得て、騎士に取り立ててもらうことを目論んでいたのかもしれない。しかし、アシジ近郊のスポレトで神の声を聞く。それをきっかけにフランシスコの新しい生き方への模索が始まった。自由気ままで放埒なかつてのような生活をやめ、仲間たちとも距離をおいた。フランシスコは独り静かに祈りをするようになっていった。また、町の外にいたレプラの患者たちと出会い、彼らを抱擁し、彼らとともにいつくしみのわざを行った（『大伝記』一・6参照）。さらに、金銭を貧しい人々に分け与えることもした。ある日、町の外にある朽ち果てた教会（サン・ダミアノ聖堂）で祈っていると「フランシスコ、行きなさい、あなたの見ているとおり、すっかり壊れているわたしの家を建て直しなさい」（『大伝記』二・1）との声を磔刑のキリスト像から聞いた。彼はその声に素直に従い、三つの聖堂を自らの手で建て直した。

不可解な行動を続ける息子に父親は怒り、アシジの司教に訴えるが、フランシスコは司教と市民が見ている前で裸になり、すべてを父親に返し、「今まで、この地上で、あなたをお父さんと呼んできました。けれども今は、安心して、『天におられるわたしたちの父よ』と言うことができます。わたしはすべての宝をこの方のもとに置き、希望をもってこの方に信頼しているからです」（『大伝記』二・4）と宣言した。そして、家を出て、隠修士の格好をしながら、戸ごとに施しを乞う新しい生活をし始めるのであった。

生き方の外面的な変化を支えていたのは、福音の言葉、すなわち神の言葉であった。フランシスコは福音と出会い、神の言葉に導かれるようになっていく。一二〇八年のある日、使徒たちの祝日のミサの中で耳にした福音の言葉にフランシスコはこころ動かされるのであった。伝記には次のように記されている。

それはキリストが宣教に遣わすにあたって、福音的な生活様式、つまり帯の中に金も銀も貨幣も入れて行ってはならず、旅には袋も、二枚のトゥニカも、履き物も杖も持って行ってはならない［という生活様式を］弟子たちに伝授された箇所でした。これを聞き、理解し、記憶に刻みつけると、使徒たちの貧しい友「フランシスコ」はたちまち言い表し難い喜びに満たされて言いました。「これこそ、わたしが欲していたこと。これこそ、わたしが心の底から熱望していたことだ」（『大伝記』三・1）。

この時から、フランシスコは「福音的完成を目指して走り始め、ほかの人々を悔い改めへと導き始め」るようになった（『大伝記』三・2）。彼は福音が語りかけるイエスの言葉を何の注釈もつけずに実行する生き方を求めた。それは福音に従う生き方であり、より具体的には無所有の生き方であった。神のひとり子イエス・キリストが救いのために人となられたという受肉の出来事にフランシスコは「貧しさ」を見いだす。貧しいキリストに従う無所有の生き方を目指したのである。

フランシスコが始めた新しい生き方に賛同する仲間が少しずつ集まってきた。彼らとともにフランシスコは、アシジの町の外の粗末な小屋に住みながら、病人の世話し、戸ごとに施しを求め、そして簡単な手仕事をした。その生活は決して楽なものではなく、厳しいものであったが、フランシスコとその仲間たちは互いに「兄弟」と呼びながら、すべてを共有する共同生活をしたのだった。また、二人一組で悔い改めを呼びかける宣教にも出かけていった。

「兄弟」たちが増えていき、フランシスコはカトリック教会の修道会として認可されることを希望した。そこで、教皇ホノリウス三世（在位一二一六―一二二七年）に自分たちの生活の様式を記した「会則」の裁可を願っている。一二二三年に「会則」は認められ、「小さき兄弟会」（Ordo Fratrum Minorum）が誕生した。後にフランシスコ会と呼ばれるようになる修道会の始まりである。フランシスコが求めた福音に従う生き方は、当時のヨーロッパ中の若者たちを魅了し、多くの人々が修道会の門を叩いたのである。こうして「小さき兄弟会」は発展していった。

同時代に誕生した「説教者兄弟会」（Ordo Fratrum Praedicatorum、通称ドミニコ会）とは異なり、「小さき兄弟会」は教会の教えの擁護、学問の追究を目的とはしてはいなかった。単純に福音に従って生きる生き方を目指し、それを実践した。「悔い改め」「単純」「無所有」、そして「従順」がフランシスコの求めていた生き方の本質となる。また、兄弟たちがともに生きる、すなわち「共同体」にあって福音の勧めである従順、無所有、貞潔を生きることを追求したのである。アシジの聖人によって成立したこの修道会は、何よりもこの世で小さくされている人々と兄弟として「ともに」生きることを目指した。そこでフランシスコの兄弟たちの生き方の目に見える特徴は「小ささ」となった。それは「より小さい」（minoritas）者となるのを望む生き方である。

フランシスコの回心の背景には、十一世紀から西方キリスト教会の霊性で主流となっていった受肉したみ言葉（ロゴス）であるイエスへの敬愛と追従がある。十字架上のイエスへの愛が、福音に従って生きるという生活様式へと結実していった。さらに、十世紀頃から隆盛となった隠修士運動も背景にあると考えられる。隠修士たちは人里離れた場所に庵を編みながら生活したが、彼らもまた人間イエスへの追従を生きようとした。そして、小動物を飼い、貧しい女性たちを助けて生きたという。後年、小鳥に説教したというフランシスコのエピソードは、隠修士たちにその源泉があったと言えよう。

この点から、フランシスコの霊性は西方教会のヌルシアのベネディクトゥス（四八〇?—五四七?年）、クレルヴォーのベルナルドゥス（一〇九一—一一五三年）から始まる修道霊性の末端に位置すると考えられる。特に十字架のイエスへの愛を生きようとしたベルナルドゥスの霊性はフランシスコが生きた時代の霊性の基礎となる。しかし、フランシスコは大きな修道院で荘厳な典礼を実施し、たくさんの小作人を雇うような生き方を選ばなかった。むしろ、十字架にかけられたイエスと同じように無化（ケノーシス）を生きようとしたのである。

実際、フランシスコの生涯を貫いているのは十字架であった。彼は十字架に語りかけ、十字架のキリストに一致する生き方を目指したのである。そして、その想いは死を前にしてラ・ヴェルナ山での十字架のイエスが受けた傷と同じ傷（聖痕）に現れた。

さらに、フランシスコは福音に徹底的に従う生き方を人々に告げ知らせた。兄弟たちも、イエスの弟子たちと同様ヨーロッパ各地に派遣され、「説教」によって福音を宣べ伝えたのである。その内容は単純かつ簡潔なものであった。また、フランシスコはイスラム教徒が支配する聖地エルサレムにも赴いている。スルタンたちと深い交わりを果たした。

ところで、フランシスコは学問を身につけることを警戒していた。学問を身につけることで「無所有」の生き方から離れてしまう危険性を感じていたからである。しかし、数多くの若者たちが「小さき兄弟会」に入会してくる中で、学問、とりわけ神学の必要性は無視できなかった。当時の先端的な神学を身につけて入会してきたアントニオには次のような手紙を送っている。

> あなたが兄弟たちに聖なる神学を教えることは、わたしにとって喜ばしいことです。ただし、会則に書き記されているように、この勉学において、聖なる祈りと献身の霊を消すことのない限りにおいてのことです。
>
> （『アントニオへの手紙』２）

兄弟一人ひとりに主イエス・キリストによって与えられている「祈りと献身の霊」こそが、もっとも大切なものとなる。もし、それを見失わせるものがあるとしたら、兄弟たちは賢明に避けなければならない。勉学そのものを生きる目的としてはならないのである。しかし、フランシスコが神学者を毛嫌いしていた訳ではない。生涯の終わりに記した『遺言』には次のようにある。

> また、すべての神学者と、いとも聖なる神のみ言葉に仕える人々を、わたしたちに霊と命をもたらしてくれる人々として、わたしたちは尊び敬わなければなりません。（『遺言』13）

キリストの十字架を眺め、キリストのように生きようとした聖人は、神学者を聖なる神のみ言葉に仕える者とみなし、霊と命を与える大切な存在としてとらえている。

一二二六年、フランシスコはアシジの町に近いポルチウンクラで兄弟たちに見守られながら帰天した。ボナヴェントゥラはフランシスコの死を次のように見ている。

> まことに、この人こそ真のキリスト者でした。生きている間は生けるキリストに、死にあたっては死に臨まれたキリストに、死んだ後は、死んだ後のキリストに倣うことで完全にキリストにかたどられるよう努め、似姿であることが明らかに示されるに値するものとされたのでした。（『大伝記』一四・4）

フランシスコの生涯をキリストに倣う者の道のりとしてボナヴェントゥラは理解していたのである。

2　フランシスコ会学派の誕生

創立者の死後、兄弟たちの数はさらに増していった。都市が発展し、多くの人々が都市を目指してやって来たのと同じように、多くの者たちが「小さき兄弟会」に集まってきた。「都市の空気は自由にする」（Stadtluft macht frei）は当時の様子を伝える諺であるが、封建制度にとらわれない都市で人々は自由を謳歌した。とりわけ都市に成立した大学はそれまでの教会権威のもとにあった学問を解放し、自由に学問を研究する機会を提供した。十三世紀以降に新しく生まれた托鉢修道会（フランシスコ会、ドミニコ会など）は大学を中心に発展していった。

当時の大学は多くの学寮から成り立つ、教師たちと学生たちの連合体であった。これらの学寮では聖堂参事会の教区司祭（在俗司祭）や各修道会が教育と学生の育成を担当していた。中世では大学は一般的に学芸学部、医学部、法学部、そして神学部から成り立っていた。学芸学部では自由七科目（artes liberales）が教えられていた。すなわち三学（trivium）と呼ばれた文法、論理学、修辞学と、四科（quadrivium）と呼ばれた算術、幾何学、天文学、音楽であった。加えて倫理学、家政学、政治学などの授業もあった。これは古代ギリシアの学問の伝統に基づくもので、学生たちは古典の教養を身につけたのである。

十二世紀の後半までは哲学は古代ギリシアの哲学者プラトンの思想と、二世紀から六世紀にかけて発展した新プラトン主義に基づくものが主流であった。それらを土台として神学も成り立っていた。しかし、古代の哲学者であるアリストテレスの作品がアラブ経由でヨーロッパにもたらされると、それまでの枠組みとは異なる新しい思想体系が導入されることとなった。アリストテレスの哲学は教員と学生たちに多大な影響を与えることになる。

このような学問に対しての躍動感がある時代に「小さき兄弟会」は発展していった。大学の近くに兄弟たちの家である修道院を建て、国王と教皇の許可を得て、知的な活動に従事し始めた。一二二四年には、フランシスコの兄弟たちはオックスフォードに到達する。その地の大学でロバート・グロステスト（一一七五?—一二五三年）から神学教育を受けている。イングランドの「小さき兄弟会」からは、グロステストの弟子であるロジャー・ベーコン（一二一四—九四年）が生まれ、後にヨハネス・ドゥンス・スコトゥス（一二六五?—一三〇八年）、ウィリアム・オッカム（一二八〇／八五—一三三九年）といった思想家もオックスフォードから登場した。

一二一一年に教皇インノケンティウス三世（在位一一九八—一二一六年）によって大学（studium generale）として認められたパリ大学には多くの学生が学ぶようになっていた。こうしてパリ大学はヨーロッパの最高学府、学問の中心地となった。一二三六年、すでにパリ大学で神学を講じていたヘールズのアレクサンデル（一一八五?—一二四五年）が五十歳を過ぎてから「小さき兄弟会」に入会した。彼はすでに優れた神学者としてヨーロッパ中に名を馳せており、学生たちに大きな影響を与えることとなる。彼の思想はアウグスティヌス（三五四—四三〇年）やカンタベリーのアンセルムス（一〇三三—一一〇九年）の著作を反映し、さらにクレルヴォーのベルナルドゥス、サン・ヴィクトルのリカルドゥス（？―一一七三年）の言葉を多く引用している。また、神学的考察を一つの体系にまとめた『神学大全』（*Summa Universae Theologiae*）を初めて著したのも彼であった。同じ頃、もう一人の優れた神学者であるアルベルトゥス・マグヌス（一二〇〇？―八〇年）がドミニコ会に入会している。彼はアリストテレスの思想を積極的に受け入れ、アリストテレスの著作の注解書を記した。この二人の顕学のおかげで二つの托鉢修道会には多くの若者たちが集まってきたのだった。特に「小さき兄弟会」の場合、アレクサンデル入会の前までは兄弟たちはドミニコ会の教員、あるいは教区司祭（在俗司祭）の教員のもとで勉学に励んでいた。一二三八年にフランシスコ会の学寮を設立することを大学当局から認められ、ジャン・デ・ラ・ロシェル（一二〇〇―四五年）が院長に就任した。自分たちの学び舎を得て、兄弟たちの勉学への熱意は増していった。この中の一人に若き日のボナヴェントゥラがいたのである。

3　ボナヴェントゥラの生涯

誕生と幼年期

ボナヴェントゥラは一二一七年、あるいは二一年にローマの北北西約七十キロメートルに位置するヴィテルボの近郊のバニョレッジォで生まれた。生まれた時の名前はジョヴァンニ・フィダンツァであった。父親も同じ名前のジョヴァンニで、医師であったという。母親はリテラと呼ばれていた。比較的裕福な家庭であったろうと想像できる。後に、彼の兄弟の一人はバニョレッジォの司教座聖堂参事会員となっている。

幼少期の様子はあまり知られていないが、ジョヴァンニを運命づけるエピソードが伝えられている。それは、重い病気に罹り、医師である父親すらもなす術もなく諦めていたときに、信仰深い母親リテラはアシジのフランシスコに息子の恢復を神に取り次ぐ祈りを献げた。その祈りはかなえられ、病気から脱したというものである。この幼少期に生じた治癒の奇跡を、後にボナヴェントゥラはたびたび著作の中で触れている（『大伝記』序・3、『小伝記』七・8参照）。その後、彼は「奉献された少年」（puer oblatus）として、フランシスコの兄弟たちの修道院で学ぶことになる。

パリ大学

一二三六年頃、十九歳を迎えてボナヴェントゥラは故郷を離れてパリへと向かい、大学で学び始めた。彼は、自由七科目を修め、学芸修士を得た後、一二四三年頃に「小さき兄弟会」に入会している。ヘールズのアレクサンデルのもとで学び、一二四八年に聖書を講読する聖書担当のバッカラリウス（Bacalarius）、すなわち学士となってからは『ルカによる福音書』の注解の講義を担当した（Commentarius in Evangelium Lucae）。一二五〇年にはペトルス・ロンバルドゥス（一一〇〇―六〇年）の『命題集』を注解する講義も担当している（Commentaria in quattuor libros sententiarum Magistri Petri Lombardi）。一二五三年にはドミニコ会のトマス・アクィナス（一二二五？―七四年）と同時にリチェンチア（Licencia）、すなわち教授資格を取得した。

しかし、ボナヴェントゥラはパリ大学に生じていた教区司祭（在俗司祭）の教員と托鉢修道会の教員との教授権についての争いに巻き込まれてしまう。ドミニコから始まる「説教者兄弟会」は宣教活動のためには正しい神学的な知識が必要と考えていた。それ故、勉学が重んじられ、独自の教育組織を有していた。フランシスコの兄弟たちも当時の知名度の高い教員たちが入会するにおよんで、ドミニコ会と同じような道を歩むようになる。教員と学生による同業組合である大学で、二つの托鉢修道会は大きな位置を占めるようになっていった。学生たちも托鉢修道会の生活様式と優れた教員たちに魅了されていった。こうして教区司祭（在俗司祭）の教員たちは自分たちの立場が危うくなるのを感じ、対抗策を講じる。例えば、当時のフランス国王ルイ九世（在位一二二六―七〇年）の宮廷付司祭であったロベール・ド・ソルボンヌ（一二〇一―七四年）が貧しい学生たちのために学寮を建てている（Collège de Sorbonne）。教区司祭（在俗司祭）の教員たちは托鉢修道会の教員たちの締め出しを画策した。パリ大学の学長であったサンタムールのギョーム（一二〇二―七二）はその中心にいて、特に兄弟たちの清貧と托鉢という生活様式を批判し、会内部に蔓延していたヨアキミズムを攻撃した。この時期、ボナヴェントゥラは『討論問題集　福音的完全』（*Questiones disputatae de perfectione evangelica*）を著して、貧しさと施しを乞う生活が福音の理想に則ったものであることを主張している。しかし、教皇アレクサンデル四世（在位一二五四—六一年）の一二五五年の勅書『クアジ・リーニュム・ヴィーテ』（*Quasi lignum vitae*）が発布されるまでは、彼は教授としての活動はできなかった。

総長

ボナヴェントゥラは一二五七年二月二日に「小さき兄弟会」の第七代総長に選出された。そのためパリ大学での教員としての活動はごく短い期間であった。

当時の小さき兄弟会は分裂の危機に直面していた。多くの兄弟たちはフィオーレのヨアキム（一一三五—一二〇二年）が示した独自の終末思想とフランシスコを重ねていた。つまり、父なる神と律法の時代、福音と御子キリストの時代を経て、永遠の福音と聖霊の時代が始まると説いたヨアキムは、この第三の時代が一二六〇年に始まると主張した。その準備のためには福音を新たに理解することが求められており、霊的な指導者としてフランシスコがいたのだと兄弟たちは考えたのである。ヨアキミズムと呼ばれるこの異端的な思想は、多くの兄弟たちを魅了していった。それ故、「小さき兄弟会」はヨアキミズムに加担しているという批判が後を絶たなかったのである。前述のパリ大学での托鉢修道会批判もその一つであった。教区司祭（在俗司祭）の教員たちの中傷ともとれる非難は、当時の総長であったパルマのヨハネ（一二〇八—八九年）にも向けられ、総長職を辞さなければならなくなった（一二五七年）。教皇アレクサンデル四世が介入した総会で、ボナヴェントゥラが総長として選出されることとなった。

修道会の総長としてボナヴェントゥラは会の刷新、そして福音に基づく教会の刷新に着手した。修道会の内部では、貧しさについての考え方の相違が顕在していた。創立者のフランシスコと一緒に暮らした古参の兄弟たちは、隠遁所のような場所に住んで貧しい生活を厳格に守り通していた。彼らは自分たちこそがフランシスコの理想に忠実な者であると理解していた。しかし、その一方、ヨーロッパ全土で多くの若者たち、あるいは学識のある者たちが修道会の門を叩く中で、学問を中心に据えた生活をする兄弟たちが増えていたのも事実である。しかも教会当局は、托鉢修道会に神学の研究で教会を支える一翼を担ってほしいとも考えていた。こういった兄弟たちは戸ごとに施しを乞う生活はせずに、都市にある修道院に住み、書物を手に取り、緩やかな貧しさを生きていたのである。両者は相容れず、それどころか敵対していた。

このような修道会内部に生じた分裂の兆候に、新しい総長は直面することになる。一二五九年にボナヴェントゥラは、かつてフランシスコが十字架のキリストと同じ傷（聖痕）を受けたラ・ヴェルナ山へと向かい、祈りの時を過ごしている。そこで得た霊感からいくつかの霊的な著作が生まれている。翌年、南フランスのナルボンヌで総会が開催された際に、ボナヴェントゥラは、後に『ナルボンヌの会憲』（*Costitutiones generales Narbonenses*）と呼ばれる「小さき兄弟会」の新しい規則を発表している。それ以前の各地で作られた規則は破棄され、一つの会憲のもとに兄弟たちが一つにまとまるようにしたのである。また、アシジの聖フランシスコの新しい伝記の作成にも着手し、一二六三年のピサでの総会で修道会公式の伝記が認められ、それまでに編纂された各種の伝記はすべて焼き払うこととなった。

ボナヴェントゥラは一二六二年以降、イタリアと南フランスの各地にいた兄弟たちを訪問して回っている。一二六五年にはイングランドまで出向いている。この旅の間、彼は各地で説教し、いくつかの著作を残している。また聖クララ会の霊的な指導にも当たっている。その頃、教皇クレメンス四世（在位一二六五―六八年）は、ボナヴェントゥラをヨークの司教に選んだが、彼はそれを固辞し、修道会の務めに専念した。一二六六年にパリで総会が催され、それ以降、ボナヴェントゥラはパリに定住することになる。

再びパリ大学

十年近く学問の世界から離れていた彼は、パリ大学で新たな問題に直面することとなった。それは、これまでの修道会の統治に関する具体的な問題ではなく、純粋に神学的な問題であった。アヴェロエス（一一二六―九八年）のアリストテレス解釈がパリ大学の中に浸透していた。これは、信仰の真理と理性の真理を認める二重真理説を採用し、ただ一つの知性を措定（単一知性説）するものだった。世界が永遠に存在する（世界の永遠性説）と主張するこの思想は、神学の世界に混乱をもたらしていた。ボナヴェントゥラは大学内で公開講義（collatio）を行い、ラテン・アヴェロエス主義者に対して反対の論陣を張っている。その態度は次第に厳しさを増していき、彼は新プラトン主義とアウグスティヌスの伝統を自らの神学の基礎とするようになった。ラテン・アヴェロエス主義に対しては、盟友であったドミニコ会のトマス・アクィナスも反対の立場で著作を残している。二人の神学者は協力しながら、正統な信仰を守り抜こうとしたのだった。一二七〇年になってパリ大学のラテン・アヴェロエス主義者たちは異端であると教会当局から指摘され、論争は沈静化していった。

それとは前後して、パリ大学内で再燃した托鉢修道会への批判がボナヴェントゥラとトマス・アクィナスをさらに結びつけることになる。こうして、二人はパリ大学の教壇に立つようになった。ほどなくして、アリストテレスの解釈をめぐって、二人は急速に袂を分かつことになるのである。一二七三年の『公開講義　ヘクセメロン』（*Collationes in Hexaemeron*）で、ボナヴェントゥラはアリストテレスを非難している。

第二リヨン公会議

同じ、一二七三年、彼は教皇グレゴリウス十世（在位一二七一―七六年）からアルバーノ教区の司教に任命され、同時に枢機卿の一人にあげられた。東方教会との和解を望んでいた教皇は公会議を開催するつもりだった。教皇からの要請を受けて、ボナヴェントゥラはフィレンツェの教皇の許に滞在し、公会議の準備に専念した。翌年、教皇に随伴して第二リヨン公会議に出席するためにリヨンに赴いている。同じく、教皇より公会議出席を請われたトマス・アクィナスもナポリより北上してリヨンを目指したが、ローマの南東約七十キロメートルにあるフォッサノヴァのシトー会の修道院で帰天した。五十年足らずの生涯であった。一方、ボナヴェントゥラは一二七四年五月二十日にはリヨンで開催された総会にて総長を辞し、その職務を後任に託したのだった。公会議の第三会期で、枢機卿である彼は東方教会と西方教会の和解についての優れた説教をしている。公会議の閉会を待つかのように、一二七四年七月十三日、あるいは十四日の夜半に帰天した。五十七年の生涯であった。

後に、ボナヴェントゥラは「献身的博士」（doctor devotus）、「熾天使的博士」（doctor seraphicus）と呼ばれるようになった。「小さき兄弟会」を代表する神学者の一人となったのである。一四八二年、教皇シクストゥス四世（在位一四七一―八四年）によって聖人にあげられた。その後、教皇シクストゥス五世（在位一五八五―九〇年）によって教会博士の称号が付与された。

4　方法と著作

以上、ボナヴェントゥラの生涯を見てきたが、彼にはいくつかの横顔がある。一つは「小さき兄弟」としてのボナヴェントゥラである。何よりも彼はフランシスコの兄弟であった。さらに、神学者としてのボナヴェントゥラである。神を探求する彼は、教会の教えと神のみ言葉である聖書を大切にし、自分を導いてくれた先達を尊敬している。第三に霊的な指導者としてのボナヴェントゥラがいる。ラ・ヴェルナ山で主の十字架を黙想し、フランシスコが主の降誕を祝ったグレッチオで幼子イエスを黙想しながら、神へと近づく内的な体験を重ねている。

パリ大学で教師となったボナヴェントゥラは弁証法の技法を用いながら、ペトルス・ロンバルドゥスの『命題集』の講読の授業を行いつつ、その一方で聖書の講読も行っている。神学の教師として「注解」は彼の第一の学問的方法論であった。聖書本文の字義通りの意味、霊的な意味、隠喩的な意味、神秘的な意味を解き明かしていった。『命題集』を注解する際には、教父たち、アウグスティヌス、擬ディオニジウス・アレオパギテス、アンセルムス、そしてリカルドゥスを代表とするサン・ヴィクトル学派の論述を縦横に活用している。そして、『命題集』の注解から生まれ、そこで論じられたものを統合していったのが『ブレヴィロクィウム』（*Breviloquium*）である。

さらに「討論問題」（Questiones）という方法論をボナヴェントゥラは採用する。これは神学についてあるテーマを掘り下げるために、問題を設定し、検討するという研究方法である。これにより、教師は様々な議論を作りあげ、反対の議論に対しては回答を探査することで反対の立場についても理解を深めることになる。学生も同様に幅広い神学的知識を得るようになる。教師と学生の対話の上に「討論問題」は成り立っていった。

ボナヴェントゥラの用いた方法として特徴的なものに「公開講義」（Collationes）がある。これは、学生だけではなく教師も参加した講話である。教会の重要な祝日の晩の祈りの後に行われた。神学的な思索に加えて、霊的な内容も含むものであった。ラテン・アヴェロエス主義の影響を強く受けている大学の学寮にあって、思索と信仰と生とを統合しようとする試みが三つの「公開講義」と言えるであろう。

ボナヴェントゥラは教師でありながらも、学生たちに教えるだけではなく、自らの信仰の旅路を「省察」のような形式でまとめあげている。『魂の神への道程』（*Itinerarium mentis in Deum*）『ソリロクィウム』（*Soliloquium*）などがそれにあたる。

また、機会ある毎になされた「説教」も特徴的である。その中のいくつかのものは高度な神学的考察がなされている。その一方で、修道女らに向けられた霊的な勧めのテーマが展開するものも数多くある。この他に、「小さき兄弟会」に奉仕するためになされた「伝記」や「書簡」も数多くある。

これ以外に数々の説教がある。以上のようにボナヴェントゥラが用いた方法論を概観してみると、神学の伝統に従いながらも、常に新たな視点を加えていったことに気づかされる。そして、知的な営みと生の経験を統合しようと試みていたことがうかがえる。さらに現在残されている著作の数々は、多くの説教も含めて、当時の教会の中で対話としてなされたことが分かる。その相手はある時はパリ大学の学生たちであり、ある時はフランシスコの兄弟たちであり、そしてある時にはボナヴェントゥラ自身でもあったのである。

主な著作をテーマ毎に分類して以下に列挙する。

〈神学的著作〉

『命題集注解』*Commentaria in quattuor libros sententiarum Magistri Petri Lombardi*　一二五〇―五六年

『討論問題集　キリストの知』*Questiones disputatae de scientia Christi*　一二五四年

『討論問題集　至聖なる三位一体の神秘』*Questiones disputatae de mysterio Ss. Trinitatis*　一二五五年

『討論問題集　福音的完全』*Questiones disputatae de perfectione evangelica*　一二五五／五六年

『ブレヴィロクィウム』*Breviloquium*　一二五七年

『魂の神への道程』*Itinerarium mentis in Deum*　一二五九年

『諸学芸の神学への還元』*De reductione artium ad theologiam*　一二五四―五七年頃

『公開講義　ヘクセメロン』*Collationes in Hexaemeron*　一二七三年

『公開講義　聖霊の七つの賜物』*Collationes de septem donis Spiritus Sanctis*　一二六八年

『公開講義　十戒』*Collationes de decem praeceptis*　一二六七年

『説教Ⅰ　至聖なる三位一体の三重の証し』*Sermo I De triplici testimonio Sanctissimae Trinitatis*　一二五四―五七年頃

『説教Ⅱ　福音の譬えに描写された神の国』*Sermo II De Regno Dei descripto in parabolis evangelicis*　一二五三―五六年頃

『説教Ⅲ　キリストのいとも聖なる御体』*Sermo III De Sanctissimo corpore Christi*　一二五七年

『説教Ⅳ　すべての者の唯一の教師キリスト』*Sermo IV Christus unus omnium Magister*　一二五〇年頃

『説教Ⅴ　楽園への移植』*Sermo V De plantatione paradisi*　一二七三年頃

〈釈義的著作〉

『伝道の書注解』*Commentarius in librum Ecclesiastae*　一二五四―五七年

『知恵の書注解』*Commentarius in librum Sapiantae*　一二五四―五七年
『ヨハネ福音書注解』*Commentarius in Evangelium Ioannis*　一二五四―五七年
『公開講義　ヨハネ福音書』*Collationes in Evangelium Ioannis*　一二五四―五七年
『ルカ福音書注解』*Commentarius in Evangelium Lucae*　一二四八―五二年

〈神秘的、霊的著作〉

『三様の道』*De triplici via*　一二五九年
『ソリロクィウム』*Soliloquium*　一二五七年頃
『生命の樹』*Lignum vitae*　一二六〇年
『幼子イエスの五つの祝祭』*De quinque festitatibus pueri Iesu*　一二五八年頃
『ミサの準備』*Tractatus de preparatione ad Missam*　一二五九―六〇年
『生命の完成』*De perfectione vitae ad sorores*　一二六〇年
『セラフィムの六つの翼』*De sex alis Seraphin*　（年代不明）
『主の受難の聖務日課』*Officium de passione Domini*　一二四二―四七年

〈フランシスコ会関連の著作〉

『貧しい者の弁明』*Apologia pauperum contra calumniatorem*　一二六九年
『ナルボンヌの会憲』*Costitutiones generales Narbonenses*　一二六〇年
『修練者の規則』*Regula novitiorum*　一二五九―六〇年
『手紙　キリストに倣うこと』*Epistola de imitatione Christi*　（年代不明）
『聖フランシスコの大伝記』*Legenda major Sancti Francisci*　一二六二年

『聖フランシスコの小伝記』 *Legenda minor Sancti Francisci*　一二六二年

〈説教〉

『主日の説教集』 *Sermoni domenicali*

『時季の説教集』 *Sermones de tempore*

『聖人についての説教集』 *Sermones de sanctis*

『祝福された処女マリアについての説教集』 *Sermones de Beata Virgine Maria*

5　ボナヴェントゥラにとっての神学の意味

アシジの聖フランシスコの生き方に影響を受けたボナヴェントゥラは、晩年、『公開講義　ヘクセメロン』の中で次のようにパリ大学で学ぶ兄弟たちに語っている。

> そして［ボナヴェントゥラは］次のように加えている。祝福されたフランシスコは語った。彼は自分の兄弟たちが、教えるものを最初に実行するかぎりにおいて学ぶべきであると。なぜなら、たくさん知りながらも、何も味わわないなら何の価値があろうか。（『ヘクセメロン』二二・21[1]）

ボナヴェントゥラはフランシスコの模範に倣い、「学んだことを実践し、実践した後、ほかの人々にも同じようにするよう勧める」（『大伝記』一一・1）ことを前提にして神学の研究がなされるのを望んでいた。『ブレヴィロクィウム』の冒頭では神学を研究する姿勢がエフェソ書三章一八節を頼りに記されている。

> 私は、私たちの主イエス・キリストの父である神に対して膝をかがめる。天と地にあるすべての「父」とい

う呼び名（paternitas）は、この方に由来している。［この父が］ご自分の栄光の豊かさに従い、内なる人間に働きかけるご自分の霊によってあなた方に力を与え、強めてくださるように。信仰によって、あなた方の心の内にキリストが住んでくださるように。あなた方が愛（caritas）に根ざし、［愛に］土台を据えて、その広さ、長さ、高さ、深さがどれほどのものであるかを、聖なる方々と共に理解し、人知（scientia）を遥かに超えたキリストの愛を悟り、神の溢れる豊かさによって満たされるように。

（『ブレヴィロクィウム』序・1）

神学の対象は「御父」である。その方がご自分のことを、御子キリストを通じて、聖霊のうちに人間に知らせてくれる。それ故、ボナヴェントゥラにとって神学とは三位一体の神の営みが信者の中に実現していくことにほかならない。このような父なる神からの知性への照らしがなければ、フランシスコのようにキリストに倣うことはできない。『魂の神への道程』の同じく冒頭では以下のようにまとめられている。

この書を始めるにあたって、私は第一の始源（primum principium）に、そこからあらゆる照明（illuminationes）がいわば「光の父から」のように下ってくる始源、そこから「すべての最善の贈物が、またすべての完全な贈物が」由来する始源に、すなわち永遠の御父に、御父の御子、我らの主イエス・キリストによって祈り求めます。願わくは、この同じ神にして我らの主イエス・キリストの御母、至聖なる処女マリアと、我らの導き手にして師父なる幸いなフランシスコの執成によって、我らの心の「眼を照らし」、「我らの歩みをあらゆる人知を超えるかの平和に導きたまえ」。この平和をこそ我らの主イエス・キリストは告げ知らせ、また与えたのでした。そして、キリストの宣教を新たに繰り返して行ったのは、我らの師父フランシスコでありました。（『魂の神への道程』序・1＝長倉久子訳）

続いて『公開講義　ヘクセメロン』も以下のように始まる。

集会（Ecclesia）の真ん中（medio）で主は人の口を開かれ、知恵と理解（intellectus）の霊で満たしてくれる。そして栄光の衣を着られると集会の書（シラ書）十五章は語る。これらの言葉で、聖霊は思慮深い人に、その人の講話が誰に語りかけるべきかを、どこで始めるべきかを、どこで語り終えるべきかを指示してくださる。第一に、誰に語りかけるべきかは、教会に向かってである。なぜなら聖なるものを犬に与えてはならないし、豚の前に真珠を投げてもならないからである。第二にどこから始めるかについては、すなわち、中心（medium）、つまりキリストから始めるようにと聖霊は教えてくださる。なぜなら、その中心がないがしろにされてしまっては、何も得られないからである。第三に、どこで終わるかについては、すなわち、知恵と理解（intellectus）の霊が満ちる、あるいは完成するところである。（『ヘクセメロン』一・1）[2]

これら三つの箇所は、ボナヴェントゥラの神学に対する態度をよく表している。神学は祈りによって、祈りとともに、祈りのうちになされねばならない。さらに神学は父なる神からの知性への照らしがなければできない。そして、第三にすべてのものの中心におられる主キリストから始め、知性が満ちるまでなされる営為なのである。しかも、神学は教会の真ん中で、教会のためになされるのである。

6　導き手にして師父であるフランシスコ

ボナヴェントゥラの神学にはある種の使命が見られる。なぜなら、彼の神学の営みは教会に向けてなされているからである。そこで、諸徳を通じてなされる教会の内的な変革が神学の目的となる。これは「常に聖なる教会の足下に臣下として留まり、カトリックの信仰に土台を」（『裁可会則』12・1）置くことを望んだアシジの聖フランシスコの模範に従うものだった。彼を「我らの導き手にして師父」（『魂の神への道程』序・1）と呼んだボナヴェントゥラもまた、教会を愛し、教会のために尽くそうとしたのである。
フランシスコの霊性はボナヴェントゥラの神学の中に生きている。確かにフランシスコはすべての兄弟たちの「導き手にして師父」であったが、ボナヴェントゥラにとってはさらに特別な存在であった。

今もよく覚えているのですが、子供の頃、わたしは聖なる師父［フランシスコ］の祈りと功《いさお》しによって死の淵から救われたのです。（『大伝記』序・3、『小伝記』七・8参照）

と伝記で記すほどに、聖人との個人的な関わりをボナヴェントゥラは意識していた。だが、「導き手にして師父」であるフランシスコは、単に彼自身のものではなく、教会全体にとってのそれでもあった。

罪人なる私は、至福なる師父の亡きあと、師父に代わって第七代総長の役目を、全く相応しからぬ身ながら引き継いだのであります。（『魂の神への道程』序・2＝長倉久子訳）

と語るボナヴェントゥラは「小さき兄弟会」の改革、そして教会の変革にフランシスコの模範を当てはめようとしている。

驚嘆すべきかたちでなされた祝された師父フランシスコの回心、神のみ言葉のもつ効力、卓越した諸徳という特典、聖書の理解を伴った預言の霊、理性を欠いた被造物の従順、聖痕を刻まれたこと、この世から天への栄ある移行。以上の七つの証言はあらゆる時代の人々に対してはっきりと示し、証しています。（『小伝記』七・9）

『聖フランシスコの小伝記』の末尾でボナヴェントゥラはフランシスコの生涯に現れた七つの特徴の普遍性について言及している。なぜならフランシスコは預言者の霊を抱いてやって来た改革者だったからである。『聖フランシスコの大伝記』の冒頭には次のようにある。

預言の霊に満たされたフランシスコは、天使の務めをも委ねられ、全身、「愛に燃える天使」セラフィムの火に燃え上がったのでした。……その生涯の歩みによってはっきりと示されているように、エリヤの霊と力をもって来たことは理性的に証明されうるのです。（『大伝記』序・1）

フランシスコは、十字架にかけられたキリストに従うという「小ささ」を生きた。アシジの聖人は十字架を生涯にわたって仰ぎ見、十字架と一つになることを望んだのである。

回心の初めにあたって、あなた「フランシスコ」に示され、あなたによって受け入れられたキリストの十字架は、生涯全般にわたって、あなたが絶えず担い続け、ほかの人々の模範ともなってきたが、ついに福音的完成の頂きにまで到達したことを示している。それは、まことに明らかな証拠をもって示され、まことに信心深い人であれば、誰一人として、キリストの知恵が、あなたの肉体という塵に刻みつけられたこの証拠を否定することはできないであろう。（『大伝記』一三・10）

そこで、ボナヴェントゥラはフランシスコに従うことが、第一始源である父なる神へと至る道であると理解している。フランシスコは「新しいモーセ」なのである。先の『聖フランシスコの小伝記』は続けている。

キリストの栄えある先触れとして、「フランシスコ」が生ける神の刻印を自らのうちに持っており、真正なる役務を教え、そして驚嘆すべき聖性の故に尊敬に値することを。そのためにこそ、エジプトを脱出する人々は安心して「フランシスコ」につき従うことができるのです。キリストの十字架という杖によって海は分かれ、荒れ野を通って進み、死というヨルダン川を渡って、十字架そのものの驚嘆すべき力によって、生けるものたちに約束された地に入ることができるからです。（『小伝記』七・9）

ボナヴェントゥラは「我らの導き手にして師父」であるフランシスコに倣いながら、神へと至る道を歩んでいく。知性の働きである神学、十字架を見つめる「小さき兄弟」としての信仰、そして兄弟たちとの生活、こういったつながりがないように見える諸要素を、すべてのものの中心であるキリストのもとにまとめようとしたのがボナヴェントゥラだったのである。

二　ボナヴェントゥラの神学

1　我々が善くなるために

ボナヴェントゥラにとって、神学は「我々が善くなるために」（ut boni famus）なされる。[3] そのための「善さ（善性）」は聖書から得られる。なぜなら聖書がもたらしてくれるのは、

「永遠の幸福の充溢《じゅういつ》」だからである。つまり、聖書は信じるためにあるばかりではなく、永遠の命を得るために存在する。その命にあって、人は愛し、観照し、あらゆる願いが満たされるのである。（『ブレヴィロクィウム』序・4参照）

そこで、「光の父」へと近づき、キリストについての真の知識とその愛を知るために、聖書を読み、神のみ言葉である聖書とともに歩まなければならない（『ブレヴィロクィウム』序・5参照）。このようにボナヴェントゥラは神を直視し、そして、神を愛するようになることを目指している。神学とはそのための営みとなる。それ故、彼にとって神学は思索的な学問ではなく、実践的な学問となる。

「導き手であり師父」であるフランシスコの影響を受けながら、ボナヴェントゥラは、被造物である人間が神をたたえ、尊び、愛するようにと招かれた存在であるという事実を深く受けとめている。神を信じる「喜び」、それが神学を行う上での動機づけとなる。天上世界で熾天使（セラフィム）が絶えず神をたたえているように、地上を生きる被造物、とりわけ人間は神を喜びのうちにたたえるのである。こうして、神学の目的が明確になる。つまり、神学は神を信じうるもの、肯定しうるものとして提示することにある。その方法は探究的であり、推論的なものとなる（modus perscrutatorius sive ratiocinativus）[4]。すなわち、ある事実をもとにして、推理や推定を積み重ねて、蓋然性の論理を構築して、神を信じる信仰へと向かう。信じることの蓋然性が明確になった際に、人は喜びを得られるのである。それ故、ボナヴェントゥラにとって神学は喜びの学問となる。

以上のようなボナヴェントゥラの神学に対する基本姿勢は、神へと向かう一つの軌跡を人間の内面に描くことになる。彼の神学は道のり、道程であると規定できよう。この道のりを神からの神学、神へと向かう神学、神に関する神学の三つの側面から分析してみる。

2　神からの神学

神学の扱う対象は父と子と聖霊の三位一体の神である。それ故、神学は多様性を備えた学問となる。人は、御子イエス・キリストを通じて、聖霊の働きのうちに父である神を知ることができる。そのためには神からの光の「照らし」を受けなければならない。光が人間の知性を照らして、神を知るようになるのである。この意味でまず、神学は下降的なものと言えよう。被造物は神の光がともに働いていない限り、事物の認識はできないからである。

　ボナヴェントゥラは神と被造物の関係を範型（exemplar）で考える（範型論 exemplarism）。被造物は神を範型として創造された。それ故、被造物は神に類似し、神を映し出している。また、人間の認識もまた範型である神が根拠となる。認識の正しさは神に拠っている。なぜなら、神は真理そのものだからである。さらに、人間の行為の規範も神にある。善そのものである神を目指して人間のなすべき行為がある。神は存在の原因であり、存在のあり方の原因であり、存在の理由の原因なのであるから、神の命の中にある範型を映し出すかのように被造物、とりわけ人間を創造されたことになる。

　神は、自分の命の中にある範型に従って被造物を造り出した。それぞれの被造物は神の範型を映し出す存在なのである。この創造の業は、三位一体の神の第二の位格である御子によってなされる。なぜなら、御子は御父を写し出す像（Imago）であり、創造の前からあったみ言葉（Verbum）だからである。こうして、御子は御父を全く完全に表し（exprimere）、同時に御子は世界にとっての認識の根拠となる（ratio congnoscendi）。そこで御子は御父と被造界との「中間者」（medium）となる。御子が「仲介者」（mediator）の役目を担いながら、世界は「中心」（medium）である御子のもとに存在する。

　被造物は、神の神秘を明かす「しるし」（signa）であるとボナヴェントゥラは考える。被造物は知の対象として客観的に分析することは可能ではあるが、むしろ神の存在とその神秘を示す「しるし」となる。事物についての学的な知と神についての神秘的な知恵は別つことはなく、すべては神学へと還元されていく。『諸学芸の神学への還元』（*De reductione artium ad theologiam*）は次のようにまとめている。

> 　こうして、聖書においてははっきりと告げられている「神の多様な知恵」があらゆる認識とあらゆる本性のうちにどのように隠されているかは明らかであろう。また、あらゆる認識が神学にどのように奉仕しているか

も明らかであろう。したがって、神学は認識のどんな類に属する範例でも語彙でも取り上げ、使用するのである。さらには、照明の道がどれほど広いかも明らかであろうし、感覚されたり認識されたりするあらゆる事物のうちに神自身がどのように深く隠れているかも明らかであろう。（『諸学芸の神学への還元』26、伊能哲大・須藤和夫訳）[5]

ところで、ボナヴェントゥラは神と世界の神秘を語る際には、数々のメタファー（隠喩）を用いている。世界は一つの「本」である。すなわち、神が自分自身を顕すために記した書物が（liber foris scriptum）、世界なのである。被造物は、神の創造の業を語る言葉であり、それを信仰の眼で読み解けば、被造物を通して神を知り、神を見いだすことができる。

しかし、すべての被造物が神を一様に語るのではない。彼は被造物全体にある段階、階層（hierarchia）を指摘する。

世界の被造物はいわば書物のようなものであり、その中には、三重の段階の表現に即して、作成者（fabricatrix）である三位一体が輝き出で、表示され、読み取られる。［三重の段階とは］痕跡、像、似姿という用法である。痕跡という手法（ratio）はすべての被造物に、像という手法は知的なもの、あるいは霊的で理性的な者らのみに、似姿という手法は神にかたどられた者ら（deiformes）のみに見いだされる。これらをあたかも階段のように一つひとつ昇って至高の原理、すなわち神にまで昇っていくように人間の知性は生まれついているのである。（『ブレヴィロクィウム』二・一二・一）

さらに「階段」（scala）という新たなメタファーを用いて、神と人間の関係が示されている。人間は、この世界の中で神の痕跡、像、似姿を見いだしながら、一歩ずつ階段を昇るかのように神のもとまで上がっていく旅人なのである。

3　神へと向かう神学

神学の第二の特徴は、神へと向かう神学、あるいは神とともになされる神学である。上昇的な神学と呼んでよいであろう。それは、聖霊のうちに御子イエス・キリストを通じて御父へと向かう祈りに似ている。熱心に祈り求めれば求めるほどに、神は自らを明らかにする。こうして、人は神のみ旨を知り、神が抱いている救いの想いに気がついていく。人は次第に神の方へと近づいていく。このことを『公開講義　聖霊の七つの賜物』では、被造物は本来の場所へと戻るのだという点から主張している。

すべてのものは当然、自分の原点となる場所を目指す。すなわち、岩は落ち、炎は立ちのぼり、川は海に向かって流れる。木は根と結ばれており、他のすべてのものも根源とつながりをもっている。理性的な被造物は神に似たものである。それで被造物は記憶にとっての、知性にとっての、意志にとっての起源となる場所へと戻ることができるのである。起源となる場所に、自ら戻っていかない限り、敬虔であるとは言えない。
（『聖霊の七つの賜物』三・5[6]）

ボナヴェントゥラが残した霊的、神秘的著作の数々は「原点となる場所」へと向かう道筋と方法を伝えている。『三様の道』では、「浄化」「照明」「完成もしくは一致」の三つの道が示される。人は、三つの道を通ってキリストに近づき、その十字架の苦しみを観想し、最終的にキリストとの深い合一へと向かっていくのである。

『生命の完成』では、「本当の自己認識」「本物の謙虚さ」「完全な貧しさ」「沈黙と寡黙」「祈りに対する熱意」「キリストの受難を思い起こすこと」「神への完全な愛」「終わりまで堅忍すること」の八つの視点から修道女たちへの霊的な生活が指南されている。

神へと向かう神学がよく表れているのが『魂の神への道程』である。神へと向かう道のりを六つの段階に分けて説明する本書は、特に最後の段階で「善なるもの」という名のもとに三位一体の神の観想について叙述している。これらの三つの著作は、ボナヴェントゥラが総長に任命され、修道会の危機的な状況に直面した際に書かれたものである。特に『魂の神への道程』では被造物を通して、被造界において神を観想することから始めて、「善なるもの」である三位一体の神の観想に至る道のりは、「主よ、あなたは至高の善、永遠の善であられますから。すべての善はあなたから生じ、あなたなしにはいかなる善もありえないのですから」（『主の祈り』に基づく祈り』2）と祈ったフランシスコの生き方が反映されていると言えよう。

4　神に関する神学

神の範型がこの世界に顕れているとする下降的な神学と、被造物である人間が神へと向かう道のりを進むとする上昇的な神学から、新たな視点での神学の理解が生じる。それは、教会の奉仕者による神学である。学問としての神学と言い換えてもよいであろう。その主体は教師である。教師は教会の躍進のために尽くすのである。

> それ故、教会には高位者と臣下、教師と生徒、支配者と被支配者がある。教師とは哲学、法学、神学、あるいは教会を発展させるあらゆる優れた学科を教える者のことである。（『ヘクセメロン』二二・9）[7]

事実、唯一の真の教師はキリストである。キリストは教会を作りあげるために務めとして教える。

また、キリストご自身が教師であるからこそ、キリストは無謬の教えを説かれ、他の方法ではありえないような主張をされるのである。すべての博士たちの意見によれば、キリストは内的に教えておられるのであり、キリストを通してでなければ、いかなる真理も知ることができないのである。それ故、キリストは、他者から授かることのできない最も明瞭な種を、必然的にご自身の内に持っておられるに違いない。それ故、御自身はすべての魂と親密であり、御自身の最も明瞭な種によって、私たちの理解の不明瞭な種を照らし出されるのである。（『ヘクセメロン』一二・5）[8]

神についての神学の対象は第一に神である。しかし、より具体的にはまことの神であり、まことの人であるキリストである。その方法は、前述の通り探究的であり、推論的なものである。そして、神学の目指すのは「我々が善くなる」ことである。具体的には善を実行するための愛に満たされることにある。

信仰はそのようにして知性のうちにあり、したがってそれ自身の性格からして情意を動かす性質のものなのである。また、このことも明らかであろう。つまり、キリストがわれわれのために死んだという認識は認識にとどまらず、必ず情意、すなわち愛となるのである。（『命題集註解』序・問3、須藤和夫訳）

ボナヴェントゥラの思想を神学の視点から眺めてみると、福音に従うというフランシスコの理想を生きるうえでの方向づけとしている。すなわち、教会のもとで、神からの愛を受けて、神への愛に生きるという人生の道のりである。

小西　広志

注

（1） Et addebat quod beatus Franciscus dixerat, quod volebat, quod fratres sui studerent, dummodo facerent prius, quam docerent. Multa enim scire et nihil gustare quid valet?

(2) In medio Ecclesiae aperiet os eius et adimplebit eum Dominus spiritu sapientiae et intellectus et stola gloriae vestiet illum, Ecclesiastici decimo quinto. In verbis istis docet Spiritus sanctus prudentem, quibus debet sermonem depromere, unde incipere, ubi terminare. Primo, quibus debet loqui: quia Ecclesiae; non enim dandum est sanctum canibus, nec margaritae spargendae sunt ante porcos. Secundo docet ubi debet incipere: quia a medio, quod est Christus; quod medium si negligatur, nihil habetur. Tertio ubi terminare: quia in plenitudine sive adimpletione spiritus sapientiae et intellectus.

(3) I Sent., Proem. q. 3, concl. (I, 13a). Scientia theologica est habitus affectivus et medius inter speculativum et practicum, et pro fine habet tum contemplationem, tum ut boni famus, et quidam principalius,ut boni fiamus.

(4) I Sent., Proem. q. 2, concl. (I, 10).

(5) Et sic patet, quomodo "multiformis sapientia Dei", quae lucide traditur in sacra Scriptura, occultatur in omni cognitione et in omni natura. Patet etiam, quomodo omnes cognitiones famulantur theologiae; et ideo ipsa assumit exempla et utitur vocabulis pertinentibus ad omne genus cognitionis. Patet etiam, quam ampla sit via illuminativa, et quomodo in omni re, quae sentitur sive quae cognoscitur, interius lateat ipse Deus.

(6) Naturaliter quaelibet res tendit ad suam originem: lapis deorsum, et ignis sursum, et flumina currunt ad mare, arbor continuatur cum radice, et ceterae res continuationem habent cum radice. Deiformis est creatura rationalis, quae potest redire super originem suam per memoriam, intelligentiam et voluntatem; et non est pia, nisi refundat se super originem suam.

(7) Sunt ergo in Ecclesia praesidentes et subditi, docentes et discipuli, regulantes et regulati; et intelligo magistros seu docentes vel philosophiam, vel ius, vel theologiam, vel artem quamcumque bonam, per quam promoveatur Ecclesia.

(8) Item, quia ipse doctor est, docet infallibiliter et certificat sic, quod impossibile est, aliter se habere. Secundum sententiam omnium doctorum Christus est doctor interius, nec scitur aliqua veritas nisi per eum, non loquendo, sicut nos, sed interius illustrando; et ideo necesse est, ut habeat clarissimas species apud se, neque tamen ab alio acceperit. Ipse enim intimus est omni animae et suis speciebus carissimis refulget super species intellectus nostri tenebrosas;

編者あとがき

二〇二三年から二〇二六年にかけて、私の所属する修道会、小さき兄弟会、通称聖フランシスコ会にとってはいろいろな出来事の八〇〇周年を記念する行事が続いている。まず、二〇二三年は聖フランシスコの手になる会則がホノリウス教皇によって認可されてから八〇〇年、またこの年はグレッチオで飼い葉桶を置き牛とロバを配置してキリスト降誕の情景を再現して降誕祭を記念してから八〇〇年でもあった。そして二〇二四年はラ・ヴェルナ山で聖痕を刻まれてから、二〇二五年は「太陽の賛歌」を書き上げてから八〇〇年にあたる。さらに二〇二六年は聖フランシスコの没後八〇〇年にあたる。それぞれの出来事を通して、現代においてフランシスコの持つ意義を再確認する企画が実行され予定されている。

そのような流れの中で、二〇二四年は聖ボナヴェントゥラの没後七五〇年を迎えている。かつては会の第二の創立者とまで言われたが、第二ヴァティカン公会議後の原点回帰、創立者の霊性への回帰の動きの中であまり顧みられることもなくなってしまった。否むしろ、かつてスピリチュアリ派から中傷されたように、フランシスコの望んだ修道会のあり方を歪めて聖職者中心の会にしてしまったとの非難をあびることになった。だが、混乱する中で会としてフランシスコの理想を存続させる道を拓き、フランシスコの理想を解明し、実践へと導こうとした彼の功績は無視し難いものがある。その点に関しては伊能哲大の論考を参照していただきたい。だが、このようにボナヴェントゥラを見るのはフランシスコ会内のことであり、多くの方々が思い描くのは中世スコラ神学を代表する人物として聖トマス・アクィナスと並び称せられる人物であろう。しかしここでも、トマスこそがローマ・カトリック教会の教理を解明する神学者とみなされ、ボナヴェントゥラは刺身のつまのようなあつかいを受けていると言っていいだろう。両者はフランシスコ会とドミニコ会と会は違うものの同じく托鉢修道会に所属し、パリ大学で学び、教授職に就くものとして、盟友として、またライバルとして交流を保っていたことを示すエピソードが伝えられている。また奇しくも同じ年、つまり一二七四年の三月七日にトマスは、七月十三日もしくは十四日の夜半にボナヴェントゥラは死去している。

我が国における両者の知名度は両者の著作の邦訳からして明らかである。トマスの方は主著である膨大な『神学大全』が全訳されているだけでなく、アリストテレスの『命題論注解』『形而上学注解』、ボエティウスの「三位一体論」「デ・ヘブドマディブス」の『注解』、『使徒信条講話』『真理論』『神学提要』等の著作だけではなく、近年ではマタイ福音書、ヨハネ福音書、ガラテヤ書、ヨブ記の注解書の邦訳も出版されている。それに対してボナヴェントゥラの著作の邦訳はごく少数にすぎない。そのような状況にあって、この没後七五〇周年を契機に著作集を出そうとの声が生じ、それを受けて日本管区の管区長の決断のもとに管区の記念行事の一つとして取り上げることとなり、教会史の観点からボナヴェントゥラに関わってきた伊能哲大と神学・霊性の観点からボナヴェントゥラに関わってきた小西広志、そして聖フランシスコの『伝記資料集』『著作集』の出版に関わった小高に託された。たまたまボナヴェントゥラの霊性関係の小品の邦訳にかかっていた小高が両人のサジェスションを受けながら邦訳を続け、両人は解説の執筆を担当することで作業は進められた。

この翻訳作業を通して改めて痛感したことは、フランシスコ会学派として受け継がれてきた霊性ならびに神学の豊かさである。その豊かさの中核にあるのはフランシスコの生き方である。フランシスコが直観的に捉えたものを神学的に表現したのがボナヴェントゥラであったと言えよう。彼が拓いた道を受け継いできたのがその後のフランシスコ会士の神学者であり、それは現代の解放の神学者レオナルド・ボフにまで及んでいると言えよう。そこにトマスの流れを汲む「トマス学派」に対して「フランシスコ会学派」と称される所以がある。彼らの神学は「神中心であるとともにキリスト中心」であると指摘されるが、彼らにとって神はフランシスコの「いと高き、全能の善き主」、「善、全き善、至高の善、生ける、まことの主なる神」なのである。そしてベツレヘムの貧しい飼い葉桶に置かれた幼子イエス、貧しく生き、裸で十字架につけられたイエスこそ「善なる神」を指し示す方、そしてこの方を通して造られた全被造物は、その神を指し示し、賛美しているのである。「『太陽の賛歌』は単なる環境保護の歌ではない。これは新しい関係性を基にしたフラテルニタスの宇宙的な交わりの賛歌である」とこの賛歌の解説で指摘されている（教文館版著作集参照）。そして、サン・ヴィクトルのリカルドゥス、ディオニジウス・アレオパギテス、さらにはダマスコのヨハネスといった東方教会の考察を導入して展開する三位一体の神に関する考察は、愛ゆえに独り子を人類の救済のために遣わす父なる神、父と子と聖霊の愛の交わりの神を生き生きと描写するものである。それは相互に愛しあうのみならず、共に愛し、共に愛される喜び、相互に内在する父と子と聖霊の交わりに導き入れられる喜びを伝えるものである。関係性の希薄になった社会に生きる私たちに生きる希望、喜び、力をもたらすものと確信している。それこそが十字架のイエスからフランシスコが学び取ったものである。それ故にこそ、「愛が愛されていない」と言ってフランシスコは涙を流した愛である。これをボナヴェントゥラは、スコラ的な表現を用いて、次のように描写したのである。

「第一の、そして最高の原理は、第一であるということ自体によって、最高に純一であることになり、最高であるということ自体によって最高に完全なものであることになる。それ故、最高に自らを譲渡する、最高に完全なものだからである」（『ブレヴィロクィウム』一・三・二）

　ボナヴェントゥラの魅力は、このようにスコラ的な表現を用いて救いの出来事を神学的に表現しただけではなく、瞑想、観想の形でそれを表現していることである。それらを通して、中世のスコラ的な技法に疎い人をも、その至高の善、愛の交わりへと導いて行くことができるところにある。ボナヴェントゥラの神学の特徴に関しては小西の解説を参照していただきたい。

　没後七五〇年を記念して刊行される本書を通して、物質的なものに囚われ混乱を極めている現代世界において、すべてのものの内に神の痕跡を認め、神への賛美と隣人への愛の実践へと導くボナヴェントゥラの思索の現代における意義が認められることになれば刊行に携わった者らにとって望外の喜びである。終わりに、著作の邦訳の転載を承諾くださった須藤和夫氏と聖クララ会の二人の姉妹に感謝するとともに、今回も「キリスト教古典叢書」の一巻として刊行する場を提供してくださった教文館の渡部満社長と髙橋真人氏、編集にあたってくださった森本直樹氏に心より感謝申し上げます。

二〇二四年七月十五日　聖ボナヴェントゥラの祝日に

小高　毅

参照文献

邦訳のあるもののみ掲載する。ただし、抄訳・部分訳のため引用・参照部分は邦訳されていないものもある。また、本文で逐語的に引用されている箇所は少なく、要約されている場合が多い。

〈略語〉

『アウグスティヌス著作集』教文館　→『教文館版著作集』

上智大学中世思想研究所編訳／監修『中世思想原典集成』平凡社→『原典集成』

『アリストテレス全集』岩波書店→『岩波版全集』

アウグスティヌス

『信仰・希望・愛（エンキリディオン）』赤木善光訳、『教文館版著作集4』一九七九年。

『教えの手ほどき』熊谷賢二訳、創文社、一九六四年。

『音楽（論）』原正幸訳、『教文館版著作集3』一九八九年。

『カトリック教会の道徳』熊谷賢二訳、創文社、一九六三年。

『神の国』赤木善光他訳、『教文館版著作集11−15』一九八〇−八三年／服部英次郎・藤本雄三訳、岩波文庫（全五巻）、一九八二−一九九一年。

『キリスト教の教え』加藤武訳、『教文館版著作集6』一九八八年。

『告白（録）』山田晶訳、中央公論社、一九六八年／宮谷宣史訳『教文館版著作集5／Ⅰ、Ⅱ』一九九三、二〇〇七年。

『三位一体』泉治典訳、『教文館版著作集28』二〇〇四年。

『至福の生』清水正照訳、『教文館版著作集1』一九七九年。

『詩編注解』今義博・大島春子他訳、『教文館版著作集18―20（全六巻）』一九九七―二〇一三年。

『自由意志』泉治典訳、『教文館版著作集3』一九八九年。

『書簡集』金子晴勇訳、『教文館版著作集別巻Ⅰ、Ⅱ』二〇一三年。

『信の効用』赤木善光訳、『教文館版著作集4』一九七九年。

『善の本性』岡野昌雄訳、『教文館版著作集7』一九七九年。

『洗礼論』坂口昂吉・金子晴勇訳、『教文館版著作集8』一九八四年。

『ソリロキア』清水正照訳、『教文館版著作集1』一九七九年。

『創世記逐語注解』片柳栄一訳、『教文館版著作集16、17』一九九四、一九九九年。

『真の宗教』茂泉昭男訳、『教文館版著作集2』一九七九年。

『魂の偉大』茂泉昭男訳、『教文館版著作集2』一九七九年。

『フォルトゥナトゥス駁論』岡野昌雄訳、『教文館版著作集7』一九七九年。

『ヨハネによる福音書講解（説教）』泉治典・水落健治訳、『教文館版著作集23―25』一九九三年／中沢宣夫訳（上下巻）、新教出版社、一九九六―九七年。

アリストテレス

『カテゴリー論』山本光雄訳、『岩波版全集1』一九七一年。

『詭弁論駁論』宮内璋訳、『岩波版全集2』一九七〇年。

『形而上学』出隆訳、『岩波版全集12』一九六八年。

『自然学』出隆・岩崎允胤訳、『岩波版全集3』一九六八年。

『生成消滅論』戸塚七郎訳、『岩波版全集4』一九六八年。

『天体論』村治能就訳、『岩波版全集4』一九六八年。

『トピカ』村治能就訳、『岩波版全集2』一九七〇年。

『ニコマコス倫理学』加藤信朗訳、『岩波版全集13』一九七三年。

『分析論後書』加藤信朗訳、『岩波版全集1』一九七一年。

『霊魂論』山本光雄訳、『岩波版全集6』一九六八年。

アンセルムス
『祈りと瞑想』古田暁訳、教文館、二〇〇七年。

『神の予知と自由意志の調和（自由選択と予知、予定および神の恩寵の調和について）』古田暁訳、『アンセルムス全集』聖文舎、一九八〇年。

『クル・デウス・ホモ（神はなぜ人間となられたか）』古田暁訳、『アンセルムス全集』聖文舎、一九八〇年。

『書簡』矢内義顕訳、『原典集成Ⅱ―3』二〇二一年。

『処女懐胎（処女懐妊と原罪）について』古田暁訳、『アンセルムス全集』聖文舎、一九八〇年。

『プロスロギオン』古田暁訳、『アンセルムス全集』聖文舎、一九八〇年／『原典集成7』一九九六年。

『瞑想』古田暁訳、『原典集成7』一九九六年。

『モノロギオン』古田暁訳、『アンセルムス全集』聖文舎、一九八〇年／『原典集成7』一九九六年。

アンブロジウス（ミラノの）
『ヘクセメロン＝六日間の創造の業（エクサメロン＝天地創造の六日間）』（第一巻第1、2講話）荻野弘之訳、『原典集成4』一九九九年。

イシドルス（セビリャの）
『語源』（第六巻）兼利琢也訳、『原典集成5』一九九三年。

エウゼビウス（カイサレイアの）
『コンスタンティヌスの生涯』秦剛平訳、京都大学学術出版会、二〇〇四年。

クララ（アシジの）
「会則」『アシジの聖フランシスコ・聖クララ著作集』教文館、二〇二一年。

グレゴリウス一世（ローマ教皇）
『対話』（第二巻）矢内義顕訳、『原典集成5』一九九三年。

『福音書講話』熊谷賢二訳、創文社、一九九五年。

ディオニジウス・アレオパギテス（擬ディオニュシオス）

『神秘神学』熊田洋一郎訳、『キリスト教神秘主義著作集1』教文館、一九九二年／今義博訳『原典集成3』一九九四年。

『神名論』熊田洋一郎訳、『キリスト教神秘主義著作集1』教文館、一九九二年。

『天上位階論』今義博訳、『原典集成3』一九九四年。

バジレイオス

『ヘクサエメロン』（第一講話）出村和彦訳、『原典集成2』一九九二年。

ヒラリウス（ポワティエの）

『三位一体』（第2巻—第3巻）出村和彦訳、『原典集成4』一九九九年。

フーゴ（サン・ヴィクトルの）

『ソリロクィウム（魂の手付け金［嫁資］についての独語録）』別宮幸徳訳、『原典集成9』一九九六年。

『ディダスカリコン』五百旗頭博治・荒井洋一訳、『原典集成9』一九九六年。

フランシスコ（アシジの）

「訓戒の言葉」『アシジの聖フランシスコ・聖クララ著作集』教文館、二〇二一年。

ペトルス・ロンバルドゥス

『命題集』（序文、第一巻第一—第三区分）山内清海訳、『原典集成7』一九九六年。

ベネディクトゥス

『戒律（修道規定）』古田暁訳、『原典集成5』一九九三年。

ベルナルドゥス（クレルヴォーの）

『おとめなる母をたたえる』古川勲訳、あかし書房、一九八三年／『聖母の歌手』山下房三郎訳、あかし書房、一九八八年。

『雅歌講話（雅歌について）」』山下房三郎訳（1—4）、あかし書房、一九七七—九六年。

「神への愛について」（*de diligendo Deo*）古川勲訳、あかし書房、一九八二年。

「グイエルムス（ギヨーム）修道院長への弁明」杉崎泰一郎訳、『原典集成10』一九九七年。

『謙遜と傲慢の段階について』古川勲訳、あかし書房、一九八一年。

「主日・祝日説教集」（主の降誕前日の説教六、主の降誕の説教一―五）古川勲訳、『原典集成10』一九九七年。

『熟慮について』古川勲訳、中央出版社（現サンパウロ）、一九八四年。

『クレールヴォーの聖ベルナルド著作選集』［説教等の抄訳］野村良雄訳、中央出版社（現サンパウロ）、一九六四年。

『われ神を愛す』［詞華集］山下房三郎訳、あかし書房、一九七六年。

ボエティウス

『エウテュケスとネストリウス駁論』坂口ふみ訳、『原典集成5』一九九三年。

『三位一体論』坂口ふみ訳、『原典集成5』一九九三年。

『哲学の慰め』渡辺義雄訳、筑摩書房、一九六六／八五年。

ボナヴェントゥラ

『聖フランシスコの大伝記』『アシジの聖フランシスコ伝記資料集』教文館、二〇一五年。

『魂の神への道程』長倉久子訳注、創文社、一九九三年。

『ブレヴィロクィウム』本書収録

ヨハネス（ダマスコの）

『正統信仰の解明（知識の泉）』（1―14、45―81）小高毅訳、『原典集成3』一九九四年。

リカルドゥス（サン・ヴィクトルの）

『三位一体論』（第三巻）小高毅訳、『原典集成9』一九九六年。

『大ベニヤミン』（第一巻、第三巻―第五巻第五章）泉治典訳、『原典集成9』一九九六年。

レオ一世（ローマ教皇）

「説教二六（主の降誕七）」熊谷賢二訳、『キリストの神秘』創文社、一九六五年。

『砂漠の師父の言葉』古谷功訳、あかし書房、一九八六年／谷隆一郎・岩倉さやか訳、知泉書館、二〇〇四／六年。いずれの翻訳もミーニュに収録されたギリシア語版からの翻訳。同じミーニュのラテン語版とは異なったもの。

〈注記〉

・アンセルムス『瞑想』はPL 158, 709-820には二十一編の瞑想を収録。邦訳は教文館版も原典集成版もそのうちの第二、三、一一の邦訳を収録。
・右記とは別にMeditatio super Miserere（ミゼレレ詩編の瞑想）もある（PL 158, 821-854）。
・同『祈り』PL 158, 855-1016に収録された七十五編のうち十九編の邦訳が教文館版に収録。
・グレゴリウス『福音書講話』邦訳は講話の配列が変えられているのでp. ixの対照表を参照。
・同『モラリア（ヨブ記の道徳的注解）』は全三十五巻の大著。しばしば引照されるがごくごくわずかな断片の邦訳しかない。
・ベルナルドゥス『神への愛について』（*De diligendo Deo*）とは別に*De charitate*がある。
・擬ベルナルドゥスの*Meditationes piissimae. De cognitione humanae consitionis*（いとも敬虔なる瞑想――人間の惨めな有様に関する認識）PL 184, 485-508はベルナルドのものとして伝えられたもの。

付録1

クァラッキ版『聖ボナヴェントゥラ全著作集』（全十巻）の構成

Doct. Seraph. S. Bonaventurae *Opera Omnia ed. studio et cura PP. Collegii a S. Bonaventura ad plurimos codices mss. emendata, anecdotis aucta, prolegomenis scholiis notisque illustrata*, Quaracchi 1882-1902. 10 volumnes in-folio.

第一巻　『命題集注解』第一巻（一であり三である神）
第二巻　『命題集注解』第二巻（天使と人類の創造と失墜）
第三巻　『命題集注解』第三巻（御言葉の受肉と人類の修復）
第四巻　『命題集注解』第四巻（しるしに関する教え＝秘跡論）
第五巻　「神学小品集」
　1　討論問題集『キリストの知』『至聖なる三位一体の神秘』『福音的完全』
　2　『ブレヴィロクィウム（神学提要）』
　3　『魂の神への道程』
　4　『諸学芸の神学への還元』
　5　公開講義『ヘクセメロン』
　6　公開講義『聖霊の七つの賜物』

7　公開講義『十戒』

8　神学に関する説教選集

『至聖なる三位一体の三重の証し』
『福音の譬えに描写された神の国』
『キリストのいとも聖なる御体』
『すべての者の唯一の教師キリスト』
『楽園への移植』

第六巻　聖書注解

『伝道の書注解』『知恵の書注解』『ヨハネ福音書注解』『公開講義　ヨハネ福音書』

第七巻　『ルカ福音書注解』

第八巻　「霊性神学に関する小品集」「小さき兄弟会関連文書」

1　霊性に関する小品集　『三様の道』『ソリロクィウム』『生命の樹』

『幼子イエスの五つの祝祭』『ミサの準備』『生命の完成』『魂の管理』
『セラフィムの六つの翼』『主の受難の聖務日課』『神秘の葡萄の樹』

2　小さき兄弟会関連文書　『貧しい者らの弁明』

『無名の教師に宛てた三つの問題についての書簡』
『小さき兄弟会会則に関する諸問題についての決定　第一部・第二部』
『小さき兄弟たちは何故に説教をし告白を聴くのか』
『使徒たちのサンダルに関する手紙』『小さき兄弟会会則の説明』
『説教　小さき兄弟会会則に関して』『ナルボンヌの会憲』
『総長としての書簡七通』（「第一回状」「聖クララ修道院宛」を含む）

『修練者の規則』『手紙　二五の記憶すべきことを含む』
『手紙　キリストに倣うこと』
『聖フランシスコの大伝記』『聖フランシスコの小伝記』
付録　真正性が疑わしい小品集

第九巻　説教集
「典礼暦に則して行われた説教」（主日の説教、祝祭日の説教、週日の説教）
「聖人に関する説教」「処女マリアに関する説教」「種々の説教」

第十巻　索引

付録2

年譜　ボナヴェントゥラの生涯と主要著作

年代は推定である。研究者によってずれがあるため確定するのが難しく、本書解説等と年譜の年代は一致しない場合がある。（小高毅作成）

（太字は本著作集に収録された作品）

一二一七年　ボナヴェントゥラ、イタリアのバニョレジオにて生まれる。
一二二六年　アシジのフランシスコ没。
一二二七年　オスチアの司教ウゴリノ、教皇に即位（グレゴリウス九世）。
一二二八年　フランシスコ列聖。
　　　　　　この頃、重病を患うがフランシスコの取り次ぎによって快復。
一二三二年　パドヴァのアントニオ列聖。
一二三六年　ヘールズのアレクサンデル、小さき兄弟会入会。
　　　　　　ボナヴェントゥラ、パリ大学学芸学部で勉学を開始。
一二四三年　ボナヴェントゥラ、小さき兄弟会入会。
　　　　　　ヘールズのアレクサンデルのもとで学ぶ。
一二四五年　ヘールズのアレクサンデル没。

一二四七年　パルマのヨハネ、小さき兄弟会総奉仕者就任。
一二四八年　聖書講読を許される――『ルカ福音書注解』。
一二五〇年　『命題集』講読を許される――『命題集注解』（全四巻）。
一二五三年　ボナヴェントゥラ、教授資格を得て教え始める。
討論問題集『至聖なる三位一体の神秘』『福音的完全』『キリストの知』。
一二五三―五四年　聖書注解＝伝道の書（コヘレトの言葉）、ヨハネ福音書、知恵の書。
一二五三／五七年　『諸学芸の神学への還元』
一二五四―五六年　『**ブレヴィロクィウム**』
この頃からパリの神学者、托鉢修道士に反対する。
サンタムールのギョーム、小さき兄弟会会員をヨアキム主義に加担する異端者として弾劾。
一二五五年　教皇、ヨアキニズムを弾劾。
一二五六年　ボナヴェントゥラ『無名の教師に宛てた三つの問題についての書簡』執筆。
一二五七年　『説教　すべての者の唯一の教師キリスト』
パルマのヨハネ、小さき兄弟会総奉仕者辞任。
ボナヴェントゥラ、小さき兄弟会総奉仕者就任。
パリ大学神学部正教授に選ばれる。
ボナヴェントゥラ『**第一回状**』執筆。
一二五九年　『修練者の規則』『会則に関する解説』『会則に関する説教』『魂の神への道程』
『**幼子イエスの五つの祝祭**』『**アシジの聖クララ修道院の修道院長と姉妹に宛てた手紙**』
一二六〇年　『**生命の完成**』『**ソリロクィウム**』『**三様の道**』『**生命の樹**』
『ミサの準備』

ナルボンヌの総会。

『ナルボンヌの会憲』を起草、またフランシスコの伝記を書くよう依頼される。

一二六一年　『聖フランシスコの大伝記』『聖フランシスコの小伝記』

イタリアでパルマのヨハネの裁判が行われる。

一二六二年　『**聖フランシスコの祝日の夕べの説教**』

一二六三年　ピサの総会。『聖フランシスコの大伝記』会の公式の伝記と承認される。

『**神秘の葡萄の樹**』『**主の受難の聖務日課**』『**魂の管理**』『セラフィムの六つの翼』

一二六四年　『**説教　キリストのいとも聖なる御体**』

一二六六年　パリの総会。『大伝記』唯一の公認の伝記となる。

『**聖フランシスコについての説教**』

一二六七年　『**聖フランシスコについての朝の説教**』、公開講義『十戒』

一二六八年　公開講義『聖霊の七つの賜物』

一二六九年　『貧しい者らの弁明』

一二七〇年　『楽園への移植に関する論考』

一二七三年　公開講義『ヘクセメロン』。

枢機卿アルバーノ司教に任命される。

一二七四年　リヨンでの総会（五月二十日）。会全体の奉仕者を辞任。

第二リヨン公会議（五月七日開始）に招聘される。公会議中に死去（七月十四日）。

年代不明の作品

・『会則を巡る諸問題の決定』
・**『手紙　キリストに倣うこと』**
・『二五の記憶すべきことを収めた手紙』
・『使徒たちのサンダルに関する手紙』

なお、以下の著作の邦訳が刊行されている。

・「諸学芸の神学への還元」伊能哲大・須藤和夫訳、『中世思想原典集成12　フランシスコ会学派』平凡社、二〇〇一年。
・「討論問題集　キリストの知について」（第四問題）長倉久子訳、『中世思想原典集成12　フランシスコ会学派』平凡社、二〇〇一年。
・「命題集註解」（序言から第一巻第三区分註解まで）須藤和夫訳、『中世思想原典集成12　フランシスコ会学派』平凡社、二〇〇一年。
・「すべての者の唯一の教師キリスト」（説教）三上茂訳、『中世思想原典集成12　フランシスコ会学派』平凡社、二〇〇一年。
・「無名の教師に宛てた三つの問題についての書簡」三上茂訳、『中世思想原典集成12　フランシスコ会学派』平凡社、二〇〇一年。
・『魂の神への道程』長倉久子訳注、創文社、一九九三年。
・「聖フランシスコの大伝記」宮沢邦子訳、『アシジの聖フランシスコ伝記資料集』教文館、二〇一五年。
・「聖フランシスコの小伝記」小高毅訳、『アシジの聖フランシスコ伝記資料集』教文館、二〇一五年。

・『マリア神学綱要――聖母祝日説教集』関根豊明訳、エンデルレ書店、一九九三年。
・『ソリロクィウム――観想録「霊魂」と「内なる人」との対話』関根豊明訳、エンデルレ書店、一九九一年。
・『神学綱要』関根豊明訳、エンデルレ書店、一九九一年。
・『観想の道――三様の道・生命の完成』小高毅訳、サンパウロ、二〇〇四年。
・『愛の観想――生命の樹・神秘の葡萄の樹』小高毅訳、あかし書房、二〇〇二年。

また、ボナヴェントゥラの神学・霊性思想の入門書として以下のものがある。

・J・G・ブージュロル『聖ボナヴェントゥラ――キリスト教的英知』岳野慶作訳、中央出版社（現サンパウロ）、一九八一年。
・坂口ふみ『天使とボナヴェントゥラ――ヨーロッパ13世紀の思想劇』岩波書店、二〇〇九年。

編訳者紹介

小高 毅（おだか・たけし）

フランシスコ会司祭。1942年京城（ソウル）生まれ。1978–80年ローマ・アウグスティニアヌム教父研究所に学ぶ。1984年上智大学大学院神学研究科博士課程修了、神学博士号取得。聖アントニオ神学院教授（組織神学・教父学）などを歴任。

著書に『古代キリスト教思想家の世界』（創文社）、『Century Books 人と思想 オリゲネス』（清水書院）、『よくわかるカトリック —— その信仰と魅力』『霊性神学入門』（以上、教文館）、『父の肖像 —— 古代教会の信仰の証し人』（ドン・ボスコ社）、『クレド〈わたしは信じます〉—— キリスト教の信仰告白』（教友社）ほか。

訳書にオリゲネス『諸原理について（ペリ・アルコーン）』（教文館）、『雅歌注解・講話』『ヨハネによる福音注解』『祈りについて・殉教の勧め』『ローマの信徒への手紙注解』、アタナシオス／ディデュモス『聖霊論』（以上、創文社）、アンリ・ド・リュバク『カトリシズム』（エンデルレ書店）、Y. コンガール『わたしは聖霊を信じる』全3巻（サンパウロ）、J. メイエンドルフ『東方キリスト教思想におけるキリスト』、G. アルベリーゴ『第二ヴァティカン公会議』（監訳）、『アッシジの聖フランシスコ・聖クララ著作集』（共訳）、『アシジの聖フランシスコ伝記資料集』（共訳、以上、教文館）、ボナヴェントゥラ『愛の観想』（あかし書房）ほか。

編書に『原典古代キリスト教思想史』全3巻、『古代教会の説教』（以上、教文館）ほか。

キリスト教古典叢書

聖ボナヴェントゥラ著作選集

2024年12月25日　初版発行

監　修　フランシスコ会日本管区
編訳者　小高　毅
発行者　渡部　満
発行所　株式会社　教 文 館
〒104-0061　東京都中央区銀座4-5-1
電話 03(3561)5549　FAX 03(3250)5107
URL http://www.kyobunkwan.co.jp/publishing/
印刷所　株式会社　平河工業社

配給元　日キ販　〒112-0014　東京都文京区関口1-44-4
電話 03(3260)5670　FAX 03(3260)5637

ISBN 978-4-7642-1815-4　Printed in Japan